吴江年鉴 2022

苏州市吴江区人民政府　主办
《吴江年鉴》编纂委员会　编

古吴轩出版社

图书在版编目(CIP)数据

吴江年鉴. 2022 /《吴江年鉴》编纂委员会编. --
苏州：古吴轩出版社，2022.12
ISBN 978-7-5546-2059-5

Ⅰ. ①吴… Ⅱ. ①吴… Ⅲ. ①吴江—2022—年鉴
Ⅳ. ①Z525.34

中国版本图书馆CIP数据核字(2022)第239598号

责任编辑：俞　都
见习编辑：胡敏韬
责任校对：李爱华
责任照排：吴　静

书　　名：吴江年鉴(2022)
编　　者：《吴江年鉴》编纂委员会
出版发行：古吴轩出版社
地址：苏州市八达街118号苏州新闻大厦30F
电话：0512-65233679　　邮编：215123
印　　刷：南京凯德印刷有限公司
开　　本：889×1194　1/16
印　　张：28.75　插页：70
字　　数：946千字
版　　次：2022年12月第1版
印　　次：2022年12月第1次印刷
书　　号：ISBN 978-7-5546-2059-5
定　　价：120.00元

《吴江年鉴》编纂委员会

《吴江年鉴》编纂部

《吴江年鉴（2022）》审稿人员

王　庆	王　君	王明辉	王明华	王　炜	王　恒
王　维	王建国	王雪良	王韵涵	王　麟	韦　立
卞晓智	石　荣	冯　熠	成秋根	朱　祥	朱　焱
朱国华	朱钰芯	朱　颖	朱穗华	刘　峥	刘　峰
刘金平	庄云霞	许晓江	孙　茂	孙志剑	孙阿利
李　壮	李小迟	杜建伟	杨晓鹰	杨家俊	肖仲伟
吴　芳	吴　岚	吴　建	吴　挺	吴　誌	吴惠华
吴颖育	何　炜	宋　莲	沈　宇	沈　洁	沈卫良
沈卫林	沈永明	沈伟江	沈志勇	沈春荣	沈保平
沈振华	沈跃明	沈健民	张　芸	张林法	张　建
张育英	张建国	张彦红	张　燕	陆　欣	陆　晨
陈一菲	陈　宇	陈宇威	陈若峰	陈　秋	陈　胜
陈思敏	陈德斌	林振德	季小峰	金江华	金海洪
周佳雨	周　峰	庞新荣	郑　屹	郑　炜	孟庆利
胡明忠	胡洪明	钟　宁	俞剑刚	施建中	胥海铭
姚文明	秦春芳	袁　智	夏国强	顾人肇	顾　全
顾　焱	钱伟健	钱晓明	钱　瑶	倪　民	徐　军
徐永红	徐国平	徐炳华	徐　瑾	徐震鹏	凌　云
高　峰	黄小明	曹月见	蒋　勇	景振新	嵇为超
曾　毅	缪振东	魏　星	戴　丹	戴忠浩	瞿　勇

编辑说明

一、《吴江年鉴》编纂出版坚持以马克思列宁主义、毛泽东思想、邓小平理论、“三个代表”重要思想、科学发展观、习近平新时代中国特色社会主义思想为指导。

二、《吴江年鉴》是苏州市吴江区人民政府主办，《吴江年鉴》编纂委员会编纂，吴江区档案馆、吴江区地方志编纂委员会办公室、《吴江年鉴》编辑部组织编辑的地方综合年鉴，是系统记述吴江自然、政治、经济、文化和社会等方面情况的年度资料性文献。《吴江年鉴》编纂工作始于1986年，1987年9月，第一部《吴江年鉴》——《吴江年鉴（1986）》以内部资料形式出版。此后《吴江年鉴》逐年出版，并从1988年起由出版社出版，《吴江年鉴（2022）》是第37部。

三、《吴江年鉴（2022）》采用分类编辑法，分类目、分目、条目三个层次，以条目为基本组成单位，用【 】引出；其中“媒体聚焦”“专记”“大事记”“附录”“索引”类目仅列类目、分目两个层次。《吴江年鉴（2022）》在分目名称上稍作修改，“专项工作”类目中“智能工业”分目名称修改为“智改数转”；“法治·军事”类目中“综治联动”分目名称修改为“综指工作”。全书分为31个类目：（1）媒体聚焦；（2）专记；（3）大事记；（4）长三角生态绿色一体化发展示范区建设；（5）专项工作；（6）吴江概况；（7）中共苏州市吴江区委；（8）苏州市吴江区人大；（9）苏州市吴江区人民政府；（10）政协苏州市吴江区委员会；（11）中共苏州市吴江区纪委监委；（12）群众团体；（13）法治·军事；（14）经济管理与监督；（15）工业；（16）农业和农村工作；（17）服务业；（18）民营经济；（19）开放型经济；（20）金融业；（21）城市建设与管理；（22）科学技术；（23）教育；（24）文化；（25）卫生·体育；（26）社会生活；（27）资源生态；（28）区镇街道；（29）人物；（30）附录；（31）索引。共有分目212个、条目1019个、彩页40页、插图100张、图表87张。

四、《吴江年鉴（2022）》的内容均由区各部门、单位和各区镇指定专人负责撰写，并经过各单位领导和年鉴编辑部审稿；资料收录时间为2021年1月1日至12月31日，部分内容适当上溯或下延；人事名单以组织部门年报为准；涉及的统计数据以区统计局《统计年鉴》为准，有些由于统计口径和方法不同而有差异，请读者利用时加以注意。

五、部分常用缩略语、专业词语在右上角用“*”标注（文件、书籍等名称及表格内容除外）（同一条目下标注首次出现的，仅设类目、分目的标注自然段中首次出现的），在“附录”类目中进行注释。部分常见机构直接使用简称，在“附录”类目中设“吴江区部分机构全称—简称对照表”对照。

2021年3月10日，全区党史学习教育动员会议召开　（区融媒体中心/供）

2021年6月18日，区四套班子领导在吴江党史馆重温入党誓词　（区融媒体中心/供）

2021年11月13日，全区党史学习教育专题读书班暨区委理论学习中心组学习会召开

（区融媒体中心/供）

2021年9月3日，苏州市吴江区"两在两同"建新功行动暨冲刺示范区建设二周年誓师大会召开

（吴斌/摄）

2021年3月，七都镇的一位老党员在“党史微课堂”上发言　　（区融媒体中心/供）

2021年5月，少先队员们在芦墟老弄堂里聆听烈士家属讲述“红色故事”

（姚琴珍/摄）

2021年6月2日，盛泽镇南麻小学举办“劳模工匠进课堂”活动　　（区总工会/供）

2021年6月17日，吴江区职工学党史知识竞赛决赛现场

（区总工会/供）

2021年4月13日，吴江“时代的脚步”大型全媒体新闻行动——“行走长三角　携手绘‘红’图”启动

（区融媒体中心/供）

2021年6月11日，区人社局“我为群众办实事”之“四送四零”就业直通车工程启动

（区人社局/供）

2021年4月29日，“童心向党竞风采　国粹戏曲韵童年”——吴江明珠学校第十届奥林匹克运动会暨第四届戏剧节开幕　（吴斌/摄）

2021年5月14日，“中国好人”陆鸿向平望镇联丰村党总支递交入党申请书，图为陆鸿在写入党申请书　（区融媒体中心/供）

2021年7月2日，吴江区召开庆祝中国共产党成立100周年座谈会暨“两优一先”表彰会议

（区委组织部/供）

2021年3月，新华书店红色书籍专柜　　（区融媒体中心/供）

2021年3月9日，苏州市吴江区庆祝建党百年红色演出季启幕 （城投集团/供）

2021年5月15日，苏州市吴江区庆祝中国共产党成立100周年红色经典歌曲合唱大赛（决赛）现场 （区融媒体中心/供）

2021年6月29日，苏州湾中心正式亮灯向建党百年献礼 （吴斌/摄）

2021年6月26日，平望镇举办“百年红色领航　同心筑梦平望”主题活动，图为小学生手绘“平望·运河繁华图”十米长卷展示现场　　（区融媒体中心/供）

2021年6月27日，迎七一革命歌曲快闪秀活动开启
（区融媒体中心/供）

2021年6月28日，“百年风雨路　放歌新时代”——长三角一体化示范区红色经典歌曲合唱展演活动在吴江举办
（区融媒体中心/供）

2021年6月28日，“永远跟党走　启航新征程”——吴江区职工庆七一文艺汇演暨产改之夜专场文艺演出现场　　（区总工会/供）

2021年6月28日，江陵街道举办“光荣在党50年”表彰仪式　　（区融媒体中心/供）

2021 年 6 月 6 日，屯村实验小学开展“童心向党，共绣党旗”活动

（屯村实验小学/供）

2021 年 6 月 28 日，“颂建党百年 做时代新人”——桃源镇关工委老少同台展演活动现场

（戴惠林/摄）

2021年6月17日，吴江区建设全国文明典范城市推进会召开　（区融媒体中心/供）

2021年8月12日，区长王国荣（右二）带队调研太浦河设防标准提升工作　（陈军/摄）

2021年1月20日，吴江区首批老旧小区加装电梯交付使用仪式举行　（松陵街道/供）

2021年12月6日，吴江首条直达园区定制公交开行
（区交通运输局/供）

2021年12月10日，“爱心箱送”大型公益活动启幕　（区融媒体中心/供）

2021年5月31日，民警在幼儿园向小朋友传授反诈知识　（龚轩/摄）

2021年5月15日，机关志愿者在盛泽镇遭受龙卷风灾害后参与居民受损房屋修复　（区融媒体中心/供）

2021年7月26日，消防员将行动不便的老人背离汛情险地　（区融媒体中心/供）

2021年4月8日，党员医生大型义诊活动现场　（王琛/摄）

2021年7月6日，江陵街道新柳溪社区开设“家门口的暑托班”　（江陵街道/供）

2021年3月4日，我为小镇“洗把脸”活动（区融媒体中心/供）

2021年5月9日，苏州信息职业技术学院的志愿者展示“吴江区垃圾分类小达人”证书

（区融媒体中心/供）

2021年6月29日，震泽镇金星村召开“完善村规民约，树立文明新风”专题协商议事会

（区政协/供）

2021年11月25日，汾湖高新区莘南村关工委组织开展“传家风、立家规、树新风”主题活动

（陈敏/摄）

同里国家湿地公园科普馆航拍图　　（吴斌/摄）

2021年6月10日，吴江双拥主题公园正式开放启用　　（区融媒体中心/供）

2021年1月29日，吴江区冬春季疫情防控工作推进会召开　　（区融媒体中心/供）

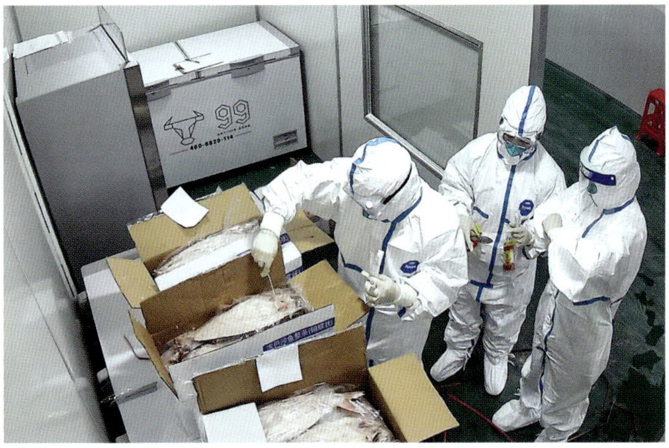

2021年1月16日，区市场监管局工作人员对进口冷链食品进行排查
（区融媒体中心/供）

2021年7月28日，卡口查验测体温
（区融媒体中心/供）

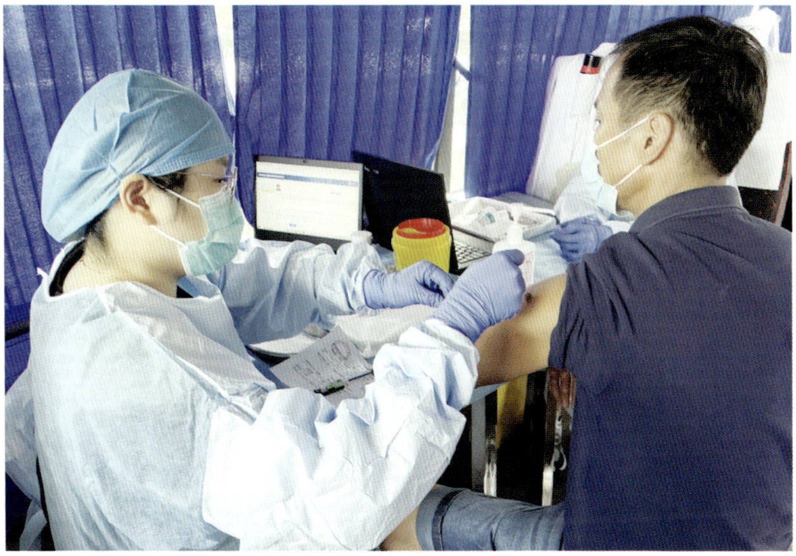

2021年8月11日，接种疫苗
（区融媒体中心/供）

2021年8月24日，长三角公交站亭清洁消毒
（区融媒体中心/供）

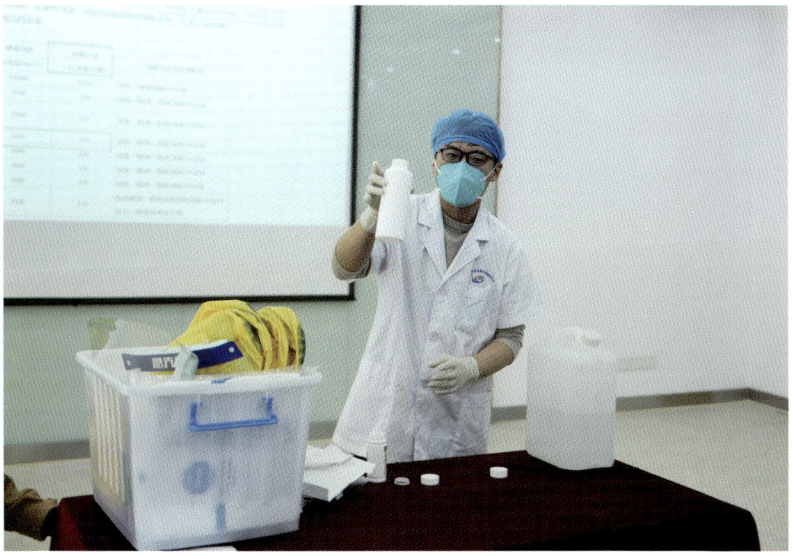

2021年1月29日，吴江开发区企业举办“进口高风险非冷链集装箱货物预防性消毒处理工作”培训
（吴江开发区/供）

2021年8月，吴江开展核酸检测实战应急演练　　（区融媒体中心/供）

2021年9月4日，吴江援扬州医务人员回吴合影　　（杨隽/摄）

2021年8月10日，区委书记李铭（前排中）调研桃源镇，实地考察特色田园乡村建设

（桃源镇/供）

2021年2月4日，全区乡村振兴重点项目现场推进会召开　（区农业农村局/供）

2021年5月27日，"共绘苏乡 规划师下乡"吴江行动发布会在七都镇开弦弓村举办

（区自然资源和规划局/供）

2021年5月28日，区农业农村局下乡开展新型职业农民培训活动

（区农业农村局/供）

2021年6月25日，区科技局在七都镇开展"点单式"星火科技培训

（区科技局/供）

2021年10月，智能农机助力无人农场建设　　（吴斌/摄）

2021年3月14日，长三角大学生乡村振兴创意大赛平望·文化赋能空间专项赛培训会合影

（区融媒体中心/供）

2021年4月20日，“红色珠链　同心绘蓝”乡村振兴志愿队成立　（汾湖高新区/供）

七都沿太湖湿地景观亮化工程　（吴斌/摄）

2021年7月22日，屯村大桥通车 （王琛/摄）

2021年11月29日，平望东溪河生态美丽河湖建设基本完工 （平望镇/供）

盛泽新农村人居环境整治
（盛泽镇/供）

吴江区美丽庭院建设
（区妇联/供）

吴江区“最美村景”震泽镇永乐村
（区融媒体中心/供）

2021年7月11日，长三角生态绿色一体化发展示范区高峰人才联合激励计划在吴江发布
（区融媒体中心/供）

2021年5月15日，长三角生态绿色一体化发展示范区文博场馆共建品牌“博享荟”在吴江发布
（区文体旅局/供）

2021年4月16日，第五届未来医疗100强大会项目签约仪式在吴江举行　　（东方国资/供）

2021年5月8日，吴江航空航天产业推介会项目签约仪式举行　　（吴斌/摄）

2021年1月15日，吴江区召开数字经济和数字化发展推进大会　（吴斌/摄）

2021年6月3日，共建长三角一体化示范区绿色发展国际创新中心战略框架协议在吴江签署
（区融媒体中心/供）

2021年5月18日，中国电子口岸数据中心南京分中心长三角生态绿色一体化发展部示范区综合窗口揭牌仪式在吴江举行 （陈曦/摄）

2021年11月30日，长三角G60科创走廊质量标准云论坛在吴江举行 （龙玥/摄）

2021年11月2日，区人大常委会主任徐晓枫（右四）一行视察先行启动区建设情况

（杨立帆/摄）

2021年4月26日，区政协主席李斌（右三）带队赴长三角生态绿色一体化发展示范区执委会学习调研

（区政协/供）

2021年4月16日，长三角一体化示范区消防救援队伍协同发展签约大会举行（区融媒体中心/供）

2021年6月21日，长三角绿色生态一体化示范区大学生创意创业大赛在吴江启幕（区人社局/供）

2021年6月10日，长三角一体化示范区卫健系统卫生应急技能竞赛及综合演练在吴江举行（区卫健委/供）

2021年1月26日，吴江发出示范区首张“跨省通办”不动产登记证明
（区融媒体中心/供）

2021年2月26日，吴江首张“全城通办”营业执照发放
（区行政审批局/供）

2021年11月12日，吴江开出首张青吴嘉货车禁区通行证
（区融媒体中心/供）

2021年3月25日，顺丰长三角创新中心项目在吴江奠基　（刘逸/摄）

2021年4月22日，华为（吴江）工业互联网赋能中心签约仪式举行　（区融媒体中心/供）

苏州大学未来校区一角　（吴斌/摄）

2021年2月3日，长三角首列智轨电车在吴江上路试跑
（吴斌/摄）

2021年10月22日，中欧班列（苏州）长三角一体化示范区专列首发
（吴斌/摄）

2021年12月18日，示范区7路（定制旅游专线）开通试运营
（区融媒体中心/供）

目　录

媒体聚焦

专　记

大事记

长三角生态绿色一体化发展示范区建设

专项工作

吴江概况

中共苏州市吴江区委

苏州市吴江区人大

苏州市吴江区人民政府

政协苏州市吴江区委员会

中共苏州市吴江区纪委监委

群众团体

法治·军事

经济管理与监督

工 业

农业和农村工作

服务业

民营经济

开放型经济

金融业

城市建设与管理

科学技术

教　育

文　化

卫生体育

社会生活

资源生态

区镇街道

人　物

附　录

索　引

Main Contents

People's Congress, Wujiang District Suzhou

People's Government, Wujiang District, Suzhou

Committee of the CPPCC, Wujiang District, Suzhou

CPC Commission for Discipline Inspection and supervision, Wujiang District, Suzhou

Mass Organization

Legal and Military Affairs

Economic Management and Supervision

Industry

Service Industry

Private Economy

Open Economy

Finance

Urban Construction and Management

Science and Technology

Education

Culture

Public Health and Sports

Social Life

Resources and Ecological Environment

Towns & Streets

Figures

Appendix

共享红色资源　三地携手共学党史

王　英

自党史学习教育开展以来，江苏省苏州市吴江区携手上海市青浦区与浙江省嘉兴市嘉善县，通过共建学习联盟、共享红色资源，打好党史学习教育“一体化”品牌，创新区域联动共学党史。

苏州吴江区牢牢把握长三角生态绿色一体化示范区建设机遇，从区到板块再到各部局，在各个层面与上海市青浦区、浙江省嘉兴市嘉善区开展联组联学，深化党史学习教育。三地政务服务部门制订党史学习联盟计划，定期研讨解决共建过程中的新情况、新问题；三地教育部门携手成立长三角一体化示范区教育群团联盟，开展党史学习教育活动“牵手”行动；三地党校建立党性教育基地联盟，举办党校教师现场教学活动，推动党史教育资源互通共享；三地国企建立“毗邻共建”党建联盟，明确2021年度重点领办项目和共建项目，通过党史学习教育推动三地国企共同发展。

上海青浦、苏州吴江、浙江嘉善三地，红色资源丰富，使得共享红色资源成为吴江党史学习教育的一大亮点。党史学习教育开展以来，吴江用好三地红色点位、爱国主义、时代精神等阵地资源，组织开展“重温百年路，聚力新时代”党史学习教育主题活动，打造7条党史学习教育线路，发布30个三地党史学习教育重点教学点，为全区各级党组织开展高质量主题党日活动提供“优选菜单”，推动党史教育入脑入心。

除了红色资源共享，吴江还牵手青浦和嘉善，加强理论资源共享，举办先行启动区“百年心向党·奋进长三角”党史微课优秀课程评选大赛；启动“学党史、强信念、跟党走”长三角一体化示范区青年理论学习宣讲项目，组建首批百人“理响示范区”青年讲师团，将在三地交叉开展不少于百场的巡回宣讲。

在党史学习教育中，吴江积极开展“万企行”党建惠企政策宣讲、业务骨干交换坐班、党建活动联合开展等活动，通过“宣讲+服务”“学习+实践”，把党史学习教育与长三角一体化示范区建设结合起来，切实把党史学习成果转化为推动发展的实际成效。

（刊发于2021年5月10日《光明日报》）

如何拥抱工业互联网？“吴江范本”给出答案

周建琳

从产业化体系到人工智能，从传统制造到互联互通，苏州市吴江区工业互联网产业一步步升级，正全面发力，拟绘制工业互联网“吴江范本”。

29日，吴江区政府提供的最新统计数字显示：目前，吴江累计获评国家级工业互联网试点示范项目2个、制造业与互联网融合发展试点示范项目3个、智能制造试点示范和新模式项目6个。累计建成省级示范智能工厂4家、省级示范智能车间134个，初步形成智能制造与工业互联网“双剑合璧”的“吴江模式”。

和别的城市一样，面对工业互联网浪潮，吴江很多企业“不敢用”“不会用”“用不起”，如何破局？吴江区专场举办第七期民营企业家沙龙，邀请恒力化纤、亨通光电等知名民企参加，围绕工业互联网展开“头脑风暴”。

民营经济强、创新活力足是吴江鲜明的城市特征。截至目前，吴江区已有8.3万余家民营企业，涌现出恒力集团、盛虹控股集团、亨通集团等“中国500强”企业。让民企更好地拥抱工业互联网，是吴江工业发展的重中之重。

全集团打造了21个江苏省示范智能车间、1个苏州智能工厂、1个江苏省智能工厂、1个江苏省工业互联网标杆工厂，这是亨通集团6年间交出的成绩单。实现人、机、物的闭环系统，为此集团投入了10亿多元。

“未来，工业互联网不是让企业活得好，而是企业生存的根本。”亨通集团执行总裁钱建林表示，接下来，亨通集团将继续加强工控安全技术研发，结合量子保密通信、区块链技术，做好底层和云端的多维加固，为工业互联网筑起“安全之墙”。

同信心满满的钱建林相比，会场上的胡毓芳有些焦虑。身为苏州太湖雪丝绸股份有限公司董事长，胡毓芳从一个“蚕丝作坊”起步，一步一个脚印，经营成为“苏州蚕丝被行业第一股”，让苏州丝绸走进中国千家万户。如何搭上工业互联网的快速列车，胡毓芳愁的不是资金投入，而是招不到好的人才。

胡毓芳的“痛点”恰是万能的“兴奋点”。接过话筒，苏州凌犀物联网技术有限公司总经理万能介绍说，他们可以为客户提供系统性解决方案，在人和机器之间架起沟通桥梁，让人和设备“心有灵犀”，更高质效地完成生产任务。

会场内，如何拥抱工业互联网的探讨很是激烈，与会企业家们围绕专业人才打造、惠企政策等内容，与相关职能部门深入探讨。吴江区委副书记、区长王国荣边听边记，他强调，吴江要完善各项扶持政策，为“智能制造看吴江”“工业互联网看吴江”提供坚强保障，助力更多企业搭上工业互联网时代的高速列车。

走出会场驻足在吴江震泽的震纶棉纺生物质纤维有限公司的再生纤维材料智能生产车间时，“棉纺产业是劳动密集型产业”的传统观念瞬间改变。宽敞整洁的车间恒温恒湿，一台台高速运转的机器不知疲倦地“忙碌”。

“棉纺不是高端产业，但一定要做产业高端。”这是震纶棉纺留给参观者的启示，也道出了工业互联网的本质是一场前沿技术对传统工业的升级。正如王国荣所言，做百年企业太难了，大力发展工业互联网就是想让企业走得更好更远。

（刊发于2021年1月29日中国新闻网）

锚定“五新目标” 绘就“最美窗口”

苏州市吴江区以前被作为江苏的“南大门”，南与嘉兴市嘉善县等浙江的县区相邻，东与上海青浦区接壤，有着“吴根越角”之称。正是在这里，著名社会学家费孝通以吴江的开弦弓村为样本和原型，写就了《江村经济》一书，成为外界观察中国农村的一个窗口，这一“名村”也让吴江更有“国际范”。

同时，吴江也是观察中国民营经济和区域经济发展的重要窗口。先看当地企业发展，今年，恒力、盛虹2家企业上榜“世界500强”，其中恒力首次进入前100强，较上年大幅跃升40位，位列第67位；盛虹上升了147位，位列第308位。今年以来新增4家上市公司，新增数创历史新高，累计有24家企业在境内外上市。再看吴江区域发展，2020年，吴江地区生产总值突破2000亿元大关。今年上半年，吴江实现地区生产总值1043亿元，增长12.5%；1至7月完成一般公共预算收入171.44亿元，同比增长14.2%。最近发布的2021年赛迪百强区榜单中，吴江排江苏省第一，全国前十。

2019年11月1日，长三角生态绿色一体化发展示范区正式揭牌，吴江与上海青浦、浙江嘉善共同组成的“示范区”，在不少人看来正是“黄金三角区”。如今，紧扣“一体化”和“高质量”两个关键，聚力“沪苏同城化”的吴江，正锚定“五新目标”——着力打造创新发展新高地、生态绿色新典范、城乡融合新标杆、江南文化新空间、共同富裕新样板，努力展现“创新湖区”“乐居之城”现实模样，奋力谱写展示社会主义现代化“最美窗口”的吴江篇章。

用好先手棋和突破口

建设长三角生态绿色一体化发展示范区是实施长三角一体化发展战略的先手棋和突破口。2019年12月，中共中央、国务院印发的《长江三角洲区域一体化发展规划纲要》明确提出，高水平建设长三角生态绿色一体化发展示范区，要在严格保护生态环境的前提下，率先探索将生态优势转化为经济社会发展优势，从项目协同走向区域一体化制度创新，打破行政边界，不改变现行的行政隶属关系，实现共商共建共管共享共赢，为长三角生态绿色一体化发展探索路径和提供示范。

如何助力、借力一体化示范区建设？这成为示范区干部的必答题，吴江正积极破题。

吴江坚持从示范区战略定位高标准谋划项目，部署2021年示范区建设178项重点项目，上半年其中160项取得实质性进展，占比89.89%。在“沪苏同城化”方面，率先探索大力推进，元荡路贯通、元荡生态岸线贯通示范段收获好评，沪苏湖铁路苏州段桥梁工程全面开工；在“勇当科技和产业创新的开路先锋”上积极作为，国家先进功能纤维创新中心、长三角科大亨芯研究院等科创类项目加速推进；在扛起“争当表率，争做示范，走在前列”的重大使命上彰显担当，国家重点支持的“关键战略材料”项目英诺赛科氮化镓一期竣工投产，有力展现吴江现代化建设的探索性、创新性、引领性。

吴江坚持以《示范区产业发展指导目录》为指引，力促高质量项目招引落地。围绕示范区主要发展的“五大经济”，瞄准大型央企、国企和其他国际国内500强企业，开展精准化招商、产业链招商、生态圈招商。今年，苏州湾绿地全球商品贸易港、京东方艺云数字文化产业基地等高“含金量”“含绿量”“含新量”项目纷纷签约落地。其中，4月份举办的上海投资说明会，成功签约项目32个，项目引进呈加快上扬趋势，且项目投资额更大、显示度更高、引领性更强，为示范区建设积蓄了新动能。

推进项目建设、增强发展能级的同时，吴江区领导干部不断解放思想、大胆探索，正全力推动一体化制度创新。加快复制长三角绿色智能制造协同创新示范区项目经验，更好发挥政府与市场的协同作用，积极打造行业内、区域间的“超级工厂”；结合中央部署的国企改革三年行动，探索推进国有企业参与混合所有制改革，提高国企市场化运营管理水平，积极承担示范区重大项目投资建设任务，撬动更多资本投入一体化建设，形成更多可复制可推广的“吴江方案”。此外，吴江还启动了62项体现“制度创新度”的重点改革项目，进一步破题制度创新。

其中，长三角一体化示范区沪苏人才同城共建战略合作项目，值得一提。吴江正依托示范区招才引智“金字招牌”，在示范区人才高地建设合作框架基础上，发挥好三地人才引育共推、人才服务共享、人才平台共建、人才环境共维等重点领域的政策创新，人才服务协同的步伐持续加快，发布示范区创业发展生态圈，全面推介示范区内各类创新创业资源，为引进人才办理了首张长三角示范区海外人才居住证，激发协同聚才的强劲动能。吴江的目标很明确：以更积极有效的人才政策，加速推进人才工作融入示范区发展，不断彰显吴江知名度，拓展招才引智“朋友圈”，力求在招才引智、载体建设、发展环境上争当示范，构建长三角人才创新发展重要策源地，为人才要素在长三角的集聚与流动提供经验和借鉴。

营商环境力求“最舒心”

推动吴江经济社会高质量发展，打造国际化、法治化、便利化的营商环境显得尤为重要，为此，吴江把优化营商环境作为高质量发展的“生命线”。具体而言，吴江正强化“用户思维、客户理念”，聚焦企业关切，主动融入一体化发展，力争将吴江打造成长三角核心区的投资乐土、创业福地，全力打造“最舒心”营商环境。

优化营商环境，吴江创新举措不少。去年，吴江以苏州市“营商环境创新年”为契机，推出《吴江区打造“最舒心”营商环境创新行动2020》，举措目标提档升级。其中明确提出，要建立青吴嘉三地公共信用信息共享机制，探索建设示范区内统一社会公共信用信息数据归集标准，推动青吴嘉三地信用数据共享互动；要率先形成“标准互认、信息共享、措施互通”的跨区域信用联合奖惩模式，在生态环保、食品安全、产品质量、旅游等重点领域试点推行失信联合惩戒。

在政务服务方面，吴江在苏州市率先推出政务（便民）“自助服务区”，提供“24小时”不打烊政务服务，并创新研发政务服务自助一体机，整合10余个部门业务，其中可办理34项，可查询24项，可预约3项，可打证明12项，可异地办理业务758项，共计在人员密集场所投放政务服务一体机119台。更进一步的是，119台政务服务一体机还与青浦、嘉善一体机实现互联互通，一体化示范区首批758项事项已纳入“自助通办”范围，实现青吴嘉三地自助服务机无缝对接。此外，吴江还积极构建长三角一体化示范区业务通办机制，推进示范区“一件事”改革，实现无感切换办理跨省业务；梳理跨省通办“一件事”申报材料清单、开通异地通办专窗、制定多部门合作机制。

吴江正着力畅通政企沟通渠道。目前，吴江已建立起民营企业家“三项制度”，即民营企业家月度沙龙、民营企业家微信群联系和民营企业信息直报制度，真正实现民营企业家的声音“听得到”、意见“看得到”、诉求“办得到”。其中，在民营企业家月度沙龙中，吴江区领导，区各相关职能部门、各区镇主要负责人与民营企业代表面对面交流，倾听企业心声，开门纳谏，现场认领任务，共谋发展；在民营企业家微信群方面，吴江区委书记、区长加入“勇当领头羊”“再攀新高峰”等民营企业家微信群，与企业家建立起全天候联系；在民营企业信息直报上，对企业家在月度沙龙、微信群中提出的意见建议，按程序交由相关部门处理，逐条梳理研究，针对性地提出解决方案、落实解决措施。

正因一系列营商环境优化政策的发布与落实，2020年5月，《第二届（2020）长三角地区营商环境发展水平评估报告》发布，吴江在参评的88个区县中，综合排名位居第9，在营商环境便捷度方面排名第5，并获评长三角地区营商环境十佳政务机构。

吴江的企业吸引力

“最舒心”的营商环境，给了吴江吸引企业在此落地生根、开花结果的“底气”，而多年来，恒力、盛虹两大“世界500强”企业的茁壮发展，更让企业家看到吴江独特吸引力背后的“实力”。

9月14日，恒力长三角国际新材料产业基地开工仪式在吴江汾湖举行，项目总投资200亿元，年销售规模预计500亿元、利税50亿元。吴江区委书记李铭表示，恒力长三角国际新材料产业基地的开工，不仅是吴江坚持以项目化推动一体化、以一体化推动高质量，真抓实干、大干快上的具体体现，也充分体现了恒力集团扎根家乡、勇创大业、投身国家战略的深厚情怀。据了解，恒力长三角国际新材料产业基地项目，是吴江以及恒力集团在新材料领域的一次重量级布局，项目建成后将有力推动新材料产业成为吴江第四个千亿级产业集群。恒力的目标是，助力打响“苏州制造”品牌，奋力在推进“沪苏同城化”中打头阵、作表率，在长三角一体化发展中当先锋、树标杆。

与恒力长三角国际新材料产业基地一样，英诺赛科（苏州）半导体有限公司同样落子汾湖，其也是近年吴江企业吸引力的重要例证之一。目前，全球最大氮化镓工厂英诺赛科苏州第三代半导体基地建成并已成功投产。据了解，英诺赛科项目是“卡脖子”技术攻关项目，其一期投资60亿元，项目计划通过5年建设，建立起高功率密度、高效率、高增益、低成本的8英寸硅基氮化镓量产平台。全部达产后将实现年产能78万片8英寸硅基氮化镓晶圆，年产值150亿元，利税15亿元。其产品应用场景广阔，可满足5G通信、电源适配器（无线充电与快充）、高频激光雷达（无人驾驶）、数据中心（电源系统）等行业需求。其中，英诺赛科与华为互为上下游关系，与华为在上海的研究所也有合作。

高质量企业还在向吴江流动、聚集。9月14日，为全面打响“江南文化”品牌，深度融入“沪苏同城化”发展，吴江区人民政府与上海电影（集团）有限公司签署战略合作框架协议，共同推动区域文旅项目发展，构建影视文旅融合发展的新生态。据了解，这也是上影集团与地方政府首次合作，为此吴江将提供最舒心、最周到的服务，与上影集团携手打造“一基地、一剧本、一基金”等地标项目，推动吴江文化产业高质量、大踏步发展，共同打造“江南文化新空间”典范样板。

吴江正主动跨前一步，瞄准工业互联网建设，提出“工业互联网看吴江”。目前，吴江正以推动中国工业互联网研究院江苏分院和国家工业互联网大数据中心江苏分中心落地建设为契机，全力引进华为、海尔卡奥斯、徐工信息等项目，以行业龙头落地带动形成工业互联网产业、人才集聚效应，坚持开放共享、融合创新、数字赋能，高标准、高水平建设长三角工业互联网创新示范基地，让“工业互联网看吴江”成为闪亮名片。

如今，正迎来“高铁时代”的吴江，城市“显示度”将进一步提升，企业吸引力也将进一步增强。未来，沪苏湖高铁、通苏嘉甬高铁将在位于汾湖的苏州南站十字交会，苏州南站将和苏州北站一同，与上海虹桥高铁枢纽共同打造国家级综合交通枢纽。围绕这一“枢纽”，吴江高铁科创新城正逐渐从蓝图变为现实。其将依托苏州南站高铁枢纽周边约5平方公里的区域，打造示范区内最主要的对外交通门户，规划形成以三白荡、元鹤荡为“一心两翼”的生态空间骨架，以高铁水乡创新片区、莘塔未来智谷片区为城区核心，打造展现枢纽经济特征、集聚文教科创产业、具有现代风尚、人文生态相融的特色高铁小镇。吴江高铁科创新城将加快区域内创新研发和智能制造业发展，强化公共服务能力，打造长三角技术创新成果交流平台、人文教育科研院校、区域医疗服务等产业功能示范项目，推动创新要素在高铁枢纽形成集聚。

（刊发于2021年9月23日《解放日报》8专版）

（本栏编辑　潘　莉）

中共党史学习教育

2021年，苏州市吴江区按照中央和省委、市委统一部署，紧扣学史明理、学史增信、学史崇德、学史力行的要求，迅速掀起党史学习教育热潮，推动全区上下学党史、悟思想、办实事、开新局，全区党员干部思想精神得到淬炼洗礼。吴江党史学习教育相关工作受到党史学习教育省委、市委巡回指导组肯定，被市党史学习教育简报刊用37次，省简报刊用3次，多项工作受到《人民日报》《光明日报》等宣传报道。

吴江区围绕“六专题一实践”（开展专题学习、开展专题培训、开展专题党课、开展专题宣讲、开展专题研究宣传阐释、召开专题民主生活会和组织生活会，开展“我为群众办实事”实践活动）和“六个进一步”（进一步感悟思想伟力，增强用党的创新理论武装全党的政治自觉；进一步把握历史发展规律和大势，始终掌握党和国家事业发展的历史主动；进一步深化对党的性质宗旨的认识，始终保持马克思主义政党的鲜明本色；进一步总结党的历史经验，不断提高应对风险挑战的能力水平；进一步发扬革命精神，始终保持艰苦奋斗的昂扬精神；进一步增强党的团结和集中统一，确保全党步调一致向前进）重点，全面开展并完成党史学习教育各项任务，形成以上率下、层层推进的局面。吴江区成立党史学习教育领导小组，由区委主要领导担任组长，于3月10日召开全区党史学习教育动员会议，组织开展全区党史学习教育。领导干部示范引领学，举办区委理论学习中心组专题学习会14场，区委常委结合实际带头制订并实施个人专题学习计划、带头走访基层企业、带头开好专题民主生活会，围绕《关于在全党开展党史学习教育的通知》明确的5个方面对照检查，形成一级带着一级学、一级做给一级看的示范效应。全区科级以上党员领导干部全部参加所在支部专题组织生活会。注重将党史学习教育纳入党校干部主体班次必修课，建设党校系统党史学习教育课程体系。组织开展党史专题读书班，配发指定学习材料24万册，党员干部覆盖率100%。注重加强督导落实，将学习教育开展情况纳入领导班子和领导干部年度考核、纳入专项督查和年度党建考核，先后组建8个区委巡回指导组和3个区委派出巡回指导组，定期召开专题工作会议和联络员会议，落实工作周报机制，赴13个区镇（街道）、66个相关单位、30余所学校开展巡回指导。

吴江区把握感悟思想伟力的首要任务，坚持以学为本、以悟为要，引导党员干部在重温党的百年奋斗历程中感悟习近平新时代中国特色社会主义思想的真理魅力和实践伟力。全区开展党史主题党课、宣讲会、报告会等3509次，依托“鲈乡社科大讲坛”、电视“鲈乡讲坛”，开展“鲈乡燕语·学用党史”基层宣讲活动，组织集中式专题宣讲52场次，菜单式选学337场次，受众超10万人次。充分挖掘示范区三地爱国主义、时代精神和党史学习教育等文明实践阵地载体，打造党史学习教育线路7条，发布三地党史学习教育重点教学点30个，为全区各级党组织提供“优选菜单”。认真梳理吴江革命历史文件、革命英雄、革命精神、革命文物以及红色场馆等，编写《吴江红色基因图谱》。依托长三角一体化机制推动共建共学，2021年全区开展联组学习70场次，涉及青吴嘉三地154个单位，“联组学习：助推长三角一体化”入选全省党史学习教育工作创新案例。广泛开展“线上”党史学习宣传活动，在吴江新闻网、今吴江App、《吴江日报》等各类媒体设置“党史学习教育”专栏，上线《鲈乡燕语·吴江区学习贯彻习近平总书记“七一”重要讲话系列党课》，组织理论宣讲骨干开发26节理论宣讲视频课程，点击量超20万次。积极对接央媒省媒市媒，全方位、立体化推进党史学习教育宣传报道，在“学习强国”学习平台、市级以上主流媒体、自有媒体编发报道4500余篇。

吴江区融合推进“我为群众办实事”实践活动和“两在两同”建新功行动（“同人民想在一起、干在一起，风雨同舟、同甘共苦，在现代化新征程上建新功”行动），引导党员干部把学习与实践结合起来，在为群众排忧解难中践行党的初心使命。全年完成“我为群众办实事”重点项目662项。各地各部门重点对直接关联民生和发展、基层群众和企业意见建议比较集中的问题进行分类梳理，确定两批次“我为群众办实事”重点项目，其中30个项目由区四套班子领导直接领办。将“我为群众办实事”实践活动与解决民生突出问题紧密结合，人才租赁住房保障工作、“家门口的暑托班”、农村公厕整治、老旧小区改造等一批项目获得群众认可。结合全国文明典范城市建设，以志愿服务为纽带，发挥好新时代文明实践中心（所、站）在服务群众中的重要作用。实施长效工作机制建设项目143项，党委（党组）理论学习中心组联组学习机制在全市被广泛推广；坚持和发展新时代“枫桥经验”，健全完善区镇村三级社会矛盾纠纷调处化解工作机制；落实“党员干部挂钩联系区镇”机制，建立企业“点单”、党员干部“接单”、职能科室完成“订单”的服务模式；吴江开发区企业“大走访”工作长效机制促进实时掌握企业在政策措施、营商环境、要素保障等方面的实际需求，形成更加完善的政策体系；震泽镇打造“震好办”服务品牌工作机制大大缩短办理时限等。

2022年1月17日，吴江区党史学习教育总结会议召开。党史学习教育期间，吴江区注重上下联动、高位统筹，注重分层分类、全面发动，注重常态长效、为民办事，注重宣传引导、升温拓面，注重严督实导、压实责任，高质量完成党史学习教育各项任务。（祁　智）

长三角生态绿色一体化发展示范区重大建设项目三年行动计划（2021—2023年）

（节选）

长三角生态绿色一体化发展示范区（以下简称“示范区”）揭牌以来，在制度创新、项目推进、民生服务等方面取得了积极突破。2021至2023年，是示范区建设全面推进的关键时期。为更好推动示范区重点区块功能构建和重大项目示范引领，根据《长三角生态绿色一体化发展示范区总体方案》，特编制《长三角生态绿色一体化发展示范区重大建设项目三年行动计划（2021—2023年）》（以下简称《行动计划》）。

《行动计划》按照共商、共建、共管、共享、共赢理念，突出“生态绿色”“一体化”“高质量”，围绕生态环境维育、设施互联互通、产业创新升级、公共服务保障等领域，重点聚焦先行启动区，强化“一盘棋”思维、“一张图”布局、“一套表”管理，突出“一厅三片”功能引领和集中示范，推动一批具体展现新理念新模式的项目落地，加快形成集聚度和显示度，实现从区域项目协同走向区域一体化制度创新。

《行动计划》主要包含重大项目实施计划、重要规划编制计划两部分。重大项目实施计划主要包括先行启动区范围内的项目，兼顾示范区范围内由于线性延伸不便分割，对一体化高质量发展有显著助推意义，或因其他考虑需要整体联合打造的项目（如战略性产业集群、跨界连通、流域治理等），经筛选后纳入5大板块（“一厅三片”集中示范和生态环保、设施互通、产业创新、民生服务4个方面分类示范）中，其中分类示范具体划分为18个主要行动，对建设内容、责任主体等方面细化安排，并将实施进度分解到2021年至2023年的三年周期内，为各个年度的项目推进提供参考。重要规划编制计划主要包括针对示范区特定领域的全局性专题规划研究、先行启动区范围内专门开展的重点专项规划、局部重点片区的城市设计及详细规划等。

一、总体要求

（略）

二、重大项目实施计划

（一）重点区域类

1.水乡客厅

在沪苏浙交界处，依托长三角原点划定约35平方公里，以共建共享为原则，三地共同打造生态绿色发展的功能样板和世界级滨水人居文明典范的集中展示区，在示范区两周年工作现场会之际，确保水乡客厅实质性开工。至2023年，集中建设生态环保类、产业创新类、人居品质类、基础设施类示范项目，形成“一点一心三园三区三道”的空间格局，跨区域“产—居—人文—生态”一体化发展模式得到实践，形成可复制、可推广经验。

聚力推进“一点一心”建设。充分挖掘长三角原点的特有文化内涵，建成一处可感知、可体验的独特地标，以“一点”传达一体化发展意象。重点推进水乡客厅核心区建设，全面建成便捷通达的交通网络体系、河湖生态综合治理示范工程，集中展示湖荡水网风光；布局建设多样的创新聚落空间，初步形成江南水乡标志性建筑群，以“一心”观江南意象。2022年建成长三角原点，2025年核心区基本具备“客厅”功能。

加快实施“三园”工程。融合现代生态理念和传统治水文化，凸显江南水乡圩田生态本底，分别建设水乡湿地、桑基鱼塘、江南圩田三个主题展示园，打造湿地净化、水源涵养、循环农业、圩田再造等水乡田园样板。2025年基本建成低碳技术运用与江南水乡生态景观有机融合的示范园区，以“三园”显水乡基因。

全面启动“三区”建设创新聚落。依托金泽镇区、汾湖高新区以及嘉善北片区镇村聚落，有机嵌入区域级、标志性的创新服务、会务会展、文化创意、科教研发、生态体验等功能性项目，打造创新融合的未来生活场景样板，先行推进金泽镇区更新拓展项目。2021年“三区”规划落地，市政配套和公共服务设施实现开工建设。

链接“三道”串联科创水廊。建设以“蓝道、绿道、风景道”为主体的水陆交通网络，构建林田共生、蓝绿交织的生态网络。以“三道”链接科创基因和水乡风景，建设“科创水廊”，串联“一心三区”创新聚落、“一点三园”景观节点和公共空间，构建“两轴一环”水网格局，打造绿色创新发展新模式，为长三角地区践行绿水青山就是金山银山理念探索路径和提供先行示范。2022年率先建成“三道”复合示范段，2023年基本建成“三道”骨干网络。

加快建设高品质基础设施。着重发挥客厅的

门户功能，建设水乡客厅综合交通枢纽，实现上海轨道交通17号线、苏州轨道交通10号线、沪嘉城际（嘉兴段）等互联互通、同站换乘、多式联运。遵循低影响开发、碳中和、海绵城市等设计理念，全面建设高品质市政基础设施，统筹合理开发地下空间。坚持5G引领、多网融合，部署感知灵敏、互联互通、实时共享的“城市神经元系统”，构建集“连接、枢纽、计算、感知”为一体的新一代信息基础设施架构，推动重点领域智慧应用。2023年骨干路网四通八达，内部支路有序贯通，高品质基础设施服务能力进一步提升。

2.青浦西岑科创中心

西岑科创中心是先行启动区东西向创新走廊的重要发展组团，以华为研发中心和西岑科创园区为核心，打造集研发中试、技术孵化、企业办公、生产服务、配套居住等为一体的复合型创新社区，构建长三角最具活力的创新极核之一，为长三角科技创新共同体建设提供先行示范。至2023年，创新活跃、设施齐全、环境优美、产城融合发展的“科创小镇样板”形态基本形成。

重点推进华为研发中心建设。建设全球高标准的高科技研发基地，优先布局华为终端芯片、无线网络和物联网研发等业务，加速产业集聚。2023年基本建成科技研发、智能城市、生态居住等功能融合的特色示范园区，计划导入3万名左右科技研发人才，打造专业人才高地。

加快打造西岑科创园区。以华为研发中心为龙头，建设西岑科创园区，重点发展集成电路设计产业，推进低功耗多核高性能SoC芯片、信息安全芯片、传感器、RFID、MEMS和无线网络、物联网等领域的研究和开发，支持先进封装和测试技术能力提升，加快形成以集成电路设计为龙头，制造、封测、材料、装备研发制造及配套产业一体的较为完整的集成电路产业链。2021年园区开工建设，2023年初具规模。

建设完备的城市配套设施。对标国际一流的创新社区，建立完备的公共服务体系。实施高标准排水工程，新建西岑科创中心水质净化厂，同步敷设配套污水管道。启动实施青西三镇污水处理提质增效工程。建成岑卜路东段、规划二路北段等新建道路，构建通达的社区配套路网。集中建设西岑社区管理综合体，集成社区行政管理、文化体育活动和卫生服务等功能，配套建设基础教育设施。2021年西岑科创中心水质净化厂开工建设，2023年高标准供排水工程和社区路网全面建成。

3.吴江高铁科创新城

吴江高铁科创新城依托苏州南站高铁枢纽，打造示范区内最主要的对外门户之一，形成一个突出枢纽经济作用、集聚文教科创产业、人文生态相融的特色高铁小镇。营造尺度宜人、高效绿色的水乡交通门户，集中示范水路并举、站城一体、分散布局的交通模式和空间理念。

重点推进枢纽功能形成。加快将苏州南站高铁枢纽建设成为苏州“丰”字形铁路骨架网络的重要组成部分，提升苏州高铁网络通道连通度，强化面向国家中心城市的多向直通能力。依托苏州南站布局吴江高铁科创新城枢纽服务功能，打造江苏境内唯一同时对接虹桥、浦东国际枢纽的关键节点，示范区最主要的对外交通门户、内外交流平台之一。2025年，高铁枢纽基本建成。

探索“科创文教+TOD”发展模式。结合苏州南站高铁枢纽实施，在实现基本交通功能基础上，从水平和垂直两个空间维度有机融合商业、办公、文化、居住等多种功能，达到交通枢纽、创新服务、活力中心三合一的效果，实现城站一体。通过合理规划织补铁路分割的城市空间，连接城市主要自然空间与活力空间，保持城市功能的连贯性。同时，引导市民休闲空间在枢纽综合体上方设置，形成独具特色的枢纽景观核心。2025年，结合苏州南站高铁枢纽建设进展，主体结构、空中平台基本完成。

积极推动科技创新。以枢纽经济为触媒，以便捷的生活环境为亮点，吸引人才加入，联动区域创新资源，完善创新产业链条，培育创新经济集聚区，引入科研院校，推动以智能制造为主导的创新研发，强化区域辐射服务能力，打造长三角技术创新成果交流平台、人文教育科研院校、区域医疗服务等产业功能示范项目。同时，结合临湖荡型圩区的面源污染治理，重点开展环保技术研发。2025年，初步具备江南水乡科创、技术创新成果交流等功能。

加快建设区域公共配套设施。按照高铁科创新城综合发展需要，对标国内外先行地区，加快开展公共配套设施建设，建立完备的公共服务体系。建设一处江南水运码头，汇聚水乡蓝道、生态绿道、人文游径三大特色，打造水陆一体、极具江南水乡特色的门户节点，2025年主体结构基本完工。按照低影响开发和海绵城市理念，合理规划、优先建设片区内部道路交通网络，以及公用事业等市政配套设施，2025年基本建成。

4.嘉善祥符荡创新中心

嘉善祥符荡创新中心围绕南北祥符荡及沉香荡，重点布局高端研发机构，形成“空间上小微嵌、功能上高精尖、气质上灵动美”的创智群落，共建引领示范区绿色创新发展的增长极和动力源。至2025年，集高等院所、人工智能、国际交流、文旅文创为一体的特色创新中心形态基本形成。

重点聚焦创智水乡建设。以创新经济、数字经济、高端教育、高端商务为主导产业，环湖荡布局综合服务中心、科技创新、数字智能、智慧学镇、文创交流、智能制造、创新总部7个单元，围绕科技研发和数字经济新业态，形成研发、智造产业聚集区。重点实施未来实验室、长三角发展研究院、国家医学中心研究点、联合研发中心、大数据平台、智能研发中心、云创学院、数字创新总部、综合展示中心、科技创新中心等项目，2021年开工建设，2025年建成2—3处示范单元。

加强区域基础设施支撑。建设高铁、轨道交通、道路、航线多维交织的智能景道，融合发展综合交通。完善实施连接苏州、上海与嘉善主城区的骨干路网；对接苏州轨道交通10号线和上海轨道交通17号线，实现轨道交通区域互通；组建快速交通环网联系西塘镇区、姚庄镇区和水乡客厅，形成“两镇协一心，一廊连一厅”的支撑。落实蓝绿织网、水绿生态策略，开展科创绿谷水系综合整治，构建水上蓝道体系，建设环祥符荡慢行绿道，对嘉善垃圾焚烧厂进行生态化改造，建设环保科普和体育休闲公园。2022年骨干路及快速交通环网基本实施完成，2023年建成祥符荡生态水环，打造水乡特色乌篷船环线。

创新服务主导智慧社区建设。全面实施智慧社区建设，建成城市大脑运营指挥中心，5G网络、ICT基础设施（智慧路灯、智慧监控等）全覆盖，通过智慧管控快速建立内部各组团间的联系，以创新引领发展，以智慧点亮生活。社区内部打造两条无人驾驶交通环线，建设南祥符荡无人驾驶游船码头，实现社区内部无人驾驶船出行；采用BRT形式，通过无人驾驶技术建设祥符荡中心示范环路，联系各创新单元。2025年片区内基础设施及智能配套基本完工。

（二）生态环保类项目

以太浦河（含汾湖）、元荡、淀山湖“一河两湖”的生态综合治理为重点，坚持系统治理理念，实施湖泊保护修复、活水畅流、清水绿廊、蓝色珠链、全域秀美五项行动（共计16个子项目/项目包），加强河湖共保联治，增进水田林湿等自然要素的协调融合，提升生态系统自我修复与涵养能力，锚固绿色发展的生态基底，引领“江南水脉”好风景向岸线与腹地渗透，与低环境影响的功能营造相结合，避免过度景观化，探索生态优势转化和多元价值彰显的新路径。

1.湖泊保护修复行动

针对示范区内自然形成的浅水湖泊，综合采取清淤疏浚、生态修复、退圩还湖、水岸联治、生物控制等措施，修复湖荡湿地生态系统，探索“一湖一策、一湖一景”的保护型开发利用策略，规范湖荡开发建设行为，维护湖泊持续健康生命，彰显生态价值。

未来三年内，先行启动区内湖泊水体水质总体稳定好转，水空间生境破碎化现象显著改善，部分乡土水生物种重现，世界湖区生态环境基底基本锚固；淀山湖、元荡、汾湖等核心水体岸线实现贯通，先行启动区内其他重点湖荡岸线贯通率达到60%以上，形成滨湖开放的生态景观廊道；局部建成高品质滨湖示范段，落实低冲击开发理念，配套完善的慢行交通与游憩休闲系统，植入一批以服务公众为主的湖畔特色功能。

2.活水畅流行动

加强河网整治，通过水系连通、河道拓浚、拆坝建桥、生态工法等措施，恢复提升骨干河网的防洪、排涝、引水、航运复合功能，强化圩区型中小河道治理，连通断头浜，恢复毛细河道的蓄洪、排涝功能，构建“鱼翔浅底、引排有序”的活水畅流格局。

未来三年内，先行启动区河湖水面率在示范区率先恢复达到近期规划水平，重点湖荡群之间实现有效连通、水体有序流动，基本消除“死水”坑塘，河湖水体自净能力显著提升，毛细水网的水土保持、防汛防洪、水源涵养功能明显增强；示范区内城镇地区的特色水网格局得到有效保护，部分由人工原因导致的河道侵占、河面“萎缩”问题得到缓解，生态水系串联工程与自然水体有机融合，景观水体的水动力和水质显著提升，水城融合特色初步彰显。

3.清水绿廊行动

以“重现自然水文肌理、提升水生态品质、塑造特色公共空间”为核心目标，落实分层分段的岸线保护管控与水岸联动的综合整治，将滨河生态保育、亲水游憩空间塑造、地方特色自然景观与人文历史风貌保护整合起来，建设具有高显示度的清水绿廊样板工程，加快研究生态补偿机制，打造生态价值转化的集中廊道，彰显“生态+”“+生态”示范效应。

未来三年内，优先建成太浦河一级清水绿廊样板段，通过沿线用地调整、综合生态修复等，恢复自然河漫滩，打造安全性、实用性、景观性、艺术性融合的生态绿色示范河道，沿线形成一系列微型生物栖息地，生态物种的多样性和弹性显著提升，并能提供多处便于到达的直接亲水空间；二级清水绿廊的核心示范段建设初显成效，保护范围内陆域污染按要求得到有效控制，沿线慢行路径、湿地公园、观光码头、亲水平台等功能设施投入使用。

4.蓝色珠链行动

蓝色珠链是示范区人与自然和谐共生的特色展示空间，在保障生态系统稳定与安全的前提下，凸显对塘浦圩田地区“人水共生”聚落空间组织特点的传承与再创新，通过优越的生态和风景资源吸引创新要素集聚，适度植入生态休闲功能和新经济载体。

未来三年内，以青浦西岑科创中心、吴江高铁科创新城和嘉善祥符荡创新中心周边为先导段，按照不同主题和主导功能进行打造，向外链接和延伸，形成两条东西向和一条南北向、链接风景与创新的蓝色珠链雏形；率先导入一批高等院校、科研机构、龙头企业研发总部等，引导其结合周边湖荡环境进行整合规划，形成集约用地、灵活开放、疏密有致的布局，同步建成局部样板工程和相关配套工程。

5.全域秀美行动

实施林地增量计划，优化林种树种结构，推广优良林种乡土化，因地制宜运用林水相依、林田交织、镇村绿链、成片植林等手法，适度提高林地规模，发展特色林业产业经济，提供优质生态公共产品。深化乡村环境综合整治，聚焦水、土、气、林等重点领域，推进乡村环境治理从“治标”向“治本”深入，促进乡村郊野地区生态环境改善和自然生态功能提升。试点打造一批生态休闲目的地，结合湖荡、湿地、林地等优质自然资源，形成郊野公园、湿地公园、森林公园、地景公园等开放式景区景点，增进人与自然融合。

未来三年内，以先行启动区为引领，探索出一套适合本地的科学增林模式，在低效建设用地减量化区域优先完成植树造林，林地生态网络功能得到提升，水田林湿复合生态系统效应初步显现；乡村郊野地区环境品质显著改善，完成削氮除磷目标，形成标志性的湿地、田园、林地景观；初步建成和投入运营一批不同主题特色的生态型景区景点。

（三）设施互通类项目

按照互联互通、共建共享原则，实施轨道链接、道路连通、三道复合、绿色基础设施支撑、智慧与韧性城市建设5项行动（共计36个子项目/项目包），推动形成跨区域、多层次、立体化的交通网络，以多模式交通网络带动城镇和功能区发展，塑造富有示范区特色的综合交通和三道复合体系，支撑绿色智慧型、公众共享型、慢行友好型交通发展，同时积极运用先进技术和管理手段，保障绿色、高效、智慧、韧性的基础设施“一张网”综合体系的运行和完善。

1.轨道引领行动

加快高速铁路建设，统筹城际轨道网络，优化城市轨道布局，完善由高速铁路、城际轨道、城市轨道和中低运量公交等构成的多层次公共交通系统,优化高铁枢纽、城际枢纽、公交枢纽三级枢纽体系布局,依托枢纽站构建枢纽服务区,强化200米半径范围内的空间融合、混合开发,实现站城一体的高效集约布局,并与水运码头相结合,实现陆路、水路交通无缝衔接。

2.道路连通行动

完善快速路网结构,提高跨界道路连通性,促进道路衔接标准一致,以有限增量为原则,打造便捷有序的道路交通系统。未来三年内,示范区快速路网格局进一步完善,主要跨界道路实现同标准改造与对接。

3.三道复合行动

结合水系空间、生活空间,构建区域级、城市级、社区级三级慢行绿道,串联古镇、城市公园、小镇公园、郊野公园等,提升慢行交通出行比例;推进跨行政区的蓝道、绿道、风景道等特色交通系统融合,试点开通区域商旅型、示范区生活型、休闲体验型等水上交通服务,营建慢行易达、多样特色出行环境。

4.绿色基础设施支撑行动

构建绿色、高效、智慧、安全的市政基础设施网络和防灾系统,支撑示范区可持续发展。以联通共享、集约互利为原则,建设水源、能源、信息源等支撑体系,统筹优化邻避设施布局并着力提升相关建设的环境友好度。推动共享型能源设施的选址建设,积极探索清洁绿色新能源的推广应用,开展近零碳、净零碳示范试点,合作谋划与建设生活垃圾、污泥、有机废弃物等固废循环利用示范工程。

5.智慧与韧性城市建设行动

高起点建设示范区智能平台运行信息支撑系统,构建数据驱动的智能中枢,加快推进区域新基建和城市治理平台超前布局建设,打造跨域智慧互联样板,实现跨区域数据信息共享,率先实现规划交通、文旅、环保等“智能+”应用场景。推进以圩区安全提升、海绵城市建设为核心的韧性城市支撑体系建设,形成完善的排水防涝和初期雨水污染治理体系,提升人工生态空间在雨洪调蓄、雨水径流净化、生物多样性保护等方面的功能;结合存量更新推进管网更新、建筑节能等工作。

构建智慧大脑中枢。至2023年,全面建成示范区智慧大脑,建设智慧大脑云空间、数据中枢、数据治理平台、指标监测驾驶舱,以及规划管理、生态环保、产业经济、公共信用、公共服务等一体化平台,作为“数字底座”支撑一体化制度创新,基本破除数据流通区域壁垒,跨域数据信息互联共享程度显著提升,力争建设成为“国家数据中心长三角国家枢纽节点”,共同打造数据驱动一体化制度创新、治理能力现代化、区域高质量发展的工作样板,引领更大区域真正实现“数据没有边界”。

加快建设信息化网络。推动物联网等新型基础设施和智慧应用超前布局、协同发展,2021年启动5G网络应用示范基地建设,2022年启动新型城域物联专网示范片建设,2023年基本实现示范区重点区域5G网络全覆盖与综合应用,2025年实现示范区主要区域5G网络全覆盖,推动跨域数据、信息基础设施互联互通。

试点推进韧性城市建设。在示范区开展圩区安全提升工程,对原有圩区格局进行优化、提标改造;落实人防建设标准,制定实施重点片区的地下空间建设与竖向抬升联动方案,指导先行启动区地下空间建设;以“一厅三片”为引领开展海绵城市试点建设,落实低影响开发理念,统一径流控制标准,确立分区建设指引,重点推进雨水综合利用技术、软质建设空间等方面的创新实践;有序落实包括地下水网、架空电网、燃气立管等隐患管网更新工程;支持建设一批绿色建筑试点,示范并推广太阳能、风能、集中热能等在分布式建设中的运用。

(四)产业创新类项目

依托示范区一体化的资源禀赋和产业基础,强化功能互补、空间复合、创新融合,围绕“五大经济”产业体系,以“优势分工、集群共建、资源共享”为关键破题点,实施创新平台共建、先进制造升级、数字经济融合、文旅新经济培育、新型服务赋能5项行动(共计33个子项目/项目包),强化创新策源能力,引领长三角、链接国内外前沿创新资源,推进研学产深度协同联动,优先培育数字信息、智能制造、新材料等实力集群,增进总部经济、特色金融等与制造业融合，形成“原始创新—技术创新—产业创新—服务创新”全链条的创新协作示范，积极探索“会商文旅体农”融合发展的创新创意产业，丰富全域旅游休闲与特色文化体验、休闲度假观光体验等全域旅游内涵，打造绿色创新发展新高地。

1.创新平台共建行动

着力推动一批高水平院校、科研院所、国家创新实验室、地区协同创新中心、制造业创新中心、工程研究中心、孵化转化中心在示范区落地，作为引领战略性、前瞻性产业发展的核心载体，集聚两省一市省级以上创新资源，鼓励院校、企业、政府创新合作模式，服务于关键技术联合攻关与成果转化，搭建链接与面向国际、辐射全国、重点服务长三角区域的高水平学术与技术交流平台。

未来三年内，以先行启动区为先导，建设沪渝高速和通苏嘉甬高铁两条创新功能轴，串联示范区重大创新平台和产业载体，带动示范区其他条件相对成熟的片区，围绕人工智能、集成电路、生命健康、节能环保等长三角地区集中攻关的前沿领域，支持相关平台机构与科学装置落地，引进2—3个国家级科研院所和3—4所高校研究院，初步具备国际型创新学术交流的承载能力。

2.先进制造升级行动

立足两区一县既有基础，依托青浦工业园区、吴江经济技术开发区、嘉善经济技术开发区、嘉善综合保税区B区、汾湖高新区等重点开发区，赋能传统产业焕新，做新做强特色实体经济，巩固和提升一批创新水平领先、核心优势明显的前沿制造业。

未来三年内，积极推动经济开发区、高新技术园区的提档升级与融合发展，助推一批具有行业引领性、创新示范性的产业项目落地，培育面向长三角优势共建领域的“研发—孵化—试验—生产”一体化新型产业空间，在新一代半导体、新材料、智能制造等重点领域，初步构建示范区内部的创新协作网络。两区一县立足地方产业基础与主导方向，打造一批“种子园区”。

3.数字经济融合行动

顺应新一代信息技术发展趋势，推进产业数字化和数字产业化，打造数字化转型发展先行区。支持数字技术基础研发，加快大数据、云计算、下一代网络通信、区块链、智能传感、工业互联网、北斗时空等新兴产业发展。深化数字技术应用，推动智能操作系统、行业应用软件等的研发及应用，提升制造业与信息化融合水平，率先实践工业4.0，实现智能化、柔性化生产。提升服务外包和技术贸易数字化业务水平，积极布局区块链技术创新与应用示范，加快数字技术在商务、旅游、医疗健康、专业服务、文化创意、金融等行业的深度应用，发展数字化新业态。

4.文旅新经济培育行动

整合示范区内水乡古镇、文化遗址、名人故居以及蓝绿生态系统等资源，激发其内在魅力，发掘民间艺术、人文体验、生态教育、户外运动、康体养生等休闲旅游新业态，打造一批特色鲜明的田园综合体、文旅综合体，依托示范区交通网络，推出代表性的主题游线和区域文旅品牌，培育乡村文创基地、文创产业园、国际“设计村”等创意社区试点。

5.新型服务赋能行动

按照世界级会客厅、国际型创新高地的标准，布局与区域创新资源相配套、与示范区生态人文资源相契合的特色服务经济，拓展智慧政务、总部经济、贸易会展、专业咨询等新兴服务领域，引进旗舰项目、搭建公共平台，增进消费服务、研发设计服务与制造业融合发展。

（五）民生服务类项目

以高等级、共建型项目为引领，实施公共服务提质、品质人居标杆、特色文脉传承3项行动（共计16个子项目/项目包），推动基本公共服务均等化和区域公共服务品质整体提升，营建“新江南水乡”的特色品质人居环境，探索特色文脉活化利用、展示传承的可持续路径。

1.公共服务提质行动

以城镇簇群和轨道交通布局统筹高等级公共服务，体现国际水准和地域特色，实现示范区内高水平共建共享。重点提升示范区的文化科技原创能力和教育公共服务品质，使其成为重要的国际知识创新和服务中心。打造健康示范区，引进长三角地区及国内外优质医疗资源，建设集临床服务、医疗教育、医学科研和成果转化为一体的医疗联合服务平台。服务人口、生产要素自由流动，在示范区推进不动产登记“跨省通办”。持续推进以社保卡为载体的“一卡通”服务管理机制，在交通出行、旅游观光、文化体验等方面实现一体化。

2.品质人居标杆行动

探索以镇区（社区）带动周边乡村和生态空间整合发展的模式，在延续水乡“河湖田镇村”共生的空间肌理特质的基础上，运用集约、低碳、智慧的新建造技术，增量建设与存量改造互促，提升城镇品质、促进乡村振兴、改善人居环境。

3.特色文脉传承行动

严格保护示范区物质与非物质历史文化遗产，加强历史古迹及其周边历史环境的整体保护，尽可能原真性地展现不同历史时期发展积淀形成的城乡空间脉络和文化风貌，加快推进江南水乡古镇世界文化遗产联合申报工作。探索文化资源的活化利用，加强地域传统文化的现代演绎与表达，使特色文脉传承与当代的文化休闲需求融合互促。

三、重要规划编制计划

在《长三角生态绿色一体化发展示范区国土空间总体规划（2021—2035年）》及示范区水利、生态环境、综合交通、市政基础设施、产业发展、文化旅游发展等重点领域专项规划的指导下，衔接两区一县各自的国土空间总体规划和近期建设规划，合理吸纳地方既有规划编制创新实践，针对示范区建设中的重点片区或创新实践领域进行深化研究和细化指引，推进以下专题研究、专项规划、城市设计及详细规划，指导相关建设项目的布局和实施。

（一）示范区层面专题研究与专项规划

2021年底前：编制完成示范区水生态环境综合治理实施方案、示范区生态产品价值实现机制专题研究、示范区碳达峰碳中和路径研究、示范区永久基本农田规划调整试点研究、示范区交通基础设施互联互通专项规划、示范区信息基础设施专项规划、示范区江南水乡古镇生态文化旅游圈建设方案、示范区公共服务设施统筹专题研究。

2022年底前：编制完成示范区“一河两湖”生态保护与修复专题研究、示范区清水绿廊（沪湖蓝带）系统规划、示范区农林水复合发展专题研究、示范区数字经济发展专题研究、示范区中低运量公交发展专题研究、示范区蓝色珠链建设导则、示范区“三道复合”建设导则；结合航道整治、河湖连通、水上旅游等推进编制示范区水上交通专项规划。

（二）先行启动区层面专题研究与专项规划

2021年底前：开展世界级湖区前瞻性重大问题研究，以及以元荡、淀山湖为核心的滨水空间整治与提升规划，形成稳定成果；编制完成地下空间开发专项规划及优先启动片区设计、慢行系统及水上旅游交通规划研究、历史街区与古镇（村落）保护更新专题研究。

2022年底前：编制完成生态智慧（低碳）城市专项规划研究、城市夜景观专项规划。

（三）重点片区设计及详细规划

2021年底前：完成水乡客厅片区城市设计、水乡客厅控制性详细规划；编制完成青浦区西岑社区（JZ03）单元控制性详细规划；编制完成吴江高铁科创新城及周边地区城市设计和控制性详细规划，完成高铁苏州南站综合交通枢纽设计；编制完成嘉善祥符荡创新中心及周边地区城市设计和控制性详细规划；开展汾湖高新区（黎里镇）主产业区西单元控规前期研究，形成相对稳定成果；编制完成环三白荡地区城市设计与景观提升规划。

2022年底前：完成青浦新城未来新城样板区（暂定名）控规局部调整；以商榻社区控制性详细规划（含水乡单元规划研究）、丁栅水乡单元规划研究、芦墟水乡单元规划研究等作为规划试点，按需开展先行启动区内水乡单元控规编制。

四、保障措施

（略）

（本栏编辑　潘　莉）

大事记

1月

5—7日　中国人民政治协商会议苏州市吴江区第十五届委员会第五次会议举行。

6日　长三角一体化干部交流合作座谈会暨一体化示范区领导干部示范培训班开班式在吴江举行。

△　在北京召开的全国优秀农民工和农民工工作先进集体表彰大会上，通鼎互联信息股份有限公司设备部总工程师孙勤良和康力电梯股份有限公司电梯维保班组长干旻旭受到表彰。

6—8日　苏州市吴江区第十六届人民代表大会第五次会议举行。会议补选王国荣为苏州市吴江区人民政府区长。

10日　吴江区289个村（社区）党组织换届选举工作圆满完成。

12日　长三角一体化示范区建设水利工作现场推进会在吴江召开。

△　苏州印发《关于命名2020年度苏州市康居特色村的决定》，汾湖高新区（黎里镇）元荡村、七都镇光荣村、震泽镇金星村被命名为“苏州市康居特色村”。

15日　吴江区召开数字经济和数字化发展推进大会。

20日　吴江区首批老旧小区加装电梯交付使用仪式在松陵街道鲈乡二村举行，首批5台加装电梯交付使用。

21日　通用电梯股份有限公司在深圳证券交易所举行上市仪式，成为创业板全国电梯行业第一股企业。

23日　苏州市抗击新冠肺炎疫情表彰暨冬春季疫情防控动员部署大会召开。吴江11家单位获得“苏州市抗击新冠肺炎疫情先进集体”荣誉称号，38人获得“苏州市抗击新冠肺炎疫情先进个人”荣誉称号。

26日　2020年吴江国民经济运行情况媒体通气会召开。吴江区地区生产总值首次突破2000亿元大关，达到2002.83亿元。

2月

2日　吴江区推进长三角一体化示范区先行启动区建设工作会议召开。

3日　吴江捷运系统T1示范线一期项目在同里正式上路试跑，是长三角生态绿色一体化发展示范区第一列智轨电车首次实地运行。

4日　吴江区乡村振兴重点项目现场推进会召开。

18日　经国务院批准，亨通集团有限公司总裁崔根良、吴江区盛泽实验小学教育集团总校长薛法根、吴江变压器有

限公司总工程师禹云长获2020年政府特殊津贴。

19日 吴江全力推动一体化示范区建设大会暨新春经济工作表彰大会召开。

△ 2021年吴江区新春重大项目集中开工活动举行。42个集中开工项目总投资699亿元。

22日 吴江开发区召开全面建设更高水平国家级开发区动员大会暨新春经济工作表彰大会。

23日 吴江区外国人工作、居留单一窗口启用揭牌仪式举行。

25日 在北京举行的全国脱贫攻坚总结表彰大会上，通鼎集团有限公司董事局主席沈小平被授予“全国脱贫攻坚先进个人”称号。

3月

1日 震泽中学育英学校举行开学典礼。

3日 吴江召开全区深化河（湖）长制改革暨污水处理提质增效精准攻坚“333”行动推进会。

4日 “美美江城 美时美刻”吴江区学雷锋志愿服务主题活动暨长三角一体化示范区文明实践联盟签约仪式在吴江区新时代文明实践中心举行。

5日 省委常委、常务副省长樊金龙带队到吴江调研长三角生态绿色一体化发展示范区建设情况并举行座谈会。

6日 区委2021年巡察工作动员部署会召开。

8日 全国妇联下发《关于表彰全国城乡妇女岗位建功先进个人、先进集体的决定》，吴江区人力资源管理服务中心获评“全国巾帼文明岗”。

9日 吴江区庆祝建党百年红色演出季正式启幕，从3月持续至11月。

10日 苏州市党史学习教育动员会议召开，吴江设分会场收听收看，并在会后召开全区党史学习教育动员会议。

△ 吴江区文化产业高质量发展暨创建国家全域旅游示范区推进大会召开。

15日 北京师范大学教育集团与恒力集团有限公司教育合作签约仪式在北京师范大学教育集团举行。

17日 吴江区召开传达学习全国“两会”精神报告会。

18日 “星星点灯 航向未来”吴江青少年思想领航计划启动，计划在2021年举办各类思政教育活动不少于200场。

19日 全区打击治理电信网络新型违法犯罪止损控案百日会战动员部署会召开。

22日 共青团苏州市吴江区第十九届六次全委（扩大）会议召开。

23日 苏州市推进长三角生态绿色一体化发展示范区建设工作会议在吴江召开。省委常委、市委书记许昆林出席会议。

24日 《苏州市吴江区国民经济和社会发展第十四个五年规划纲要和二〇三五年远景目标》正式发布。

25日 吴江召开大运河环境整治提升现场会。

26日 吴江区第十六届人大常委会第三十五次会议召开。

29日 吴江区召开专题会议部署新冠病毒疫苗接种工作。

29—30日 吴江区妇女第十三次代表大会召开。

4月

2日 吴江举办新提任村（社区）书记讲坛。

6日 吴江举行“清明祭英烈”活动。

8日 水利部党组书记、部长李国英到吴江调研太湖流域治理管理工作。副省长齐家滨参加调研。

9日 吴江召开生态文明建设工作暨深入打好污染防治攻坚战推进会议。

10日 中国自动化学会颁奖典礼暨“智能先发 数字吴江”高峰论坛在吴江举行。

13日 全区党史学习教育工作交流暨专题宣讲动员部署会召开。

14日 2021年全国民营企业招聘月活动启动仪式在吴江举行。人社部党组成员、副部长李忠参加活动。

15日 全区优化营商环境推进会召开。区领导李铭、王国荣、徐晓枫、钱宇等出席会议。

△ 京东方艺云数字文化产业项目签约仪式在东太湖度假区（太湖新城）举行。

16日 融创·苏州湾温泉文旅城项目签约仪式举行。

△ 第五届未来医疗100

强大会在吴江开幕。

19日　国家统计局党组成员、副局长盛来运一行到吴江调研。

22日　中车交通与汇川技术、吴江区政府战略合作签约仪式举行。

25日　吴江青商大厦揭牌仪式举行，全省首家青年商会总部大楼启用。

27日　吴江区政府与东吴证券深化长三角一体化全面合作签约活动举行。

28日　长三角生态绿色一体化发展示范区理事会第四次全体会议在吴江召开。理事会轮值理事长、江苏省委常委、常务副省长樊金龙，理事长、上海市委常委、常务副市长陈寅，浙江省委常委、常务副省长陈金彪出席会议并讲话。江苏省委常委、苏州市委书记许昆林参加有关活动。

29日　区委、区政府在上海虹桥举行“沪苏同城　江海融合”2021长三角一体化示范区（吴江）上海投资说明会。

30日　长三角生态绿色一体化发展示范区“五五购物节——乐购吴江”活动启幕。

△　佳禾食品工业股份有限公司在上交所主板挂牌上市。全区境内外上市企业累计达22家。

5月

8日　吴江航空航天产业推介会召开。

△　“全民防”平安建设品牌发布暨反诈主题宣传日活动举行。活动现场蓝盾志愿者平台和全民防云集平台上线运行。

△　省政协主席黄莉新一行到吴江考察，了解长三角生态绿色一体化示范区建设情况。

10日　同里智轨电车正式上路，4辆智轨电车试运行。

△　七都镇设立全市首个“办不成事”反映窗口。

11日　复旦大学附属儿科医院——吴江区第五人民医院医联体及上海世外教育附属汾湖实验小学揭牌仪式在汾湖高新区（黎里镇）举行。

12日　苏州明志科技股份有限公司和博众精工科技股份有限公司登陆上交所科创板。吴江累计境内外上市企业达24家。

△　新时代苏州产业工人队伍建设改革联席会议暨现场推进会、江苏省工匠学院（吴江）揭牌仪式举行。

△　首批“苏州制造”品牌认证企业产品发布仪式举行，颁发首批20家“苏州制造”品牌认证企业证书，吴江6家企业获此证书，数量列苏州大市第一。

13日《长三角生态绿色一体化发展示范区重大建设项目三年行动计划（2021—2023年）》发布。

14日　19时前后，盛泽镇部分地区突遭龙卷风袭击，初步研判为EF3级龙卷风，中心最大风力17级。省委常委、苏州市委书记许昆林第一时间赶赴盛泽受灾现场指挥救援，并召开现场会研究部署后续救援和善后处置工作。

18日　吴江召开“数字蓝海，智造未来——‘工业互联网看吴江’”推进会。

△　2021苏州黎里梨花文化节开幕式在汾湖高新区（黎里镇）六悦博物馆举办。

19日　上海市政协主席董云虎、江苏省政协主席黄莉新、浙江省政协主席葛慧君、安徽省政协主席张昌尔率三省一市政协委员到吴江联合视察长三角生态绿色一体化发展示范区建设情况。省委常委、苏州市委书记许昆林陪同视察。

20日　吴江举行“百年逐‘一’梦　使命‘同’担当”——庆祝中国共产党成立100周年“融入式党建”主题活动。

△　吴江发放首批第三代社保卡，并率先实现示范区内公共交通“一卡通用”。

21日　吴江召开推进长三角一体化示范区先行启动区建设工作现场会。

25日　中国针织工业协会第七届第二次常务理事扩大会暨第十一届“致景杯”全国针织科技大会在吴江高新区（盛泽镇）举行。

△　第十五届吴江区科技创新政府奖颁奖典礼暨吴江区第33届科普宣传周启动仪式举行。

△　“我为群众办实事”区级重点项目清单发布。

28日　江苏省苏州中学附属苏州湾学校举行揭牌仪式。

△　苏州·吴江运河文化旅游节开幕式暨“五五购物节”嘉年华活动在平望启幕。

30日　亨通集团党委的

《组织力标准体系建设》工作被全国党建研究会评为非公企业党建“发挥实质作用”创新案例。

6月

1日 省人大常委会关于多层次养老服务体系建设情况调研座谈会在吴江召开。省人大常委会副主任王燕文参加会议。

△ “百年辉煌雏鹰展翅”吴江区2021年中小学素质教育巡礼暨“庆六一”艺术节优秀节目展演举行。

1—2日 省人大常委会副主任曲福田一行到吴江开展《关于促进和保障长三角生态绿色一体化发展示范区建设若干问题的决定》执法检查并召开座谈会。

3日 生态环境部对外合作与交流中心、江苏省生态环境厅与吴江区人民政府三方共同签署战略框架协议，共建长三角一体化示范区绿色发展国际创新中心。生态环境部副部长赵英民，江苏省副省长潘贤掌参加签署仪式。

△ 中国环境与发展国际合作委员会2021年圆桌会暨生态环保国际合作高层对话在汾湖高新区（黎里镇）举行。生态环境部副部长赵英民，国合会中方首席顾问、全国政协经济委员会副主任刘世锦等参加活动。

4日 吴江区第七次全国人口普查结果公布。全区常住人口为1545023人。

5日 英诺赛科（苏州）半导体有限公司量产暨研发楼奠基仪式举行。

9日 苏州市吴江区乡村振兴局正式挂牌成立。

10日 吴江区外商投资企业协会成立30周年庆典暨长三角生态绿色一体化发展示范区“五五购物节——乐购吴江”老字号品牌联展活动举行。

15日 中国国际发展知识中心第四期交流沙龙江苏省河（湖）长实践案例发布专场在北京举行。吴江作为“联合河长制”发源地应邀参加活动，分享吴江经验。

16—19日 2021盛泽时尚周暨第九届江苏（盛泽）纺织品博览会云展会在吴江高新区（盛泽镇）举行。

17日 全区建设全国文明典范城市推进会召开。

18日 区委理论学习中心组党史专题学习会在吴江党史馆举行。

20日 “点亮吴江”系列活动暨橙狮悦动苏州湾体育中心开业典礼举行。

22日 第一届吴江区农村创业创新大赛举行。

25日 吴江跨境电商展示交易中心启用暨长三角一体化示范区“她创业”助力行动启动仪式举行。

△ 第一届苏州湾红帆赛开幕式在吴江区东太湖生态园举行。

26日 第九届吴江区市民网络文化节启动暨互联网行业党委揭牌暨“蚕·声”品牌融媒体频道发布仪式举行。

28日 吴江区与中国电力建设集团有限公司战略合作签约仪式举行。

△ 吴江开发区与中铁九局集团签约暨揭牌仪式在同里举行，中铁九局集团第一建设有限公司落户吴江。

△ “百年风雨路 放歌新时代”——长三角一体化示范区红色经典歌曲合唱展演活动在吴江举行。

29日 “伟大征程”——吴江区庆祝中国共产党成立100周年交响音乐会在苏州湾大剧院举行。

30日 “五五购物节——乐购吴江”成果发布会举行，累计拉动消费超14亿元。

△ “美美江南韵，文化惠民心”2021年吴江区公共文化服务配送工程首演仪式在盛家厍老街广场举行，青吴嘉三地公共文化服务精品资源库在仪式上发布。

7月

2日 吴江区庆祝中国共产党成立100周年座谈会暨“两优一先”表彰会议召开。

7日 吴江召开全区政法队伍教育整顿总结大会。

△ 2021大运河穿越江苏首划（苏州站）启动仪式在同里镇举行。

8日 青浦、吴江、嘉善政协示范区三年行动计划通报会暨生态绿色一体化发展专题议政会在上海市青浦区召开。

11日 “创新湖区 智汇吴江”2021年（第十三届）苏州国际精英创业周吴江分会场

暨吴江国际精英创新创业洽谈会开幕。

12日 15时33分，松陵街道油车路188号四季开源酒店辅房发生坍塌。省委书记娄勤俭作出批示，省委副书记、省长吴政隆作出批示并立即赶赴事故现场指挥救援处置工作。省委常委、常务副省长樊金龙，省委常委、市委书记许昆林，副省长胡广杰等第一时间赶赴事故现场参加指挥救援处置工作。13日，省委书记娄勤俭抵达四季开源酒店辅房坍塌救援现场，指挥救援和处置工作，并召开会议传达中央领导同志批示精神，听取救援处置、伤员救治和事故初步调查情况，研究部署下一步工作。至14日搜救工作全部结束，经全力搜救，失联人员全部救出，共搜救出被困人员23人，其中1人无伤，5名受伤人员经救治生命体征平稳，17人遇难。

13日 全区既有建筑安全隐患排查整治专项行动部署会召开。

19日 第八届江苏省道德模范候选人名单公示，来自吴江的苏州市缘跃纸制品有限公司负责人陆鸿上榜“助人为乐”模范候选人。

20日 中国共产党苏州市吴江区第十三届委员会第二十五次全体会议召开。

22日 吴江区召开疫情防控和防汛防台风工作部署会。

23日 全区上半年经济运行情况分析会召开。

24日 省委常委、苏州市委书记许昆林率队到吴江检查台风“烟花”应对情况，并视频调度全市防汛防台工作。

26—28日 中国共产党苏州市吴江区第十四届代表大会第一次会议举行。

28日 中国共产党苏州市吴江区第十四届委员会召开第一次全体会议。李铭、王国荣、钱斌、王牟、杨斌、汤浩、郑立军、张炳高、李文斌、钱宇当选为区委常委，李铭当选为区委书记，王国荣、钱斌当选为区委副书记。

29日 区委应对新冠肺炎疫情工作领导小组会议召开。

8月

1日 区委应对新冠肺炎疫情工作领导小组会议召开。

2日 2021年《财富》世界500强排行榜公布，恒力、盛虹再度入榜，分别位列67位和144位。

3日 吴江区江陵街道叶泽湖花苑（西区）组织开展全员核酸检测实战演练，演练持续约4小时，约2000名群众参加。

5日 吴江各区镇、街道开展全员核酸检测应急演练，共有汾湖高新区（黎里镇）北库公寓房宴会厅采样点等10个采样点参加，从16点持续至22点。

10日 吴江区被农业农村部认定为2021年全国休闲农业重点县。

13日 吴江区乡村振兴暨开弦弓村综合提升工作推进会召开。

17日 赛迪顾问城市经济研究中心发布《2021年中国城区经济高质量发展白皮书暨2021赛迪百强区》，吴江区位列全国第十、江苏第一。

18日 吴江区“治违、治污、治隐患”暨违法建设治理工作现场推进会召开。

△ 吴江区村级集体经济倍增发展现场推进会召开。

20日 十四届区委第四次常委会会议暨区委应对新冠肺炎疫情领导小组会议召开。

△ 2021年度江苏省“最美公共文化空间”打造对象揭晓，盛泽文化中心和过云楼艺术馆入选。

21日 宝时得智慧家用事业总部项目签约仪式在吴江开发区举行。

23日 2020年中国服装行业“营业收入”百强企业、“利润总额”百强企业、“营业收入利润率”百强企业名单发布。吴江的苏州青田企业发展有限公司、江苏华佳控股集团有限公司均入围3份榜单。

24日 省委常委、市委书记许昆林到吴江开展2021年苏州市重点项目现场观摩活动。

25日 吴江医学集中隔离点视频调度会议召开，从严安排部署隔离点疫情防控工作。

27日 2021苏州民营企业100强发布，吴江13家企业入围，其中恒力集团位列第一。

△ 上海轨道交通17号线西延伸工程首个开工点——西岑站试桩开工，吴江将接轨上海轨道交通17号线。

30日 “越来悦平望”四河汇集 烟火平望·悦享季活

动举办。

9月

1日　吴江区政企合作启动仪式举行。

△“精英荟萃　智汇吴江”吴江区中外项目产业对接会举行。

2日　中交上海航道局有限公司长三角一体化示范区（苏州吴江）分公司和上海达华测绘科技有限公司揭牌仪式在汾湖高新区（黎里镇）举行。

2—3日　省人大常委会副主任、党组副书记陈震宁带队到吴江调研经济社会发展和人大工作情况。

3日　吴江区“两在两同”建新功行动暨冲刺示范区建设二周年誓师大会召开。

8日　盛家厍城市更新项目启动暨吴江城投集团城市更新项目战略合作签约仪式举行。

△《中国乡镇综合竞争力报告2020》发布，盛泽镇、黎里镇、平望镇上榜“2020中国百强镇”。

9日　苏州旅游与财经高等职业技术学校迁建项目签约仪式举行。苏州市教育局和吴江区人民政府签署代建协议。

10日　区政协召开“关注外向型企业适应‘双循环’新格局”专题协商议政会。

13日　中国南玻集团华东总部签约仪式在吴江开发区举行。

14日　恒力长三角国际新材料产业基地开工仪式在汾湖高新区（黎里镇）举行。

△　省委常委、市委书记许昆林到吴江调研苏州大学未来校区、中国工业互联网研究院江苏分院建设推进情况。

△　吴江区人民政府与上海电影（集团）有限公司签署战略合作框架协议。

16日　“乐龄吴江　社保添福”第四届“退管杯”退休人员书画诗词摄影大赛颁奖暨作品展举行。

17日　“繁华吴江夜　越夜越美丽”夜经济活动启动仪式在盛家厍老街举行。

18日　水利部副部长陆桂华带队到吴江调研水环境综合治理工作。

22日　“吴江开发区·长城汽车”长城汽车蜂巢智能转向总部项目签约仪式举行。

△“绿色出行　文明你我”922世界无车日骑行活动暨吴江区第六届骑行大会在东太湖度假区阅湖台举行。

23日　2021年长三角生态绿色一体化发展示范区开发者大会在吴江举行。江苏省委副书记、省长吴政隆出席会议并讲话。江苏省委常委、常务副省长樊金龙主持大会。上海市委常委、常务副市长陈寅，浙江省委常委、常务副省长陈金彪，江苏省委常委、苏州市委书记许昆林致辞。

△　2021年吴江区中国农民丰收节暨长漾之约稻田艺术节开幕式举行。

25日　2021中国民营企业榜单发布，吴江6家企业入围“中国民企500强”。

29日　中国民主同盟苏州市吴江区第四次代表大会召开。

△　全区人大换届选举工作会议召开。

30日　吴江举行烈士纪念日敬献花篮仪式。

△　吴江区人民政府与国网苏州供电公司战略合作框架协议签订暨吴江全域光伏启动仪式举行。

△“欢歌颂祖国　曼舞赞盛世”璀璨苏州湾共迎国庆暨首届苏州湾歌剧舞剧节开幕式举行。

10月

1日　砂之船（苏州湾）超级奥莱开业。

7日　吴江区“冲刺四季度，实现全年红”动员大会召开。

8日　苏州捷力新能源材料有限公司二期项目开工仪式在震泽镇举行。

9日　国家工信部公示第三批服务型制造示范名单，吴江新增4家上榜企业，累计达8家，总数列全省第一。

10日　长三角10公里路跑巡回赛（吴江站）暨2021年苏州市路跑联赛总决赛在吴江胜地生态公园举行。

12日　吴江区构建亲清政商关系打造最优营商环境推进会暨廉洁合规企业联盟成立大会举行。

△　苏州抖音电商直播基地在震泽镇开业。

△　生态环境部公布第五批国家生态文明建设示范区名单，吴江区入选。

13日　中国青年企业家协

会党委书记、常务副会长许华平带队考察吴江经济社会发展情况。

△ “二十国集团创业圆桌对话”在汾湖高新区（黎里镇）开幕。

14日 2021中国长三角青商高峰论坛在吴江开幕。共青团中央书记处书记傅振邦，江苏省委常委、苏州市委书记许昆林出席并致辞。

△ 吴江区“情系银发 爱满江城”重阳系列活动在盛家厍老街启动。

16日 长三角生态绿色一体化发展示范区两周年建设工作现场会在吴江举行。推动长三角一体化发展领导小组副组长、办公室主任，国家发展改革委主任何立峰，江苏省委书记、省人大常委会主任娄勤俭，江苏省委副书记、省长吴政隆，推动长三角一体化发展领导小组办公室副主任、国家发展改革委副主任丛亮出席会议并讲话。江苏省委常委、常务副省长、示范区理事会轮值理事长樊金龙主持会议，上海市委常委、常务副市长、示范区理事会理事长陈寅，浙江省委常委、常务副省长、示范区理事会理事长陈金彪，江苏省领导许昆林、赵世勇等出席会议。

18日 吴江区委巡察工作情况汇报会召开。

20日 2021第十届江苏（盛泽）纺织品博览会开幕。

△ 平望派出所受理首个长三角区域首次申领居民身份证“跨省通办”业务。

21日 长三角一体化示范区两周年建设成果新闻发布会在上海举行。

23日 2021“苏州工行杯”第五届长三角皮划艇桨板大赛暨苏州市青少年阳光体育联赛中小学生皮划艇比赛在苏州湾开幕。

26日 长三角生态绿色一体化发展示范区警务合作会议在吴江召开。

27日 “中共江苏省委群众杂志社苏州市吴江区调研基地”签约揭牌仪式在吴江举行。

29日 长三角（盛泽）现代供应链产业园项目奠基。

△ 全省农机化“两大行动”动员部署会暨“三秋”机械化生产现场推进会在吴江召开。

11月

1日 中车交通总部落户苏州吴江暨吴江捷运系统T1示范线一期工程通车仪式举行。

4日 “庆建党百年华诞 谱终身学习新篇”2021年苏州市吴江区全民终身学习活动周开幕。

5日 “厚植优势 薪火相传”——吴江区“美美薪传”青年企业家挂职培养工程推进会召开，会上启动第二批“美美薪传”青年企业家挂职培养工程。

△“打造城乡融合新标杆——吴江区农村人居环境整治提升系列活动”发布启动仪式在平望镇庙头村举行。

6日 “平望·四河汇集之江南上 美好在望”2021吴江运河文化旅游节平望主题日活动举行。

8日 苏州大学未来校区启用，首批8家校企研究院入驻。

△ 吴江全面启动3至11周岁人群新冠病毒疫苗接种工作。

9日 全区民生实事项目专题会召开。

13日 全区领导干部会议召开，传达学习贯彻党的十九届六中全会精神以及省委领导干部会议、市委常委会会议有关要求，部署学习宣传和贯彻落实工作。

△ 2021年度长三角生态绿色一体化发展示范区机械专业高级工程师首次职称联合评审会在吴江举行。示范区首次实现跨区域职称申请和评审。

15日 同享（苏州）电子材料科技股份有限公司在北京证券交易所上市，为全国首批、全区首家在北京证券交易所上市的企业。

16日 吴江开发区与英国IMI集团合作协议签约仪式举行。

△ 吴江区网格学院正式揭牌，首期网格员实务能力提升培训班举行。

17日 由省政府新闻办、省生态环境厅联合举办的Go Jiangsu海外社交媒体粉丝采风活动走进吴江启动仪式举行。

18日 长三角一体化示范区政协信息共享平台开通仪式在上海市青浦区举行。

△ 长三角三省一市企业联合会共同发布2021长三角百强企业排行榜。恒力集团有限公司、盛虹控股集团有限公司、亨通集团有限公司入围榜单。

19日 省高院服务乡村振兴（吴江开发区法庭）实践基地揭牌。

20日 同济大学附属第十人民医院吴江合作医院以及上海中医药大学附属市中医医院吴江合作医院签约揭牌仪式举行。

23日 《赛迪投资竞争力百强区（2021）》榜单发布。吴江位列全国第九、江苏第二。

28日 全区领导干部会议召开，传达学习贯彻省第十四次党代会精神并部署相关工作。

30日 长三角G60科创走廊质量标准云论坛在吴江召开。

12月

2日 长三角生态绿色一体化发展示范区首组跨区域家庭式“海外人才居住证”在吴江颁发。

3日 吴江首个村级融媒记者站在盛泽渔业村成立。

6日 首批江苏省创新型示范县（市、区）建设名单出炉，吴江成功入围。

8日 吴江举行区镇两级人大代表换届选举。此次人大换届选举实现“示范区互通”。

9日 吴江召开学习贯彻党的十九届六中全会精神宣讲动员会。

10日 中国·苏州吴江第十九届桃源森林文化旅游节开幕。

△ 第二届“双12苏州购物节”活动在砂之船（苏州湾）超级奥莱启动。

15日 2021年度《世界品牌500强》正式发布，“恒力”和“盛虹”分别位居榜单第379、399名。

16日 省委常委、市委书记曹路宝带队到吴江调研长三角生态绿色一体化发展示范区建设工作。

△ 吴江区工商业联合会第十次代表大会召开。

22日 吴江区被农业农村部认定为全国第六批率先基本实现主要农作物生产全程机械化示范县（市、区）。

26日 新华红思享会暨江苏党建联盟单位走进苏州市吴江区活动在苏州大学未来校区举行。

△ 省委常委、省纪委书记、省监委主任、省委巡视工作领导小组组长王常松一行到吴江调研“市级巡察机构在上下联动中更好发挥作用”试点工作，并主持召开座谈会。省委常委、市委书记曹路宝参加调研。

27日 省人大常委会副主任、省社科联主席曲福田率队到吴江视察民营经济发展情况。

28日 “中国改革2021年度地方全面深化改革典型案例”名单发布。吴江推荐的案例“江苏省苏州市吴江区：工业生态‘数字管理’赋能经济高质量发展”上榜。

△ 亚太线缆产业协会和线缆信息研究院公布《2021年全球线缆产业最具竞争力企业10强/20强》《2021年全球海缆最具竞争力企业10强》最新榜单。亨通在两大榜单中均位列第三，首次跻身全球线缆和全球海缆“双榜单”的前三强。

30日 中国共产党苏州市吴江区第十四届代表大会第二次会议举行。

（本栏编辑　王来刚）

长三角生态绿色一体化发展示范区建设

综　述

【概况】 长江三角洲区域一体化发展国家战略是习近平总书记亲自谋划、亲自部署、亲自推动的重大战略。建设长三角生态绿色一体化发展示范区（以下简称“示范区”）是实施长三角一体化发展战略的先手棋和突破口。2021年是示范区揭牌后的第二个完整年，也是示范区建设制度攻坚、项目攻关的全面发力年。两区一县进一步加大制度创新度，提升项目显示度，增强民生感受度，示范区建设取得新进展，呈现新面貌。4月29日，示范区理事会第四次全体会议在吴江举行，审议并原则通过示范区先行启动区国土空间规划（草案）、示范区水乡客厅城市设计方案及开发体制机制方案、示范区供排水专项规划、示范区人才发展“十四五”规划。9月23日，第二届示范区开发者大会在吴江举行，中国工业互联网研究院江苏分院和国家工业互联网大数据中心江苏分中心、长三角可持续发展研究院、浙江大学长三角智慧绿洲揭牌。9个一体化示范区重点合作项目签约，长三角“中建之星”及区域总部等项目落地吴江。10月16日，示范区两周年现场会在吴江举行，吴江32项制度创新成果、27项亮点项目入选2021年示范区典型案例，连续两年领跑示范区三地，国家发改委主任何立峰评价示范区“不是一座城、胜似一座城”。

（孙璐瑶）

【重点工作】 2021年，吴江抢

2021年10月16日，长三角生态绿色一体化发展示范区两周年建设工作现场会在吴江举行　（区发改委　提供）

抓国家战略机遇，系统推进示范区建设，紧扣“一体化、高质量”两个关键，取得“走在前、当示范”等系列成果。2月25日，区委办公室、区政府办公室印发《长三角生态绿色一体化发展示范区先行启动区（汾湖）2021年重点工作清单》。其中改革创新8项、生态绿色6项、互联互通4项、产业发展11项，共计29项。截至12月底，实质性启动项目25个，占比86.21%。项目投资完成年度投资49.44亿元，占比88.70%。2月27日，区委、区政府印发《吴江区推进长三角生态绿色一体化发展示范区建设2021年工作要点》，计划实施62项体现“制度创新度”的重点改革事项，建设52项突出“项目显示度”的产业创新项目，推进64项提升“民生感受度”的重点实事项目，共计实施178项年度工作。年内，172个项目启动，占比96.63%；完成年度投资271.37亿元，占比82.14%。9月，区长三角办梳理汇总53个项目建设经典案例，编印形成吴江区《长三角生态绿色一体化发展示范区项目建设经典案例集（2021年）》。10月，区委深改办配合示范区执委会编印《示范区一体化制度创新成果两周年汇编》《集成与创新——长三角生态绿色一体化发展示范区政策落地及改革举措案例集》。（孙璐瑶）

基础设施

【空间规划】 2021年，吴江区推进示范区及先行启动区国土空间规划、各类专项规划编制工作，探索先行启动区规划制度创新。抽调专人加入编制专班，跨省域共同编制《长三角生态绿色一体化发展示范区国土空间规划》，协助创建可传导、可落地的规划体系，配合完成一体化发展示范区规划建设导则的意见反馈，参与水乡客厅城市设计方案征集、评审工作，助力推进水乡客厅规划建设工作；参与讨论水乡客厅机动指标及投融资机制的思路方案。摸清自然资源家底现状，编制《长三角生态绿色一体化发展示范区永久基本农田规划保护与调整试点工作方案》，涉及吴江区永久基本农田局部调整4100亩（273.33公顷）。

（孙璐瑶）

【轨道交通】 2021年，吴江在对接苏州市城市综合体系交通规划、四网融合交通规划、城市轨道交通线网规划等上位规划基础上，同步开展吴江区综合交通规划研究。市、区两级形成规划稳定方案，涉及吴江区的通苏嘉甬高铁、沪苏湖高铁、如通苏湖城际铁路、水乡旅游线城际（示范区城际）铁路、苏嘉杭城际铁路、城市轨道10号线、11号线、12号线、13号线、14号线、16号线、18号线等轨道线网在规划方案中落实，其中通苏嘉甬高铁方案已通过工程项目可行性审查，如通苏湖城际铁路、水乡旅游线城际铁路（示范区城际）获长三角地区多层次轨道交通“十四五”规划中批复。苏州南站设计变更获中国国家铁路集团有限公司初步认可，推进方案审查；盛泽站设计完成可研论证。持续加强交通规划研究，快速路网及轨道线网优化研究项目、城市轨道沿线TOD发展研究项目形成中期成果，细化路网和站点走向和布局，探索适应于吴江区的城市绿色低碳发展交通模式。（孙璐瑶）

【路网公交】 2021年，吴江不断推进跨区域道路互联互通建设。浦港路东延接青浦、南延接嘉善以及汾湖大道南延方案研究完成，由汾湖高新区推进前期工作，其中浦港路跨太浦河大桥段完成招投标并进场施工。深入开展长三角公交常态化联运合作项目，新增、调整公交线路32条次，新增、优化5条长三角跨省公交专线，新增1条定制旅游公交专线（示范区7路）；新建、改建公交站亭累计102个；新购128辆新能源公交车，全部投入使用。

（孙璐瑶）

产业发展

【科技创新】 2021年1月9日，江浙沪皖科技主管部门及执委会联合发布《关于开展长三角科技创新券通用通兑试点的通知》，建立“长三角科技创新券通用通兑平台”。吴江区配套印发《吴江区科技创新券通用通兑试点方案》，率先开展长三角科技创新券通用通兑工作。2021年全区申领科技创新券企业115家，发放科技创新券额度5550万元，创新券累计支持科技项目64项，使用创新券额度801.075万元，促成项目合同金额1747.2098万元，完成3批长三角科技创新券17个项目验收，兑付创新券金额293.825万元。（孙璐瑶）

【金融服务】 2021年，吴江加快同城化金融服务建设，出台《吴江区深化金融合作创新工作方案》，中国银行苏州分行示范区首笔跨区域授信业务顺利落地、首笔“长三角绿色生态贷”成功投放。交通银行在长三角区域内免除对公、对私行内转账手续费。制定印发《吴江区鼓励开展绿色金融业务的通知》，苏州农商银行率先推出“绿色农业贷”和“绿色宜居贷”等聚焦绿色用途的金融产品；4月，发放全省首笔超千万元排污权抵押组合贷款及全国首单绿色科技创新债权融资计划。不断优化金融风险联防联控预警监测机制，联手三地监管部门及相关金融机构，“一企一策”防范化解金融风险，共建反诈联盟。（孙璐瑶）

【助农行动】 2021年，吴江结合全面实施乡村振兴战略，加快推进示范区建设。1月29日，举办“数字赋能，绿色食尚”长三角一体化示范区绿色优质农产品联展联销线上活动，设立10个农产品展示区，1个年货大街，1个直播间。开幕当天5个小时的线上直播观看人次17.5万，点赞3.3万，峰值观看人数在线3.01万。5月28日，长三角一体化发展示范区供销社老字号暨供销市集嘉年华活动在青浦区桥梓湾商业广场开启，吴江云商电子商务有限公司携蚕娘子蚕丝制品、平望酱品、养生花酒、苏州桥酒等部分吴江老字号品牌参展；借助示范区供销联盟平台亮相市集的20余种优质农特产品受到青浦市民青睐。（孙璐瑶）

【大型活动】 2021年，吴江高举示范区招牌，举办系列大型招商活动和创业比赛，持续激活示范区发展动能。4月16—18日举办第五届未来医疗100强大会。4月29日，在上海虹桥举办2021长三角一体化示范区（吴江）上海投资说明会，会上共计签约32个项目，总投资约462.55亿元。7月10—11日，举办2021年（第十三届）吴江国际精英创新创业洽谈会。10月13—14日，举办2021中国长三角青商高峰论坛，成立集成电路、生物医药、新能源汽车、人工智能4个长三角青商企业产业创新联合体，长三角青商企业现场签约18个合作项目，预计投资总金额近60亿元。10月22日，苏州中欧班列长三角一体化示范区专列首发仪式在江苏（苏州）国际铁路物流中心（金仓街1号）举行。12月，举办2021年“创响吴江”全民创新创业大赛。（孙璐瑶）

生态建设

【规划研究】 2021年，吴江配合执委会建立“一河三湖”等主要水体的环境要素功能目标、污染防治机制及跟踪评估制度；继续深化落实生态环境“三统一”制度（生态环境标准统一、环境监测统一和环境监管执法统一），牵头制定《长三角绿色一体化发展示范区地表水手工监测网络优化实施方案》《长三角绿色一体化发展示范区太浦河及其主要支流特征因子预警监测体系建设方案》；参与制定《关于深化长三角生态绿色一体化发展示范区环评制度改革的指导意见（试行）》；制定《关于建设项目环境影响评价告知承诺制审批的实施细则（试行）》《关于加强规划环境影响评价、区域评估与建设项目环境影响评价联动的实施细则（试行）》《关于建设项目环境影响评价与固定污染源排污许可“两证联办”的实施细则（试行）》三个环评审批制度改革细则；同浙江、上海等地尝试环境执法跨区域合作，联合印发《两区一县环境执法跨界现场检查互认工作方案》。（孙璐瑶）

【联防联治】 2021年，吴江区严格落实生态环境准入清单要求，推动区域环境质量持续改善。5月27—28日，长三角一体化示范区生态环境综合执法队16名执法骨干汇聚吴江，开展2021年度第一轮次跨界联合执法，对吴江区内9家企业进行检查。6月23日，与江苏海岸药业有限公司联合主办突发环境事件应急演练。11月16日，牵头主办“2021年苏州

2021年6月10日，2021长三角一体化示范区卫生应急技能竞赛暨深化安全生产推进平安医院建设综合演练举行　　（区融媒体中心　提供）

市太浦河突发水污染事件应急演练”。加强示范区临界区域污染源协同管理，共同治理跨境污染问题。对“一河三湖”等重点区域开展专项执法巡查，重点防控蓝藻水华、水质恶化及突发环境污染事件。参与建立跨区域联动环境保护实时监控平台。　（孙璐瑶）

【建设成果】 2021年，吴江区获评全国第五批、全省首批生态文明建设示范区。与生态环境部共建长三角一体化示范区绿色发展创新中心。签订青吴嘉生态环境合作框架协议，建立统一标准、监测和执法的生态环境保护制度，实施太浦河“沪湖蓝带”计划，太浦河水质稳定达到III类水质标准。携手蓝城、融创共建乡村振兴美丽吴江样板区、桃源生态文旅项目，高标准建设环元荡美丽湖泊群、大运河文化带、东太湖百里风光带等工程，开展水系结构调整优化试点改革，入选全国休闲农业重点县、全国数字农业农村发展水平评价先进县，农村人居环境整治获评全国农村公共服务典型案例。

（孙璐瑶）

公共服务

【政务服务】 2021年，吴江区推进长三角一体化示范区社保卡“一卡通”服务管理，首批发放示范区第三代社会保障卡，率先实现示范区社保卡在交通出行、文化体验、旅游观光领域的同城待遇。协同推进政府数字化转型，覆盖全区的144台政务服务一体机与上海、浙江、安徽等67个地区的一体机实现互联互通，全年通过政务服务自助一体机异地访问吴江办件量10435件。协同构建长三角政务服务“跨省通办”平台。5月，示范区综合受理服务窗口开通，示范区内三地全部民生类事项实现通办。

（孙璐瑶）

【人才建设】 2021年，吴江推进一体化示范区引才育才聚才协同机制创新，发布新一轮人才创新创业“55352”工程*，构建以五大计划为支撑的人才政策矩阵，修订创新创业领军人才计划实施细则等“55352”配套政策，稳步推进政策扩面提标；系统推进“美美知寓”人才公寓和“青年人才驿站”建设；高标准运营长三角智创科技园，提升区镇科创载体引才育才质效。示范区三地互邀学员参训示范区领导干部示范培训班、“双招双引”专题研修班、青年干部成长培训班，互派干部参加“四新”讲座、示范区大课堂，统筹打造示范区干部教育共同体。开展“智汇长三角”一体化示范区校园引才专场活动，举办“长三角名校吴江行”活动，发布示范区高峰人才联合激励计划，联合青浦、嘉善举办“海聚英才”全球创新创业大赛示范区分赛场，加快构建具有全球竞争力的人才发展环境。　（孙璐瑶）

【医疗卫生】 2021年，吴江推进跨区域医保互联互通工程，实现长三角示范区全领域免备案医保电子凭证一码通，吴江参保人员上海免备案异地就医“一码通”。推进示范区中医医联体建设，签订《上海市中医医院—西部区域—长三角中医联合体党建联盟共建协议》，正式挂牌上海市中医医院吴江合作医院，建立长三角中医联合体脾胃病专科联盟、长三角中医肝病流派联盟吴江分基地和海

派中医张氏内科流派传承研究分基地。（孙璐瑶）

【公积金保障】 2021年，吴江推进示范区三地公积金“12329”服务热线知识库共享。通过“一网通办”平台开展长三角跨地区购房信息协查、异地贷款证明信息互认；推进青吴嘉三地公积金智能、自助设备服务大厅建设，购房、租房与离职提取通过信息共享联网，实现智能引导、自助查询、自助办理：购房提取试点开通上海、南京、苏州、无锡、嘉兴、衢州、合肥、芜湖8个城市跨地域线上办理，完成租房与离职提取信息共享联网。（孙璐瑶）

【教育合作】 2021年，吴江推动区域教育协同发展、创新发展。统筹中职教育资源，设立示范区吴江职业技术学校，推动丝绸中专新校建设，牵头示范区职业学校跨省招生20个专业255个学位，牵头举办示范区职业教育活动周。推进示范区教师一体化培养机制，示范区教师发展学院于3月竣工，5月正式揭牌；发布示范区一体化师训机制，出台基于一体化师训机制的“2+N”式年度工作计划，成立专家委员会。推进区域教育深度融合，南京师范大学、苏州大学、上海世外教育集团等合作办学项目签约揭牌，上海博雅教育研究所与同里合作项目签约、与盛泽合作项目举办成果汇报会；举办第二届长三角教育一体化高品质课堂展示活动，参加长三角生态联盟校教学论坛、首届长三角生态绿色研学教育论坛等活动，高质量办好12月25—27日以“双减背景下的高质量教学”“新教育写作”为主题的2021新教育国际高峰论坛暨第五届长三角（苏州湾）教育对话。（孙璐瑶）

【文旅融合】 2021年，吴江推进示范区江南水乡古镇生态文化旅游圈建设，平望运河文化旅游区入选省2022年国家4A景区创建名单；引入长三角优质文化服务资源，发布“青吴嘉三地公共文化服务配送精品资源库”，启用“吴江区公共文化服务配送微信平台”，为群众提供“选—配—送—评”全流程线上服务。原创苏州评弹剧《红军故事》参加江苏省庆祝中国共产党成立100周年优秀舞台艺术作品展演以及示范区巡演（青浦、嘉善），苏州弹词开篇《夜渡于都河》参加青浦区庆祝中国共产党成立100周年文艺演出。吴江图书馆深化示范区图书借阅一体化项目，实现示范区三地公共图书馆图书通借通还。强化示范区体育事业发展“牵手”合作，参加2021青浦长三角10公里路跑巡回赛、2021年长三角中国象棋、围棋团体昆山邀请赛等。是年，吴江入选省文旅产业融合发展示范区建设单位。（孙璐瑶）

社会治理

【司法协作】 2021年，吴江高质量推进青吴嘉平安法治一体化。青吴嘉三地检察院联合打造示范区知识产权保护中心和示范区知识产权检察室，服务示范区企业知识产权保护，受理相关案件，开展普法工作，接受企业法律知识咨询；三地检察机关联合开展跨区域检察公开听证，组建三地听证员库，在长三角生态绿色一体化发展示范区吴江精准普法检察驿站开展第一次联合听证，随机抽取三地听证员参与公开听证。完善三地劳动保障监察委托协查制度、劳动者工资支付异地救济制度。12月9日，联合上海市青浦区、浙江省嘉善县人社部门，公布一批拖欠劳动报酬典型案例，其中吴江区3起、青浦区3起。进一步提升示范区劳动保障监察协作水平，加大对重大欠薪违法行为的联合惩戒力度。（孙璐瑶）

【检察协作】 2021年，吴江深入推进示范区检察一体化发展“同城化”项目。建立太浦河流域联合“河长+检察长”制；联合三地法、检、税务部门建立示范区涉税证据跨区域调取合作机制；会签《长三角生态绿色一体化发展示范区涉民营企业社区矫正经营性外出请销假管理细则》（试行），统一适用对象、审批程序、提交材料、奖惩措施等，保障涉案企业合法权益；吴江区检察院被青吴嘉三地组织部门联合授予“长三角生态绿色一体化发展示范区基层党组织建设示范点”称号；组建三地听证员库，举行示范区检察机关听证员聘任仪式。

（孙璐瑶）

【知识产权保护】 2021年，吴江成立"示范区知保中心"争创建设工作领导小组，"长三角生态绿色一体化发展示范区"字号名称获执委会批准使用，并在苏州市知识产权保护大会上举行揭牌仪式。与上海政法学院经济法学院就共建知识产权维权服务平台达成签订协议，依托平台为三地知识产权规划发展、维权援助提供法律服务和智力支持。"示范区知保中心"联合中国银行，就三地知识产权金融创新政策召开研讨会，讨论融合三地金融政策、激发企业创新创造动能。

（孙璐瑶）

2021年7月21日，苏州知识产权保护大会上，"长三角生态绿色一体化发展示范区知识产权保护服务中心"揭牌（区市场监管局 提供）

【公共安全】 2021年，吴江务实推动长三角区域警务一体化落地见效和深化发展，形成《长三角生态绿色一体化发展示范区公安"155"拥抱计划》，推动建设"青吴嘉"情报联盟，设置"长三角警务合作专线电话"（简称"一抓通"）。建立长三角生态绿色一体化发展示范区公安"C位无诈"反诈联盟，推动示范区省际交界卡口监测系统与"雪亮工程"视频监控摄像头融合对接，实现示范区内车辆活动轨迹数据的共享应用。依托"长三角一体化发展示范区警务合作平台"，强化平台运维、资源共享和经验交流，全年共享工作动态34期，联合发布地区治安动态131期，分享各地工作经验12期。协同开展三地警情研判成果通报，全年共享一周警情38期。（孙璐瑶）

（本栏编辑 王来刚）

乡村振兴

【概况】 2021年，吴江区深入实施乡村振兴战略，全年确立乡村振兴重点项目45个，完成投资61.92亿元，获年度江苏省推进乡村振兴战略实绩考核县级综合排名第一等次，特色田园乡村和水利建设两项重点工作获省落实重大政策措施成效明显地方激励表彰。成功获评首批全国休闲农业重点县、首批国家级水产健康养殖和生态养殖示范区，"吴江蚕桑文化系统"入选第六批中国重要农业文化遗产名单，现代农业产业园被认定为第四批国家现代农业产业园，呈现农业强、农村美、农民富的乡村振兴新局面。

（高宇辉）

【产业振兴】 2021年，吴江区稳产保供任务全面落实，全年粮食播种面积2.06万公顷、总产量3.14亿斤。主要农产品有效供给，农林牧渔业增加值平稳增长，实现生猪存栏10.32万头、蔬菜产量超6.5亿斤、水产品产量1.12亿斤。以国家现代农业产业园创建为引领，统筹推进各类农业园区提档升级，梯度架构国家、省、市、区四级园区建设体系，累计建成省级以上农业园区4家，市级农业园区8家。实施"百企入园"工程，引入种养殖、加工、配送、农文旅融合等各类入园企业116家。常态化落实长江"十年禁渔"任务，推进内河渔船自愿退捕，启用长漾湖全境信息化监管系统，确保水生生物资源和水域生态环境保护全程动态监管。年内新增认证绿色食品、有机农产品32个，绿色优质农产品比重超70%。数字赋能农业转型升级，强化科技兴农，以数字赋能打通农业生产全过程完整链路，全力推进15个智慧生产场景建设，其中"无人农场"生产场景纳入农业部智慧农业案例，建成省级数字农业示范基地9家、市级智慧农业示范基地11家，创立市级智慧农业品牌3个。吴江数字农业农村管理平台二期上线运行，实现农业综合执法、"三资"监督管理、农产品质量安全追溯等多领域数据资源集成共享。三产融合延展农业价值，围绕优势主导产业，构建"产加销"一体化产业链，年内新增产业化联合体2家，累计成立22家，数量居苏州大市第一。鼓励社会资本下乡，与"蓝城""融创"等国内知名企业签署合作协议，精心培育"苏小花""月半湾"等一批本土企业团队。推动休闲农业高品质发展，新增省主题创意农园2家，省农耕实践基地2家，省康美基地2家，全年共接待休闲农业游客超1000万人次，营业收入近10亿元。聚焦"加快推进新型农业经营主体培育"国家级改革试点拓展试验任务，制定出台《系统优化农业营商环境　支持新型农业经营主体发展的实施意见》。切实加强经营主体培育，累计培育市级以上农业龙头企业总数40家、各级示范家庭农场233家。年内新增国家级示范社1家、中国农民合作社500强1家、省级农民合作社典型案例1家，组建农村劳务合作社41家，联农带农超2000人。举办首届吴江区农村创业创新大赛，选树典型项目19个，其中2个项目获市级大赛一等奖，2个项目获省级大赛三等奖。（高宇辉）

乡村振兴馆内景　　（太湖雪蚕桑文化园　提供）

【生态振兴】2021年，吴江区以全域纳入长三角生态绿色一体化发展示范区为契机，规划定位协同，衔接示范区规划体系，编制《苏州市国土空间总体规划——吴江分区规划（2020—2035）》，优化城镇、农业、生态空间布局。积极争取各类专项指标用于乡村振兴，年内新增建设用地指标用于乡村比率为10.7%。精细化、专业化打造美丽乡村，创新规划师下乡陪伴式服务机制，确保村庄规划有效传导。规范农村住房建设管理，出台全区农村住房建设风貌管控和提升实施意见，做优农房品质，提升村庄风貌。以"江村"乡村振兴品牌为引领，组团式、片区化、市场化推进一批有亮点、有特色、有显示度的乡村振兴重点项目和农业农村重大项目。完成省级农业农村重大项目10个，投资20.3亿元，投资完成率100.9%；完成区级乡村振兴重点项目45个，投资61.92亿元，投资完成率102.23%。加速打造水乡美景，蓝城"曲水善湾"、融创桃源生态文旅等一批有特色亮点的项目落地见效，"新鱼米之乡""新江南空间"现实模样呈现。围绕"把农村打造成城市里的公园"目标，系统推进"三特一古"（特色精品乡村、特色康居乡村、特色宜居乡村和传统村落）建设，建成中国美丽休闲乡村2家、省级特色田园乡村11家，列入省传统村落名录9家，327个规划发展村庄实现特色康居乡村全覆盖。启动"五美三优"行动*，挖掘可复制推广的农村人居环境整治吴江经验，年内成功建成市级农村人居环境整治示范镇1个、示范村17个，打造美丽家园省级示范点2家，获评全省农村人居环境整治第一等次。提升农村公共服务水平，出台城乡融合发展体制机制和政策体系，落实农村公共基础设施管护清单，配套制定农村公路"路长制"、农村水利基础设施管护实施方案。建立吴江区老有所养基本公共服务标准体系，在全省首创社区养老"一站多点"片区运营模式，社会化运营率100%。（高宇辉）

【文化振兴】2021年，吴江区以"积分制"管理为切口，探索乡村治理现代化的吴江路径，盛泽镇黄家溪村获评第二批全国乡村治理示范村，《"四个融入"为现代江村"夯基垒台"——苏州市吴江区党建引领乡村治理开创新格局》入选首批全省乡村治理典型案例。做优"十百千万"新时代文明实践体系，打响"美美江城"文明实践品牌，全区累计建成新时代文明实践中心1个、新时代文明实践所11个、新时代文

桃源森林国际旅游度假区禾风农场　　（区农业农村局　提供）

明实践站289个、新时代文明实践点500余个，实现全域全覆盖。积极选树宣传“中国好人”“江苏省道德模范”等时代新人典型，已先后涌现“全国时代楷模”1名、“全国道德模范提名”1名、“中国好人”16名、“江苏省道德模范”3名、“江苏省道德模范提名”1名、“江苏最美人物”3名、“江苏好人”20名。全面开展新时代文明实践示范户评选，累计评选超20000户。拓展区、镇、村三级群众性精神文明建设阵地体系，县级以上文明村占比89.52%，累计建成乡风文明馆18个、乡风文明长廊54条。开展各类文明实践活动6.2万场，参加志愿者超105万人次。签约成立长三角生态绿色一体化发展示范区文明实践联盟，探索合作共建、推动文明共享。探索发展“新乡贤议事”模式，实现“一村一法律顾问”全覆盖，推动“枫桥经验吴江升级版”落地落实。高效运转“大数据+网格化+铁脚板”机制，扎实开展农村新一代“雪亮技防工程”，平安村建设覆盖率100%。

（高宇辉）

【组织振兴】 2021年，吴江区圆满完成村（社区）“两委”换届，实现学历水平、专业素质、整体功能和年龄结构“三升一降”。全面落实村干部县乡共管要求，出台《村干部职业化管理体系建设“1+N”系列文件》。定期举办村书记乡村振兴培训和“长三角村书记讲坛”，持续推进“美美与共”村社干部挂职轮训计划，累计选派5批90名年轻后备干部到上海、浙江等地学习，27个毗邻村实现兼职委员全覆盖。持续加大正向激励，优化提升村党组织书记队伍，树立重实干重实绩用人导向，有序推动村干部职业化体系建设，先后出台村书记、主任年金制度等文件，完善招录村书记进乡镇事业单位实施办法，累计选聘23名村（社区）书记进事业编，提拔10名村书记到镇、街道领导岗位。有效发挥党建桥梁纽带作用，积极引进社会资本，牵引更多优质资源向农村倾斜，先后推动37家省属企业党组织结对共建，签约项目34个，其中涉农项目11个。

（高宇辉）

【人才振兴】 2021年，吴江区大力培育懂农业、爱农村、爱农民的乡村振兴带头人队伍，建立健全优秀乡土人才引育机制，年内公开招聘优秀大学生37名和退转军人9名到村工作。充分挖掘优秀乡村人才典型，认定省“百名示范”村（社区）书记1名、省“千名领先”村（社区）书记25名。强化后备人才培养，深化同扬州大学、苏州农业职业技术学院合作，加强基层农业农村专业人才培养力度，第二批37名（累计71名）定向培养生已入校。强化高素质农民培育，建立城乡、区域、校地之间人才培养合作与交流机制，联合4家省、市级高素质农民培育实训基地（田间学校），组织开展各类农民培训活动，累计认定新型职业农民1410人。长效做好退捕渔民安置保障，开展“精准赋能　惠民利民”退捕渔民就业创业训练营，年内69名退捕渔民实现自主创业、135名退捕渔民实现再就业。加强对城乡就业困难人员等重点群体帮扶，依托基层公共服务平台，为辖区内登记失业人员就近就地开展岗位推荐等服务，发放灵活就业社保补贴8931.84万元，开展新

生代农民工技能培训1431人，农民创业培训360人。（高宇辉）

重点项目建设

【省、市重点项目】 2021年，吴江区承担省重大项目3个，包括恒力长三角国际新材料产业基地、中车智能装备制造和融创桃源国际生态文旅，计划总投资336亿元，年度计划投资40亿元，实际完成投资40亿元，占年度计划投资的100%。承担市重点项目41个，计划总投资1458亿元，年度计划投资209.6亿元，实际完成投资233.2亿元，占年度计划投资的111.3%。（徐　帅）

【区重点项目】 2021年，吴江区安排重点建设项目205个，计划总投资3533.9亿元，年度计划投资618亿元。其中，结转续建项目84个，计划总投资1574.7亿元，年度计划投资248.5亿元；新开工项目105个，计划总投资1420.7亿元，年度计划投资248.5亿元；前期项目16个，计划总投资538.5亿元。全年完成投资666.3亿元，占年度计划投资的107.8%。84个结转续建项目完成投资272.5亿元，105个新开工项目完成投资393.8亿元。（徐　帅）

融创桃源森林国际旅游度假区项目实景图　（区发改委　提供）

2021年吴江区重点项目建设情况汇总表

项　目	项目数（个）	总投资（亿元）	年度计划投资（亿元）	全年完成投资（亿元）	完成年度投资比例
一、按建设性质分					
结转续建	84	1574.7	248.5	272.5	109.7%
新开工	105	1420.7	369.5	393.8	106.6%
前期项目	16	538.5	—	—	—
总　计	205	3533.9	618.0	666.3	107.8%
二、按项目类别分					
先进制造业	73	1209.7	145.9	146.7	100.5%
现代服务业	48	987.0	154.0	156.6	101.7%
道路交通	18	520.2	48.5	49.3	101.6%
环境生态	9	51.7	22.7	24.7	108.8%
能源电力	1	10.7	5.0	5.2	104.0%
农业水利	1	1.2	1.2	1.2	100.0%
社会事业	16	122.3	39.4	37.4	94.9%
市政建设	7	48.3	6.7	7.7	114.9%
乡村振兴	8	36.9	10.4	12.7	122.1%

（续 表）

项　目	项目数（个）	总投资（亿元）	年度计划投资（亿元）	全年完成投资（亿元）	完成年度投资比例
房地产	24	545.9	184.2	224.8	122.0%
总　计	205	3533.9	618.0	666.3	107.8%

（徐　帅）

【区实事项目】 2021年，吴江区首次推行“区政府民生实事项目人大代表票决制”，经区人代会票决确定教育资源提升工程、公交便民出行工程、养老护幼提升工程等十大民生实事项目。至年底，十大民生实事项目全面完成，累计完成投资43.5亿元，占年度计划的101.4%。

（徐　帅）

2021年吴江区实事项目进展情况表

序　号	项目名称	项目完成情况
1	教育资源提升工程	1.学校建设方面：上海世外附属云龙实验学校、坛丘小学（幼儿园）、南师大吴江实验小学及幼儿园、吉市路幼儿园、苏州中学苏州湾校区、盛泽中学改扩建二期、吴江高级中学改扩建等8所学校建成；轨道枢纽小学及幼儿园、新城实验小学及幼儿园、红星美凯龙幼儿园、金域华府幼儿园、七都庙港幼儿园、桃源幼儿园异地迁建、震泽实验小学本部教学楼等8所学校开工建设。 2.照明提升工程方面：实验小学苏州湾校区、太湖校区、爱德校区，鲈乡实验小学仲英校区、思贤实验小学、实验初级中学等6所学校教室照明改造提升工程完成。 3.教育人才招引方面：录用校园选聘优秀毕业生教师879人；引进录用教育重点紧缺人才28人，其中教授级高级教师2人、省特级教师3人。
2	公交便民出行工程	1.公交线路方面：新增、调整公交线路32条次。 2.跨省专线方面：新增、优化盛泽至嘉兴秀洲，桃源至嘉兴桐乡，七都、桃源、震泽至湖州南浔等5条长三角跨省公交专线；累计开通跨省公交线路14条、毗邻公交线路1条，互联互通公交线网总长288.3千米。 3.站亭改造方面：新建、改建公交站亭102个。 4.新增车辆方面：新增清洁能源（或新能源）公交车128辆，全部投入使用。
3	供水设施改造及污水处理提质增效达标区工程	1.供水设施改造方面：计划改造项目40个，完工47个。 2.污水处理提升方面：计划建设达标区111个，全部建成；整治河道污水直排口639个，建设污水主管网31千米，检测管网1381千米；完成64个小区、80个单位庭院、254家工业企业和1408家“小散乱”排水户的雨污分流改造。
4	老旧小区改造提升和康居村建设工程	1.老旧小区改造方面：29个城镇老旧小区综合改造项目全部完工；加装电梯工程10台电梯投入使用，10台处于安装阶段。 2.康居村建设方面：计划建设康居村89个，开工建设104个，其中100个建成并通过区级验收。
5	养老护幼提升工程	1.儿童保障方面：完成各区镇、街道儿童关爱之家场所改造工程，实现社会组织运营全覆盖，开展关爱活动1186场，服务11264人次。 2.养老服务方面：全区337家老年人日间照料中心全部实现社会化运营。
6	空气质量和水环境提升工程	1.空气质量方面：吴江开发区和思贤实验小学2个省控空气站点更新所需的35台监测设备完成安装，通过专家验收评审。 2.水环境提升方面：全面排查国省考断面及太浦河等重点区域，涉及骨干河流19条、重点湖泊37个和支流河汊3168个，累计沿岸检查河道近千千米，确认排口3638个，全部完成溯源。

（续　表）

序　号	项目名称	项目完成情况
7	区中医院高质量发展能力提升工程	1.医院建设方面：区中医医院门诊楼二次结构完成，住院楼主体结构完成。 2.能力提升方面：与上海市中医医院签约合作医院，正式挂牌上海市中医医院吴江合作医院；区中医医院获硕士生导师资格2人，苏卫院开通区中医院线上图书馆权限。
8	凯旋广场（轨道交通4号线松陵大道综合交通枢纽）	土建工程二次结构完成80%；机电安装完成70%，计划2022年12月竣工。
9	文体旅惠民工程	1.公共文化服务方面：完成区公共文化服务配送数字平台建设，累计完成公共文化服务配送工作129场。 2.体育中心建设和体育场钢膜顶维修方面：苏州湾体育中心4月25日完成竣工验收，6月20日举行开业仪式，所有场馆正常运营；体育场钢膜顶维修开始进场施工。 3.体育健身圈建设方面：新建笼式球场11片、健身步道26.4千米，安装健身路径105套、篮架17副、乒乓桌25张。 4.全域旅游建设方面：完成全域旅游集散中心项目建设，推进6个商区的旅游服务功能布置及城市公共空间的旅游服务功能提升。
10	区生活垃圾焚烧发电扩容建设工程	项目建成，于11月18日正式投入运行。

（徐　帅）

智改数转

【智能化改造】 2021年，区工信局聚焦重点领域、落实重点任务，全新打造“吴江区工业企业智改数转云平台”，积极推动“智改数转”工作。完成“智改数转”项目1552个，智能化改造和数字化转型项目投资近140亿元，开发区率先实现规上企业全覆盖，为全区争取两年完成苏州市下达的“规上企业三年全覆盖”目标任务奠定基础。获评工信部物联网集成创新与融合应用项目2个，新增省工业互联网标杆工厂3家、省级示范智能车间10个、省星级上云企业440家、省智能制造领军服务机构4家，新增市工业互联网重点平台3个、专业服务商3家、典型应用企业16家、市级示范智能车间35个，市智能工厂4家。携手工联院江苏分院、信通院、华为云、海尔卡奥斯、徐工信息等国家级平台，开展工业企业智能制造诊断活动及数字化转型路演。区、镇两级协同，举办“智改数转”政策宣贯和区（镇）行活动68场，受众16000人次。全区已拥有苏州市级数字经济入库企业129家。25家企业获智能制造贷授信，总金额27.64亿元，发放贷款65笔，总金额7.31亿元。（张　超）

恒力化纤工业丝智能车间　［吴江高新区（盛泽镇）　提供］

2021年吴江区省级示范智能车间一览表

序　号	企业名称	车间名称
1	苏州丰连实业有限公司	食品包装盒成型车间
2	顺达电子科技（苏州）有限公司	锂离子电池组智能组装车间
3	千思跃智能科技（苏州）有限公司	高精密PCBA智能制造车间
4	苏州华兆林纺织有限公司	环保纤维气流纺纱智能车间
5	江苏凯伦建材股份有限公司	预铺高分子防水卷材智能制造车间
6	江苏亨通电力智网科技有限公司	光纤复合铜合金线缆智能制造车间
7	江苏博雅达纺织有限公司	智能整浆并车间
8	苏州新民印染有限公司	智能定型车间
9	苏州卓米纺织科技有限公司	智能化倍捻整经生产车间
10	苏州帝奥电梯有限公司	精密钣金件智能制造车间

（张　超）

【数字化转型】 2021年，吴江区围绕打造“工业互联网看吴江”品牌，加快工业互联网布局规划，加强顶层设计和规划引领，先后出台工业互联网融合创新发展、制造业智能化改造和数字化转型两个三年行动计划。发布《吴江区支持工业互联网产业发展的若干政策》，从产业招商、初创成长、培育壮大等层面，支撑工业互联网企业全生命周期发展，推动形成全区上下政企同频的良好格局。强化服务输出，做好外部引入和内部培育，中国工联院江苏分院分中心在长三角生态绿色一体化发展示范区开发者大会成功揭牌，与中国信通院签订数字化转型合作协议，华为云、海尔卡奥斯和徐工信息3家国家级工业互联网“双跨”平台成功引入。推动本土工业互联网平台企业提档升级，盛虹虹云、亿友“纺织云”等特色平台，常态化开展对接、诊断服务，疏通企业数字化转型难点。多举措推动形成工业互联网先发优势，组织召开“工业互联网看吴江”推进会、现场观摩会，发布“工业互联网看吴江”品牌，设立工业互联网产业基金，成立工业互联网产业联合会，全力建设长三角工业互联网创新示范基地。（张　超）

【重要成果】 2021年，吴江区累计完成智能工业投资约140亿元，占工业技改投资比重超87%，在苏州大市保持领先。新增国家级工业互联网试点示范项目1个，省工业互联网标杆工厂3家、示范智能车间10个、星级上云企业440家、智能制造领军服务机构4家，综合新增数和累计数继续居全省区县板块首位。（张　超）

【中国工业互联网研究院江苏分院、国家工业互联网大数据中心江苏分中心落户苏州吴江】 2021年1月4日，在苏州市数字经济和数字化发展推进大会上，省工信厅、中国工业互联网研究院、苏州市政府、省通信管理局四方举行签约仪式，在苏州吴江共建中国工业互联网研究院江苏分院及国家工业互联网大数据中心江苏分中心。

（赵燕芳）

【“工业互联网看吴江”推进会召开】 2021年5月18日，数字蓝海　智造未来——“工业互联网看吴江”推进会在吴江顺利召开。活动现场，工业互联网产业基金和“工业互联网看吴江”品牌正式发布，吴江区工业互联网产业联合会揭牌成立，海尔卡奥斯物联生态科技有限公司、长三角汉云工业互联网有限公司、工联院江苏分院分中心、长三角数创科技有限公司等签约落地，5G+工业互联网战略合作项目、恒力工业丝智能化改造和数字化转型项目等15个重点项目现场签约。

（赵燕芳）

大运河文化带建设

【调研指导】 2021年3月10日，吴江召开文化产业高质量发展暨创建国家全域旅游示范区推进大会，区委书记李铭和区长王国荣公布吴江“运河八景”。3月25日，吴江召开大运河环境整治提升现场会，区委书记李铭出席会议并讲话。5月15日，吴江5·18国际博物馆日活动“弘扬运河文化·相约魅力文博”在黎里古镇六悦博物馆举行。5月28日上午，区人大常委会视察吴江大运河文化带建设情况，听取区政府专题工作汇报。（邱芳芳）

【活动宣传】 2021年，大运河文化带建设过程注重保护传承与宣传并举。大力推进以“枕水苏杭间”为主题的大运河文化展示馆建设。开展“童眼看运河·彩笔画吴江”绘画比赛、“弘扬运河文化·相约魅力文博”国际博物馆日、“运河新韵·多彩非遗”创新设计大赛等活动。举办运河文化旅游节、“平望·四河汇集之江南上美好在望”2021吴江运河文化旅游节平望主题日、“越来悦平望 四河汇集 烟火平望·悦享季”、“运河杯”届龙舟赛。依托《鲈乡讲坛》《社科万象》等本地电视栏目，提升吴江大运河文化标识度，开设大运河文化带建设专题讲座，组织“大运河畔是我家”进校园活动，讲好吴江运河故事等。（邱芳芳）

【重点建设】 2021年，吴江大运河文化带建设重点做好两项工作。一是平望镇四河汇集建设。按照高标准策划、系统化打造、市场化运营要求，统筹打造运浦湾片区。有机更新植入全新文旅业态，引入喜马拉雅、大运远见、畅行文旅、村上等知名品牌。“京杭大集”项目中大运河畔的平行旅程、初见书房·运河密码、群乐茶馆、平望味道博物馆、平望风物记、玖树·平望驿馆等各业态点位已完成改造建设，二期各点位完善提升中。运浦湾片区中运浦湾广场、喜马拉雅有声剧场、“红色百年·平望映像”百年步道已完成建设，运浦廊道启动区完成景观方案深化，运浦学院完成初步选址，众创空间“运浦拾光”正式投入运营。2021年12月13日，苏州吴江运河文化旅游区列入江苏省2022年度国家4A级旅游景区创建名单。二是运河文化展示馆建设。吴江大运河文化展示馆选址云梨桥北侧，大运河东岸，吴江开发区物业用房C楼，总面积约0.1公顷，总投资额961万。展馆分为5个部分，包括一河千载润吴江、一方清雅韵江南、一成风物育繁华、一曲乡情枕水梦、一帆梦想启未来。截至年底，展馆基础装修已基本完成。（邱芳芳）

【运河八景】 2021年3月10日，吴江区文化产业高质量发展暨创建国家全域旅游示范区推进大会召开，吴江运河八景正式发布。这八景沿着大运河走向，分别是三里飞桥、垂虹秋色、九里石塘、四河汇集、禊湖秋月、丝绸水路、慈云夕照和林海寻梦。全年全域联动，高标准打造运河八景。截至年底，三里桥修缮保护工程、垂虹断桥保养维护工程、运河古纤道景观环境提升工程、黎里古镇景区四期环境综合提升改造工程均顺利完工，“四河汇集”运河文化旅游景区

平望四河汇集　（区融媒体中心　提供）

提升工程深入实施，“丝绸水路”完成先导段详细规划，震泽西坡民宿开业，融创桃源国际生态文旅项目持续推进中。制作“运河八景”手绘地图和系列短视频，推出《古运今声——述说吴江运河八景》，利用媒体宣传提升运河文化品牌影响力。

三里飞桥。三里桥是全国重点文物保护单位京杭大运河组成部分。始建于元代泰定元年（1324），现桥为光绪十一年（1885）重建，总长50.4米，净跨16米，矢高12.5米，为吴江境内最高的石桥。三里桥单孔拱形，东西走向，跨运河，远望去气势恢宏，有一种“弯弯飞桥出，横空真奇绝”的意境。

垂虹秋色。垂虹断桥为全国重点文物保护单位，始建于宋庆历八年（1048），被誉为“三吴绝景”，以“江南第一长桥”闻名。桥畔耸立着一座华严塔，构成“长桥塔影”这一水乡特有景观。

九里石塘。“九里石塘”，又称吴江运河古纤道。唐元和五年（810）苏州刺史王仲舒主持修筑（土堤），以通驿道，利纤挽，时名“松江堤”。宋庆历八年（1048）增石修治。元至正六年至七年（1346—1347）复以巨石修筑，史称“至正石塘”。明、清两代数度修治。同治十三年（1874），吴江知县万青选捐出历年俸银，修三里桥至大浦桥，共3110多丈。

四河汇集。平望依水而建，素有“天光水色，一望皆平”的美誉。京杭大运河自此向南到钱塘一分为三，与太浦河纵轴交汇，形成四河汇集（大运河、老运河、太浦河、頔塘河）。四河汇集坚持新老呼应、两片联动，水、岸、城、村、人共生共荣，运河文化旅游景区依托“一桥、一寺、一道、一湖”景观，以“京杭大集”呈现运河生活新场景；运浦湾片区聚集“一塔、一驿、一带、一院、一品”，将四河元素、运河文化融入经济发展、城镇建设、民生服务全领域。

禊湖秋月。禊湖，又名金镜湖，位于黎里古镇，秋夜，月朗风清，水平如镜，树影斜映，湖景如画。黎里地处太湖之滨、大运河之畔，拥有丰富的历史资源，人文璀璨，被费孝通先生誉为“水乡明珠”，2018年被评为国家AAAA级风景区。

丝绸水路。“丝绸水路”大运河盛泽段丝绸文化旅游景观带以运河历史文化遗存为依托，经京杭大运河、潜龙渠、红梨湖等水系连通而规划，融合盛泽丝绸文化特色传承，由盛泽丝绸文旅传承区、盛泽丝绸工业旅游示范区、盛泽生态旅游示范区组成。

慈云夕照。慈云寺塔是全国重点文物保护单位。慈云寺塔、頔塘河、禹迹桥构成塔桥相映景观，每逢春秋佳日，夕阳西照之际，落日余晖斜照古塔，犹似一幅色彩绚丽的画图。

林海寻梦。依托桃源连片林海的自然优势，在11.5千米的大运河边嵌入新经济，与运河文化元素实现有机融合，包含融创桃源国际生态文旅、铜罗古镇综合提升、林海天地等项目。（邱芳芳）

“三治”工作

【概况】 2021年，吴江区“三治”办与区违法建设治理行动工作专班合署，协同推进“治违、治污、治隐患”工作和违法建设治理行动。全年累计完成治违拆旧768.57公顷，占年度任务666.67公顷的115.29%；完成“三优三保”*拆旧246.12公顷，占年度任务366.67公顷的67.12%；完成违法建设治理351.73公顷，占上报苏州市专班年度目标任务327.69公顷的107.34%。（董悦昀）

【组织领导】 2021年，吴江区委、区政府高度重视“三治”和违建治理工作，分别于5月、8月两次召开推进会。区委办公室、区政府办公室联合印发《2021年吴江区“三治”工作计划》《苏州市吴江区进一步加强违法建设治理行动方案》等文件，明确任务书、时间表、路线图。区委组织部全力支撑“三治”办加强人员抽调、轮换等保障工作。区级层面安排治违拆旧保障经费3亿元，专项用于对各区镇的工作奖补。制定绩效考核办法，将“三治”和违建治理纳入对区镇的高质量发展考核，全面压实属地责任。区违法建设治理工作领导小组协调组建督导组，不定期对区镇、街道“三治”和违建治理工作开展专项督导。（董悦昀）

【宣传发动】 2021年，吴江区“三治”工作注重宣传发动。印

2021年5月31日，吴江区召开加强违法建设治理暨“治违、治污、治隐患”工作现场部署推进会 （区三治办 提供）

发《苏州市吴江区违法建设治理行动宣传工作实施方案》，编发工作简报30期。开展违法建设治理行动集中宣传活动，在全区主次干道、重点区域、重点居民区、自然村、工业区、机关企事业单位、物业管理区域等地打造多元化宣传阵地。举办违法建设治理优秀案例征集活动，面向基层深度挖掘吴江治违经验和先锋典型。开展常态化宣传，利用全区300余块LED屏，每天播放电视公益广告4次。《吴江日报》、“今吴江”App同步开设“违建治理进行时”专栏。《人民日报》等省级以上媒体先后介绍吴江治违经验与做法29次。 （董悦昀）

【全量排摸】 2021年，吴江区违法建设治理行动工作专班（以下简称“区专班”）先后召开会议部署排摸工作6次，赴区镇、街道开展专项督导3次，保证违建排摸质效，确保不留盲区、不漏死角。区镇领导班子成员挂钩包干，村（社区）按照“大数据+网格化+铁脚板”工作机制，以既有“三治”数据为基础，将无人机拍摄影像与国土、规划数据比对，着力整治工业区违法建设。利用好“网格”，区镇专班、综合执法、村（社区）三支力量，会同第三方测绘公司，逐栋、逐层、逐户开展拉网式、地毯式排摸筛查。各职能部门协同工作，紧盯各自领域突出问题，充分摸清涉及安全隐患、侵占河道、违法用地等各类违建底数。 （董悦昀）

【分类处置】 2021年，吴江区“三治”工作全面落实分类处置。组建村级录入、镇级监督、区级审核的“三治”信息系统和违建治理平台操作员队伍，全面掌握治理点位的实施主体、位置、面积、性质、风险、图像等信息，实现“一违一档”。区专班根据排摸结果，梳理违建类别和治理时间，按照“近期治理”“下一步治理”“补证合法化”三条路径，推进分期分类治理。针对重大复杂案件，区专班实行挂牌督办，规范立项、会审、督办、核销流程，顺利办结金满庭酒店顶层加盖、云水谣别墅违建等市专班交办、区职能部门移交案件。 （董悦昀）

【区镇亮点】 2021年，吴江高新区（盛泽镇）坚持问题导向，开展堵塞企业消防通道、侵占河道、一户两宅等重点领域专项整治。七都镇成立“永青工作室”，为全镇违建治理工作提供咨询、顾问服务；吴越村创新“双公示”法，将违建现状和治理蓝图“置前”公示，用直观对比赢得百姓支持。桃源镇迎春村确立“党员、干部、乡贤优先拆、主动拆，带动全村共同拆、齐心拆”的工作思路，顺利打开治理局面。平望镇先后开展大规模集中拆违行动8次、联合执法行动84次，形成强大的执法声势和震慑效应。横扇街道沧洲村组建“晚霞增辉”行动支部，退休老党员排摸、调解、宣传各展所长。八坼街道汤华村党员在违建治理中创新思路，拆除违建小作坊后通过异地重建标准化厂房、成立合作社等方式，让广大村民共享拆违红利，实现地方富民经济的转型升级。 （董悦昀）

（本栏编辑 潘 莉）

区情概览

【建置沿革】 吴江历史悠久。后梁开平三年(909),吴越王钱镠奏割吴县南地及嘉兴北境置县,其名取境内江名吴淞江的简称——吴江,县治设松陵,属苏州。元元贞二年(1296),吴江县升为州,明洪武元年(1369)复为县。清雍正四年(1726)分吴江县,偏西地设震泽县,偏东地为吴江县。民国元年(1912),吴江、震泽两县复合为吴江县,隶属江苏都督府。1949年4月29日,吴江解放,建立人民政权。全县先后分设8个区、10个区、9个区、5个区。1957年,全县撤区并乡,设23个乡,7个县属镇。1958年,全县农村成立20个人民公社,1959年5个县属镇撤销并入人民公社,1962年又增设3个人民公社。1983年,全县农村恢复乡建置,设23个乡,7个县属镇。同年7月起,各乡镇陆续合并、撤乡建镇,实行镇管村体制,至1994年完成时,全市(1992年吴江撤县建市)辖23个镇。2000年7月,镇行政区划开始调整,至2012年1月,全市辖8个镇,10月,吴江撤市设区。至2021年底,吴江辖7个镇、4个街道,含1个国家级开发区(吴江开发区),2个省级高新区(汾湖高新区、吴江高新区)、1个省级旅游度假区(东太湖生态旅游度假区)。 (区档案馆)

【位置面积】 吴江区位于江苏省东南部,北纬30°45′36″—31°13′41″,东经120°21′4″—120°53′59″。东接上海市青浦区,南连浙江省嘉兴市,西临太湖,北靠吴中区,东南与浙江省嘉善县毗邻,东北和昆山市接壤,西南与浙江省湖州市交界。全区总面积1176.68平方千米(不包括所辖太湖水面)。区人民政府驻太湖新城(松陵镇)。 (区档案馆)

【自然条件】 吴江全年四季分明,气候温和,雨量充沛,属北亚热带季风海洋性气候,年平均气温16摄氏度左右,年降雨量1000毫米左右,适合农作物和水生作物生长,素有"鱼米之乡""丝绸之府"的美誉。全境无山,地势低平,自东北向西南缓慢倾斜,南北高差2米左右,田面高程一般3.2—4.0米,最高处5.5米,极低处1.0米以下。土壤以壤土质的黄泥土和粘土质的青紫泥为主,其次为小粉土,还有少量的灰土和堆叠土。全区耕地面积2.7万公顷,主要农作物有水稻、麦子、油菜和蚕桑、苗木等,水生作物有席草、莲藕、芡实、茭白等。境内河道纵横,湖荡密布,水面面积2.7万公顷(不包括所辖太湖水面），占全区总面积的22.7%。水产资源丰富，主要有太湖大闸蟹、“太湖三白”（白鱼、银鱼、白虾）、南美对虾、罗氏沼虾、青虾、塘鳢鱼、加州鲈鱼、鳜鱼、甲鱼等。吴江畜禽养殖颇具规模，并逐步引进鸵鸟、獭兔、肉鸽、梅花鹿等名特优新品。

（区档案馆）

【人文历史】 古往今来，吴江大地人文荟萃，英才辈出。自春秋起至明清的两千多年间，涌现一大批著名的历史人物。据资料反映，属吴江籍或长期生活在吴江的著名历史人物有140多名，其中有春秋时期的范蠡，西汉词赋家严忌、严助父子，西晋文学家张翰，南朝梁陈间文学训诂学家、画家顾野王，唐代文学家陆龟蒙，宋代进士谢涛、谢景初，明代戏曲家沈璟、诗文家史鉴、画家沈颢、园林建筑师计成，清代天文学家王锡阐、文学家吴兆骞、词曲家徐曦、医学家徐大椿等。到了近代，又诞育出辛亥革命风云人物陈去病，民主主义战士、爱国诗人柳亚子，革命烈士张应春，国学大师金松岑，文学家范烟桥等一大批杰出人物。悠久的历史，造就吴江深厚的文化底蕴，展现出鲜明的吴文化特色。吴江民间文学源远流长，底蕴丰厚，尤以声音高亢嘹亮、感情真挚朴实、曲调优美清新、乡土气息浓厚的芦墟山歌为最，在吴江独树一帜。流传的民间舞蹈、戏曲曲艺、民间工艺流派纷繁，各呈千秋。（区档案馆）

桃源林海天池 （钮泉娜 摄）

【风景名胜】 同里镇位于太湖边、运河旁，四周为五湖环抱，建于宋代，至今已有一千多年历史，是名副其实的水乡古镇。同里是江苏省最早（1982年），也是唯一将全镇作为文物保护单位的古镇，1995年更被列入江苏省首批历史文化名镇。镇内退思园2001年被列入世界文化遗产名录。同里，是块不可多得的江南“富土”。小镇面积不足1平方千米；然而镇小规模不小，横竖15条河道，长短49座石桥。真是咫尺之内，曲折幽深。同里的主要景点有退思园、三桥、珍珠塔园、费巩故居、王绍鏊故居、陈去病故居、严宝礼故居、同里湿地公园、明清建筑群、陈家牌楼、耕乐堂、崇本堂、嘉荫堂、穿心弄、松石悟园、南园茶社、明清街、计成故居、罗星洲。

慈云禅寺创建于宋咸淳（1265—1274）年间。明正统（1436—1449）中重建，旧名广济寺。自明万历至清康熙、乾隆、道光，历朝多次增建殿宇堂轩，成为吴江境内规模较大的佛教寺院，历代高僧辈出，明有道泽、慈林，清有净眼、超伟法师及断手誓修天王殿的化主天衣僧。古刹名寺历来文人游踪不绝，留下诗篇甚多。

柳亚子纪念馆坐落在黎里中心街30号，馆址设在全国文物保护单位柳亚子故居内，是一幢典型的江南水乡格局的清初宅第，前后六进，气宇轩昂，其前身是清乾隆时工部尚书周元理的私邸。

小九华寺位于风光秀丽的平望莺脰湖畔，创于唐代，重建于明万历年间，占地超6公顷，殿堂楼阁300余间，是苏州地区名寺之一，更因近代佛教领袖太虚大师16岁在寺中手植桂树，披剃出家，而后闭关普陀，游化中外而誉满江南。近年来，小九华寺已恢复山门、天王殿、大雄宝殿、三圣殿，恢复重修了地藏殿、观音殿、钟鼓二楼、千佛宝塔等，现正恢复重修藏经楼、地藏阁、万佛塔、念佛堂、放生池及太虚大师纪念堂等。

先蚕祠又名蚕花殿或蚕王殿，清道光年间盛泽丝业商人公建，已经有170余年历史。中国历来有祭祀祖先和行业祖师的传统，先蚕祠就是祭祀蚕丝行业祖师的公祠，当时还是盛泽丝业公所和农会的办事处所。如今江南各地的类似祠庙俱已消失，盛泽先蚕祠可以说是硕果仅存，1995年被列为省级文物保护单位。（区档案馆）

【地方特产】 吴江人主食以大米为主，杂粮用于调节口味。香青菜、吴江大米、太湖大闸蟹、青虾、鲈鱼、太湖三白、丝绸、黄酒、红烧羊肉、松花蛋等是吴江颇具特色的产品。

香青菜。香青菜是吴江地方传统特色珍稀蔬菜品种，已有100多年栽培历史，为十字花科芸薹属，其特点是叶薄脉明，呈花网格分布，叶缘像绣花边一样曲折，且冬性强，不易抽薹。熟食糯性易烂，柔嫩纤维少，口感好，营养丰富，因炒熟后香味浓郁而得名，是我国独有的青菜品种。2009年"吴江香青菜"获得地理标志农产品认证，2020年列入地理标志农产品保护工程，2021年入选苏州市农业品牌目录。

吴江大米。吴江地理位置优越，稻作栽培历史始载于春秋战国。六朝时，吴江地区成为全国著名的粮仓，号称"一岁或稔，则数郡忘饥"。"吴江大米"采用适合本地的优质食味品种，是一种以原生态自然农耕生态种植方式打造的绿色生态米，采用稻虾共作、稻鸭共作、稻鳖共作等多种生态种养模式。2015、2017年，"吴江大米"连续获选全国名特优新农产品。

太湖大闸蟹。太湖大闸蟹生长在太湖流域，历史上的文人墨客吃太湖蟹吃出了传世诗画。曾隐居在庙港的唐代诗人陆龟蒙，因吃太湖蟹写出著名的《渔具诗》；费孝通先生92岁提诗："太湖万顷水，庙港蟹入时。"太湖大闸蟹以个大体重、青肚白背、金爪黄毛、脂丰膏肓、肉质白嫩、滋味鲜美而享誉海内外。2002年，"太湖蟹"被国家质量监督检验检疫总局评为地理标志保护产品，2021年，"吴江太湖大闸蟹"入选苏州市农业品牌目录。

吴江香青菜　　（区农业农村局　提供）

青虾。青虾养殖与食用历史悠久，明清时期《闲情偶寄》中就有记载"笋为蔬食之必须，虾为荤食之必须"，新中国成立后青虾就作为吴江主要捕捞水产品供应各乡镇供销社。青虾壳薄体透，色泽鲜亮，呈青蓝色，背间棕绿色斑纹，须鳌纤长，强健有力，肌肉紧密莹亮有弹性。水煮后，壳色鲜亮，肉质嫩弹爽滑，鲜香浓郁，回味甘甜。2021年，"吴江青虾"申报地理标志农产品通过省级评鉴。

鲈鱼。鲈鱼自古扬名，早在1700多年前的晋代，张翰一曲《秋风歌》（又名《思吴江歌》），使吴江鲈鱼世人皆知，成为历史上素负盛名的吴江特产，北宋龙图阁直学士丞相陈尧佐将吴江称为"鲈鱼乡"。1987年，吴江县水产养殖场从广东南海水产研究所引进鲈鱼进口品种"大口黑鲈"试养成功。1988年，吴江县水产养殖场鱼种分场进行"大口黑鲈"人工繁殖获得成功，为渔民增收致富提供新渠道。高峰时期吴江"大口黑鲈"池塘养殖面积3000公顷，网箱养殖20万平方米，赋予吴江"鲈乡"新内涵。

太湖三白。"太湖三白"指

的是银鱼、白鱼和白虾。古时“银”又有“白”的意思，只是比“白”亮度更甚。银鱼捕捞上岸后，其色泽又从“银”转为“白”，故“三白”之中有一“银”。利用太湖三白所制作的菜肴，极为注重食材的新鲜程度，制作菜肴方法多为清蒸白灼等，强调保持食材的原味。

丝绸。盛泽丝绸产业源远流长，名闻遐迩。明正德《姑苏志》中记载：绫，诸县皆有之，而吴江为盛。唐时充贡，谓之吴绫。“绫罗纱绸出盛泽，奔走衣被遍天下”。清乾隆年间的《吴江县志》记载，成（化）弘（治）（1465—1505）后，盛泽、黄溪（今黄家溪村）一带的四五十里间，“居民乃尽逐绫绸之利”，家家缫丝、织绸。经过多年发展，盛泽丝绸的品种从传统的桑丝绸发展到桑丝、交织、人丝、合纤四大类数百个名种，产品的70%左右通过各种渠道销往国际市场。

黄酒。铜罗，旧称严墓，传统酿酒历史悠久。东汉时期，严墓曾因“米酿酒、蚕吐丝、蜂产蜜”三宝而著称，独特的酿酒技艺世代传承。元朝至正十八年（1358），铜罗酿酒处于初盛时期，酿酒小灶、酿酒小作坊已有一百多家。据《吴江县志》记载，明代吴江县的酒坊、糖坊及酱制品等手工业作坊中，以酿酒为大宗。酿酒作坊主要集中在严墓。清嘉庆十六年（1811），严墓年产白酒3万担。清末民初，严墓酿酒作坊250户。2003年，桃源、铜罗、青云合并为桃源镇，全镇有颇具规模的酿酒厂20余家，年产各类白酒、黄酒15万余吨，占全国酿酒总销量的10%。吴江黄酒香味浓郁，富含氨基酸等呈味物质，在烹调荤菜时，加入少许，不仅可以去腥，而且可以增加鲜美的风味。黄酒有“百药之长”的美称，是医药上很重要的辅佐或药引子。

红烧羊肉。红烧羊肉历史悠久，在江南一带极为出名。相传当年乾隆下江南，乘舟路过严墓（今桃源地区），闻到香浓的羊汤，食欲大开，停船尝食，不禁赞不绝口，从此桃源红烧羊肉便出了名。桃源红烧羊肉采用太湖地区特有的湖羊，品质精良，色泽酱红，香味四溢，口感鲜、甜、微辣，肉质细嫩，性温味甘，营养价值非常高，春夏吃羊肉可暖胃生津，秋冬吃羊肉可促进血液循环、增温御寒。

松花蛋。松花蛋产业始于明代，有数百年历史，是吴江地区人们餐桌上的一道美味佳肴。如今松花蛋制作主要在八坼，是几代人在工艺上不断探索、改进才形成的技艺。松花蛋用手触摸，嫩而不破、富有弹性，表面松针状花纹清晰可见，所以称为松花蛋，由于蛋清凝结成胶皮状，本地人俗称“皮蛋”。2007，“八坼松花蛋”成为吴江市首批非物质文化遗产。

（李　昱）

【四季气候】 2021年，吴江区年平均气温异常偏高，降水量偏多，降水日数和日照正常。春季、冬季平均气温异常偏高，高温日数略偏多，但强度不强。强对流天气早发、频发，并在春季出现龙卷等极端强对流天气，受灾情况严重。春季出现2段连阴雨天气，对春运和春耕春播等有一定影响。共有暴雨过程8次，均出现在汛期。梅雨期偏长，梅雨量略偏少且分布不均，梅雨期降水以过程性为主，期间多强对流天气。夏、秋季先后受2次台风影响，其中台风“烟花”影响严重。全年出现大雾9天，霾18天，霾天气以轻微霾为主，持续霾天气发生次数和严重程度持续下降。

年平均气温18.4℃，比常年偏高2.2℃，属于异常偏高，列历史同期高值第1位。年降水量1443.1毫米，比常年偏多25%，属于偏多，月际分布不均；年降水日数158天，比常年偏多6天。年日照时数1934.9小时，比常年偏多4%，属于正常。年极端最高气温37.6℃，出现在7月14日；年极端最低气温-7.3℃，出现在1月8日。全年最长连续降水日数10天，出现在7月2日—7月11日，累计雨量153.7毫米；连续最长无降水日数15天，出现在1月6日—1月20日。年内主要灾害性天气有寒潮、低温冰冻、连阴雨、暴雨、高温、台风、强对流天气（短时强降水、雷暴大风等）、大雾、霾和浮尘等。

冬季（2020年12月至2021年2月）平均气温7.4℃，比常年同期偏高2.2℃，属于异常偏高，列历史同期高值第3位。其中，12月属于正常，1月属于显著偏高，2月属于异常偏高，创

1961年以来历史同期新高。冬季日最低气温≤0℃的日数14天，比常年同期偏少9天。冬季雨雪量165.8毫米，比常年同期偏少40%，属于偏少。其中，12月和1月属于显著偏少，2月属于正常，1月列2001年以来历史同期低值第2位。冬季雨雪日28天，与常年同期持平。冬季日照时数432.4小时，比常年同期减少13%，属于正常。其中，12月属于正常，1月和2月属于偏多。冬季降雪日数2天，均在2020年12月。

春季（3—5月）平均气温17.4℃，比常年同期偏高2.3℃，属于异常偏高，列历史同期高值第2位。其中，3月属于异常偏高，列历史同期高值第3位，4月和5月属于显著偏高。春季降水量309.0毫米，比常年同期偏多5%，属于正常。其中，3月属于正常，4月属于偏少，5月属于显著偏多。春季降水日数49天，比常年同期偏多12天。春季日照时数453.3小时，比常年同期偏多5%，属于正常，各月均属于正常。

夏季（6—8月）平均气温28.0℃，比常年同期偏高1.1℃，属于偏高。其中，6月属于偏高，7月属于正常，8月属于异常偏高。夏季降水量733.3毫米，比常年同期偏多53%，属于显著偏多。其中，6月属于偏少，7月属于异常偏多，列历史同期高值第1位，8月属于偏多。夏季降水日数52天，比常年同期偏多14天，列历史同期高值第6位。夏季日照时数487.9小时，比常年同期偏少18%，属于正常，各月均属于正常。

秋季（9—11月）平均气温20.4℃，比常年同期偏高2.2℃，列历史同期高值第2位，属于异常偏高。其中，9月和10月属于异常偏高，10月列历史同期高值第2位，11月属于正常。秋季降水量309.2毫米，比常年同期偏多43%，属于偏多。其中，9月属于偏少，10月属于异常偏多，11月属于正常。秋季降水日数21天，比常年同期偏少5天。秋季日照时数502.7小时，比常年同期偏多5%，各月均属于正常。

2021年12月平均气温7.5℃，比常年同期偏高1.4℃，属于正常。降水量4.7毫米，比常年同期偏少89%，属于异常偏少。雨雪日6天，比常年同期偏少1天。日照时数193.2小时，与常年同期基本持平，属于正常。本年度初雪出现在12月17日。

（潘　哲）

【异常气候】 春季、冬季平均气温异常偏高。2021年冬季、春季平均气温均异常偏高，分别列历史同期高值第2位和第3位。冬季气温偏高对农业生产的影响有利有弊，前期受12月底强寒潮的影响，小麦普遍受冻，设施农业遭遇损坏；1月上旬气温异常偏低，田作物、露地蔬菜等再度受冻；中、后期气温异常偏高，有利于小麦恢复生长，对个体生长有利，生育期提前，促进苗情转化，期间出现的连续晴好天气有利于河蟹放苗，放养进度较快。春季适逢新冠肺炎疫情防控和消费市场回暖的关键时期，全区旅游热潮逐步回温，同时混合层增厚，全区空气质量优良天数比例较高，污染以臭氧超标为主。春季对农业生产的影响总体利大于弊，前期多阴雨天气，日照不足，小麦生长放缓；中期气温高，日照足，降水分布均匀，小麦抽穗扬花、灌浆条件比较优越；后期气温显著偏高，降水显著偏多，日照正常，但高温高湿条件导致小麦赤霉病不同程度发生。

强对流天气频发，出现龙卷风等极端天气。2021年，吴江区强对流天气早发、频发。3月19日，出现强对流天气。5月14—16日，受低空切变线和西南暖湿气流增强影响，连续多日出现强对流天气。其中，14日19时前后盛泽镇部分地区突遭龙卷袭击，此次过程为一次EF3级龙卷事件，其中心最大风力17级，长2千米左右，宽80—100米。从14日17时到23时，自动站最大累积雨量44.3毫米，出现在横扇街道莞坪社区；最大小时雨量30.3毫米，出现在黎里镇汾湖站；瞬时极大风速29.7米/秒（11级），出现在东太湖生态站；陆地极大风速21.6米/秒（9级），出现在七都镇庙港站。15日夜间、16日早晨，部分地区出现短时强降水和雷雨大风等强对流天气。截止到16日，龙卷风灾害共造成局部电力设施和多处房屋受损，有人员伤亡，受灾情况严重。

梅雨期偏长。2021年6月10日吴江入梅，7月11日出梅，共31天，比常年偏长7天。梅雨量218.9毫米，比常年梅雨量少10%。期间单日最大累积雨量109.2毫米，于6月10日出现在横扇街道莞坪社区；最大小时雨强65.4毫米，于6月10日17—18时出现在松陵街道莞坪站。2021年梅雨期的主要特点是：梅雨期偏长、梅雨量略偏少且分布不均、梅雨期降水以过程性为主，期间多强对流天气。梅汛期降雨主要出现在三个阶段：6月13—19日、6月26—27日、7月2—11日。（潘　哲）

【灾害性天气】 寒潮。2021年春季、冬季有2次强寒潮天气过程，分别出现在2020年12月28—30日和2021年1月5—8日，无明显灾情发生。2020年12月28—30日，受强寒潮影响，气温大幅下降，24小时最低气温下降幅度9.3℃，48小时最低气温下降幅度15.3℃，31日早晨最低气温-6.4℃。全区普遍出现陆面6—7级、水面8级的偏北大风，最大风速18.5米/秒（8级），于29日16时出现在东太湖生态站。29日后半夜起地面气温普遍降至-1℃以下，部分地区出现道路结冰。2021年1月5—8日，受强寒潮影响，气温明显下降，24小时最低气温下降幅度8.3℃，48小时最低气温下降幅度12.4℃，8日早晨最低气温-7.3℃。全区普遍出现陆面6级、水面7级的偏北大风，最大风速15.0米/秒（7级），于8日14时出现在东太湖生态站。

低温冰冻。2021年冬季有2段持续严重低温冰冻天气过程，分别出现在2020年12月30日—2021年1月3日和1月7—12日。其中，1月7日白天最高气温-3.7℃，创1961年以来白天最高气温的最低值。受其影响，东太湖等景区部分水面出现结冰。

连阴雨。2021年春季有2段连阴雨天气过程，分别出现在3月4—9日和15—20日。其中，3月4—9日累计降雨量20.7毫米，15—20日累计降雨量36.9毫米，2段连续阴雨天气期间日照总数仅9.8小时和14.2小时。持续的阴雨寡照对春运、春耕春播等造成一定影响，小麦生长放缓，田块间和同一田块中苗情不平衡性较突出。

暴雨。2021年有8次暴雨过程，其中1次大暴雨，均出现在汛期。时间分布为6月1天，7月4天（其中1天为大暴雨），8月3天。空间分布上，松陵和盛泽5次，黎里4次，同里3次，其余各乡镇1—2次不等。最大日雨量180.4毫米，于7月15日出现在盛泽镇。

强对流天气（短时强降水、雷雨大风等）。2021年出现强对流天气（雷雨大风、短时强降水等）37天，时间分布为3月2天，4月1天，5月、9月 各4天，6月3天，7月7天，8月6天。瞬时极大风速29.7米/秒（11级），于5月14日18时出现在东太湖生态站。小时最大雨量65.4毫米，于6月10日傍晚出现在横扇街道莞坪社区。其中，4月30日夜里，受东北冷涡南落影响，全区普遍出现陆面5—6级、水面7级的雷暴大风，瞬时极大风速14.3米/秒（7级），于30日16时出现在东太湖生态站，西南部盛泽、八都等地出现小冰雹。

高温。2021年高温日数16天，比常年同期偏多5天。5月10日首日出现高温，时间分布为春季1天，夏季14天，秋季1天。其中，7月5—7日、7月11—15日和8月29—31日出现连续高温，给市民生活和健康等带来一定的不利影响。

台风。2021年全区先后受2个台风影响，其中第6号台风“烟花”影响严重，第14号台风“灿都”影响偏弱。台风“烟花”于7月23—28日影响吴江，其路径复杂、移速缓慢，是1962年以来影响最严重的台风。受其影响，全区普降特大暴雨，7月23日14时—28日8时过程雨量≥250毫米的自动站有29个，最大累计降水出现在盛泽镇，为305.2毫米，小时最大雨强同样出现在盛泽镇，为40.9毫米。陆面最大风力7—9级，水面9级。大风持续时间（5天）和过程暴雨日数（3天）均打破吴江台风影响的大风和暴雨日纪录。9月7日8时，第14号台风“灿都”在西北太平洋洋面生成。9月8日5时加强为超强台风，9月18日8时被中央气象台停止编号。受其近海北上影响，全区出现较明显风雨天气。期间局部伴有短时强降水，过程总雨量达大雨，西南部地区出现暴雨。12—14日全区出现陆面6—7级，水面8级的东北大风。

大雾。2021年出现大雾9天，其中浓雾和强浓雾各1天。时间分布为春季7天，夏季1天，冬季1天。大雾和浓雾天气，对交通造成一定的影响。

霾。2021年出现霾18天，霾日数连续8年持续下降。时间分布为春季8天，秋季1天，冬季9天。全年霾天气以轻微霾为主，且霾影响主要集中在春季（3月），其中，3月13日和21日为区域性霾。

浮尘。2021年春季出现2次浮尘天气过程，分别出现在3月30日中午到上半夜和4月16日傍晚到17日白天，能见度分别降至2千米左右和1千米以下。在浮尘影响期间，空气质量也受到一定的影响。

（潘　哲）

2021年吴江区逐月平均气温、降水量、降水日数、日照时数一览表

要　素	1月	2月	3月	4月	5月	6月	7月	8月	9月	10月	11月	12月	全年
平均气温（℃）	5.4	10.2	12.4	17.0	22.7	25.9	29.3	28.8	26.8	20.8	13.6	7.5	18.4
降水量（毫米）	23.5	63.5	95.5	54.2	159.2	91.7	458.7	182.9	102.4	134.9	71.9	4.7	1443.1
降水日数（天）	13	10	18	13	18	16	19	17	11	12	8	6	158
日照时数（小时）	164.0	133.8	126.0	150.3	177.0	133.7	176.9	177.3	175.2	158.0	169.5	193.2	1934.9

（潘　哲）

【交通】 2021年底，吴江境内公路通车总里程2374.84千米。其中，国道193.91千米（含高速公路100.18千米）、省道193.12千米（含规划省道）、县道252.51千米、乡道565.38千米、专用公路34.22千米、村道1135.71千米。

吴江境内有航道42条450.67千米，其中等级航道10条218.68千米，等外级航道32条231.99千米。港口码头119家，泊位数224个。航道密度38.4千米/百平方千米。44.16千米的京杭大运河纵贯南北，41.5千米的长湖申线横穿东西，将全区其他航道连成一片，形成得天独厚的水运网络。（王峥嵘）

2021年吴江境内等级航道一览表

单位：千米

名　称	等　级	起点名称	终点名称	里　程	备　注
京杭大运河	三	吴江吴中界牌	鸭子坝	44.16	—
苏申外港线	四	白蚬湖14号标	内外港叉口	14.2	—
长湖申线	四	芦墟野毛荡	南浔	41.5	已扣除与京杭大运河重复的里程4.4千米
太浦河航道	四	新池渡口	太湖太浦河节制闸	26.28	已扣除与长湖申线重复的里程14.45千米
乍嘉苏线	五	长虹桥（王江泾）	平望草荡	15.2	—
申湖复线	六	杨家荡	莺脰湖	4.7	—
吴芦线	七	太浦河窑港口	浮玉洲桥	35.5	—
麻溪港	七	太平港口	郑产桥港	18.4	—
严墓塘	七	铜罗粮库	震泽申湖线	9.14	—
紫荇塘	七	乌镇郊	大德塘桥	9.6	—

（王峥嵘）

2021年吴江境内国道（含高速公路）一览表

单位：千米

公路名称	起 始	境内长度
G1522（常台高速）	苏州吴中—盛泽（苏浙界）	36.77
G50（沪苏浙高速）	苏沪界（莘塔）—苏浙界（八都）	49.947
G1521（常嘉高速）	苏州吴中—苏浙界	13.5
G318	苏沪界（汾湖）—苏浙界（震泽）	52.618
G524	吴中界—王江泾	41.107

（王峥嵘）

【人口概况】 2021年末，吴江区户籍总户数289897户，总人口895024人，比2020年末增加18353人，增长2.1%。其中，男性437606人，女性457418人，男女性别比为95.67∶100。全年出生人口6945人，出生率7.84‰；死亡人口6712人，死亡率7.58‰；人口自然增长率0.26‰。全区非农业人口725625人。（区统计局）

【民族】 2021年，吴江区除汉族外，有常住少数民族33个2692人。少数民族为：回族、壮族、满族、布依族、苗族、白族、蒙古族、黎族、畲族、彝族、瑶族、土族、土家族、侗族、仡佬族、哈尼族、傣族、水族、傈僳族、朝鲜族、藏族、维吾尔族、毛南族、达斡尔族、俄罗斯族、哈萨克族、柯尔克孜族、仫佬族、裕固族、锡伯族、保安族、佤族、羌族。另有暂住少数民族43个19920人。（张梦娇）

【宗教】 2021年，吴江区有佛教、道教、天主教、基督教4种宗教。全区依法登记开放的寺院、道观、天主教堂、基督教堂（活动点）等宗教活动场所38处，其中佛教有平望小九华寺、松陵圆通寺、汾湖泗洲禅寺、震泽慈云寺、同里观音寺等12处，道教有黎里昭灵观1处，天主教有黎里天主教堂、盛泽天主教堂3处，基督教有吴江基督教堂、八坼基督教堂、松陵江兴基督教堂、震泽基督教堂等活动场所22处。全区有专兼职宗教教职人员132名，其中佛教58名，道教1名，天主教4名，基督教69名。宗教教职人员中有吴江区人大常委1名，政协委员5名（其中常委2名）。（张梦娇）

2021年吴江区基本情况

项 目	计量单位	2021年	2020年	2021年为2020年
一、行政组织				
镇人民政府	个	7	7	100.0%
街道办事处	个	4	4	100.0%
社区居民委员会	个	80	79	101.3%
村民委员会	个	205	227	90.3%
村民小组数	个	5216	5469	95.4%
二、土地面积				
行政区域土地面积	平方公里	—	1237.44	—
年末耕地面积	公顷	—	20146	—
其中：水田	公顷	—	15181	—
旱地	公顷	—	4134	—
水浇地	公顷	—	831	—
人口密度	人/平方公里	—	723	—

（续　表）

项　目	计量单位	2021年	2020年	2021年为2020年
三、水面资源				
水面总面积	公顷	26707	26707	100.0%
常年蓄水量	立方米	5.74亿	5.74亿	100.0%
已养殖面积	公顷	12241	11737	104.3%
其中：池塘	公顷	5442	6034	90.2%
湖泊	公顷	6799	5703	119.2%
四、人口				
年末总户数	万户	28.99	28.05	103.3%
年末总人口数	万人	89.50	87.67	102.1%
总人口中：男	万人	43.76	42.97	101.8%
女	万人	45.74	44.70	102.3%
总人口中：非农业人口	万人	72.56	71.07	102.1%
农业人口	万人	16.94	16.60	102.1%
本年出生人口数	人	6945	8231	84.4%
出生率	—	7.84‰	9.50‰	82.5%
本年死亡人口数	人	6712	7114	94.3%
死亡率	—	7.58‰	8.21‰	92.3%
本年净增人口数	人	233	1117	20.9%
自然增长率	—	0.26‰	1.29‰	20.4%
五、从业人员	万人	92.79	92.56	100.2%
1、第一产业	万人	3.36	3.56	94.4%
2、第二产业	万人	56.45	56.09	100.6%
3、第三产业	万人	32.98	32.91	100.2%
六、气候				
年降雨量	毫米	1443	1591	90.7%
年平均温度	摄氏度	18.4	18.1	101.7%
年日照时数	小时	1935	1759	110.0%
初终间霜日数	天	—	78	—
全年雨日	天	158	163	96.9%
全年雾日	天	9	13	69.2%
全年雪日	天	1	3	33.3%

注：1.2021年国土变更调查尚未结束，数据暂无；2020年行政区域土地面积包括太湖水域面积，土地面积、耕地面积数据均根据第三次国土调查结果修订；村民委员会数量按农业口径上报统计。

2.霜期2021年取消观测。

（区统计局）

行政区划

【城镇】 2021年，吴江区设松陵、横扇、八坼、江陵4个街道，以及同里、平望、盛泽、七都、震泽、桃源、黎里7个镇。

（王嘉诚）

【居委会、村委会】 2021年，吴江全区下辖80个社区居民委员会（9个涉农社区）、210个村民委员会。

（王嘉诚）

2021年吴江区城镇社区一览表（按实际管辖划分）

单位：个

区镇（街道）	数量	社区	区镇（街道）	数量	社区
松陵街道	20	西塘社区	同里镇	6	鱼行社区
		北门社区			东新社区
		三村社区			富渔社区（涉农社区）
		二村社区			屯渔社区（涉农社区）
		东门社区			屯村社区
		城中社区			富土社区
		石里社区（涉农社区）	吴江高新区（盛泽镇）	8	坛丘社区
		西元圩社区（涉农社区）			舜湖社区
		梅石社区			桥北社区
		祥泰社区			衡悦社区
		奥林清华社区			镜湖社区
		水乡社区			目澜社区
		新园社区			山塘社区
		苏河社区			南麻社区
		湖滨华城社区	汾湖高新区（黎里镇）	9	镇西社区
		龙河社区			镇东社区
		水秀社区			莘塔社区
		长板社区			新区社区
		冬梅社区			兴黎社区
		顾家荡社区			黎新社区
横扇街道	4	菀坪社区			振黎社区
		横扇社区			北厍社区
		沧浦社区（涉农社区）			金家坝社区
		渔业社区（涉农社区）	震泽镇	6	石瑾社区
八坼街道	1	八坼社区			镇南社区
江陵街道 江陵街道	12	西湖社区			砥定社区
		淞南社区			金阳社区
		运东社区			麻漾新城社区
		雅辉社区			八都社区
		庞山湖社区	平望镇	7	南斯港社区
		江陵社区			学才社区
		城南社区			东溪河社区
		三里桥社区			城壕里社区
		山湖社区			西塘社区
		湖东社区			新诚社区（涉农社区）
		新港社区			梅堰社区
		新柳溪社区	七都镇	4	七都社区
桃源镇	3	桃源社区			西漾渔业社区（涉农社区）
		青云社区			庙港社区
		铜罗社区			渔村社区（涉农社区）

（王嘉诚）

2021年吴江区村委会一览表

单位：个

区镇（街道）	村　数	村　名
松陵街道	10	南厍村、芦捕村、江新村、南刘村、联杨村、第二渔业村、高新村、戗港村、吴模村、梅里村
横扇街道	14	星字湾村、四都村、太浦河村、北横村、诚心村、叶家港村、安湖村、沧洲村、同芯村、姚家港村、新湖村、圣牛村、双湾村、菀南村
八坼街道	8	直港村、双联村、石铁村、新营村、黑龙村、汤华村、友谊村、农创村
吴江高新区（盛泽镇）	30	红洲村、南塘村、圣塘村、群铁村、东港村、兴桥村、胜天村、庄平村、黄家溪村、桥南村、荷花村、寺西洋村、前跃村、永平村、坛丘村、龙旺村、坝里村、沈家村、大谢村、北角村、茅塔村、人福村、杨扇村、龙桥村、盛虹村、幸福村、永和村、双溪村、渔业村、郎中村
江陵街道	9	花港村、九龙村、三兴村、三庞村、联兴村、叶泽湖村、叶津村、益联村、龙杨村
同里镇	10	叶建村、屯溪村、九里湖村、屯南村、北联村、肖甸湖村、湘溇村、合心村、文库村、白蚬湖村
桃源镇	25	仙南村、杏花村、严慕村、戴家浜村、迎春村、桃花源村、富乡村、大德村、贤胡村、青云村、澄源村、宅里桥村、前窑村、后练村、利群村、九里桥村、广福村、文民村、陶墩村、瑾下浜村、水家港村、天亮浜村、新和村、梵香村、新蕾村
汾湖高新区（黎里镇）	43	黎花村、雄锋村、梅墩村、史北村、黎星村、华莺村、汾湖村、大联村、沈家港村、汤角村、永新村、青石村、大长港村、建南村、川心港村、黎阳村、新鹤村、方联村、乌桥村、东胜村、东秋村、莘南村、元荡村、城司村、港南村、芦东村、龙泾村、高新村、三好村、伟明村、东联村、汾湖湾村、莘西村、大潮村、禾田村、跃胜村、新钢村、银杏村、杨文头村、星谊村、红旗村、雪巷村、梅石村
平望镇	20	联丰村、上横村、金联村、溪港村、群星村、顾扇村、中鲈村、莺湖村、平西村、万心村、双浜村、南杨村、龙南村、胜墩村、三官桥村、庙头村、平安村、联合村、秋泽村、新南村
震泽镇	21	朱家浜村、曹村村、大船港村、夏家斗村、永乐村、龙降桥村、众安桥村、桃花庄村、齐心村、贯桥村、兴华村、前港村、新乐村、长家湾村、花木桥村、金星村、三扇村、联星村、双阳村、蠡泽村、新幸村
七都镇	20	望湖村、盛庄村、双塔桥村、庙港村、吴溇村、陆港村、燦烂村、东风村、联强村、隐读村、太浦闸村、丰田村、联漾村、东庙桥村、开弦弓村、长桥村、吴越村、光荣村、群幸村、菱田村

（王嘉诚）

（本栏编辑　潘　莉）

中共苏州市吴江区委

综 述

【概况】 2021年，中共苏州市吴江区委坚持把习近平总书记重要讲话和指示精神作为一切工作的遵循和指南，贯彻落实中央和省委、市委决策部署，经济社会发展交出高质量答卷。全年实现地区生产总值2224.53亿元，比2020年（下同）增长8.0%；完成一般公共预算收入258.06亿元，增长9.1%；规上工业总产值4390.40亿元，增长19.0%；全社会固定资产投资646.07亿元，增长10.1%；社会消费品零售总额720.12亿元，增长16.6%；进出口总额264.80亿美元，增长22.2%。在2021赛迪“全国百强区”榜单中位列全省第一、全国第十。在2021年中国中小城市高质量发展指数研究成果5张榜单中，均进入全国十强。一是扛起国家战略使命，在先行示范、走在前列上创造新成果。以项目化推动一体化、以一体化推动高质量，恒力长三角国际新材料产业基地、长三角（盛泽）现代供应链产业园等一批高显示度项目加快建设，环元荡品质提升和太浦河共保联治工程有力推进，入选示范区制度创新和亮点项目典型案例数继续领跑三地。高铁科创新城形成中期方案，沪苏湖、通苏嘉甬铁路和苏州南站、盛泽站有力推进，吴江加速迈进“高铁时代”。二是厚植民营经济优势，在数字转型、创新驱动上迈出新步伐。数字赋能加快传统产业再造提升，完成智能化改造数字化转型项目超1500个；新增省级示范智能车间10个、累计144个，保持全省第一；“工业生态‘数字管理’赋能经济高质量发展”获评“中国改革2021年度特别案例”。新获评国家科学技术奖2项、省科学技术奖11项，均列全市第一。英诺赛科、微康生物获国家发改委“卡脖子”攻关重大专项支持，迈为股份成为全市唯一入选2021年度江苏省碳达峰碳中和重大科技成果转化项目。恒力、盛虹“世界500强”排名攀升至第67位、第311位，亨通、通鼎等4家企业蝉联“中国企业500强”，东方恒信成为全市唯一新入选“中国民企500强”企业。新增上市公司5家，过会2家。吴江开发区列全省开发区综合考评第6位。吴江泗阳工业园区创成省级特色园区。三是筑牢生态绿色基底，在城乡融合、美丽吴江上呈现新面貌。大力推进生态品质提升，获评国家生态文明建设示范区。全力配合做好省生态环境保护督察工作，紧盯源头打好蓝天、碧水、净土保卫战，狠抓“三治”“三优三保”*等工作。入选首批国家级水产健康养殖和生态养殖示范区，获评全省农村人居环境整治第一等次。四是擦亮“乐居吴江”品牌，在共同富裕、美好生活上实现新提升。全年城乡居民人均可支配收入达6.5万元，城镇登记失业率保持2%左右低位运行，教育“双减”政策稳步有序落实，社保扩面提质、医保一体化向更高水平迈进。苏州大学未来校区以及与上海世外教育集团、南京师范大学等合作办学项目正式开学，京东方医院开诊，苏州湾体育中心、砂之船（苏州湾）超级奥莱开业运营。“平望·四河汇集”一期建成，万公堤、震泽谢家路等成为网红打卡地。深化全域旅游，推动农文旅融合发展，获评全国休闲农业重点县。五是坚持统筹发展和安全，在社会稳定、群众满意上取得新成效。常态化抓好疫情防控，高效运转“大数据+网格化+铁脚板”机制，新冠疫苗接种率居全市前列，全年无新增本土确诊病例。深化安全生产专项整治，不断提升安全生产治理效能。有效应对“5·14”龙卷风灾害，成功抵御“烟花”超强台风和超历史水位侵袭，大力开展违法建设治理行动，确保人民群众生命财产安全。全面推进区域社会治理现代化，深化综合指挥中心建设等改革试点任务。全力化解政府债务，积极防范化解房地产、金融等领域风险隐患，高质量完成建党百年等重大活动安保维稳政治任务，扫黑除恶斗争常态化进行，食品安全水平稳定向好。六是深化全面从严治党，在苦干实干、担当作为上展现新气象。深入学习宣传贯彻习近平总书记“七一”重要讲话精神，举办庆祝建党百年系列活动。扎实开展党史学习教育、“四史”宣传教育，统筹推进“两在两同”建新功行动和“我为群众办实事”实践活动。圆满完成党委换届工作，区镇人大、政府和区政协换届工作有序推进。全面落实意识形态工作责任制，筑牢意识形态主阵地，营造清朗网络空间。有力开展政法队伍教育整顿。严肃查处群众身边的不正之风和腐败问题，维护和巩固风清气正的政治生态。

（沈晨曦）

【区第十四届党代会第一次会议】 中国共产党苏州市吴江区第十四届代表大会第一次会议，于2021年7月28日在吴江举行。

大会同意区委提出的今后五年发展的指导思想和主要预期目标。要求深刻把握“争当表率、争做示范、走在前列”总要求，紧扣“一体化”和“高质量”两个关键，全力推进长三角生态绿色一体化发展示范区建设，展现“创新湖区”“乐居之城”现实模样，奋力谱写展示社会主义现代化“最美窗口”的吴江篇章。加快呈现生态绿色是底色、创新引领是亮色、文化底蕴是彩色、高质量发展是成色的生动形象，推动“强富美高”新吴江建设迈上更高台阶。

大会指出，要深刻领会习近平总书记在庆祝中国共产党成立100周年大会上的重要讲话精神，全面贯彻落实新时代党的建设总要求，弘扬伟大建党精神，汇聚勇立潮头的精神动力、锤炼攻坚克难的干部队伍、筑牢坚强有力的战斗堡垒、营造干事创业的良好生态，为迈步新征程建设现代化提供坚强保证。

大会强调，要积极践行国家战略，用实干和奋斗开创高质量发展新局面。坚持创新驱动，构建现代化产业体系，打造创新发展新高地；坚持生态优先，彰显世界级湖区特质，打造生态绿色新典范；坚持协调共进，统筹城乡一体化发展，打造城乡融合新标杆；坚持传承创新，全面提升文化软实力，打造江南文化新空间；坚持以人为本，努力创造高品质生活，打造共同富裕新样板。

大会强调，要深入学习贯彻习近平总书记关于统筹发展和安全的重要论述，坚持人民至上、生命至上，树牢底线思维，强化安全发展理念、守牢安全发展底线、提升社会治理能力，着力建设群众满意的安全发展示范城市。

大会充分肯定区纪委过去五年的工作，认为在区委和上级纪委监委的正确领导下，全区各级纪检监察组织强化政治担当，忠诚履职尽责，持之以恒正风肃纪反腐，助推全区全面从严治党向纵深发展。大会同意区纪委提出的今后五年全区党风廉政建设和反腐败工作的总体思路和工作建议，要求以习近平新时代中国特色社会主义思想为指导，增强“四个意识”，坚定“四个自信”，做到“两个维护”，以推动高质量发展为主题，协助区委坚定不移全面从严治党，围绕现代化建设大局发挥监督保障执行，促进完善发展作用，一体推进不敢腐、不能腐、不想腐，努力建设廉洁吴江，为加快推进一体化示范区建设，打造“创新湖区”、建设“乐居之城”，奋力谱写展示社会主义现代化“最美窗口”的吴江篇章提供坚强保障。

大会开展党代表提案工作，审议通过列入大会议题的《关于加快推进数字经济与实体经济深度融合的提案》《关于吴江勇当沪苏同城化表率，推动示范区建设走在前列的提案》等重点提案，作出了相关决议。

大会号召全区各级党组织、广大党员和干部群众要更加紧密地团结在以习近平同志为核心的党中央周围，乘势而上、奋勇前进，在践行国家战略中努力创造无愧于时代、无愧于人民、无愧于使命的崭新业绩！

大会选举产生十四届区委委员、候补委员和十四届区纪委委员以及出席苏州市第十三次党代会代表。（蒋　勤）

【区第十四届党代会第二次会议】 中国共产党苏州市吴江区第十四届代表大会第二次会议，于2021年12月30日在吴江举行。

大会坚持以习近平新时代中国特色社会主义思想为指导，深入贯彻党的十九大和十九届历次全会精神及中央经济工作会议精神，认真贯彻习近平总书记对江苏、对苏州工作和对长三角一体化发展重要讲话指示精神，全面落实省第十四次党代会、市第十三次党代会和市委十三届二次全会暨市委经济工作会议精神，回顾总结2021年工作，研究部署2022年重点任务，动员全区各级党组织、广大党员和干部群众，勇担新使命、走在最前列，为加快建设社会主义现代化强区而不懈奋斗。

大会听取并审议通过李铭代表中共苏州市吴江区第十四届委员会所作的《勇担新使命、走在最前列，加快建设社会主义现代化强区》的报告，审议通过中共苏州市吴江区纪律检查委员会《坚持自我革命、建设廉洁吴江，护航一体化示范区现代化建设顺利开局》的工作报告。大会对2022年经济工作进行具体部署。

大会充分肯定2021年区委工作和全区经济社会发展取得的成绩。一致认为，2021年以来，区委坚持把习近平总书记重要讲话指示精神作为一切工作的遵循和指南，树牢“四个意识”，坚定“四个自信”，坚定捍卫“两个确立”，坚决做到“两个维护”，把握长三角生态绿色一体化发展示范区建设历史机遇，创造性抓好中央和省委、市委决策部署的落实落地，经济社会发展交出高质量答卷，实现“十四五”发展良好开局。

大会强调，要把学习宣传贯彻好党的十九届六中全会精神作为当前和今后一个时期的重大政治任务。从党的百年奋斗中感悟前行伟力，坚决扛起“争当表率、争做示范、走在前列”光荣使命，按照省委“五个始终坚持”总体要求，聚焦市委“五个着力点”，推动各项工作沿着总书记指引方向奋勇前行。要把握时代脉搏，立足“一区一带”（长三角生态绿色一体化发展示范区、虹桥国际开放枢纽北向拓展带）两大主阵地，紧扣“一体化”和“高质量”两个关键，围绕“四个一体化”（市域全域一体化、省内全域一体化、长三角城市群一体化、上海国际化高端平台一体化），形成更多“走在最前列”的示范成果，充分展现一体化发展的探索性、创新性、引领性。要汲取奋进力量，把已经取得的成绩作为事业新的起点，以更大的决心和举措转方式、调结构、促转型，全面提高发展质量和效益，推动高质量发展再攀新高。

大会同意区委提出的2022年全区发展指导思想和主要预期目标，要求以习近平新时代中国特色社会主义思想为指导，立足新发展阶段，完整准确全面贯彻新发展理念，服务和融入新发展格局，坚持稳字当头、稳中求进、全面向好，扎实抓好“六稳”“六保”工作，统筹疫情防控和经济社会发展，统筹发展和安全，坚持生态优先、绿色低碳，走内涵式、集约化发展道路，推动“创新湖区”“乐居之城”不断取得新成果，在长三角生态绿色一体化发展示范区建设中走在最前列，以优异成绩迎接党的二十大胜利召开。

大会要求，围绕“打造数字经济时代产业的创新集群”战略性安排，加快打造创新发展新高地、生态绿色新典范、城乡融合新标杆、江南文化新空间、共同富裕新样板，让社会主义现代化强区展现现实图景。一是紧紧抓住国家战略机遇，打造上海创新资源溢出首选地、加强重大项目布局、深化一体化制度创新，全力当好示范窗口；二是始终坚持创新核心地位，全力打造产业创新集群、加快培育壮大新兴动能、形成更加畅通经济循环，推动经济高质量发展；三是大力实施生态优先战略，坚决守护蓝天碧水净土、推动生产生活绿色转型、全面促进资源集约利用，加快绿色低碳转型；四是深入推进城乡融合发展，构建区域空间新格局、塑造现代城市新形象、彰显鱼米之乡新风貌，展现江南水乡新模样；五是着力抓好文化传承创新，坚持以文化人、以文塑城、以文兴业，推动江南文化展现时代感；六是积极创造更高品质生活，实现群众生活更加殷实富足、社会保障更加健全完善、公共服务更加优质普惠，探索共同富裕路径；七是持续提升社会治理效能，不断完善风险防控体系、坚决筑牢安全生产防线、全面提升城市治理水平，打造安全韧性城市。

大会指出，做好2022年经济工作要着力抓好八个方面。一是稳字当头、稳中求进，着力推动经济全面向好；二是创新驱动、勇当先锋，迅速培育壮大创新集群；三是数字赋能、加快转型，助力打响“苏州制造”品牌；四是深化改革、优化服务，最大限度释放市场活力；五是生态优先、绿色发展，扎实推进绿色低碳转型；六是城乡统筹、区域一体，努力当好融合发展示范；七是增进福祉、共同富裕，不断丰富群众幸福体验；八是筑牢底线、消除隐患，全力维护地区发展安全。

大会强调，要把伟大建党精神作为精神之源和强大动力，坚持思想引领、始终做到政治坚定，坚持实干锤炼、打造过硬干部队伍，坚持正风肃纪、营造良好政治生态，坚持凝心聚力、夯实党的执政之基，汇聚现代化建设强大合力。

大会充分肯定区纪委一年来的工作，同意区纪委提出的2022年工作建议，要求聚焦“两个维护”，持续推进政治监督具体化常态化；坚持标本兼治，强化不敢腐不能腐不想腐一体推进；以人民为中心，深入整治群众身边腐败和作风问题；强化上下联动，扎实推动巡察工作高质量发展；增强系统思维，积极推动监督体系有效融入治理体系；做到自身过硬，建设高素质专业化纪检监察干部队伍，努力建设人民满意的廉洁吴江，为加快建设社会主义现代化强区提供坚强保障。

大会号召，要更加紧密地团结在以习近平同志为核心的党中央周围，把初心写在行动上，把使命落到岗位上，乘势而上、砥砺奋进，全力推动吴江高质量发展迈上新台阶，共同谱写社会主义现代化强区建设新篇章。（蒋　勤）

【区委十三届二十五次全体会议】 中国共产党苏州市吴江区第十三届委员会第二十五次全体会议，于2021年7月20日在吴江举行。会议应到区委委员31名，候补委员6名，实到区委委员27名，候补委员6名。区纪律检查委员会全体委员列席会议。

会议认真听取关于中国共产党苏州市吴江区第十四届代表大会第一次会议区委报告、区纪委工作报告起草情况的汇报。会议原则通过中国共产党苏州市吴江区第十四届代表大会第一次会议区委报告和区纪委工作报告，决定提交中国共产党苏州市吴江区第十四届代表大会第一次会议审议。

会议通过中国共产党苏州市吴江区第十四届委员会委员、候补委员和中国共产党苏州市吴江区第十四届纪律检查委员会委员候选人预备人选名单。

根据区委十三届二十三次全会授权，区委常委会已经决定，中国共产党苏州市吴江区第十四届代表大会第一次会议于2021年7月26日至29日召开。会议号召全区各级党组织和全体共产党员，深入学习贯彻习近平新时代中国特色社会主义思想和党的十九大、十九届二中、三中、四中、五中全会精神，把握新发展阶段，贯彻新发展理念，服务和融入全国新发展格局，勇担使命、奋勇前行，以优异成绩迎接区第十四届党代会第一次会议的胜利召开！（蒋　勤）

【区委十四届一次全体会议】 中国共产党苏州市吴江区第十四届委员会第一次全体会议，于2021年7月28日在吴江举行。会议应到区委委员36人，实到区委委员35人。候补委员列席会议。

会议选举产生中国共产党苏州市吴江区第十四届委员会常务委员会委员和书记、副书记；通过中国共产党苏州市吴江区第十四届纪律检查委员会第一次全体会议选举的区纪律检查委员会常务委员会委员和书记、副书记名单。（沈晨曦）

【区委十四届二次全体会议】 中国共产党苏州市吴江区第十四届委员会第二次全体会议，于2021年12月27日在吴江举行。会议应到区委委员36人，候补委员7人，实到区委委员34人，候补委员6人。区纪律检查委员会全体委员列席会议。

会议决定于2021年12月30日在吴江召开中国共产党苏州市吴江区第十四届代表大会第二次会议，会议的主要议程：一是听取和审查中共苏州市吴江区第十四届委员会2021年度报告；二是审查中共苏州市吴江区第十四届纪律检查委员会2021年度工作报告；三是部署2022年经济工作。

会议号召全区各级党组织和全体共产党员，坚持以习近平新时代中国特色社会主义思想为指导，认真贯彻党的十九大和十九届历次全会以及中央经济工作会议精神，全面落实省第十四次党代会、省委经济工作会议、市第十三次党代会精神，坚决扛起“争当表率、争做示范、走在前列”光荣使命，全力抢抓国家战略机遇，真抓实干、锐意进取，加快推进长三角生态绿色一体化发展示范区建设，打造“创新湖区”、建设“乐居之城”，奋力谱写全面建设社会主义现代化新篇章，以优异成绩迎接区第十四届党代会第二次会议的胜利召开！

（侯占胜）

【其他重要会议】 2021年1月15日，吴江区数字经济和数字化发展推进大会召开。会议深入学习贯彻党的十九届五中全会精神和习近平总书记关于数字中国的重要论述，全面落实1月4日苏州市数字经济和数字发展推进大会会议精神，在长三角一体化发展国家战略的背景下，积极抢占数字经济发展制高点，大力推动产业数字化、数字产业化，全面提升数字治理能力，以数字化转型全方位赋能吴江经济社会高质量发展。区委书记李铭在会上强调，要同心协力、真抓实干，奋力跑出数字经济和数字化发展“加速度”，为打造“创新湖区”、建设“乐居之城”装上数字引擎、插上数字翅膀。

2021年2月2日，吴江区推进长三角一体化示范区先行启动区建设工作会议召开，进一步总结经验、把握形势、明确任务，以“争当表率、争做示范、走在前列”的使命担当，奋力把先行启动区建设成为引领一体化发展的龙头和标杆。区委书记李铭在会上强调，要继续举全区之力推进先行启动区建设，在“一”字上下功夫、“同”字上做文章，全力以赴抢抓发展机遇，践行长三角一体化示范区国家战略，率先推进“沪苏同城化”。

2021年3月10日，吴江区文化产业高质量发展暨创建国家全域旅游示范区推进大会召开，回顾总结近年来吴江文旅产业发展情况，研究当前新形势新任务新机遇，部署下一阶段重点工作，不断推动吴江文旅事业迈上新台阶。区委书记李铭在会上强调，要按照苏州市文化产业高质量发展大会部署要求，全力打响“江南文化”品牌，推动文化产业高质量发展，确保成功创建国家全域旅游示范区。

2021年3月10日，吴江区党史学习教育动员会议召开。区委书记李铭参加会议并讲话，强调全区广大党员干部要以高度的政治自觉扎实开展党史学习教育，做到学史明理、学史增信、学史崇德、学史力行，学党史、悟思想、办实事、开新局，为打造“创新湖区”、建设“乐居之城”，开启全面建设社会主义现代化新征程提供坚强政治保障。

2021年3月17日，吴江区

农村工作会议暨率先基本实现农业农村现代化推进会召开，总结成绩，分析形势，交流经验，研究部署当前和今后的“三农”工作。区委书记李铭在会上强调，全区上下要深刻认识“三农”工作重大意义，增强“三农”工作的责任感、使命感和紧迫感。深刻认识做好“三农”工作是现代化建设的重要任务，是构建新发展格局的关键举措，是示范区建设的内在要求，全力将农业农村现代化打造成为吴江现代化建设的闪亮名片，将“在服务全国构建新发展格局上争做示范”的要求落实好，切实扛起建设“世界级水乡人居文明典范”的使命。

2021年4月9日，吴江区生态文明建设工作暨深入打好污染防治攻坚战推进会议召开。区委书记李铭在会上强调，深入打好污染防治攻坚战责任重大、使命光荣，要认真贯彻落实中央和省、市各项决策部署，同心同向、砥砺奋进，以更大力度、更严举措推动全区生态环境持续向好，不断开创生态环境保护工作新局面，全力争创国家生态文明建设示范区，为打造“创新湖区”、建设“乐居之城”，书写向世界展示社会主义现代化“最美窗口”的吴江篇章提供坚强生态保障。

2021年4月15日，吴江区优化营商环境推进会召开。区委书记李铭在会上强调，要认真贯彻落实中央和省、市各项决策部署，进一步解放思想、拉高标杆、真抓实干、攻坚克难，提高抓落实的能力和执行力，不折不扣抓好落实，全力打造国内一流营商环境，铸造引领吴江高质量发展的“最硬内核”和“最强比较优势”，坚定走在全国同类区域前列。

2021年5月31日，吴江区加强违法建设治理暨“治违、治污、治隐患”工作现场部署推进会召开。会议深入贯彻全市违法建设治理工作动员部署大会精神，研究部署全区违法建设治理和“三治”工作。区委书记李铭在会上强调，2021年是示范区建设的发力年、攻坚年，要站在践行国家战略的高度、站在对历史和人民负责的高度来认识和推进这项工作，用违建治理的“工笔画”绘就示范区建设的“大写意”，加快彰显“新鱼米之乡”“新江南空间”韵味。

2021年6月17日，吴江区建设全国文明典范城市推进会召开。区委书记李铭在会上强调：城市因文明更美好，社会因文明更和谐，发展因文明更有质量。让我们提振精神、凝心聚力，全力建设全国文明典范城市，推动新形势下物质文明和精神文明高水平协调发展，为打造“创新湖区”、建设“乐居之城”，书写展示社会主义现代化“最美窗口”的吴江篇章提供强大精神动力，以优异成绩庆祝中国共产党成立100周年。

2021年7月7日，吴江区政法队伍教育整顿总结大会召开。区委书记、区政法队伍教育整顿领导小组组长李铭在会上强调，全面从严管党治警永远在路上。要以更高标准、更实举措、更大力度把教育整顿不断引向深入，努力打造一支忠诚干净担当的高素质政法铁军，为打造“创新湖区”、建设“乐居之城”，书写向世界展示社会主义现代化“最美窗口”的吴江篇章提供坚强保障。

2021年9月3日，吴江区“两在两同”建新功行动暨冲刺示范区建设二周年誓师大会召开。会议深入学习贯彻习近平总书记“七一”重要讲话精神，全面落实省委、市委关于开展“两在两同”建新功行动的部署要求，以冲刺示范区建设二周年为契机，动员全区广大党员干部明目标、扬斗志、提精神、转作风，以“争当表率、争做示范、走在前列”的目标追求，加快打造“创新湖区”、建设“乐居之城”，以过硬成绩、过硬作风建新功。区委书记李铭在会上指出，全区党员干部要在深入践行“两在两同”中，不断提升谋划工作的思想境界、锤炼落实工作的能力本领、严明干好工作的纪律作风，在全区上下掀起一场奋起直追、跨越赶超、干事创业的热潮。

2021年9月23日，2021年长三角生态绿色一体化发展示范区开发者大会在吴江区召开，共谋示范区建设大计，共促一体化制度创新。江苏省委副书记、省长吴政隆出席会议并讲话。区委书记李铭在会上表示，吴江将依托高铁科创新城建设，加速从“运河时代”“太湖时代”迈向“高铁时代”。吴江区委、区政府将打造综合最优营商环境，与大家一道共享机遇、并肩同行，合力开创示范区建设广阔未来，共同谱写长三角一体化发展最美篇章。

2021年10月7日，“冲刺四季度、实现全年红”动员大会召开，分析前三季度经济运行情况，明确下一步工作重点，动员全区上下以更加饱满的热情、更加昂扬的斗志、更加务实的作风，全力打赢“冲刺四季度、实现全年红”攻坚战，为打造“创新湖区”、建设“乐居之城”，推进社会主义现代化强区建设作出新的更大的贡献。区委书记李铭指出，四季度是决胜全年的关键时期，是争速度、抢进度的冲刺阶段，各地各部门要集中精力，花更大的力气，以更高的标准来创造性地抓好落实，全力以赴跑好“十四五”的“第一棒”。

2021年10月12日，吴江区构建亲清政商关系打造最优营商环境推进会暨廉洁合规企业联盟成立大会召开。会议深入学习习近平总书记关于构建亲清新型政商关系的重要讲话指示精神，全面贯彻中央和省市决策部署，创造性落实市第十三次党代会要求，动员全区上下进一步解放思想、真抓实干，全力构建亲清新型政商关系，打造国内一流的最优营商环境。区委书记李铭强调，坚定扛起“争当表率、争做示范、走在前列”的使命担当，合力构建亲清新型政商关系，倾力打造综合最优营商环境，为打造“创新湖区”、建设“乐居之城”，推进社会主义现代化强区建设筑牢坚强保障。

2021年10月16日，长三角生态绿色一体化发展示范区两周年建设工作现场会在吴江召开。会议深入学习贯彻习近平总书记关于推动长三角一体化发展和示范区建设的重要讲话指示精神，回顾总结示范区两年来的工作成果，谋划下一阶段更高水平推进示范区建设的思路举措，加快打造全国乃至全球创新创业的新热土、聚能聚才的强磁场，在服务全国大局、服务构建新发展格局中发挥更大作用。区委书记李铭表示，吴江区将认真落实此次会议精神，厚植民营经济优势，擦亮“乐居吴江”品牌，在示范区一体化高质量发展中扛起吴江担当，作出新的更大贡献。

2021年12月20日，区域社会治理现代化建设工作领导小组和区委平安吴江建设领导小组（扩大）会议召开。区委书记李铭在会上强调，要落实好苏州市委“防风险、守底线”工作专题会精神，早感知、早发现、早处理问题隐患，如履薄冰统筹疫情防控和经济社会发展，统筹发展和安全，全力营造平安稳定的发展环境。（沈晨曦）

重要决策

【概况】 2021年，区委认真贯彻落实民主集中制，坚持科学决策、民主决策、依法决策，先后召开常委会会议48次，研究出台《关于建立健全城乡融合发展体制机制和政策体系的实施方案》《关于率先对接上海走在沪苏同城化前列的实施方案》《关于在全区党员干部中开展“两在两同”建新功行动的实施方案》等政策文件，推动全区经济社会高质量发展。

（沈晨曦）

【城乡融合发展体制机制和政策体系】 2021年3月24日，区委、区政府印发《关于建立健全城乡融合发展体制机制和政策体系的实施方案》。《实施方案》分六个部分。第一部分为总体要求，明确指导思想和主要目标。第二部分为持续健全城乡要素市场化配置的体制机制，包含深入推进农业转移人口市民化、鼓励和引导人才入乡、有序推进农村土地制度改革、健全财政金融相关政策支持、积极鼓励农业领域经营性资本投入。第三部分为积极推进城乡基本公共服务均等化，包含推进城乡教育均衡发展、健全乡村医疗卫生服务体系、加强乡村文化供给工作、健全城乡社会保障体系。第四部分为加强城乡人居环境和乡村治理能力建设，包含加强城乡发展统筹规划和合理布局、推进城乡基础设施一体化建设、加强乡村治理体系建设。第五部分为推进乡村经济发展，包括强化农业科技创新和推广、构建现代农业产业体系、加强农业新业态培育、建设城乡产业协同发展平台、探索生态产品的价值实现机制、加强乡村文化保护传承和利用、优化调整全区水系结构。第六部分为持续稳定提升农民收入水平，包含提高农民工资性和转移性收

入、提高农民经营性和财产性收入、巩固拓展脱贫攻坚成果。（沈晨曦）

【率先对接上海走在沪苏同城化前列】 2021年6月2日，区委、区政府印发《关于率先对接上海走在沪苏同城化前列的实施方案》。《实施方案》分四个部分。第一部分为指导思想，明确率先对接上海走在沪苏同城化前列的指导思想。第二部分为主要目标，分别明确2025年、2035年目标。第三部分为重点任务，一是战略规划共谋同城化行动，包括支持和融入上海打造卓越的全球城市，提升吴江发展格局；用好一体化示范区金字招牌，打造更多沪苏战略合作平台；推动与上海及示范区的各类规划体系衔接。二是开放融合共进同城化行动，包括推动上海“双自”联动（上海自由贸易试验区和上海张江国家自主创新示范区的联动发展）战略复制到吴江；积极学习和复制推广浦东的先进管理经验；协同推动沪苏两地营商环境一体衔接；协力打造长三角绿色金融生态圈。三是产业发展共促同城化行动，包括深度融入上海共建创新共同体；探索创新与上海产业链耦合发展模式；积极承接上海新兴产业资源；与上海协同发展数字经济。四是江南文化共塑同城化行动，包括打造水乡文化和丝绸文化品牌；加大文旅商业合作共赢；协同提升文化会展承载能力；协同发展体育文化；加强沪苏旅游区域合作。五是基础设施共建同城化行动，包括推进沪苏轨道交通对接；推进沪苏公（水）路交通对接；推进沪苏公交互联对接；协同发展沪苏能源保障和供给。六是生态环境共保同城化行动，包括协同推进沪苏水资源保护与水生态修复；协同加强沪苏大气污染和危废固废综合防治；完善沪苏两地环保合作机制；与上海共同探索研究建立生态资源有偿使用机制。七是公共服务共享同城化行动，包括探索沪苏政务服务便捷共享机制；依托上海效应引进培育全球高层次人才；深化沪苏两地人力资源协作；提升沪苏社会保障服务一体化水平；主动对接融入“健康上海”行动；提升沪苏教育对接合作水平；探索沪苏两地养老服务合作。八是社会治理共治同城化行动，包括加强沪苏社会治理联动共治；加强沪苏警务合作；强化沪苏应急处置能力协同建设；合力建设诚信长三角；协同推进政府数字化转型。第四部分为保障措施，包括加强沪苏同城化组织领导、完善沪苏同城化交流机制、强化沪苏同城化考核督查。文件还以附件形式明确了关于率先对接上海走在沪苏同城化前列的任务清单。（沈晨曦）

【“两在两同”建新功行动*】 2021年8月31日，区委印发《关于在全区党员干部中开展“两在两同”建新功行动的实施方案》。《实施方案》分三个部分。第一部分是总体要求。第二部分是主要任务，明确了“三强化三争当”工作举措：一是各级党组织要强化党建引领争当示范，即在服务国家战略中争当示范，在锻造硬核堡垒中争当示范，在夯实骨干队伍中争当示范；二是领导干部要强化锐意进取争当表率，时刻牢记肩负的职责使命，坚持发展为民的价值取向、民生优先的行动指向，在知行合一中争当表率，在深入基层中争当表率，在城市安全发展中争当表率，在为民服务中争当表率；三是全体党员要强化履职尽责争当先锋，围绕发挥党员先锋模范作用，具体结合机关事业单位、农村、社区、国有企业、“两新”组织、离退休等不同领域党员群体实际情况分类提出了针对性要求。第三部分是组织实施，从压实领导责任、精心部署推进、抓好督促指导、加强宣传引导、坚持常态长效五个方面进行明确。（沈晨曦）

【法治吴江建设】 2021年8月31日，区委印发《法治吴江建设规划（2021—2025年）》。《规划》分七个部分，对“十四五”期间全面依法治区工作进行全面部署。第一部分提出总体目标，强调“坚定不移走中国特色社会主义法治道路，奋力建设更高水平法治吴江”，明确提出到2025年，中国特色社会主义法治体系吴江实践探索走在前列；到2035年，高水平法治吴江、法治政府、法治社会建设基本建成，区域治理体系和治理能力现代化基本实现。第二部分为深化科学制规，坚持把宪法作为根本活动准则，完善行政规范性文件制定和管理机制，严格法律实施，健全立法参与的制度机制。第三部分为强化法治实施，着力解决好执法、司法、守法领域的突出矛盾和问题，提升人民群众法治获得感、幸福感、安全感。第四部分为加强法治监督，构建党统一领导、全面覆盖、科学严密、权威高效的法治监督体系。第五部分为法治建设保障，围绕积极主动实施长三角一体化发展国家战略，建立健全区域协同工作机制，加强政治、组织、队伍、人才、科技、信息等方面的保障。第六部分为党内法规建设，以党章为根本遵循，以民主集中制为核心，不断完善组织、领导、自身建设、监督保障方面的党内规范性文件制度，狠抓党内法规制度实施，切实提升管党治党水平。第七部分为加强党的领导，推动深入学习宣传贯彻习近平法治思想，深入推进依法执政，完善组织领导制度机制，把加强党的领导贯彻落实到全面依法治区全过程和各方面。（沈晨曦）

【村级集体经济倍增发展】 2021年5月17日，区委办公室、区政府办公室印发《关于推动村级集体经济倍增发展的意见》。《意见》分三个部分。第一部分为总体要求，包括指导思想和目标任务，明确用五年时间实现村级集体经济“三转型四翻番”的目标。第二部分为重点内容，一是加强村级发展用地保障，明确要保障农村一、二、三产业融合发展用地，落实村级留用地政策，积极争取推进农村集体经营性建设用地入市试点。二是推进项目抱团异地发展，明确要健全统筹推进工作机制，坚持“一项目一方案”，压实区镇主体责任，加大经济强村培育。三是加大财政资金支持力度，明确要加大“惠村项目”财政扶持，加强“一村二楼宇”项目建设。四是拓宽村级资金增值路径，明确要加强集体资金资本化运作，促进集体资金保值增值。五是着力推进城乡共同富裕，明确要开展新一轮“集体经济相对薄弱村”巩固提升帮扶行动，深化实施“四方结对共建”行动，大力发展“服务型”经济。第三部分为保障措施，明确要加强组织领导，强化实绩考核，深化农村改革。文件还以附件形式明确吴江区村级集体经济倍增发展联席会议成员单位名单。（沈晨曦）

【数字乡村建设】 2021年8月23日，区委办公室、区政府办公室印发《苏州市吴江区数字乡村建设实施方案》。《实施方案》分三个部分，创新提出一星级、二星级、三星级数字乡村建设标准和建设内容，明确年度任务。第一部分为总体要求。阐述数字乡村建设的指导思想，明确实施方案的建设目标，提出到2025年，实现一星级数字乡村全覆盖、二星级占35%、三星级占15%，数字乡村建设走在全国前列。第二部分为重点任务。通过实施数字乡村“142”工程，落实21项重点任务，即建成“一个平台”：乡村数据资源平台。实施“四大行动”：一是乡村数字基建提档跨越，实现农村和城市“同网同速”；二是智慧农业升级赋能，推动数字技术在农业生产中的应用；三是信息技术惠农便民，打造智慧服务的多场景应用；四是乡村数字治理提升，推动数字技术与社会治理的深度融合，实现乡村“智治”。建立“两项机制”：数字乡村数据共享机制、数字乡村建设奖补机制（已列入2021年的农业高质量发展政策）。第三部分为保障措施。从强化组织领导、加大资金扶持、强化示范带动三个方面保障数字乡村建设顺利推进。（沈晨曦）

【企业廉洁合规建设】 2021年10月11日，区委办公室、区政府办公室印发《关于推进企业廉洁合规建设的实施意见》。《意见》分五个部分。第一部分为指导思想。第二部分为主要目标，实施“1210+”计划，即出台一份指导性文件、打造两个阵地（区廉洁合规企业联盟和区级机关廉洁合规企业建设服务团）、培育十家廉洁合规示范企业、带动创建一批廉洁合规先进企业。第三部分明确坚持党建引领、坚持企业主体、坚持高质量发展三项基本原则。第四部分为主要内容，包括六个方面：一是加强企业党组织和纪检组织建设；二是加强企业廉洁合规教育引导；三是加强企业廉洁合规制度建设；四是加强企业廉洁合规文化建设；五是畅通规范政商交往渠道和行为；六是健全诚信激励约束机制。第五部分为组织保障，包括加强组织领导、凝聚工作合力、营造良好氛围三个方面。

（沈晨曦）

组　织

【概况】 2021年，全区人才总量超34万人，其中高层次人才总量占比超8.5%、高技能人才10.44万人。拥有“国家级重大人才引进工程”62人（自主培养22人）、“国家级重大人才培养工程”7人（自主培养3人），江苏省“双创团队”5个、“双创人才”72人、“双创博士”46人，市“姑苏重大创新团队”1个、“姑苏人才计划”241人。

（夏雨城）

【干部教育培训】 2021年，区委组织部持续深化习近平新时代中国特色社会主义思想学习教育，扎实推进政治理论和党性党史教育。开展区管干部学习贯彻党的十九届五中全会精神网上专题培训，加强领导干部政治能力建设。高质量举办“双招双引”专题研修班、新进镇（街道）领导班子履职能力提升班、能政善政年轻干部专题培训暨第九期文秘研修班等13个主体班次。围绕深化改革、数字经济、城市更新等主题开展“四新”讲座5期。向全区领导干部订购在职自学书目3080册。联合青浦、嘉善两地遴选30家现场教学基地，打造一批精品教学线路，推动一体化示范区干部教育阵地共建共享。一体化示范区干部教育培训共同体被区委全面深化改革委员会评为“吴江区2021年度改革创新优秀案例”。（夏雨城）

【干部监督管理】 2021年，区委组织部坚持严管和厚爱结合、激励和约束并重，持续深化“三项机制”（干部鼓励激励、容错纠错、能上能下机制），围绕新冠肺炎疫情防控、复工复产、示范区建设、营商环境提升等中心工作，发布典型案例4期。从严从紧抓好换届风气监督，组建督导组开展多轮巡回督导，持续开展换届纪律的宣传和警示教育。坚持党管干部原则，规范干部选用程序。加强对干部选拔任用工作全过程监督，严格执行干部个人有关事项报告“两项法规”和“凡提四必”要求，坚持从严把关，防止“带病提拔”。实施全区选人用人“强基工程”，举办专项检查业务培训会，推动各区镇、街道发现解决选人用人导向、干部队伍建设等方面问题39项。强化日常监督运用。紧盯“关键少数”，对13位领导干部发放审计预告函，做好39家单位主要负责同志离任交接工作。在区委巡察中精准查找问题43项。聚焦“一报告两评议”、信访受理等，针对苗头性、倾向性问题实施提醒8人次、诫勉2人次。

（夏雨城）

【干部综合考核】 2021年，在苏州市2021年度综合考核中，吴江区位列县级市（区）综合考核第8名，获评第二等次。吴江开发区获评“2021年度推进高质量发展先进地区”，七都镇获评“2021年度推进高质量发展进步地区”。在全区2021年度综合考核工作中，按照“全面对接、能落尽落”的原则，重点将“市考”指标落实到对区镇、区级机关部门考核事项中，重点聚焦区委区政府中心工作重点工作，在考核中体现践行生态绿色一体化示范区国家战略、美丽吴江建设、数字经济、碳达峰等内容。创新试行代管镇（街道）考核，对明确由代管镇（街道）承担的党建、社会事务管理等职责进行单项考核。健全考核指标日常监测、月度报送、半年度评估、年终考核工作链条，及时反馈考核结果，推出考核“订制成绩单”，“清单式”反馈第三方满意度测评收集的各类意见建议，“表单式”反馈领导班子、领导干部及“一报告两评议”民主测评结果。对获得第一等次的区镇和区级机关部门，由区委、区政府现场表彰，命名为“年度综合考核优秀区镇（区级机关）”。进一步激发干部干事创业的热情，选树29名“担当作为好干部”，让实干者得实惠、受激励，营造“想干事、能干事、干成事”的良好氛围。（夏雨城）

【公开招录】 2021年，区委组织部开展专业化青年人才“定岗特选”工作，区事业单位公开选聘46人，区国有企业公开选聘11人。深入开展“定岗特选”

人才培育工作，在新进专业化青年人才培养上整体谋划，通盘考虑，通过将专业化青年人才与初任公务员一起培训、同台比选、共同进步，进一步激活吴江年轻干部队伍“一池春水”。

（夏雨城）

【公务员管理】 2021年，区委组织部有序开展职务与职级并行工作，全年晋升二级调研员1名、三级调研员2名、四级调研员9名、一级主任科员18名、三级主任科员54名以及四级主任科员10名。统筹推进公务员招录、转任、调任（选任）工作，2021年度新招录公务员106人，转任15批次74人，调任（选任）20人。聚焦规范管理，在上级指导下完成6家单位由综合管理类套改为行政执法类的职级套转工作，严格落实清理规范公务员工资津贴补贴工作。联合区人社局、区委党校开展涉及530人，涵盖公务员、事业单位和国企工作人员的中层任职培训，组织开展公务员初任培训暨专业化青年人才岗前培训，推动全区公务员思想再深化、能力再提升。（祁庆文）

【人才工作】 2021年，区委组织部启动实施新一轮人才创新创业“55352”工程*，积极构建更具竞争力的“1+N”人才政策体系。持续深化党管人才“书记项目”，常态化落实“双招双引”专项述职制度，全年通过“双招双引”认定项目192个。打造“产业+人才+基金+项目+专业孵化器”闭环生态，举办吴江国际精英创新创业洽谈会、“创赢未来”国际创客大赛首场海外分赛区（大洋洲赛区）决赛、“长三角名校吴江行”等高显示度活动赛事，启动运营江苏长三角智创科技园。联合发布示范区高峰人才联合激励计划，推动首张个人、首组家庭式跨区域“上海市海外人才居住证”落户吴江。打造集“人才投”“人才贷”“人才房”“人才卡”“人才课”五位一体的人才服务品牌矩阵，发布“乐居吴江”人才安居乐居品牌，定期举办“人才四季”等系列主题活动。新增自主申报入选国家级重大人才引进工程4人、江苏省“双创团队”1个、“双创人才”6人、苏州市“姑苏创新创业领军人才”39人、吴江区创新创业领军人才89人。（夏雨城）

【党建主体责任】 2021年，吴江区持续深化党代会常任制试点工作，落实党代表提案提议、巡视、列席全委会和常委会等制度，拓宽党代表参与决策、发挥作用的渠道和方式。顺利选举产生新一届党委、纪委领导班子及出席苏州市第十三次党代会代表。推动全面从严治党向基层延伸，完成排查整顿农村发展党员违规违纪问题专项工作。持续推进“行动支部”建设，创新组建300多个行动支部。以“三强化三争当”的具体举措部署开展“两在两同”建新功行动，实施“一线建功”四大计划。（夏雨城）

【基层组织建设】 2021年，区委组织部持续深化“融入式党建”创新工程，精心组织庆祝建党百年，高规格高质量举办“融入式党建”主题活动，选优做实85个“融入式党建”书记项目。助推一体化示范区建设，全面落实示范区党建工作创新发展“1+2”文件体系，成立青吴嘉及苏州、嘉兴“3+2”党建联盟，推行“毗邻党建”共建新模式。深化“党建惠企”专项行动，组织百家民营企业赴南京省级机关政策宣讲沙龙，不断深化省级机关与吴江民营企业党组织结对共建机制。搭建党建集聚资源的桥梁，启动实施“美美薪传”青年企业家挂职培养工程，先后两批选派60名青年企业家赴14家苏州市属国企挂职。创新党建引领基层社会治理机制，系统总结党建引领基层社会治理“12345”工作法，相关经验在中组部主办的街道党工委书记培训示范班上进行专题介绍。在全市率先完成村（社区）“两委”换届，扎实开展村（社区）党组织领导班子任期规划工作，印发实施《村干部职业化管理体系建设“1+N”系列文件》，7位村党组织书记、2位社区党组织书记选聘进入事业编，深入实施“新时代江村新接力”工程，助力打响“江村”乡村振兴品牌。深化“红色物业”专项行动和模范机关“八大行动”，区委区级机关工委获评全省机关党建工作先进集体。全面提高“两新”党建工作质量，落实非公党建“四个一”工程三年行动计划，遴选确定第三批“四个一”工程企业。（夏雨城）

老干部工作

【概况】 2021年，全区有离休干部82人，比2020年（下同）减少19人。享受县处级以上待遇的退休干部69人。区委老干部局结合重大纪念日及传统节日，组织老干部开展各类活动9次，参与人数2000余人次；组织开展“银发”宣讲送学等各类志愿服务活动53次；组织老干部参观考察、学习培训、座谈会、主题党日活动等17次，参加人数近2000人次；吴江区关心下一代工作委员会原主任胥锦荣被评为“江苏省百佳离退休干部党员”。（徐　悦）

【离退休干部政策落实】 2021年，为全区离休干部、四套班子离退休领导及离退休干部党支部订阅《中国老年报》《银潮》《党的生活》《离退休干部学习参考》《大江南北》《铁军》等学习材料。全年刊发老干部宣传信息近120篇次。1月，区委召开十八级以上离休干部暨原四套班子离退休领导情况通报会，27人次参加会议。4月，组织近30名四套班子离退休领导参观考察苏州湾文化中心，观看红色剧目《战上海》。七一前夕，为50年以上党龄老党员颁发“光荣在党50年”纪念章。8月，因新冠肺炎疫情影响，以文件形式向老干部通报全区经济社会发展情况。9月，组织离休干部体检。开展“留声留影留故事”活动，安排专人为26位离休干部中的参战老兵拍摄照片。11月，组织21名四套班子离退休领导赴震泽镇参观考察，共话乡村振兴。做好日常走访慰问，开展春节、高温两次集中走访慰问及“致敬·赓续·离休干部大走访大调研大落实活动”，走访慰问老同志近300人次，吊唁去世离退休干部20人。落实5位离休干部享受副省级医疗待遇和提高离休干部高龄护工费补贴标准、床位报销标准等待遇。（徐　悦）

【离退休干部活动】 2021年，着力培育最美老干部志愿者和志愿者团队、最美志愿者服务项目。举办“银发生辉”志愿者培训与志愿服务活动。以100名注册志愿者为主体，带动广大老同志在党史宣传教育、平安法治建设、关心关爱活动、文体艺术服务、推进经济发展等方面开展志愿服务活动。组织老干部书法爱好者开展“银辉送福”春联书写志愿服务活动。开展“银发”宣讲“三送”活动（送学到支部、社区、校园）活动53场次，听众近4000人次。“银发”宣讲“三送”活动被评为2021年度吴江区新时代文明实践“十大案例”。“银发”宣讲员李金奎被评为2021年度吴江区“最美志愿者”。各地各部门搭建平台组织老干部志愿者在多领域发挥余热：法院组织开展“送法”服务，志愿者为居民上实用普法课，并为社区干部解答相关法律问题；公安局志愿者开展反诈骗宣传，设摊发放宣传资料并给予解答咨询；市场监督管理局志愿者开展“计量惠民”服务，为群众发放计量宣传图册，免费提供血压计的校准和计量咨询服务；司法局老支书桂其荣长期为山区贫困学子捐资助学，并带动他人加入助学队伍。以南下干部子女为主体的红色志愿队，在弘扬党的光荣传统、助力基层治理、加强青少年思想政治工作等方面继续发光发热，原创诗朗诵《父辈的旗帜》，在吴江、青浦、嘉善巡回演出，担负起传承红色基因、服务社会发展的责任。推动成立“青吴嘉”三地“绿盾”老干部志愿服务队，牵头制定志愿服务队章程，规范志愿服务事项。区常青爱心帮困会全年资助贫困家庭200户120万元、学生100人70万元，提供救灾救助资金66万元。（徐　悦）

【离退休干部党建】 2021年，开展星级支部复核、晋级工作，推进离退休干部党建工作提档升级。3月，举办离退休干部党支部书记培训班；4月，分3组召开区级机关离退休干部党支部建设工作座谈会，35人参加；5月，举办党史学习教育区委宣讲团离退休干部专场报告会；9月，举办全区离退休干部“两在两同”建新功培训班；10月，举办2019—2020年新退休领导干部培训班；12月，举办学习贯彻党的十九届六中全会精神离退休干部专场报告会。组织支部书记先学一步、学深一点。布局推进党建示范观摩点建设，推广“老书记工作室”“老党员工作室”模式，建设功能性支部,打造展现吴江离退休干部党建风采的"最美窗口"。发挥支部组织宣传功能,指导各离退休干部党支部认真组织老干部老党员过好组织生活会,开展"回望百年路、奋进新征程"庆祝中国共产党成立100周年主题党日活动,组织老党员重温入党誓词,牢记初心使命,积极发挥作用。组织老党员开展党史学习教育,参与全省老干部系统学党史知识竞答活动。发挥支部关心关爱功能。银龄党建工作站组织集中学习和主题党日活动3次,引领站内成员单位开展庆祝建党100周年主题活动和党史学习教育,强化党对涉老团队协会工作的领导,发挥各团队协会功能特长,服务群众、服务社会、服务发展,建立银发读书会,开展读书交流活动8次。

(徐　悦)

机构编制

【行政管理体制改革】 2021年,区委编办增设东太湖度假区(太湖新城)职能机构数字产业发展办公室,推动区域数字产业发展。制定《江苏省汾湖高新技术产业开发区管理体制优化调整方案》,优化职能机构设置,设立科技和招商局、城市管理局及黎里古镇开发保护区、芦墟产城融合区、北厍智能制造区、苏州南站科创新城4个功能区管理办公室,整合组建城乡发展局,撤销建设局、农村工作局、社会事业局及芦墟、黎里、金家坝、北厍4个办事处,黎里镇下属事业单位不实际运转,人员统一使用,促进高新区高质量发展。创新推进"大数据+指挥中心+综合执法队伍"改革新模式省级试点,制定《苏州市吴江区"大数据+指挥中心+综合执法队伍"综合执法新模式工作方案》和《重点工作任务分解落实方案》,聚焦"三跨一监督"执法(跨部门、跨层级、跨区域执法和执法全流程监督),全面构建职能、情报、指挥、队伍、制度5大体系,完成15项改革任务,打造示范区综合执法新标杆。区委编办被评为全省综合行政执法改革暨指挥中心建设先进单位。

(计利民　沈旐天)

【机构编制管理】 2021年,区委编办在区农业农村局增挂"区乡村振兴局"牌子,不再保留挂牌机构"区政府扶贫工作办公室",持续加强党对"三农"工作领导;将吴江开发区、汾湖、盛泽3个基层派出所机构升格为正科级,落实现代警务体系改革要求;增加应急、住建安全监管人员编制;优化设置区退役军人事务局内设科室,承担双拥工作具体事务;增设吴江粮食购销有限公司内设机构,加强粮食购销调控能力;优化调整区残联内设机构,推动残疾人事业健康发展;优化调整吴江开发区职能机构下设科室,推动高新技术企业培育及企业服务"全生命周期"体系建设。撤销13家事业单位(吴江区社会综合治理联动指挥中心、吴江区市场主体信息管理中心、吴江区商务综合执法大队、吴江经济技术开发区体检中心、黎里镇经济服务中心、黎里镇农业服务中心、黎里镇人力资源和社会保障服务中心、黎里镇建设管理服务所、黎里镇文化体育站、黎里镇党校、黎里镇社会综合治理联动指挥中心、吴江区汾湖交通运输管理所、吴江区水务局汾湖水务管理服务站),建立7家事业单位[吴江区社会治理现代化综合指挥中心、吴江区医疗保障基金管理中心、吴江区江陵街道社区卫生服务中心、长三角生态绿色一体化发展示范区知识产权保护服务中心、吴江区商务服务中心、吴江经济技术开发区健康体检中心、吴江汾湖高新区(黎里镇)综合服务中心]。控制财政供养人员增长,除教育卫生外,全年全区招录267名。

(计利民　刘伟禄　慎　瑾)

【基层"三整合"工作】 2021年,区委编办围绕健全职责准入、资源下沉、权力调整、全员培训、考核评估和信息共享"六大机制",实施完成深化全区基层"三整合"(整合审批、服务和执法力量)改革17项重点工作项目[区级部门9项、镇(街道)8项]。推动震泽镇完成省级试点争创工作,推动八坼街道完成改革复查评估工作。明确七都镇集成指挥中心、行政审批局(为民服务中心)和震泽镇党政办公室(集成指挥中心)、行政审批局(为民服务中心)为副科级建制。震泽镇获评全省基层“三整合”改革先进单位，八坼街道通过市级基层“三整合”改革复查评估工作。

（沈娍天）

【区级机关绩效管理】2021年，根据年度综合考核要求，区委编完成区级机关部门服务高质量成效（绩效管理）考核和全区满意度评价。研究制定《2021年度综合考核满意度评价实施方案》，确定区级机关、区镇的评价指标体系和评议对象。研究制定《苏州市吴江区2021年度区级机关部门服务高质量发展成效（绩效管理）考核实施方案》，通过目标规划、季度监测、半年评估、年终考核、持续改进形成考核闭环，进一步精简考核指标，突出高质量发展考核导向。加强对部门履职监管，试点开展“清单式”履职评价，将区委、区政府年度工作要点、重点工作目标和“两会”重点建议提案列入各部门日常主要履职评价工作指标，通过暗访形式掌握履职情况，督促部门整改提高。优化创新创优项目评审方式方法，提高评审公信力、影响力和区级机关部门服务高质量发展水平。机关绩效管理创新工作纳入全省基层治理体系改革先行先试试点，为苏州地区唯一入选单位。

（王　婷　薛　翔）

【机构编制监督检查】2021年，区委编办严格执行用编用职审批制度，规范办理人员进出编手续，将用编审批作为人员调动、招录招聘的依据，用职审批作为中层干部职务变动的依据，进出编手续作为社保登记、工资发放的依据，完成用编用职审批489批次，办理人员进出编2540人次。强化实名制信息化管理，机构编制实名制信息系统与区人事管理信息系统实现数据共享，实现中层职数使用闭环管理，用职审批全流程跟踪管控，解决机构编制部门用职信息滞后和中层跨身份任职统计等问题，提升管理的精准性。实行进出编手续日办结制度，相关手续资料点对点到个人，做到人员编制变动情况可追溯、全留痕。根据苏州市统一部署，完成第二次机构编制核查工作，实现与中央编办实名制系统的无缝对接，月报、年报数据上报及时准确。严格执行科级职数预审制度，全年全区核增正科职数8名、副科职数34名，核减副科职数8名，全部及时入库。机构编制制度执行情况纳入巡视巡察、选人用人专项检查、经济责任审计等监督范围。参与巡察期间选人用人专项检查、“三责联审”中机构编制责任审核。对区科技局、市场监督管理局、文体广电和旅游局、民政局、供销合作社5家区级机关以及东方国资、文旅集团2家区属国有企业开展选人用人专项检查，深入排查按照核定职数进行规范用职审批的情况，对程序不规范、手续不完备等现象提出整改意见，提升干部选拔任用科学化、规范化水平。

（王　婷　薛　翔）

【事业单位法人登记管理】2021年，全区完成事业单位法人设立登记17家、变更登记208家、注销登记28家、证书换领7家。完成397家事业单位法人2020年度报告公示工作，相关政务信息数据按时报送区大数据、区公共信用信息共享平台、省政务服务事项管理系统等平台。探索利用国有资产举办单位的设立登记管理新模式，明确登记权限、程序、监管责任，完成中国工业互联网研究院在全省唯一一家实体机构设立登记。对103家区属事业单位开展跟踪问效，进一步推动事业单位规范管理。在公办中小学、公立医院开展信用等级评价试点，评价结果适时推送信用信息平台，对不同信用等级的事业单位实施分类服务和管理。

（刘伟禄　慎　瑾）

【机关群团法人赋码】2021年，全区办理机关群团统一社会信用代码证书初领9家、变更53家、撤销1家、到期换证10家。

（刘伟禄　慎　瑾）

宣传工作

【概况】2021年，全区宣传思想文化战线围绕庆祝中国共产党成立100周年主题主线，聚力抓好党史学习教育，深化思想理论武装，加强宣传舆论引导，推进文明典范城市建设，打造“江南文化”品牌，吴江丝绸产业成为我国第三个世界知识产权组织版权保护优秀案例示范点，为加快谱写展示社会主义

现代化“最美窗口”的吴江篇章提供坚强有力的思想保证、精神动力、舆论环境和文化条件。（李明川）

【理论工作】2021年，全区深入推进学习宣传贯彻习近平新时代中国特色社会主义思想，全面宣传贯彻党的十九届六中全会精神。深化中心组旁听督学工作，广泛推广中心组联组学习。强化理论宣讲普及，深入开展分众化对象化理论宣讲，整合宣讲资源，深化“鲈乡社科大讲坛”、电视“鲈乡讲坛”、百姓名嘴等“老字号”宣讲品牌，着力打造“鲈乡燕语”理论宣讲品牌。开展“学·无疆”吴江“学习强国”平台线下主题活动。（李明川）

【新闻宣传】2021年，区委宣传部围绕建党百年、我为群众办实事、“两在两同”建新功*、党代会等重大主题，组织“奋斗百年路 起航新征程”“学党史 悟思想 办实事 开新局”等系列宣传报道。围绕区委、区政府中心工作，聚焦一体化示范区建设，全媒体开设“锚定‘五新目标’ 绘就‘最美窗口’”等主题宣传专题专栏，开展“践行‘两争一前列’打造‘最美窗口’”全媒体新闻行动。全年区级以上主流媒体报道3300余篇，其中，《人民日报》刊发报道22篇，央视报道38篇，新华社客户端报道58篇。（李明川）

【网信工作】2021年，区委宣传部成立苏州市首个区县级互联网行业党委，加强党对互联网企业和网络社会组织的领导。建立覆盖全区党政机关、重点行业领域的“数字（网络）安全官”制度。深化网信工作品牌“吴小e”建设，制作吴小e“学党史 爱家乡”系列动漫短视频。原创网络强国系列四格漫画《小e说网》《吴小e防疫4格漫画50期》获评江苏省县市融媒优秀作品一等奖。加强“网络吴军”建设，深化网评工作，有效应对引导盛泽龙卷风、“7·12”酒店辅房坍塌、新冠肺炎疫情谣言、核酸检测预登记演练等网络舆情。（李明川）

【精神文明建设】2021年，区委宣传部出台文明城市建设常态长效工作实施方案和文明典范城市三年行动计划重点项目工作方案。实施区四套班子领导双挂钩制度，细化文明创建网格管理制度，建立“不文明行为”曝光制度，每月进行测评成绩和红黑榜通报。常态化开展文明城市现场督查测评工作，盛泽镇成功进入新一轮全国文明镇申报候选名单，全年市级文明城市测评总成绩居全市前列。深化“美美江城”文明实践品牌建设，发布2021年度“美美江城 美时美刻”文明实践系列项目近350个，统筹全区开展“文明实践进网格”“家门口的暑托班”“我为城市添光彩”等主题实践活动。成立长三角一体化示范区文明实践联盟，开展首届长三角一体化示范区志愿服务创新项目大赛，颁发首批志愿者互派服务证书。培育选树先进典型，周旺海获评“中国好人”，陆鸿获评“江苏省道德模范提名奖”，王松学获评“江苏好人”。4人纳入“苏州时代新人”典型宣传。遴选发布“吴江时代新人”14名，“吴江好人”20名。选树“新时代吴江好少年”30名。（李明川）

【文化工作】2021年，吴江以“一湖三河”（太湖、大运河、太浦河、吴淞江）历史水路为脉络、擦亮水文化、古镇、江村、丝绸等吴江特色文化标签。组织举办江南丝绸文化旅游节，囊括全区40项文化旅游节庆活动，其中4项活动入选苏州江南文化艺术国际旅游节。重点聚焦“平望·四河汇集”项目，打造吴江“运河八景”，实施43项主体工程建设项目，京杭大集投入运营。制订出台文化产业高质量发展三年行动计划及扶持政策实施细则，成立江南文化产业投资基金。推出庆祝中国共产党成立100周年红色演出季，演出歌剧《洪湖赤卫队》等经典剧目10余部。打造“江南小剧场”，苏州湾大剧院戏剧厅、旗玉记剧场入选苏州市第一批“江南小剧场”。举办第十六届吴江阅读节，建成喜马拉雅有声图书馆3个。深度打造评弹《柳亚子历险记》《两弹元勋程开甲》《红军故事》、歌曲《征途》、党史短剧《一纸退重兵》等作品。评弹情景组曲《红军故事》入选“江苏省庆祝中国共产党成立100周年舞台艺术精品创作工程”，《半条红

军被》参演江苏省庆祝中国共产党成立100周年“百年百场”优秀群众文艺作品巡演。（李明川）

【社科工作】 2021年，区委宣传部结合党史学习教育，在电视“鲈乡讲坛”、电台“社科万象”等平台推出党史知识科普节目，创新推出党史宣讲专题，推出50多项主题鲜明、富有吴江特色的授课内容。在社科界深入开展党史学习教育，召开专题研讨会，征集到理论研究成果47项。举办第十六届吴江区社科普及宣传周活动，策划32个重点活动。探索主办出版6期智库型内参《领导参阅》。《群众》杂志社省内第二、苏州唯一调研基地落户吴江。全区社科重点应用研究课题立项5大类124项，3个课题获评第五届苏州市社科应用研究精品工程优秀成果奖。课题“基于轨道交通的苏州城市布局优化路径研究”入选苏州市社科应用对策类立项，为全市3个获此立项区县之一。（李明川）

统战工作

【概况】 2021年，区委统战部开展区各民主党派、无党派知联会与区镇（街道）合作共建。加强基层组织建设，加强对基层统战的工作领导，在全区统战干部、党外人士中开展《中国共产党统一战线工作条例》专题学习，夯实统战工作基础，构建大统战格局。新增商会3家，新增基层商会党组织9家，至年底，全区有商会总数94个、会员单位5044家，基层商会党组织27家。与青浦、嘉善加强合作，整合示范区三地党建、统战资源，成立青吴嘉民营经济人士“四史”学习教育联盟。（杨予青）

【合作共事】 2021年，区委统战部支持民主党派围绕全区中心工作开展调查研究，区各民主党派、工商联、无党派知联会形成调研材料12篇，召开2021年度区各民主党派、工商联、无党派知联会重点调研成果交流会。区政协十五届五次会议上，区各民主党派、无党派知联会集体和委员提交提案136件，其中集体提案40件、个人提案96件。民盟吴江区委编写的信息《关于完善太浦河跨界生态补偿机制的建议》被全国政协单篇采用，多名党派成员的建议被民主党派中央采用。发挥民主党派资源优势，助力长三角生态绿色一体化高质量发展。民主党派党史学习教育落实落细，邀请青吴嘉三地民主党派、无党派人士参加同心学习暨“携手青吴嘉、同心学党史”活动，发布“携手青吴嘉、同心学党史”线路。召开全区党外人士庆祝中国共产党成立100周年座谈会，总结和回顾全区党外人士同中国共产党团结奋斗、风雨同舟的光辉历程。开展区各民主党派、无党派知联会与区镇（街道）8大结对共建“同心项目”，将党派之力转换为地方发展之力。民革吴江区基层委邀请到苏州大学博士生导师、昆曲名家周秦教授就助力吴江昆曲的传承与发展开展座谈交流；民盟吴江区委、民进吴江区基层委、无党派知联会向爱心小学、农民工子弟小学捐赠图书、学习用品，并开展教师结对帮教、专题培训等；民建吴江区基层委开展座谈、调解，宣传法律知识，协助震泽镇打好拆迁安置建设“攻坚战”；农工党吴江区基层委与七都镇共同打造文化品牌“琴近太湖”；致公党吴江区基层委抢抓“平望·四河汇集”入选苏州“运河十景”地标机遇，开展相关调查研究；九三学社吴江区基层委以弘扬程开甲精神为目标，推动程开甲陈列室建设，有效发挥程开甲小学“九三学社专家工作站”作用。支持区各民主党派和无党派知联会开展交流互动。致公党吴江区基层委赴上海与致公党上海杨浦区委、复旦大学委员会、同济大学支部开展交流活动，九三学社吴江区基层委与九三学社青浦区委开展联合调研。（胡杨文）

【民主党派、无党派知联会工作】 2021年，区委统战部继续强化政治引领，支持全区各民主党派和无党派人士不断巩固“不忘合作初心，继续携手前进”主题教育活动。新冠肺炎疫情期间，区委统战部引导和支持民主党派成员投入防疫一线，民盟盟员吴晔华、华臻、致公党党员严冬华、九三学社社员王强先后奔赴南京、扬州支援一线防疫工作。各民主党派发挥资源优势，捐款捐物，参与社会服务，助力疫情防控和复工复产。做好社情民意收集，各民主党派全年向上级党派组织、政协整理报送社情民意信息200余篇，其中省级以上录用52篇，中央级别录用10篇。支持民主党派加强自身建设，完成民盟吴江区委换届和民进吴江区基层委、区无党派知联会的领导班子调整工作，选优配强民主党派领导班子。民盟吴江区委主委汤卫明获民盟中央“纪念中国民主同盟成立80周年”优秀盟员称号。（胡杨文）

【新的社会阶层人士统战】 2021年，区委统战部组织新阶层人士学习贯彻《中国共产党统一战线工作条例》和十九届六中全会精神，开展元宵学四史猜灯谜，“学党史、守初心，与党同行”党史学习教育培训，“追忆红色岁月，凝聚前进力量”爱国主题观影，“同心向党”文学征稿，建党百年书法展等活动。加强对各区镇统战部门、新联会统战工作的指导，帮助理顺体制机制，制定出台区镇新联会工作联动机制，创新“三联动”“三共享”工作方式方法，推动形成工作体系和合力，形成全区新的社会阶层人士统战工作新格局。区镇联动开展“青吴嘉”统一战线平台协作共建，盛泽、震泽共建蚕桑丝绸产业合作框架协议签约等一系列活动。区委统战部在新的社会阶层人士较为聚集、新经济业态相对集中的领域先行先试，重点打造震泽“丝稔电商”丝创园新阶层人士统战工作实践创新示范基地，获评市级实践创新示范基地。新联会组织通过打造“人才会客厅”，召开生物医药学术研讨会、智能制造高峰论坛等活动，拓宽新阶层人士创新创业交流渠道；开展“新”连“心”爱心义卖等活动，为打响夜间经济品牌贡献新力量；开展抖音电商直播共享会，为传统产业转型插上互联网翅膀。全区新阶层人士开展“端午送真情”“重阳送温暖”爱心捐赠，“筑梦未来”“春雨助学”爱心助学，“情暖慈爱护理院”养老帮扶以及节能、爱国卫生宣讲等慈善公益活动。（周卫方）

【非公经济领域统战】 2021年，区工商联调动企业家中政协界别委员和人大代表参政议政作用，提交区人大、区政协、区委统战部及区工商联各类提案、建议、调研材料20余篇；推出“1+N+X”（1指区总商会党委，N指各商会党建，X指各企业党建）党建新模式，推动成立中共苏州市吴江区总商会委员会统筹基层商会党建工作，新增区河南商会、宁波商会、家纺商会等9家基层商会党支部，累计达27家；全力打造“1+N”（1指工商联，N指各职能部门）工作合作机制，与台办启动民企台企融合发展合作，与区纪委监委联合打造廉洁合规企业联盟，与区法院建立民企诉求反映和权益维护机制；与区同心党外人士法律服务中心共同编印《吴江区民营企业常见法律风险防范指引》；联合区人社局、苏信学院启动企业人才云招聘；与民生银行吴江支行合作助力解决小微企业融资困难。在全区基层商会中，拥有2个全国“四好”商会（盛泽黄家溪商会、平望镇总商会），累计获评江苏省“四好”商会7个，苏州市“四好”商会19个。吴江总商会副主席（副会长）单位恒力、盛虹上榜“世界500强”，分别位列67位和311位；在2021中国民营企业500强榜单中，恒力、盛虹、亨通、通鼎、永鼎、东方恒信6家副主席（副会长）单位入围，数量领跑全国（县市区），其中东方恒信为苏州唯一一家新进榜单企业。新增上市公司5家，过会2家。联手各镇经发局开展上规模民营企业调研，辅导和协助区内年产值5亿元以上企业参与“中国民营企业500强”“江苏省民营企业百强”“苏州民营企业100强”等调研评选。（易雪晴）

【港澳侨统战】 2021年，区委统战部继续发挥江苏吴江（香港）同乡会、震泽海外校友联谊会等团体在海内外交流过程中的桥梁纽带作用，成立欧美同学会。通过“港澳企业代表人士联谊群”，了解收集区内相关港澳企业复工复产后面临的主要困难、问题和意见建议，协调解决有关问题。开展港澳企业大走访活动，进行政策宣讲、解决发展难题，引导企业智能化改造和数字化转型。发挥微信群、公众号等新媒体平台示范引导作用，宣传党的最新理论成果和国家最新方针政策。

（杨予青）

【基层统战】2021年，区委统战部举办“最美同心人”颁奖典礼，团结引领全区统战成员汇智聚力，推动形成统战工作高质量发展强大合力，共同画好统一战线最大同心圆。将统战理论、条例的学习纳入全区公务员“5+X”能力培训*班、村（社区）“两委”班子轮训暨“全科社工”能力提升培训班等主题班次。汇总整理区各民主党派、工商联、无党派知识分子联谊会围绕乡村治理、智改数转、一体化发展等调研课题，形成12篇调研材料，召开全区各民主党派、工商联、无党派人士双月座谈会暨重点调研课题成果交流会，加强调研成果转化工作。强化基层考核，构建齐抓共管民宗工作的体制机制，与各区镇、街道签订《民族宗教工作目标责任书》，明确区镇、街道民宗工作职责任务和重点工作。（杨予青）

【唐仲英基金会】2021年，区委统战部做好唐仲英基金会服务工作，协助举办上海交通大学“唐仲英荣誉体系”发布会。分片区举行第二十三次唐仲英德育奖学金颁发仪式，指导唐仲英爱心社获奖学生开展社会公益活动。（杨　丹）

政策研究

【长三角一体化】2021年，吴江聚焦国家战略，高规格建立、实体化运作吴江区长三角一体化发展研究中心，深化与示范区执委会及青浦、嘉善等地对接交流，加大政策研究和对上争取力度，全面推进创新发展、改革研究等工作。高标准建设“在国家战略引领下——苏州市吴江区建设长三角生态绿色一体化发展示范区展示馆”，全面展示吴江推进示范区建设的生动实践和丰硕成果。自9月23日开馆以来，展示馆先后被指定为第二届示范区开发者大会、长三角青商高峰论坛等重要活动的参观点位，累计接待各地各类参观百余批近4000人次。（杨　华）

【调查与研究】2021年，区委办公室、区长三角研究中心坚持把调查研究作为参谋辅政的重要抓手，围绕区委、区政府中心工作和重点目标任务，制订并组织实施全区年度调查研究工作计划，推动全区上下形成大调研的良好氛围。围绕长三角生态绿色一体化发展示范区建设、推动经济高质量发展等中心工作，组织开展调查研究。全年形成《长三角一体化背景下吴江碳达峰、碳中和的实施路径研究》等重点调研报告20余篇，编发《调查与研究》《决策参考》共12期，其中《平望镇“云旅店”平台打造出租房管理新模式》《城市精细化管理背景下推进广告招牌个性化设置的思考》获区委主要领导批示肯定。完成《江苏通讯》《苏州日报》《苏州蓝皮书》等约稿文章4篇。（黄　荣　侯占胜）

【深化改革】2021年，吴江区全面贯彻落实中央和省委、市委改革部署要求，发挥改革在构建新发展格局中的关键作用，抢抓长三角一体化发展国家战略机遇，实施一批具有标志性、引领性的改革举措，推动全面深化改革向更深层次挺进。全年召开区委深改委会议6次，研究部署改革工作15项，精准出台改革方案，推动各项目标任务落地落实。组织申报“2021中国改革年度案例”，《工业生态“数字管理”赋能经济高质量发展》案例获评“中国改革2021年度特别案例”，成为全国唯一获评该奖项的县级案例。发挥改革试点的突破带动作用，年内新承担推进县域共青团基层组织改革、综合行政执法改革暨指挥中心建设、机关绩效管理创新等3个国家级、省级改革试点。深耕“一体化制度创新试验田”，形成首张示范区海外人才居住证、住房公积金异地使用、跨域科技创新券通用通兑、异地就医结算免备案、示范区执法监督标准统一等一系列改革成果。32个制度创新成果、27个项目建设案例入选2021年示范区典型案例，入选数量连续两年位列示范区三地首位。加快推广改革经验，《以“无疆”理念打造政务最美窗口》《“跨界联合河长制”推进生态治理区域一体化》《聚焦沪苏同城化全力建设示范区》《震泽镇创新推动彩钢板产业走好升级之路》等文章分别被《改革内参》《江苏改革简报》《苏州改革》推介。

（施丽丽）

对台工作

【概况】 2021年，区委统战部（台办）践行“两岸一家亲”理念，全力服务在吴台胞台属台企，构建舒心涉台营商环境，促进吴台两地交流交往。全区台企数量434家，是年，全区台企销售额超1105亿元，占全区外资企业销售总额的45%。吴江台企在2021年吴江区百强企业占13席，10大纳税企业占3席，进出口10强占7席。成功推荐中达电子获江苏省“紫峰奖”纳税贡献领军企业奖；第二十届中国（苏州）电子信息博览会期间，吴江“沪苏同城”展示馆作为四大主题馆之一参与展览，用8个篇章陈列吴江“沪苏同城”工作成果，集中展示吴江台企产品特色。

（查慎初）

【对台经济】 2021年，区委统战部（台办）持续深化“台企直通车”工作品牌，多措并举推动台企实现高质量发展。“直通”政府，发挥桥梁作用。加强部门联动，发挥港澳台统战工作协调组职责功能，凝聚对台工作合力。联合区工商联（总商会）启动民企台企融合发展合作，涵盖日常培训、资源共享、产业对接等企业发展全方面，推动两支重要力量优势互补。联合区商务局、市场监管局、工商联等部门上门服务，宣讲高质量发展外资外贸新政，讲解知识产权维权知识，赠送企业风险防范读本。联合市场监管局成立吴江台资企业知识产权维权联络站，妥善处理涉台矛盾纠纷，维护台胞合法权益。“直通”企业，提升服务效能。承办第十六届江苏省台商大讲堂暨苏台5G产业联盟对接交流会，90家台企民企代表共同参与。组织台商代表参访吴江“智改数转”标杆民企。召开“智改数转”专题座谈会，帮助台企对生产全链条进行再梳理再检视。结合“我为群众办实事”实践项目，开展港澳台侨企业大走访和台企常规走访，协调解决生产资质申请、员工招聘等问题。组织亚旭电子拍摄联盟宣传片，在2021两岸企业家紫金山峰会上展示吴江台企良好形象，推动吴江台企融入内循环。“直通”智库，提振台企发展动能。建立台企三级培训服务体系，推出中层执行力与沟通管理能力、海关政策解读等课程，为台企提供“菜单式”选学服务。联合上海社科院开展台企智能化改造与数字化转型路径研究调研课题，以问卷、实地走访等形式了解吴江台企“智改数转”现状，形成有价值的调研成果。

（查慎初）

【对台交流】 2021年，区委统战部（台办）依托江苏省对台交流基地、江苏省台湾青年就业创业基地以及海峡两岸青年就业创业示范点等载体，以深度体验吴江历史文化资源为抓手，加强吴台两地同胞尤其是青年群体的交流交往。开展“第二故乡热力图”寻访活动，组织台胞实地参访芦莘厍周大屠杀遇难同胞纪念馆、同里古镇、开弦弓村、“平望·四河汇集”等地，了解吴江改革发展历程和成果。邀请江苏各地台青会长共聚京杭大运河畔，品味吴江特色“运河宴”，推动台青亲身体会、实地了解运河文化的深厚魅力，感受吴江打造“运河八景”的生动实践和美丽图景。用好台谊会交流平台，接待浙江东阳台办、嘉善台办及台联等42人来吴交流学习，常态化走访慰问在吴台胞台属。深化吴江台青会与青商会《战略合作框架协议》，举办两岸青年就业创业经验分享会、“沪苏同城，共赢吴江”苏州湾人才高洽会暨第十届吴江开发区精英预洽会，推动两岸青年共抓机遇筑梦圆梦。

（查慎初）

【涉台宣传】 2021年，区委统战部（台办）开展多形式宣传，全年推送涉台宣传信息57条。大力报道在吴台胞典型事迹，“苏州乡间的阿里山茶香”“大陆土地上的新耕耘”等台胞创业故事得到中国台湾网首页关注。2021两岸媒体人大陆行联合报道团到吴江参访，实地感受同里农文旅融合发展面貌，亲身体验江南水乡意蕴，创作多篇新媒体作品在西瓜视频、抖音等平台呈现。协助台湾“2021文化C游记”媒体节目组拍摄宣传七都美食文化、旅游资源，促进文化交流。向旅台同乡会寄送新年贺卡，送去新年祝福。

（查慎初）

【涉台团体管理】 2021年，区

委统战部(台办)指导台协通过微信公众号、微信群等途径向台胞台企推送政策宣传、服务信息1500余条,发挥协会在政府及台企之间的桥梁纽带作用。做好台胞子女入学审核、中考加分审核工作,办理62名台胞子女办理入学,审核中考加分台胞子女23名。指导台青会完成换届,助推台青扎根吴江、融入吴江。鼓励支持台协妇女慈善基金会开展慰问贫困家庭活动,组织台协理监事参观吴江家风家训传承馆等,组织台谊会全体理监事学习党的十九届六中全会精神。加强联络走访,元宵节、中秋节和春节前集中走访慰问台胞台属,盛泽遭遇龙卷风后,第一时间慰问受灾台属企业。（查慎初）

保密工作

【概况】 2021年,区国家保密局持续完善党管保密体制机制,创新保密宣传教育形式,推进保密依法行政,持续提升保密管理效能,全力筑牢国家安全的保密防线,为全区经济社会发展提供坚强的保密服务保障。（林　伟）

【保密执法检查】 2021年,区国家保密局持续推进保密自查自评、专项联合检查,结合重点监管与全面监管、日常管理与随机检查,对涉密人员、涉密载体、涉密场所等进行全过程、全方位监管。切实加强全区机关、单位政务邮箱、微信和QQ等互联网信息平台的保密管理。（林　伟）

【保密宣传教育】 2021年,区国家保密局将保密课程纳入全区干部教育的重要内容,先后对能政善政、新入职人员、部分区镇和部门工作人员开展保密培训。制定企业走访方案,联合区军民融合办公室、工信局等部门主动上门提供惠企、保密等服务。聚焦“统筹发展与安全,筑牢维护国安安全的密码防线”主题,多层次开展“4·15”全民国家安全教育日活动,实现区级机关、区镇(街道)、资质单位等保密宣传全覆盖。组织红色保密文化主题演讲比赛活动,获苏州市最佳组织奖。征订《保密工作》《保密科学技术》等杂志,巩固保密宣传教育成果,在全区范围内形成“知保密、懂保密、会保密”的良好氛围。（林　伟）

巡察工作

【概况】 2021年,区委开展两轮常规巡察、两轮对村(社区)巡察,实现对村(社区)巡察全覆盖,联动对汾湖高新区下辖的5个村(社区)进行巡察,对震泽镇党委开展既有建筑安全管理机动巡察,发现问题1152个,问题线索27条。常规巡察中开展选人用人和落实意识形态工作责任制专项检查,发现选人用人问题43个,落实意识形态责任制问题44个。巡察工作开展中,运用第一种形态谈话188人,给予党纪政务处分153人,移送检察机关审查起诉9人。（张曼婷　梁　程）

【巡视巡察联动】 2021年,区委做好省委专项巡视反馈意见整改落实情况跟踪,组织“回头看”实地调研,84项巡视整改任务全部整改完成。配合市委对吴江开发区优化营商环境专项巡察、市委对汾湖高新区高质量发展专项巡察、市委涉粮问题联动专项巡察以及市委巡察工作指导督导。选派2名巡察干部参加省信用联社党委对苏州农商行党委巡察,选派10名巡察干部参加市委涉粮联动专项巡察和开发区高质量发展专项巡察。积极配合苏州市巡视巡察上下联动试点,协助制定专项检查、约谈问责两项机制,开发建设巡察分析决策系统,配合市委巡察机构开设“砺剑”讲堂,在开弦弓村打造全市巡察干部教育实践基地。全力配合做好中巡办主任王鸿津到苏州调研上下联动工作,吴江区作为唯一县市区代表在交流座谈会上汇报发言,吴江区相关经验被中巡办内部刊物刊载推介。配合做好省委常委、省纪委书记王常松,省委巡视办到苏州调研上下联动试点工作。（张曼婷　梁　程）

【巡察成果运用】 2021年,区委巡察组对巡察中发现村庄环境较差、安全隐患较多、村务党务公开不及时等涉及民生的问题,下达立行立改通知71份,整改率100%。区委巡察组围绕村级集体经济、村庄保洁资金使用、建筑垃圾管理等方面存在的问题进行深度调研,形成专题报告13篇。8月17日,印发《苏州市吴江区巡察整改督查督办工作规程》,上线区委巡察整改督查系统,对9个已巡察党组织整改情况进行专项督查,对17个已巡察村(社区)进行"回头看",确保问题整改件件有着落。针对巡察反馈问题,区委书记运用第一种形态,约谈5名被巡察单位主要负责人。(张曼婷 梁 程)

【巡察规范化工作】2021年,全区选派新提拔副科职干部8人到巡察一线挂职锻炼,组织100余人参加2021年区委巡察业务培训班。12月30日,印发《关于进一步增强巡察与审计工作合力着力提升监督效能的意见》。加强巡察档案电子化管理,完成十三届区委13轮常规巡察、13轮对村(社区)巡察共计923卷档案的立卷归档和电子化录入工作。回顾总结十三届区委巡察工作成绩,制作"铸利剑·扬清风"图文画册、文件政策汇编、调研报告汇编、宣传报道汇编、巡察干部名录等。(张曼婷 梁 程)

2021年十三届区委巡察工作推进情况一览表

时 间	巡察进度	被巡察对象
2月	2021年巡察工作计划经区委常委会审议通过	—
3月	召开2021年区委巡察工作动员部署会	—
4月	启动十三届区委第十三轮巡察	区科学技术局、区文体广电和旅游局、区民政局、区市场监督管理局、区司法局、区自然资源和规划局、区城市管理局、吴江东方国有资本投资经营有限公司、吴江文化旅游发展集团有限公司9家单位党组织巡察整改专项督查
	启动十三届区委第十三轮对村(社区)巡察	桃源镇所辖水家港、仙南、梵香、戴家浜、澄源、富乡、严慕、贤胡、迎春、后练、铜罗、前窑、广福、桃花源、利群、九里桥、宅里桥、杏花、桃源、青云、陶墩、大德、新蕾、文民、新和、瑾下浜、天亮浜、青云28个村(社区)党组织
6月	完成十三届区委第十三轮巡察、第十三轮对村(社区)巡察情况反馈	—
8月	印发《苏州市吴江区巡察整改督查督办工作规程》。	—
9月	启动第十四届区委第一轮巡察	区供销合作总社
	启动第十四届区委第一轮对村(社区)巡察	东太湖度假区所辖北门(西元圩)、二村(石里)、梅里(梅石)、苏河(吴模)、新园(高新)、湖滨华城(芦捕)、龙河(联杨)、祥泰(南刘、第二渔业、戗港)、奥林清华、城中、东门、冬梅、江新、南厍、三村、水乡、水秀、西塘、长板、安湖、同芯、莼南、诚心、新湖、北横、沧洲、姚家港、叶家港、圣牛、双湾、太浦河、星字湾、四都、沧浦、渔业、横扇、菀坪、农创、黑龙、双联、石铁、汤华、新营、直港、友谊、八坼46个村(社区)党组织 震泽镇所辖夏家斗、长家湾、新幸、朱家浜、三扇、龙降桥、花木桥、前港、联星、贯桥、八都、麻漾、蠡泽、兴华、大船港、桃花庄、新乐、曹村、石瑾、金阳、金星、齐心、众安桥、永乐、双阳、砥定、镇南27个村(社区)党组织
	启动既有建筑安全管理机动巡察	震泽镇党委
	配合市委高质量发展专项巡察,开展区委联动巡察	汾湖高新区(黎里镇)所辖元荡、梅墩、新鹤、汾湖、乌桥5个村党组织开展"回头看"
10月	配合苏州市委做好巡视巡察上下联动试点工作	—

(张曼婷 梁 程)

党校工作

【概况】 2021年，中共苏州市吴江区委党校、吴江区行政学院（以下简称“党校”）在编教职工34人，其中专兼职教师27人，包括高级职称6人、中级职称5人、初级职称3人，博士研究生2名、硕士研究生17名，肖耀良入选苏州市基层理论宣讲名师，5人入选苏州市基层理论宣讲名师培育对象。

（褚晨阳）

【干部教育培训】 2021年，党校共举办各类培训班101期（次），培训8930人。其中本地班次76期（次），培训7151人，包括主体班11个，培训人数819人，主要有示范区领导干部示范培训班、全区“双招双引”（招商引资，招商引智）专题研修班、2021年度第一期村（社区）党组织书记培训暨新提任村（社区）书记讲坛、吴江区安全生产干部业务能力提升班（一期、二期）、吴江区能政善政年轻干部专题培训暨第九期文秘研修班等。举办委托班38期，培训人数3357人，主要有党员发展对象和积极分子培训班（第一期、第二期）、2021年全区巡察业务培训班、2021年东太湖度假区（太湖新城）党员发展对象和入党积极分子培训班、“四河汇集促发展　比学赶超争先锋”平望镇年轻干部四季课堂春季培训班、团区委“创二代”薪火工程培训班、吴江区村（社区）“两委”班子轮训暨“全科社工”能力提升培训班（共四期）、机关事业单位中层任职培训班（共六期）等。配合组织部举办“四新”讲座*4期，参与人数1292人次，涵盖《智能化下的产业发展思路》《矢志践行初心使命　奋力创造新的辉煌》《全媒体时代危机沟通与风险管理》《数字经济赋能社会转型》等主题。举办现场教学6次，培训人数303人，主要有赣南苏区高质量发展培训班、G60培训班、镇江领导干部调查训练班、财政部厅局级培训班、上海市委党校第5期新疆生产建设兵团经济社会发展专题研讨班、2021年苏州市优秀团干部和青年人才培训班。举办外来班10期，培训人数464人，主要有中铁九局六公司党史学习教育专题读书班、遂宁经开区对标竞进培训班、嘉兴市秀洲区统计“领头雁”素质提升班、新昌县党外年轻干部培训班、镇江市京口区“学党史，强信念”优秀年轻干部集训班等。开展送教到各镇（区）、部门、村（社区）、企业和学校17次，培训人数1380人；完成其他培训活动服务15次，培训人数1315人。（褚晨阳）

2021年吴江区委党校干部教育培训一览表

单位：人

班次类别	培训时间	班级名称	培训人数
主体班	1月3—13日	示范区领导干部示范培训班	46
	3月14日至4月4日	全区“双招双引”专题研修班	50
	3月31日至4月2日	2021年度第一期村（社区）党组织书记培训暨新提任村（社区）书记讲坛	300
	9月13—16日	吴江区财政局能力提升班	35
	9月22—26日	吴江区统战干部能力提升班	60
	10月19—22日	吴江区安全生产干部业务能力提升班（一期）	70
	10月26—29日	吴江区安全生产干部业务能力提升班（二期）	70
	10月26—29日	绿色发展理念下的城市更新专项研修班	45
	10月18—30日	吴江区能政善政年轻干部专题培训暨第九期文秘研修班	47
	12月13—17日	长三角文体旅一体化高质量发展培训班	50
	12月13—17日	吴江区宣传思想文化干部能力提升班	46
委托办班	1月5—8日	2020年冬季自主就业退役士兵适应性培训班	36
	3月11—13日	吴江区党员发展对象和积极分子培训班（第一期）	194

（续 表）

班次类别	培训时间	班级名称	培训人数
委托办班	3月18—20日	吴江区党员发展对象和积极分子培训班（第二期）	184
	3月16—17日	2021年全区巡察业务培训班	101
	3月25—27日	2021年东太湖度假区（太湖新城）党员发展对象和入党积极分子培训班	173
	3月29日至4月2日	团区委“创二代”薪火工程培训班	65
	3月30日至4月1日	区法院政治轮训班（共三期）	177
	4月17—23日	“四河汇集促发展 比学赶超争先锋”平望镇年轻干部四季课堂春季培训班	51
	4月19—21日	吴江区村（社区）“两委”班子轮训暨“全科社工”能力提升培训班（第一期）	144
	4月22—24日	吴江区村（社区）“两委”班子轮训暨“全科社工”能力提升培训班（第二期）	129
	4月25—27日	吴江区村（社区）“两委”班子轮训暨“全科社工”能力提升培训班（第三期）	142
	4月28—30日	吴江区村（社区）“两委”班子轮训暨“全科社工”能力提升培训班（第四期）	130
	4月21—22日	吴江区卫健系统2021年党务干部培训班	74
	4月27日	“鲈乡燕语·理响青说”吴江区“先锋青年讲师团”集体备课会	58
	5月10—12日	全区爱国主义教育基地暨干部教育培训现场教学基地讲解员培训班	42
	5月17—21日	桃源镇年轻干部研修班	47
	4月10日	东太湖度假区（太湖新城）“未来发展大讨论”综合能力素质提升班	60
	5月11日	东太湖度假区（太湖新城）“未来发展大讨论”综合能力素质提升班	22
	5月20—21日	平望镇纪检干部培训班	37
	5月26—30日	东太湖度假区（太湖新城）年轻干部能力素质提升培训班	50
	6月8—9日	区农业农村局农技人员培训班	290
	6月15—18日	2021年吴江区卫生健康系统中青年干部培训班	55
	6月23日	区纪委监委“学党史 悟思想 强担当”年轻干部培训班	37
	7月8日	吴江区总工会工匠培育思政课堂	65
	7月28日	区市场监管局编外人员廉政教育专题培训班	20
	9月13—17日	吴江区机关事业单位中层任职培训班（第一期）	85
	9月18日	团区委基层团干班	70
	9月23日	吴江区中小企业服务联盟宏观经济形势分析与企业应对专题讲座	110
	9月26—30日	吴江区机关事业单位中层任职培训班（第二期）	88
	10月11—12日	2021年全区意识形态工作责任制专题班	64
	10月11—15日	吴江区机关事业单位中层任职培训班（第三期）	86
	10月18—22日	吴江区机关事业单位中层任职培训班（第四期）	86
	10月21—22日	吴江区机关事业单位中层任职培训班（第六期 公安专场）	81
	10月25—29日	吴江区机关事业单位中层任职培训班（第五期）	84
	10月28—29日	全区国有企事业单位纪委工作人员专题培训班	30
	11月11—13日	2021年参照管理事业单位工作人员登记前培训班	36
	11月17—30日	2021年吴江区公务员初任培训暨专业化青年人才岗前培训班（第一期）	86

（续　表）

班次类别	培训时间	班级名称	培训人数
委托办班	11月22—26日	吴江区2021年度事业单位工作人员岗前培训班（第一期）	68
“四新讲座”	4月9日	《智能化下的产业发展思路》	340
	5月19日	《矢志践行初心使命 奋力创造新的辉煌》	400
	6月10日	《全媒体时代危机沟通与风险管理》	472
	11月17日	《数字经济赋能社会转型》	80
外来班	5月10—15日	中铁九局六公司党史学习教育专题读书班	40
	5月19—22日	遂宁经开区对标竞进培训班	29
	5月28日	嘉兴市秀洲区统计“领头雁”素质提升班	50
	5月31日至6月4日	新昌县党外年轻干部培训班	33
	6月19—20日	农行上海示范区支行2021年中层干部培训班	45
	7月24—28日	中铁九局六公司2021年新员工入职培训班	79
	10月28日	苏州非公医疗行业党务工作者培训班	40
	10月31日至11月1日	镇江市京口区“学党史、强信念”之优秀年轻干部集训班	50
	11月24日	苏州市楼宇党建党务工作者培训班	50
	12月12—18日	2021年“防范化解经济金融风险”苏南苏北公务员对口培训班	48
现场教学	3月17日	赣南苏区高质量发展培训班现场教学	52
	4月14日	G60培训班吴江现场教学	45
	5月13日	镇江市领导干部调查训练班现场教学	50
	5月15日	财政部厅局级培训班现场教学	50
	7月5—6日	上海市委党校第5期新疆生产建设兵团经济社会发展专题研讨班现场教学	34
	12月29日	2021年苏州市优秀团干部和青年人才培训班现场教学	72

（褚晨阳）

【科研咨询】 2021年，党校贯彻科研为党的理论创新服务、为党委、政府决策服务的要求，组建重点课题攻关小组，完成全省党校（行政学院）系统调研课题1项，苏州党校系统协作课题4项，区社科联年度重点应用课题20项，编发《市情调研参考》6期，其中2期分获区委主要领导及分管领导批示。全年发表各类科研文章150篇，其中国家级5篇，省级11篇，《联合河（湖）长制：江苏吴江创新跨界联合治水模式的实践》刊载于中央党校主管的《行政改革内参》，《中国共产党思想建党、理论强党的百年奋斗历程、基本经验与当代启示》被国家民政部主管的《社区》杂志刊录；《勇攀科技高峰，加快建设科技强国》被光明网刊登。

（褚晨阳）

2021年吴江区委党校科研成果发表情况一览表（省级及以上）

级　别	成果名称	成果类型	发表刊物
国家级	《中国共产党思想建党、理论强党的百年奋斗历程、基本经验与当代启示》	理论研究	《社区》杂志2021年7月上
	《联合河（湖）长制：江苏吴江创新跨界联合治水模式的实践》	调研报告	《行政改革内参》2021年第8期
	《勇攀科技高峰，加快建设科技强国》	研究论文	光明网学术频道2021年2月2日

(续　表)

级　别	成果名称	成果类型	发表刊物
省级	《释放数字经济价值,为长三角一体化示范区高质量发展赋能》	调研报告	《宏观经济观察》2021年第5期
	《吴江以智能制造为“创新引擎”,推动经济高质量发展的探索》	调研报告	《江南社科》2021年第3期
	《江苏吴江大力推行联合河湖长制为长三角生态绿色一体化发展示范区制度创新提供典型案列》	调研报告	江苏省委《快报》2021年第167期
	《太浦河工程的历史印记和精神启示》	研究论文	入选第十届党建高层论坛暨全省党校系统理论研讨会
	《长三角一体化战略下的吴江作为》	调研报告	《江南社科》2021年第3期
	《长三角生态绿色一体化发展示范区制度创新研究——以发轫于吴江的“联合河(湖)长制”为例》	调研报告	《宏观经济观察》2021年第4期
	《如何提升农村基层党组织组织力——以苏州吴江区为例》	调研报告	《唯实》2021年6月
	《传承改革开放智慧经验,建设“强富美高”新吴江》	研究论文	入选第十届党建高层论坛暨全省党校系统理论研讨会
	《信仰与坚守——张应春的精神》	调研文章	《江南社科》2021年第3期
	《践行实长三角一体化发展战略,加快推进“沪苏同城化”研究》	研究论文	《宏观经济观察》2021年第3期
	《亨通集团:强化创新引领加快“三个转变”推动高质量发展》	调研报告	《江苏企业管理》2021年第3期
	《学习习近平论中国共产党历史——基层党史学习教育应重点把握的几个关键问题》	研究论文	《祖国》2021年第13期(7月上)
	《以史为鉴,感受“以人为本”理念的实践力量》	研究论文	《祖国》2021年第23期(11月下)

(褚晨阳)

关心下一代工作

【概况】 2021年,区关工委适应新形势,不断调整工作思路,推动全区关心下一代工作持续发展。至年底,全区有区、镇(街道)关工委13个,社区(村)关工委290个,系统关工委4个,区级部门关工委82个,学校关工委95个,民营企业关工委1826个,“五老”(老干部、老战士、老专家、老教师、老模范)志愿者7500余人。坚持党建带关建,巩固基层组织建设,评定28个社区(村)关工委为区“五有五好”基层关工委。吴江汾湖高新区(黎里镇)关工委、吴江区校外教育辅导总站(苏州青少年科技馆)2个单位获评江苏省关心下一代工作优秀集体,钟军等5名“五老”被表彰为江苏省关心下一代优秀个人。另有14个基层关工委、25名个人被评为苏州市关心下一代工作优秀集体和优秀个人。2021年,区关工委联合区农业农村局首次开展区青年农民创业示范基地和青年农民创业之星的评选。是年,区关工系统编发各类稿件1700多篇,在省、市网、媒、刊录用200多篇,国家级网、媒、刊录用202篇,区关工委再次被中国关工委主办《中国火炬》杂志社表彰为宣传工作全国标兵单位。　(蒋永仙)

【青少年思想道德建设主题教育】 2021年,区各级关工委以立德树人为根本,围绕“颂建党百年,做时代新人”主题开展演讲、朗诵、书画、征文比赛、讲座、颂唱等形式多样的主题教育活动。区关工委编写“颂建党百年,做时代新人”主题教育巡讲参考材料,收录文章21篇17万余字。暑期中期,顺应防疫形势,采用“小型分散为主,线上线下结合”的形式,通过“五老”微宣讲、直播、空中课堂等形式开展教育活动。全年组织各类主题教育及社会实践活动1000多场次,参与活动的受教育青少年超15万人次。组织广大青少年积极参与省、市关工委教育活动，在全省关工系统"童声齐颂建党百年"主题征稿活动中，择优上报的青少年学生118份作品分获各等次奖项。桃源镇关工委"小板凳上讲党史"特色做法四次登上国家、省级媒体；汾湖"学党史，唱童谣"做法分别在"学习强国"平台和《薪火》杂志上报道。（蒋永仙）

【校外教育辅导站】 2021年，区关工委推进全区校外教育辅导站建设，在"强内涵、提质量、上水平"建设上下功夫。校站共建对接，发挥辅导总站和中心校优势，不断提升办学内涵。通过采用村校联办、村企联办、村村联办方式建站，巩固特殊群体"好苗苗"班，方便青少年就近进站活动。明确"抓好8门辅导课，举办9类专题活动，培养10种技能特长"导向性要求，提升办学内涵。至12月底，全区假日学校（校外教育辅导站）315个，其中区假日学校总站1个，区、镇（街道）、办事处假日学校24个，社区（村）假日学校290个，全年参加假日学校活动学生15万余人次。推荐评选全区32所假日学校为全区示范假日学校，评选118名假日学校辅导员为全区优秀辅导员，25所中小学获全区校站共建贡献奖。（蒋永仙）

【关爱服务】 2021年，全区各级关工委实施中关委"关爱明天，普法先行"行动计划，把普法教育作为关爱青少年、预防和减少青少年违法犯罪工作的第一道防线。各级关工委依托假日学校平台，多部门联合，齐抓共管，加大普法宣传力度。6月，新修订的涉未"两法"实施后，区关工委联合教育、司法、妇联等部门，编发两法宣传手册2万多册向基层村社区、学校发放。会同区委政法委、区文体旅局等部门在相关会议上对"两法"学习宣传进行专题部署，将6月份定为涉未"两法"宣传月并开展活动。全年开展以"两法"为重点的法制教育531余场次，受教育青少年学生7.5万人次。联合政法委开展吴江区未成年人零犯罪社区（村）创建活动，148个社区（村）被评为创建先进单位。弱势群体关爱班"好苗苗"学习班稳步推进，全区46所学校联合社区（村）开办各类"好苗苗"学习班69个，参加学生1879人，扩大"五失"（失学、失业、失亲、失足、失能）青少年和弱势群体的受教育面。（蒋永仙）

【爱心助学】 2021年，区关工委联合区镇（街道）、教育部门、爱心企业、公益组织多渠道开展公益助学活动。以区离退休老干部为主体的吴江区常青爱心帮困会，助学全区100名学子，每名学生获助学金7000元，总金额70万元。区关工委与教育局关工委联合向21所民工子弟学校50名品学兼优、家庭困难学生下发苏州市关心下一代基金会助学金5万元。苏州市孙福林慈善基金会助学金资助52名中小学生，金额7.4万元；道善得公益助学协会助学84名中小学生，金额17.15万元；下发省关心下一代基金会助学0.72万元，下发关心下一代周报社"冰凌花助学金"1.1万元。吴江区温州商会党委、关工委资助20名中小学、大学学生和研究生，发放助学金10.7万元。（蒋永仙）

【推进"网上关工"工作】 2021年，在新冠肺炎疫情仍时有影响情况下，区网上关工委工作发展迅速。吴江区关心下一代工作网站、微信公众号发挥宣传窗口作用，及时发布全区工作动态。全区各级关工委探索开展网上视频展示、网上直播、空中课堂、QQ微信心理沟通等方式开展青少年主题教育、校外辅导、关爱服务工作。吴江"网上关工"建设工作做法受到省关工委关注，先后在《薪火》杂志和江苏少年网报道。区关工委组织开展"颂建党百年、做时代新人"老少同台汇演活动，将各区镇（街道）录制成的《最可爱的人》等10个优秀活动节目视频在关工委网上展示，供中小学生观看，扩大教育面。全区各级关工委组织中小学生参加省关工委依托江苏少年网开展的"童声齐颂建党百年""对话2035年的我们"等主题征稿活动，上百件作品获奖。（蒋永仙）

（本栏编辑　王来刚）

综 述

【概况】 2021年，吴江区人大常委会按照宪法和法律赋予的工作职责，推进民主法治建设。先后召开常委会会议8次，主任会议17次，组织执法检查2次，专题视察5次，听取和审议“一府一委两院”（政府、监察委员会、法院、检察院）工作汇报21项，作出决议、决定20项，任免国家机关工作人员121人次。至年底，有全国人大代表1名，省人大代表3名，市人大代表66名，区人大代表324名。（庄姝皓）

【区第十六届人大第五次会议】 2021年1月4日，区第十六届人民代表大会第五次会议在吴江举行。会议应到代表324名，出席代表316名。会议听取和审议区人民政府代区长王国荣所作的《苏州市吴江区人民政府工作报告》、区人大常委会主任徐晓枫所作的《苏州市吴江区人民代表大会常务委员会工作报告》、区人民法院院长陈晓君所作的《苏州市吴江区人民法院工作报告》、区人民检察院检察长刘军所作的《苏州市吴江区人民检察院工作报告》，审查和批准《苏州市吴江区2020年国民经济和社会发展计划执行情况及2021年国民经济和社会发展计划草案的报告》《苏州市吴江区2020年财政预算执行情况和2021年财政预算草案的报告》并作出相应决议。会议补选王国荣为苏州市吴江区人民政府区长，李卫珍

2021年1月4日，吴江区第十六届人民代表大会第五次会议举行

（区人大　提供）

为苏州市吴江区第十六届人大常委会副主任，朱钰芯、袁媛为苏州市吴江区第十六届人大常委会委员。会议票决通过十项2021年吴江区民生实事项目。会议期间，代表提出议案1件，建议、批评和意见150件。

（庄姝皓）

【区第十六届人大常委会会议】 2021年1月13日，区第十六届人大常委会第三十四次会议在吴江举行。会议听取区人大常委会办公室主任沈卫良所作的关于苏州市吴江区人大常委会2021年工作要点的起草说明。会议以电子表决的方式通过了《苏州市吴江区人大常委会2021年工作要点（草案）》。

3月26日，区第十六届人大常委会第三十五次会议在吴江举行。会议听取和审议区人民政府办公室主任曹月见所作的关于人代会议案办理意见的报告、吴江生态环境局局长沈志勇代表区人民政府所作的关于2020年度环境状况和环境保护目标完成情况的报告、区人社局局长张燕代表区人民政府所作的关于社保基金管理运行情况的报告。会议听取区委副书记、区人民政府区长王国荣、区监察委员会主任乐江、区人民法院院长陈晓君分别所作的人事任免提名报告。会议以无记名投票和电子表决的方式通过《关于接受万利同志辞去吴江区人民政府副区长职务的请求的决定（草案）》《关于接受李文斌同志辞去吴江区人民政府副区长职务的请求的决定（草案）》《关于接受嵇拥民辞去吴江区第十六届人民代表大会代表职务的请求的决定（草案）》和有关人事任免。

5月7日，区第十六届人大常委会第三十六次会议在吴江举行。会议听取区人大常委会人代联工委主任崔夏萍所作的《苏州市吴江区人民代表大会常务委员会关于任命苏州市吴江区监察委员会副主任、决定代理主任办法的决定（草案）》的说明，区委副书记、区人民政府区长王国荣，区人民检察院副检察长钮巧福所作的有关人事任命情况说明。会议以无记名投票和电子表决的方式通过《苏州市吴江区人民代表大会常务委员会关于任命苏州市吴江区监察委员会副主任、决定代理主任办法的决定（草案）》《苏州市吴江区第十六届人民代表大会常务委员会关于接受乐江同志辞去苏州市吴江区监察委员会主任职务的请求的决定（草案）》《苏州市吴江区第十六届人民代表大会常务委员会关于接受刘军同志辞去苏州市吴江区人民检察院检察长职务的请求的决定（草案）》《苏州市吴江区第十六届人民代表大会常务委员会关于汤浩任苏州市吴江区监察委员会代理主任的决定（草案）》《苏州市吴江区第十六届人民代表大会常务委员会关于杜建伟任苏州市吴江区人民检察院代理检察长的决定（草案）》和有关人事任免。

5月25日，区第十六届人大常委会第三十七次会议在吴江举行。会议听取和审议区农业农村局局长沈卫民代表区人民政府所作的关于《吴江区探索率先基本实现农业农村现代化三年行动计划（2020—2022年）》进展情况的报告、区人大常委会副主任王悦代表区人大常委会执法检查组所作的关于《中华人民共和国渔业法》《江苏省渔业管理条例》执法检查情况的报告、区人大常委会办公室主任沈卫良所作的关于2021年评议工作实施意见的说明。会议听取区人大常委会主任徐晓枫、人民法院院长陈晓君分别所作的人事任免提名报告。会议以无记名投票和电子表决的方式通过《苏州市吴江区人大常委会关于开展2021年评议工作的实施意见（草案）》《苏州市吴江区第十六届人民代表大会常务委员会关于接受崔东方辞去苏州市吴江区第十六届人民代表大会代表职务的请求的决定（草案）》和有关人事任免。

7月30日，区第十六届人大常委会第三十八次会议在吴江举行。会议审查和批准区政协副主席、财政局局长吴吉祥代表区人民政府所作的关于2020年财政收支决算的报告，听取和审议区政协副主席、财政局局长吴吉祥代表区人民政府所作的关于2021年上半年财政预算执行情况的报告及苏州市吴江区2020年地方政府债务限额（草案）的报告，听取和审议区审计局局长李小迟代表区人民政府所作的关于2020年本级预算执行及其他财政收支审计工作情况的报告、区发改委主任沈伟江代表区人民政府所作的关于2021年上半年国民经济和社会发展计划执行情况的报告、区教育局局长季小峰代表区人民政府所作的关于全区教师队伍建设情况的报告、区人大常委会副主任李卫珍代表区人大常委会执法检查组所作的关于《中华人民共和国固体废物污染环境防治法》执法检查情况的报告。会议听取区人民法院院长陈晓君、区人民检察院代理检察长杜建伟分别所作的人事任免提名报告。会议以电子表决的方式通过了有关人事任免和事项。

9月24日，区第十六届人大常委会第三十九次会议在吴江举行。会议听取和审议区政协副主席、财政局局长吴吉祥代表区人民政府所作的关于全区2020年度国有资产管理情况的综合报告，听取和审议区发展和改革委员会主任沈伟江代表区人民政府所作的关于2021年度民生实事项目进展情况报告，听取和审议区人社局局长张燕、水务局局长胡明忠、应急管理局局长沈春荣分别所作的工作报告及区人大常委会人社局评议组副组长李建坤、人大常委会水务局评议组副组长黄明康、人大常委会应急管理局评议组副组长沈根荣分别所作的评议报告。会议听取区人大常委会副主任张志成所作的关于区、镇两级人民代表大会换届选举有关问题的说明，听取区人民法院副院长吴建中、人民检察院副检察长钮巧福分别所作的人事任免提名报告。会议以无记名投票和电子表决的方式通过《苏州市吴江区人民代表大会常务委员会关于区镇两级人民代表大会换届选举有关问题的决定（草案）》《苏州市吴江区人大常委会关于成立区选举委员会及其办公室的决定（草案）》《苏州市吴江区人大常委会关于全区各镇成立选举委员会的决定（草案）》和有关人事任免。会议对三个受评部门的工作情况进行测评，以电子表决方式通过区第十六届人大常委会关于对三个受评部门工作的评议意见。

11月25日，区第十六届人大常委会第四十次会议在吴江举行。会议审查和批准区财政局党组书记顾焱代表区人民政府所作的关于调整2021年财政预算的报告，听取和审议区审计局局长李小迟代表区人民政府所作的关于对2020年本级预算执行及其他财政收支审计查出问题整改情况的报告、区司法局党委书记金江华代表区人民政府所作的关于“七五”普法规划落实情况的总结和“八五”普法工作规划编制情况的报告及区委常委、区人民政府副区长钱宇代表区人民政府所作的关于2021年区人大议案办理情况的报告。会议审议决定召开区第十七届人大第一次会议。会议听取区人大常委会主任徐晓枫，区委常委、区人民政府副区长钱宇，区纪委书记、监察委员会代理主任汤浩分别所作的人事任免提名报告。会议以无记名投票和电子表决方式通过《关于批准调整2021年度吴江区财政预算的决议（草案）》《关于召开苏州市吴江区第十七届人民代表大会第一次会议的决定（草案）》《关于接受钟金根辞去吴江区第十六届人民代表大会代表职务的请求的决定（草案）》和有关人事任免。

12月29日，区第十六届人大常委会第四十一次会议在吴江举行。会议听取区人大常委会副主任、区第十七届人民代表大会第一次会议筹备处秘书长李卫珍代表大会筹备处所作的关于区第十七届人大第一次会议筹备工作情况的报告。会议听取和审议区发改委主任沈伟江代表区人民政府所作的《关于2021年度民生实事项目完成情况和2022年度民生实事候选项目情况的报告》，审查和批准区财政局局长、国资办主任顾焱代表区人民政府所作的《关于苏州市吴江区2021年度本级财政预算专项调整（草案）的报告》。会议听取区委常委、区人民政府副区长钱宇及区人民法院副院长吴建中分别所作的人事任免提名报告。会议以电子表决方式通过《吴江区人大常委会工作报告（审议稿）》《区第十七届人大第一次会议列席人员建议名单》《关于同意区政府提请区第十七届人大一次会议就吴江区2022年政府民生实事项目人大代表投票表决的决定（草案）》《关于接受陈晓君同志辞去苏州市吴江区人民法院院长职务的请求的决定（草案）》《关于区第十七届人民代表大会代表的代表资格和变动情况的审查报告（草案）》《关于吴岚任苏州市吴江区人民法院代理院长的决定（草案）》。会议以鼓掌形式通过区第十七届人大第一次会议的建议议程、日程，主席团和秘书长建议名单、议案审查委员会建议名单、各代表团正副团长建议名单、主席团常务主席建议名单、副秘书长及各组正副组长建议名单，关于代表提出议案截止时间的决定草案，以无记名投票和电子表决方式通过了有关人事任免。（庄姝皓）

【区第十六届人大常委会主任会议】 2021年1月13日，常委会召开第92次主任会议，传达学习市委十二届十一次全会精神，商量区人大常委会2021年工作要点，商量二月份工作。

2月26日，常委会召开第93次主任会议，学习传达区委有关会议精神，学习传达苏州市"两会"精神，讨论2021年度民生实事项目监督工作方案，商量确定五次人代会重点建议，商量吴江区人大代表履职积分管理办法，商量三月份工作，开展中共党员民主评议。

3月19日，常委会召开第94次主任会议，专题听取区人民政府关于中医药事业发展情况的汇报，传达学习全国"两会"精神，学习习近平法治思想，讨论通过苏州市吴江区人民代表大会常务委员会规范性文件备案审查工作办法，讨论区十六届人大常委会三十五次会议有关议题，商量四月份工作。

4月29日，常委会召开第95次主任会议，学习习近平总书记在福建考察期间的重要讲话精神，商量确定三个被评议部门，商讨代表履职故事征集事宜，商量五月份工作，收看微纪录片《百炼成钢：中国共产党的100年》选集。

5月20日，常委会召开第96次主任会议，讨论区十六届人大常委会三十七次会议有关议题，商量六月份工作。

6月23日，常委会召开第97次主任会议，学习贯彻习近平总书记视察广西时的重要讲话和重要指示精神，学习传达习近平总书记对湖北省十堰市张湾区艳湖社区集贸市场燃气爆炸事故的重要指示精神，商量七月份工作。

7月23日，常委会召开第98次主任会议，开展党史学习教育专题党课，专题学习习近平总书记在中共中央政治局三十一次集体学习时的重要讲话指示精神，讨论区十六届人大常委会三十八次会议有关议题，讨论《区人大常委会党组关于2021年民生实事项目监督情况汇报》，讨论《关于进一步规范人大机关干部参会管理、外出请假工作的通知》，商量八月份工作，观看百集中共党史微纪录片《记忆100》选集。

7月29日，常委会召开第99次主任会议，传达学习中共苏州市吴江区第十四届代表大会第一次会议精神，开展党史学习教育专题党课。

8月6日，常委会召开第100次主任会议，专题听取区人民政府关于全区推广应用绿色建筑情况的汇报。

8月27日，常委会召开第101次主任会议，专题听取区人民政府关于全区集体土地上市工作进展情况的汇报，传达学习全国人大常委会委员长栗战书关于发展"全过程人民民主"的讲话精神，学习《关于规范党员干部网络行为的实施办法》，商量九月份工作，开展党史学习教育专题交流研讨。

9月22日，常委会召开第102次主任会议，专题听取全区医保基金管理运行情况的汇报，传达学习省、市人大换届选举工作会议精神，学习习近平总书记在西藏考察期间重要讲话精神，讨论区十六届人大常委会三十九次会议有关议题，商量十月份工作。

10月29日，常委会召开第103次主任会议，学习和专题研讨中央人大工作会议精神，传达学习苏州市十三届党代会一次会议精神和全区"冲刺四季度、实现全年红"动员大会精神，听取和审议受评部门区人社局、水务局、应急管理局整改工作情况汇报，商量十一月份工作。

11月19日，常委会召开第104次主任会议，传达贯彻中共十九届六中全会精神，讨论区第十七届人大常委会第一次会议工作报告（征求意见稿）、区十六届人大常委会四十次会议的有关议题，商量2022年区人大常委会各委室初步工作计划，商量十二月份工作。

11月26日，常委会召开第105次主任会议，对新任命的人大常委会各工委主任、副主任表示欢迎，介绍人大常委会的工作职能，部署近阶段有关工作。

11月28日，常委会召开第106次主任会议，商量区委书记李铭专题调研人大工作有关事宜。

12月9日，常委会召开第107次主任会议，传达贯彻省第十四次党代会精神，商量区人大常委会2022年工作计划，讨论常委会工作报告，学习关于中共十九届六中全会精神专题党课。

12月17日，常委会召开第108次主任会议，讨论区第十六届人大常委会第四十一次会议有关议题，商量2022年一月份工作。（庄姝皓）

人大执法检查

【概况】 2021年，吴江区第十六届人大常委会成立执法检查组，分别对全区贯彻实施《中华人民共和国渔业法》《江苏省渔业管理条例》和《中华人民共和国固体废物污染环境防治法》的情况开展执法检查。常委会第三十七次会议听取和审议区人大常委会执法检查组关于《中华人民共和国渔业法》《江苏省渔业管理条例》实施情况的报告。常委会第三十八次会议听取和审议区人大常委会执法检查组关于《中华人民共和国固体废物污染环境防治法》实施情况的报告。会后形成常委会执法检查意见交区政府办理。区政府认真落实常委会执法检查意见，加大宣传和执法力度，进一步完善有关政策，推动三项法律条例的贯彻实施。

（庄姝皓）

【中华人民共和国渔业法、江苏省渔业管理条例执法检查】 2021年4月12日，区人大常委会对全区贯彻执行《中华人民共和国渔业法》《江苏省渔业管理条例》的情况开展执法检查。区人大常委会检查组指出，区人民政府近年来对照新标准、新规定、新要求，加强宣传引导，开展专项工作，优化生态布局，推动全区渔业管理工作逐步迈入法制化轨道，渔业管理水平有效提升，对此给予充分肯定。并强调要进一步强化责任担当，上下联动形成思想共识；进一步强化问题导向，规范渔业生产经营行为；进一步强化组织保障，维护渔民正常生产权益；进一步强化科学管理，推动绿色生态养殖发展。

（庄姝皓）

【中华人民共和国固体废物污染环境防治法执法检查】 2021年6月11日，区人大常委会对全区贯彻执行《中华人民共和国固体废物污染环境防治法》的情况开展执法检查。区人大常委会检查组指出，区人民政府近年来切实对照新标准、新规定、新要求，依法履职，狠抓重点，推动全区固体废物污染防治工作取得长足进步，收集、处理和利用能力明显提升，对此给予充分肯定。并强调要提升污染防治全民意识；坚持固废系统治理观念；努力补齐终端处置短板；提高固废治理能力。

（庄姝皓）

依法监督

【概况】 2021年，区人大常委会继续采用“方法叠加+内容叠加+力量叠加”三位一体监督模式，全方位提升监督质效，打好“听取审议报告+专题视察”“工作评议+测评”“学法+执法检

2021年4月12日，区人大常委会就全区贯彻执行《中华人民共和国渔业法》《江苏省渔业管理条例》情况开展执法检查　（区人大　提供）

查”等多套监督组合拳。创造性实现民生实事票决制区镇两级全覆盖，纳入“我为群众办实事”实践活动，部署项目对口联系监督，并做好督查整改“后半篇文章”。深化“双联系”制度建设，利用人大代表之家、“智慧人大”履职平台等，拓展“驻室接待+网上平台”代表阵地，征集群众代表意见建议，激发代表履职热情，拓宽公众参与人大活动的渠道。强化人大监督实效，彰显人大监督之力。

（庄姝皓）

【议案办理监督】 2021年3月26日，区第十六届人大常委会第三十五次会议听取和审议区人民政府关于人代会议案办理意见的报告。会议认为，区政府高度重视办理工作，对议案办理安排周密，细化办理措施，明确时间节点，区人大常委会对此表示满意，并提出要高起点抓好谋篇布局，聚焦工业互联网全面赋能制造业高质量发展的目标任务，加快工业经济数字化、网络化、智能化转型；高标准打造标杆示范，强化工业互联网在四大制造集群中的应用，完善重点产业智能化和数字化相关标准体系；高要求落实各项措施，构建全要素、全产业链、全价值链的新型工业生产制造和服务体系，力争打响“工业互联网看吴江”品牌。

（庄姝皓）

【环保工作监督】 2021年3月26日，区第十六届人大常委会第三十五次会议听取和审议区人民政府关于2020年度环境状况和环境保护目标完成情况的报告。会议认为，区政府继续统筹推进生态文明建设，切实打好“水、气、土”三大污染防治攻坚战，全区环境状况持续改善，环境质量稳中向好，年度环境保护目标任务完成较好。并提出，聚焦三大领域，全力解决突出环境问题，不等不拖，久久为功；构建治理体系，改革生态环境监管体制，加快推进排污许可制度，增加环保投入，提高环保执法效能；推动产业转型，擦亮示范区生态绿色底色，持续开展“散乱污”治理工作，不断提升环境绿色发展水平。

（庄姝皓）

【社保基金管理运行监督】 2021年3月26日，区第十六届人大常委会第三十五次会议听取和审议区人民政府关于社保基金管理运行情况的报告。会议认为，区政府高度重视社会保险基金安全工作，主动融入苏州、完善制度体系、规范办理流程，加强监督管理，全区社保基金运行平稳，安全可持续。并提出，持续深入推进社保基金扩面提质工作，以全民参保登记为基础，推动应保未保的人群纳入参保范围，提高参保率，统筹实施降低社会保险费率，完善社会保险制度各项工作；完善社保基金风险防控体系建设，强化制度手段运用，落实统筹改革，增强社保基金抗风险能力，确保社保基金安全高效和可持续运行。（庄姝皓）

【农业农村现代化进展监督】 2021年5月25日，区第十六届人大常委会第三十七次会议听取和审议区人民政府关于《吴江区探索率先基本实现农业农村现代化三年行动计划（2020—2022年）》进展情况的报告。会议认为，区政府充分认识新发展阶段做好“三农”工作的重要性和紧迫性，举全区之力推动乡村振兴，促进农业高质高效、乡村宜居宜业、农民富裕富足。并提出，要聚焦农业经济强，争当农业现代化的排头兵，高质量建设绿色生态农业；要聚焦农村环境美，争当农村现代化的排头兵，建设明显区别于城镇、富有浓郁乡愁和地方特色的精品田园乡村；要聚焦农民百姓富，争当农民现代化的排头兵，激活农村资源一盘棋，促进农业与文化、旅游、康养等产业深度融合。（庄姝皓）

【教育教师队伍建设监督】 2021年7月30日，区第十六届人大常委会第三十八次会议听取和审议区人民政府关于全区教育教师队伍建设情况的报告。会议认为，区政府在全面加强教师队伍建设方面，做了大量卓有成效的工作，在教育方面取得的成绩有目共睹。并提出，要确保教师引得进，进一步创新人才政策，盘活现有教师编制存量，抓住“管”“聘”关键环节，公平、公正、公开地配置每所学校的教师编制和岗位结构比例；要确保教师留得住，着重在待遇留人、事业留人、感情留人方面进行思考、务实举措，让无论是本土还是引进的优秀教师都能留下来、有发展；要确保教师用得好，加强考核管理，注重学科梯队建设，逐个落实培养计划，强化培训机制，确保优秀教师不断档、能流转，形成良性循环。（庄姝皓）

2021年9月15日，区人大常委会视察2021年度民生实事项目进展情况汇报会召开（区人大　提供）

【国有资产管理监督】 2021年9月24日，区第十六届人大常委会第三十九次会议听取和审议区人民政府关于全区2020年度国有资产管理情况的综合报告。会议认为，区政府采取各种措施加强国有资产监督管理，自然资源资产严格保护、有效利用，行政事业性国有资产管理规范有序，国资国企改革稳步推进，国有资产管理体制机制不断完善。并提出，要树立以人民为中心的思想，优化国有经济布局，进一步深化改革，激发区属国有企业活力；要结合实际情况，因地制宜，多措并举，突出国有资产管理的科学性、有效性、规范性，考核标准和方式科学公正；要进一步提高监管质量，引入信息化监管手段，逐步实现动态监管，确保国有资产安全运营，实现保值增值目标。（庄姝皓）

【2021年度民生实事项目进展监督】 2021年9月24日，区第十六届人大常委会第三十九次会议听取和审议区人民政府关于2021年度民生实事项目进展情况的报告。会议认为，区政府精心规划，周密部署，为民生实事项目的建设做了大量工作，各项目总体上按序时进度有效推进。并提出，要统一思想认识，提高工作站位，民生实事项目是事关人民群众切身利益的基础工程、民心工程；要坚持“高标准、实举措、快节奏”的工作导向，增强思想自觉和行动自觉；要紧盯目标任务，抢抓工程进度，压实责任，对个别进度存在脱幅的项目要想方设法破解难题，推进项目顺利完工；要狠抓项目质量，确保管理不出漏洞，统筹发展与安全，始终把群众是否满意作为衡量和检验工作成效的根本标准，努力提升人民群众的获得感、幸福感和安全感。（庄姝皓）

【普法工作监督】 2021年11月25日，区第十六届人大常委会第四十次会议听取和审议区人民政府关于“七五”普法规划落实情况的总结和“八五”普法工作规划编制情况的报告。会议认为，普法责任制落实到位，普法工作重点突出，普法覆盖面进一步拓宽，大普法工作格局基本形成。并提出，要进一步坚持高点站位，一以贯之抓好法治精神培育，把推进全民守法普法作为法治建设的长期基础性工作，引导公民自觉尊法学法守法用法；要进一步坚持服务大局，优化法治服务保障，以普法推进依法治理的新成效助力常态化疫情防控、营造法治化营商环境、守护社会平安和谐稳定；要进一步坚持分类指导，提高普法工作的针对性和实效性，坚持普法和治理并举，促进形成执法办案全过程普法、全员普法的生动局面，为全面依法治区工作迈上新台阶奠定坚实法治基础。（庄姝皓）

【议案和代表建议、批评和意见办理监督】 2021年11月25日，区第十六届人大常委会第四十次会议听取和审议区人民政府关于人代会议案以及代表建议、批评和意见办理结果情况的报告。会议认为，区政府不断强化组织领导、狠抓关键环节、严格督查督办，解决了一批人民群众关心的热点、重点和难点问题。并提出，要做好后续办理落实工作，对承诺办理或计划办理的建议，各承办单位要按序时进度抓好落实，进一步推动建议意见见效落地；对已经办理但与群众要求尚有距离的建议，要及时进行“回头看”，对群众关注的热点问题或代表连续多年提出，目前还未得到有效落实的建议，要进行跟踪督办；要用好网上办理系统，明年将全面启用代表建议“吴江智慧人大”平台网上办理系统，相关办理部门要积极主动配合，实时反馈提高监督时效。（庄姝皓）

【民生实事项目监督】 2021年12月29日，区第十六届人大常委会第四十一次会议听取和审议区人民政府关于2021年度民生实事项目完成情况和2022年度民生实事候选项目情况的报告。会议认为，2021年度所有民生实事项目均按年度目标计划顺利完成，区政府提前谋划部署2022年民生实事候选项目，服务党委中心工作，践行以人民为中心发展思想。并提出，要充分总结经验，在人代会上做好每一个项目的阐释说明工作，尽可能给代表提供更具体、更详尽的数据和信息，便于代表充分审议，在明年推动实施过程中，要持续坚持以人民为中心的发展理念，将实事办好，将好事办实，明确职责，落实责任机制，确保票决的民生实事项目如期顺利完成；加强统筹，抓好项目落实，为圆满完成任务创造有利条件；提高质效，严格考评管理，提高完成质量。

（庄姝皓）

审议与任免

【人大代表建议】 吴江区第十六届人民代表大会第五次会议期间，收到代表建议、批评和意见150件，议案1件。代表对办理结果表示满意（含基本满意）146件，占97.33%；理解4件，占2.67%。（庄姝皓）

【主任会议审议】 2021年，吴江区第十六届人大常委会主任会议专题听取区人民政府报告4项，包括关于中医药事业发展情况的汇报、全区推广应用绿色建筑情况的汇报、全区集体土地上市工作进展情况的汇报、全区医保基金管理运行情况的汇报。（庄姝皓）

【人事任免】 2021年，吴江区第十六届人大常委会任免国家机关工作人员121人次；对24名提请任命人员进行任前法律知识考试。（庄姝皓）

2021年吴江区人大常委会任免国家机关工作人员一览表

时间	会议	姓名	任免情况
3月26日	吴江区第十六届人大常委会第三十五次会议	沈春荣	任区人民政府副区长
		季小峰	任区教育局局长，免去区科学技术局局长
		朱国华	任区科学技术局局长
		王　炜	任区工业和信息化局局长
		徐永红	任区商务局局长
		李小迟	任区审计局局长，免去区监察委员会副主任
		金海洪	任区统计局局长
		钱伟健	任区监察委员会副主任，免去区统计局局长
		盛　凯	任区监察委员会委员
		顾　华	任吴江经济技术开发区监察工作委员会副主任
		吴一非	任区人民法院盛泽人民法庭副庭长，免去区人民法院少年及家事审判庭庭长
		游　佳	任区人民法院审判委员会委员、民事审判第二庭庭长职务，免去区人民法院民事审判第二庭副庭长

（续 表）

时 间	会 议	姓 名	任免情况
3月26日	吴江区第十六届人大常委会第三十五次会议	洪永洋	任区人民法院审判委员会委员、少年及家事审判庭庭长，免去区人民法院盛泽人民法庭副庭长
		陈娴静	任区人民法院盛泽人民法庭副庭长，免去区人民法院民事审判第一庭副庭长
		孙星星	任区人民法院速裁审判庭副庭长
		任远航	任区人民法院刑事审判庭副庭长
		万 利	免去区人民政府副区长
		李文斌	免去区人民政府副区长
		陈 宇	免去区教育局局长
		徐惠林	免去区工业和信息化局局长
		赵 伟	免去区商务局局长
		周 群	免去区审计局局长
		於振新	免去区监察委员会委员
		孙广琦	免去吴江经济技术开发区监察工作委员会副主任
		倪晓红	免去区人民法院审判委员会委员、区人民法院盛泽人民法庭庭长
5月7日	吴江区第十六届人大常委会第三十六次会议	钱 宇	任区人民政府副区长
		吉 伟	任区人民政府副区长（挂职）
		汤 浩	任区监察委员会副主任、代理主任
		杜建伟	任区人民检察院检察员、检察委员会委员、副检察长、代理检察长
		乐 江	免去区监察委员会主任
		刘 军	免去区人民检察院检察长、检察委员会委员、检察员
5月25日	吴江区第十六届人大常委会第三十七次会议	钱 湇	任区人大常委会八坼街道工委主任
		吴为民	任区人大常委会横扇街道工委副主任（兼）
		郝 振	任区人民法院审判委员会专职委员
		徐利明	免去区人大常委会横扇街道工作委员会主任
		周 蕾	免去区人大常委会横扇街道工作委员会副主任（兼）
		胡晓耀	免去区人大常委会八坼街道工作委员会主任
		徐荣荣	免去区人民法院审判员
7月30日	吴江区第十六届人大常委会第三十八次会议	李建波	免去区人民法院吴江经济技术开发区人民法庭副庭长、区人民法院审判员
		陈 烜	免去区人民检察院检察员
		郭公平	免去区人民检察院检察员
9月24日	吴江区第十六届人大常委会第三十九次会议	殷 翔	任区人民法院审判委员会委员，免去区人民法院审判监督庭副庭长
		韩长安	任区人民法院速裁审判庭庭长
		陈 蕾	任区人民法院民事审判第二庭副庭长
		李学雷	任区人民检察院检察委员会委员
		张 勤	免去区人民法院审判委员会委员、速裁审判庭庭长
		王 珉	免去区人民检察院检察委员会委员
11月25日	吴江区第十六届人大常委会第四十次会议	蔡 薇	任区人大常委会人事代表联络工作委员会主任，免去区民政局局长
		黄明康	任区人大常委会监察和司法工作委员会主任，免去区人大常委会农业农村工作委员会主任

（续　表）

时　间	会　议	姓　名	任免情况
11月25日	吴江区第十六届人大常委会第四十次会议	庄建荣	任区人大常委会财政经济工作委员会主任
		颜有明	任区人大常委会环境资源城乡建设工作委员会主任
		范建光	任区人大常委会教科文卫（外事民宗侨台）工作委员会主任
		张一斌	任区人大常委会农业农村工作委员会主任
		丁　明	任区人大常委会松陵街道工作委员会主任
		曹吉华	任区人大常委会横扇街道工作委员会主任，免去区人大常委会松陵街道工作委员会主任
		陆根林	任区人大常委会财政经济工作委员会副主任
		马永伟	任区人大常委会环境资源城乡建设工作委员会副主任
		袁　峰	任区人大常委会教科文卫（外事民宗侨台）工作委员会副主任，免去区人大常委会农业农村工作委员会副主任
		钱志伟	任区人大常委会农业农村工作委员会副主任
		沈春荣	任区民政局局长，免去区应急管理局局长
		金江华	任区司法局局长
		顾　焱	任区财政局局长
		夏国强	任区农业农村局局长
		张育英	任区文体广电和旅游局局长
		刘　峰	任区退役军人事务局局长
		郑　屹	任区应急管理局局长
		刘金平	任区行政审批局局长
		陈　斐	任东太湖生态旅游度假区（太湖新城）监察工作委员会主任
		董芳芳	任汾湖高新技术产业开发区监察工作委员会副主任
		崔夏萍	免去区人大常委会人事代表联络工作委员会主任
		沈根荣	免去区人大常委会监察和司法工作委员会主任
		李建坤	免去区人大常委会财政经济工作委员会主任
		庄明耿	免去区人大常委会环境资源城乡建设工作委员会主任
		金健康	免去区人大常委会教科文卫（外事民宗侨台）工作委员会主任
		孙学勤	免去区人大常委会财政经济工作委员会副主任
		陈　红	免去区人大常委会环境资源城乡建设工作委员会副主任
		支红建	免去区人大常委会教科文卫（外事民宗侨台）工作委员会副主任
		赵建英	免去区人大常委会松陵街道工作委员会副主任（兼）
		薛建国	免去区司法局局长
		吴吉祥	免去区财政局局长
		沈卫民	免去区农业农村局局长
		石　荣	免去区文体广电和旅游局局长
		卞如景	免去区退役军人事务局局长
		孙曙东	免去区行政审批局局长
		解　冻	免去东太湖生态旅游度假区（太湖新城）监察工作委员会主任
		沈红梅	免去汾湖高新技术产业开发区监察工作委员会副主任

（续　表）

时　间	会　议	姓　名	任免情况
12月29日	吴江区第十六届人大常委会第四十一次会议	吴　岚	任区人民法院审判员、审判委员会委员、副院长
		李　红	任区人民政府副区长
		王　健	任区人民法院民事审判第一庭副庭长
		王熙彤	任区人民法院审判员
		陈晓君	免去区人民法院审判委员会委员、审判员、院长
		杨小红	免去区人民法院审判员
		庾勤泉	免去区人民法院审判员

（庄姝皓）

【视察活动】 2021年，区人大常委会组织部分委员和区人大代表视察大运河文化带建设情况、应急预案落实和应急演练综合能力提升情况、区2021年度民生实事项目进展情况、长三角生态绿色一体化发展示范区先行启动区建设情况、“一号议案”《推进制造业智能化改造和数字化转型，打造“工业互联网看吴江”品牌》办理情况、重点工程和实事项目建设情况，对视察中发现的问题向政府提出建议和意见。（庄姝皓）

2021年11月，区人大常委会组织部分委员和区人大代表开展视察活动
（区人大　提供）

【评议工作】 2021年，区人大常委会组织对区人力资源和社会保障局、水务局、应急管理局三个部门开展工作评议。走访测评1000多名各级人大代表和群众，召开座谈会近20场。常委会会议审议和通过评议意见，主任会议专题听取评议部门的整改方案和工作措施。评议工作促进“一府一委两院”（政府、监察委员会、法院、检察院）机关部门转变作风、改进工作，收到预期效果。（庄姝皓）

（本栏编辑　浦德琪）

苏州市吴江区人民政府

综　述

【概况】 2021年，区政府全面贯彻中共十九大和十九届历次全会精神，认真落实习近平总书记对江苏工作以及对长三角生态绿色一体化发展系列重要讲话指示精神，自觉践行新发展理念，统筹新冠肺炎疫情防控和经济社会发展，"十四五"发展实现良好开局，各主要经济指标全面超预期。全区经济社会发展平稳向好，全年实现地区生产总值2224.53亿元；完成一般公共预算收入258.06亿元；全社会固定资产投资646.07亿元；全区三次产业结构比为1.7∶52.1∶46.2；农林牧渔业总产值63.42亿元；规上工业总产值4390.4亿元；进出口总额264.8亿美元，实际使用外资5.97亿美元；社会消费品零售总额720.12亿元；城乡居民人均可支配收入65294元；年末辖内金融机构人民币存、贷款余额分别为3745.77亿元和4139.19亿元。在2021赛迪"全国百强区"榜单中位列全省第一、全国第十。（王钦丽）

【重要会议】 2021年1月3日，区政府第76次常务会议召开。会议传达学习贯彻习近平总书记在中央全面深化改革委员会第十七次会议上的重要讲话精神，听取关于《苏州市吴江区国民经济和社会发展第十四个五年规划纲要和二〇三五年远景目标（送审稿）》起草情况的汇报，研究讨论其他有关事项。

1月11日，区政府第77次常务会议召开。会议开展廉政勤政专题学习，传达学习贯彻习近平总书记在1月7日中共中央政治局常务委员会会议上的重要讲话精神，学习贯彻《苏州市吴江区人民政府工作规则》，审议并原则同意《区政府2021年重点工作目标任务分解落实方案》《苏州市吴江区数字经济和数字化发展推进大会会议方案》《苏州市吴江区推进数字经济和数字化发展三年行动计划（2021—2023年）》《苏州市吴江区推进制造业智能化改造和数字化转型三年行动计划（2021—2023年）》，研究讨论其他有关事项。

1月11日，全区新型冠状病毒肺炎疫情防控工作专题部署会议召开。会议强调要深刻认识疫情防控特别是冬春季疫情防控的严峻复杂性，树牢底线意识，坚决克服麻痹思想、侥幸心理、松劲心态，强化防控能力建设和物资储备，严格控制聚集性活动规模，压实压紧"四方责任"（四方指属地、部门、单位、个人），把防控网织得更密更牢，把措施抓得更精准更科学更到位，坚决保障人民群众生命安全和身体健康。

1月15日，全区新型冠状病毒肺炎疫情防控工作专题部署会议召开。会议强调要将常态化的疫情防控工作模式转变为应急状态，落实好测温、佩戴口罩、消毒等疫情防控措施，提前建立相关运行机制，关口前移、细化方案，重点关注到吴江区人员落地查控、核酸检测工作，关注药店等重点防控场所。

1月18日，区政府第78次常务会议召开。会议学习贯彻习近平总书记在省部级主要领导干部学习贯彻中共十九届五中全会精神专题研讨班开班式上的重要讲话精神、习近平总书记抓工作落实相关指示和论述精神，听取全区新型冠状病毒肺炎疫情防控工作情况汇报、长三角生态绿色一体化发展示范区建设推进情况汇报，审议并原则同意《苏州市吴江区全面深化服务贸易创新发展试点实施方案》，研究讨论其他有关事项。

1月25日，区政府第79次常务会议召开。会议学习贯彻习近平总书记在中共十九届中央纪委五次全会上的重要讲话精神、苏州市"两会"和省委常委、市委书记许昆林参加吴江代表团分组审议时的讲话精神、苏州市抗击新冠肺炎疫情表彰暨冬春季疫情防控动员部署大会精神，审议并原则同意《苏州市吴江区文化产业高质量发展行动计划(2021—2023年)》《苏州市吴江区城乡生活污水处理提质增效精准攻坚"333"行动实施方案》《2021年春节吴江区扶贫帮困送温暖方案》，研究讨论其他有关事项。

1月27日，全区召开专题会议听取吴江东方国有资本投资经营有限公司、吴江城市投资发展集团有限公司、长三角投资发展(江苏)有限公司、吴江文化旅游发展集团有限公司、吴江水务集团等五大区属国有企业发展情况汇报。会议强调要深刻认识国企整合重组的重大意义，坚定不移深化国资国企改革，坚持国际化、专业化、法治化并重，培育引进各类高端人才，进一步做强企业文化，更好发挥基础性、引领性作用。

2月1日，区政府第80次常务会议召开。会议学习贯彻习近平总书记在中共中央政治局第二十七次集体学习时的重要讲话精神、省"两会"和省委书记娄勤俭相关讲话精神，审议并原则同意《吴江区工业互联网融合创新发展三年行动计划(2021—2023年)》，听取关于2021年全区新春经济工作表彰活动方案的汇报、关于表扬2020年度全区征兵工作先进单位和先进个人的情况汇报，研究讨论其他有关事项。

2月7日，区政府党组2020年度民主生活会召开。会议强调要把对党忠诚作为立身之本、改革发展作为第一要务、为民造福作为最大政绩、严于律己作为人生信条，将"当下改"与"长久立"相结合，"治已病"与"防未病"相统一，带头加强政治建设、强化担当作为、践行初心使命、做到勤政廉政，全力推动问题整改到位。

2月23日，区政府第81次常务会议召开。会议学习贯彻习近平总书记在中央全面深化改革委员会第十八次会议上的重要讲话精神，通报区政府党组2020年度民主生活会相关情况，听取关于区政府承办区十六届人大五次会议代表建议、区政府十五届五次会议提案工作计划的汇报，2021年全区重点项目和民生实事项目推进情况汇报，审议并原则同意《苏州市吴江区推进企业上市三年行动计划(2021—2023年)》，研究讨论其他有关事项。

3月1日，区政府第82次常务会议召开。会议学习贯彻习近平总书记在党史学习教育动员大会、全国脱贫攻坚总结表彰大会上的重要讲话精神，听取关于全省对口支援协作合作工作电视电话会议情况的汇报、关于2020年度吴江区推进高质量发展成效考核及三项专项考核情况的汇报，审议并原则同意《苏州市吴江区产业用地更新任务指标分解和考核方案》《2021年"三治"工作计划》《关于积极打造展示社会主义现代化农村"最美窗口"的意见》《关于支持和促进农村劳务合作社发展的实施意见》，研究讨论其他有关事项。

3月2日，全区高质量发展产业政策宣讲会召开。会议强调要精准把握高质量发展产业政策调整的重点方向，切实发挥高质量发展产业政策的杠杆效应，以高质量产业政策赋能高质量发展，促进传统产业加快转型、优势产业提档升级、新兴产业加快集聚、特色产业做大做强，加快推动产业能级迈上新台阶、产业结构迈向中高端，全力推动长三角生态绿色一体化发展示范区建设取得新的更大成效。

3月13日，区政府第83次常务会议召开。会议学习贯彻习近平总书记在中央党校（国家行政学院）中青年干部培训班开班式上的重要讲话精神，审议并原则同意《进一步深化安全生产三年专项整治工作的意见》《2021年各区镇和区安委会成员单位履行安全生产工作责任考核评价指标》《苏州市吴江区安全生产专项整治联动督导工作方案》《苏州市吴江区园林绿化提升三年行动计划（2021—2023年）》《苏州市吴江区河湖管理检查考评实施办法（试行）》《关于推进吴江区架空线整治和入地工作的实施意见》，听取贯彻落实苏州市安全发展示范城市创建暨工业企业安全生产风险报告工作推进会情况的汇报，研究讨论其他有关事项。

3月22日，区政府第84次常务会议召开。会议学习贯彻习近平总书记在《求是》杂志上发表的重要文章《努力成为世界主要科学中心和创新高地》的论述精神、《政府督查工作条例》，审议并原则同意《苏州市吴江区水生态环境质量预警管控办法》《苏州市吴江区区镇空气质量补偿实施办法（2021修订版）》，研究讨论其他有关事项。

3月23日，全区安全生产工作会议召开。会议强调要时刻保持高度警觉，第一时间消除“事故征兆”“事故苗头”，进一步压实党政领导责任、部门监管责任、企业主体责任，全面深化落实“三年大灶”（安全生产专项整治三年行动）各项举措，注重关口前移，强化科技赋能，深化机制创新，以最严格的标准、最严肃的态度、最严厉的要求，推动安全生产形势持续稳定向好。

3月29日，区政府第85次常务会议召开。会议传达学习习近平总书记在福建考察时的重要讲话精神，传达学习全国、省、市新冠病毒疫苗接种工作电视电话会议精神，听取长三角一体化示范区“五五购物节”（指青浦、吴江、嘉善组成的长三角生态绿色一体化发展示范区联动开展的促消费活动，时间为4月30日至6月30日）吴江工作方案情况汇报、关于创建国家生态文明建设示范市县的情况汇报，审议并原则同意《吴江区新冠病毒疫苗接种工作方案》，研究讨论其他有关事项。

4月6日，区政府第86次常务会议召开。会议学习贯彻习近平总书记关于注重家庭家教家风建设相关论述精神，听取吴江区2021年度太湖安全度夏工作情况汇报、环太湖地区城乡有机废弃物处理利用情况汇报，审议并原则同意《吴江区推进数字经济和数字化发展三年行动计划（2021—2023年）》五个专项工作方案、《吴江区文明城市建设常态长效工作实施方案》，研究讨论其他有关事项。

4月6日，全区长三角生态绿色一体化示范区建设年度重点工作进展情况汇报专题会议召开。会议强调要进一步强化主人翁意识，加快工作进度、加强示范引领、加强对接争取，推进建设更多有亮点、有显示度的项目，带头做好对接上海大文章，全面加快长三角一体化示范区建设，打造更多全国首创的“吴江场景”“吴江案例”，为向世界展示社会主义现代化的“最美窗口”作出更多实践探索。

4月8日，全区一季度经济运行分析会召开。会议强调要把握形势，增强发展的紧迫感和危机感，紧扣目标任务，全力冲刺关键指标提升，全力争取“加分项”，强化项目招引，加快项目建设，优化政务服务，抓好工作推进，全力以赴确保“双过半”，为全年目标任务打下坚实基础。

4月9日，全区企业上市工作会议召开。会议强调要准确把握上市工作的机遇和挑战，重点在夯实壮大上市后备梯队、精心服务助力企业上市、引导规范发展做优做强、防范处置上市公司风险隐患等方面发力，充分调动企业上市积极性，进一步提高资本市场服务实体经济的能力。

4月15日，区政府第87次常务会议召开。会议传达学习习近平总书记关于网络强国建设的相关论述精神，审议并原则同意《吴江“运河八景”建设工作方案》《苏州市吴江区综合网格规范化建设指导意见》《关于加快推进全区生活污水处理“四统一”工作的实施意见》《关于组建苏州市吴江再生水有限公司开展全区污水厂整合工作的实施方案》，研究讨论其他有关事项。

4月30日，区政府党组理论学习中心组党史专题学习会召开。会议强调要扎实开展党史学习教育，用好红色资源和各类学习平台载体，推进内容、形式、方法创新，坚持以解决实际问题、推动事业发展作为衡量学习成果的标尺，着力推进解决民生突出问题，切实将学习焕发出的政治热情转化为推动“十四五”开好局、起好步的强大动力。

4月30日，区政府第88次常务会议召开。会议学习贯彻国务院第四次廉政工作会议及省、市政府廉政工作会议精神，省、市安全生产电视电话会议精神，审议并原则同意《苏州市吴江区“十四五”现代服务业发展规划》《苏州市吴江区切实解决老年人运用智能技术困难重点任务清单》《苏州市吴江区成立消防安全“331”治理机制常设机构的实施意见》《苏州市吴江区2021年农贸市场标准化建设改造工作方案》《吴江全域旅游发展规划（2021—2025年）》，研究讨论其他有关事项。

5月10日，区政府第89次常务会议召开。会议学习贯彻习近平总书记在十九届中共中央政治局第二十九次集体学习时的重要讲话精神，审议并原则同意《苏州市吴江区进一步加强违法建设治理行动方案》《关于推动村级集体经济实现倍增发展的意见》《苏州市吴江区国企改革三年行动实施方案（2020—2022年）》，研究讨论其他有关事项。

5月17日，区政府第90次常务会议召开。会议专题学习《毛泽东邓小平江泽民胡锦涛关于中国共产党历史论述摘编》，审议并原则同意《美丽吴江建设2021年主要目标任务、重点工作清单和领导小组方案》，听取吴江区与长江生态环保集团战略合作情况汇报，研究讨论其他有关事项。

5月18日，“工业互联网看吴江”推进会召开。会议强调要依托吴江制造业基础雄厚的最强比较优势，大力实施工业互联网融合创新发展三年行动计划，在服务保障、政策供给等方面精准发力，全力构建综合最优营商环境和创新发展最优生态，让“工业互联网看吴江”成为闪亮名片。

5月25日，区政府第91次常务会议召开。会议学习贯彻习近平总书记在《求是》杂志上发表的重要文章《用好红色资源，传承好红色基因，把红色江山世世代代传下去》论述精神，传达全国疫情防控和疫苗接种工作视频会议及省续会精神，听取《近期吴江区疫情防控和疫苗接种工作进展汇报》，审议并原则同意《苏州市吴江区过渡期工业保障线实施意见》《苏州市吴江区贯彻落实深化农村公共基础设施管护体制改革的工作方案》《关于率先对接上海走在沪苏同城化前列的实施方案》《苏州市吴江区开展新型城市基础设施建设试点工作方案》《苏州市吴江区城镇燃气居民使用安全提升实施方案》《苏州市吴江区推进安全发展示范城市创建及城市安全风险评估实施方案》，研究讨论其他有关事项。

5月31日，区政府第92次常务会议召开。会议学习贯彻中央全面深化改革委员会第十九次会议精神、习近平总书记在两院院士大会及中国科协第十次全国代表大会上的重要讲话精神、防止干预司法“三个规定”精神，审议并原则同意《苏州市吴江区2021年度法治政府建设工作要点》《吴江区工业企业综合评价分类实施办法（修订）》，听取全区房地产调控和租赁住房建设相关情况汇报，研究讨论其他有关事项。

6月7日，区政府第93次常务会议召开。会议学习贯彻5月31日中共中央政治局会议和习近平总书记在中共中央政治局第三十次集体学习时的重要讲话精神、《中华人民共和国政府信息公开条例》，听取全区生活垃圾分类工作情况汇报，审议并原则同意《2021年苏州市吴江区生活垃圾分类工作行动方案》《关于推进体教融合促进青少年健康发展的实施意见》《吴江区“十四五”青年发展规划》《关于贯彻落实苏州市残疾人保障条例的实施意见》

《关于加强全区残疾人专职委员队伍建设的实施意见》，研究讨论其他有关事项。

6月17日，吴江区组织收听收看全国安全生产电视电话会议，并在会后召开吴江区续会。吴江会议强调要加强责任落实，统筹好发展和安全，迅速开展行动，坚持标本兼治，强化源头治理，提高安全防范处置应急能力，提高各重点领域、重点行业安全生产水平，全力消除各类安全隐患。

6月21日，区政府第94次常务会议召开。会议学习贯彻习近平总书记在青海考察时的讲话精神，听取1—5月全区重点项目和签约洽谈项目推进情况汇报，审议并原则同意《关于进一步健全完善区镇村三级社会矛盾纠纷调处化解工作体系的意见》，研究讨论其他有关事项。

6月28日，区政府第95次常务会议召开。会议专题学习《习近平新时代中国特色社会主义思想学习问答》论述精神，听取苏州市吴江区第二十四批科技领军人才计划项目评审情况汇报，审议并原则同意《苏州市吴江区数字人民币试点场景应用实施方案》，研究讨论其他有关事项。

7月5日，区政府第96次常务会议召开。会议学习贯彻习近平总书记在庆祝中国共产党成立100周年大会上的讲话和在“七一勋章”颁授仪式上的讲话精神，审议并原则同意《关于实施新一轮苏州市吴江区人才创新创业“55352”工程*打造人才创新集聚区的若干意见》，研究讨论其他有关事项。

7月12日，区政府第97次常务会议召开。会议专题学习《中国共产党简史》相关论述精神，审议并原则同意《苏州市吴江区改革完善医疗卫生行业综合监管制度实施方案》《苏州市吴江区促进3岁以下婴幼儿照护服务发展的实施意见》《苏州市吴江区新冠肺炎全员核酸检测实施预案》，研究讨论其他有关事项。

7月13日，全区既有建筑安全隐患排查整治专项行动部署会召开。会议强调要深刻汲取事故教训，紧盯人员密集场所、经营性场所、存在各类重大安全隐患的场所等重点领域，迅速开展既有建筑安全隐患排查整治，建立从源头到过程到结果的全流程监管，坚决守护好人民群众生命财产安全。

7月19日，区政府第98次常务会议召开。会议组织观看《生命重于泰山——学习习近平总书记关于安全生产重要论述》电视专题片，听取“7·12”四季开源酒店辅房坍塌事故有关情况通报、善后处置情况汇报，审议并原则同意进一步加强既有建筑安全管理、实施既有建筑分类监管、加强房屋装修管理等三个工作方案，《苏州市吴江区农村宅基地及住房建设管理办法（试行）》及其工作细则，研究讨论其他有关事项。

7月20日，吴江区组织收听收看省、市疫情防控工作领导小组暨涉外联防联控指挥部紧急电视电话会议，并在会后召开吴江区续会。吴江会议强调要保持疫情应急指挥体系高效运转，发挥好区、镇两级防疫体系作用，强化应急值守与应急处置，梳理近期从南京禄口国际机场进入吴江的人员名单，加强对来自中、高风险国家和地区进口商品的风险检测，加大人员密集的重点区域重点单位重点场所的防控力度，确保全面摸排到位、防控措施到位。

7月26日，吴江区组织收听收看江苏省传达贯彻国务院会议精神暨“烟花”台风防御视频会议，会后对各区镇开展视频点调。吴江会议强调要迅速进入实战状态，全面排摸险工险段、叫停化工等企业作业、转移隐患区域居民、准备防汛防台物资，强化24小时值班和领导带班制度，确保联系畅通、调度及时、指挥有力，奋力夺取防汛抗台全面胜利。

8月2日，区政府全体（扩大）会议召开。会议强调要紧紧围绕示范区建设国家战略这一最大机遇，主动学习上海、对接上海、服务上海、融入上海，加速集聚高端要素，培育更多高新技术企业和“独角兽”“瞪羚”及专精特新企业，全力破解资源瓶颈、推动集约发展、优化空间布局，持续推进富民增收、大力发展民生事业、全面推进乡村振兴，聚焦治理现代化，全面提升安全发展水平。

8月2日，全区高质量发展考核情况分析会召开。会议强调要坚持问题导向、目标导向、结果导向，围绕统筹好常态化疫情防控和经济社会发展总目标，更大力度强化创新引领，主动做好安全生产和企业服务，推动各项考核指标显著提升，确保考出更好的成绩、实现更优的发展。

8月4日，区政府第99次常务会议召开。会议学习贯彻7月30日中共中央政治局会议精神、中共苏州市第十二届委员会第十三次全体会议精神，听取全区新冠肺炎疫情防控工作情况汇报、台风“烟花”应对情况及下阶段防汛防台工作安排的汇报、关于调整水利工程建设资金区级补助标准的汇报，审议并原则同意《苏州市吴江区加快绿色发展助推碳排放达峰三年行动计划（2021—2023）》《苏州市吴江区全面落实国务院安委会开展深化安全生产专项整治指导工作实施方案》《关于推进吴江区重点产业链高质量发展三年行动计划（2021—2023年）》，研究讨论其他有关事项。

8月6日，全区疫情防控指挥部专题会议召开。会议强调要坚持实事求是，强化问题意识，进一步细化各项方案，认真抓好本辖区、本行业、本领域防控工作，着力推进疫情防控处置能力建设，全力提升流调能力、集中隔离能力、消毒能力、心理健康服务能力、社区管控能力、核酸检测能力、病例转运能力、医疗救治能力，坚决加快堵漏洞、补短板、强弱项。

8月9日，区政府第100次常务会议召开。会议学习贯彻习近平总书记关于疫情防控工作重要指示精神和李克强总理相关批示要求，集体学习新冠肺炎疫情防控工作业务知识，学习贯彻《中华人民共和国安全生产法》，审议并原则同意《关于系统优化农业营商环境支持新型农业经营主体发展的政策意见》《苏州市吴江区数字乡村建设实施方案》，研究讨论其他有关事项。

8月11日，全区新冠肺炎疫情防控指挥部会议召开。会议强调要聚焦短板弱项，从快从速提升集中隔离能力、全员核酸检测能力、社区管控能力，加强对学校、餐饮场所、农贸市场以及公共交通等人员密集场所的管控，严格落实查验健康码、行程码和佩戴口罩等防控要求，对开展志愿服务和保障工作的非专业人员进行疫情防控专业培训，进一步提升全区疫情应急处置能力。

8月16日，区政府第101次常务会议召开。会议听取全区新冠肺炎疫情集中隔离能力建设及扬州到吴隔离人员集中医学观察工作情况汇报，审议并原则同意《苏州市吴江区政府投资项目审计监督办法》《苏州市吴江区关于数据中心建设的指导意见》，研究讨论其他有关事项。

8月20日，全区教育工作座谈会召开。会议强调要以“育”为落脚点，提升办学品质，把学校布点与国土空间、产城融合等规划结合起来，加大对教育的支持力度，加强教师队伍建设，以适度超前的理念、改革创新的思维办出吴江教育的水平和特色。

8月23日，区政府第102次常务会议召开。会议学习贯彻习近平总书记在中央财经委员会第十次会议上的重要讲话精神，审议并原则同意《苏州市吴江区党政机关办公用房管理办法》及其实施细则，听取全区智能化改造和数字化转型推进情况汇报，研究讨论其他有关事项。

8月25日，全区新冠肺炎疫情医学集中隔离点视频调度会议召开。会议强调要密切关注、清楚掌握隔离人员的精神状态，注重心理疏导、加强人文关怀，尽可能保障隔离点工作人员和隔离人员的合理需求，一线工作人员要高度重视自我保护，切实落实好隔离工作的各项要求。

9月6日，区政府第103次常务会议召开。会议学习贯彻习近平总书记在中央深改委第二十一次会议和在中央党校（国家行政学院）2021年秋季学期中青年干部培训班开班式上的重要讲话精神，听取关于坚决遏制“两高”（高耗能、高排放）项目盲目发展扎实做好能耗“双控”（能源消费总量控制，单位地区生产总值能耗控制）工作的情况汇报，审议并原则同意《关于落实〈关于江苏省改革完善社会救助制度实施意见重点任务的落实举措和分工方案〉的工作方案》《关于推进基层社会工作站（室）建设的实施方案》《苏州市吴江区促进精神障碍社区康复服务发展实施办法》，研究讨论其他有关事项。

9月10日，全区重点项目现场推进会召开。会议强调要突出结果导向，全速推进重点项目建设，紧盯大型央企、国企和国际国内500强企业，开展精准化招商、产业链招商、生态圈招商，大力提升项目招引质效，扎实做好项目规划、土地、资金等保障工作，在实践中不断完善“代办制”“容缺受理”等机制，持续优化项目建设环境，争取超额完成项目建设全年目标任务。

9月13日，区政府第104次常务会议召开。会议学习贯彻习近平主席在金砖国家领导人第十三次会晤上的重要讲话精神，审议并原则同意《关于推进全区行政复议体制改革的实施意见》《吴江区创新创业领军人才计划实施细则》《吴江区限期整改排污单位整改工作实施方案》《2021吴江区“繁华吴江夜·越夜越美丽”夜间经济工作方案》《关于促进吴江区旅游民宿业发展的指导意见》《第八批吴江区级非物质文化遗产代表性项目名录》，研究讨论其他有关事项。

9月16日，全区深化安全生产专项整治“一年小灶”回头看暨安全生产秋季百日攻坚战动员部署会议召开。会议强调要把“一年小灶”回头看的自查梳理、整改完善、督导检查、总结分析等各个环节，与“三年大灶”“百日攻坚”行动有效衔接贯通，聚焦既有建筑、建筑施工、城镇燃气、交通运输、危险化学品等重点领域，迅速完成各重点领域监管基础数据更新，强化责任落实，采取有力有效举措，切实筑牢安全发展根基。

9月22日，区政府第105次常务会议召开。会议学习贯彻全国中秋国庆假期安全防范工作视频会议及省、市续会精神，审议并原则同意《吴江区支持工业互联网产业发展的若干政策》，听取吴江区公交体制改革工作情况汇报，研究讨论其他有关事项。

10月11日，区政府第106次常务会议召开。会议学习贯彻中国共产党苏州市第十三次代表大会精神，听取全区既有建筑安全隐患排查整治工作情况汇报，审议并原则同意《苏州市吴江区法治社会建设实施方案（2021—2025年）》《苏州市吴江区加强停车治理提升交通秩序行动方案》《关于进一步加强全区农村住房建设风貌管控和提升的实施意见》《吴江区生活饮用水水源保护实施细则》，研究讨论其他有关事项。

10月18日，区政府第107次常务会议召开。会议学习贯彻习近平主席在第二届联合国全球可持续交通大会开幕式上的主旨讲话精神、长三角生态绿色一体化发展示范区两周年建设工作现场会会议精神，审议并原则同意《苏州市吴江区“十四五”农业农村现代化（乡村振兴）发展规划》《吴江区推进科技创新跨越发展三年行动计划（2021—2023年）》，听取关于松陵街道增设顾家荡社区居民委员会的情况汇报，研究讨论其他有关事项。

11月1日，区政府第108次常务会议召开。会议学习贯彻习近平总书记在中央人才工作会议上的重要讲话精神，审议并原则同意《吴江区健全生态环境治理体系推进生态环境治理能力现代化实施方案》《苏州市吴江区在扎实推动共同富裕现代化上走在前列三年行动计划（试行）》《“苏州制造”品牌建设吴江区三年行动计划》《打造现代化教育名区跨越提升三年行动计划（2021—2023年）》《全面推进健康吴江建设三年行动计划（2021—2023年）》，研究讨论其他有关事项。

11月3日，全区新冠肺炎疫情防控指挥部工作会议召开。会议强调要更加清醒认识和科学判断疫情形势，排查流调队伍、防疫物资、隔离场所等的准备情况，强化重点场所防控，严格落实测温、亮码、戴口罩等防控举措，严格规范医疗机构发热门诊就医、购买相关药品等行为，依托“大数据+网格化+铁脚板”，切实做好信息报送及反馈工作，守护好人民群众的生命健康。

11月3日，全区高质量发展主要指标“消红转绿”工作推进会召开。会议强调要充分认清形势，以问题为导向，加快推进各项脱幅指标“消红转绿”，确保圆满完成全年目标任务，提前谋划第二年全区高质量发展任务，更好地统筹发展和安全，确保发展行稳致远。

11月9日，全区民生实事项目专题调研会召开。会议强调要进一步提高思想认识，紧盯目标任务，倒排工期、细化任务，确保人大通过的民生实事项目按照序时进展高标准推进，主动谋划明年实事项目，更好回应人民对美好生活的向往。

11月9日，区政府第109次常务会议召开。会议学习贯彻习近平总书记在《求是》杂志上的署名文章《扎实推动共同富裕》论述精神，传达贯彻全省严格土地执法工作电视电话会议精神，审议并原则同意《区委宣传部、区司法局关于开展法治宣传教育的第八个五年规划（2021—2025年）》《吴江区信访工作约谈办法（试行）》，听取关于做好今冬明春有序用电工作的汇报，研究讨论其他有关事项。

11月15日，区政府第110次常务会议召开。会议传达学习中国共产党第十九届中央委员会第六次全体会议精神，审议并原则同意《苏州市吴江区分布式光伏规模化开发实施方案》《关于建立全区消防救援队伍职业荣誉保障和社会优待机制的意见》《苏州市吴江区深化农村公路管理养护体制改革实施方案》，研究讨论其他有关事项。

11月22日，区政府第111次常务会议召开。会议学习贯彻《中共中央关于党的百年奋斗重大成就和历史经验的决议》，审议并原则同意《苏州市吴江区网上中介超市管理暂行办法》《苏州市吴江区全面推行林长制的工作方案》《关于进一步规范企业劳动用工秩序的实施方案》，听取关于吴江区第二十五批创新创业领军人才计划项目评审情况的汇报，研究讨论其他有关事项。

11月24日，全区城建交通水利重点项目推进情况暨明年工作打算调研座谈会召开。会议强调要围绕脱幅项目和关键堵点，制定清单一事一办，加强协同配合，全力以赴确保年度目标任务圆满完成；结合长三角生态绿色一体化及苏州市整体规划，紧盯符合城市发展方向、百姓群众关切等领域，超前谋划第二年重点工程项目。

11月26日，全区新冠肺炎疫情防控指挥部工作会议召开。会议强调要突出“快”和“准”，确保防控体系始终高效运转，细致排查梳理流调队伍、救治资源以及各类日常消杀物品等储备现状，进一步严格防控措施，全面升级对医疗机构等重点场所的管控，持续巩固好来之不易的防控成果。

11月29日，区政府第112次常务会议召开。会议学习贯彻中国共产党江苏省第十四次代表大会精神，听取全区新冠肺炎疫情防控和疫苗接种进展情况的汇报，审议并原则同意《苏州市吴江区“十四五”工业经济高质量发展规划》、水务集团与长江生态环保集团战略合作事宜，研究讨论其他有关事项。

12月1日，全区“专精特新”企业培育专题推进会召开。会议强调要将“专精特新”企业培育工作作为经济工作的重要抓手，注重“引”“育”“服”，与加快产业转型升级相结合，推动更多中小企业加快创新转型、积极争取上市，全面加快制造业智能化改造和数字化转型步伐，实现更高质量发展。

12月8日，区政府第113次常务会议召开。会议学习贯彻习近平总书记在中央全面深化改革委员会第二十二次会议上的讲话精神，传达贯彻全国新冠肺炎疫情防控工作电视电话会议及省续会精神，审议并原则同意《苏州市吴江区迎接第二轮省生态环境保护例行督察工作方案》，听取全区既有建筑安全隐患排查整治工作进展情况的汇报，研究讨论其他有关事项。

12月13日，区政府第114次常务会议召开。会议学习贯彻中央经济工作会议和习近平总书记重要讲话精神，审议并原则同意《吴江区乡镇（街道）权力清单》《关于进一步加强吴江区河湖管护工作的意见》，研究讨论其他有关事项。

12月20日，区政府第115次常务会议召开。会议学习贯彻习近平总书记在中共中央政治局第三十四次集体学习时的重要讲话精神，传达广州市大规模迁移砍伐城市树木问责情况通报，审议并原则同意《政府工作报告（讨论稿）》《吴江区土地违法违规问题“清零”行动方案》《苏州市吴江区城镇燃气安全排查整治工作实施方案》，听取关于2022年吴江区经济社会发展主要预期目标安排的情况汇报、关于2022年吴江区重点项目和民生实事项目拟定情况的汇报、全区既有建筑安全动态管控情况汇报、全区房地一体农村不动产登记情况汇报，研究讨论其他有关事项。

12月21日，全区第二轮省生态环境保护督察问题整改督办推进会召开。会议强调要全方位、全领域梳理排查各板块存在的各类环境问题，对交办的问题即知即改、立行立改，举一反三全面整改到位，依法问责、严肃追责，及时、有效、彻底地落实整改任务，为迎接中央环保督察做好准备。

12月24日，全区"两节"期间新冠肺炎疫情防控及安全生产工作部署会召开。会议强调在新冠肺炎疫情防控方面，要严格落实重点场所疫情防控措施，充分发挥志愿者队伍作用，加快60周岁以上人群疫苗接种情况，细致排查防疫物资准备情况，提高疫情应急处置能力；在安全生产方面，要强化重点领域专项整治，做好"两节"期间应急准备和值班值守，确保"两节"期间不发生重大安全事故。

12月29日，区政府第116次常务会议召开。会议学习贯彻习近平总书记在中共中央政治局第三十五次集体学习时的重要讲话精神，听取关于2021年度预算执行和2022年度预算编制情况的汇报、关于2022年度区级政府投资项目和城建交通水利水务建设项目资金计划编制情况的汇报，审议并原则同意《苏州市吴江区居民天然气阶梯气价政策优化调整方案》，研究讨论其他有关事项。

（唐　军）

【重要文件】 2021年1月20日，印发《区政府关于印发2021年重点工作目标任务分解落实方案的通知》（吴政发〔2021〕1号）。《通知》内容包括：一、2021年经济社会发展主要预期目标；二、扛起国家战略使命大旗，打造一体化高质量发展样板；三、推动产业优化升级，争做服务新发展格局示范；四、激发改革创新动力，勇当新发展阶段开路先锋；五、聚力美丽吴江建设，构建宜居宜业新空间格局；六、回应美好生活期盼，推动幸福指数持续攀升；七、加快政府职能转变，建设更加满意有为政府。

1月14日，印发《关于调整完善吴江区规划委员会设置的通知》（吴政发〔2021〕3号）。《通知》内容包括：吴江区规划委员会工作规则、吴江区规划委员会人员名单。

2月18日，印发《区政府关于下达实施苏州市吴江区2021年重点项目和民生实事项目的通知》（吴政发〔2021〕10号）。《通知》内容包括：苏州市吴江区2021年重点项目投资计划；苏州市吴江区2021年民生实事项目。

2月23日，印发《区政府关于对2021年度31项重大安全生产事故隐患项目实施区级挂牌督办的通知》（吴政发〔2021〕13号）。《通知》内容包括：一、加强组织领导，严格责任落实；二、采取有效措施，确保整改到位；三、加大考核力度，确保安全稳定；附件为2021年度区政府挂牌督办重大事故隐患项目名单。

3月22日，印发《区政府关于印发苏州市吴江区国民经济和社会发展第十四个五年规划和二〇三五年远景目标纲要的通知》（吴政发〔2021〕20号）。《通知》内容包括：一、回顾"十三五"，高水平全面建成小康社会；二、描绘崭新蓝图，开启全面建设社会主义现代化新征程；三、践行国家战略，建设长三角生态绿色一体化发展示范区；四、聚焦创新发展，建设示范引领"苏州制造"品牌的先行区；五、优化公共服务，建设"新鱼米之乡"特质的乐居首选地；六、完善基础设施，建设绿色高效的长三角枢纽节点城市；七、提升治理水平，建设幸福美好的数字城市新标杆；八、强化传承发展，建设世界级水乡人居文明典范；九、统筹保障措施，凝聚规划实施的强大合力。

4月6日，印发《关于印发〈苏州市吴江区生态文明建设规划（2020—2025）〉的通知》（吴政发〔2021〕22号）。《通知》内容包括：一、形势分析；二、规划总则；三、健全生态制度，夯实生态建设水平；四、持续提升环境质量，保障生态安全；五、优化空间管控，构建生态空间格局；六、发展生态经济，打造绿色创新产业高地；七、建设生态生活，实现全民共建共享；八、弘扬生态文化，树立生态理念；九、重点工程；十、保障措施。

5月31日，印发《区政府关于印发苏州市吴江区产业“十四五”发展及二〇三五年战略规划的通知》(吴政发〔2021〕45号)。《通知》内容包括：前言、规划背景、总体要求、发展重点、空间布局、主要任务、保障机制、附图集、重要附件。

7月7日，印发《苏州市吴江区人民政府关于确定苏州市吴江区第二十四批(2021年度第一批)科技领军人才计划的通知》(吴政发〔2021〕53号)。《通知》内容包括：苏州市吴江区第二十四批(2021年度第一批)科技领军人才计划名单。

9月10日，印发《关于印发苏州市吴江区政府投资项目审计监督办法的通知》(吴政规字〔2021〕1号)。《通知》内容包括：总则、审计计划及审计实施、审计报告及审计整改、法律责任、附则。

9月22日，印发《苏州市吴江区人民政府关于统一行使行政复议职责有关事项的通告》(吴政发〔2021〕73号)，就区政府统一行使本级行政复议职责有关事项予以通告。

9月26日，印发《区政府关于公布第八批吴江区级非物质文化遗产代表性项目名录、新增吴江区级非物质文化遗产代表性项目保护单位的通知》(吴政发〔2021〕75号)。《通知》内容包括：第八批吴江区级非物质文化遗产代表性项目名录、新增吴江区级非物质文化遗产代表性项目保护单位名单。

10月14日，印发《区政府关于印发苏州市吴江区“十四五”现代服务业发展规划的通知》(吴政发〔2021〕76号)。《通知》内容包括：苏州市吴江区“十四五”现代服务业发展规划，分为发展基础与面临形势、总体要求与发展目标、重点发展领域、总体空间布局、主要任务举措、规划实施保障。

11月15日，印发《关于印发吴江区生活饮用水水源保护实施细则的通知》(吴政规字〔2021〕2号)。《通知》内容包括：吴江区生活饮用水水源保护实施细则，共二十六条。

12月1日，印发《关于确定苏州市吴江区第二十五批(2021年度第二批)创新创业领军人才计划项目的通知》(吴政发〔2021〕95号)。《通知》内容包括：苏州市吴江区第二十五批(2021年度第二批)创新创业领军人才计划项目名单。

12月3日，印发《关于印发苏州市吴江区网上中介超市管理暂行办法的通知》(吴政规字〔2021〕3号)。《通知》内容包括：总则、职责分工、入驻管理、选取管理、监督管理、附则。

12月31日，印发《关于公布〈吴江区乡镇(街道)权力清单〉的通知》(吴政发〔2021〕106号)。《通知》内容包括：乡镇权力清单、街道权力清单、盛泽镇权力清单、平望镇权力清单。

(吕一帆)

政府施政

【概况】 2021年，区政府统筹新冠肺炎疫情防控和经济社会发展，高质量推进长三角生态绿色一体化发展示范区建设。示范区建设方面，178项示范区建设重点工作、121项对接上海行动落地见效，承办示范区理事会第四次全体会议、第二届示范区开发者大会和示范区两周年现场会。建设恒力长三角国际新材料产业基地、长三角(盛泽)现代供应链产业园等一批高显示度项目，推进沪苏湖铁路开始桥梁施工，通苏嘉甬铁路、苏州南站、盛泽站等项目，开通中欧班列长三角一体化示范区专列。长三角示范区教师发展学院、示范区知识产权保护服务中心揭牌，示范区政务综窗实现三地民生类事项通办，实现区镇两级政务服务大厅长三角“一网通办”专窗全覆盖。经济发展方面，经济运行总体平稳向好，全年实现地区生产总值2224.53亿元，签约落户项目124个、总投资超830亿元，新增上市公司5家，恒力、盛虹“世界500强企业”排名第67位、第311位，东方恒信成为全市唯一新入选“中国民企500强”企业，电梯产业集群新晋成为国家外贸转型升级基地。创新转型方面，中国工联院江苏分院挂牌运营，建成全国光电缆行业首个标识解析二级节点。新增3家国家制造业单项冠军、4家国家级服务型制造示范、5家国家专精特新“小巨人”、6家省百强创新型企业，新获评国家科学技术奖2项、省科学技术奖11项，新增省级以上人才(团队)11个，入选首批省创新型示范县(市、区)建设名单。丝绸产业成为世界知识产权组织全球第三家版权保护优秀案例示范点。改革探索方面，示范区制度创新成果和项目建设经典案例数位居首位，“放管服”改革等5项工作获省2020年落实重大政策措施成效明显地方激励表彰，“联合河长制”经验入选《新时代治国理政案例精选2021》并向全球发布，“工业生态‘数字管理’赋能经济高质量发展”入选“中国改革2021年度地方全面深化改革典型案例”。在2021年中国中小城市高质量发展指数研究成果5张榜单中均列全国前十。城乡融合方面，盛家厍、云梨桥畔等15个城市更新项目加快推进，完成29个老旧小区改造、350座农村公厕建设，完成2个示范片区、16条道路、36个小区、3个综合整治工程架空线整治，实现居民小区、公共机构、行政村生活垃圾分类全覆盖。开展“三治”“三优三保”*等行动，治违拆旧768.57公顷，盘活存量土地561.13公顷，处置批而未供土地412.6公顷。乡村振兴方面，村均集体可支配收入达817万元，推进融创桃源、蓝城曲水善湾、七都开弦弓村等一批乡村振兴项目，“平望·四河汇集”一期完成，震泽齐心村香洞湾获评省级特色田园乡村，环长漾特色田园乡村带风貌初显，入选首批省级文旅产业融合发展示范区建设单位名单，吴江区现代农业产业园获国家级认定公示，获评首批全国休闲农业重点县、首批国家级水产健康养殖和生态养殖示范区、全国县域农业农村信息化发展先进县、首批省级“四好农村路”示范县。生态环境方面，稳步推进碳达峰8大行动31项工作任务，科学推进有序用电，完成减污降碳、能耗削减任务，获批国家整县（市、区）屋顶分布式光伏开发试点，与生态环境部、省生态环境厅共建长三角一体化示范区绿色发展国际创新中心，发放全省首笔生态贷，实施全国首单绿色科技创新债权融资计划，全区生活污水厂按照“四统一”要求整合运营，建成投运光大焚烧发电扩容项目，全力做好省生态环境保护督察迎检和整改工作，获评国家生态文明建设示范区。民生事业方面，城乡居民人均可支配收入增幅高于地区生产总值增幅，城镇登记失业率保持2%左右低位运行，有效用工备案56.38万人，放宽灵活就业人员参保户籍限制，完成5个农贸市场改造提升，启动11个“口袋公园”建设，新增健身步道26.4公里，全市唯一入选省城乡公交一体化建设首批试点县（市、区）。公共服务方面，14个新改扩建学校建成投用，新增学位1.3万个，苏州大学未来校区以及与上海世外教育集团、南京师范大学等合作办学项目正式开学，教育“双减”政策有序落实。区中医医院主体结构封顶，与上海三甲医院建设合作医院2家，京东方医院开诊，实现示范区医保“一码通”直接结算、苏州大市医保“一卡通”实时结算，示范区异地就医免备案范畴从门诊扩展至住院。苏州湾体育中心开业运营。疫情防控方面，坚持疫情防控“平战结合”，精准应对周边地区突发疫情，全面提升疫情应急处置能力，储备31个隔离点3100个房间，核酸检测能力达10.6万管/日，建成5个方舱接种点，疫苗接种能力超4万剂/日，新冠疫苗接种率居全市前列，全年无新增本土病例。安全发展方面，挂牌督办安全生产重大事故隐患项目82个，稳妥处置“7·12”房屋坍塌事故，深化既有建筑等15个重点领域整治，不良贷款率下降至0.66%，电信网络诈骗警情数同比下降20.4%，圆满完成纪念中国共产党成立100周年、上海进博会等重大活动安保维稳任务。防灾减灾方面，有效应对“5·14”龙卷风灾害，成功抵御“烟花”超强台风和超历史水位侵袭，防汛抗洪工作获省委省政府表彰。（王钦丽）

【工业互联网看吴江】 2021年，吴江区巩固智能工业先发优势，持续释放工业互联网乘数效应，构建全要素、全产业链、全价值链的新型工业生产制造和服务体系，加快工业经济数字化、网络化、智能化转型，打响“工业互联网看吴江”品牌。具体做法包括：加强顶层设计，制定工业互联网融合创新发展、制造业智能化改造和数字化转型两个三年行动计划及配套政策，发布《吴江区支持工业互联网产业发展的若干政策》；加速载体平台建设，中国工联院江苏分院挂牌运营，徐工汉云等3家国家级“双跨”平台落地，培育本土行业性工业互联网平台10个、服务企业超3000家；聚力项目推进，全新打造“吴江区工业企业智改数转云平台”，新增省示范智能车间10个、省星级“上云”企业440家，完成智改数转项目超1500个；加快基础设施建设，建成5G基站3084个，5G网络已覆盖全区区域，完成5G签约项目超100个，打造“5G+工业互联网”典型应用场景51个。

（王钦丽）

【分布式光伏规模化开发】 2021年，吴江区获批国家整县（市、区）屋顶分布式光伏开发试点，并以区政府办公室名义印发《苏州市吴江区分布式光伏规模化开发实施方案》，明确按照绿色、清洁、高效、低碳要求，以碳达峰、碳中和目标为引领，全面推进全区光伏发电规模化发展。具体做法包括：全省率先出台相关补贴政策，每年安排一定财政资金，对2021年7月至2023年底期间并网发电，且接入全区光伏发电数字化管理平台的光伏和储能项目进行补贴；摸清资源底数，对全区工业厂房、公共建筑、民用建筑、商业建筑、设施农业等各类建筑进行全面排查，建立光伏资源库，定期动态更新并公开发布，促进投资方与产权方有序对接；规范项目管理，将新建项目光伏发电设施建设要求纳入产业用地出让条件和规划条件，建立简便高效的光伏项目备案流程，研究制定光伏标准体系，邀请专家或第三方专业机构开展项目验收；强化专业服务，引导相关专业机构做好光伏发电项目专业服务，培育本地专业化投资、建设、运维主体，鼓励区属国有企业联合行业龙头企业等各类市场主体共同开发建设。（王钦丽）

【城乡生活污水处理提质增效精准攻坚“333”行动】 2021年2月23日，区政府办公室印发《苏州市吴江区城乡生活污水处理提质增效精准攻坚“333”行动实施方案》。行动以“三消除”“三整治”“三提升”为主要内容，包括消除城乡黑臭水体、污水直排口、管网空白区，整治工业企业排水、“小散乱”排水、阳台和单位排水，提升城乡污水处理综合能力、新建污水管网质量管控水平、污水管网检测修复养护管理水平。结合吴江区实际情况，行动明确以“污水处理提质增效达标区”为基本单元，将全区231.97平方公里城市、城镇建成区划分为219个污水处理提质增效达标区，分年度于2021—2023年完成全部达标区创建工作。截至2021年末，全区完成111个达标区建设，完成2550个建成区河道污水直排口整治工作、38.62千米污水主管网建设，完成84个小区、111个单位庭院、348家工业企业、1879个“小散乱”排水户的雨污分流改造，完成191个农村生活污水治理项目。（王钦丽）

【既有建筑安全隐患大排查大整治】 2021年7月26日，区委、区政府印发《苏州市吴江区既有建筑安全隐患大排查大整治工作方案》，明确在全区深入开展大排查大整治，查隐患、严整治、堵漏洞、补短板，以最坚决的态度和最严格的措施，消除既有建筑安全隐患，坚决防范和遏制既有建筑安全事故，切实维护公共安全和公共利益。具体做法包括：按照“网格化排查、清单化管理”要求，对全区行政区域内的所有既有建筑开展拉网式大排查；建立吴江区房屋使用安全信息管理系统，并纳入苏州市房屋使用安全信息管理系统，形成既有建筑全生命周期管理基础数据；组织开展对隐患建筑的研判、鉴定、整治和复查工作，根据风险等级、建筑性质等情况，实施分类监管，确定整治方式，做到即知即改、立行立改；严格改扩建和装饰装修行为管理，限制存在安全隐患房屋的房产交易，严厉打击违法违规行为，严格管控新增隐患问题。2021年全区共排查既有建筑22万余幢，累计鉴定D级危房122处，完成解危67处，剩余房屋均做到人房分离、快速化处置。（王钦丽）

行政审批服务

【概况】 2021年，吴江区行政审批局围绕“一体化”和“高质量”两个关键，始终坚持党建为引领加强队伍建设，坚持人民至上恪守初心，坚持服务大局突出重点，坚持上下联动协同发力，坚持攻坚克难改革创新，持续擦亮“吴江服务　服务无疆”品牌，以企业群众办事“找最少的部门、跑最少的路、花最少的时间、交最少的材料”为目标，助力打造“最舒心”营商环境，在“创新湖区　乐居之城”建设上开启政务服务“最美窗口”。

（王沁楠）

【高效服务】 2021年，吴江区行政审批局智慧政务大厅引入“警医e站通驾驶人体检设备”，提供“24小时”便捷的体检、换证体验，实现驾驶人体检全流程自助服务。设置“智能云柜”，提供“8小时”以外的便利化服务，办事群众可以利用智能存取柜自助交件、自助取件，不再受时间限制，进一步拓宽了政务服务“不见面”审批的渠道。同时，在区政务服务大厅设置政务公开展示区和体验区，打造“政务随‘e’看”品牌，在体验区内，群众可以查询办事指南、政务公开等相关事项，该创新举措被国务院办公厅作为典型案例在《政务公开工作交流》上刊登。全省首批、苏州首批试点的省政务网“法人人工实名核验”业务纳入全区“无忧办”0号窗口办理，累计办理业务2055笔。聚焦群众“急难愁盼”的关键问题，在水电气类民生服务事项上先行先试，通过“自助办、就近办、马上办、刷脸办”等办理方式，在全省范围内率先启动政务服务自助一体机水电气“零材料”审批。以跨部门、跨系统、跨业务的数据共享和业务协同为导向，深化政企间的纵横联动和协同办公，进一步提升民生感受度、服务满意度、办事便利度。累计完成水电气“刷脸办”业务2017件，其中：燃气开户1809件，燃气过户136件，电力过户67件，水务过户5件。优化升级“吴江区工程建设项目综合服务平台”，涵盖项目策划生成、“一张蓝图”系统、审批管理系统三大功能模块，同步实现与省、市工改系统及江苏政务服务网的互联互通。投资建设类事项统一纳入平台办理。2021年，各部门累计在工改平台办理投资建设项目865个，其中实行告知承诺的项目12个、并联审批办理的项目164个、联合图审的项目48个、联合验收项目58个、区域评估的项目47个、“一张蓝图”统筹项目实施的项目3个。同时建立“云联席”制度，利用QQ群、微信群等方式为重点项目提供“私人订制”服务，“一项目一方案”精准对接，“拿地即开工”试水试行。

（王沁楠）

【便民服务】 2021年，吴江区行政审批局深化“放管服”改革，梳理完善“四办清单”（网上办、就近办、马上办、全城通办），全面推行“一窗受理　全科服务”模式，实现便民服务再优化。以《苏州市基层公共服务清单》为基础，组织各区镇政务服务部门梳理吴江区公共服务事项并同步维护办事指南，推进同一事项无差别受理、同标准办理，实现80%以上基本公共服务事项本区域内通办。明确区镇村三级各部门对“江苏省一张网”上的事项认领，做好六大类（行政许可、行政给付、行政奖励、行政确认、行政裁决和其他行政权力）行政权力事项标准化指南维护，做到事项“应领尽领”“线上线下”一致。落实市“强区赋权”工作会议要求，组织全区各部门梳理认领事项1667项，认领率达84.8%。进一步梳理盛泽镇六批经济社会事务，核定最终确认清单。开展合法性合规性审批回头看行动，进一步优化事项审批流程，确保企业群众办事更顺畅。推动吴江开发区、汾湖高新区承接省级赋权事项工作，实现赋权事项真正落到基层。验收通过《吴江区三级政务服务体系建设规范》地方标准。主动开展告知承诺制工作，在各部门配合下，对“社会团体成立、变更许可”“教师资格认定”等12个高频事项开展告知承诺服务，通过数据共享、系统查询核验等方式，减免证明40类，切实提升群众办事的满意度。按照动态更新事项要求，对“马上办、网上办、就近办、一次办”清单进行认真细致全面梳理，形成《吴江区政务服务事项“四办”清单（2021年版）》并通过“江苏省政务服务一张网”、政务服务大厅以及新媒体向群众公示，为群众办事提供快捷指引。

（王沁楠）

【异地同城服务】 2021年，吴江区行政审批局实施市场主体设立登记“全城通办”，形成市场主体“就近可办、全城通办”

2021年4月20日，吴江区"政银通办"启动仪式举行

（区行政审批局 提供）

的常态化工作格局，全年共有350余户市场主体通过"全城通办"办理了业务。在全省首创"政银通办"新模式，启用首批长三角生态绿色一体化发展示范区"政银通办"网点，通过政府与银行的跨界合作，主动将资金托管、社保养老、企业开办等69个事项"搬进"银行，拓展了通办新渠道。为更好地服务外贸进出口企业，积极向上争取，推动中国电子口岸数据中心南京分中心长三角一体化示范综合窗口入驻区政务大厅，成为省内除南京外，唯一的办理点。该示范点的设立，主要服务苏州全市的外贸进出口企业，并将服务无锡、常州等苏南周边地区，推进相关业务在长三角生态绿色一体化示范区两区一县异地办理，为通关效率的提升起到引领示范作用。综合窗口设立以来，已累计为4586家新入网企业免费制发电子口岸卡9172张，为企业增补卡1861张。启用长三角生态绿色一体化示范区"跨省通办"综合受理服务窗口，打造了通办事项数量全国最多、通办模式全国首创的综合受理服务窗口，推行了"跨省授权、全盘受理、一窗综合、同城服务"新模式，实现真正意义上的政务服务"同城化"。目前长三角生态绿色一体化示范区"跨省通办"综合受理服务窗口入驻的通办事项含青浦区1173项，吴江区1398项，嘉善县1306项。

（王沁楠）

【交易平台建设】 2021年，吴江区行政审批局以打造阳光化、高效率交易平台为目标，打牢基础、夯实内在、简化流程、提质增效。吴江中介超市交易类别实现全覆盖，构建业主单位与中介机构之间双向选择线上平台，建立质量星级评定体系，落实区纪委监委要求，创新建立廉洁从业审查机制，建立中介机构违规违法行为信息库，有效推动建立全面开放、规范高效、竞争有序的中介市场管理体系。全年完成321家涉审中介机构入驻备案，69个项目交易，同时为率先构建长三角一体化示范区共同利益辐射效应平台，与嘉善县政务数据办沟通探索长三角中介联合体，形成跨区域"一站式"联合服务制度，实现长三角中介机构的资质信息、业务状况等互联互用。1月1日起新增政府集中采购业务，全年完成集中采购项目245个，交易金额4.33亿元，节约金额0.48亿元。建设工程、交通工程、水利工程、政府采购实行全流程电子化，业务无需线下办理。评标系统实现投标文件得分点与评分项关联，不需要提交纸质材料评标。线上线下均可办理投标CA锁，交易平台实现CA锁互认。"不见面开标"新模式实现了异地投标，解决了投标企业来回商务成本和时间成本。上线投标保证金电子保函系统，缓解投标企业资金压力。推进公共资源交易领域的长三角一体化合作机制，实现跨区域评标专家资源共享等。落实乡村振兴战略，创新农村产权交易方式，以盛泽镇渔业村招租项目为试点，开通线上报名服务，支持线上线下同步报名，进一步释放农业农村发展活力。组织开展对9个镇（区）、街道相关业务操作人员开展培训，重点从业务办理规范、纪律制度规范、交易秩序规范等方面强化工作人员合规意识、服务意识、纪律意识，不断提高工作人员服务水平和服务质量。

（王沁楠）

【队伍建设】 2021年，吴江区行政审批局党组制订党建工作要点、党风廉政建设工作要点，履行党建工作职责。成立局党史学习教育领导小组，制定实施方案和任务清单，贯穿全年加以落实。依托长三角一体化建设战略部署，共建青吴嘉三地政务系统党史学习联盟，开展"七个一"（一次主题党日活动、一次专题培训、一次专题交流座谈、一次党史学习竞赛、一次政务联动服务、一次青年党员轮值体验、一次学习成果发布）联组学习，开展意识形态领域风险隐患排查，健全定期舆情分析研判和预报制度，加强意识形态阵地管理。树立正确的选人用人导向，全年选拔任用18名中层干部，组织两轮涉及36名干部的轮岗交流，推荐3名年轻干部参加区级专班。搭建政务服务先锋论坛，副科职干部作为"红蓝导师"与年轻干部结对，为年轻干部提供成长、锤炼平台。发挥区级政务服务大厅"蓝橙绿黄红"五色志愿服务队伍先锋作用，为办事群众提供导服咨询、自助申报、帮办代办服务。响应区委区政府号召，在短时间内集结"战'疫'先锋队""青年突击队"，参与疫情防控志愿服务。每季度开展"三项争创"（争创一流服务环境、争创一流服务形象、争创一流服务水平）评比，组织开展2021年度吴江政务服务系统"最美政务人"评选活动。

（王沁楠）

2021年吴江区行政审批业务统计表

单位：万件

业务（专）区名称	办件	承诺件提前办结率	镇（区）、街道政务服务大厅名称	办件	承诺件提前办结率
市场准入区	2.84	100%	吴江经济技术开发区行政审批局	46.25	100%
投资建设区	0.47	100%	汾湖行政服务中心（黎里镇为民服务中心）	12.6	100%
民生业务区	10.2	100%	盛泽镇行政服务局	23	100%
不动产专区	13	100%	七都镇行政审批局	6.6	100%
公安专区	6.92	100%	桃源镇行政审批局	10.42	100%
税务专区	3.69	100%	震泽镇行政审批局	10.54	100%
车管分中心	51.83	100%	平望镇行政审批局	20.67	100%
			松陵街道为民服务中心	11.77	100%
			八坼街道为民服务中心	1.26	100%
			横扇街道为民服务中心	1.7	100%
			江陵街道为民服务中心	6.96	100%
合计	88.95			151.77	

（王沁楠）

外事

【概况】 2021年，区政府外事办公室（以下简称"区外事办"）、区接待办公室围绕全区中心工作，服务发展，服从服务于中央整体外交要求，坚持外事为民，在长三角生态绿色一体化发展示范区建设大背景下，统筹协调、精准服务，完成各项外事工作和重要接待任务，促进吴江经济社会发展。（吴 瑱）

【涉外接待】 2021年，苏州市吴江区共承办两场国际会议，分别是6月3日在汾湖高新区举办的中国环境与发展国际合作委员会2021年圆桌会议暨生态环保国际合作高层对话，以及10月13—14日在汾湖高新区举办的第五届"二十国集团创业圆桌对话"。（吴 瑱）

【涉外管理】 2021年，区外事办健全党委外事工作委员会制度，落实区委外事工作委员会会议精神，系统谋划部署全区涉外工作。严格执行重大涉外活动提前报备、使领馆交往等涉外事项报备制度，持续做好外媒的引导和管理。全年共处理11起涉外事件，其中5批邀请外国驻华使领馆官员来访报批，3起民营企业海外工厂求助，3起外媒采访。（吴　颋）

【友城工作】 2021年，区外事办从新冠肺炎疫情防控需要，以“云外事”形式开展友城工作。

2月，区长王国荣向韩国友城华城市发送撤郡建市20周年祝贺视频。

3月，区外事办分别向吴江的8个国际友好城市和5个友好交流城市致函，通报履新并希望继续加强交流和合作。

3月，意大利驻沪总领事馆人员到吴江区参加“中意植树节”、盛泽时装周开幕式，并为设立中意产业合作示范区作准备。

5月，盛泽突发龙卷风自然灾害，法国布尔昆·雅里昂市和德国西南普法尔茨区等友城致函致电表示慰问。11月，副区长陈建忠和外事办与布尔昆·雅里昂市副市长让·皮埃尔·热拉尔进行视频交流，商定定期以视频方式共同探讨两地结好30周年庆祝事宜。

5月、8月，先后与葡萄牙奥瓦尔市、西班牙卡尔德斯市政府进行视频交流，并建立定期视频沟通机制。

8月，与美国卡尔斯巴德市友城工作负责人进行线上会谈，并就下一步合作进行初步沟通。同时开展线下友好交流。

经区外事办牵线搭桥，10月，位于吴江的苏州韩国学校与吴江区实验初级中学、吴江中学以及苏州湾实验初中签署友好校际关系协议书；北外附属苏州湾外国语学校与法国格勒诺布尔的一所学校建立校际联系。11月，韩国学校在吴江实验初中举办韩国文化讲座。12月，韩国学校首次参加全区青少年足球联赛、向区社会福利院献爱心等活动。（吴　颋）

2021年3月12日，吴江区委副书记、区长王国荣（右七）与意大利驻上海总领事陈琪（右八）在吴江国际友谊林共同出席中国—意大利赠树仪式

（区外事办　提供）

【领事保护】 2021年，区外事办针对吴江区内国际学校、“走出去”企业开展年度专题领事保护宣传，向已获得国外大学录取通知书的同学发放在线调查问卷，向相关学校提供公益宣传展板及宣传材料，并定期在“吴江外事接待”公众号上发布各国入境政策及安全形势，针对留学生发布专项领保提醒。主动到企业宣传领事保护政策，进一步提高全区的海外安全防范意识，及时通过领事保护渠道为企业提供帮助。

（吴　颋）

【服务企业】 2021年，区外事办主动上门走访区内外资企业和民营“走出去”企业，详细了解企业有关情况，切实解决企业实际困难。在走访企业过程中，向企业介绍APEC商务旅行卡、海外领事保护以及外籍人士入境防疫政策。共受理APEC商务卡材料15批19人次，上报苏州市外办13批17人次，办出APEC商务卡1批2人次，全年零丢卡。（吴　颋）

【涉外疫情防控】 2021年，区外事办守好境外输入防线，涉外新冠肺炎疫情防控常抓不懈。自2020年8月恢复昆山转运至12月底，吴江共发车498车次，转运2979人次。确保入境人员全程闭环转运至隔离酒店，工作人员零感染。严格落实上级关于隔离点的各项规范要求，按照“三区两通道”的标准规范进行改造，落实落细隔离点的感染控制管理，切实防止点内交叉感染。同时为给来吴人员提供硬件更好、环境更好的隔离环境，涉外集中隔离点由全季酒店搬迁至七都0572酒店。区涉外防控协调组部分成员单位定期对转运工作开展全链条督查检查，深入排查转运过程、隔离酒店管理、消杀点消杀等重点环节和场所，坚持找漏洞、查细节、补短板。

（吴　琙）

信　访

【概况】 2021年，区信访局全面贯彻落实习近平总书记关于加强和改进人民信访工作的重要思想，以纪念中国共产党成立100周年信访保障为主线，狠抓重复信访治理化解专项工作和基层基础建设两项重点，用心用情用力解决群众急难愁盼问题，实现“三下降”“三提升”（信访总量、越级进京访量、重复信访占比下降；信访事项化解率、群众满意率、网上信访占比提升）的工作目标。吴江区被授予2021年度全省信访工作先进单位，规范越级进京访专项整治、领导接访下访工作被省政府信访局通报表扬，区人民来访接待中心、吴江高新区（盛泽镇）人民来访接待中心获评全省“人民满意窗口”质量提升工程先进单位，1人获评“江苏最美信访干部”，2人获评全省信访系统“岗位之星”，4人获评全市信访系统“岗位之星”，1人获评吴江区“担当作为”好干部，为全区社会和谐稳定作出积极贡献。（杨炎辉）

【信访管理】 2021年，区委常委会、区政府常务会议5次听取信访情况汇报、研究部署信访工作。区委书记李铭、区长王国荣带头接待信访群众，阅批群众来信，调研信访工作，落实信访责任，开展领导接访下访和疑难复杂事项包案工作。区领导全年累计接待群众168人次，解决矛盾153件次，带动各地各部门及时就地解决群众诉求。调整充实信访工作联席会议成员单位，成立8个重点领域专项工作组，区、镇（街道）全面建立党政主要领导担任双召集人的联席会议机制。制定出台《吴江区信访工作约谈办法（试行）》，常态化开展实地督查、联合督查，区委、区政府全年组织4次信访工作专项督导，推动责任落地落实。（杨炎辉）

【矛盾预防】 2021年，区信访局健全镇（街道）每周排查、区级机关每旬排查、村（社区）每日排查制度，对重要日期、重要事项、敏感信息实行“一日三报”。建立“日报告、周分析、月总结”风险隐患排查机制，落实日常分析研判、突出问题专项研判、重点时期战时研判机制，织密织牢矛盾排查化解网络，全年开展矛盾排查100次，发送预警信息199条，处置隐患149件次，做到矛盾发现在一线、解决在萌芽。畅通“信、访、网、电”四位一体群众诉求渠道，落实群众来访、来信、来电、网上信访、人民建议征集、督查督办等六项业务规范，所有信访事项实现“网上流转、网下通办”，全年网上信访量占比80.3%，信访事项及时受理率、按期办结率均达到100%。创新开展网上网下“人民满意窗口”建设，简化办理流程、优化服务举措，初信初访一次性化解率达到87.9%，群众满意率达到90.3%，创历史新高。（杨炎辉）

2021年5月12日，江陵街道瑞景国际业主向区信访局赠送锦旗

（区信访局　提供）

【基层基础】 2021年，区信访局扎实开展党史学习教育，坚持用习近平新时代中国特色社会主义思想武装头脑、指导实践、推动工作。密切干群联系，深入开展“我为群众办实事”实践活动、“两在两同”建新功行动，精心组织“三到基层服务一线”大督查大接访大调研，持续厚植党的群众基础。区信访局领导班子挂钩11个镇（街道），指导矛盾化解和人员稳控；结对67名信访群众，进行政策宣讲、困难帮扶，推动矛盾解决。坚持重心下移，深入推进“争创人民满意信访部门、争当人民满意信访干部”创建，健全“三减三优化”工作机制，为群众表达诉求提供最便捷的信访服务。瞄准“只进一扇门、最多跑一地”，配合开展区、镇、村三级矛调中心建设，不断健全多元矛盾化解机制。锤炼干部队伍，常态化开展“岗位之星”“最美信访干部”评选，制度化抓实“六项能力”（法律政策宣讲能力、思想症结疏导能力、信访矛盾化解能力、预警预测研判能力、应急事件处置能力和汇聚资源力量协调能力）提升培训，有效激发广大信访干部“为民解难、为党分忧”的干事热情。 （杨炎辉）

【问题解决】 2021年，区信访局把集中治理重复信访、化解信访积案专项工作作为重点，统筹开展城乡建设领域信访问题和规范越级进京访秩序专项整治。建立完善“领导干部专项包案、问题属地主导化解、区级部门牵头推动、工作专班合力攻坚”的工作机制，对纳入整治的信访事项，逐级成立工作专班，逐案落实领导包案，综合运用签订责任书、视频调度、会商会办、现场督导等方式传递压力、推动化解；严格规范案件办理和报结审核制度，确保所有信访事项的处理于法有据、于情有理，经得起历史和时间检验。全年上级交办第一批重复信访事项化解率98%，走在苏州前列；71件上级交办城乡建设领域信访问题得到有效化解，超额完成年度目标任务，其中历时多年的江陵街道瑞景国际延期交房问题得到圆满解决，一大批“骨头案”“钉子案”停诉息访；全年进京赴省去市上访量同比大幅下降，信访工作秩序明显好转。 （杨炎辉）

民族宗教

【民族团结进步创建】 2021年，区委统战部（区民宗局）牢牢把握民族团结进步工作要以“筑牢中华民族共同体意识”为主线，把习近平总书记关于民族团结进步“七进”［进机关、进企业、进乡镇、进村（社区）、进学校、进连队、进宗教活动场所］要求贯彻于创建工作始终。江苏华佳控股集团有限公司获评全国民族团结进步示范单位。吴江经济开发区长安实验小学、吴江区面包树社工服务中心、吴江区盛泽镇江苏华佳控股集团、苏州震纶棉纺有限公司4家单位获评江苏省第二批“红石榴”家园，在苏州各县市区名列第一。吴江经济开发区长安实验小学、吴江区面包树社工服务中心、恒力集团有限公司、吴江区平望镇梅堰社区4家单位获评苏州市级民族团结创建示范基地，继续在苏州大市范围保持前列。省民宗委将费孝通江村纪念馆作为2021年全国民族团结进步创建重点扶持项目向国家民委进行申报。 （张梦娇）

【民族工作暖心工程】 2021年，区委统战部（区民宗局）全年走访慰问少数民族困难家庭58户，送上生活扶贫金、医患扶贫金、助学扶贫金、住房扶贫金和生产扶贫金10.64万元。 （张梦娇）

【少数民族管理服务】 2021年，区委统战部（区民宗局）深入贯彻执行吴江区《进一步完善少数民族群众服务体系的意见》精神，与民宗工作领导小组各成员单位加强联系，密切沟通，形成合力，齐抓共管，实现少数民族服务管理的精准化、个性化。开展“城市少数民族流动人口就业融入”问卷调查，加强少数民族流动人口信息采集。协助教育部门做好外来少数民族学生入学政策的宣传解释工作，引导他们根据政策做好子女入学相关安排。配合相关部门做好“7·12”安全事故、建筑工地少数民族员工死亡等涉少数民族群体突发事件的妥善处置工作。协助少数民族考生落实加分优惠政策88人次。办理少数民族成份变更2次。（张梦娇）

【民宗队伍建设】 2021年，区委统战部（区民宗局）持续抓好民族宗教三支队伍建设，不断提升民宗工作治理能力。加强领导干部宗教工作能力培训，会同区委宣传部将宗教领域工作纳入全区意识形态工作责任制专题培训班。夯实统战（民宗）干部队伍建设，连续第二年将民宗工作作为重要专题纳入全区统战干部培训班、村（社区）两委班子暨“全科社工”能力提升培训班，全年培训600余人次。（张梦娇）

【宗教界人士政治引领】 2021年，区委统战部（区民宗局）围绕“导”字下功夫，在全区宗教界开展“同心向党·爱国爱教”主题教育实践活动，与青浦、嘉善民宗工作部门共同主办“百年同追梦、奋进长三角”——青吴嘉三地佛教界庆祝建党百年书画篆刻展，组织宗教界人士赴嘉兴南湖学习参观、举办党史教育专题学习会、基督教神学生“爱党爱国爱教”讲经说法、红色观影、全国宗教工作会议精神宣讲会等系列活动，向全区各宗教团体、宗教界代表人士和宗教活动场所赠阅各类书籍900余册。在国庆、中秋、春节前走访慰问宗教界代表人士。（张梦娇）

【宗教场所安全监管】 2021年，区委统战部（区民宗局）相继召开区委统一战线工作领导小组会议、区委民族宗教工作领导小组会议，成立由副部长、民宗局局长为组长的民宗领域安全稳定工作领导小组，研究制定《关于进一步加强全区宗教活动场所规范化管理的通知》《吴江区宗教活动场所安全工作专项整治三年行动方案》，印发《关于开展全区宗教活动场所安全月活动的通知》。与各区镇、街道签订安全工作责任书，与各宗教团体签订宗教领域安全稳定承诺书，建立健全安全工作责任清单，并将安全工作考核纳入基层统战工作考核内容。按照日常监管和节点监管相结合的原则，在全覆盖、拉网式大排查的基础上，重点开展疫情防控、防雷防雨和极端天气措施落实情况、电瓶车集中充电问题、燃气和用电安全、房舍殿堂建筑安全隐患、宗教活动场所安全应急演练等6个方面的集中检查整改。在元旦、春节、五一、七一、中秋、国庆等重大节庆以及圣诞等宗教界重大节日期间，联合各区镇、街道以及公安等相关部门召开部署会，提前谋划、超前部署，制定切实可行的检查计划和应急预案。全面推进打造“数字化”安全场所，会同区联动中心，将民族宗教事务管理作为区域社会治理子项目，纳入大数据信息化管理平台。聘请专业的安全技术服务机构对宗教活动场所开展安全检查2批次，累计检查21个场所。组织开展全区宗教活动场所既有建筑专项清查和宗教活动场所高层建筑消防安全专项排查建筑264栋、建筑面积13.94万平方米，对存在安全疑问的宗教活动场所建筑开展安全检测、鉴定。全年累计投入宗教活动场所建筑、消防等安全资金195万元，防疫资金37万元，开展宗教场所各类安全隐患排查行动130余次，参与检查指导200余人次，发现一般问题隐患389处，并已全部整改到位。（张梦娇）

【宗教场所规范化管理】 2021年，区委统战部（区民宗局）印发宗教活动场所、民间信仰活动场所规范管理意见，建立场所管理正、负清单制度。以星级宗教活动场所创建和“四进”工作为抓手，开展宗教活动场所“一栏一廊一室一厅”宣传阵地建设，桃源普慈寺和七都基督教堂获评三星级宗教活动场所，认定首批7处“吴江区民宗系统普法教育先进场所”（小九华寺、圆通寺、泗洲禅寺、黎里昭灵观、黎里天主教堂、松陵江兴基督教堂、七都基督教堂）。支持、指导区各宗教活动场所开展多种形式的社会主义核心价值观、法律法规和爱国主义宣传教育等，积极引导广大教职人员和信教群众“正言正行正信”，努力发挥宗教活动场所的“爱党爱国爱教”阵地作用。（张梦娇）

【宗教场所疫情防控】 2021年，区委统战部（区民宗局）坚持宗教活动场所疫情防控常态化工作，按照要求做好各项疫情防控措施，切实提高政治意识，增强风险意识，以更细致的工作态度、更全面的保障举措，守好宗教领域疫情防控关口，全年全区宗教活动场所实现零疫情、零感染。（张梦娇）

【宗教领域依法行政】 2021年，区委统战部（区民宗局）进一步健全民宗领域行政执法建设。根据《宗教事务条例》，全年作出行政处罚决定1件。结合区政务服务有关要求，对民宗领域政务服务事项库进行修改和完善，并做好“互联网+监管”管理系统事项认领和维护工作。依法履行宗教场所建设行政许可和登记赋码等工作，持续推进圆明禅寺和法喜禅寺的筹备设立工作。依程序做好静思禅院注销工作，彻底解决相关历史遗留问题。（张梦娇）

信息化建设

【概况】 2021年，区信息中心加快推进政府数字化转型顶层设计，全面深化数字协同创新，高质量、一体化推进数字政府和数字化社会服务工作。以“一网通办”“一网统管”为需求牵引，完善“一网通用”的共性支撑和能力供给，形成“云（政务云）、数（大数据）、观（视频应用支撑）、图（GIS时空信息）、感（物联网）”五大区级支撑平台，不断提升政务服务、公共服务、社会治理等方面的数字赋能水平。编制《吴江区推进数字政府和数字化社会服务建设工作方案（2021—2023年）》。

（华　威）

【赋能平台突破】 2021年，区信息中心依托大数据平台、地理信息平台、政务云服务平台、物联网平台和视频资源管理平台五大共性赋能平台，基于统一的云架构，汇聚政务数据、物联网数据、空间地理信息数据和视频数据，建成人口库、法人库、宏观经济库、空间地理库、电子证照库和社会信用库六大基础库，提供支撑部门专项应用的多个主题库。对全区72家单位的政务信息资源进行梳理汇总，累计归集1766类信息资源共22.04亿条数据，为区教育局、人社局、行政审批局等50多个部门100多个业务系统提供40.6亿条数据支撑，实现资源申请、受理、授权、使用等全流程“在线办”。（华　威）

【“重保”防护策略优化】 2021年，区信息中心提升重要保障时期安全监测、防护能力。深入贯彻国家网络安全等级保护制度，落实网络安全责任，防范化解网络安全风险，结合网络安全监督检查工作部署，开展网络安全自查。在“网安2021”苏州行动、建党百年重保、苏州天盾网安行动等一系列重大网络安全保障期间，组织人员进行24小时安全值守，累计封禁针对吴江政务云平台的探测、攻击IP地址3253个。

（华　威）

机关事务管理

【概况】 2021年，区机关事务管理中心紧扣“提质增效年”工作主线，切实提升机关事务管理效能、提高保障质量、提优服务水平，为党政机关高效运转提供坚强保障和优质服务。

（杨伊安）

【机关物业服务】 2021年，区机关事务管理中心积极践行“服务是前提，满意是结果”服务理念，做好吴江大厦、苏州湾大厦及县府路99号大院的物业服务管理工作。强化新冠肺炎疫情防控，累计接待48.1万人次来访人员，做好门岗两码查验、公共区域消杀、员工健康监测等工作。强化安全管理，做好施工跟踪管理、消防安全巡查、消防救援演习、反恐防暴演练、食品安全培训等。强化内部管理，完善《采购管理规定》《工程项目施工管理规定》等规章制度。做好餐饮服务，成立菜品研发小组，定期分析研讨，巧推30多道时令菜品、创新菜品；引进品牌咖啡和本土知名特色食品，服务81万人次就餐。强化工程维保，启用微信巡检报修平台，完成各类报修4948项；对监控布防系统进行升级改造，对照明系统开展回路改造、灯具更换、集中控制改造等优化，完成行政审批大楼沉降维修等工程126项。高质量做好保洁和垃圾分类工作，全年分类处理垃圾147.2吨，其中可回收垃圾43.3吨，占总量的29.4%。会议中心服务各类会议3000场次，接待约13万人。长三角生态绿色一体化展示馆服务58次参观讲解，接待992人。

（杨伊安）

【机关办公用房管理】 2021年，区机关事务管理中心推动出台《苏州市吴江区党政机关办公用房管理办法》及配套实施细则。在“吴江区党政机关办公

2021年3月30日，区级党政机关一季度垃圾分类督查考核现场

（区机关事务中心　提供）

用房管理信息系统”更新录入全区286幢约99万平方米的党政机关办公用房测绘数据，完成全区事业单位办公用房摸底调研工作并形成报告。制定《苏州市吴江区区级党政机关办公用房统一权属登记工作实施方案》，以开平大厦为试点，统筹推进区级党政机关权属统一登记工作。持续抓好20家统管单位固定资产管理，作细账目和实有资产核对、固定资产新增登记、报废处置等工作。

（杨伊安）

【公务用车管理】 2021年，区机关事务管理中心认真履行区车改领导小组成员和车改办公室工作职责，召开公车审核工作会议，完成215辆公务用车的购置更新和389人次车贴发放的审核工作。节假日期间，开展全区公务用车“清风行动”督查，就30余家党政机关公务用车日常管理、定点停放、公务加油卡管理等情况进行督查并督促整改落实。举办全区党政机关公务用车管理人员、司勤人员业务培训会，重申公务用车管理使用相关制度规定，提升相关人员纪律意识和安全行车意识。

（杨伊安）

【机关垃圾分类】 2021年，区机关事务管理中心贯彻落实《2021年苏州市吴江区生活垃圾分类工作行动方案》，做好66家区级机关生活垃圾分类工作，落实区级党政机关垃圾分类主体责任，每季度定时定责实地督查相关单位生活垃圾分类情况，发出74份整改通知单并督促落实整改，努力站稳垃圾分类“优等生”行列。

（杨伊安）

太培中心

【概况】 2021年，苏州市高级人才太湖培训中心（简称“太培中心”）紧扣长三角一体化国家战略和区域经济产业发展主办、承办各类培训班次190期，培训45399人次。其中，国家级培训班1期209人次，专技人员培训17期4442人次，干部教育培训23期8941人次，技能人才培训149期31807人次。在线学习21期11606人次。

（沈雪宜）

【服务一体化示范区发展】 2021年，太培中心首次面向长三角生态绿色一体化发展示范区开展“国研培优”计划，累计惠及169名高层次专业技术人才；创新开展示范区专业技术人才“创新型、应用型、技术技能型”继续教育菜单式选学培训4期1009人，“中国国家人事人才培训网长三角培训基地”在线平台正式启用，实现示范区内专技人才继续教育培训跨省开展、证书互认。

（沈雪宜）

【高级研修、合作培训项目】 2021年，太培中心首次向“互联网+培训”转型升级，申报并举办“数字经济背景下长三角地区智能制造一体化发展创新研究及应用”国家级高级研修项目，共计培训209人。承办区人社部门委托的培训项目9期，培训425人次。与区内部门合作办班7期，培训815人次。

（沈雪宜）

【在线学习项目】 2021年，太培中心升级优化“吴江区干部在线学习中心”，用好“中国国家人事人才培训网长三角培训基地”在线学习平台，全年组织行政执法人员培训、区级机关新党员培训等在线培训11606人次。其中，干部在线培训8期8173人次，专技在线培训13期3433人次。（沈雪宜）

【职业技能培训】2021年，太培中心高效能擦亮职业技能培训民生度，统筹指导开展全区职业培训31699人，其中城乡劳动力技能培训3681人次；围绕苏州"营商环境创新年"目标任务开展"党建惠企"培训项目，举办示范培训班2期，培训学员147人惠及全区61家企业；高质量完成"留吴优技"项目制培训，45家企业27330人培训合格，发放补贴819.9万元；紧扣吴江产业人才发展需求推进项目制培训，核定培训专业目录5大类26个专业（工种），累计培训541人。（沈雪宜）

2021年4月15日，首批长三角生态绿色一体化发展示范区专业技术人才继续教育学时登记证书颁发（区太培中心 提供）

【教材视频开发】2021年，太培中心聚焦吴江推进长三角一体化发展重大项目，开发长三角一体化发展制度创新成果系列精品课程8门；完成丝绸文化传承与发展系列教材之《丝根》书籍的出版；联合区人社局打造"2021人社e播间"直播平台，定期开展人社政策解读，累计开播25讲490分钟；联合区工商联打造线上"联心课堂"，制作视频课程71分钟；制作国家级高级研修班视频课程11门1247分钟。（沈雪宜）

【学习平台建设】2021年，太培中心联合区委组织部为"吴江党建"微信公众号打造移动端在线学习平台——"干部在线学习中心"，全年累计1.6万余人次参加学习。（沈雪宜）

（本栏编辑 浦德琪）

综　述

【概况】 2021年是中国共产党成立100周年、“十四五”规划开局之年，也是吴江抢抓长三角生态绿色一体化发展重大历史机遇，学习上海、对接上海、服务上海、融入上海的关键一年。一年来，区政协及其常委会深入贯彻中共十九大和十九届历次全会精神，弘扬伟大建党精神，坚持发扬民主和增进团结相互贯通、建言资政和凝聚共识双向发力，充分发挥专门协商机构作用，围绕中心、服务大局，为推动全区经济社会高质量发展、坚定走在长三角生态绿色一体化发展示范区建设最前列作出积极贡献。

（陆　芬）

【区政协十五届五次会议】 中国人民政治协商会议苏州市吴江区第十五届委员会第五次会议于2021年1月4日至7日在吴江举行。区委书记李铭代表中共苏州市吴江区委在会议开幕式上讲话。讲话充分肯定区政协一年来的工作，认为全区政协组织深入学习贯彻习近平总书记关于加强和改进人民政协工作的重要思想，紧扣长三角生态绿色一体化发展国家战略和示范区建设主题主线，主动融入全区改革发展大局，聚焦大事强化政治协商，聚焦难事强化民主监督，聚焦实事强化参政议政，工作举措实、亮点多。讲话对做好2021年的政协工作提出了希望和要求：一要坚持党的领导，把牢正确方向；二要强化协商民主，服务发展大局；三要发挥政协优势，广泛凝聚合力；四要抓好自身建设，提高履职能力，进一步开创政协工作新局面。会议审议通过了区政协主席李斌代表区政协十五届委员会常务委员会所作的工作报告、区政协副主席屠福其代表区政协十五届委员会常务委员会所作的提案工作情况报告。

会议认为，过去的一年，面对突如其来的新冠肺炎疫情，在区委的正确领导和区政府的大力支持下，区政协及其常委会以习近平新时代中国特色社会主义思想为指导，坚持团结和民主两大主题，紧紧围绕全区工作大局，在建言资政和凝聚共识上双向发力，为全区夺取疫情防控和经济社会发展双胜利、坚定走在长三角生态绿色一体化发展示范区建设最前列贡献政协力量。会议指出，2021年，区政协要深入学习贯彻习近平新时代中国特色社会主义思想和党的十九大及十九届二中、三中、四中、五中全会精神，紧紧围绕长三角生态绿色一体化发展示范区建设这一大局，充分发挥人民政协专门协商机构作用，更好地协调关系、汇聚力量、建言献策、服务大局，为开启“十四五”新征程、推动吴江高质量发展贡献智慧和力量，以优异成绩庆祝中国共产党建党100周年。

会议通过《中国人民政治协商会议苏州市吴江区第十五届委员会第五次会议决议》。会议按照《中国人民政治协商会议章程》的有关规定，补选吴吉祥、沈震松为政协苏州市吴江区第十五届委员会副主席。会议号召，区政协各参加单位、全体政协委员和各界代表人士，更加紧密地团结在以习近平同志为核心的党中央周围，高举习近平新时代中国特色社会主义思想伟大旗帜，在中共苏州市吴江区委的坚强领导下，同心同德、努力奋进，展现政协担当、彰显政协作为，为坚定走在长三角生态绿色一体化发展示范区建设最前列、谱写“创新湖区”“乐居之城”新篇章作出新的更大贡献！（陆　芬）

2021年1月5日，中国人民政治协商会议苏州市吴江区第十五届委员会第五次会议召开（区政协　提供）

【区政协常委会议】 2021年1月4日，区政协召开十五届三十次常委会议。区委副书记钱斌代表中共吴江区委向政协常委会提出补选区政协副主席候选人建议名单，并介绍了相关基本情况。会议协商形成补选区政协副主席候选人建议名单，协商讨论《选举办法》（草案）。

1月5日，区政协召开十五届三十一次常委会议。会议听取各讨论组对区委领导讲话的讨论情况，对常委会工作报告和提案工作情况报告的审议意见，协商并原则通过补选区政协副主席候选人名单、《选举办法》（草案）和选举工作人员建议名单。

1月6日，区政协召开十五届三十二次常委会议。会议听取各讨论组对区政府工作报告和其他报告的讨论情况。会议还协商通过《区政协十五届五次会议决议（草案）》。

1月7日，区政协召开十五届三十三次常委会议。会议确认选举结果。

1月7日，区政协召开十五届三十四次常委会议。会议协商并原则通过区政协2021年工作要点。

4月1日，区政协召开十五届三十五次常委会议。会议传达学习2021年全国两会精神和习近平总书记在党史学习教育动员大会上的讲话精神，通报2020年度优秀政协委员名单，协商修订区政协部分工作制度，协商通过有关人事事项。会上，部分政协常委、委员进行履职交流。

8月5日，区政协召开十五届三十六次常委会议。区委副书记、区长王国荣代表区政府通报上半年全区经济社会发展情况和下半年重点工作安排。会议传达学习区十四届党代会一次会议精神。会议听取区发改委、工信局、城管局以及东太湖度假区（太湖新城）关于区政协十五届五次会议重点提案办理情况交流，协商修订《政协苏州市吴江区委员会重点提案产生、办理、督办暂行办法》。会议协商通过有关人事事项。

11月23日，区政协召开十五届三十七次常委会议。与会人员实地视察吴江光大环保能源等部分民生实事项目建设情况，听取区发改委关于2021年全区民生实事项目推进工作情况的通报。会议传达学习中共十九届六中全会精神和苏州市第十三次党代会精神。会议对区政协十五届四次、五次会议优秀提案进行表彰，协商通过《中国人民政治协商会议苏州市吴江区委员会协商工作规则》和有关人事事项。

12月22日，区政协召开十五届三十八次常委会议。会议协商区十六届政协委员名单、区政协十六届一次会议有关事项，听取《政府工作报告（审议修改稿）》起草情况说明，与会常委协商讨论《政协常委会工作报告（讨论稿）》《提案工作情况报告（讨论稿）》《政府工作报告（审议修改稿）》，并提出修改意见和建议。（陆　芬）

【区政协主席会议】 2021年1月7日，区政协召开十五届四十九次主席会议。会议协商区政协2021年工作要点。

2月24日，区政协召开十五届五十次主席（扩大）会议。会议听取区人社局、医保局关于全区社保、医保融入苏州相关工作情况的通报。会议传达学习省、市政协全会精神。协商区政协2021年协商议事重点内容、主要活动安排、“有事好商量”协商议事工作挂钩联系分工安排、提案审查情况报告、2021年督办重点提案目录和有关人事事项。

3月17日，区政协召开十五届五十一次主席（扩大）会议。与会人员实地视察江苏澳盛复合材料科技有限公司、吴江福华织造有限公司两家侨资企业，听取区侨联关于全区侨务工作通报。会议协商区政协有关工作规则修订内容、2021年创新案例建议选题、区政协委员分组结对联系网络调整方案、2020年度优秀政协委员推荐名单、“有事好商量”协商议事工作规则和区政协十五届三十五次常委会议建议议程。

5月17日，区政协召开十五届五十二次主席（扩大）会议。与会人员实地视察江苏省工匠学院（吴江）、“心之家”职工心理健康指导中心，听取区总工会关于吴江总工会工作情况的通报。会议协商《区政协重点提案产生、办理、督办办法》《区政协提案质量评价办法（试行）》《区政协反映社情民意信息工作评选表扬办法（试行）》。

7月29日，区政协召开十五届五十三次主席（扩大）会议，与会人员实地视察香漫雅园智慧平安小区建设、水乡社区警务室运行情况，听取区公安局关于吴江公安工作情况的通报。会议协商有关人事事项和区政协十五届三十六次常委会建议议程。

9月23日，区政协召开十五届五十四次主席（扩大）会议，会议听取区农业农村局、住建局关于美丽乡村建设工作情况通报。会前，与会人员实地调研桃源镇戴家浜村灶家浜特色田园村、七都镇开弦弓村“有事好商量”协商议事室、农村基础设施建设和农村风貌优化情况，前往浦江源太湖蟹生态养殖示范园了解水产养殖情况。会议协商通过关于区政协十五届四次、五次会议优秀提案名单，协商10月份重点工作。

11月3日，区政协主席李斌主持召开十五届五十五次主席（扩大）会议。会议听取区政府办公室关于区政协十五届五次会议提案办理工作情况的通报，听取区残联关于吴江区残疾人工作相关情况介绍。会议协商通过区政协十六届一次会议筹备工作领导小组名单，协商讨论《政协常委会工作报告（提纲）》《提案工作情况报告（提纲）》《中国人民政治协商会议苏州市吴江区委员会协商工作规则》《政协苏州市吴江区委员会协商议政质量评价工作办法（试行）》《政协苏州市吴江区委员会“有事好商量”协商议事工作质效评价办法（试行）》。

11月22日，区政协召开十五届五十六次主席（扩大）会议，协商有关人事事项。

12月17日，区政协主席李斌主持召开十五届五十七次主席（扩大）会议。专题协商区政协十六届一次会议有关事项，谋划部署2022年重点工作。

（陆　芬）

协商议政

【“沪苏同城化”（社会民生领域）专题协商】 2021年4月23日，区政协组织召开“沪苏同城化”（社会民生领域）课题调研座谈会。会议听取区长三角办、教育局、民政局、人社局、交通运输局、卫健委、医疗保障局对当前吴江与上海同城化发展的成果和进展情况通报，对照人民群众对社会民生领域与上海同城化发展的期望，查找现实短板，探讨未来努力方向。（王　潇）

【“推进长三角生态绿色一体化示范区经济更高质量发展”协商议事会】 2021年7月15日下午，区政协组织在吴江的苏州市政协委员，围绕“推进长三角生态绿色一体化发展示范区经济更高质量发展”主题召开协商议事会。会议听取区发改委关于推进长三角生态绿色一体化发展示范区建设的情况通报，围绕“智转数改”“3060目标”“小微企业发展”“招商引才”等方面展开讨论，为推进示范区经济更高质量发展建言献策。（王　潇）

【“聚焦美丽吴江　提升城市品质”专题调研】 2021年8月26日，区政协召开“聚焦美丽吴江　提升城市品质”专题调研座谈会。区自然资源和规划局、住房和城市建设局、交通运输局等7个部门结合工作职能，重点围绕资源环境综合承载、国土空间规划、构建绿色交通体系、彰显世界级湖区特质等方面，对工作情况、存在难点和下一步工作计划进行交流。调研组成员与各部门提出提升城市品质需要树立以人为本理念、探索城市更新新路径、加强长效管理等意见建议。（王　潇）

【“关注外向型企业适应‘双循环’新格局”专题协商】 2021年9月10日下午，区委书记李铭参加区政协“关注外向型企业适应‘双循环’新格局”协商议政会，对政协委员的意见建议表示肯定，并对区政协工作提出希望和要求。会议听取区商务局关于吴江区外向型企业适应“双循环”新格局情况通报。区政协委员们分别作了《保护民营企业在吴江投资发展的积极性》《加强产业链管理　提高市场竞争力》《优化信用环境　润泽内需市场》《围绕“双循环”强化优化为企服务》《数字赋能　加快消费循环》等交流发言。区政府副区长陈建忠从关于用好自贸区联动创新区平台、优化全区重点产业链发展、打造跨境电商消费新模式等八个方面作了答复回应。（王　潇）

【“做优科创平台”专题协商】 2021年9月23日上午，区政协召开“做优科创平台”协商议政座谈会。座谈会听取区科技局、工信局关于科创平台建设情况的通报。与会政协委员分别就企业技术创新、科创载体建设、长三角生态绿色一体化协同创新、数字经济发展等方面，为优化科创平台，做强创新引擎，助力高质量发展提出具有针对性、启发性的意见建议。区科技局、工信局就委员提出的意见建议作了现场回应。（王　潇）

【“融入沪苏同城、提升城市品质”专题协商】 2021年11月4日，区政协召开“融入沪苏同城、提升城市品质”专题协商议政座谈会。区政协城乡委主任朱雁鸣代表课题组以“擦亮‘乐居吴江’品牌、建设生态绿色现代化城区”为题，作主题发言。五位政协委员分别围绕综合交通一体融合、高品质公共空间打造、口袋公园建设、智慧城市建设、推进乡村振兴等方面提出意见建议。（王　潇）

【基层协商】 2021年，区政协全面推进“有事好商量”协商议事工作，推动政协协商与基层协商有效衔接、与基层社会治理有机融合，打响“有事好商量”协商议事品牌。全区建

2021年11月4日，区政协召开“融入沪苏同城　提升城市品质”专题协商议政座谈会

（区政协　提供）

成“有事好商量”协商议事室288个，开展协商议事活动653场，10064人次参与，推动解决问题1348个。制定出台《“有事好商量”协商议事工作规则（试行）》《“有事好商量”协商议事工作质效评价办法（试行）》，完善全体政协委员挂钩村（社区）等制度，召开工作推进会、协商议事室召集人培训会，深入开展“有事好商量”协商议事工作巩固提升年、民生专题协商议事活动月、互看互学互促等活动，坚持规范程序、依规协商。在全面覆盖的基础上，按照协商议事室、委员工作室、社情民意信息联系点“三位一体”工作要求，提升拓展平台功能，推进界别和企事业单位等特色化协商议事室建设。因地制宜采用多种形式，打造“有事好商量·我为群众办实事”“有事好商量·我为政府献良策”“有事好商量·社会治理你我他”等工作品牌。积极培育典型，打造工作亮点。3件案例入选省政协典型案例，13件案例获评市政协优秀案例，8人次获评全市“协商议事优秀召集人”荣誉称号。政协震泽镇工委发挥“名委员工作室”作用，围绕彩钢板产业抱团升级发展组织多次协商议事活动，为打造装配式建筑产业集群献计献策；吴江黎里与嘉善陶庄相邻村庄开展“联合治水”基层协商活动，开启跨省村级“联合河长制”新模式，受到《人民政协报》等国家级媒体关注。（王　潇）

民主监督

【提案工作】 2021年，区政协十五届五次会议召开后，广大政协委员、政协各参加单位、各专门委员会和各镇（街道）工作委员会共提交提案259件，经审查立案217件，交63家单位办理。交办提案中：委员提案167件，占76.96%；集体提案50件（其中：各民主党派、无党派知联会提案43件，人民团体提案1件，界别和界别小组提案1件，各专门委员会提案3件，各镇（街道）工作委员会提案2件），占23.04%。依据《吴江政协重点提案产生和办理的暂行办法》，有16件提案确定为十五届五次会议的重点提案，其中区委、区政府主要领导督办2件，区政府领导领办8件，区政协领导督办6件。6件政协领导督办的重点提案案由涉及打造长三角职教产业园、非遗老字号产业化发展、全域旅游、危废资源化协同治理体系、惠企政策落实、东太湖百里风光带建设等。7月底，交办提案办理结束，10月份，开展提案办理“回头看”和“二次答复”工作，从收到的反馈看，委员对提案办理满意率为100%。经各方共同努力，提案中的许多意见建议被区委、区政府及有关部门采纳，为促进全区高质量发展发挥积极作用。（王　潇）

【监督视察】 2021年，区政协主席会议常态化视察全区社保医保、侨务工作、产业工人队伍建设、基层社会治理、美丽乡村建设等方面的工作情况。常委会议视察并听取全区重点、实事项目建设情况，为助力保障和提高全区民生水平贡献政协力量。由区政协领导带队，分赴各镇区对疫情防控、文明城市创建、安全生产工作开展专项督查。（王　潇）

【专项民主监督】 2021年，区政协落实“协商式监督”理念，紧扣关系人民群众获得感、幸福感、安全感的实际问题，组织开展专项民主监督活动。5月10日，区政协文化文史委组织部分委员赴平望镇专题调研平望镇大运河文化带（平望·四河汇集）建设情况，召开民主监督专题座谈会。会议就“平望·四河汇集”规划建设情况展开讨论，与会委员建言献策，共同期待平望四河汇集项目建设给平望镇带来的时代变化。6月24日，区政协组织部分政协委员开展江陵路快速化改造专项民主监督活动并召开座谈会，会议听取区交通运输局关于工程建设情况的通报，以及有关街道、部门、管线单位的情况介绍。委员们从加快推动全区交通快速路网建设、保障群众出行便利等方面提出了意见建议。7月7日，区政协召开政务服务体系建设专项民主监督座谈会，区行政审批局局长孙曙东通报政务服务体系建设情况，区政协社事委副主任王昕就前期调研情况作主题发言，从做优做强基层政务服务、强化信息资源集成共享、深化政务服务智慧化建设等方面提出对策建议。8月24日，区政协组织部分政协委员赴桃源镇就“全域旅游推进工作‘回头看’”民主监督课题开展专题调研，政协委员们各抒己见，畅所欲言，为推进桃源全域旅游创建工作纷纷建言献策。9月1日，区政协主席李斌赴平望镇，调研“平望·四河汇集”建设情况。（王　潇）

【收集和反映社情民意】 2021年，区政协完善全体政协委员挂钩村（社区）等制度，全面推动委员下沉挂钩基层一线和农村、社区、企业，开展“三走进一联系”等活动，认真倾听群众呼声意见，广泛收集、整理报送社情民意信息，切实发挥好桥梁纽带作用。全年共收集报送社情民意信息551篇，68篇社情民意信息通过市级平台向省政协报送，8篇被推送至全国政协。内容涉及提升基层应急能力建设、长三角生态绿色一体化发展示范区赋能政法协同、推动电子证照扩大应用领域和全国互通互认、完善异地养老政策、完善国家劳务派遣制度等方面，为各级党委、政府准确把握社会舆情、切实做好群众工作提供决策参考。（王　潇）

其他工作

【走访活动】 2021年1月28日，区政协主席李斌到盛泽镇调研新冠肺炎疫情防控工作，向广大医务人员表示感谢和慰问。

3月3日，区政协主席李斌带队到吴江高新区（盛泽镇）走访调研部分企业，实地了解企业发展情况，为企业新一年发展加油鼓劲。

5月24日，区政协主席李斌走访调研吴江高新区（盛泽镇）新型农业经营主体情况。

6月24日上午，区政协主席李斌到盛泽镇桥南村，走访慰问部分生活困难党员、群众和党龄满50年的老党员，为他们送去党和政府的关怀。

7月21日下午，区政协主席李斌到盛泽镇，对文明城市创建、安全生产和危旧建筑物安全检查开展专项督查。

8月19日，区政协主席李斌一行调研苏州湾东方创投基地，听取企业运营管理情况介绍。区政协副主席屠福其、吴吉祥、沈震松参加调研。

8月20日，区政协主席李斌到吴江高新区（盛泽镇）开展专题调研，了解该镇重大项目、乡村振兴重点项目、新型农业经营主体等相关工作开展情况。

9月1日，区政协主席李斌一行到平望镇调研“平望·四河汇集”建设情况和“有事好商量”协商议事工作。

9月15日，区政协主席李斌到吴江高新区（盛泽镇），参加“关于推进先蚕祠片区改造提升”协商议事会，开展“永远跟党走、宣讲聚共识、议事解民忧”活动。

11月18日，区政协主席李斌到桃源镇开展专题调研，了解桃源镇重大项目、乡村振兴重点项目及重点企业相关情况。（王　潇）

【团结联谊】 2021年，区政协加强与各民主党派、工商联和无党派人士的联络交流，制定出台《关于建立区政协与各民主党派、工商联、无党派知识分子联谊会有关工作联动协作机制的实施办法》，促进工作互通、成果共享。组织各民主党派、工商联、无党派人士代表开展考察调研活动2次，广泛征求各党派团体对政协工作的意见建议，讨论研究大会发言选题方向。邀请并优先安排各民主党派、工商联和无党派人士在政协各类会议上发表意见，参加政协协商议政、民主监督、专题调研活动，为各党派团体知情明政、发挥作用提供便利、创造条件。全年各民主党派、工商联、无党派知识分子联谊会提交大会发言15篇，提出集体提案43件。密切与非公经济人士、新的社会阶层人士的交流，持续关注营商环境优化和民营经济发展。定期走访少数民族和宗教界人士，深入宣传贯彻党的民族宗教政策。加强与港澳台同胞、海外侨胞的团结联谊，开展在吴台资侨资企业发展情况、海外高层次人才引进情况走访调研，为吴江在更高起点推进改革开放凝聚人心、汇聚力量。热心做好老干部服务工作。（王　潇）

【专门委员会工作】 2021年，区政协各专门委员会积极发挥专委会特色优势和委员主体作用，较好地完成各项目标任务。按照“区党政有关部门单位与区政协专门委员会对口联系”工作制度，与区有关部门单位开展联合调研，组织界别委员开展履职活动，开展专委会特色工作创建，承办3次专题协商议政会。进一步落实“协商式监督”机制，提高民主监督成效。组织座谈交流、调研视察、听取通报等，不断丰富协商形式，扩大协商范围，提高建议质量。聚焦民生实事，广泛征求社情民意。精心组织委员讲堂、读书交流、学习培训等活动，拓宽委员知情明政渠道。（王　潇）

【镇（街道）工作委员会工作】 2021年，区政协各镇（街道）工委坚持“不建机构建机制”，立足基层实际，加强载体创新、制度创新和工作创新，为服务中心工作履职尽责。政协震泽镇工委、松陵街道工委、黎里镇工委获评苏州市政协系统“先进基层政协工委”。区政协各镇（街道）工作委员会紧扣各地党委政府中心工作，围绕全年高质量发展目标任务，充分发挥人民政协专门协商结构作用，切实履行好政治协商、民主监督、参政议政职能，组织委员开展学习培训、读书分享、专题调研、民主监督、听政议政、座谈交流等活动，积极引导委员撰写高质量提案、反映社情民意，推动“有事好商量”协商议事工作持续走深走实，努力提升委员履职水平、强化履职实效、提高履职质量，为助推全区经济社会高质量发展作出积极贡献。组织政协委员做好疫情防控相关工作。（王　潇）

【区域联动】 2021年，区政协围绕长三角生态绿色一体化发展示范区建设大局，主动服务国家战略，发挥专门协商机构作用，加强毗邻地区政协组织间联动协作，与上海市青浦区政协、浙江省嘉善县政协共同构建“1+3”四联协商履职新机制，以三地政协主席联席会议为引领，定期开展联合视察调研、联动监督议政、联通信息平台，充分发挥政协人才荟萃、智力密集、联系广泛、渠道畅通的优势，为助推长三角生态绿色一体化发展示范区建设、助力沪苏同城化发展凝聚共识、贡献智慧、汇聚力量。8月，依托“有事好商量”协商议事平台，发挥政协“协商式”民主监督作用，吴江汾湖与嘉善陶庄相邻村庄围绕“联合治水”开展“有事好商量”协商议事暨民主监督活动。（王　潇）

【“书香政协”建设】 2021年，区政协开展“书香政协·同心筑梦”委员读书活动，组建6个委员读书群和29个读书小组，建立第一批14个“政协书房”，开通“云上书房”，打造线上线下永远在线学习平台，各专委会、各镇街道工委、各界别分别组织委员开展读书活动，学习新时代新思想，分享心得体会，促进提升履职能力，获人民政协网报道推介。（王　潇）

【文史工作】 2021年，区政协始终突出文史资料工作“存史、资政、团结、育人”功能，彰现“亲历、亲见、亲闻”的鲜明特色，不断开拓政协文史工作的阵地和领域。在保持品质、品牌的基础上，推出电子版《吴江文史资料》2021年（总第37辑），围绕“庆祝中国共产党成立100周年”、吴江运河、历史名人等，共设9个特色栏目，合计35篇文章，近13万字。围绕政协文化文史工作的新形势、新情况、新特点，撰写多篇文化、文史方面文章，刊发在《中国政协》《苏州政协》《苏州日报》等报刊。举办吴江区政协书画室首届迎春书画作品展。遴选书画作品5件，参加市政协举办的“永远跟党走　奋斗新时代——庆祝中国共产党成立100周年”书画作品展。组织参加市政协庆祝建党一百周年“与党同行、奋进新征程”摄影大赛，遴选报送摄影作品35幅，11幅入选摄影作品展。

（王　潇）

（本栏编辑　浦德琪）

综 述

【概况】 2021年，全区各级纪检监察组织发挥监督保障执行、促进完善发展的作用，为吴江“十四五”开好局、现代化建设起好步提供坚强保障。区纪委监委运用“四种形态”*教育和处理759人次，第一、二、三、四种形态分别占比59.2%、33.7%、3.1%、4%，挽回经济损失1441.98万元。

（张小奇　梁　程）

【重要会议】 2021年2月23日，中国共产党苏州市吴江区第十三届纪律检查委员会第六次全体会议暨全区领导干部警示教育大会在区会议中心召开，区委书记李铭出席会议并讲话。区委常委、区纪委书记、区监委主任乐江主持会议，并作题为《推动新时代吴江纪检监察工作高质量发展，为“沪苏同城化、建设示范区”提供坚强保障》的工作报告。4月12日，区纪委监委召开全体干部会议，宣布主要领导调整决定：汤浩任吴江区纪委书记，提名为吴江区监委主任候选人；乐江不再担任吴江区纪委书记、监委主任。7月20日，中国共产党苏州市吴江区第十三届纪律检查委员会召开第七次全体会议。会议审议并原则通过十三届区纪委向区第十四届党代会第一次会议的工作报告，酝酿并通过新一届中国共产党苏州市吴江区纪律检查委员会委员候选人预备人选建议名单。全会由中国共产党苏州市吴江区纪律检查委员会常务委员会主持。7月26至28日，区纪委向中国共产党苏州市吴江区第十四届代表大会第一次会议提交题为《发挥监督保障执行促进完善发展作用，服务谱写展示社会主义现代化“最美窗口”的吴江篇章》的工作报告，报告经会议审议通过。7月28日，中国共产党苏州市吴江区第十四届纪律检查委员会召开第一次全体会议。会议以无记名投票方式选举新一届纪律检查委员会常务委员会委员和书记、副书记。选举结果经中国共产党苏州市吴江区第十四届委员会第一次全体会议通过后报请苏州市委批准。12月30日，区纪委向中国共产党苏州市吴江区第十四届代表大会第二次会议提交题为《坚持自我革命，建设廉洁吴江，护航一体化示范区现代化建设顺利开局》的工作报告，报告经会议审议通过。

（梁　程）

【换届工作】 2021年，区纪委监委贯彻落实中央和省、市、区委关于换届工作的部署要求，完成区镇两级纪委换届工作，严把两级纪委委员入口关，新一届区纪委委员平均年龄43.82岁，较换届前下降4.93岁，均为大学本科及以上学历，其中研究生学历占35.3%。中国共产党苏州市吴江区第十四届纪律检查委员会委员当选名单（按姓氏笔画排序）：王国豪、邓运华、乔刚、刘慎争、汤浩、吴文青（女）、何炜、沈国宏、张磊、陆伯帅、陈斐（女）、钮晓丰、钱伟阳、钱伟健、盛凯、葛志正、嵇为超。书记：汤浩。副书记：钱伟健、葛志正。常委：何炜、陆伯帅、陈斐（女）、盛凯。（高旖琪　梁　程）

【队伍建设】 2021年，区纪委监委深化“打铁必须自身硬”专项行动，带头加强党的政治建设，开展“好家风进百姓家”等10项“我为群众办实事”实践活动，开展“两在两同”建新功行动，深化纪检监察系统“学恩来精神、守初心使命”专题教育活动，与江陵街道党工委结对共建，组织纪检监察干部参与突击救援、疫情防控、志愿服务等。坚持全员培训，组织参加省纪委监委审查调查系列专题培训，举办6期“护航铁军大讲堂”。完善干部培养选拔评价机制，实施年轻干部“一线工程”，通过火线淬炼、一线锤炼、实践历练、基层锻炼等方式，促进干部一线成长。优化派驻机构设置和人员配备，编印《派驻机构工作指引一本通》，提升派驻监督规范化水平。举办家庭助廉活动，传递组织关爱，共倡优良家风。健全内部管理监督机制，实现正股级以上纪检监察干部个人事项报告查核全覆盖，不断强化自我约束。1人获得全市纪检监察干部学党史主题演讲比赛一等奖，1人被评为全省纪检监察系统先进工作者。

（高旖琪　梁　程）

【践行“两个维护”】 2021年，区纪委监委将习近平总书记重要指示批示精神和党中央重大决策部署落实情况作为政治监督的重中之重，将“两个确立”转化为做到“两个维护”的思想自觉、政治自觉、行动自觉。严格落实“第一议题”*制度，区纪委常委会领学促学，带动全系统用新思想武装头脑、指导实践、推动工作。深入学习贯彻党的十九届六中全会精神，把党史学习教育作为贯穿全年的重大政治任务，通过理论学习中心组专题学习会、专题党课、专题民主生活会等方式深学细悟，开展20项重点课题调研。

（梁　程）

【保障决策部署落实】 2021年，区纪委监委制定护航示范区吴江片区建设10条意见和10项重点任务，对41个重大项目实施跟进监督，推动解决问题29个，青吴嘉三地开展生态环保专项监督情况被《中国纪检监察报》专题报道。压实常态化疫情防控责任，推动整改问题333个，查处并通报履职不力典型问题3起4人。配合做好市委巡察组对吴江巡察，开展粮食购销领域腐败问题专项整治，从严从快查处“靠粮吃粮”案件3件，移送检察机关审查起诉2人。围绕安全生产专项整治“三年大灶”，制定监督检查方案，聚焦危化品风险防范化解等问题开展督查，发现问题隐患50个，推动整改落实。

（梁　程）

监　督

【概况】 2021年，区纪委监委整合运用监督力量，发挥监督基础性保障性作用，推动监督向基层延伸、向群众身边延伸，增强监督的严肃性、协同性、有效性，推动基层提高治理水平和治理能力。紧盯安全生产问题多发、不担当不作为乱作为等突出问题，依规依纪依法严肃问责、规范问责、慎重问责，全年共问责党员领导干部、监察对象21人。严肃换届风气监督，围绕干部选拔任用回复党风廉政意见2159人次，提出暂缓或否定性意见4人次。

（张育杰　梁　程）

【政治监督】 2021年，区纪委监委探索政治监督具体化常态化有效途径，将习近平总书记重要指示批示精神和党中央重大决策部署落实情况作为政治监督的重中之重。9月1日，印发《苏州市吴江区纪委监委派驻纪检监察组政治监督“五盯五促”*工作法实施意见（试行）》；9月23日，印发《苏州市吴江区纪委监委派驻纪检监察组政治监督“五盯五促”*工作法试点工作方案》；9月27日，组织召开政治监督“五盯五促”

工作法试点动员暨培训会议。坚持把政治监督寓于日常，以派驻监督为切口，围绕交通运输、粮食、水务等5个领域，选取3个派驻纪检监察组和1家国企纪委进行试点，列出正面清单46项、负面清单22项。

（卜晓航　梁　程）

【日常监督】 2021年，区纪委监委推动全区各级党组织和纪检监察组织按照《中国共产党江苏省委关于落实全面从严治党党委（党组）主体责任意见》等文件精神，完善主体责任、班子成员个人责任和监督责任“三张清单”。落实加强对“一把手”和领导班子监督的意见，将“一把手”履职尽责等情况写入巡察报告，协助区委主要领导开展“第一种形态”谈话7人，立案查处“一把手”违纪违法案件15件，处分区管干部22人。协调做好省市区三级履责记实平台、苏州市政治生态监测评估“衡镜”系统数据填报，加强情况分析、提醒督促和结果通报。上线基层廉勤监督平台，实现村（社区）小微权力运行流程“码上查”，村（社区）公开信息“码上看”，监督举报和诉求反映“码上办”，问题综合处置率保持在99.9%以上。实地检查村（社区）22个，现场指导整改问题45个，通报情况7期。（张育杰　梁　程）

【专项监督】 2021年，区纪委监委围绕农村卫生保洁领域深入基层调研督查，立案审查调查18人，移送检察机关审查起诉2人。紧盯机动车驾驶培训领域贪腐问题开展专项整治，给予党纪政务处分5人，其中采取留置措施1人。开展停车收费专项整治工作，立案审查调查11人。开展对物业管理领域的监督，批评教育帮助和处理3人，推动解决有关民生诉求22件。加强对污水管网规划建设暴露问题的再监督，全面开展控源截污项目建设质量专项监督，现场抽查工程项目30余处，发现工程质量问题14个，已立案2件、拟立案2件。开展供销合作社系统腐败问题专项整治，批评教育帮助和处理6人，追回涉案款118万余元。聚焦工程建设领域，专项整治资质乱象和绿化工程建设领域问题，批评教育帮助和处理18人，其中给予党纪政务处分10人，追缴挂证所获报酬9万余元。强化数据研判分析，对全区退役军人优抚资金发放情况进行专项监督，运用第一种形态处理3人，党纪立案1人，追回资金13万余元。开展基层执法辅助人员专项监督，压实责任推动全面自查，同时强化以案促督，立案审查调查48人，运用第一种形态处理11人。

（张育杰　梁　程）

【各类监督协同贯通】 2021年，区纪委监委深化纪律监督、监察监督、派驻监督、巡察监督“四项监督”统筹衔接，健全“室组”联动监督、“室组地”联合办案机制。派驻机构、国有企事业单位纪委结合实际推进33项重点监督项目，通过开发清廉教育“一体化”派驻监督平台、执行“三重一大”事项备案制、区属国有企业党组织全面从严治党工作情况通报等。启用大数据查询研判中心，以信息技术赋能监督审查，防止利益冲突数据监督模型获评苏州“优秀监督模型”。加强纪审联动、巡审联动，完善纪检监察机关与审计机关在信息沟通、线索移送、成果互用等方面的协作机制，出台进一步增强巡察与审计工作合力提升监督效能的意见。建立监检法联席会议制度，进一步贯通规纪法、衔接纪法罪。推动基层廉勤监督平台与区社会治理联动指挥平台进行数据对接和交换，数据交换量达4026条，实现“数据双向互动、问题双向流转”，促进民生诉求高效解决、党员干部勤政廉政。（张育杰　梁　程）

宣传教育

【概况】 2021年，区纪委监委聚焦纪检监察亮点特色工作，传递吴江正风反腐“好声音”。全年省级以上报刊媒体录用23篇，其中《中国纪检监察报》6篇、《人民日报》海外版微信3篇、《新华日报》12篇、清风扬帆网2篇。（周伟栋　梁　程）

【廉政宣传】 2021年，区纪委监委严格规范对外宣传投稿审批，持续深化舆论宣传和新闻报道，提高党风廉政宣传工作水平。“鲈乡清风”网站更新信息401篇，网站点击量115297次。“清风鲈乡”微信公众号推送136篇，节日提醒海报8个。区纪委监委在《吴江日报》刊发“鲈乡清风”专版2期，在人民日报、苏州轨道交通4号线吴江13个站点投放廉政公益广告。

（周伟栋　梁　程）

【廉政教育】 2021年，区纪委监委与区委宣传部、区委组织部联合发文，把党纪党规教育纳入党委（党组）理论学习中心组专题学习计划。配合区委组织召开全区领导干部警示教育大会，播放由区纪委监委摄制的警示教育片《正风肃纪反腐，护航新征程》，组织各地各部门通过借阅方式集中观看。规划建设反腐倡廉警示教育基地，摄制完成专题片《共建廉洁生态圈，共谱发展新篇章》，编印发放《党员干部纪法教育口袋书2021版》，做好吴江区党风廉政教育馆的讲解工作。组建28人的清风讲师团送教上门，加强思想道德和党纪国法教育。（周伟栋　梁　程）

【廉政文化】 2021年，区纪委监委向全区中小学校赠送《吴江人的家风记忆》4600册，选送山歌情景剧《七车十三当》参加苏州市纪委“最美窗口，廉石新蕴”廉洁文化成果展演。完成周宫傅祠——吴江崇德教育馆的规划建设，重点展示周元理及其先祖周敦颐官德修养、清廉正直等的文化内涵。参加全国“好风传家”论文征集活动，吴江家风家训传承馆吴郡陆氏家训“清慎勤”被写入苏州市委全会报告。

（周伟栋　梁　程）

【廉政宣传教育月活动】 2021年5月，区纪委监委围绕“把严的主基调长期坚持下去，以系统施治、标本兼治的理念正风肃纪反腐”主题，开展第20个“党风廉政宣传教育月”活动。5月10日，举办廉洁文化主题邮展暨“家风”邮册首发仪式，激励党员干部把“我要廉”理念植根于心，将“忠诚干净担当”要求落实于行。组织开展基层纪委书记“学党史讲故事话廉洁”主题活动，制作10个“短视频”在微信公众号推送。推动各区镇开展“廉洁相伴·幸福同行——家庭助廉”主题活动，在全区形成传播好家规、弘扬好家风的浓厚氛围。

（周伟栋　梁　程）

正风肃纪反腐

【概况】 2021年，区纪委监委坚持系统施治、标本兼治理念，以办案引领“不敢腐、不能腐、不想腐”一体推进，持续释放叠加效应。加强作风建设，深入整治群众身边腐败和不正之风，以实际成效赢得群众信赖和支持。2021年全年查处农村“两委”人员违纪违法案件92件，开除党籍1人。

（张小奇　梁　程）

【作风建设】 2021年，区纪委监委深化节日期间“清风行动”专项督查，持续纠治公务用车、娱乐消费、窗口服务、餐饮浪费等方面的不正之风，12个区级联合督查组检查单位49家，督促立行立改问题88个，下发问题核查函50件，批评教育帮助18人。全年共查处“四风”问题53个，批评教育帮助和处理83人。专题通报元旦春节期间“清风行动”专项督查发现的5方面25个共性问题。全面融入区委、区政府疫情防控总体部署，开展新冠肺炎疫情防控措施落地见效监督检查和整改落实“回头看”，组建4个督查组、10个暗访组，累计检查点位279个，下发工作交办单34份，推动整改问题333个，查处并通报疫情防控工作履职不力典型问题3起4人。深化运用容错纠错、干事创业廉洁风险报备等机制，全年共落地容错纠错案例12件、干事创业廉洁风险报备案例15件。

（张育杰　梁　程）

【深化构建亲清政商关系】 2021年，区纪委监委拓展政商沟通渠道，上线营商环境监督平台，选配80名涉企廉勤监督员，处置解决企业诉求反映67件。开展防止利益冲突调研督查，在区级机关、企事业单位中摸排经商办企业行为，立案查处违规经商办企业行为5人，批评教育帮助42人。10月11日，协助区委办公室、区政府办公室出台《关于推进企业廉洁合规建设的实施意见》，成立吴江区推进企业廉洁合规建设工作领导小组。10月12日，组织召开吴江区构建亲清政商关系打造最优营商环境推进会暨廉洁合规企业联盟成立大会，组建首批106家企业参与的廉洁合规企业联盟和29家部门组成的企业廉洁合规建设服务团，选派10名首批廉洁合规辅导员、聘用10名首批企业廉勤监督员，推动企业以廉洁合规增强核心竞争力。（张育杰　梁　程）

【信访举报】 2021年，区纪委监委贯彻执行《纪检监察机关处理检举控告工作规则》，接收信访举报267件次，比2020年下降6.9%，连续四年下降，其中检举控告类227件次。紧扣信访件办理的入口、过程和质效，加强全链条管理，信访案例《全方位聚焦安监执法，常态化护航企业生产》获评苏州市纪检监察信访举报优质办结件第1名。严格落实重复访集中治理要求，强化对交办信访件的跟踪督办，推动滞留土保款364.85万元全部分配到位，惠及群众565户1200多人。定期分析研判信访举报情况，为16名受到不实举报的干部澄清正名，向区委区政府主要领导报送《廉情参阅》2期，向信访反映集中的单位下发《廉情通报》23期。（崔春妹　梁　程）

【腐败问题整治】 2021年，区纪委监委立案360件，比2020年增长6.2%，其中自办案件285件，自办率79.2%，因涉嫌职务犯罪移送检察机关审查起诉15人，其中被采取留置措施13人，未采取留置措施直接移送检察机关2人。严明政治纪律和政治规矩，查处违反政治纪律案件2件。配合上级做好“7·12”辅房坍塌等事故责任追究审查调查。查处涉黑涉恶党员干部和公职人员7人，在全区政法队伍教育整顿中深化廉政专题教育，批评教育帮助和处理29人。坚持受贿行贿一起查，对4名行贿人采取留置措施，严厉惩治“围猎”行为。在纪法震慑和政策感召下，1人主动投案自首，5人主动交代问题。（张小奇　梁　程）

【以案促治】 2021年，区纪委监委用好纪检监察建议武器，全区共提出纪检监察建议23份，推动建立健全30多项小特精制度，关于加强医保基金长效监管的监察建议入选苏州市精品建议。建立中介机构信用评价廉洁从业审查机制，6家未通过审查的中介机构被调整信用等级，形成联合惩戒行贿的工作合力。开展2020年度全区处分决定执行情况检查，对72件案件进行大起底，对10家单位存在的19个问题，逐一反馈并督促整改，严防处分决定执行“打白条”。做好跟踪回访和思想政治工作，开展回访教育68人。（张小奇　梁　程）

（本栏编辑　王来刚）

工　会

【概况】 2021年，区总工会紧扣“一体化”和“高质量”两个关键，聚焦增强政治性、先进性、群众性，坚持党建引领，推出“我为群众办实事”职工服务18条清单，着力打造“党政满意、职工满意”工会。全年新建独立基层工会156家、工会联合会1家，新增会员14321名。至年底，全区涵盖工会组织15642家，其中，独立基层工会2841家，联合基层工会264家，工会联合会32家，共有工会会员42万人。向8790家小微企业返还工会经费3278万元。亨通集团和恒力集团获“全国五一劳动奖状”，是吴江首次获得该荣誉。（陆曦婧）

【组织建设】 2021年，区总工会稳步推进建会工作，新就业形态劳动者工会组建工作取得新进展，实施“工会进万家·新就业形态劳动者关爱行动”，成立盛泽镇家政服务行业联合工会和七都镇外卖服务行业联合工会。召开深化非公企业工会改革暨非公企业工会组织力标准体系推广实施现场会，开展“六力”职工之家创建和“三创争两提升”工程。推动“网上入会”智慧工会建设，完善工会大数据平台，构建“职工e家”，将思政教育、工会服务等内容以终端方式建到职工身边。开展“互联网+”普惠活动，以有效服务吸引职工入会。（陆曦婧）

【产改工作】 2021年，区总工会围绕“1515”吴江产改工作思路，做实“寻武堂”工匠培育计划，江苏省工匠学院（吴江）揭牌成立，新时代苏州产业工人队伍建设改革联席会议暨现场推进会在吴江召开，全区省产改试点地区及单位5个，区级产改试点企业36家，30名院校专家、技能人才和劳模工匠入选首批吴江区劳模专家和工匠人才智库。工匠学院“寻武堂”工匠展厅被命名为第二批区级“海棠花红”先锋阵地。恒力集团任怀林和盛虹集团钱琴芳获评“中国纺织大工匠”，4人获评第三届“苏州时代工匠”，寻访命名99名新时代吴江“红色工匠”。启动吴江区“建功‘十四五’、奋进新征程”职工职业技能竞赛活动，开展职工职业技能竞赛22场次，共6000余名职工参与。承办“恒力杯”全省纺织行业织布工职业技能竞赛，恒力集团被命名为苏州市首个省级职工职业技能竞赛基地。建立工匠学院丝绸纺织分院，10家企业被命名为第二批吴江区示范工匠学堂，开展上门送培训公益活动86场，累计为1.2万人次

2021年5月12日，江苏省工匠学院（吴江）揭牌　　（区总工会　提供）

提供学历、技能等培训。落实省总工会“求学圆梦”行动，帮助3284人申报圆梦补助。为50名符合条件的职工提供助学补助27.33万元。帮助企业职工向省总工会申报职工发明创造专利奖励365个，共44.3万元。（陆曦婧）

【劳模工作】 2021年，区总工会承办吴江区庆祝“五一”国际劳动节大会，开展“思政教师进企业，劳模工匠进课堂”活动。培育建立江苏省示范性劳模创新工作室1家、市级劳模创新工作室4家、区级示范性创新工作室5家、区级创新工作室9家。恒力集团、亨通集团获全国五一劳动奖状，10人获评江苏省劳动模范和先进工作者，25人获评苏州市劳动模范，813人被命名为2021苏州“最美劳动者”，15家单位获评吴江区五一劳动奖状、35人获评吴江区五一劳动奖章、25个集体获评吴江区工人先锋号。全国劳动模范胡毓芳作为先进模范人物代表，受邀进京参加中国共产党成立100周年庆祝大会。组织89名劳模疗休养、359名劳模体检。走访慰问困难劳模27人，发放劳模荣誉津贴37.146万元、劳模年度慰问金78.31万元、特困帮扶金22.04万元、生活补差金31.3668万元、新获评劳模一次性奖励金21.5万元。

（陆曦婧）

【职工心理】 2021年，区总工会举办长三角生态绿色一体化发展示范区职工心理研讨会，打造示范区职工心理服务一体化平台。完善职工心理服务三级网络体系，指导区镇总工会创建“心之家”分中心、心理服务室16家，举办百名工会干部心理辅导培训班，全年开展体验培训、心理志愿者培训等各类心理培训68场，共2093人次，推动心理服务不断向企业、向基层延伸。组建“心之家”心理志愿者队伍，开设新冠肺炎疫情心理援助热线，为职工提供心理疏导服务。（陆曦婧）

【职工文体】 2021年，区总工会进一步完善职工文体服务体系，推进吴江职工文艺人才库、原创作品库建设，举办“百年荣光，我心向党”吴江职工文艺大赛，吸引3000余名职工参与，547个节目参赛。举办职工学党史知识竞赛、庆“七一”职工文艺汇演、灯谜展猜、冰壶赛、盆景展览等职工喜闻乐见的文体活动，营造健康文明、全员参与的职工文化。开展劳动模范进学校、职工社团推优活动。国家税务总局苏州市吴江区税务局盛泽分局被命名为全国工会职工书屋示范点。原创小品《好茶》被学习强国省市平台发布，15篇职工灯谜文章在学习强国全国平台发布。（陆曦婧）

【职工帮扶服务】 2021年，区总工会针对全区困难职工家庭，开展节前慰问、爱心助学、临时救助等活动，发放慰问金、慰问品共25.9万元。推进职工爱心互助工作，发放大病、住院补助220万元。开展苏州市总工会创新服务项目职工“创业贷”，发放创业贷1335万元。组织459名一线职工参与疗休养。开展“留吴过年”系列活动，向一线职工送出近万份礼包。

（陆曦婧）

【职工权益保障】 2021年，区总工会强化工会法律援助，开展多形式“送法进企业”活动，

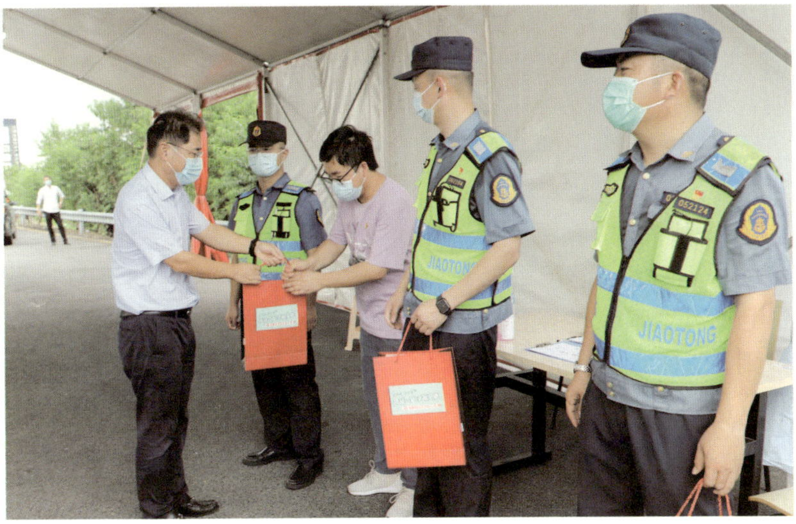

2021年8月4日，区总工会夏季安康“三送”活动中，向一线职工发放清凉物资（区总工会　提供）

开设律师法治课堂，建立工会律师与企业结对联系服务制度。累计培养劳动关系协调员666名，位居苏州大市第一。在全市率先开展震泽彩钢板行业工资集体协商工作，联合区人社局首次评定区“劳动关系和谐示范企业”。苏州市总工会2021年度权益保障部会议在吴江召开。强化女职工服务阵地建设，8家单位申报市级“妈妈驿站”示范点，17家单位申报苏州市工会康乃馨服务站，配合区人社局开展女职工产假等权益专项执法行动，做好女职工权益保护各项工作。深化“安康杯”竞赛，围绕“安全生产月”，开展“千名班组长安全生产大培训”，组织职工参与“安全隐患随手拍”等活动。举办“送清凉、送安全、送法律”活动，向一线职工发放物资4万份。推进“安康驿站”建设，获评户外劳动者示范点全国级1家，省级4家。（陆曦婧）

共青团

【概况】 2021年，团区委不断提升组织力、引领力、服务力和大局贡献度，为吴江打造“创新湖区”、建设“乐居之城”，坚定走在一体化示范区建设最前列贡献青春力量。恒力集团团委被共青团中央评为“全国五四红旗团委”，苏州丝绸中等专业学校团委、盛泽镇团委被江苏团省委评为“江苏省五四红旗团委”，松陵交警中队团总支书记陈婷被江苏团省委评为“江苏省优秀共青团干部”，吴江区人民检察院俞文杰被江苏团省委评为“江苏省优秀青年志愿者”。团区委在全区机关综合考核中获评第一等次，被命名为年度综合考核优秀区级机关部门。（毛激昀）

【政治思想引领】 2021年，团区委在全区各级团组织和团员青年中高质量开展“学党史、强信念、跟党走”学习教育，组建吴江区“先锋青年讲师团”，举办集体备课会和青年思想荟活动，开展党史学习教育专题宣讲100余场。与青浦、嘉善共同组建首批百人“理响示范区”青年讲师团，接力开展“一起读党史”活动，获团中央共青团新闻联播关注。建成运营“梨花应春”青年学习社红色研学线路。实施“星星点灯　航向未来”吴江青少年思想领航计划，推动公益讲座、科普课堂等各类课程下沉到全区各中小学校，开展各类教育活动55次，覆盖青少年2187人。启动“四位一体”中小学生思想引领“筑梦引航”工程，举办学习贯彻习近平总书记重要回信精神主题队日活动。联动全区共青团组织举办“奋进五四　青春向上”系列主题活动12场。发挥吴江青年新媒体平台优势，开展“我为家乡代言”“‘十四五’吴江青年说”等系列线上主题活动，寻访100名“吴江区好青年”先进典型并进行线上评展。开通“吴江青年”视频号，其中原创视频《致五四！青春吴江，献给正在追梦的你！》浏览量15.2万人次，点赞近5000次，持续深化党史学习教育覆盖面和影响力。吴江共青团工作获《中国青年报》等国家级媒体宣传报道12次，《新华日报》等省级媒体宣传报道32次。报送决策参考信息被中办录用1篇。（毛激昀）

【青年企业家发展】 2021年，

团区委紧扣中心大局，紧密联系服务“创二代”、青商会两支青年企业家队伍。启动“创二代薪火工程”2.0版，创新实施“新使命接力工程”。在区委党校挂牌成立“薪火工程青商学院”，与清华大学合作办学，推荐优秀“创二代”青年参加“美美薪传”新生代企业家挂职培养计划。组建“创二代”青年发展联盟，强化与上海市杨浦区、张家港市、常熟市的青年企业家之间交流互动。6名优秀“创二代”青年获《苏州日报》专栏关注报道。承办2021中国长三角青商高峰论坛，为一市三省青年企业家提供交流互动和了解吴江的平台，吸引更多青年到吴江投资兴业。举办吴江青商大厦揭牌仪式，启用全省首家青年商会总部大楼。举办“创新赋能 数智未来”青年企业家交流座谈会。召开“安全生产 青年力行”青年企业家安全生产工作培训会议，启动安全生产创意作品征集大赛。启动吴江区“党建惠企 团建助企”专项行动，成立16支专项行动服务队，推出16大类助企服务项目。每月组织开展“对话青商 走进顾问单位”系列活动，搭建政企互动桥梁。组织青商会员赴西安交通大学等名校开展培训。引导青商会企业家积极履行社会责任，开展爱心午餐、六一慰问、“青商聚力‘疫’线有我”等系列活动。选树优秀青年企业家典型，1名青商会员获评吴江区“时代新人”。青商会企业通用电梯成功上市，成为创业板电梯第一股。

（张小钰）

【青少年成长服务】 2021年，团区委编制发布首部《吴江区“十四五”青年发展规划》。结合春节、中秋等节日契机，启动“团团快递新春派送计划”“团团书香中秋礼包派送计划”等活动。开展吴江青联学习贯彻党的十九届五中、六中全会精神、党史学习教育专题宣讲报告会（共青团和青联专场）。开展吴江“彩虹菁英”大学生家乡行活动，组织双一流高校吴江籍在校大学生感知家乡发展。打造吴江区青年之家旗舰店——青春会客厅，建设运营青年人才驿站8家，招募“青春好物推荐官”，在“五五购物节”活动现场为吴江优品代言。举办520“青青相印 团聚江城”青春微聚会。启动“璀璨·星计划”吴江区新兴青年服务项目，招募由各类新兴青年群体组成的青年摊主，举办青年生活节。启动“梦想改造+”立体关爱计划，募集资金15.9万元，完成21名事实无人抚养儿童的梦想小屋改造，促成社会团队与事实无人抚养儿童家庭“一对一”结对共建，常态化开展走访服务，切实改善青少年居住生活环境。举办爱心公益暑托班。开展“消防安全 一路童行”青少年暑期安全自护教育宣讲，覆盖青少年1000余人，提升青少年安全自护意识。

（毛溦昀）

【青年志愿者工作】 2021年，团区委做优做实青年志愿者服务品牌，新增42所学校加入“同学，你早！”青春护航志愿行动，切实为青少年出行安全保驾护航。招募600余名返乡大学生、新兴青年等投身村（社区）疫情防控、疫苗接种点保障、核酸检测演练等工作，组织向一线捐赠防疫物资近18万元。组建防汛防台青年突击队35支，近600名青年志愿者投身抢险救灾、走访宣传、安全巡

2021年4月25日，吴江青商大厦揭牌　（团区委　提供）

2021年7月25日，防汛防台青年突击队投身抢险救灾 （团区委 提供）

查、排除隐患等各项工作。助力盛泽镇龙卷风灾情应急救援，170余名团员青年主动参与现场巡防、交通疏导、清理和救援工作。组织50名青年志愿者服务保障长三角一体化示范区开发者大会。 （张小钰）

【夯实基层基础】 2021年，以入选全国县域共青团基层组织改革试点地区为契机，团区委持续深化改革创新，推进《吴江共青团基层组织改革试点实施方案》及配套文件出台，不断创新工作机制，提升改革实效。3月，召开共青团苏州市吴江区第十九届六次全委（扩大）会议。依托“智慧团建”，规范基础团务工作，全年发展团员1917人。把严入团关口，扎实开展三会两制一课制度，对照团省委《团支部工作清单》开展基层团支部星级评定。建立健全每周例会、每月初团青微讲坛、每季度工作培训等制度，促进工作互动交流。6月，举办“永远跟党走 奋进新时代”——“江苏青年五四奖章”获奖者（集体）事迹分享会（苏州），集中展示新时代青年听党指挥、跟党奋斗的精神风貌。9月，举办基层团干部培训班，120余名基层团干部参训，提升团干部能力素养，努力锻造一支平常时期看得出、关键时候冲得出、危急关头豁得出的团干部队伍。 （刘建东）

妇 联

【概况】 2021年，区妇联围绕党政大局和妇女所需，在强化思想政治引领、维护妇儿权益、促进妇女发展、建设家庭文明等方面取得明显成效。至年底，全区有村（社区）妇联组织290个，区镇妇联8个，机关事业单位妇联32个。3月，召开吴江区妇女第十三次代表大会，选举产生区妇联新一届领导班子，全面总结过去五年妇女工作取得的经验成就，科学谋划今后五年的奋斗目标和主要任务。《新兴领域妇联组织提升行动》和《“姻为有你 乐居吴江”人才安心计划》被评为2021年度苏州市妇联工作创新项目。 （姚 桢）

【思想政治引领】 2021年，区妇联专题开展党的十九届六中全会精神和省、市、区党代会精神学习，举办“学习强国”进家

2021年3月29日，吴江妇联发布“应春花红”工作品牌 （区妇联 提供）

庭党史知识竞赛、党史学习教育专场讲座，开展“党的女儿”沉浸式党课，录制“穿越百年风雨，回望我们的相遇相识相知”七一纪念视频，排演“听妈妈讲过去的故事”情景剧，组织“童心向党·百米长卷献礼百年华诞”现场书画、“童心向党·少儿红色经典诵读”等活动。发布“应春花红”工作品牌，以“应春精神”为指引，更好担负起引领广大妇女听党话、跟党走的政治责任。注重典型培树，命名吴江区三八红旗手34名和三八红旗集体30个，推荐江苏新天伦(吴江)律师事务所主任钟艳为江苏省三八红旗手，创建胡毓芳、钟艳、安娜3个苏州市级三八红旗手工作室和江村文化园巾帼党性教育基地。(姚　桢)

【城乡妇女发展】 2021年，区妇联与青浦、嘉善妇联开展“美丽经济”共建，成立长三角女企业家联盟，开设“巾帼云课堂”，启动长三角一体化示范区“她创业”助力行动，联合制订“WOMAN菁英领跑计划”，举办“菁英创未来，共享她时代”长三角女企业家助力进博会主题活动、“妈妈的味道”长三角女性主题创业集市。全面推开美丽庭院建设，至年底，全区已创建省级美丽家园示范点3个，市级美丽庭院示范村1个、美丽庭院510户，区级美丽庭院300户，镇、村美丽庭院2000户。举办“第十九届妇女就业招聘专场”“电信女性专场招聘会”，43家企业为女性提供岗位1100余个。开展“木兰起航”女大学生暑期实习招募活动，提供实习岗位147个。常态化开展女性技能培训，完成茶艺、手工艺、摄影、园艺、礼仪、收纳等课程培训共15期，参训450人次。持续推动巾帼文明岗创建，区人力资源管理服务中心获评全国巾帼文明岗，新增省级巾帼文明岗1个，市级巾帼文明岗4个，区级巾帼文明岗10个，巾帼建功标兵10人。(姚　桢)

【妇儿权益维护】 2021年，区妇联续编第五册维权口袋书《民法典继承编》，持续深入开展案例口袋书巡回宣讲，开展公益宣讲28场，参与1000余人次。联合青浦、嘉善妇联共同举办“家暴零容忍、幸福共守护”反家暴线上研讨会，签订反家暴合作协议。积极应对电信网络诈骗高发趋势，在各区镇、机关招募90名成员组建巾帼反诈宣讲团，开展宣讲活动24场，直接受益1020人次。继续深化女童保护项目，开课120余次，受益学生及家长近8000人次，女童保护项目获评2021年省、市级巾帼志愿服务十大优秀项目。联合区委政法委、区检察院、区教育局、区卫健委启动“拥抱青春期”性教育暨青少年心理健康关爱项目，成立吴江区公益性心理咨询服务联盟，提升全区妇女儿童心理健康意识。(姚　桢)

【妇儿民生实事】 2021年，区妇联继续推进公共场所母乳哺育室建设，新建成公共场所母乳哺育室5家，合计已建成54家。与区民政局联合开展“童行有你”爱心助学活动，资助贫困儿童105人，发放助学款106800元。围绕儿童身心发展、科学素养提升等方面，启动“幸福港湾”实践项目4个。联合区卫健委常态化开展适龄妇女“两癌”免费筛查和救助工作，完成筛查3.9万人次，发放“贫困母亲两癌救助专项基金”2万元。联合区财政局开展退职离岗村妇代会主任生活补助，为513名符合条件对象发放补助资金46.5万元。(姚　桢)

【家庭文明建设】 2021年，区妇联继续开展“最美家庭(文明家庭)”寻访活动，全区评选出十大“最美家庭(文明家庭)”、十大提名家庭和111户入围家庭。李莉家庭、翁彬涛家庭获评2020年度江苏省“最美家庭”。吴江家风家训传承馆被命名为苏州市新时代家教家风实践基地，柳亚子纪念馆、张应春革命事迹陈列馆入选江苏省亲子红色研学线路。深入实施“姻为有你　乐居吴江”人才安心计划，引导青年树立正确的婚恋观和家庭观，开展线上线下活动12场，参与人数超600人。以社区家长学校为主阵地，向基层推送科学家教讲座40场。在江陵、雅辉、新柳溪、舜湖、坛丘5个社区启动实施“三全”社区家庭教育支持行动试点建设，在松陵街道水乡社区探索建设儿童友好社区，打造环境友好、设施齐全、服务完善的社区生活圈。(姚　桢)

2021年3月29日，吴江区妇女第十三次代表大会开幕

（区妇联　提供）

【基层组织建设】 2021年3月，吴江区妇女第十三次代表大会召开，选举产生区妇联新一届领导班子。在苏州市率先完成村、社区妇联换届，全面实现100%村、居委会班子中至少有1名女性成员，100%村、社区妇联主席进村、居"两委"的两个100%目标。充分发挥党建引领作用，新建企业妇联11家、社会组织妇联3家和产业园区妇联1家，新增妇女微家17家，有效实现妇联组织始终"在你身边"。开展第五届妇女儿童家庭公益微创投活动，9个项目落地实施。持续开展妇儿公益联盟服务，全年完成对接村、社区活动79次。（姚　桢）

工商联

【概况】 2021年，区化妆保健、家纺、宁波商会成立。至年底，全区有区级商会组织42个，镇级行业分会52个，会员5044家。其中：镇商会4个（平望、震泽、七都、桃源）、开发区商会4个［太湖新城（松陵镇）、吴江开发区（同里镇）、汾湖高新区（黎里镇）、吴江高新区（盛泽镇）］、社区商会4个（南麻、坛丘、横扇、铜罗）、村商会1个（黄家溪）、新一代企业家商会1个、异地商会9个（福建、温州、广东、湖北、江西、安徽、河南、川渝、宁波）、区级行业商（协）会19个（蚕丝同业公会、羊毛衫同业公会、缝制机械、会计服务、纺织、钢业、纺织机械、地板木业、涂层、织造、绿化、餐饮业、汽车流通、大提花织造、家居木品、婚庆、头巾纺织、化妆保健、家纺）。区工商联获评2020—2021年度全国"五好"县级工商联，区工商联"民营经济人士理想信念教育中心"获评区级"海棠花红"先锋阵地。（易雪晴）

【工商界参政议政】 2021年，区工商联围绕区委、区政府中心工作和全区民营经济领域重点、难点问题，开展调研走访，提升参政议政质效。完善政企业沟通机制，优化政策闭环落实机制。持续组织召开民企座谈，充分发挥企业家微信群、企业信息直报制度沟通协调作用，开展"处方式"专题调研，提出优化营商环境的建议对策，如《企业用电情况调研》《燃气用气企业情况调研》《商会工作高质量发展调研》等。充分调动企业家中的政协委员和人大代表参政议政作用，提交区政协、区人大、区委统战部各类提案、建议、调研材料共20余篇，为区委、区政府领导制定有关民营企业决策提供参考。联手各镇经发局开展上规模民营企业调研，辅导和协助区内年产值5亿元以上企业参与"中国民营企业500强""江苏省民营企业百强""苏州民营企业100强"等调研评选，做到应报尽报，进一步巩固吴江民营经济"领头羊"地位。针对民营经济发展情况，形成区级、镇级、企业、行业商会等多层面的发展报告，提交上级工商联作决策依据。完成《2020年吴江区民营经济发展报告》《2020年吴江高新区（盛泽镇）经济发展报告》《2020年汾湖高新区经济发展报告》《2020年吴江区光电缆产业发展报告》《2020年吴江区会计行业发展报告》《盛虹控股集团2020年度发展报告》《沪苏同城化背景下我区商会工作高质量发展调研》《关于进一步优化政策闭环落实机制，厚植吴江民营经济优势的建议》等

多篇调研报告及建议，提交政协提案2篇。（易雪晴）

【工商界宣传教育】 2021年，区工商联围绕“我为群众办实事”实践活动和“两在两同”建新功行动*，进一步创新宣教工作举措。依托区民营经济人士理想信念教育中心，推出“联心课堂”品牌，聚焦融资、用工、财税、环保、安全生产、维权等，利用“线上+线下”相结合的模式，开展系列宣教活动。线上依托微信公众号、不同类别微信群征集企业意见建议，推出政策宣讲云直播、网上云招聘、线上问需等服务；线下根据企业需求，联合联动工信等相关职能部门，科学设计服务企业“菜单选项”，包含3大类25个小类，每月举办1期讲堂讲座，组织开展不同规模和层次的考察交流、学习培训活动，赴南通博物苑开展理想信念教育活动，先后举办“传承优良传统　建功立业新时代”“企业安全生产主体责任法律风险”“双碳背景下企业如何持续发展”“工业企业大数据精准管理　助力工业经济高质量发展”“知识产权沙龙”“企业所得税汇算清缴知识讲座”等6场专题培训。区工商联报送的《聚智打造“联心课堂”高效赋能企业发展》创新项目先后获评“2021年苏州市工商联基层组织创新工程”“2021年度全省工商联创新工作实践创新奖”。编印《吴江区民营企业常见法律风险防范指引》，护航企业发展；发布《区工商联内部管理制度》《商会工作手册管理规范》，深化商会改革和标准化建设；编写《为了“自己人”的担当》读本，挖掘优秀企业家典型案例，引导民营经济人士做爱国敬业、守法经营、创业创新、回报社会的典范。全年报送和发布信息390条。陈建华获评2019—2020年度“全国优秀企业家”，崔根良获评“2020年度全国慈善会爱心企业家”，沈小平再次获评“中华慈善奖”捐赠个人，亨通集团、恒力集团获评“2021中国民营企业社会责任100强”。（易雪晴）

【工商联服务立会】 2021年，区工商联全力打造“1+N”（1指工商联，N指各职能部门）工作合作机制，立足职能服务，全面助力营商环境优化。狠抓基层商会党建，推出“1+N+X”（1指区总商会党委，N指各商会党建，X指各企业党建）党建新模式。推动成立中共苏州市吴江区总商会委员会，统筹基层商会党建工作，新增区河南商会、宁波商会、家纺商会等9家基层商会党支部，累计27家。加强互访互学，打造协同发展“商会生态圈”。接力助推沪苏同城化，主动对接加强与上海、浙江等地工商联组织联系，建立有效的沟通协调机制；对接贵州省铜仁市印江县工商联、宿迁市泗阳县工商联推进帮扶工作；组织赴张家港、太仓等地开展学习交流；接待以色列中华商会和河北沧州、苏州等地统战部、工商联参观考察。优化营商环境，打好部门协作组合拳。与区台办启动民企台企融合发展合作；与区纪委监委联合打造廉洁合规企业联盟；与区法院建立民企诉求反映和权益维护机制，组建“商会组织民商事纠纷调解委员会”，委派商会成员作为特邀调解员；与区同心党外人士法律服务中心共同编印《吴江区民营企业常见法律风险防范指引》，联合区人社局、苏信学院启动企业人才云招聘；与民生银行吴江支行合作助力解决小微企业融资困难。在全区基层商会中，拥有全国“四好”商会2个（盛泽黄家溪商会、平望镇总商会），累计获评江苏省“四好”商会7个，苏州市“四好”商会19个。吴江总商会副主席（副会长）单位恒力、盛虹上榜“世界500强”，分别位列67位和311位；在2021中国民营企业500强榜单中，恒力、盛虹、亨通、通鼎、永鼎、东方恒信6家副主席（副会长）单位入围，数量领跑全国（县市区），其中东方恒信为苏州唯一一家新进榜单企业。新增上市公司5家，过会2家。（易雪晴）

【工商界报答社会】 2021年，区工商联致力打造“情怀式”履责平台，鼓励和引导会员企业在扶贫济困、兴学助教、抗灾救灾、乡村振兴等方面积极作为。助推企业绿色发展。通过配合工信、科技等部门，开展宣讲、调研、排查、协调工作，推动传统企业转型升级，参与吴江区印染、织造、电梯、铸造等产业提升发展规划制定，提出意见、建议，推动产业绿色发展。鼓励重点、头部企业开展绿

2021年12月16日，吴江区工商业联合会第十次代表大会召开

（区工商联　提供）

色示范创建，2家企业入围国家级绿色工厂，4家企业5个产品入围绿色设计产品，2家企业入围国家绿色供应链管理名单；12家公司获评省级绿色工厂，新增数列苏州市第一。持续开展光彩助学活动，为205名学生发放助学金共115万元，累计发放助学善款1554.7万元，资助学生3602人次。全面启动"万企兴万村"行动，黄家溪商会成立"乡村振兴基金"，盛泽总商会率先发出"万企兴万村"行动倡议书。（易雪晴）

【工商联第十次会员代表大会】2021年12月16日，区工商联（总商会）召开第十次会员代表大会，选举产生第十届领导班子和193名执委会成员，其中主席（会长）1名，副主席（副会长）20名，秘书长1名、常委64名，执委107名。区政协副主席沈向东当选为区工商联（总商会）第十届执行委员会主席（会长），作题为《"两个健康"走在前　"一体化示范"当尖兵　奋力谱写新时代工商联事业发展新篇章》的工作报告。报告指出，过去五年，区工商联紧扣"两个健康"主旨，坚持以服务政府、服务基层、服务企业为根本出发点和落脚点，团结引导广大民营经济人士贯彻落实国家战略，推进创业创新，在结对扶贫、支持乡村振兴、抗击新冠肺炎疫情等重大任务中彰显责任担当；提出在2022年要立足新发展阶段，坚持新发展理念，服务新发展格局，紧扣"两个健康"聚焦沪苏同城化、聚力建设示范区，对标"争当表率、争做示范、走到前列"更高要求，创新方法举措，夯实基层基础，不断开创工商联工作新局面。（易雪晴）

侨　联

【概况】2021年，区侨联在区委、区政府的正确领导和上级部门关心指导下，继续推进基层侨联组织和"侨胞之家"建设，截至4月，全区建立基层侨联组织11家，成立12家"侨之家"活动阵地，实现区镇、街道全覆盖。指导基层围绕庆祝建党100周年和学习传达党的十九届六中全会精神开展各类主题教育活动，广泛团结和凝聚全区侨界积极投身长三角生态绿色一体化发展建设，不断凝侨心、聚侨智、汇侨力、护侨益。费孝通江村纪念馆升级为省级华侨文化交流基地，汾湖高新区（黎里镇）兴黎社区获评全省基层侨务工作先进单位，基层侨务工作实现新发展。（杨　丹）

【党建引领】2021年，区侨联深入学习习近平新时代中国特色社会主义思想和《中国共产党统一战线工作条例》，向基层侨联赠送一批红色书籍，开展侨界党史学习教育，引导基层学习热议党的十九届六中全会精神，始终确保侨联工作正确政治方向。联合青浦侨联、嘉善侨联开展三地侨界人士庆祝建党100周年主题征文摄影活动，吴江区4篇征文、6幅摄影作品分获一、二、三等奖。1篇征文获全省侨联系统庆祝中国共产党成立100周年征文活动优秀奖。（杨　丹）

【为侨服务】2021年，区侨联协助解决海归领军人才接种新冠疫苗、办理永居证和侨界入学、加分、房地产权纠纷等事宜。做好唐仲英基金会服务工作，陪同基金会江苏办事处主任孙幼帆、基金会项目总监朱

莉一行调研唐仲英故居。举行唐仲英德育奖学金颁发仪式，指导获奖学生开展社会公益活动，做好区领导调研基金会相关工作。联合松陵街道承办市侨联第四届“法治宣传月”启动仪式，在全区宪法宣传周期间开展侨法宣传。继续实施“侨爱心工程”，开展“侨心助学”和“空巢侨眷走访慰问”，为侨界群众送温暖、送祝福。开展侨界节前走访，全年走访侨界华人、华侨、归侨、侨眷、留学生家庭和海归科技领军人才200余人次。组织指导基层侨联开展节前走访慰问和侨法宣传。（杨　丹）

2021年4月15日，上海交通大学“唐仲英荣誉体系发布会”在吴江举行
（区侨联　提供）

【联络交友】 2021年，区侨联接待省侨联主席周建农一行到吴江调研侨资企业并在吴召开苏州各市区侨联负责人座谈会，与会人员围绕联络联谊汇报地区特色工作。接待省委统战部“海外新生代人士国情考察”研修组，无锡市侨联，市委统战部副部长、市侨办主任许玉连等到吴调研基层侨务工作和华侨华人文化交流基地建设情况，就加强基层侨联组织互联互动、充分发挥基地传承和弘扬吴越文化交流作用等内容进行交流座谈。做好省侨情数据库录入，开展基层侨情摸排。协助举办上海交通大学“唐仲英荣誉体系”发布会。成立苏州市吴江区欧美同学会（苏州市吴江区留学人员联谊会）。在《欧洲时报》上专版宣传吴江开发区。做好精英周嘉宾邀请工作。牵线英创科技在平望投资注册公司并签订孵化园合作协议，为推动地方经济发展搭建区域交流和人才引进新平台。配合区政协调研侨资企业，摸排上报侨联界政协委员，为侨界人才发展保驾护航。（杨　丹）

【自身建设】 2021年，区侨联召开七届十次全委会，学习传达上级会议精神，增补基层侨联主席为委员、常委，开拓思路、壮大力量。指导同里镇、盛泽镇成立侨联，实现全区基层组织全覆盖。召开全区基层侨联工作推进会，部署指导年度工作。带队基层赴兄弟区县交流学习，激发基层侨联活力。费孝通江村纪念馆升级为省级华侨文化交流基地，汾湖高新区（黎里镇）兴黎社区获评全省基层侨务工作先进单位，基层侨务工作实现新发展。（杨　丹）

文　联

【概况】 2021年，区文联下属有吴江区作家、书法家、美术家、曲艺家、民间文艺家、戏剧家、摄影家、音乐舞蹈家、收藏家、诗词和新文艺群体等11个协会，共有会员1719人。其中，国家级122人，省级196人，苏州市级285人。文联及各协会举办的活动，会员发表、获奖、入展作品的数量和质量均比2020年有所提高。（张建栋）

【“艺海帆红”党建品牌建设】 2021年，区文联在文艺大楼改造工程全面竣工的基础上，综合打造“艺海帆红”文艺党建的1+N格局（一个中心是文联机关“艺海帆红”党建中心，N个基地为在乡镇、农村、企业、学校等地，融入文艺元素，共建“艺海帆红”文艺党建点）。在“艺海帆红”党建品牌引领下，全面深化文联各项工作，特别是在建党100周年文艺系列活动方面效果显著。（张建栋）

【文学创作】 2021年，李云出版小说集《夜晚遇见莫小海》，

中篇小说《密林》发表于《钟山》，短篇小说《月上中天》《去碧云寺看雪吧》分别发表于《青年文学》和《广州文艺》，中篇小说《掌间》获第四届“钟山文学奖”；陆樱出版儿童文学《奔跑吧，大明》；张圣瑜出版童话集《你的声音真好听》；周耗的短篇小说《六只鸭子》发表于《西部》杂志，张圣瑜的童话作品发表于《少年文艺》（上海），刘中驰的散文作品发表于《人民日报·海外版》《散文百家》《青年文摘》等，李阿华、周建明的文章发表于《今古传奇》，周平、沈立群的诗歌发表于《雨花》。（张建栋）

【美术、书法作品获奖（入展）】 2021年，钱兆峰、王伟合作的油画作品《星火日用品商店》入选中华艺术宫主办的“日出东方”全国重大题材创作。钱兆峰、周建捷合作的油画作品《程开甲》入选省委宣传部主办的“百年江苏”重大题材创作。钱兆峰《红云冲天照九霄——我国第一颗原子弹爆炸成功》，周建捷《重庆号》，吴小菲《苏州工业园区》，翟晓声、王伟合作的《江苏建筑铁军在中东》4件油画作品入选江苏省文旅厅主办的“百年征程”重大题材创作。钱兆峰、周建捷、吴小菲、王伟创作的4件油画作品件入选无锡市重大题材创作工程。此外，还有13件作品入选中国美协主办的全国展，3件作品入选中国油画学会主办的全国展。沈彤、钱家珺、吴卫珍、张凤珍、李雅英的作品入选江苏省第三届妇女书法篆刻展；李洋、李雅英的作品入选江苏省首届篆隶书法作品展；周云平的作品入选“墨香百年”——江苏省行草书作品展；沈彤的作品入选首届江苏省“瘗鹤铭·书法篆刻展”。（张建栋）

【民间文艺作品发表（参展、参演）】 2021年，陈志强的《大运河平望段民间故事一束》获第四届苏州市民间“金桂”推优（民间文学类）一等奖，并有20余篇文章分别发表于“方志苏州”“吴江通”等网络平台。樊秋华的10余则灯谜作品发表于“学习强国·江苏新在线”。（张建栋）

【音乐作品发表（获奖、参演）】 2021年，吴晓风作词的歌曲《征途》完成制作，被评为2021“中国梦”江苏省优秀新创作品，相继在中央及省市媒体推出；《百年红船》在浙江广电集团举办的“唱支歌儿给党听”——庆祝中国共产党成立100周年歌曲创作征集评选活动中获二等奖；《望海峡》《百年红船》入围苏州市艺术基金。钱国良作词的《一片新天地》在上海市音协主办的第二届中华之声海派音乐原创歌曲征集评选活动中获三等奖；歌曲《彩虹》，获第五届江苏省文华奖优秀节目奖。（张建栋）

【戏剧、曲艺作品参演】 2021年，戏剧家协会结合“我们的节日”创排红色经典曲目，开展“唱支山歌给党听”红色经典戏剧惠民巡演活动。戏剧家协会在铜罗小学开设戏曲社团，并送戏送教到同里中学、南麻小学、震泽实验小学、吴江区实验初级中学等学校。曲艺家协会会同下属朗诵协会开展“光辉耀我心·温情暖重阳”诵读专场演出，并成功举办“庆祝中国共产党成立100周年红色评弹演唱会”、“同里之春”长三角地区评弹流派演唱会（红色专场）及“雅韵声声弘正气”徐声宇评弹作品专场演出；曲艺家协会还在屯村实验小学、同里中心小学、同里中学、同里幼儿园等地常年开设同里宣卷教学。（张建栋）

【区文联八届三次全委会】 2021年3月16日，区文联八届三次全委会在吴江宾馆召开。会议增补区文联八届委员会委员，宣读区文联新文艺群体联盟倡议书及筹备名单，表彰获苏州文联系统优秀会员的团体和个人。区文联主席孙俊良作题为《聚焦“江南文化”、建设“美丽吴江”，为推进吴江文艺事业高质量发展展现新作为》的工作报告，回顾总结一年来吴江文艺服务政治、助推经济、培育人才等各方面的工作，并从文艺工作的“向心力”“创造力”“凝聚力”三个维度部署新一年的工作计划，既肯定成绩，也正视问题，并提出策略。汤浩部长在会议上发表讲话，充分肯定区文联一年来取得的成绩，提出三点新的希望：要坚持围绕中心工作，勇当服务大局的先锋；要着力聚焦“江南文化”，力出歌咏时代的精品;要坚持开拓创新,凝聚百花齐放的力量。

(张建栋)

【建党100周年文艺系列活动】2021年,区文联精心谋划庆祝建党100周年文艺创作和文艺展演活动。完成"一湖三河三名人"吴江美术重点题材创作,组织开展红色题材文学作品创作和舞台节目展演,策划"百年辉煌""百幅颂百年"主题书画、摄影展览,承办"笔歌百年 书颂伟业"——建党100周年长三角三地园区书法联展;组织"庆祝建党百年·书写乐居篇章"主题征文大赛,组织主题诗词征集创作比赛;组织吴江歌友会开展"致敬百年荣光·颂歌献给党"红歌演唱会;开展"光辉耀我心·温情暖重阳"诵读专场演出、庆祝建党100周年红色评弹演唱会、"同里之春"长三角地区评弹流派演唱会(红色专场)以及"雅韵声声弘正气"徐声宇评弹作品专场演出。(张建栋)

【"博雅、菁英、雏鹰"三大计划】2021年,博雅计划以文联"二二五六"文艺空间为主阵地,探索"沪苏同城"艺术交流新模式,以"湖海边"文艺微信公众号为推手,着重营建"青吴嘉+"长三角一体化文艺联盟联络环境;以"垂虹文艺·名家讲坛"为载体,加大文艺名家请进来力度,开拓文艺人才引领工程。菁英计划继续以书画院特聘书画师为主力军,开展师徒结对工程;继续跨年度的"80后"书法精英班教学;继续举办国画公益基础班。组织作协骨干会员,与艺术家交流生活、创作、思想,通过作家的精心创作,记录35位特聘书画家艺术生活的文学作品在"吴江书画"微信公众号上逐篇推送。雏鹰计划继续深入开展"传统文化进校园活动"。(张建栋)

【"一湖三河三名人"主题文艺活动】2021年,各文艺家协会围绕"一湖(太湖)三河(大运河、吴淞江、太浦河)三名人(柳亚子、费孝通、程开甲)"深入开展各类文艺采风创作活动。区美术家协会完成"一湖三河三名人"的油画及雕塑创作,并在吴江人民剧院和苏州大剧院推出"百年辉煌"一体化示范区(吴江)重点题材油画创作展;区美术家协会每周定期采风写生,足迹遍及吴江及周边地区,年内以"桥见七都"为系列创研课题,联袂组合历史、地理、文学专家,把艺术采风从创作的热度走向学术的深度,在创研结合上为各协会的采风活动树立典型。摄影家协会组织会员进行太湖溇港文化采风活动;作家协会配合各地经济社会发展开展专题采写;鲈乡琴社开展"琴近太湖·乡村古琴音乐会"。全区文艺工作者主动到田间地头、工厂车间、街头巷尾去感受群众的喜怒哀乐,感知"乡村振兴""中国·江村"建设,发现生动鲜活的素材,在"美丽吴江"建设中获得源源不断的创意。(张建栋)

2021年10月14日,吴江区举办庆祝中国共产党成立100周年暨老年节诵读专场演出(区文联 提供)

【"琴近太湖"文艺品牌活动】2021年,鲈乡琴社开展"琴近太湖·乡村古琴音乐会"录制,并在国琴网等专业平台进行网络推送。年内,鲈乡琴社在成都音乐厅成功举办"吴蜀桐韵"古琴交流音乐会,举办张秋红、金静雅个人古琴独奏会,分别邀请古琴名家裴金宝、天津音乐学院教授李凤云开展古琴指导。琴社社员在吴江中学、八坼小学,开展常态化的古琴社团教学。(张建栋)

【传统文化进校园】 2021年，区文联继续深入开展“传统文化进校园”活动，将书法、诗词、灯谜、戏曲、剪纸、农民画、古琴、同里宣卷等传统文化送入学校。同时以新建的苏州中学附属小学为主要联系点，选派青年优秀文艺骨干开展学校文艺社团培育工程。区文联、区教育局以盛泽实小教育集团为重点，开展书法、美术师资培育三年行动计划，得到学校与老师的积极响应。6月初，会同区教育局开展“百年辉煌·雏鹰展翅”吴江区中小学生书画作品展，展示教育成果。

（张建栋）

【“青吴嘉+”长三角一体化文艺联盟】 自2020年1月吴江文联发起成立“青吴嘉+”长三角一体化文艺联盟以来，该联盟成为融入“海派文化”、聚焦“江南文化”的有力推手，充分调动青浦、嘉善等兄弟县市文联的文艺联动热情，从活动的谋划主导、到艺术作品的打磨呈现，吴江文艺工作者在文艺联盟中均起到核心作用，进一步彰显吴江文艺在一体化示范区的领军作用。（张建栋）

【“湖海边”微信公众号】 “湖海边”微信公众号自2020年5月创刊以来，作为“青吴嘉+”长三角一体化文艺联盟的外宣窗口，共发布169篇体现“水韵江南”的专题文章，围绕“三角井”“蒹淞录”“忆江南”“采风记”“运河集”“水天堂”等江南文化的关键词，开展吴江人文、地理、历史、文献的整理和重塑。坚持原创、首发，坚持品位、品质，坚持活跃的采风活动，以及风土人情与旅游文化、现实风貌与怀旧杂忆的结合，更注重一体化人文研究、文史开发，彰扬地方先贤名人，同时重点发现、扶持新作者，适度吸聚名家，力避与县区小文艺气息和媚俗网文同质化，以鲜明的差异、深厚的内涵，初具江南文化品牌特色。（张建栋）

【“二二五六”文艺空间】 2021年，区文联“二二五六”文艺空间活动丰富多彩。分别举行吴江区新文艺群体首展以及个人油画、书法、漫画插画展共11期，分别邀请油画家周建捷、作家荆歌、画家陈如冬等具有江南人文底蕴的创作骨干举办特色展览，围绕“水韵江南”素材，开展艺术创作。同时结合“五四”“六一”“重阳”等节日，先后邀请青年画家石逸奔、潘文捷，漫画家沈如萱，书法家华建平等策划精品展览，定期开展主题讲座活动。在展演空间，还举行“春风拂弦”“焰夏琴话会”“玉露金风”“颐养天真”等音乐讲座和演出活动。本着开门办文联的服务宗旨，为丰富吴江市民文化生活提供优质服务平台，为培育优秀文艺人才发挥引领激励作用。

（张建栋）

【文艺惠民活动】 2021年，区文联结合建党100周年系列活动，在机关、社区、校园开展展览、培训、演出等各类文艺惠民活动。围绕“我为群众办实事”主题实践活动，推出党史灯谜知识竞赛和诗歌朗诵等活动。结合“我们的节日”创排红色经典曲目，开展“唱支山歌给党听”红色经典戏剧专场惠民演出活动。（张建栋）

红十字会

【概况】 2021年，区红十字会以“红汇无疆”工作品牌为抓手，遵循群团工作及红十字事业发展规律，围绕区委、区政府中心工作，加强党的建设，聚焦主责主业，融入长三角生态绿色一体化发展，全面构建吴江红十字事业工作矩阵，全力激活红十字工作新引擎。全年接收社会捐赠款物153.31万元，发放救助款物144.86万元；开展苏州市公益性应急救护培训实事项目，培训25522人（其中普及性救护培训23079人、初级救护员培训2443人）；招募造血干细胞志愿者350人，初配37人、高分辨9人、成功捐献1人；新增遗体（器官、角膜）捐献登记3254人，实现遗体（器官、角膜）捐献29例，登记人数同比增长30%。区红十字会获评“江苏省红十字系统抗击新冠肺炎疫情先进集体”“吴江区先进基层党组织”。

（乔煜青）

【党建工作】 2021年，区红十字会加强党的建设，创建“红汇无疆”工作品牌，扎实开展党史学习教育，深入推进“我为群众办实事”实践活动和“两在两同”建新功行动*，促进党建与业务工作的深度融合。通过领导“领学”、集中“常学”、创新“活学”、红色资源“导学”等方式开展各类主题学习，不断强化理论修养，筑牢信念之基。全年开展联组学习、专题研讨、现场教学等活动50余次，在“吴江红会”微信公众号开设党史故事100讲、日日学等专栏，累计推送150余次。在破解群众“急难愁盼”上见行动、出实效，开展“我为群众办实事”主题实践活动63场，切实为民办实事解难题。与区文联等单位组队参加吴江区“红色经典歌曲合唱比赛”，获优胜奖。

（乔煜青）

【融入长三角一体化系列活动】 2021年，区红十字会探索开展青浦、吴江、嘉善“三地联动”工作模式，在《长三角三地红十字会合作框架协议》基础上，深化党建、应急救援一体化、阵地建设、红十字文化传播等方面的交流合作，各项工作取得良好成效。6月28~29日，三地红会共同举办红十字应急救援队集训活动，内容涵盖队列训练、应急救援案例演示、户外救灾帐篷搭建、消防安全和轨道交通安全演练等，提升红十字应急救援和团队协作能力，增强跨区域协同应对突发事件能力。下半年克服疫情影响，将部分工作搬到“云端”，通过凝聚“云共识”、打造“云课堂”、启动“云展播”等方式，强化区域协同，确保各项工作有序推进。

（乔煜青）

【红十字“三救”工作】 2021年，区红十字会以群众需求为导向，精心谋划、主动作为、资源下沉，做强做优主责主业。汇聚社会爱心，常态化开展“红十字博爱送万家”“人道救助”“爱心助学”等救助项目。各界爱心人士为河南雨灾筹措善款，接收捐款20.28万元。全面推动救护培训“六进”活动，不断提质增量，根据企业需求开设各类特色、专题培训，为企业安全生产和员工生命健康提供有力保障。针对新冠肺炎疫情防控形势，为全区防疫志愿者开展线上加线下的疫情防控专题培训，线下专题培训9场，受益志愿者315人次。精心构建“红十字急救圈”，有计划、分步骤向新时代文明实践站、人流密集的公共场所投放红十字急救箱，至年底已累计投放100个。加强救护师资队伍建设，组织开展红十字志愿者户外应急演练。积极推选救护师资志愿者参与苏州及总会的救护师资复训班，全面提升师资授课水平。

（乔煜青）

【红十字“三献”工作】 2021年，区红十字会实施“生命礼赞”之遗体（器官、角膜）捐献博爱工程，坚持高位推动，从登记、慰问、祭扫、成捐后的关爱，全方位、全周期地提升服务水平，让大爱传承、让生命永恒。5月8日“世界红十字日”，在吴江爱琴海购物公园举行“生命礼赞”主题宣传活动，与市民面对面、零距离交流。以情景剧、诗朗诵、现场演说等形式，演绎捐遗志愿者的动人故事，让红十字精神深入人心。苏州九院退休职工、50年党龄的老党员钱永俊，平望镇16岁少女施诗的捐遗事迹获社会广泛关注。多形式开展无偿献血宣传和造血干细胞招募活动，传递生命的火种。6月15日，潘华成功捐献造血干细胞，成为吴江第16位，苏州第184位成功捐献的志愿者；在欢送仪式上，

2021年6月9日，在欢送造血干细胞志愿者潘华赴苏捐献仪式现场，潘华郑重递交入党申请书

（区红十字会　提供）

他郑重向党组织递交入党申请书，以实际行动体现一颗向党的红心。（乔煜青）

【红十字志愿服务】2021年，区红十字会依托博爱家园、红十字救护站、网上红会等红十字阵地，围绕红十字核心业务，积极开展特色志愿服务活动，积极弘扬“人道、博爱、奉献”的红十字精神，“小项目　大民生——普及应急救护知识”“生命相髓　爱心接力——造血干细胞志愿者招募”“播撒大爱　生命永恒——宣传遗体（器官、角膜）捐献”等特色项目在全区开展，让更多人加入到红十字志愿服务队伍，传播红十字精神、助力文明新风尚。全年开展各类新时代文明实践志愿服务活动372场，服务时长2270小时。志愿者潘华、钱云鹤获评“2021年度吴江区精神文明建设最美志愿者”。（乔煜青）

【红十字宣传】2021年，区红十字会扩大人道传播渠道，讲好红十字故事，唱响红十字好声音，传播社会正能量，广泛弘扬红十字精神，全年有300余篇信息在各类媒体刊登。制作《海姆立克急救法》《爱的初心》公益微视频，扩大红十字影响力和传播力。参与省红十字会庆祝建党100周年系列主题活动，报送作品《奉献一生》获图片征集活动一等奖，《抗击疫情，我们在行动》获微视频征集活动优秀奖。获苏州市红十字会“我与红十字”系列征集活动优秀组织奖，2021年度中国红十字会总会报刊宣传先进集体。（乔煜青）

残　联

【概况】2021年，吴江区持证残疾人1.6万人。全区设特殊教育学校1所，精神康复医院1所，脑瘫康复中心1家，残疾人扶贫创业基地7个，“残疾人之家”26家，残疾人辅助器具供应站4个，残疾人社区康复示范点2个，残疾人文化驿站4家。区残联以推动残疾人事业高质量发展为主题，紧扣年度重点工作和“我为群众办实事”实践活动，较好地完成各项任务。（董悦昀）

【残疾人保障体系】2021年，区政府办出台《关于印发贯彻落实苏州市残疾人保障条例的实施意见的通知》，残疾人社会保障水平稳步提升，全区有1586名残疾人及时纳入最低生活保障范围，享受相应补助。6708名残疾人免费参保居民医疗保险，2265名残疾人免费参保居民养老保险，321名轻度残疾人和660名重残精智残疾人享受灵活就业社保补贴，实现持证残疾人社保全覆盖。优化残疾人团体综合保险方案，拨付保费52.6万元，惠及0~64周岁残疾人10530人。协助教育部门送教上门14人，调整教育补助文件，为287名残疾人家庭学生发放教育补贴41万元。856名听力、言语及视力残疾人享受信息（流量）补贴，100名下肢残疾的机动轮椅车车主享受燃油补贴，726名残疾人驾驶员实现2小时免费停车优待，7000余名残疾人开通吴江市民卡免费乘车。（董悦昀）

【残疾人就业创业】2021年初，区残联对8490名就业年龄段残疾人开展就失业调查，利用调查数据，结合实际制订培训方案。通过自办班、联合办班、送上级残联委培、推送线上培训课程等形式，开设18期残疾人技能培训班，培训残疾人共216人次。依托3家福利企业，结合用工需求开展在岗实训420人次，发放在岗培训补贴8.4万元。组织残疾人线上招聘专场2次，为8名残疾人发放自主创业补贴4.3万元，全区7家残疾人扶贫创业基地吸纳残疾人就业145人。年审安置残疾人的单位231家，安置残疾人599人。选送优秀人才参加省、市级残疾人创新创业大赛，在江苏省残疾人就业创业项目展示活动中，吴江残疾人陆鸿获创业项目组第一名。（董悦昀）

【残疾人托养服务】2021年，吴江区调整残疾人托养护理服务补贴办法，将“特困供养”“低收入家庭”困难对象和在医疗、福利等机构长期护理的相应对象纳入补助范围。各托养服务机构共服务残疾人333人次，下拨托养补贴88.39万元。全区26家“残疾人之家”为470余名残疾人提供辅助性就业、托养、康复等综合性服务。通过购买服务方式，提升基层残疾人服务机构安全管理水平，为各机构编制应急预案，每季度开展安全隐患排查。联合区消防救援大队和区红十字会，举办1期安全培训暨应急演练，32名机构负责人参加。

(董悦昀)

【残疾人康复】 2021年，吴江区残疾儿童康复补助提标扩面，453人次0~18岁残疾儿童享受康复训练补助共535.6万元。积极探索辅具适配新模式，采取免费适配、货币补贴、共享辅具3种方式，多管齐下，满足残疾人各类辅具需求。为3家辅具适配定点机构补贴工作经费120万元，441人次享受辅具免费适配服务。发放假肢、矫形器、人工耳蜗和其他辅具补助共203万元，惠及残疾人514人次。3个镇级辅具租借点和1个共享辅具服务点有序运行，通过辅具管理系统受理残疾人辅具申请450人。开放残疾人证跨省通办业务，全年签发残疾人证596份，办理残疾人证各项业务700余次。(董悦昀)

【残疾人文化体育】 2021年，吴江区依托亨通梦想残疾人艺术团，在震泽镇、平望镇新建2家残疾人文化驿站，完成江苏省残疾人群众性文化体育进基层试点任务。年内，与区委老干部局联合举办助残红色励志文艺演出1场，与青浦、嘉善残联联合举办长三角一体化示范区残疾人文艺汇演1场，主办“送文化·下基层”残疾人公益演出3场，共吸引900余名线下观众和1.7万线上观众。组织开展“残疾人体育运动进基层”系列活动，为全区残疾人体育爱好者免费提供乒乓球、羽毛球、田径等项目的集训，参训共100人次。开展单项或综合性的残疾人趣味运动会4次，共65人次参与。(董悦昀)

2021年5月18日，“青吴嘉”残联联合举办长三角一体化示范区残疾人专场文艺演出

(区残联 提供)

【营造全社会助残氛围】 2021年，吴江区成功举办第三十一次“全国助残日”系列活动61项。区、镇两级领导走访残疾人机构和困难残疾人家庭，送上慰问金、慰问品共53万余元。5月17日，吴江区召开全区残疾人工作会议，总结“十三五”时期残疾人工作，安排部署今后重点任务，表彰残疾人自强模范、残疾人工作先进集体和残疾人工作先进个人。联合亨通慈善基金会，开展第十一届助残“圆梦行动”，为62名贫困残疾人家庭学生发放助学金37.2万元。“青吴嘉”三地残联共同拍摄《不忘初心》快闪短片，庆祝中国共产党建党100周年。央视CCTV-17《三农群英会》栏目播出陆鸿纪录片《逆风飞扬》。

(董悦昀)

【残疾人组织建设】 2021年，吴江区聚焦“强三性”“去四化”要求，扎实落实残联改革举措。指导区划调整后新设立的镇(街道)成立残联组织，3个街道圆满完成选举工作。区政府办出台《关于印发加强全区残疾人专职委员队伍建设的实施意见的通知》，用制度夯实残疾人队伍建设。组织5次基层残疾人工作者业务培训，累计参训320人。与上海市青浦区、嘉兴市秀洲区和嘉善县三地残联达成支部合作协议，通过中心组联组学习、开展支部活动等多种形式，着力打造支部共建品牌。(董悦昀)

(本栏编辑 陈凤贤)

法治·军事

政法综述

【概况】 2021年，吴江区政法系统聚焦“讲政治、顾大局、保安全、强治理、优环境”五个方面，深化政法工作“四大建设”，推进政法队伍教育整顿、维护区域和谐稳定、区域社会治理现代化、政法领域全面深化改革、跨区域政法协同等重点工作，提升全区政法工作质效，群众安全感99%。区委政法委获评全市维护国家安全先进示范单位，区法院司法警察大队被最高院授予人民法院司法警察先进集体称号，区检察院获评全国检察宣传先进单位、江苏省先进基层党组织，区公安局被省公安厅记集体二等功，吴江公证处获评第三届“新时代江苏司法为民好榜样”。

（田海洋）

【平安建设】 2021年，吴江区以建党100周年安保维稳工作为主线，开展“六大攻坚行动”，对212个项目进行风险评估，预警突出风险39项，完成“七一”、党的十九届六中全会、上海进博会、省市区党代会等110余场重大活动安保维稳任务。推进社会矛盾大排查大化解“9445”专项行动和集中治理重复信访、化解信访积案专项工作，完成上级交办信访事项400件，解决欧蓓莎、瑞景国际等老大难问题。实施“数字赋能”，加大多维感知设备和智能分析平台建设，汇聚270余

2021年10月27日，长三角一体化示范区“探索政法协同新路径　打造平安法治新高地”创新工场活动在吴江举办　（区政法委　提供）

项28亿余条数据，建成流动人口管理、出租房监管等实战应用21个，助力抓获犯罪嫌疑人1667人、逃犯324人。加强公共安全监管，常态化开展扫黑除恶斗争，深入推进四大行业领域整治，带动十大行业领域整治持续深入开展和“无黑联动区”建设，不断强化政法领域安全生产监管，梯次推进打击治理电信网络诈骗，全区电诈警情比2020年下降20.42%，江陵街道获评全市反诈工作先进集体。（田海洋）

【法治建设】 2021年，吴江区制定法治吴江建设规划、法治社会建设实施方案，一体推进法治吴江、法治政府、法治社会建设，实施“八五”普法规划，深化行政复议体制改革和基层“三整合”改革，持续推进基层“援法议事”，实现11个镇(街道)289个村(社区)全覆盖。深化民事诉讼程序繁简分流改革、刑事案件认罪认罚从宽制度改革和刑事速裁程序改革，开展涉法涉诉信访案件大清查大化解和案件评查，启动苏州市公安局南部执法办案管理中心建设，持续深化政法领域改革创新；区公安局建立全省唯一区县级“智慧侦查中心”，区法院打造智慧法庭“吴江方案”获最高院充分肯定。围绕做好“六稳”* “六保”*，优化执法司法和社会治理资源配置，创新实施全市首创的“政法惠企直通车”机制，依法推进企业合规改革试点，开展“公共法律服务进园区”“法企同行”等活动，推动法治营商环境持续优化。服务保障国家战略实施，青吴嘉三地政法部门围绕8个方面22项合作重点，深化跨区域协作，形成80多项阶段性合作成果；举办青吴嘉政法协同主题创新工场活动，发布十大经典协作案例。（田海洋）

【社会治理】 2021年，吴江区健全社会治理工作体系，建设区社会治理现代化综合指挥中心，一体化推进区、镇(街道)、村(社区)三级矛盾调解中心建设，七都镇矛盾调解中心建成投用，建设基础版村(社区)综治中心245个、示范版28个，基本实现全覆盖。壮大社会治理“第三方”力量，统筹律师、金融、保险和协会商会等行业领域专业力量，发挥“一镇一品”调解类社会组织和邱云观、茅劲虎等品牌调解工作室作用，全区各类调解组织调解纠纷21769件，调解数比2020年上升8.6%，调解成功率99.5%；发挥吴江社会心理服务体系优势，针对性做好心理疏导工作，助力“7·12”四季开源酒店辅房坍塌事故善后处置和新冠疫情防控。启动网格化治理2.0版建设，网格员每日登录率、群租房走访率、信息采集完成率等17个网格服务管理指标均为100%，网格化服务管理水平95.67%，高于苏州大市平均值。平望镇发布《镇域城市管理智能化管理规范》市级地方标准，集成指挥中心“智慧大脑”获评“标准助推苏州高质量发展十佳典型案例”。（田海洋）

【队伍建设】 2021年，吴江区贯彻落实《中国共产党政法工作条例》和省委、市委实施意见，严格落实重大事项请示报告、政治督察、纪律作风督查巡查和政治轮训等制度，党管政法制度机制持续健全。扎实开展政法队伍教育整顿，突出筑牢政治忠诚、清除害群之马、

2021年4月29日，吴江区举办新时代政法先锋(英模)事迹报告会
(区政法委　提供)

整治顽瘴痼疾、弘扬英模精神“四项任务”，抓好学习教育、查纠整改、总结提升“三个环节”，做好教育整顿与业务工作“两项融合”，全面肃清流毒影响。制定和修改制度机制112项，优化政法系统政治生态。扎实开展党史学习教育，创新“D36学习号”“夜学堂”“学习强检·云滴灌”“锤红讲堂”“司想者”等特色学习机制，开展一把手讲党课、党史专题讲座等活动900余场，完成“我为群众办实事”项目91个。

（田海洋）

区综合指挥中心第一指挥室　　（区综合指挥中心　提供）

综指工作

【概况】 2021年，苏州市吴江区社会治理现代化综合指挥中心（以下简称“区综合指挥中心”）正式组建。区综合指挥中心推进联动指挥、网格管理、信息化建设，取得较好成效。区综合指挥平台受理工单206.19万件，办结205.86万件，办结率99.84%。全区网格巡查上报工单24.54万件。（姚逸峰）

【综合指挥中心建设】 2021年2月9日，苏州市吴江区社会治理现代化综合指挥中心正式组建，挂“苏州市吴江区网格化服务管理中心”“苏州市吴江区社会治安综合治理中心”牌子，不再保留苏州市吴江区社会综合治理联动指挥中心（苏州市吴江区社会综合治理网格管理中心）。区综合指挥中心采用“大数据+指挥中心+综合执法队伍”新模式，打造社会治理感知、认知、行动“三大体系”，推动规范化建设、网格化管理、数字化赋能、集成化统筹、多元化服务“五化并进”，围绕社会治理现代化平台建设、基层基础夯实延伸等“八大项目”，扎实开展自身建设。9月27日和10月20日，分别通过市委编办、省委编办实地验收评价。

（姚逸峰）

【联动指挥】 2021年，区综合指挥中心妥善受理、派发、反馈、督办民生保障、疫情防控等咨询类工单和城乡建设、住房保障等市民诉求工单。加强数据分析研判，全年开展联席会议7次，解决职能交叉问题3类，向区委办、区政府办上报重要紧急信息、舆情信息198条，比2020年增长12倍，区领导批示9次，有效推动问题解决。是年，获人民网网上群众工作“民心汇聚单位”、全市政务服务系统“双争双创”活动为民服务先进集体等荣誉。（姚逸峰）

【网格管理】 2021年4月，区综合指挥中心发布《苏州市吴江区综合网格规范化建设指导意见》，召开全区综合网格规范化建设动员部署会，打造网格化治理2.0版。将每月20日设立为“网格服务日”，指导各区镇（街道）开展一系列主题活动。11月，与苏信学院共建网格学院，定期提升网格能力。各区镇（街道）按照网格化治理2.0版要求。完成阶段性改革。建成村（社区）网格化服务管理中心273个，覆盖率94%。

（姚逸峰）

【信息化建设】 2021年，区综合指挥中心会同区政府办公室（大数据管理局），召开专题会议，梳理形成渣土运输、人房管理等首批数字政府典型应用场景。4—5月，召集城管、公安、交通等14个部门，打造一批实用性、展示性兼备的应用场景。建设视频会议系统，实现区、镇（街道）两级指挥中心的互联互

通。接入公安、交通、水务等部门的业务专线，满足指挥调度需求。（姚逸峰）

人民武装

【党管武装】 2021年，区委、区政府学习贯彻习近平强军思想，把党管武装工作的基本理论、法规政策纳入区委常委会、区委理论学习中心组学习内容，纳入全区干部培训教学计划，认真学习《中华人民共和国兵役法》《民兵工作条例》《江苏省征兵工作条例》等法律法规，打牢坚决听党指挥、坚定看齐追随的思想根基。区委书记李铭，区委副书记、区长王国荣坚持靠前指挥、一线指导、现场办公，对重要事项、重点工程亲自过问、亲自协调，狠抓国防动员、民兵训练和经费保障等重点工作，督促相关政策落实到位、各项制度执行到位。把武装工作纳入全区经济社会发展规划和年度工作计划，确保与中心工作同研究、同部署、同推进。召开人民武装工作会议、武装工作例会、区委常委议军会议等，组织党政领导“军事日”活动，推动人民武装工作落地落实。（徐　丁）

【政治工作】 2021年，区人武部坚持用习近平新时代中国特色社会主义思想和习近平强军思想领航正向、铸魂育人。创新组织普法进军营、红色阅读分享会、“红五卅”红色街区剧本游等主题实践活动，坚持为群众办实事、解难题，协调推进

民兵军事训练　（区人武部　提供）

在编职工社保缴纳、公寓房安全设施建设等8项历史遗留问题解决。统筹开展党史、新中国史、改革开放史、社会主义发展史和军史学习教育，通过主官领学、个人研学、交流助学、考核促学等形式，严密组织党委中心组理论学习、周四理论“小夜校”、周五组织生活，跟进学好习近平主席最新重要讲话精神。结合民兵整组、专业分队训练和遂行任务等时机，抓好理论学习和思想政治教育，在《吴江日报》开设“民兵政治教育课堂”专栏，激发新时代民兵的责任感、使命感和荣誉感。春节前夕，部领导带队走访慰问困难军属家庭和结对助学家庭，发放慰问金，现地协调解决实际困难。（徐　丁）

【练兵备战】 2021年，区人武部坚决贯彻习近平主席训令，定期组织党委议战议训，确立军事斗争准备中心地位，聚焦打赢练兵备战。组织全要素应急分队演练，完成民兵军事训练385人次，投入20余万元购买新型军事训练器材，部领导参加省军区年底军事训练考核，综合成绩居分区第二。在应对5月份盛泽龙卷风突袭、7月底“烟花”台风过境、疫情防控时，全区民兵执行封堵缺口、装填沙袋、清除障碍、担负志愿者等任务。累计投入1100余万元，加强基层“三室一库”建设，全区11个基层武装部、276个民兵营连部全部达标。严格落实战备教育制度，修订完善战备方案计划，紧抓日常战备工作。（徐　丁）

【征兵工作】 2021年，区人武部征兵工作以提高兵员质量为根本，以“五率”（”（报名率、上站率、合格率、择优率、退兵率）考核为牵引，围绕大学毕业生和企业员工两个征集重点，全过程抓规范，全要素抓质量，全方位抓监督，全人员抓廉洁，较好完成新兵征集任务，春季

征兵100%大学生，秋季征兵零退兵。征兵体检期间，区委书记李铭专程到征兵体检站检查指导征兵工作情况；区长王国荣组织召开定兵会议；区委副书记钱斌在征兵体检站寄语应征青年提升自我、接受磨炼、保家卫国。各镇（街道）党政领导把征兵工作作为政治任务来抓，协调解决矛盾问题。征兵领导小组成员单位认真负责，全程把关。创新开展征兵宣传“八个一”活动、企业征兵“131”做法，协调出台《关于加强和改进新时代征兵工作的七项措施》和《关于在大学毕业生退伍军人中培养推选村（社区）“两委”后备干部的实施意见》等27项入伍激励政策和退役安置办法。（徐　丁）

【全民国防教育】 2021年，区人武部围绕增强全民国防意识和国防精神，开展国防教育“进机关、进学校、进企业、进社区、进村屯、进家庭”活动，挖掘国防园教育资源，打造民兵训练基地特色国防公园文化，更新公共场所国防教育知识展板；部主要负责同志先后为参训民兵、预定新兵、民兵营长等进行国防教育授课；连续18年在《吴江日报》每月出版《国防时空》专刊；筹集15万专项资金，为基层征订《中国国防报》《中国民兵》等期刊；重视典型培育和新闻宣传工作，200余篇稿件被《中国国防报》《中国民兵》《中国社会报》《苏州日报》等市级以上报刊杂志刊登。遴选训练出51名成绩优异的民兵骨干，颁发《学生军事技能训练承训资质证书》，做到承训持证上岗，先后为震泽中学、吴江中学等学校1.2万名学生进行军训。（徐　丁）

人民防空

【概况】 2021年，区人防办围绕人民防空根本使命，聚焦主责主业，以战领建、突出重点、狠抓落实。区人防办连续八年获评“江苏省县（市、区）人防工作先进单位”。与科研院所联合开展的人防工程平战转换课题研究获“2019—2021年江苏省人民防空优秀科研成果优秀奖”。（徐诗涵）

国防教育“进机关、进学校、进企业、进社区、进村屯、进家庭”活动
（区人武部　提供）

【组织指挥】 2021年，区人防办完成胜地疏散基地建设总投资4800万元；有序推进融合美丽乡村建设的星字湾村疏散地域，完成汾湖元荡区域疏散地域规划设计评审。选取奥林清华社区试点制定《人口疏散掩蔽预案》，开展“基于信息技术的战时人员精准防护研究”科研课题研究，推动人口疏散走向精细化、精准化；持续完善全区警报网建设，加大城市中心区、人员密集区和重点镇的防空警报器新增布点力度，年内新增警报点11处，更换警报点老旧设备4处，警报鸣响率100%，城区覆盖率100%。（徐诗涵）

【工程防护】 2021年，区人防办做好结建人防工程建设管理，使用人防易地建设费投资建设自建人防工程。阅湖大道（绿轴）人防工程完成人防验收；投资1.3亿元的盛泽东方中路人防工程开工。对既有人防工程开展标识标注优化提升，方便市民正确识别和使用人防工程。加强事中事后监管，丰富监督检查手段，与属地管理部门、综合执法部门建立联动检

查机制，采用"双随机"方式，强化对人防工程管理使用的监督检查。至年底，吴江区有人防工程近400个。（徐诗涵）

【专业队伍】2021年，区人防办多渠道"借脑""借力"扩充人防专业队伍。人防专业队整组为10支533人，完成合成救援专业队伍跨区域机动支援演练任务，从实战需要出发探索长三角区域一体化人民防空跨区域协同支援方法。组建无人机通信队伍，延伸人防指挥通信手段。（徐诗涵）

【训练演练】2021年，区人防办以赛促练，参加苏州市人防系统"争当表率、争做示范、走在前列"业务技能竞赛，获技能竞赛团体一等奖。开设无线电通信系列课堂，帮助队员熟练使用人防应急超短波、短波、卫星电话通信，单兵图传、无人机等器材设备，培养人防队伍骨干力量，提高队伍遂行任务能力和水平。坚持"周发动、月出动、季拉动"常态化开展机动指挥车拉动训练，完成肖甸湖综合训练拉动、青吴嘉三地人防"党务+业务"联合拉动、防汛通讯保障演练拉动、安全日宣传拉动、苏锡常人防机动指挥通信系统跨区域联训、吴江昆山太仓机动指挥通信联合拉动等。（徐诗涵）

【人防教育】2021年，区人防办丰富学校人防教育手段，全区1.2万名小学生、0.6万名中学生参加学校人防知识教育。开展"人民防空、铸盾为民"青少年手抄报大赛，提高中小学生人防意识，带动家庭参与人防基本知识普及活动；参加减灾委组织的"5·12"防灾减灾宣传活动，发放宣传资料2500余份，各学校、社区人防宣传同步开展。参加国家安全日宣传咨询，展示人防机动指挥车、无人机、短波电台等设备。组织开展"9·18"防空警报试鸣活动，吴江电视台同步播放警报试鸣宣传视频，线上线下同步开展人防宣传活动。组织开展"10·29"人防网络答题活动，参与人次2.8万次，知识点传播11.2万个。（徐诗涵）

2021年4月15日，青吴嘉三地开展人防"党务+业务"联动活动

（区住建局　提供）

公　安

【概况】2021年，区公安局以省厅"六六战略"、市局"双六"推进策略为统领，扎实抓好防风险、保安全、护稳定、促发展各项措施，为庆祝党的百年华诞营造平安稳定环境，在政治建警、改革强警、科技兴警、从严治警等方面取得进展。

（袁晓虎）

【疫情防控】2021年，区公安局严格按照"531"核查管控机制（是市社会及社区防控组精准核查管控疫情风险地区来苏人员的总体策略和创新战法，"5"是指盯牢五类核查人员，突出核查管控重点；"3"是指织密三道防控网络，即前端大数据促发网、中端网格化联控网、末端小程序监测网，形成核查管控闭环；"1"是指做实一套保障架构，统筹核查管控工作）及"一办七组"（一个办公室即区局防控办；七个工作组：物资保障组、交通管控组、法律支撑组、内控管理组、应急处突组、落地查控依法打击组、核酸检测动员和社区管控组）工作职责开展常态化新冠肺炎疫情防控工作，坚持"可知可控、精准防控"原则，从严加强大网铁"1155"常态化疫情

“531”商情电话核查大厅 （区公安局 提供）

防控措施（第一个“1”是坚持大数据精准赋能，第二个“1”是强化社区网格化防疫，第一个“5”是健全社区民警、社区干部、网格员、基层卫健人员和志愿者“五包一”工作机制，第二个“5”是落实机关、企事业、社会团体以及其它市场各类主体“五有”防控措施），落实公共场所健康监测，严密人员密集场所管控，夯实重点单位内部防控，全面压实疫情防控责任，筑牢社会面疫情防控屏障。全年精准核查涉疫信息35万余条，“531”电话核查专线单日核查量超2万起。（袁晓虎）

【刑事侦查】 2021年，区公安局启动苏州南部执法办案中心建设；改革案审模式，开启“一门通办”“上门服务”“视频会商”新模式，百警公诉数连续8年位列苏州大市第一。加强法治文化建设，67名民警通过法律职业资格考试；是年，区公安局获2021年度全市公安机关法律知识竞赛一等奖。

（袁晓虎）

【经济侦查】 2021年，区公安局构建涉众型经济犯罪防控体系，树立维稳防控前置意识，开展源头治理，阻断金融风险，排查梳理风险企业2152家，立案非法集资案件3起，抓获犯罪嫌疑人11名。强化情报引领下的数据研判、精准打击和集群作战，在全国范围内成功发起涉税、洗钱、虚拟币传销、假币等领域5起战役，“云端”各领域绩效在苏州大市名列前茅。通过“云端”接收涉众型协查案件47起，协助异地公安机关登记本地投资者500余人，统计受损金额超4.6亿元。以“破大案、摧网络、斩链条”为目标，开展大要案攻坚，侦破吴江“6·7”特大假冒知名品牌摩托车头盔专案，摧毁生产、销售假冒品牌头盔窝点15处，抓获涉案人员30人，现场查扣假冒头盔1.5万余顶、侵标标识30余万套。（袁晓虎）

【社会面防控】 2021年，区公安局落实“三防一打”策略，推动全区反诈“百日攻坚”“百日提质”向常态长治迈进，精准拦截涉诈网址30余万个，发送短信2000余万条，电诈警情数比2020年下降15.4%；全区公交车辆驾驶区隔离设施、自动灭火破窗装备、高清智能视频监控100%覆盖；推动“平安前哨”建设，完成示范区开发者大会等36项111场群众性活动和重要会议安保维稳工作；常态化开展武装巡逻，累计出动巡逻警力1556人次，妥善处理各类不稳定事件。（袁晓虎）

【科技应用】 2021年，区公安局依托新一代雪亮技防工程建设，部署多维感知设备和智能分析平台，形成校园、小区、水域等多维感知圈；汇聚270余项28亿余条数据资源，建成流动人口管理、出租房屋监管等实战模型21个，补盲5万余名流动人口，登记率提升5个百分点，抓获犯罪嫌疑人1005名、逃犯303名；“网络贩枪线索预警模型”获全省刑侦部门建模比武第一名；根据公安部摩托车驾驶证全国“一证通考”工作要求，7月1日全省首家启用摩托车智能评判考场，实现考试流程智能化覆盖率100%。

（袁晓虎）

【执法办案】 2021年，区公安

局全面深化“专业打职业”改革，7月20日被公安部确定为全国区县级智慧侦查中心试点建设单位，融合刑警侦查思维、网安专业手段及数据战队资源，大侦查格局初步成型。紧盯与群众利益息息相关的侵财案件，民生小案破案率提升至43.34%，公诉371人；通过小案集群，攻克跨区域系列诈骗案件4串，采取刑事强制措施对象36人；首次侦破涉及文物犯罪、利用“注水车”诈骗等新型案件；电子物证实验室定人、定岗、定责，受理检材实现“0”积压；DNA实验室优化检验流程，确保重大案件8小时内、一般案件24小时内出结果；完成“全区男性家族Y染色体数据库”建库工作，声纹、虹膜采集工作全市领先。（袁晓虎）

【网格治理】2021年，区公安局落实“1+5+1”网格建设要求（每个网格按要求配足1名网格长、5类网格员、1名网格监督员），推动综治网格员试点改革，配套落地“警务、综治”网格员全流程职责清单；挂牌成立警务网格联动工作站，深入“双网融合”，协同采集信息183万余条、排查隐患26万余处。（袁晓虎）

【服务民生】2021年，区公安局梳理网上全流程办理、不见面办理事项106项；推出“驾驶证期满换证”“校车标牌核发”等服务套餐；推进政务服务事项“一门受理”，20个派出所办证窗口100%入驻属地“为民服务中心”。打造安商护企最优环境，推行“一站通查”服务模式，帮助企业查询内部人员违法犯罪记录1146人次；构建企业舆情保护促发联动机制，协助恒力、盛虹等集团处置网上造谣等事件；编印《经营者商业秘密保护手册》，维护创新企业竞争优势；针对性组建“反诈”宣传、交通安全、人口管理、消防安全、内部防范等多支公安宣讲团，深入企业开展巡回宣讲、专题培训1400余次。（袁晓虎）

【教育整顿】2021年，区公安局推出“三度五率”指标体系，出台全局“制度建设管理指导意见”一个纲领，完善“财务管理”等N个制度，形成“1+N”制度管理体系；持续深化教育整顿，推动顽瘴痼疾整治销号清零；出台38项长效制度，教育整顿从“当下治”向“长久立”延伸；完成智慧督察升级建设，配套云端自动识别、智能预警等功能；优化“1+1+7”联动共治监督联席会议机制，严守管理“底线”“红线”，提优队伍质态。（袁晓虎）

【长三角警务协作】2021年，区公安局立足示范区公安“155”（即以青吴嘉一体化示范区警务协作为主体，以涉稳联控、勤务联动、治安联防、情报联通、服务联办“五联要求”为切入点，追求实现预警处置、协同指挥、巡防临检、数据赋能、政务服务“5优目标”）拥抱计划，持续强化区域党建共建意识，发布示范区公安党建联盟LOGO、原创歌曲；举行首批公安党建示范点授牌；举办先进典型事迹巡回宣讲等系列活动。围绕涉稳联控，建设情报联盟，共享情报线索60余条，落地稳控11人；围绕勤务联动，搭建“长三角警务合作专线电话”，开展“2+2”毗邻区统一清查，

2021年10月26日，2021长三角生态绿色一体化发展示范区警务合作会议在吴江召开（区公安局 提供）

推动食药环案件量刑标准统一互认，破获"6·11"特大跨省非法倾倒固废案；围绕治安联防，建立苏浙、苏沪3个联勤检查站，"一点两检"模式全面推广；围绕数据联通，搭建"星链盟"警务协作共享平台；围绕服务联办，推动人才落户、跨省户口迁移等"一件事"系列服务，受理首例示范区执委会推荐外籍人才永久居留申请；推动签署大数据、教育训练、情指、食药环、刑警、巡特警、交管7大领域合作协议，进一步扩大警务融合覆盖面。

（袁晓虎）

检　察

【概况】 2021年，区检察院聚焦法律监督主责主业，依法全面履行四大检察职能，获评"全国检察机关文明接待室""江苏省先进基层党组织""全省检察机关扫黑除恶斗争先进集体"等称号，社区矫正办案团队、破产监督办案团队分别被最高人民检察院第五检察厅、省检察院确定为优秀办案团队，先后有36个集体、122人次获得区级以上表彰。（赵　聪）

【刑事检察】 2021年，区检察院依法批准逮捕各类犯罪嫌疑人524人，提起公诉2288人。司法办案严把事实关、证据关，针对侦查、审判和刑罚执行活动中发现问题，依法开展立案监督、纠正漏捕漏诉、纠正违法、刑事抗诉等工作。坚持"双赢多赢共赢"监督理念，与区公安局、法院共同做好监督意见建议落实工作，维护司法权威和司法公正。贯彻"少捕慎诉慎押"刑事司法政策，对犯罪情节轻微、认罪悔罪、社会危险性不大的犯罪嫌疑人，依法不批准逮捕315人、不起诉611人。加大对侵犯企业合法权益犯罪打击力度，对侵犯知识产权、制售假冒伪劣商品犯罪案件提起公诉82人；对涉众型经济犯罪、网络金融犯罪案件提起公诉63人。保持惩治腐败高压态势，与区监委建立健全衔接机制，对15名涉嫌贪污贿赂、渎职的职务犯罪嫌疑人依法提起公诉。常态化开展扫黑除恶斗争，始终保持对严重刑事犯罪的高压态势，提升群众安全感。针对民生关切加大办案力度，依法起诉侵害民生民利犯罪案件681人。依法打击新型互联网犯罪，办理的非法获取计算机信息系统数据案入选省检察院公告案例。全年办理涉未成年人犯罪案件140件186人，依法对犯罪情节轻微、真诚认罪悔罪的40名未成年犯罪嫌疑人，作出不起诉决定，开展跟踪帮教310次，为33名涉罪未成年人家长提供家庭教育指导，救助特困未成年被害人29人。开展防范校园欺凌等法治宣传39次，受众师生超过6000人次。联合区教育局、妇联共同申报的女童保护项目获评省巾帼志愿服务十大优秀项目，1名干警获评全国维护妇女儿童权益先进个人。（赵　聪）

【民事行政检察】 2021年，区检察院贯彻实施《民法典》，推动民事检察工作提质增效，办理民事检察监督案件162件，发出再审检察建议11件。会同区法院常态化开展虚假诉讼治理行动，办理虚假诉讼监督案件9件，挽回损失3680万元。推进行政检察监督，开展行政争议实质性化解，办理各类行政检察监督案件30件，化解行政争议6件。联合区法院、劳动仲裁部门签订《会商纪要》，涉破产劳动仲裁案件法律适用、程序衔接、审查调查等，维护破产企业职工合法权益。与区法院、税务部门建立司法拍卖涉税协作机制，"吴江某丝绸织造厂拒不开具发票民事检察监督案"获评吴江区营商环境优质案例。（赵　聪）

【公益诉讼检察】 2021年，区检察院受理公益诉讼案件线索163件，发出诉前检察建议88件，提起环境、食品、药品刑事附带民事公益诉讼25件，督促落实生态环境损害修复费用1100余万元、食药品安全惩罚性赔偿金300余万元。深入贯彻《长江保护法》，一起非法捕捞公益诉讼案入选"沪苏浙皖检察机关长江保护新闻发布会"典型案例。通过上下联动、府院联动、区域联动，合力办好最高人民检察院交办的6条生态环境问题公益诉讼线索，取得较好成效，获最高人民检察院领导4次批示肯定。联合区住建、残联、城管等部门开展无障碍设施建设公益保护行动，规范无障碍设施建设80余处，查处违规占用无障碍停车位案件16起,拖移占用盲道非机动车近8000辆。依法开展行政公益诉讼诉前磋商、制发诉前检察建议,联合区资规局督促整改违法用地近40亩。贯彻落实《个人信息保护法》,办理侵犯公民个人信息公益诉讼案件8件。深化“专业化监督+恢复性司法+社会化治理”生态检察机制,以公益诉讼诉前磋商、公开听证等方式,督促违法犯罪人员支付生态环境损害赔偿金或采取“劳役代偿”“增殖放流”等替代性措施,解决生态修复难题。(赵　聪)

【刑事执行检察】 2021年,区检察院进行出入所检察3554人次,发出纠正违法通知书35份,检察建议书1份,监管场所均予以采纳。办理控告举报申诉2件,维护在押人员合法权益。加强社区矫正检察监督,检察监外执行人员586人。根据教育整顿相关要求,排查近30年区法院、区看守所办理的减刑、假释、暂予监外执行案件2292件,督促整改不规范问题。联合示范区检察、司法行政等部门出台涉民营企业社区矫正对象外出请假实施细则,明确民营企业经营者范围认定、请销假管理尺度。针对企业法定代表人变更“一刀切”,制约企业经营等难题撰写调研报告,获省检察院调研组肯定。(赵　聪)

【控告申诉检察】 2021年,区检察院受理群众信访186件次,群众来信100%做到七日内回复,办理群众申诉案件38件,全部息诉罢访。妥善化解涉案矛盾纠纷,开展检察公开听证44次,办理国家司法救助案件96件。通过支持起诉、组织调解等方式办理涉农民工讨薪案件58件,帮助追讨薪酬140万余元。依托“吴江检察在线”微信公众号和“苏周到”App,打造“12309苏检云窗口”信访平台,实现涉检信访工作“人工+自助”双轨便民服务,获评全市政法系统“我为群众办实事”优秀项目。(赵　聪)

【案件监督管理】 2021年,区检察院全面落实案件异地评查工作要求,累计评查137件,发现问题274个。依法为律师履职提供便利,保障律师依法行使执业权利,当面接待律师1300余次,接待律师电话查询2200余次,接待律师阅卷申请654次,全部提供光盘刻录,主动告知律师程序性信息1500余次。严格落实上级疫情防控部署要求,落实“不见面表达诉求”“不见面流转案件”“战‘疫’防控责任到岗到人”等举措,完成上海、天津、河北等律师异地阅卷6人次。加强涉案财物管理,对涉案财物开展专项检查。全年处理公安机关、监察机关移送涉案款924.94万元、物品31件。(赵　聪)

【长三角检察一体化】 2021年,区检察院拓展深化示范区检察协作,联合上海青浦区检察院、浙江嘉善县检察院签订2021年青吴嘉检察协同发展重点项目方案及清单,在重点工程护航、生态环境保护、公共服务均等化等方面深度合作。建立示范区“河长+检察长”联合协作机制,加强三地水域治理。成立“示范区知识产权检察保护中心”,构筑“共创、共建、共享”知识产权检察保护屏障。签署《检察公开听证实施细则》,组

2021年4月26日,“长三角生态绿色一体化发展示范区知识产权保护中心”揭牌　(区检察院　提供)

建三地听证员库，探索司法救助案件异地公开听证。联合举办法治进校园活动，三地检察官携手开展防范校园暴力法治巡讲。示范区法检、税务部门共同签订《涉税证据调取合作协议》，探索构建司法强制执行、税收征管与破产案件涉税处置协同机制。（赵　聪）

法　院

【概况】 2021年，区法院认真履行职责，稳步推进改革，为加快建设社会主义现代化强区提供司法保障。全年受理各类案件36647，比2020年（下同）增加11.06%，其中新收31520件，增加12.97%；审执结30787件，上升10.47%。是年，全院19个集体、26名个人获市级以上表彰，其中司法警察大队被最高院授予人民法院司法警察先进集体称号，经济技术开发区法庭获评全省法院党建工作先进集体、全省优秀人民法庭，民二庭获评省青年文明号。（潘志明）

【刑事审判】 2021年，区法院受理刑事案件1840件，比2020年（下同）减少9.49%，其中新收1684件，减少10.52%；审结1712件，减少8.79%。保障群众生命财产安全，审结严重暴力犯罪案件32件，审结多发性侵财犯罪案件427件。推进扫黑除恶常态化，审结涉恶势力犯罪集团案件1件3人。维护社会管理秩序，审结“黄赌毒”违法犯罪案件94件。开展“断卡”行动，审结帮助信息网络犯罪案件89件。维护公众出行安全，审结危险驾驶犯罪案件597件。守护舌尖、针尖安全，审结危害食品、药品安全犯罪案件22件。守住安全生产底线，审结重大责任事故犯罪案件14件。保持惩治腐败高压态势，审结职务犯罪案件18件18人。推动行业建章立制，发出司法建议34条。（潘志明）

【民事审判】 2021年，区法院受理民商事案件20306件，比2020年（下同）增加7.78%，其中新收17394件，增加8.06%；审结16816件，增加5.58%。民事案件新收11610件，增加11.05%；审结11120件，增加7.52%。商事案件新收5320件，增加3.52%；审结5243件，增加3.27%。知产民事案件新收463件，减少7.95%；审结452件，减少11.20%。服务民营经济健康发展，保护数转智改创新环境，打造“鲈乡最知心·舒心·安心”司法品牌，增加18项保护创新经济举措，联合部门共建知产保护大格局。开展民间借贷专题调研，规范金融市场秩序，助力区内银行不良贷款率下降至12月末的0.66%。强化民生司法保障，推动构建和谐劳动关系，协助仲裁委诉前化解纠纷30件，帮助2288名务工人员追回欠薪5818.51万元，全国首创破产企业劳动争议处置衔接机制。促进家庭和谐稳定，首次联合专业社会组织开展案件调查，设立未成年人探望中心，发出人身安全保护令12份。（潘志明）

【破产审判】 2021年，区法院受理破产案件260件，比2020年（下同）增加15.04%，其中新收185件，增加25.85%；审结196件，增加29.80%。出清“僵尸企业”185家，盘活资产24.8亿元，释放土地59.22万平方米，优化法治营商环境。探索“诉转破”机制，首试诉前调解转破产。深化与个人破产制度

2021年6月18日，吴江法院盛泽法庭法官走进辖区桥北社区法官驿站普法送法

（区法院　提供）

功能相当的试点工作，审结个人债务清理案件55件，创新受理、审理、功能“三项机制”，出具全省首张个债免责裁定书，相关工作被写入最高院工作报告。发挥破产挽救功能，审结重整案件6件，引入投资3.5亿元，促进3家企业和解，清理债务2244万元，刚松破产重整案入选最高院发布的人民法院助推民营经济高质量发展典型案例。出版首部业务专著《吴江法院破产审判全景报告》。（潘志明）

【行政审判】 2021年，区法院受理行政案件82件，比2020年（下同）增加74.47%，其中新收76件，增加145.16%；审结58件，增加41.46%。受理行政非诉审查案件228件，增加2.70%，其中新收226件，增加1.80%；审结228件，增加3.64%。参与环太湖法院生态修复司法协作研讨，共护生态绿色底色。借助府院联席会议机制，化解违法建筑拆除、违法建设用地整改等行政争议纠纷，消除行政执法中潜在冲突隐患。监督支持依法行政，纠正行政机关不规范行为，保护行政相对人合法权益。加大争议协调力度，促进“官”民和谐。组织安全生产行政执法规范化培训，提升依法行政能力。（潘志明）

【案件执行】 2021年，区法院受理执行案件（不含恢复执行、执行保全）11714件，比2020年（下同）增加14.45%，其中新收9821件，增加19.72%；执结9661件，增加15.81%，执行到位41.73亿元。开展集中执行、强制清场16次，拘留25人，罚款15人11.35万元，纳入失信、限高、边控名单14724人次。推进示范区诚信建设，联合示范区法院发布失信被执行人名单72人次，上线“长三角示范区执行在线”平台，打通政务数据通道，五分钟办结跨域事项。巩固综合治理执行难大格局，联合公安机关打击拒执犯罪，移送案件10件18人，判决3件7人，联合市场监管局推送3591家失信企业信息，与国土、税务等部门形成常态协作。健全执行指挥中心定岗定责管理模式，巩固“流程标准化、事务集约化、监管可视化”运行常态，建立执行案款管理、终本案件管理长效机制。（潘志明）

【诉讼服务】 2021年，区法院建成“一站式”高效诉讼服务中心。依托苏州智慧法院App、江苏微解纷、移动微法院等信息系统，优化智慧诉服体验，快速审查并网上立案1488件。推进示范区跨域诉讼服务，“一窗通办”跨域立案72件。推进全域诉讼服务，实现全市范围诉服事项通办。设立敬老助障专窗，畅通诉服绿色通道。推出“法检一站式”司法服务，丰富节假日便民举措。深化司法公开，网络直播庭审9810场次，公布裁判文书18905篇，举办新闻发布会5场，组织法治巡回宣讲12场，通报典型案例47则。（潘志明）

【多元解纷】 2021年，区法院健全纠纷多元化解机制，全国首创联合保险公司概括性确认诉前送达效力。构建立体解纷体系，由人民调解员、网格员等处理一般民事纠纷，由商会、行业调解员等处理类型化纠纷，由律师调解员等处理复杂纠纷。249名特邀调解员、15个特邀调解组织发挥实效，物业、保险、相邻关系、房地产、家事纠纷5个专业化调解室运行顺畅，诉前接受委派15028件，调解成功4054件。推进诉源治理，开展“法官进网格”，发挥人民法庭作用，省高院在经济技术开发区法庭设立服务乡村振兴实践基地。打造经济技术开发区法庭智能样本，提速智慧解纷，完善“苏智”办案辅助平台，升级“苏小e”语音助手，打造“E键”特色品牌，法庭智慧建设经验入选最高法院新时代人民法庭建设案例，获评首届江苏智慧法治十大优秀案例。（潘志明）

【审判监督】 2021年，区法院新收申诉、复查案件58件，比2020年（下同）增加16.00%，无旧存；审结57件，减少25.97%。受理再审案件36件，减少52.00%，其中新收28件，减少31.71%；审结32件，减少52.24%。编发《审判管理工作通报》29期，评查重点案件1074件，专项评查发改及再审案件198件、审限6个月以上的民商事及执行案件911件。加强审判管理，构建日常评查、定期评查、重点评查、专项评查

2021年11月19日，江苏省高院服务乡村振兴（吴江开发区法庭）实践基地揭牌　（区法院　提供）

“四位一体”评查模式。强化院庭长监管职责，规范审限变更审批，落实未结督办机制，建立裁判文审机制，确保案件质效源头管理。（潘志明）

【司法改革】2021年，区法院深化以审判为中心的刑事诉讼制度改革，组织庭前会议，提高庭审效率，落实证据出示、事实查明在法庭。深化认罪认罚制度改革，依法对2280名被告人适用认罪认罚从宽制度。深化民事诉讼程序繁简分流改革，打造诉前阶段多元调解、立审衔接速调速审、审理阶段繁简分流的工作格局，实现案件快慢分道。23个速裁团队优化分工、高效运转，文书简化、庭审简化、电子诉讼等举措稳步推进，广义简易程序适用率96.05%、简式文书适用率95.83%，在线庭审4136件、电子送达20851件。诉调实质对接成效明显，调解员可标准化完成材料送达、地址确认、焦点梳理、证据交换等部分程序及实体事务，案件平均审理天数同比缩短20.34天。（潘志明）

司法行政

【概况】2021年，区司法局聚焦法治吴江建设一条主线，紧扣“一个统筹、四大职能”的职责使命，突出党史学习教育和政法队伍教育整顿两个重点，全力推进司法行政事业高质量发展。吴江公证处获评第三届“新时代江苏司法为民好榜样”，苏州胜地法治园获评第八批省级法治文化建设示范点，叶泽湖花苑社区“百姓说事”工作典型获评全省城乡基层援法议事范例。（陈晓红）

【两项政治任务】2021年，区司法局党委根据上级统一部署，结合工作实际，紧紧围绕学史明理、学史增信、学史崇德、学史力行和“学党史、悟思想、办实事、开新局”的总要求，紧扣政法队伍教育整顿“三大环节、四项任务、五个过硬”，坚持问题导向，高质高效推进党史学习教育与政法队伍教育整顿落地落实。确定“我为群众办实事”实事项目6件，累计受益群众55万人次。其中“法律顾问进村（社区）”被列入区级重点项目清单。开展政治教育、警示教育、英模教育，引导全区司法行政干警守初心、担使命、提素质、做表率。突出“六大顽瘴痼疾”整治，从严推进律师、公证、司法鉴定行业突出问题专项排查治理工作，强化行业监管，规范执业行为。统筹“当下治”与“长久立”，坚持边查边改、边治边建，累计修订完善制度13项，形成长效机制。为充分展示党史学习教育和政法队伍教育整顿成果，全面反映机构重组后司法行政事业的发展历程，区司法局原创散文诗《初心如磐，使命在肩》在6月19日举办的“百年风华，齐心向党”主题党日活动中演出，献礼建党百年。（陈晓红）

【法治建设】2021年，区司法局落实法治建设部署，出台《法治吴江建设规划（2021—2025年）》《苏州市吴江区法治社会建设实施方案（2021—2025年）》和“八五”普法规划，系统谋划“十四五”时期吴江法治建设工作蓝图；细化部署30项2021年度依法治区工作要点，形成以点带面、分层推进、狠抓落实的法治建设格局；制定《关于全面加强基层法治建设　提升基层依法治理水平的实施意见》，统筹推进镇（街道）和城乡社区法治建设；全面推行“大数据+指挥中心+综合执法队伍”，配合编制综合行政执法“三张清单”，印发《苏州市吴江区镇（街道）行政执法监督制度》，法治政府建设满意度高于90%。制定《2021年度法治督察工作计划》，确定学习贯彻习近平法治思想、推进第一责任人履职、法治政府建设与责任落实等5项年度督察项目；明确年度监测事项及标准，将9类法治江苏建设和10类法治苏州建设法治监测评价指标分解落实到各个责任单位；将法治吴江建设纳入区年度综合考核体系，坚持法治建设与经济社会发展同部署、同推进、同考核；出台《关于推进区域社会治理法治化的实施意见》，围绕“打造区域社会治理现代化先行区”总目标，构建区域制度规范、法治实施、法律服务、秩序修复、信仰培育五大体系。围绕“我为群众办实事”实践，打造法治惠民实事品牌，实现全区290个村（社区）“援法议事”机制全覆盖，组织实施2021年度“关爱民生法治行”13个惠民项目，提升人民群众法治获得感和满意度。

（陈晓红）

【规范制度建设】 2021年，吴江区政府办印发《区政府办公室关于印发2021年区政府行政规范性文件制定计划的通知》，区住建局、区城管局、区水务局等4个部门5个项目列入计划。制定《关于建立区级行政规范性文件起草项目季度征询机制的通知》，推动文件制定程序合法规范。印发《区政府办公室关于公布2021年度苏州市吴江区政府重大行政决策事项目录的通知》，区文体广旅局、区城管局2个项目列入目录。组织开展重大行政决策实施后评估工作，区卫健委《新建吴江区儿童医院项目》、区教育局《吴江高级中学改扩建项目》2个项目被列入。强化行政规范性文件公开，在区政府门户网站行政规范性文件专栏公开现行有效行政规范性文件69件。开展涉及长江流域保护、涉及新行政处罚法的行政规范性文件清理工作。经清理，其中涉及长江流域保护的行政规范性文件0件；涉及新行政处罚法的行政规范性文件184件，拟废止23件，拟修订6件，已废止1件。组织开展行政规范性文件实施后评估工作，10件文件列入评估，其中制定后评估6件，实施情况评估4件。加强前置审查，审核各地各部门文件90件，反馈意见113条，出具合法性审核意见书6份，向苏州市政府和吴江区人大报备区政府行政规范性文件3件，接受各地各部门向区政府备案部门规范性文件6件。提高区政府法律顾问参与度，邀请区政府法律顾问参与审阅政府合同19件，反馈意见118条。就《苏州市物业管理条例》及区政府行政规范性文件向区政府法律顾问征求意见，收到反馈意见建议10条。提升行政法律事务审查把关能力，承办各类征求意见稿138件，其中省、市立法征求意见事项44件，反馈意见162条，各地各部门文件98份，反馈意见186条，审阅政府合同22件，反馈意见130条，出具法律研究意见书14份，协助、参与基层立法调研3次。

（陈晓红）

【行政执法监督】 2021年，区司法局强化监督协调指导，印发《苏州市吴江区行政诉讼案件出庭应诉规定》，加强对行政机关负责人出庭应诉的日常监督。召开行政与司法联席会议，通报2020年度行政复议应诉、“两法衔接”、行政审判等情况并提出意见建议。印发《关于推进行政复议体制改革的实施意见》，明确四大类十七项改革措施，有序推动集中管辖、统一受理、专职办案等重点举措落地运行。印发《苏州市吴江区人民政府关于统一行使行政复议职责有关事项的通告》并在政府网站公告。全年收到行政复议案件95件，其中受理67件，不予受理5件，协调处理23件，复议直接纠错率21.2%，实质性化解率24.2%。印发行政复议意见书、建议书12份，代表区政府出庭应诉13件。全面推行行政执法“三项制度”、证明事项告知承诺制、“免罚轻罚”清单2.0版、重点领域行政执法监督，贯彻落实新修订的行政处罚法，全年涉及免于行政处罚案件1129件，免除金额901.86万元，减轻行政处罚案件454件，减少金额4649.56万元。完成全区执法人员执法证年检备案换证和2021年度全区行政执法证新申领工作，229名执法人员通过考试并领取执法证。印发《关于公布市场监管等七个领域综合行政执法权力清单的通知》(共2982项)；印发《苏州市吴江区综合行政执法首接负责制》《开展镇(街道)综合执法改革法治评估工作实施方案》《苏州市吴江区镇(街道)行政执法监督制度》。开展长三角一体化示范区内执法监督合作交流，牵头举办长三角生态绿色一体化发展示范区行政处罚案卷互评活动，牵头起草《行政处罚案卷质量标准(试行)》《普通程序行政处罚案卷评查标准(试行)》，联合青浦、嘉善共同印发实施。（陈晓红）

【人民参与和促进法治】 2021年，区司法局以推进区域社会治理现代化为内生动力，夯实社会和谐稳定基础。“立法民意直通车”稳步运行，区镇村三级民意征集区、征集点实现全覆盖，推动立法更好地体现民意、集中民智、服务民生。注重实体平台，线上建立网格多元调解平台，推广实施“苏解纷”，线下推动矛调中心(工作站)、非诉讼服务中心(站点)全覆盖，新挂牌成立行政争议化解中心，做优“线上+线下”调解服务。健全医调、交调、校调、公调、诉调、检调对接，推动各类纠纷解决方式流转互通、结果互认，实现“链条式”调解，调解体系更加完善。引入律师调解员及保险、医疗等领域专业调解员，提升调解专业化水平。推进区域社会治理现代化“八心工程”(即：党建引领凝心工程、风险防范安心工程、矛盾化解顺心工程、公共服务舒心工程、网格治理聚心工程、心理健康暖心工程、社会参与同心工程、科技赋能慧心工程)，打造“1+5+1”吴江网格化治理2.0版，全面推行“大数据+网格化+铁脚板”治理机制，全面落实周排查、月研判、季通报。区镇两级全年共排查社会矛盾纠纷1974次，调解矛盾纠纷21769件，调解成功率99.5%，有效发挥人民调解维稳“第一道防线”作用。（陈晓红）

【普法与依法治理】 2021年，区司法局全面落实“谁执法谁普法”“以案释法”“媒体公益普法”三项机制。继续做好“谁执法谁普法”项目清单收集工作，明确各普法责任主体的工作职责和任务，30家单位报送110条清单，48家单位报送履职自评报告。启动实施民法典解读工程，培育法律明白人1073人，法治与自治双向发力，普法知晓率和满意率均达90%以上。组织习近平法治思想音频学习大赛，全市范围内参学率排名第一。推动普法阵地建设亮化升级，打造苏州胜地法治园，推进大运河法治文化长廊建设，建设七都“乡村治理会客厅”。开展安全生产法律法规和安全生产知识培训、全区农民工学法活动、安全生产主题法治动漫、法治广告、法治微电影展播展映，开展普法活动4场，参与群众1.8万人次。发挥“鲈乡普法”微信公众号线上平台作用，全年发布普法推文603条，其中原创205条。开展国家级和省级民主法治示范村(社区)复核和创建工作，现有国家级民主法治示范村2个，省级民主法治示范村(社区)133个。青吴嘉三地联合举办《民法典》专题讲座网络直播、法律知识竞赛等多项法治文化活动；举办长三角法治文化艺术节，发布长三角法治文化阵地地图；结合文产旅融合进程，探索构建更具参与性的法治文化阵地和体验线路，推动区域法治文化作品交流共享。（陈晓红）

【公共法律服务】 2021年，区司法局落实“我为群众办实事”项目6项，“法律顾问进村(社区)”被列入区级重点项目清单(第二类)。以“线上办”“网上办”为突破口，提供24小时不打烊的普惠型公共法律服务。首创设立“12348”线下咨询快车通道，搭建区镇村三级“两中心一站点”服务平台。全年线下平台受理咨询3373件，接听来电9849个，接待来访2958人次，收到群众锦旗25面，惠及群众4万余人次。在苏州率先推出“代查代办”公证服务方式，有关案例获司法部副部长熊选国、省司法厅厅长柳玉祥批示肯定。基层公证联系点实现区镇全覆盖。以区块链、大数据等信息技术为硬核抓手，推动实现传统业务有机更新。全年办结各类公证8577件、同比增长19.89%。法律援助事项范围负面清单试点深入推进，全面落实省委、省政府民生实事项目“法援惠民生·拓展工程”，成立吴江区首个老年人法律服务工作站，将高龄、孤寡、失能、困境儿童、重度残疾人等特殊困难群体纳入援助范围。与区人社局、区住建局签订三方协议，对农民工讨薪等重大矛盾纠纷实现“早介入、快衔接、速援助”。法律援助志愿律师承办的“李某某工伤赔偿”案入选《2021年江苏省法律援助基金会资助典型案例（汇编）》。全年办理各类援助案件1900件，案件结案率61%；提供认罪认罚法律帮助2698人次。聚焦“政法惠企”，结合“公共法律服务进园区”“法企同行”等专项法律服务活动，建立企业常态化法律服务机制，配备优质法律服务团队。精准对接企业经营需求，收集排查企业对法治服务的需求，推动民营企业高质量发展，《吴江转型升级“公证顾问”制度全面服务产业链企业》获省司法厅副厅长张亦军批示肯定。推进“律师+公证”知识产权领域合作，探索涉外法律服务，惠企法律服务团签约高端装备制造企业，帮助提升产业链稳定性、安全性和竞争力。提供法律风险服务需求546项，帮助企业化解风险、解决问题4652件，挽回损失超亿元。推进示范区共建法律服务备忘录实施，区律协成立示范区专业委员会，推荐10名资深律师参与组建示范区公共法律服务专家团。《“青吴嘉”法律援助共建合作框架协议》和《青吴嘉公证共建合作框架协议》两项协议落实三地公证、法援“一网通办”“代查协办”，实现跨区域惠民便民合作。 （陈晓红）

2021年5月19日，“青吴嘉”三地法律援助战略合作签字仪式
（区司法局　提供）

【社区矫正和安置帮教】 2021年，区司法局注重数字赋能，创新建立“分类管理”“联动管理”制度，实现“智能管、精准矫、云端学、链上考”。以矫正方案为统揽、以分类教育为核心、以定期集训为载体，全领域、全流程、全环节贯穿损害修复理念，开展“破茧化蝶”女性特殊人群关爱活动；建立心理危机三级干预机制，在册社区矫正对象全部纳入心理服务社会服务点；加强特殊人群特困家庭未成年子女“护苗”力度，开展“金秋助业助学”专项帮扶；对特殊人群中生活困难的“三类人员”协调落实帮扶政策，《21面锦旗彰显苏州社区矫正人性关怀》获省司法厅刘保民副厅长批示肯定。截至2021年12月31日，全区管理在册社区矫正对象468人，刑满释放安置帮教对象1523人，解除强制隔离戒毒后续照管对象144人，全年实现全区无脱漏管。

（陈晓红）

（本栏编辑　钱晓燕）

经济管理和体制改革

【国民经济和社会发展计划】2021年1月6日，吴江区第十六届人大第五次会议审议通过《关于苏州市吴江区2020年国民经济和社会发展计划执行情况及2021年国民经济和社会发展计划草案的报告》，明确2021年全区经济社会发展的主要目标为：地区生产总值增长6%以上；一般公共预算收入增长5%以上；全社会固定资产投资增长10%以上；社会消费品零售总额增长5%；实际使用外资5亿美元；外贸进出口总额保持稳定；全社会研究与试验发展经费支出占地区生产总值比重3.4%左右；企业研究与试验发展经费投入增长10%以上；新增有效发明专利600件，新增高价值发明专利300件；全员劳动生产率保持增长；工业增加值率保持增长；城乡居民人均可支配收入增幅不低于地区生产总值增幅；城镇登记失业率控制在3%以内；单位地区生产总值能耗下降完成上级下达任务；化学需氧量、氨氮、氮氧化物及VOCs等主要污染物排放总量削减完成上级下达任务。

7月30日，《苏州市吴江区2021年国民经济和社会发展计划上半年执行情况报告》在区第十六届人大常委会第三十八次会议上审议通过。（朱晓芳）

【经济运行分析】2021年，面对复杂多变的国际国内环境，全区坚持稳中求进工作总基调，立足新发展阶段，贯彻新发展理念，服务和融入全国新发展格局，坚定扛起“争当表率、争做示范、走在前列”使命担当，紧扣“一体化”和“高质量”两个关键，统筹疫情防控和经济社会发展，全力推进长三角生态绿色一体化发展示范区建设，全面落实“五新”目标任务，打造“创新湖区”，建设“乐居之城”，经济社会发展呈现持续向上向好态势。全区各项主要指标完成情况如下：实现地区生产总值2224.53亿元，增长8.0%（可比价）；完成服务业增加值1027.18亿元，增长5.3%，三次产业结构优化为1.7∶52.1∶46.2；一般公共预算收入完成258.06亿元，增长9.1%；全社会固定资产投资完成646.07亿元，增长10.1%；社会消费品零售总额720.12亿元，增长16.6%；实际使用外资5.97亿美元，增长31.0%；外贸进出口总额完成264.80亿美元，增长22.2%；全区万人发明专利拥有量56.43件；工业增加值率保持稳定；城乡居民人均可支配收入65294元，增长8.8%，高于地区生产总值增幅0.8个百分点；城镇登记失业率保持在2%的低位运行;单位地区生产总值能耗下降完成上级下达任务;化学需氧量、挥发性有机物、氨氮及氮氧化物等主要污染物排放总量削减完成上级下达任务。

全区巩固提升实体经济,经济实力不断增强;大力实施创新转型,产业升级不断提速;纵深推进国家战略,发展活力不断增强;扎实推动共同富裕,民生福祉不断提升;筑牢生态绿色基底,城乡面貌不断改善。

全区发展还存在诸多困难,主要是:部分经济社会发展指标与周边先进地区相比存在差距,一体化示范区改革任务较为艰巨,产业转型升级仍处于爬坡过坎阶段,新旧动能转换需要提速,优质产业项目招引力度仍需加大,资源要素瓶颈制约较大,科技创新力度还需加大,外向型经济面临诸多不确定性因素,营商环境还需提升,公共服务不均衡问题依然存在,安全生产风险防控能力和防灾减灾救灾能力仍需提高,文教体卫等优质公共服务供给水平与人民日益增长的美好生活需要还有较大差距。

(赵　雁)

【发展规划编制】“十四五”时期是我国开启全面建设社会主义现代化国家新征程、向第二个百年奋斗目标进军的第一个五年,也是吴江在新的起点上推进长三角生态绿色一体化发展示范区建设的关键五年。吴江对未来五年的经济社会发展谋篇布局,加快推动一体化和高质量发展,坚定走在沪苏同城化前列,开启全面建设社会主义现代化新征程,全力打造“创新湖区”、建设“乐居之城”。为此,吴江成立由区委、区政府主要领导任双组长的区“十四五”规划编制工作领导小组,加强组织领导。制定《吴江区“十四五”规划编制工作方案》,全面有序推进36个重点课题研究和17个重点专项规划。完成《苏州市吴江区“十四五”规划前期思路研究汇编》。区委、区政府主要领导召开务虚会专题讨论研究“十四五”发展重大问题,明确发展方向、目标、路径;区人大、区政协多次听取“十四五”规划编制工作情况汇报,积极建言献策;通过全区范围内7次意见征求,召开12场专题座谈会,到8个区镇进行主要领导访谈和到12个重点部门进行专题调研,不断修改完善规划《纲要》成果。通过“中国吴江”门户网站、“今吴江”及《吴江日报》等媒体向全社会征集“十四五”规划编制意见建议;区委、区政府主要领导、分管领导分别召开“十四五”问计于民专题系列座谈会,主动听取社会各界的真知灼见。紧跟上位规划,积极沟通衔接。将十九届五中全会精神、《中共中央关于制定国民经济和社会发展第十四个五年规划和二〇三五年远景目标的建议》和习近平总书记视察江苏重要讲话指示批示精神的核心思想、战略任务体现到规划《纲要》中。2021年1月6日,《苏州市吴江区国民经济和社会发展第十四个五年规划纲要和二〇三五年远景目标》经苏州市吴江区第十六届人民代表大会第五次会议审议通过,并正式印发。(孔迎帆)

【经济体制改革】2021年,全区按照《关于优化调整水系结构　聚力打造创新湖区的方案建议》推进水系结构优化调整,完成区水系结构优化调整工作进展情况通报。完成《苏州市吴江区扎实推动共同富裕走在前列三年行动计划(试行))》和2021年工作清单。完成《关于建立健全城乡融合发展体制机制和政策体系的实施方案》。协调推进全区经济体制和生态文明体制改革工作。积极稳妥深化“僵尸企业”处置工作,提前完成三年任务,释放盘活土地53公顷(累计329公顷)。震泽丝绸风情小镇通过省级特色小镇创建名单年度考核,获奖励资金200万元。做好事改企退休人员补贴发放核准及关爱帮扶跟踪工作。(孔迎帆)

国有资产监督管理

【概况】2021年,全区国有企业资产汇总总额2714.59亿元,负债汇总总额1532.90亿元,净资产汇总总额1181.70亿元,营业收入44.35亿元,利润总额10.17亿元。(朱　果)

【国企改革】2021年,为深入推进国企改革三年行动,区国资办印发《苏州市吴江区国企改革三年行动实施方案(2020—

2022年）任务分解及进度安排》（吴国资办〔2021〕131号），包括8个方面60项内容，真抓实干把改革落地落实落细。至年底，已完成国企改革三年行动目标90%的预定任务。

（朱 粟）

【国资引导】 2021年，吴江有效发挥政府投资基金引导作用，不断推动战略性新兴产业布局优化和科技型中小企业成长。年内，7支区级政府投资基金合计规模84.27亿元，全年投资企业465家次。被投企业中，明志科技、博众精工同日在上交所科创板上市，在全省乃至长三角地区尚属首次。

（朱 粟）

【国资监管】 2021年，区国资办修订完成国资监管清单10大类48项内容，推动国资监管内部职能的优化调整。不断提升国资监管信息化水平，升级改造后的监管平台九大功能模块能够实现实时实事动态监管，形成横向到边、纵向到底、上下联动的数字化、智能化协同监管新格局。重点加强对区属国企既有建筑安全隐患排查，共排查既有建筑2220处、面积1708万平方米，落实安全管理长效机制。 （朱 粟）

【国有集体及其控股企业】 2021年，吴江区新发展国有集体及其控股企业522户，新增注册资金155.37亿元。从分布领域看，新登记国有集体及其控股企业主要集中在科学研究和技术服务业、批发和零售业、租赁和商务服务业，分别占新增总户数的20.11%、17.62%、15.9%。新登记国有集体及其控股企业中从事科学研究和技术服务业105户，新增注册资本12.54亿元；从事批发和零售业92户，新增注册资本6.42亿元；从事租赁和商务服务业83户，新增注册资本33.62亿元。

（王沁楠）

【东方国资】 截至2021年12月31日，东方国资注册资本36亿元，总资产123.44亿元，净资产55.45亿元。对外长期股权投资企业26家，其中全资公司9家，控股公司4家，参股公司13家。2021年收入总额3.9亿元，利润总额2.37亿元，净利润1.84亿元。另有股票退出收入12.23亿元，净收益8.18亿元。

资本运作。2021年，东方国资实现股权投资收益3.91亿元。通过二级市场转让上市公司股票4199.23万股，成交金额12.27亿元。国资中小企业互助基金全年完成周转业务96笔，周转金额超17亿元，其中重点支持通鼎集团续贷6.115亿元。根据全区国资重组规划，控股子公司苏州市吴江东太湖综合开发（集团）有限公司划转至城投集团。

创业投资。2021年，东方国资新设合作基金8支，合计规模75.86亿元；累计设立各类基金59支，合计规模489.19亿元。积极运作政策性直投基金，新增投资项目3个；通过公司自有资金新增投资项目4个；累计投资项目64个，投资金额13.35亿元。成功引进科创项目13个，其中获评区级以上领军人才企业9个。"拨改投"基金投资的明志科技和合作子基金投资的博众精工同时在科创板上市，直投或与合作基金共同投资的38家企业已在各大板块上市。全年荣获"最佳私募股权投资领域有限合伙人TOP20""最佳私募股权投资引导基金TOP20""中国政府引导基金50强"等多项荣誉。

苏州湾东方创投基地。2021年，基地持续打响"长三角创投港，东太湖金融湾"品牌，引进基金及管理公司44家，新增注册规模66.09亿元；累计入驻基金及管理公司386家，注册规模658.78亿元，管理基金规模超1000亿元。荣获"2021最佳基金小镇TOP 10""2020—2021年度影响力基金小镇"等多项荣誉。

（朱鹏翱）

安全生产监督和应急管理

【概况】 2021年，区应急管理局坚持以习近平新时代中国特色社会主义思想为指导，贯彻落实习近平总书记关于安全生产和应急管理的系列重要讲话精神及国家、省、市、区各项决策部署，以责任制落实为核心，以应急管理能力提升为关键，以基层基础建设为根本，大力提升风险防范能力，统筹落实好应急管理、安全生产、防灾减灾救灾各项工作，不断完善大安全、大应急、大减灾体系，整体提升全区应急管理工作水平，全力营造安全稳定的社会环境，为全区经济全面高质量发展保驾护航。区应急管理局获评2021年全省防灾减灾救灾工作先进集体。　（吴怡婧）

【综合监管】 2021年，区应急管理局深化安全生产专项整治三年行动，强化重点领域整治工作，提升专项整治治理成效。聚焦全区22项、区重点行业领域90项和各区镇20项重点工作任务，按照深化安全生产专项整治“一年小灶”回头看工作要求，不断强化15个重点领域整治工作，提升专项整治治理成效。年内，全区专项整治累计整治问题隐患4.77万条，整改重大隐患2条。开展安全生产秋季百日攻坚行动，有效防控各类风险隐患。对82个重点安全生产事故隐患项目开展挂牌督办，督促相关部门认真落实监管责任，切实督导隐患单位落实重大事故隐患整改措施。深化城市安全风险评估工作，持续推进苏州市安全发展城市第三方测评反馈问题整改工作，切实落实问题闭环管理。

（吴怡婧）

【行业监管】 2021年，区应急管理局持续推进危险化学品综合治理。全面排摸全区危险化学品安全风险，健全“一企一档”，编制《吴江区化工企业基本情况表》，根据企业风险等级绘制红橙黄蓝安全风险分布图。加大对危化品安全生产违法行为的查处力度，特别是强化对动火、进入受限空间等特殊作业的执法检查。制定《吴江区危险化学品使用安全治理行动工作方案》，充分发挥联席办作用。年内，全区16个部门对19个行业领域危险化学品使用单位累计检查13452家次，整改隐患7850条。

强化工贸企业风险管控。持续开展粉尘涉爆企业“回头看”工作，累计关停淘汰279家。完成97家粉尘涉爆企业视频监控系统数字化改造，实现涉粉工段视频监控全覆盖。开展有限空间作业排查整治，组织全区104家有限空间重点企业安全负责人开展作业安全专项培训，对100家有限空间重点企业开展深度核查。稳步开展工业企业安全风险报告，开展风险报告专项培训87场，培训企业1万余家，完成工业企业风险报告14246家，其中规上企业1709家，实现100%填报。

（吴怡婧）

【执法宣教】 2021年，区应急管理局保持精准执法高压态势，全区检查企业2602家，立案处罚1023件，处罚金额2842.68万元。强化执法监督，促进严格规范公正文明执法，落实三项制度。优化实施“红黄牌和黑名单”警示制度，至年底，安全生产方面挂牌53批次786家企业，对全区安全生产违法企业形成震慑。

加大宣传力度，在全区组织开展“以案释法”巡回宣讲、新《安全生产法》宣传贯彻、“双进双促”、“百团进百万企业千万员工”及党政主要负责人“四个一”说安全活动，大力普及安全法律知识，增强全民安全意识。结合“5·12防灾减灾宣传日”“安全生产月”等时段进企业、进社区、进学校，“多管齐下”打造防灾减灾品牌宣传活动，凸显矩阵效应。建成区安全生产和防灾减灾科普教育馆、松陵街道二村社区安全减灾科普教育体验馆新馆，打造

2021年6月2日，吴江区安全生产月启动仪式现场

（区应急管理局　提供）

应急管理和安全生产文化传播基地。（吴怡婧）

【科技兴安】 2021年，区应急管理局推进信息化建设，强化科技赋能，助力优化安全生产环境。以科技信息化破解安全生产监管效能提升瓶颈，探索物联网、大数据、云计算等信息技术在危险化学品、粉尘涉爆、金属冶炼等高危行业领域创新应用，推进“应用、监管、预测”三大平台建设，探索安全生产智能监管新模式。提升风险监测预警能力，健全风险动态联合会商机制，助力开展自然灾害综合风险普查。优化应急管理综合应用平台，建成应急资源一张图。构建看得见、叫得通、调得动、能预警、可追溯、全掌控的应急管理指挥新体系。按照“一图、两库、三系统”主格局，健全安全生产综合监管平台，与省执法系统、市安全生产问题处置平台数据对接。强化安全生产监测预警平台建设，实现4家重大危险源企业的动态感知、在线监测。制定深井铸造企业监测预警系统建设标准，逐步接入其他危化企业和深井铸棒等其他重点工贸企业。（吴怡婧）

【应急联动】 2021年，区应急管理局着力用好长三角生态绿色一体化发展示范区平台，健全完善跨区域、跨系统、跨部门应急协调联动机制。与青浦、嘉善签署《长三角示范区安全生产联防联控联动协议》，开展青吴嘉三地联合执法。9月17日，青吴嘉三地联合在吴江区太浦河畔举办第四届进博会安保暨长三角示范区综合应急演练，展示示范区应急救援水平和协同作战能力，打造应急联动全国示范窗口，助力长三角一体化安全发展，逐步探索形成分工合理、优势互补、各具特色的协调发展格局。（吴怡婧）

【应急处置】 2021年，区应急管理局牵头编制《吴江区“十四五”应急管理规划》，明确“十四五”时期吴江区应急管理和防灾减灾救灾建设内容，不断提升抵御各类自然灾害与开展应急处置能力。强化应急值班值守，建设应急值守中心，严格落实24小时专人值班和领导带班制度，着力抓好特殊重要节点的信息报送和应急处置工作，做到早了解、早分析、早处理，迅速有效应对突发事件。年内，吴江区接连发生“5·14”盛泽龙卷风自然灾害、“7·12”四季开源酒店辅房坍塌事故。区应急管理局迅速调集精干力量组成抢险救灾突击队，第一时间赶赴现场，全力组织参与应急救援和灾后处置。启动应急合作协议，协调多方救援队伍及时赶赴现场进行抢险救灾。及时将相关受灾受困情况通报有关部门和专业救援力量，会同相关部门做好事故现场及周边安全隐患排查，防止次生灾害发生。抓好灾后复工复产安全，及时发布安全提示，保障灾后安全形势稳定。（吴怡婧）

2021年9月17日，第四届进博会安保暨长三角示范区综合应急演练在吴江举行（区应急管理局　提供）

【自然灾害综合风险普查】 2021年，区应急管理局统筹推进全区第一次全国自然灾害风险普查，对5大类、16个小类致灾因子进行全面调查和评估，对重要承灾体、历史自然灾害事件以及应急力量和综合减灾能力开展数据调查，全力摸清全区自然灾害风险底数，为城市灾害治理提供数据基础。

（吴怡婧）

【防汛抢险救灾】 2021年，吴江区气候年景总体偏差，第6号台风“烟花”、第14号台风“灿都”过境，引发持续性强风暴雨，太湖水位上涨，太浦河江苏段发布洪水红色预警，防汛防台形势严峻。入汛前，区防指及时调整成员单位和相关人员，储备编织袋77万只、块石496吨、草包11万只、帐篷1279顶、移动机泵563台套、土工布9万平方米等防汛物资。全区各类专业抢险队、部门应急队伍和志愿者队伍共142支4344人做好主汛期24小时待命，随时准备参与抢险救援行动。台风过境期间，及时发挥牵头抓总、综合协调作用，全面部署防台抢险工作，采取一系列措施，成功抵御两个超强台风和超历史水位侵袭，确保全区人民群众生命财产安全。 （吴怡婧）

市场监督管理

【概况】 2021年，在区委、区政府的正确领导下，区市场监管局以“优环境、提质量、保安全、促民生”为主线，持续强化使命担当、始终聚焦主责主业、不断深化转型建设，扎实推进各项工作有序有力展开，全面提升市场监管效能。全年核发食品经营许可证7953张，累计32189张；开展抽检9680批次，平均合格率99.23%，累计开展行政快检4841批次；办理药品经营许可413件，医疗器械经营许可41件，医疗器械各类备案415件；新授权发明专利1240件，比2020年增长74.65%，增幅居苏州大市第一；出动检查人员7368人次，检查企业3515家次，出具监察指令书325份，督促整改隐患1504项；登记案源1220件，立案调查1067件，办结一般程序案件1024件，移交公安13件，罚没款到账2431.01万元。全省首家制定出台区县级“十四五”标准化战略实施意见。核发全国首张冠名“长三角一体化示范区”外资营业执照。吴江区质量工作受到省政府督查激励表彰，连续7年获评苏州市质量工作先进地区。“你点我抽他检”活动被列为“我为群众办实事”区级重点项目，先后开展四期活动，群众累计参与投票2万余人。 （蒋剑雄）

【品牌标准建设】 2021年，区市场监管局围绕吴江“产业强区”的主导战略，以培育壮大千亿能级产业集群、百亿能级企业梯队为服务方向，持续围绕品牌建设、质量强区和标准化战略，扩大市场监管服务经济发展的溢出效应，助力吴江加速构建更具区域带动力和国际竞争力的集群产业。紧扣“推进高质量监管、助力高质量发展”主题，整体统筹推进以质量品牌为核心的质量强区建设新格局，恒力股份获江苏省省长质量奖，凯伦建材获江苏省省长质量奖提名奖。15家企业获苏州市质量奖，获奖总数居苏州大市范围第一。国望高科等8家企业获“江苏精品”品牌认证，永鼎股份等8家企业获“苏州制造”品牌认证。

组织编制《吴江区“十四五”标准化战略实施意见》。新增全国标准化专业委员会委员4人，国际标准化注册专家1人。全区51家企事业单位研究制修订发布标准162项，其中国际标准4项、国家标准101项、行业标准57项。江苏省光电缆技术标准创新基地获批苏州市首个省级技术标准创新基地；苏州顶裕节能设备有限公司、吴江变压器有限公司、江苏国望高科纤维有限公司获批省级

2021年6月9日，吴江区召开标准化工作联席会议

（区市场监管局　提供）

战略性新兴产业标准化试点建设。“吴江区老有所养基本公共服务标准化专项试点”作为全省唯一代表，在国家基本公共服务标准化试点经验交流会交流。协同推进长三角标准一体化建设，配合出台《长三角生态绿色一体化发展示范区标准管理办法（试行）》。（蒋剑雄）

2021年吴江区市级以上质量奖一览表

序　号	奖　项	企业名称	是否新增
1	江苏省省长质量奖	江苏恒力化纤股份有限公司	是
2	江苏省省长奖提名奖	江苏凯伦建材股份有限公司	是
3	苏州市质量奖	德尔未来科技控股集团股份有限公司	是
4		吴江南玻玻璃有限公司	否
5		吴江福华织造有限公司	否
6		海泰纺织（苏州）有限公司	是
7		江苏聚杰微纤科技集团股份有限公司	是
8		苏州苏震生物工程有限公司	是
9		吴江桑尚丝绸有限公司	是
10		苏州华源中鲈包装有限公司	是
11		苏州胜信光电科技有限公司	是
12		上海机床铸造一厂（苏州）有限公司	是
13		金亭汽车线束（苏州）有限公司	是
14		苏州三港农副产品配送有限公司	是
15		苏州祥盛建设工程有限公司	是
16		吴江市建设工程质量检测中心有限公司	是
17		法兰泰克重工股份有限公司	是

（蒋剑雄）

2021年吴江区企业参与发布的国际、国家和行业标准一览表

序　号	企业名称	国/行	标准号	标准名称	制定/修订
1	苏州大卫木业有限公司	国际标准	ISO 18775-2020	单板　术语与定义、物理特征及其偏差的测定	修订
2	江苏亨通电力智网科技有限公司	国际标准	IEC 60794-4-30-2021	光缆　第4-30部分：门类规范-沿电力线路架设的光纤复合架空相线	修订
3	博众精工科技股份有限公司	国际标准	ISO 22166-1：2021	服务机器人模块化第一部分：一般要求	制定
4	江苏国望高科纤维有限公司	国际标准	ISO 20754：2018	纺织品-化学纤维-截面形状参数的测定	制定
5	代尔塔（中国）安全防护有限公司	国家标准	GB/T 12624-2020	手部防护　通用测试方法	修订
6	苏州巨峰电气绝缘系统股份有限公司	国家标准	GB/T 29311-2020	电气绝缘材料和系统交流电压耐久性评定	修订
7	苏州太湖电工新材料股份有限公司	国家标准	GB/T 29311-2020	电气绝缘材料和系统交流电压耐久性评定	修订

（续　表）

序　号	企业名称	国/行	标准号	标准名称	制定/修订
8	苏州贝得科技有限公司	国家标准	GB/T 29311-2020	电气绝缘材料和系统交流电压耐久性评定	修订
9	康力电梯股份有限公司	国家标准	GB/T 24474.2-2020	乘运质量测量　第2部分：自动扶梯和自动人行道	制定
10	东南电梯股份有限公司	国家标准	GB/T 24474.2-2020	乘运质量测量　第2部分：自动扶梯和自动人行道	制定
11	申龙电梯股份有限公司	国家标准	GB/T 24474.2-2020	乘运质量测量　第2部分：自动扶梯和自动人行道	制定
12	康力电梯股份有限公司	国家标准	GB/T 24474.1-2020	乘运质量测量　第1部分：电梯	修订
13	东南电梯股份有限公司	国家标准	GB/T 24474.1-2020	乘运质量测量　第1部分：电梯	修订
14	康力电梯股份有限公司	国家标准	GB/T 39078.1-2020	自动扶梯和自动人行道安全要求第1部分：基本安全要求	制定
15	东南电梯股份有限公司	国家标准	GB/T 39078.1-2020	自动扶梯和自动人行道安全要求第1部分：基本安全要求	制定
16	申龙电梯股份有限公司	国家标准	GB/T 39078.1-2020	自动扶梯和自动人行道安全要求第1部分：基本安全要求	制定
17	康力电梯股份有限公司	国家标准	GB/T 24476-2017	电梯、自动扶梯和自动人行道物联网的技术规范	修订
18	东南电梯股份有限公司	国家标准	GB/T 24476-2017	电梯、自动扶梯和自动人行道物联网的技术规范	修订
19	苏州巨峰电气绝缘系统股份有限公司	国家标准	GB/T 5591.2-2017	电气绝缘用柔软复合材料　第2部分：试验方法	修订
20	苏州太湖电工新材料股份有限公司	国家标准	GB/T 5591.3-2018	电气绝缘用柔软复合材料　第3部分：单项材料规范	修订
21	苏州巨峰电气绝缘系统股份有限公司	国家标准	GB/T 5591.3-2018	电气绝缘用柔软复合材料　第3部分：单项材料规范	修订
22	苏州太湖电工新材料股份有限公司	国家标准	GB/T 22566-2017	电气绝缘材料和系统　重复电压冲击下电气耐久性评定的通用方法	修订
23	苏州巨峰电气绝缘系统股份有限公司	国家标准	GB/T 22566-2017	电气绝缘材料和系统　重复电压冲击下电气耐久性评定的通用方法	修订
24	苏州太湖电工新材料股份有限公司	国家标准	GB/T 34665-2017	电机线圈/绕组绝缘介质损耗因数测量方法	制定
25	苏州巨峰电气绝缘系统股份有限公司	国家标准	GB/T 34665-2017	电机线圈/绕组绝缘介质损耗因数测量方法	制定
26	苏州盛虹纤维有限公司	国家标准	GB/T 18916.50-2020	取水定额　第50部分：聚酯涤纶产品	制定
27	江苏恒力化纤股份有限公司	国家标准	GB/T 18916.50-2020	取水定额　第50部分：聚酯涤纶产品	制定
28	江苏国望高科纤维有限公司	国家标准	GB/T 39026-2020	循环再利用聚酯（PET）纤维鉴别方法	制定
29	中广核达胜加速器技术有限公司	国家标准	GB/T 39308-2020	难降解有机废水深度处理技术规范	制定

（续 表）

序 号	企业名称	国/行	标准号	标准名称	制定/修订
30	博众精工科技股份有限公司	国家标准	GB/T 39007-2020	基于可编程控制器的工业机器人运动控制规范	制定
31	博众精工科技股份有限公司	国家标准	GB/T 39406-2020	工业机器人可编程控制器软件开发平台程序的XML交互规范	制定
32	博众精工科技股份有限公司	国家标准	GB/T 38872-2020	工业机器人与生产环境通信架构	制定
33	博众精工科技股份有限公司	国家标准	GB/T 39401-2020	工业机器人云服务平台数据交换	制定
34	博众精工科技股份有限公司	国家标准	GB/T 38560-2020	工业机器人的通用驱动模块接口	制定
35	博众精工科技股份有限公司	国家标准	GB/T 39005-2020	工业机器人视觉集成系统通用技术要求	制定
36	博众精工科技股份有限公司	国家标准	GB/T 38839-2020	工业机器人柔性控制通用技术要求	制定
37	伊之密机器人自动化科技（苏州）有限公司	国家标准	GB/T 39404-2020	工业机器人控制单元的信息安全通用要求	制定
38	博众精工科技股份有限公司	国家标准	GB/T 39404-2020	工业机器人控制单元的信息安全通用要求	制定
39	苏州博众机器人有限公司	国家标准	GB/T 38871-2020	工业环境用移动操作臂复合机器人通用技术条件	制定
40	吴江变压器有限公司	国家标准	GB/T 23753-2020	110kV及以上油浸式并联电抗器技术参数和要求	修订
41	江苏通鼎宽带有限公司	国家标准	GB/T 39564.2-2020	光纤到户用多电信业务经营者共用型配线设施　第2部分：光纤配线架	制定
42	江苏亨通光电股份有限公司	国家标准	GB/T 39564.2-2020	光纤到户用多电信业务经营者共用型配线设施　第2部分：光纤配线架	制定
43	江苏通鼎宽带有限公司	国家标准	GB/T 39564.1-2020	光纤到户用多电信业务经营者共用型配线设施　第1部分：光缆交接箱	制定
44	江苏亨通光电股份有限公司	国家标准	GB/T 39564.1-2020	光纤到户用多电信业务经营者共用型配线设施　第1部分：光缆交接箱	制定
45	江苏亨通光电股份有限公司	国家标准	GB/T 39564.3-2020	光纤到户用多电信业务经营者共用型配线设施　第3部分：光缆分纤箱	制定
46	江苏通鼎宽带有限公司	国家标准	GB/T 39564.3-2020	光纤到户用多电信业务经营者共用型配线设施　第3部分：光缆分纤箱	制定
47	江苏永鼎股份有限公司	国家标准	GB/T 7424.24-2020	光缆总规范　第24部分：光缆基本试验方法　电气试验方法	修订
48	江苏亨通光电股份有限公司	国家标准	GB/T 7424.24-2020	光缆总规范　第24部分：光缆基本试验方法　电气试验方法	修订
49	通鼎互联信息股份有限公司	国家标准	GB/T 7424.24-2020	光缆总规范　第24部分：光缆基本试验方法　电气试验方法	修订
50	苏州绸都网络科技股份有限公司	国家标准	GB/T 18885-2020	生态纺织品技术要求	修订
51	江苏国望高科纤维有限公司	国家标准	GB/T 18885-2020	生态纺织品技术要求	修订

（续　表）

序　号	企业名称	国/行	标准号	标准名称	制定/修订
52	苏州太湖雪丝绸股份有限公司	国家标准	GB/T 22850-2020	织锦工艺制品	修订
53	吴江市宏达探伤器材有限公司	国家标准	GB/T 5097-2020	无损检测　渗透检测和磁粉检测　观察条件	修订
54	吴江变压器有限公司	国家标准	GB 20052-2020	电力变压器能效限定值及能效等级	修订
55	阿姆斯壮建筑制品（苏州）有限公司	国家标准	GB/T 25998-2020	矿物棉装饰吸声板	修订
56	吴江市东吴机械有限责任公司	国家标准	GB/T 12241-2021	安全阀　一般要求	修订
57	吴江市东吴机械有限责任公司	国家标准	GB/T 12242-2021	压力释放装置　性能试验方法	修订
58	康力电梯股份有限公司	国家标准	GB/T 39172-2020	电梯用非钢丝绳悬挂装置	制定
59	苏州帝奥电梯有限公司	国家标准	GB/T 39172-2020	电梯用非钢丝绳悬挂装置	制定
60	东南电梯股份有限公司	国家标准	GB/T 39172-2020	电梯用非钢丝绳悬挂装置	制定
61	申龙电梯股份有限公司	国家标准	GB/T 39172-2020	电梯用非钢丝绳悬挂装置	制定
62	通用电梯股份有限公司	国家标准	GB/T 39172-2020	电梯用非钢丝绳悬挂装置	制定
63	苏州台菱电梯有限公司	国家标准	GB/T 39172-2020	电梯用非钢丝绳悬挂装置	制定
64	康力电梯股份有限公司	国家标准	GB/T 7588.1-2020	电梯制造与安装安全规范第1部分：乘客电梯和载货电梯	修订
65	东南电梯股份有限公司	国家标准	GB/T 7588.1-2020	电梯制造与安装安全规范第1部分：乘客电梯和载货电梯	修订
66	苏州帝奥电梯有限公司	国家标准	GB/T 7588.1-2020	电梯制造与安装安全规范第1部分：乘客电梯和载货电梯	修订
67	申龙电梯股份有限公司	国家标准	GB/T 7588.1-2020	电梯制造与安装安全规范第1部分：乘客电梯和载货电梯	修订
68	康力电梯股份有限公司	国家标准	GB/T 7588.2-2020	电梯制造与安装安全规范第2部分：电梯部件的设计原则、计算和检验	修订
69	东南电梯股份有限公司	国家标准	GB/T 7588.2-2020	电梯制造与安装安全规范第2部分：电梯部件的设计原则、计算和检验	修订
70	苏州帝奥电梯有限公司	国家标准	GB/T 7588.2-2020	电梯制造与安装安全规范第2部分：电梯部件的设计原则、计算和检验	修订
71	申龙电梯股份有限公司	国家标准	GB/T 7588.2-2020	电梯制造与安装安全规范第2部分：电梯部件的设计原则、计算和检验	修订
72	江苏国望高科纤维有限公司	国家标准	GB/T 4146.1-2020	纺织品　化学纤维　第1部分：属名	修订
73	苏州凯牌木业有限公司	国家标准	GB/T 24507-2020	浸渍纸层压实木复合地板	修订
74	苏州大卫木业有限公司	国家标准	GB/T 24507-2020	浸渍纸层压实木复合地板	修订
75	德尔未来科技控股集团股份有限公司	国家标准	GB/T 18102-2020	浸渍纸层压木质地板	修订
76	苏州大卫木业有限公司	国家标准	GB/T 18102-2020	浸渍纸层压木质地板	修订

（续 表）

序 号	企业名称	国/行	标准号	标准名称	制定/修订
77	北美枫情木家居（江苏）有限公司	国家标准	GB/T 18102-2020	浸渍纸层压木质地板	修订
78	苏州联丰木业有限公司	国家标准	GB/T 18102-2020	浸渍纸层压木质地板	修订
79	苏州好宜家木业有限公司	国家标准	GB/T 18102-2020	浸渍纸层压木质地板	修订
80	苏州巨峰电气绝缘系统股份有限公司	国家标准	GB/T 31838.6-2021	固体绝缘材料　介电和电阻特性　第6部分：介电特性（AC方法）　相对介电常数和介质损耗因数（频率0.1Hz~10MHz）	制定
81	苏州太湖电工新材料股份有限公司	国家标准	GB/T 31838.6-2021	固体绝缘材料　介电和电阻特性　第6部分：介电特性（AC方法）　相对介电常数和介质损耗因数（频率0.1Hz~10MHz）	制定
82	苏州太湖电工新材料股份有限公司	国家标准	GB/T 31838.7-2021	固体绝缘材料　介电和电阻特性　第7部分：电阻特性（DC方法）　高温下测量体积电阻和体积电阻率	修订
83	苏州巨峰电气绝缘系统股份有限公司	国家标准	GB/T 31838.7-2021	固体绝缘材料　介电和电阻特性　第7部分：电阻特性（DC方法）高温下测量体积电阻和体积电阻率	修订
84	法兰泰克重工股份有限公司	国家标准	GB/T 30024-2020	起重机　金属结构能力验证	修订
85	苏州中纺联检验技术服务有限公司	国家标准	GB/T 22888-2021	皮革　物理和机械试验　表面涂层低温脆裂温度的测定	修订
86	法兰泰克重工股份有限公司	国家标准	GB/T 12602-2020	起重机械超载保护装置	修订
87	苏州太湖电工新材料股份有限公司	国家标准	GB/T 31838.5-2021	固体绝缘材料　介电和电阻特性　第5部分：电阻特性（DC方法）浸渍和涂层材料的体积电阻和体积电阻率	制定
88	苏州巨峰电气绝缘系统股份有限公司	国家标准	GB/T 31838.5-2021	固体绝缘材料　介电和电阻特性　第5部分：电阻特性（DC方法）浸渍和涂层材料的体积电阻和体积电阻率	制定
89	江苏永鼎股份有限公司	国家标准	GB/T 7424.20-2021	光缆总规范　第20部分：光缆基本试验方法-总则和定义	修订
90	江苏亨通光电股份有限公司	国家标准	GB/T 7424.20-2021	光缆总规范　第20部分：光缆基本试验方法-总则和定义	修订
91	通鼎互联信息股份有限公司	国家标准	GB/T 7424.20-2021	光缆总规范　第20部分：光缆基本试验方法-总则和定义	修订
92	通鼎互联信息股份有限公司	国家标准	GB/T 15972.47-2021	光纤试验方法规范　第47部分：传输特性的测量方法和试验程序　宏弯损耗	修订
93	江苏亨通光电股份有限公司	国家标准	GB/T 15972.47-2021	光纤试验方法规范　第47部分：传输特性的测量方法和试验程序　宏弯损耗	修订
94	康力电梯股份有限公司	国家标准	GB/T 40081-2021	电梯自动救援操作装置	制定
95	东南电梯股份有限公司	国家标准	GB/T 40081-2021	电梯自动救援操作装置	制定

（续　表）

序　号	企业名称	国/行	标准号	标准名称	制定/修订
96	苏州帝奥电梯有限公司	国家标准	GB/T 40081-2021	电梯自动救援操作装置	制定
97	申龙电梯股份有限公司	国家标准	GB/T 40081-2021	电梯自动救援操作装置	制定
98	江苏亨通光纤科技有限公司	国家标准	GB/T 33779.3-2021	光纤特性测试导则　第3部分：有效面积（Aeff）	制定
99	江苏亨通光电股份有限公司	国家标准	GB/T 7424.22-2021	光缆总规范　第22部分：光缆基本试验方法　环境性能试验方法	制定
100	江苏永鼎股份有限公司	国家标准	GB/T 7424.22-2021	光缆总规范　第22部分：光缆基本试验方法　环境性能试验方法	制定
101	通鼎互联信息股份有限公司	国家标准	GB/T 7424.22-2021	光缆总规范　第22部分：光缆基本试验方法　环境性能试验方法	制定
102	博众精工科技股份有限公司	国家标准	GB/T 40212-2021	工业机器人云服务平台分类及参考体系结构	制定
103	吴江市华宇净化设备有限公司	国家标准	GB/T 6165-2021	高效空气过滤器性能试验方法效率和阻力	修订
104	吴江市华宇净化设备有限公司	国家标准	GB/T 25915.1-2021	洁净室及相关受控环境　第1部分：按粒子浓度划分空气洁净度等级	修订
105	吴江市华宇净化设备有限公司	国家标准	GB/T 25915.8-2021	洁净室及相关受控环境　第8部分：按化学物浓度划分空气洁净度（ACC）等级	修订
106	江苏通鼎宽带有限公司	行业标准	YD/T 3320.2-2018	通信高热密度机房用温控设备第2部分：背板式温控设备	制定
107	江苏通鼎宽带有限公司	行业标准	YD/T 3541-2019	平面光波导器件用光纤阵列	制定
108	江苏亨通光电股份有限公司	行业标准	YD/T 2150-2020	光缆分纤箱	修订
109	江苏通鼎宽带有限公司	行业标准	YD/T 2150-2020	光缆分纤箱	修订
110	江苏国望高科纤维有限公司	行业标准	FZ/T 54005-2020	有色涤纶低弹丝	修订
111	江苏久知电机股份有限公司	行业标准	FZ/T 07008-2020	定形机热平衡测试与计算方法	制定
112	江苏久知电机股份有限公司	行业标准	FZ/T 07007-2020	染色机水效限定值及水效等级	制定
113	科林环保技术有限责任公司	行业标准	JB/T 8471-2020	袋式除尘器　安装技术要求与验收规范	修订
114	通鼎互联信息股份有限公司	行业标准	YD/T 3717-2020	通信电源用铝合金导体阻燃软电缆	制定
115	江苏亨通光电股份有限公司	行业标准	YD/T 908-2020	光缆型号命名方法	修订
116	通鼎互联信息股份有限公司	行业标准	YD/T 908-2020	光缆型号命名方法	修订
117	江苏永鼎股份有限公司	行业标准	YD/T 908-2020	光缆型号命名方法	制定
118	北美枫情木家居（江苏）有限公司	行业标准	LY/T 1859-2020	仿古木质地板	修订
119	苏州大卫木业有限公司	行业标准	LY/T 1859-2020	仿古木质地板	修订
120	德尔未来科技控股集团股份有限公司	行业标准	LY/T 1859-2020	仿古木质地板	修订
121	苏州市吴江区检验检测中心	行业标准	LY/T 1859-2020	仿古木质地板	修订
122	北美枫情木家居（江苏）有限公司	行业标准	LY/T 1738-2020	实木复合地板用胶合板	修订
123	苏州大卫木业有限公司	行业标准	LY/T 1738-2020	实木复合地板用胶合板	修订

（续 表）

序 号	企业名称	国/行	标准号	标准名称	制定/修订
124	苏州市吴江区检验检测中心	行业标准	LY/T 1738-2020	实木复合地板用胶合板	修订
125	苏州市佳禾食品工业有限公司	行业标准	QB/T 4791-2015	植脂末	制定
126	吴江市金丰木门厂	行业标准	SB/T 10725-2012	木质门安装规范	制定
127	吴江市金丰木门厂	行业标准	SB/T 10726-2012	木质门修理、更换和退货规范	制定
128	吴江市固友木门厂	行业标准	SB/T 10726-2012	木质门修理、更换和退货规范	制定
129	江苏亨通光电股份有限公司	行业标准	YD/T 3718-2020	通信电缆光缆用低烟低卤阻燃软聚氯乙烯塑料	制定
130	江苏亨通光电股份有限公司	行业标准	YD/T 1181.6-2020	光缆用非金属加强件的特性　第6部分：玻纤带	制定
131	江苏亨通光电股份有限公司	行业标准	YD/T 3692.2-2020	智能光分配网络　智能门禁技术要求　第2部分：接口要求	制定
132	江苏亨通光电股份有限公司	行业标准	YD/T 1588.1-2020	光缆线路性能测量方法　第1部分：链路衰减	修订
133	江苏亨通光电股份有限公司	行业标准	YD/T 1588.2-2020	光缆线路性能测量方法　第2部分：光纤接头损耗	修订
134	苏州江天包装彩印有限公司	行业标准	CY/T 227-2020	柔性版印刷紫外光固化油墨使用要求及检验方法	制定
135	苏州盛虹纤维有限公司	行业标准	FZ/T 54048-2020	循环再利用涤纶牵伸丝	修订
136	江苏恒力化纤股份有限公司	行业标准	FZ/T 54048-2020	循环再利用涤纶牵伸丝	修订
137	江苏国望高科纤维有限公司	行业标准	FZ/T 54046-2020	循环再利用涤纶预取向丝	修订
138	江苏通鼎宽带有限公司	行业标准	YD/T 2319-2020	数据设备用网络机柜	修订
139	苏州大卫木业有限公司	行业标准	LY/T 3222-2020	木材及木基材料吸湿尺寸稳定性检测规范	制定
140	苏州中纺联检验技术服务有限公司	行业标准	FZ/T 73043-2020	针织衬衫	修订
141	标准缝纫机菀坪机械有限公司	行业标准	QB/T 5552-2021	工业用缝纫机　计算机控制上、下复合送料侧切刀平缝缝纫机	制定
142	法兰泰克重工股份有限公司	行业标准	JB/T 4315-2020	起重机械电控设备	修订
143	法兰泰克重工股份有限公司	行业标准	JB/T 6748-2020	起重机控制台	修订
144	法兰泰克重工股份有限公司	行业标准	JB/T 13988-2020	防爆门式起重机	制定
145	吴江福华织造有限公司	行业标准	FZ/T 43056-2021	涤纶长丝仿麻家居用织物	制定
146	苏州倍丝卡纺织股份有限公司	行业标准	FZ/T 43056-2021	涤纶长丝仿麻家居用织物	制定
147	科林环保技术有限责任公司	行业标准	JB/T 14085-2020	除尘器过滤元件工况模拟过滤性能评价技术规范	制定
148	科林环保技术有限责任公司	行业标准	JB/T 14101-2020	烟气脱硝尿素热解制氨成套设备	制定
149	科林环保技术有限责任公司	行业标准	JB/T 14102-2020	烟气脱硝装置可靠性评定	制定
150	江苏亨通光电股份有限公司	行业标准	YD/T 3832-2021	通信电缆光缆用阻燃聚乙烯材料	制定
151	江苏亨通电力特种导线有限公司	行业标准	NB/T 10473-2020	架空导线用钢绞线	制定
152	通鼎互联信息股份有限公司	行业标准	YD/T 1999-2021	通信用轻型自承式室外光缆	修订
153	通鼎互联信息股份有限公司	行业标准	YD/T 1181.2-2021	光缆用非金属加强件的特性　第2部分：芳纶纱	修订

（续 表）

序 号	企业名称	国/行	标准号	标准名称	制定/修订
154	通鼎互联信息股份有限公司	行业标准	YD/T 3838-2021	通信制造业绿色工厂评价细则	制定
155	苏州扬昇纺织科技有限公司	行业标准	FZ/T 54125-2020	低熔点涤纶牵伸丝	制定
156	苏州扬昇纺织科技有限公司	行业标准	FZ/T 54126-2020	低熔点涤纶/涤纶复合牵伸丝	制定
157	苏州固卡利威木业有限公司	行业标准	LY/T 1987-2020	木质踢脚线	修订
158	苏州大卫木业有限公司	行业标准	LY/T 3134-2019	室内木质隔声门	制定
159	江苏亨通光电股份有限公司	行业标准	YD/T 1999-2021	通信用轻型自承式室外光缆	修订
160	江苏永鼎股份有限公司	行业标准	YD/T 1999-2021	通信用轻型自承式室外光缆	修订
161	江苏亨通光电股份有限公司	行业标准	YD/T 1181.2-2021	光缆用非金属加强件的特性 第2部分：芳纶纱	修订
162	江苏亨通光导新材料有限公司	行业标准	YD/T 3838-2021	通信制造业绿色工厂评价细则	制定

（蒋剑雄）

【食品监管】 2021年，区市场监管局根据上级要求和区委区政府部署，落实进口冷链食品监管工作，严格集中监管仓管理工作，加强进口冷链食品排查检查，大力推广使用“江苏冷链”。全区核发食品经营许可证7953张，累计32189张。围绕婴幼儿配方乳粉质量安全提升专项行动、校园周边食品专项检查、有机食品销售专项整治行动等多项重点整治活动，出动执法人员4823人次，检查食品经营单位2204户次。制定年度食品安全抽样检测实施方案，全年开展抽检9680批次，不合格75批次，平均合格率为99.23%，不合格产品均进行立案查处，同时积极开展食品安全快速检测工作，累计开展行政快检4841批次。

开展学校食堂食品安全量化评级，其中优秀210家、良好42家，良好以上等级比100%，学校食堂“五常”等优质管理方式实施率90.5%。积极推进“明厨亮灶”智慧监管建设工程，新增280家社会餐饮、学校食堂、养老机构接入局智慧监控中心。开展以“创省名特优”为主题的食品小作坊整治提升工作，按照“三清四能”规范提升要求，引导全区食品小作坊健康规范发展，2家食品小作坊成功争创省名特优小作坊。认真开展“我为群众办实事”工作，推广使用“食安封签”，防范外卖食品污染隐患，全区有320余家社会餐饮单位加入封签使用行列。开展保健食品行业专项清理整治行动，督促保健食品生产企业履行食品安全主体责任和义务。

开展“你点我抽他检”活动，将食品抽检的选择权交给广大群众，邀请党代表、人大代表、政协委员、志愿者、媒体参与现场活动，零距离监督食品抽检。先后开展“食用农产品”“小龙虾”“外卖食品”“学校食堂”等四期活动，群众累计参与投票2万余人。（蒋剑雄）

【药品和医疗器械监管】 2021年，区市场监管局办理药品经营许可413件，医疗器械经营许可41件，医疗器械各类备案415件。加强疫苗储存运输质量监管，重点围绕新冠病毒疫苗，对涉及疫苗储存、运输和预防接种业务的1家疾控中心、22家接种点、5家集中接种点、8家临时接种点进行全覆盖监督检查。督促零售药店做好疫情防控和四类药品销售实名登记（下架）工作，开发手机App，通过信息化手段上报相关数据，由各分局将相关数据发送到街道防疫部门；全年巡查5442家次，对防控要求执行不到位的药店，要求停业整改90家，同时和区医保局开展执法联动，对疫情防控不力、受到行政处罚的医保定点药店，暂停其医保刷卡服务资格，共暂停7家，较好地督促药品零售企业压实主体责任，充分发挥其在疫情中的“哨点”监测作用。

开展含兴奋剂药品经营企

业专项检查、中药饮片专项整治等专项任务。含兴奋剂药品在完成全区624家药品经营企业全面自查的基础上，出动检查人员1019人次，抽查药品经营企业481家次，发现未加注“运动员慎用”警示标志的相关品种2个，责令改正7家，中药饮片累计检查药品经营企业702家次，累计检查中药饮片使用单位130家次，检查要求整改企业51家，约谈企业13家，立案查处1家，罚没款共100499元。

开展医疗器械风险隐患排查和监督检查，有525家单位上报自查表，累计排查经营企业3921家次，使用单位139家次，共排查出风险隐患177个，全部完成整改，医疗器械违法行为立案5起，罚没金额36.5万元。加强药化械信息化建设，落实“互联网+监管”要求，督促单体药店在局零售药店综合服务平台使用率，连锁药店与局监管平台数据及时对接，实现监管信息化和零售使用环节产品可追溯；在全区确定79店作为定点回收单位，回收过期药品1000余批次；配合苏州市药品不良反应中心做好药品医疗器械不良反应（事件）监测工作，不断扩大监测哨点覆盖面，提升监测报告质量。（蒋剑雄）

【化妆品监管】 2021年，区市场监管局开展儿童化妆品专项整治。结合化妆品“线上净网线下清源”专项行动内容，采取排查与检查相结合，重点针对儿童化妆品备案人、母婴用品专卖店、大型商超等单位进行全面检查。共核查国产普通化妆品备案单位39家，检查化妆品经营企业149家次，立案查处4起，罚没金额共163108.21元；制作化妆品安全知识公益广告宣传片在吴江电视台中播放，并在局公众号中推送；开展化妆品网上有奖竞答活动，有7483人次参加，起到很好的宣传作用。（蒋剑雄）

【重点产品监管】 2021年，区市场监管局启动吴江区燃气具及配件产品质量专项整治，抽检发现不合格燃气具配件12个批次并立案处理；开展电动自行车产品质量专项整治，完成抽检45个批次电动自行车及配件，办理涉各类电动车自行车质量行政处罚案件46起；移交各类质量案件91件。着力提升认证认可的覆盖水平，全区现有质量管理体系证书3097张、环境管理体系证书1112张，结合“双随机、一公开”监管要求完成管理体系认证、强制性产品认证及CMA获证检验检测机构的现场检查。（蒋剑雄）

【特种设备安全监管】 2021年，区市场监管局结合吴江实际以及省市区的相关部署，扎实开展安全生产专项整治，持续推进安全生产“三年大灶”，出动检查人员7368人次，检查企业3515家次，出具监察指令书325份，督促整改隐患1504项，立案查处特种设备违法案件130起，罚没金额570.52万，实现办案数量和处罚金额双提升。培训考核特种设备作业人员2002人次，合格1820人次，发放特种设备作业人员安全技能提升培训补贴16.06万元。依托安全网格化平台和区镇企业法人、安全负责人培训平台进行特种设备安全培训，年内开展培训宣传52次，受训人员5545余人次。统一印发安全专项整治宣传折页2.5万份、企业主体责任手册1.2万本、安全责任告知书和承诺书2万份、安全操作规程5千份，营造良好的特种设备安全专项整治氛围。（蒋剑雄）

2021年吴江区江苏省产品质量信用等级企业一览表

序　号	奖项名称	企业名称
1	江苏省产品质量信用等级AAA级	申龙电梯股份有限公司
2	江苏省产品质量信用等级AA级	江苏亨通线缆科技有限公司
3		江苏国望高科纤维有限公司

（蒋剑雄）

【执法打假】 2021年4月，区市场监管局印发《〈苏州市吴江区市场监督管理局行政处罚工作内部规程（试行）〉的通知》，全局实行执法办案权限下沉，以“铁拳行动”“两反两保”专项整治行动为重心，针对群众反映强烈、社会舆论关注和市场监管风险压力大的突出问题开展执法监管，登记案源1220件，立案调查1067件，办结一般程序案件1024件，移交公安13件；罚没款到账2431.01万元。

开展商业秘密保护创建工作。8月25日，亨通集团有限公司创建苏州市商业秘密保护示范点、苏州市光电产业商会创建苏州市商业秘密保护指导站，首先通过苏州市级验收，为吴江区商业秘密保护建设工作起到率先垂范作用。12月2日，苏州市首个商业秘密保护示范基地苏州市光电产业协会通过验收。苏州市电梯业商会、康力电梯股份有限公司分别通过苏州市商业秘密保护指导站和商业秘密保护示范点的验收。

牵头8个成员单位实施包容审慎监管“两张清单”，以此破解企业生产经营中遇到的难点、热点问题。区市场监督管理局办理免于处罚案件45件，涉及金额311.45万元，减轻处罚案件343件，涉及金额3896.28万元。8个部门合计办理免于处罚案件1129件，涉及金额901.86万元，减轻处罚案件454件，涉及金额4649.56万元。央视《每周质量报道》栏目播出吴江区市场监管局与青浦、嘉善开展保健品联合执法情况，苏州海赐电子商务有限公司消费欺诈案获评省市场监管局侵害消费者权益典型案例，南方雄狮创建集团股份有限公司侵犯“fischer”文字及图形注册商标专用权的建筑用螺杆、胶管案获评省市场监管局知识产权保护十大涉外典型案例；瑞锦医疗器械咨询服务部诉本局行政处罚决定案获评全省市场监管系统行政复议和行政诉讼典型案例。 （蒋剑雄）

【消费维权】 2021年，区市场监管局深入推进“满意消费长三角　放心消费在吴江”行动，助推打造“五五购物节”“双12苏州购物节”品牌，在全区范围内继续推进线下实体店无理由退货工作。全区有9155家商户加入无理由退货承诺，总数位居苏州市前列。开展相关培训20批次，设置管理服务站25个，退货寄存点26个，累计完成无理由退货1994件，涉及金额101.47万元。联合区人民法院共建“网市无忧”线上消费纠纷联动化解品牌，联动解决线上消费纠纷12件，为消费者挽回经济损失8.8万元，品牌创建工作获苏州市中级人民法院、苏州市消保委联合表彰三等奖。获评江苏省放心消费创建先进、示范单位8家。获评2021年度苏州市放心消费创建活动先进示范单位21家和示范街区1家。震泽镇齐心村、众安桥村和金星村获评苏州市首批美丽乡村放心消费示范村。投诉举报中心受理各类投诉举报和消费投诉9001件，办结8495件，为消费者挽回经济损失536.05万元，其中，处办区12345平台转发工单3369件，月均占到全区工单总量的7.34%，月均质效考核得分99.98分。消保委的龚建锋被评为中国消费者协会2020—2021年度消费维权先进个人。 （蒋剑雄）

【计量惠民】 2021年，区市场

2021年11月4日，消费者在商业综合体无理由退货服务站办理退货
（区市场监管局　提供）

2021年4月1日，全国首张冠名“长三角一体化示范区”外资营业执照颁发
（区市场监管局 提供）

监管局深入开展与百姓生活密切相关的计量器具的监督管理，集中开展集贸市场、燃油加油机、眼镜制配场等重点民生计量专项检查行动，共检查集贸市场58家次、计量器具4238台，查处计量作弊行为64起，为放心消费保驾护航；检查燃油加油站55家、加油机220台，查处计量违法案件1起，严厉打击加油机计量违法违规行为；检查眼镜制配场所174家，计量器具522台，查处计量违法案件2起，为防控青少年近视工作提供坚强的计量保障。强化定量包装商品计量监管，抽查生产和流通领域的大米、乳制品、食用油和干货制品等定量包装商品228批次。（蒋剑雄）

【外资企业登记】 2021年，吴江区新设外资企业120户，注册资本116402.34万美元，投资总额175426.91万美元，外方认缴额101737.22万美元。全区外商投资在业企业1917户，投资总额3450701.82万美元、注册资本1868807.27万美元、外方认缴注册资本1503613.69万美元。4月1日，吴江区副区长季恒义在外资登记窗口向企业颁发“长三角一体化示范区（江苏）震纶集团有限公司”营业执照。该企业成为全国第一家以“长三角一体化示范区”字样冠名的外资企业。（蒋剑雄）

知识产权保护

【概况】 2021年，吴江区新授权专利21004件，比2020年（下同）增长19.24%，其中新授权发明专利1240件，增长74.65%，增幅居全市第一；累计有效发明专利拥有量8719件，万人高价值发明专利拥有量16.85件。全年商标申请11419件，商标注册9567件，累计注册商标42031件。博众精工成为全区首家承担江苏省高价值专利培育示范中心项目企业。迈为科技和欧普照明2家企业获江苏省企业知识产权战略推进计划项目立项，巨峰电气和明志科技2家企业获苏州登峰计划项目立项，赛伍科技和澳盛复合新材料2家企业获苏州市高价值专利培育项目立项，立项数量在苏州市范围位居前列，新增知识产权管理标准化备案企业105家，累计164家企业进入苏州市知识产权保护中心“专利快速审查快速确权”审查通道。中广核达胜等7家企业获第二十二届中国专利奖优秀奖。全年派出审查专家120人次，走访企业54家，出具产业导航专业分析报告4份，进一步提升企业发明专利质量和授权率。推动以专利或商标为质押标的融资贷款服务，通过召开银企对接会、举办惠企入园主题宣传活动等形式为企业搭建融资平台、提供知识产权价值评估，全年开展知识产权质押融资15笔，涉及贷款金额3.55亿元，开展知识产权保险70笔，进一步解决和提升企业融资和风险防范能力。（蒋剑雄）

【知识产权运营中心】 2021年，吴江区光通信产业知识产权运营中心加大产业知识产权保护力度，建成苏州首个光电产业“商业秘密保护示范基地”“商业秘密保护指导站（维权援助点）”，牵头建设苏州市商业秘密保护示范点7家。探索产业专利收储与运营，建设光通信产业创新发展图谱等知识产权综合评价体系，形成专利导航分析、数据库等项目报告向全行业公开使用，开展项目成果

融合优化与共享，打破各项目信息孤岛、数据壁垒，积极转化运营中心成果、模式和标准。（蒋剑雄）

【知识产权保护服务中心】 2021年7月，在苏州市知识产权保护大会上，长三角生态绿色一体化发展示范区知识产权保护服务中心（以下简称示范区知保中心）揭牌。吴江、青浦、嘉善三地市场监督管理部门共同签订《“长三角一体化”知识产权区域品牌保护合作备忘录》，确立两批重点商标保护名录，涉及企业商标字号150余件。示范区知保中心根据该名录和企业需求，积极开展商标字号侵权监测服务，对可能发生的侵权行为主动示警，发布3期监测报告，主动提示企业被侵权商标33件次。（蒋剑雄）

【知识产权保护】 2021年，吴江区深化与审协江苏中心合作，在知识产权保护、指导企业应对维权诉讼工作中，充分发挥中心专家智库资源作用，积极组织辖区企业申报国家海外知识产权纠纷应对指导中心重点联系单位；邀请专家针对多起涉诉专利进行详细分析、构建检索策略，从全球海量数据中检索、梳理证据，指导企业研究复审决定、做好答辩和上诉准备，帮助企业在专利诉讼中取得胜利。全年查处各类完成知识产权侵权违法案件73件，涉及罚没款166.31万元，其中朱振华销售侵犯奥林匹克标志专有权的无纺布案、南方雄狮创建集团股份有限公司侵犯“fischer”文字及图形注册商标专用权的建筑用螺杆、胶管案入选知识产权保护典型案例。（蒋剑雄）

检验检测

【委托检验检测】 2021年，区检验检测中心完成企事业单位计量器具委托检定校准22.2万台件，其中强制检定计量器具10.6万台件。全年承担食品、化工、轻工、建材、冶金、光电缆等行业各类产品检验共8166批次，比2020年增长6.5%。（鲁秋宏）

【专项抽检】 2021年，区检验检测中心按照区食安委定期监测工作方案，完成生产、流通、餐饮领域食品农产品抽检4236批次，农产品质量安全监测1264批次，社会各界委托食品检测1076批次。服务中铁认证完成光缆出货检测12批次，参与成品油整治小组联合行动，完成汽柴油专项抽查257批次，配合区水务局完成管材质量监测46批次，配合区市场监督管理局完成燃气灶具和液化石油气调压器抽样工作。完成流通领域、生产领域商品量定量包装计量监督检查228批次。（鲁秋宏）

【检验检测能力】 2021年，区检验检测中心完成计量检定、食品检测领域27台套专用设备招标采购、安装调试。取得体温计、医用数字摄影系统X射线辐射源、出租汽车计价器（本机）等6项民生计量资质。参加33项国家、省、市各级能力验证和实验室比对活动，结果全部满意。联合区总工会、区市场监管局组织“吴江区实验室精密称量”工会技能竞赛。2名职工在省计量检定人员技能大赛中获加油机检定单项二等奖。1名职工被评为年度苏州“最美劳动者”和新时代吴江“红色工

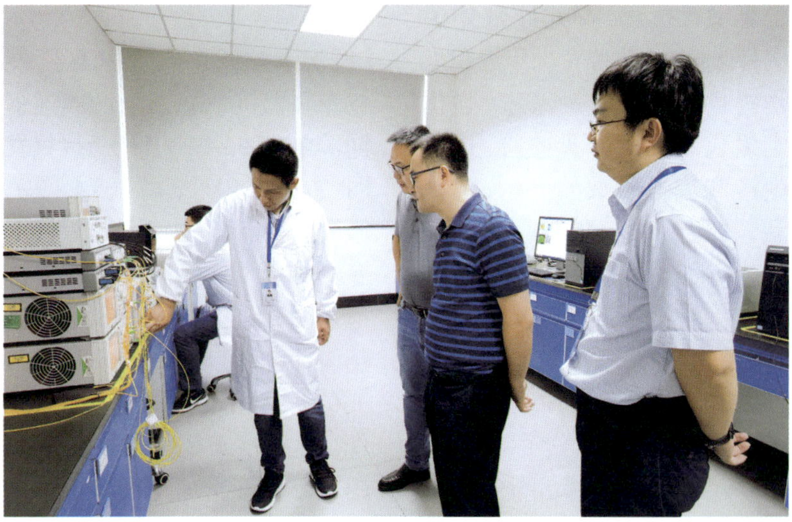

2021年9月23日，区检验检测中心邀请行业主管部门和服务机构代表参观中心食品农产品和工业产品检测实验室（区检验检测中心 提供）

匠”，1名职工被区光电科协评为“‘红色匠心’最美光电产业科技工作者”。（鲁秋宏）

【标准修订制定】 2021年，区检验检测中心主导修订工信部《织物透气量仪校准规范》通过审定，省地方计量技术规范《磁通门电流传感器校准规范》立项编制，主导起草苏州市地方标准《“互联网+计量”公共服务平台建设指南》。《光缆接头盒机械性能试验机研发》获省市场监管局科技项目立项，参与起草的1项行业标准、1项地方标准发布实施，行业标准《光纤带并带树脂》进入报批阶段。（鲁秋宏）

【服务长三角一体化】 2021年，区检验检测中心首次组织长三角光通信实验室光纤衰减、塑料密度两个项目实验室比对，成功主导无创电子血压计项目苏州市计量比对，并邀请青浦区计量质量检测所参加。2名职工代表江苏参加“长三角地区优化营商环境立功竞赛暨职工技能比武决赛”，获燃油加油机检定项目个人、团体一等奖。（鲁秋宏）

【服务企业】 2021年，区检验检测中心参与编制苏州市光电产业商会《苏州市光电产业“十四五”发展指导意见》，主导编写“检验检测认证篇”，成功创建苏州市光通信产业链服务平台。部署新版业务系统，实现计量校准、质量检测全领域证书报告电子化，在同行机构中率先上线“互联网服务平台”，器具报检、委托下单、结果查询、报告下载等“一站式”网上办理，着力提升业务办理便利性。主动作为，为疾控中心、各疫苗接种点的90多台疫苗冷链运输、存储设备进行免费检测。联合区市场监管局、区卫健委召开民营医疗机构强制检定工作会议，宣传法律法规，讲解强检器具网上申报。举办“食品检测培训班”，为全区食品生产和配送企业开展检验人员技能培训30余人次。（鲁秋宏）

【服务民生】 2021年，区检验检测中心在开展食品、农产品定期抽检的同时，开展冬笋、腌腊肉、青团子、粽子、月饼等节令食品抽检，配合区农业农村局开展水产品专项监督抽检。全程参与区食安办、区市场监管局开展的4期“你点我抽他检”专项抽查活动，进农贸市场、进校园、进外卖点，抽检老百姓最关注的农产品、外卖食品和校园食品，提升食品质量安全民众参与度。全力护航校园食品安全，为盛泽镇、震泽镇、桃源镇开展中小学校、养老托幼机构食堂消毒餐饮具、食品原料专项抽检共424批次。落实“健康计量惠民工程”，设立专用送检通道，下沉乡镇街道社区，全年免费为居民检修血压计222台（件）。进恬愉护理院，免费检定心电图机、多参数监护仪等医用计量器具，讲解血压计正确使用方式。配合区市场监管局对各区镇集贸市场进行电子计价秤专项检查，发现一批作弊秤，制作发布“作弊秤识别”宣教视频。

2021年9月14至16日，区检验检测中心开展农产品免费检测活动
（区检验检测中心 提供）

统筹各项志愿服务，抗击疫情、助力重建、引导交通、文明宣传，累计开展志愿服务210人次。举办“实验室开放”活动，邀请各行业主管部门、中小学生代表走进实验室，近距离了解产品质量安全检测工作。计量科普馆成为吴江区科普场馆联盟首批15家成员单位之一，并获批苏州市第二十三批科普教育基地。向政协委员、计量行政监管人员开放计量科普馆和实验室，制作发布《计量与民生之出行、购物篇》宣传动画，科普日常出行购物中的计量器具和计量常识。接待学生夏令营，提高计量社会知晓度和关注度。（鲁秋宏）

物　价

【概况】 2021年，区发改委贯彻落实国家、省、市价格政策，

围绕推动高质量发展走在前列，聚集服务发展改革中心工作，统筹推进价格调控、价格监测、价格管理、价格服务、成本调查、清费减负、价格认定等各项工作，聚焦民生关切，着力稳物价、促发展、惠民生，为经济社会发展营造良好价费环境。（董月诚）

【价格调控】2021年，区发改委制定《吴江区2021年价格调控目标责任制实施意见》，确保各项价格调控目标任务落到实处。高度重视“米袋子”“菜篮子”等重要民生商品价格监测预警分析，密切关注市场变化，重点做好主副食品和疫情防控用品价格以及节日市场的价格应急监测，通过各农贸市场、各大超市，做到监测数据每日一报，不断完善日常监测、应急监测、专项监测。贯彻落实社会救助和保障标准与物价上涨挂钩联动机制，及时足额向困难群众发放价格临时补贴，缓解物价上涨对困难群众基本生活的影响。（董月诚）

【价格管理】2021年，区发改委将“物业收费价格公示”作为“我为群众办实事”项目，着力破解物业收费信息不透明问题，会同区住建局采集307个住宅小区的物业收费信息，通过报纸、网站、微信公众号等渠道进行公示，倒逼物业企业提供质价相符的服务，相关内容得到“苏州发布”公众号的转载点赞，取得较好社会效应。加强房地产价格备案和调控，指导企业合理定价，对房产销售价格政策进行提醒告诫，要求36家房地产企业通过“信用吴江”网站专用渠道进行价格信用承诺和公示，促进房地产市场平稳健康发展。加强资源性产品价格管理，优化调整居民燃气阶梯气价政策，提高各阶梯年用气量标准，及时疏导非居民用天然气价格，6次调整燃煤蒸汽销售价格，并修订煤热联动办法。推进清费减负降本，开展年度收费情况巡访和统计工作。继续清理规范转供电环节加价，实地抽查相关转供电主体。强化教育收费监管，做好34所民办学校收费标准的核定工作，开展校外培训机构收费调研。推进停车收费动态调整，根据智慧停车系统提供的数据，降低12个供需矛盾不突出、使用率低的停车场收费标准。夯实价格基础工作，扎实完成国家、省、市价格监测任务，采集70批次民生商品价格，定期通过中国吴江网站、《吴江日报》等渠道进行公示，不断开发维护、拓展“价格365—民生价费通”平台功能。（董月诚）

【价格认定】2021年，区价格认定局立足“实现公共目标、维护公共利益、提供公共服务”的工作定位，坚持价格认定事业科学发展，有效履行涉案、涉纪财物价格认定、价格争议调处等工作职能。坚持依法认定，严格落实程序，明确岗位职责，密切配合纪检监察机关、公安机关、检察机关等部门，确保每件案件的价格认定结论经得起法律和历史检验。完成盗抢黄金珠宝店案、盗掘地下文物专案和系列盗窃车辆三元催化设备等一批社会影响大、案件复杂的价格认定工作。全年完成公安机关移交的刑事价格认定案件794件；完成纪检监委交办的职务案件和执纪案件涉及财物价格认定15起，价格认定案件受理完成率100%。主动做好服务，不断提升认定局窗口的服务水准，规范工作程序，提升队伍能力素质，夯实从业内功，牢记结论后面是责任，圆满完成年度工作目标。（董月诚）

【价格监督】2021年，区市场监管局针对价格监管，开展重点节日市场、防疫领域、殡葬收费、停车收费、教育培训机构等专项行动。开展民办学校“阳光收费　价监护学”专项行动，对1家自立项目收费的学校进行行政处罚，没收多收价款115.8369万元，并处罚款30万元。转供电收费实现常态化监管，累计完成退还多收价款1126.74万元。（蒋剑雄）

【医疗服务项目价格】2021年，区医疗保障局持续深化医疗服务价格改革，规范医疗收费行为，提升医药价格收费水平。医疗服务价格调整按照“腾空间、调结构、保衔接”的思路，持续优化医疗收费结构和比价关系，充分发挥价格标杆作用，引导医疗卫生资源科学配置。在苏州市第九人民医院和江苏盛泽医院完成为期一年的物理康复治疗试点，探索按病种收费为主、按项目收费为辅的医疗服务价格改革。积极配合苏州市医保局开展国家医疗服务价格改革试点工作，多次开展数据调研、比对，进行试点方案意见建议反馈。通过数据收集、座谈方式对23家公立医疗机构特色中医服务项目开展和中医服务项目收费情况进行深入了解，为中医医疗服务项目价格调整建言献策，4月15日起，调整执行中医医疗价格项目108项，平均调整幅度53%。完成区（县）级公立医院医务人员社会平均成本调查，组织35家相关医疗机构进行医药价格政策培训，规范医疗收费操作，完成护理类等部分综合服务类医疗服务项目价格（9月20日起执行），暂停、取消医疗服务价格项目2项（9月13日起执行），完成全区35家医疗机构2020年度医药价格报告审核和上报，医疗机构收费行为更加规范，医疗服务价格改革成效明显。（王帅义）

审　计

【概况】 2021年，区审计局开展国家审计项目28项，查出问题金额16.06亿元，发现非金额计量问题146个，提出审计建议60条，移送处理事项1项。审计促进被审计单位整改落实有关问题资金15.41亿元，建立健全规章制度19项。扎实开展政府投资审计，促进节约财政资金6.71亿元，发现和披露建设管理问题30个。全年报送审计专报2篇，经责审计情况4篇，获区领导批示14次，获评苏州市优秀大数据审计项目1个。推进审计工作由“传统型审计”向“研究型审计”转型，《大数据技术在投资审计领域中的应用研究》成为苏州市唯一入选江苏省审计厅的科研课题。（钱宇晴）

【财政审计】 2021年，区审计局持续关注一般性财政支出压减和支出结构优化、财政存量资金清理盘活、财政收支真实性和完整性、专项转移支付管理，促进预算管理绩效提高。“同级审”中，融合开展6个专题，依托“大数据分析平台”，实现对区级59家一级预算单位2020年度部门预算执行审计全覆盖，并首次下沉二级预算单位。对20个区级预算部门出具审计建议函，移送处理事项1个。（钱宇晴）

【经济责任审计】 2021年，区审计局紧扣经济责任，聚焦权力运行和责任落实，促进领导干部依法用权、担当作为。开展经济责任审计项目14个，提出审计建议52条。以绿色发展为目标，融合开展领导干部自然资源资产离任审计2项，发现非金额计量问题18个，提出审计建议5条。联合区委组织部向接任领导干部及单位发出《审计发现问题告知书》，助力接任领导知悉情况、作出承诺、深化整改。（钱宇晴）

【政府投资项目审计】 2021年，区审计局持续推进政府投资审计转型升级。至年底，跟踪审计累计在手项目18个，涉及预算金额122.69亿元。对所有跟踪审计项目进行检查指导，出具审计建议单11份。修订《苏州市吴江区政府投资项目审计监督管理办法》，加强对政府投资项目的事前、事中和事后监督，促进提高公共投资绩效。出台工程款预结制度，缓解施工方资金压力，维护农民工合法权益，优化营商环境。完成对2019年12月至2020年12月期间建设单位直接委托中介审计中小型项目抽查复审工作。规范中介准入制度，严格实行“凡进必招”，公开招入中介机构3家参与协审服务。（钱宇晴）

【内部审计监督指导】 2021年，区审计局制定《苏州市吴江区审计局内部审计工作指导员制度（试行）》《苏州市吴江区审计局内审人员“以审代训”管理办法（试行）》等文件，以制度促规范，以规范促提升。按照审计署要求，对全区345家部门及下属单位开展内审调查统计。开展“以审代训”，在2个审计项目中，选派9名内审人员参与国家审计项目实施。深化理论研讨，向省、市推荐内部审计理论研讨文章15篇。在区政府党组中心组专题学习会暨常务会议上，局主要领导解读《江苏内部审计工作规定》，对贯彻好《规定》提出建议，区长王国荣强调要以学促用，提高内部审计质量和水平，推动吴江内部审计事业高质量发展。（钱宇晴）

【审计信息化工作】2021年，区审计局践行“科技强审”，完成“金审三期”工程12台终端5大应用模块的安装授权与调试工作。完成2次地方财政数据采集上报，新增审计数据分析平台数据分析模型38个。平台分析模型332个，规划标准数据总量292G。开展跨行业数据分析。全面落实网络安全保障系列工作，开展局内安全大检查。升级防护能力，审计数据分析平台通过等保三级测评、项目管理系统通过等保二级测评。发布日常安防预警提示5次，网络安全应急演练1次，向外聘人员发放《外聘人员使用电子数据管理基本要求》，离职前签订《电子数据安全交接清单》，堵塞安全管理控制漏洞。（钱宇晴）

统　计

【概况】2021年，区统计局坚持以习近平新时代中国特色社会主义思想为指导，深刻领悟“两个确立”的决定性意义，切实增强“四个意识”、坚定“四个自信”、做到“两个维护”，围绕区委、区政府中心工作和上级统计部门工作部署，发挥统计职能、推进统计改革、提高数据质量、优化统计服务，为吴江积极融入长三角区域一体化建设、打造“创新湖区”、建设“乐居之城”提供扎实的统计保障。（沈敏芳）

【统计法治】2021年，区统计局根据《中华人民共和国统计法》和《苏州市统计局统计执法“双随机”抽查办法（试行）》的规定，在江苏省统计依法行政平台上随机抽取检查联网直报企业30家，并将结果上报至江苏省统计依法行政平台、中国吴江等网站，并按照规定公开。（沈敏芳）

2021年4月9日，全区统计工作会议召开　（区统计局　提供）

【统计调查】2021年，区统计局认真贯彻统计报表制度，严格按照制度规定的填报范围、口径、计算方法和标准，加强数据审核、查询，切实提高统计数据质量，较好地完成各项统计年定报工作。全区1743家规上工业企业、681家限额以上批发和零售业、88家限额以上住宿和餐饮业、176家规上服务业、188家房地产开发企业、171家有资质的建筑业企业、366家计划总投资5000万元以上固定资产投资项目法人单位，共3413家企业统计数据核定、审核、查询、规范有序。工业、投资、贸易、服务业、劳动工资、名录库等各主要专业通过全面自查、区级抽查等方式多次开展数据质量核查，核查过程突出重点企业、针对薄弱环节，加强业务指导，确保统计数据全面、准确及时上报。（沈敏芳）

【统计宣传】2021年，区统计局运用传统方法向企业、市民发放统计宣传手册、《统计法》宣传页、统计宣传小物品等方式，让统计走进群众生活，同时运用电视、广播、报刊、“吴江发布”微信推送等各类媒体，扩大统计法治宣传范围和力度。为做好省统计局“防范和惩治统计造假、弄虚作假”专项督查迎检工作，在吴江电台891生活服务热线开展“统计督查宣传”互动栏目，制作统计法治宣传片，使统计法治宣传更加生动形象，通过创新普法方式，拓展普法渠道，构建上下联动、整体推进的工作机制。（沈敏芳）

【统计服务】2021年，区统计

局继续创新打造统计服务品牌。数据服务是每月28日左右提供主要经济指标预计数，月后15日左右提供主要经济指标完成数、苏州十大板块对比数、吴青嘉交流数，月后20日左右提供统计月讯、区政府重点工作推进情况、长三角一体化统计手册数据等。年度发布统计公报、编印《统计年鉴》，提供“两会”手册及展板等，形成完整的数据服务环节，为各类评比、评先、创建提供资料。依托“我为群众办实事”党史学习教育，在增强群众满意度上出实招、亮智慧，通过开设苏州市吴江区人民政府网“数据开放”栏目，打响吴江统计“真”情“数”说品牌，向社会展示吴江区社会经济运行的高质量统计成果。（沈敏芳）

【统计监测】 2021年，区统计局牵头组织实施高质量发展绩效评价考核指标监测工作，汇总测算指标结果，定期召开高质量发展监测评价考核部门联席会议，做好关键节点的进度监测预警和分析研究，为推动全区高质量发展提供数据支撑和决策参考。围绕全区节能降耗、减煤目标任务，做好进程监控，探索碳达峰、碳中和行动多部门联动监测机制。按照上级统计部门的要求进行数字经济调研，助力全区数字经济产业和数字化转型工作进程。结合服务业统计改革发展意见，做好文化产业相关统计监测，助力全区文化产业三年提升行动。（沈敏芳）

【核算改革】 2021年，区统计局严格按照国家统计局改革部署以及《地区生产总值统一核算改革方案》《苏州市地区生产总值统一核算工作方案》的要求，切实推进核算改革工作。特邀苏州市统计局领导开展核算工作专题讲座，结合吴江指标情况进行针对性讲解，及时印发《2021年吴江区GDP核算37项基础指标任务分解手册》，强化全区经济运行协调保障机制，围绕37个核算基础指标，落实部门责任，强化日常监测。同时，加大区镇两级日常走访督促力度，进一步提高经济核算样本单位统计数据质量；会同数据责任部门研究试行对样本单位进行考核激励工作机制，努力做到应统尽统、颗粒归仓，提升全区宏观经济核算数据的全面性和准确性。（沈敏芳）

财　政

【财政收入】 2021年，吴江区完成一般公共预算收入258.06亿元，比2020年（下同）增收21.58亿元，增长9.13%。其中税收收入220.87亿元，增收7.74亿元，增长3.63%；非税收入37.19亿元，增收13.84亿元，增长59.30%。（朱　栗）

【财政支出】 2021年，吴江区完成一般公共预算支出351.12亿元，增支106.74亿元，增长43.68%，其中民生支出282.77亿元，增长47.09%，占一般公共预算支出比重的80.53%。（朱　栗）

【财政服务经济建设】 2021年，区财政局精准落实各项税费优惠政策，全年累计新增减税降费24.47亿元，工伤保险降费8608万元，失业保险降费5.66亿元。全年收到中央直达资金2.37亿元，全部分配落实到预算单位，支出进度达97%，使积极的财政政策迅速转化为直接惠企利民的实效。支持实施创新驱动发展战略，始终把科技创新作为财政支出的重点领域，全年财政科技投入23.95亿元，比2020年增长19.21%。紧贴产业需求优化资金配置和保障，充分发挥财政资金与产业政策协同效应，修订完善高质量发展产业政策113条、累计兑付12.56亿元。围绕全区制造业智能化改造和数字化转型总体部署，全面落实三年行动计划，投入4.49亿元用于工业互联网融合创新发展。（朱　栗）

【财政支持长三角一体化发展】 2021年，区财政局争取地方政府债券36.89亿元，规模总量居苏州各市辖区首位；争取中央预算资金1.66亿元；落实当年度一体化示范区先行启动区财政专项资金（3年3地100亿元）；落实长三角一体化示范区新发展建设有限公司注册资本10亿元；牵头设立总规模200亿元的长三角生态绿色一体化基金，落实首批募集资金10亿元。（朱　栗）

【财政管理改革】 2021年，区财政局深入贯彻国务院印发的《关于进一步深化预算管理制度改革的实施意见》（国发〔2021〕5号），从严格预算编制管理、规范预算支出管理、增强预算约束力、提高预算管理信息化水平等方面着力，部署落实省预算管理一体化系统建设，以信息化推进预算管理现代化。优化完善债务管理各项措施，严格落实债务常态化监督和问责机制，坚决守住不发生区域性系统性债务风险的底线。领跑苏州大市财政电子票据管理改革，6月全面完成医疗电子票据改革，11月成功开具苏州区级第一张财政电子票据。

（朱　秉）

【财政绩效管理】 2021年，区财政局有序开展60个项目的绩效目标管理和定期监控、69个项目的绩效自评价和再评价、5个项目的重点绩效评价，首次开展部门整体绩效评价反馈，试点开展政府性基金预算、国有资本经营预算和社会保险基金预算的绩效评价及事前绩效评估工作。（朱　秉）

【财政投资评审】 2021年，区财政投资评审中心完成概算评审项目32个，送审金额8.51亿元，审定金额7.79亿元，核减0.72亿元，核减率8.45%。竣工财务决算评审项目19个，送审金额16.14亿元，审定金额15.46亿元，核减0.68亿元，核减率4.21%。全过程跟踪项目9个，跟踪标段52个，变更评审数量985份，送审金额2.89亿元，审定2.04亿元，核减0.85亿元，核减率29.53%。以上业务为财政节约资金2.25亿元。

（朱　秉）

【政府采购】 2021年，吴江区政府采购总金额85.34亿元，节约财政性资金10.12亿元，节约率10.6%。采购金额比2020年（下同）减少5.66亿元，下降6.22%，其中工程类采购金额57.84亿元，同比减少3.1亿元，下降5.09%；货物类和服务类采购金额27.5亿元，同比减少2.56亿元，下降8.52%。（朱　秉）

【会计人员管理】 2021年，区财政局加强会计人员日常服务管理，组织全国会计专业技术初级、中级资格考试，新增初级职称873人、中级职称419人、高级职称21人。2名考生首登全国会计资格考试金银榜，正高级会计师实现零的突破，高级会计师（副高）通过率苏州大市第一，1人入选江苏省首期会计领军后备人才培养项目。深化代理记账行业“放管服”改革，加强对行业的管理和引导，不断提升企业特别是小微企业的会计信息质量。

（朱　秉）

税　收

【概况】 2021年，全区税务系统认真贯彻落实上级税务部门和区委区政府的决策部署，实现十四五开局之年税收事业“起步稳、开篇新、成效显”，先后4次获区委、区政府领导批示和表扬，在苏州税务系统年度绩效考核中位列第一，在吴江区级机关综合考核中连续第四年蝉联第一方阵、获优胜奖。盛泽分局成功创建“全国职工书屋示范点”，一分局办税服务厅获评“江苏省巾帼文明岗”，区税务局获评“苏州市文明单位”，纳税服务股获评“吴江区三八红旗集体”，平望分局获评“吴江区工人先锋号”。1人获评“苏州市劳动模范”，22人获评区级以上先进个人。

（徐燕萍）

【党建引领】 2021年，区税务局组织开展党史税收知识竞赛、青年干部演讲比赛、精品微党课等系列党史学习教育活动。深入企业一线问计问需问效，与106家非公企业开展党建结对共建，推出18项“党建联建”措施。成立“税暖鲈乡·红蓝先锋”党员突击队，派驻第一书记开展“阳光扶贫”，以实打实的工作成效推动党史学习教育走深走实。落实党委会“第一议题”等制度，携手青浦、嘉善税务机关发布《税收党建综合体“六位一体”展望方案》，与团区委共同启动“青税青商　有为有位”成长计划。强化支部建设，10个基层分局党支部被评为苏州市税务系统“两化”建设达标党支部，其中盛泽分局、七都分局支部被评为示范党支部，区局党委获“苏州市先进基层党组织”称号。持续推动全面从严治党，分层级建立特邀监督员队伍，有效落实纪律作风专项整治有关部署，制定《吴江区税务局季度“考廉日”制度（试行）》，创新

开展“五好”廉政教育示范点（样板）活动，在全局营造风清气正的政治生态。（徐燕萍）

【税收收入】 2021年，区税务局依法依规组织税费收入，严把收入质量关，全区税务部门全年组织各项收入523.38亿元，比2020年（下同）增长19.87%，完成地方一般预算收入220.88亿元，同比增长3.63%。

（徐燕萍）

2021年吴江区税务局各税种入库明细表

单位：万元

税　种	金　额	税　种	金　额
国内增值税	2013932	土地增值税	242564
国内消费税	8550	车船税	18576
企业所得税	843931	车购税	73167
个人所得税	246495	耕地占用税	9991
资源税	1	契税	175656
城市维护建设税	109569	环境保护税	10859
房产税	125870	其他税收	-123
印花税	33862	税收收入合计	3957230
城镇土地使用税	44330		

（徐燕萍）

2021年吴江区税务局各项基金、费入库明细表

单位：万元

税　种	金　额	税　种	金　额
社会保险基金收入	1134977	水土保持补偿费	957
教育费附加	51812	防空地下室易地建设费	2139
地方教育费附加	34297	排污权出让收入	7
文化事业建设费	-2	工会经费	15854
税务部门罚没收入	40	职业年金	27844
残保金	6828	非税收入合计	1276622
废弃电器电子产品处理基金收入	1869		

（徐燕萍）

【减税降费】 2021年，区税务局全面落实研发费用加计扣除、制造业中小微企业缓税、先进制造业退还增量留抵退税、煤电保供等优惠新政，建立基层快速响应机制，优化税惠享受流程，发布“税润鲈乡”云课堂，联合区工商联开展“惠苗政策进万家”减税降费政策“百日”宣传活动，向企业推送定制化“税费优惠”年度清单，全力帮企业渡难关、助经济蓄动能，全年新增减税降费24.5亿元。

（徐燕萍）

【税收征管改革】 2021年，区税务局准确把握“四精”要求，紧扣上级局改革举措，结合吴江实际细化制定92项工作措施，多次开展专题调研，撰写13篇调研报告，推动改革向纵深发展。调整岗位职能，构建出口退税管理新机制，推动岗责体系与改革要求相匹配。积极参与“研发费加计扣除信息服务平台、环境保护税协作共治平台、智慧税务监管体系建设、苏州税务‘智为您’产品”4个创新项目开发。构建土地增值税清算审核“集中+专职”管理模式，有效提升清算审核效率，全年完成土增税清算项目37个。加强部门协作共治，在预防欠税、非合作欠税追征方面取得新突破。创新开发司法拍卖核税和破产案件信息平台，全年实现司法环节入库税款4.5亿元。规范执行长三角区域执法基准，累计完成首违不罚管理事项799笔。青嘉吴税法检九单位在吴江共同发布《税收司法精诚共治展望方案》，并签订《涉税证据跨区域调取合作协议》。严厉打击“三假”行为，抓好成品油管理、人力资源行业、废旧物资回收等重点领域风险防控，形成6个本地风险监管指标智能模型，持续营造对违法者“利剑高悬”，对守法者“无事不扰”的良好监管氛围。

（徐燕萍）

【纳税服务】 2021年，“长三角一体化示范区智慧办税中心”建设完成并投入试运行，创新推出“数据跑路”云办税、“进厅刷脸”秒推送、“精准画像”信息单等服务项目，推行掌上App快办、自助机便办、一站式帮办、前后台联办、长三角通办等新型税费服务，切实将智慧办税探索实践转变为“我为群众办实事”举措，该项目被评为吴江区营商环境十佳优质案例。积极推行“定制服务广覆盖”行动计划，与区工信局、区金融局签订银税互动“合作备忘录”。积极融入地方政务服务体系，全区8个线下办税场所全面对接地方政府服务网络。积极推进“江苏税务App”等线上一揽子办税缴费项目，“非接触式”办税率提高至98.43%。落实总局长三角“最多跑一次”税务清单，推出首批4类15项涉税事项跨区域通办清单，加快推进跨区域涉税事项一体办理。区税务局税收助力长三角一体化工作得到国家税务总局领导表扬性批示。（徐燕萍）

2021年6月16日，长三角一体化示范区税收司法精诚共治启动仪式举行
（区税务局　提供）

（本栏编辑　陈凤贤）

综　述

【概况】 2021年，吴江区工业经济运行总体平稳向好。实现工业总产值5350亿元，首超5000亿元。其中，规模以上工业总产值4390亿元，首次突破4000亿元大关，比2020年增长19.0%。工业用电255.04亿千瓦时。全区规模以上工业企业全年主营业务收入超亿元企业765家，超50亿元企业11家，超100亿元企业4家。

（陆思怡）

2021年吴江各区镇工业总产值、开票收入情况表

单位：亿元

区　镇	工业总产值	工业开票收入
合　计	5350	6007.95
吴江开发区	2002.30	1994.49
汾湖高新区（黎里镇）	868.12	933.04
吴江高新区（盛泽镇）	822.00	1186.31
东太湖度假区（太湖新城）	259.00	287.18
七都镇	635.80	694.42
桃源镇	202.71	219.88
震泽镇	228.42	296.68
平望镇	468.77	395.96

（陆思怡）

2021年吴江各区镇规上工业分区镇效益指标情况表

单位：亿元

区　镇	利润总额	区　镇	利润总额
合　计	240.92		
吴江开发区	84.82	七都	15.03

（续　表）

区　镇	利润总额	区　镇	利润总额
汾湖高新区（黎里镇）	41.19	桃源	5.76
吴江高新区（盛泽镇）	38.05	震泽	10.42
东太湖度假区（太湖新城）	15.11	平望	30.54

（陆思怡）

【转型升级】 2021年，吴江区工业努力化解瓶颈制约，加快转型升级步伐。培育战略性新兴产业，涉及新型平板显示、智能电网和物联网、新材料、新能源、高端装备制造、节能环保、生物技术和新医药、软件和集成电路八大行业。全区纳入统计口径的规模以上新兴产业企业247家，全年实现规上产值2247.91亿元，占规上工业比重51.2%。创新构建工业生态“数字管理”机制，进一步拓展吴江工业企业大数据云平台功能，探索开发智改数转、绿色发展、产业规划、低效提升、智慧决策、园区提升、智能诊断、一体化监测等30余项专项应用，全周期动态监测分析工业运行情况，全过程科学评价企业质量效益。提炼相关经验形成的《工业生态“数字管理”赋能经济高质量发展》，获评全国唯一的县级特别案例。修订完善《关于印发苏州市吴江区工业企业综合评价分类实施办法（修订）的通知》（吴政办〔2021〕64号），促进评价办法更科学、更完善。对全区13968家工业企业数开展综合评价，涉及地块5919个。根据评价分类结果，深入推进工业企业资源要素差别化配置改革，以扶优汰劣、退低进高的差别化政策导向，正向激励与反向倒逼相结合，精准推动全区工业企业转型升级，促进资源要素优配适配。以市场化手段淘汰低端低效企业242家，盘活工业用地148.13公顷。持续对化工、铸造等产业链不能或缺的环节开展优化提升整治，全年关闭低端低效产能企业130家，完成数居苏州市首位，其中关闭退出化工生产企业5家。（陆思怡）

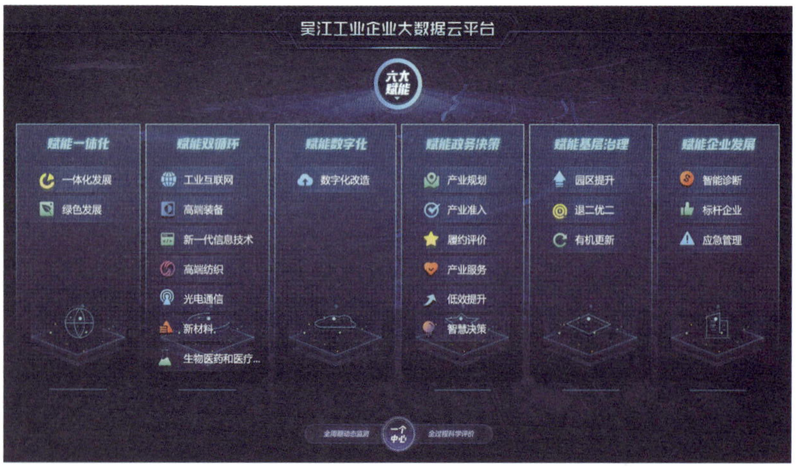

吴江工业企业大数据云平台　　（区工信局　提供）

【工业技改投入】 2021年，吴江区完成工业投资220.1亿元，总量位列全市第三，其中技改投资160.5亿元，总量位列全市第一。英诺赛科氮化镓项目等7个省市重点工业项目累计完成投资40.7亿元，完成年度计划的119.7%。中鲈科技年产6万吨PET再生纤维项目获评2021年江苏省工业和信息产业转型升级专项资金高端化改造升级项目，首批奖补资金1500万元；峻凌电子等18家企业获苏州市工业企业有效投入奖补资金10089.3万元；59家企业获吴江区工业高质量发展产业政策智能化设备投入奖补资金3968.34万元。（袁玉海）

【工业技术创新】 2021年，吴江区坚持创新核心地位，优化创新生态体系。全区新增省级企业技术中心22家、市级企业技术中心19家，累计建成三级企业技术中心363家（国家级10家、省级133家、市级220家），其中国家级企业技术中心累计数占全市的32.3%，列全省县市区首位；累计获得各级政府配套和奖励资金23434

万元。推进国家先进功能纤维创新中心中试基地建设，股东单位增至15家，联盟单位增至143家；推动“阻燃纤维”“纳米纤维”及“大数据及纤维智能制造工程”三大实验室建设，申请发明专利34项（已授权10项，其中转让9项），参与标准制修订9项；建成国内首个具备激光雷达专业全面测试能力的实验室——清华大学苏州汽车研究院（吴江），提高了激光雷达的探测距离上限，为国内首创。亨通集团获评国家级工业设计中心，累计创建2家，占全市（9家）的22%；新增省级3家，占全市新增数（21家）的15%；新增市级26家，为历年最多；三级工业设计中心累计创建63家。永鼎股份、太湖雪、澳拓美盛、清华汽研院等4家企业获评国家级服务型制造示范企业（项目、平台），占全市的80%，为历史最高；吴江变压器、德尔未来、中瑞科技、盛虹集团、华业检测、五一互联6家企业获评省级服务型制造示范企业（平台）。永鼎股份、康力电梯获评全国质量标杆，数量占全市的三分之二；巨峰绝缘、华衍水务、凯伦建材、华源控股4家企业获评江苏省质量标杆。全区累计获评全国质量标杆6项（全市10项）、省级质量标杆12项（全市23项），领跑苏州。49个项目列入“省重点技术创新项目导向计划”目录，10家企业的45个新技术新产品通过省级鉴定。推荐明志科技、法兰泰克、德尔集团3家企业申报2021年第四批苏州市自主品牌大企业和领军企业先进技术研究院，全区累计建成先进技术研究院9家，数量居全市首位。 （沈 丹）

2021年吴江区新认定企业技术中心一览表

序 号	技术中心名称	级 别
1	吴江华衍水务有限公司技术中心	省级
2	苏州品翔电通有限公司技术中心	省级
3	江苏亨通电力电缆有限公司技术中心	省级
4	苏州复盈新材股份有限公司技术中心	省级
5	苏州中瑞智创三维科技股份有限公司技术中心	省级
6	南阳防爆（苏州）特种装备有限公司技术中心	省级
7	苏州江天包装彩印有限公司技术中心	省级
8	固德电材系统（苏州）股份有限公司技术中心	省级
9	苏州市艾西依钣金制造有限公司技术中心	省级
10	捷讯精密橡胶（苏州）有限公司技术中心	省级
11	索格菲（苏州）汽车部件有限公司技术中心	省级
12	苏州扬越高新材料有限公司技术中心	省级
13	苏州震纶生物质纤维有限公司技术中心	省级
14	苏州海仑士科技有限公司技术中心	省级
15	群光电子（苏州）有限公司技术中心	省级
16	苏州艾沃意特汽车设备有限公司技术中心	省级
17	苏州力佳新型材料有限公司技术中心	省级
18	苏州生生源纱业有限公司技术中心	省级
19	苏州通产丽星包装科技有限公司技术中心	省级
20	江苏鸿展新材料科技有限公司技术中心	省级
21	苏州彤帆智能科技有限公司技术中心	省级
22	苏州盈宇纺织科技有限公司技术中心	省级

（沈 丹）

【企业服务体系建设】 2021年，区工信局强化"凝聚企业、引领企业、服务企业"功能，整合协调各方服务资源，开展系列专题培训、标杆学习、市场拓展等服务企业活动，推动企业加快数智化转型发展。全年开展服务活动32场，其中线上+线下管理培训15场、对接考察10场、市场拓展7场，参与企业2400余家，服务企业3500人次。推动数字经济发展，助力企业数智化转型，举行工业互联网赋能数字化转型专题培训，邀请信通院、上海开源大数据等专家进行专题授课；重视企业人才素质提升，擦亮吴江中青年企业家培训班品牌，与区人才办合作举办2021年吴江区中青年企业家管理能力提升研修班；打破传统授课方式，改革创新教学模式，"精益生产训练营"培训走进林森净化公司生产现场，解决学习和应用割裂问题，成功入选2021年苏州市党建惠企案例集；举行宏观经济形势与企业应对、财税新政、绩效管理等专题培训，参训企业管理人员761名；组织中小企业负责人走进全区民营标杆企业，让中小企业到实践中去学习企业管理，促进大中小企业的融合发展。引导"专精特新"发展，配合区政府召开全区"专精特新"企业培育专题推进会，编制《吴江区专精特新"小巨人"企业培育三年行动计划》；澳盛科技、赛伍应用、中广核达胜3家企业获评国家级制造业单项冠军，数量位居苏州各市区首位；凯伦建材等5家企业获评国家第三批专精特新"小巨人"企业，世华新材料等23家企业获评省专精特新小巨人企业；开展专精特新金融服务专场活动，成立专精特新服务专员队伍，服务企业解决融资需求问题。推进公共服务平台建设，建设完成吴江区企业服务云平台；服务中心获评省四星级平台，2家企业获评市级示范平台；组织开展中小企业服务月活动，开展政策宣贯活动11场、培训活动8场，提供各类创新和技术服务15692次，服务企业2571家。

（马延庭　王　妮）

2021年吴江区中小企业公共服务平台名单

序　号	单位名称	地　址
1	吴江绸都盛泽电子商务信息有限公司	吴江区盛泽镇市场东路699号东方纺织城五楼D区
2	苏州中纺联检验技术服务有限公司	吴江区盛泽镇西环二路1018号
3	江苏盛虹纺织品检测中心有限公司	吴江区盛泽镇西二环路1188号中国盛泽纺织科技创业园5幢
4	苏州市吴江区中小企业服务中心	吴江区东太湖大道7070号亨通金融大厦16层
5	苏州康润医药测试服务有限公司	吴江区江陵街道227省道西侧龙桥路1368号
6	苏州中纺联创意服务有限公司	吴江区盛泽镇敦煌路388号汇赢大厦301室、302室、303室
7	吴江市金鼎净化钢构研究所有限公司	吴江区芦墟镇金家坝金鼎西路
8	江苏亿友慧云软件股份有限公司	吴江区鲈乡南路501号1号楼10层
9	吴江思源创业服务有限公司	吴江区黎里镇东港路443号
10	苏州华业检测技术服务有限公司	吴江经济技术开发区顺风路东侧龙桥路西侧
11	苏州市吴江区检验检测中心	吴江区松陵镇开平路550号
12	苏州盛泽科技创业园发展有限公司	吴江区盛泽镇西二环路1188号
13	苏州市吴江区智能制造协会	吴江区松陵镇江兴西路607号
14	江苏盛泽东方纺织城发展有限公司	吴江区盛泽镇市场路南侧
15	吴江万商信息技术服务有限公司	吴江区平望镇环湖路1号
16	苏州鼎鑫企业管理有限公司	吴江区盛泽镇市场东路699号（盛泽东方纺织城5楼C010-C020室）

（马延庭）

【企业政策扶持】 2021年，区工信局积极向上争取政策扶持。协助企业申报国家、省、苏州市级项目，全年帮助企业获得市级以上各类专项资金扶持超2.4亿元，兑现区级资金超5亿元；争取到制造业单项冠军、专精特新小巨人、技术创新示范企业、工业设计中心、质量标杆、智能制造试点示范工厂/优秀场景等国家级荣誉18类39项。 （赵燕芳）

新兴产业

【概况】 2021年，吴江区新兴产业保持稳定运行。列入苏州市新兴产业统计库企业247家，实现规模以上新兴产业产值2247.91亿元，比2020年（下同）增长18.4%，占规模以上工业产值比重51.2%。完成新兴产业投资186.11亿元，增长6.8%。恒力化纤的年产20万吨工业丝项目与港虹纤维的CP6熔体直纺项目完全投产；恒力长三角国际新材料汾湖基地建设加速推进，规划建成年产80万吨高端功能性聚酯薄膜、功能性塑料。 （张慧恋）

【省关键核心技术（装备）攻关项目】 2021年，江苏省工信厅聚焦战略性新兴产业培育和优势传统产业转型升级，以产业基础高级化、产业链现代化、制造业数字化转型等为重点方向，鼓励企业在高端装备、通用和专用芯片、基础和工业软件、自动控制系统和关键器件等产业链关键节点，加大研发投入、明确赶超目标，力求破解产业链重点领域、关键环节技术瓶颈，实现创新链与产业链精准对接。吴江变压器有限公司的“特高压直流输电工程用±800kV大容量换流变压器”、法兰泰克重工股份有限公司的“智能工业起重机研发及产业化应用”、苏州捷力新能源材料有限公司的“紫外光固化高耐热隔膜核心技术攻关”、江苏亨通光纤科技有限公司的“4032芯超低损耗高密度光缆”和江苏新视界先进功能纤维创新中心有限公司的“生态无锑催化聚酯纤维的研制及产业化应用”获省关键核心技术（装备）攻关项目立项，立项数占苏州市近30%。 （张慧恋）

【吴江航空航天产业推介会】 2021年5月8日下午，吴江航空航天产业推介会在东太湖畔隆重召开。同济大学航空航天与力学学院吴江创新中心和南京航空航天大学机电学院吴江创新中心正式启动，吴江经济技术开发区和汾湖高新技术产业开发区航空航天产业培育基地揭牌。在项目集中签约仪式上，8个项目签约落地，加上4月26日在苏州航空航天产业发展大会上已签约的2个项目，总投资金额达56亿元。（赵燕芳）

【博众精工科技股份有限公司】 成立于2006年，注册资本4亿元，主要从事精密检测设备、工业机器人、系统集成软件、自动化组装设备、智能化成套生产线等智能制造领域装备的研发和销售，为客户提供定制自动化设备、全自动智能流水线和智能工厂整体解决方案，服务于电子信息、汽车零部件、家电、消费类电子、新能源等多领域。建有国家认定企业技术中心、国家级工业设计中心、江苏省3C产品制造智能成套装备工程技术研究中心、江苏省机器视觉自动化设备工程中心等研发载体，年产值超35亿元。 （张慧恋）

2021年5月8日，吴江航空航天产业推介会召开 （区工信局 提供）

【吴江变压器有限公司】 成立于1987年，注册资本1.2亿元，是一家专业从事变压器、电抗器、成套电气及开关设备的集研发、制造、工程总包和服务一体化的创新型企业，年产值超15亿元。公司先后获得国家高新技术企业、国家技术创新示范企业、国家专精特新小巨人企业等荣誉称号，建设有国家认定企业技术中心、国家博士后科研工作站、江苏省工程技术研究中心、江苏省工程中心等多个创新平台和通过CNAS认可的重点实验室，1000kV特高压交流变压器实现产品自主国产化设计制造，《国产非晶带材在电力系统中的应用开发及工程化》实现新材料推广应用并获得国家科技进步二等奖。

（张慧恋）

【苏州近岸蛋白质科技股份有限公司】 成立于2009年，注册资本5263亿元，是一家专门从事重组蛋白、抗体、诊断原料研究与生产的国家高新技术企业，研发团队超300人，涵盖分子生物学、酶学、免疫学、生物信息学、生物化学等多领域。公司在上海张江高科技园区有5000平方米的现代化研发中心，在吴江区有6000平方米的研发生产基地。公司拥有结构蛋白设计、分子进化、蛋白结晶、抗体发现库等创新技术平台，在研发及应用领域追求创新，自研并生产16000余种产品，涵盖体外诊断、抗体药、细胞治疗、疫苗原料等多个领域，并提供差异化抗原开发—噬菌体建库—高通量候选分子筛选—人源化与亲和力成熟—快速重组表达与表征等一站式抗体药物开发服务。

（张慧恋）

【英诺赛科（苏州）半导体有限公司】 成立于2017年，注册资本20亿元，是一家从事新型第三代半导体材料、器件以及集成电路开发与制造的高科技公司。公司汇聚各国半导体产业精英人才，以雄厚的技术实力，掌握8英寸硅基氮化镓材料、器件及集成电路设计、制造全产业链核心技术，致力于打造一个集研发、设计、外延生长、芯片制造、测试与失效分析为一体的第三代半导体生产平台。主要产品包括氮化镓功率器件、功率模块和射频器件，具有小尺寸、高性能、低成本、高可靠性等优势，同时与多家国际技术研发机构开放合作，形成半导体产业跨国创新联盟。

（张慧恋）

支柱产业

【概况】 2021年，吴江区规模以上工业中，丝绸纺织、电子资讯、光电缆、装备制造四大主导产业实现产值3421.60亿元，同比增长19.1%，占规上工业总产值的77.9%。

全区丝绸纺织业完成规模以上工业产值1062.12亿元，同比增长20.2%。前三季度，纺织行业明显回暖，产、销、利均保持稳步回升；11月以后，行情再度转淡。

全区电子资讯业完成规模以上工业产值879.52亿元，同比增长22.9%。一批骨干企业保持稳定增长态势，带动产业平稳发展；9月后，行业内缺“芯”现象有所缓解。

全区光电缆业完成规模以上工业总产值265.60亿元，同比增长12.2%。全年国内光电通信市场呈现复苏迹象，三大运营商光纤集采价格逐步回升；电线电缆市场行情较好。

全区装备制造业完成规模以上工业产值1214.37亿元，同比增长17.2%。部分高端装备制造企业订单饱满，增长较快；电梯市场行情整体与去年持平。

（陆思怡）

【吴江两家企业上榜2021年度“世界品牌500强”】 2021年12月8日，由世界品牌实验室（World Brand Lab）独家编制的2021年度（第十八届）“世界品牌500强”排行榜揭晓，中国品牌表现亮眼，入榜44个，江苏品牌入榜3个，其中2个来自吴江。恒力集团“恒力”品牌第4次入围榜单，位列第379位，较去年上升19位，在入选的中国品牌中恒力位列第38名；盛虹集团“盛虹”品牌首次登榜，位列第399位，在入选的中国品牌中盛虹位列第41名，标志着吴江两家世界500强企业的品牌价值与软实力在全球范围内得到权威认可与展示。

（赵燕芳）

【恒力集团迈入世界百强行列，盛虹集团排名大幅上升】 2021年8月1日，《财富》杂志公布世界500强排行榜。来自吴江的恒力、盛虹再度入榜，排名均实现大幅上升。其中，恒力集团凭借1007.73亿美元营业收入，大跨步迈进世界百强行列，位列第67位，较去年上升40位；盛虹集团凭借384.40亿美元营业收入再次上榜，位列第311位，较去年首次登榜排名上升144位。（赵燕芳）

电 力

【概况】 2021年，吴江区全社会用电量299.72亿千瓦时，比2020年（下同）增长11.43%；企业供电量291.14亿千瓦时，增长12.1%；售电量286.04亿千瓦时，增长12.08%；调度口径最高负荷461.07万千瓦，增长7.95%。至年底，全区拥有35千伏及以上变电站88座，主变容量1499.08万千伏安。其中，220千伏变电站16座，主变容量774万千伏安；110千伏变电站59座，主变容量681.9万千伏安；35千伏变电站13座，主变容量43.18万千伏安。35千伏及以上送电线路（至220千伏）224条，共计1921.049千米。全区营业户74.17万户，总装接容量2148.81万千伏安。地方（热）电力生产企业12家，装机容量1096.5兆瓦；省调（热）电力生产企业3家，装机容量870兆瓦。

国网苏州市吴江区供电公司（以下简称“区供电公司”）是国网江苏省电力有限公司下属的大型县级供电企业，担负辖区内七镇四街道四区的供电任务。下设9个职能部室、4个业务支撑和实施机构、1家省管产业单位、1家三新供电服务有限公司和10个供电所，有全民员工344人、集体员工31人、直签员工17人、农电员工495人。（黄秋辰）

【电网建设】 2021年，区供电公司完善主网规划，开展220千伏盛东变选址选线工作。滚动修编长三角生态绿色一体化发展示范区配电网专项规划（吴江）。投运吴江第二座500千伏变电站——笠泽变，新增变电容量200万千伏安，线路214.4千米。投产110千伏及以下输变电项目6个，新增变电容量13万千伏安，线路59.68千米。完成配农网投资5.77亿元，同比增长56%。（黄秋辰）

【能源转型】 2021年，区供电公司配合国网苏州公司与区政府签订《推动吴江区新型电力系统建设战略框架合作协议》，全面启动吴江分布式光伏建设，推动出台全国补贴力度最大的分布式光储系统补贴政策。创新应用“全电共享”电力设备模块化租赁服务，完成2家企业“全电工厂”改造，推动出台电能替代政策7项，累计替代电量5.45亿千瓦时。国家重点研发计划项目“中低压直流配用电系统”通过国家工信部综合绩效评价。（黄秋辰）

【供电服务】 2021年，区供电公司持续优化营商环境，在太湖新城核心区建成“开门接电”示范区。全面推广“阳光业扩”（线上申请、在线审批、实时互动、过程留痕）和“三零、三省”服务（零上门零审批零投资、省心省力少钱），高、低压平均接电时间压降至35个和5个工作日内。率先在省内完成与政务服务平台数据贯通，实现居民房产供电过户零证刷脸办电。全方位跟踪服务省市政府重点工程项目40个，完成政府迁改

2021年，区供电公司完成沪苏湖铁路110千伏架空线路迁改入地施工
（区供电公司 提供）

项目15个,沪苏湖铁路线路迁改工程全面开工建设。助力生态环境精准治理,协助查处“散乱污”企业16户。完成2.89万户用户老旧计量箱改造。探索构建跨区服务,开通苏州地区首个长三角一体化办电服务专窗,实现电力业务跨省“一窗通办”。首次通过“网上国网”云终端实现跨省数字人民币缴纳电费。（黄秋辰）

2021年吴江区电厂主要技术经济指标一览表

企业名称	是否自备电厂	装机容量(兆瓦)	机组数(台)	锅炉容量(吨/小时)	年燃煤消耗量(万吨)	年发电量(万千瓦时)	年供热量(吨)
江苏华电吴江热电有限公司△	否	360	2	190	—	135550	893971.2
苏州苏盛热电有限公司△	否	150	4	1040	83	75957	3318700
大唐苏州热电有限责任公司△	否	360	4	225.5	—	139846	1058363
苏州苏震热电有限公司	否	50	2	390	21.8082	19170	1047100
吴江环保电厂	否	156	4	578.9	—	27140	—
江苏东方盛虹股份有限公司盛泽(丝绸)热电厂	否	36	3	820	78	30751	4200000
吴江艺龙实业有限公司	是	12	2	180	0.9024	1832	435028
盛虹集团有限公司热电分厂	是	36	3	600	54.1369	21087	2601305
吴江罗森化工有限公司	是	24	3	355	42.2446	17427.49	2291925.6
三联印染有限公司	是	6	1	150	9.5885	4203	621778
吴江南玻玻璃有限公司	是	12	1	46	—	6200	—
东吴水泥热电厂	是	4.5	1	27	—	2331.46	—

注:加△者为省调管辖(热)电力生产企业,其他为区调管辖(热)电力生产企业。（黄秋辰）

（本栏编辑　潘　莉）

农业和农村工作

“三农”综述

【概况】 2021年，区农业农村局紧扣“一体化”和“高质量”两个关键，抢抓国家重大战略机遇，以党建引领实施新一轮“12310”工程，制定“三张清单”，推进“两项考核”指标争先进位。吴江区现代农业产业园入选第四批国家现代农业产业园认定名单，吴江获评首批全国休闲农业重点县、首批国家级水产健康养殖和生态养殖示范区、全国县域农业农村信息化发展先进县、全国第六批率先基本实现主要农作物生产全程机械化示范县等省级以上荣誉20余项。 （钱毅玲）

【从业人员结构】 2021年，全区农村从业人员295557人。农村从业人员中，从事第一产业21674人，其中男性13191人，女性8483人，从事第二产业209097人，从事第三产业64786人。 （钱毅玲）

【农业高质量发展扶持政策】 2021年，吴江区农业高质量发展扶持政策包括农业产业发展和农业生态两大类，其中农业产业发展分为现代农业园区、农业机械化、农业经营主体、农业主导产业和农业结构调整5个方面；农业生态分为生态补偿、畜禽废弃物处理2个方面。全年发放吴江区农业高质量发展产业扶持资金14057.68万元。 （钱毅玲）

农业主导产业

【优质粮油】 2021年，全区粮食播种面积2.057万公顷，总产量15.7万吨，其中，水稻实种面积1.358万公顷，总产12.5万吨，平均亩产614千克；小麦实种面积0.66万公顷，总产3.1万吨，平均亩产313千克；油菜实种面积134公顷，总产278吨，平均亩产138千克。（钱毅玲）

【特色水产】 2021年，全区水产养殖总水面约1.224万公顷，其中池塘面积0.544万公顷，湖泊水面面积0.68万公顷，渔业产量5.61万吨。池塘养殖以特种品养殖为主，其中青虾0.181万公顷、河蟹（包含蟹虾混养）0.209万公顷、加州鲈鱼940公顷。 （钱毅玲）

【高效园艺】 2021年，全区蔬菜种植面积1.186万公顷，产量32.48万吨，比2020年增加（下同）0.28万吨；果园面积746.67公顷，果品总产量1.42万吨，增加2.9%；桑园面积511公顷，发放蚕种4815张，蚕茧产量227.01吨。（钱毅玲）

【生态畜禽】 2021年，全区生猪存栏10.32万头（本地6.32万头、域外4万头），出栏2.45万头；菜羊存栏0.58万只，出栏0.78万只；兔存栏0.46万只，出栏1.46万只；家禽存栏30.79万羽，出栏43.87万羽；禽蛋产量2139吨。（钱毅玲）

农业产业体系

【农业园区】 2021年，区农业农村局高质量推进现代农业园区建设，梯度构架国家、省、市、区四级农业园区体系，省级现代农业产业示范园通过认定，7个园区（江苏省苏州市吴江区现代农业产业园、吴江现代农业产业园区、吴江太湖绿洲现代农业科技园、苏州市吴江区盛泽镇现代休闲农业示范园、苏州市吴江区平望高效农业示范园、浦江源太湖蟹生态养殖示范园、苏州市震泽现代农业示范园）入选全国农村创业园区（基地）。6月4日，苏州市水稻机插侧深施肥现场观摩培训会在吴江国家现代农业示范区同里核心区召开。（钱毅玲）

【休闲农业】 2021年，全区持续深化农文旅融合发展，“吴江蚕桑文化系统”入选第六批中国重要农业文化遗产项目名单。新增省主题创意农园2家（苏州市吴江区花伴湾亲子农乐主题创意园、苏州市吴江区骏瑞“田野市集”创意园），省农耕实践基地2家（苏州市吴江区太湖雪蚕桑文化园、苏州市吴江区苏州玫瑰园），省乡村休闲旅游农业康美基地2家（苏州市吴江区同里国家湿地公园、苏州市吴江区铁皮石斛科技文化产业园），苏州市“十佳”休闲农业精品村2家（苏州市吴江区震泽镇金星村、苏州市吴江区同里镇肖甸湖村），共享农庄3家（灶家浜共享农庄、月半湾共享农庄、春华秋实共享农庄），中国美丽乡村休闲旅游行精品线路1条［长漾品“香”休闲康养游精品景点线路（开弦弓村→太湖雪→众安桥→齐心村→村上·长漾里）］。全年休闲农业经营收入近10亿元，接待游客数超1000万人次。（钱毅玲）

【品牌农业】 2021年，全区聚焦都市生态农业定位，大力发展绿色生态循环农业，新增“全国首批生态农场”2家（苏州绿宝园生态农业科技有限公司、吴江东之田木农业生态园），新增认证绿色食品、有机农产品32个，绿色优质农产品比重超70%。同里镇获评首批省级绿色蔬菜产业特色镇。全面提升种苗生产经营与服务水平，新增江苏特色优势种苗中心（企业）2家［江苏骏瑞食品配送有限公司（七都基地）、苏州立美园艺科技有限公司］，新增苏州市级特色优势种苗繁育基地（企业）3家［江苏骏瑞食品配送有限公司（同里基地）、苏州旺山锦鲤有限公司、吴江市明星产业种养殖中心］。1月29日，“数字赋能　绿色食尚”——长三角一体化示范区绿色优质农产品联展联销线上活动启幕。9月23日，2021年吴江区中国农民丰收节在震泽镇举办。（钱毅玲）

吴江国家现代农业产业园　　（区农业农村局　提供）

2021年吴江区新增绿色食品、有机农产品目录

序　号	认证情况	生产主体	产　品
1	绿色食品	苏州江澜生态农业科技发展有限公司	黄瓜
2			普通白菜
3			樱桃番茄
4		金利油脂（苏州）有限公司	芥花油
5		苏州绿盈农业发展有限公司	太湖糯米
6			桃源大米
7			香粳米
8		吴江市盛泽镇盛澜菜庄	盛澜玉米
9			盛澜番茄
10			盛澜茄子
11			盛澜黄瓜
12		吴江市太湖绿洲生态农业有限公司	苏州青青菜
13			黄叶吴江香青菜
14			黑叶吴江香青菜
15		吴江市横扇小龙果品专业合作社	柑　橘
16			翠冠梨
17			葡　萄
18		吴江震泽镇农耕家庭农场	家和桃
19		苏州市祥氏粮油种植有限公司	桃源长粒香米
20			香粳大米
21			水家港大米
22		吴江市北厍粮油有限公司	精洁米
23			圆粒糯米
24		吴江区同里镇肖甸湖周江葡萄生态园	葡　萄
25	有机农产品	吴江市七都粮油专业合作社	稻　谷
26		苏州浦江源太湖特种水产有限公司	大闸蟹
27		苏州君源农业科技有限公司	稻　谷
28		苏州市吴江区溯源农副产品专业合作社	水　稻
29		吴江市北厍粮油有限公司	稻　谷
30		福琦生态种植基地	稻　谷
31		苏州品味特种水产有限公司	蟹
32			虾

（钱毅玲）

农业生产体系

【"三高一美"】 2021年，全区加快推进"三高一美"建设，年内完成池塘生态化改造1473.33公顷，建成高标准农田1200公顷，新增高标准蔬菜生产示范基地1个（吴江区七都镇稽五漾蔬菜基地）、美丽生态牧场1个［苏州苏太企业有限公司（桃源基地）］。（钱毅玲）

【农业机械化】 2021年，全区持续强化农业装备支撑，新增农业新机具417台，建成省级"粮食生产全程机械化+综合农事"服务中心1个（苏州同里现代农业发展有限公司），市

级服务中心5个（苏州沁缘家庭农场、苏州市丰礼生态农业发展有限公司、吴江区震泽镇瑞粒家庭农场、吴江市震泽林港农机专业合作社、苏州市吴江区盛泽镇桥南粮油专业合作社），区域性农机烘干中心2个（吴江市松陵石铁粮油专业合作社、吴江东之田木农业生态园），农业“四情”智能监测系统建设水平全省领先，特色农业机械化水平63.59%。10月29日，全省农机化“两大行动”动员部署会暨“三秋”机械化生产现场推进会在吴江召开。

（钱毅玲）

【智慧农业】 2021年，区农业农村局强化数字赋能农业高质量发展，完成吴江数字农业农村管理平台二期项目建设，打造智慧农业生产场景15个，其中苏州市智慧农业示范生产场景5个；“无人农场”被纳入农业农村部智慧农业案例，获评省级案例7个；农村电子商务发展势头迅猛，全年销售总额14亿元，比2020年实现翻番。

（钱毅玲）

吴江区智慧农业生产场景名单

序　号	场景类别	单位名称	备　注
1	智慧蔬菜	苏州三港农副产品配送有限公司	苏州市智慧农业示范生产场景
2	智慧园艺	苏州神元生物科技有限公司	—
3	智慧蔬菜	苏州市润汇农业发展有限公司	—
4	智慧蔬菜	苏州江澜生态农业科技发展有限公司	—
5	智慧蔬菜	江苏骏瑞食品配送有限公司	—
6	智慧渔场	七都浦江源水产养殖生态示范区	苏州市智慧农业示范生产场景
7	智慧园艺	苏州太湖雪股份有限公司	—
8	智慧园艺	苏州市立美园艺科技有限公司	苏州市智慧农业示范生产场景
9	智慧牧场	苏太生态育猪企业有限公司	苏州市智慧农业示范生产场景
10	智慧农场	吴江区国家农业产业园区四情监测场	—
11	智慧园艺	苏州玫瑰园艺有限公司	—
12	智慧渔场	苏州聚福水产有限公司	苏州市智慧农业示范生产场景
13	智慧农场	吴江区国家农业产业园区无人农场	—
14	智慧牧场	吴江牧原生猪养殖场	—
15	智慧农场	吴江区震泽镇瑞粒家庭农场	—

（钱毅玲）

2021年吴江区智慧农业案例名单

序　号	案例类别	单位名称
1	智能农业百佳案例	吴江国家现代农业产业园
2		苏州市立美园艺科技有限公司
3		浦江源太湖蟹生态养殖示范园
4		苏太生态育猪企业有限公司
5	省农业电子商务百佳案例	苏州太湖雪丝绸股份有限公司
6		苏州市紫晶园艺有限公司
7		苏州三港农副产品配送有限公司

（钱毅玲）

【禁捕退捕】 2021年，区农业农村局常态化落实长江“十年禁渔”重大任务，稳步推进内河渔船自愿退捕，正式启用长漾湖保护区全境信息化监管系统，实现水生生物资源和水域生态环境保护全程动态监管。

（钱毅玲）

农业经营体系

【新型农业经营主体】 2021年，区农业农村局培育壮大新型农业经营主体，制定出台《关于系统优化农业营商环境支持新型农业经营主体发展的实施意见》，激发新型农业经营主体创新创业活力，累计认定新型职业农民1410人，新增市级农业龙头企业3家（苏州市紫晶园艺有限公司、苏州仁昌顺食品有限公司、德尔未来科技控股集团股份有限公司），市级以上龙头企业位列苏州大市第一，省级龙头企业佳禾食品成功上市，实现全区农业龙头企业主板上市“零”突破。持续完善利益联结机制，组建农村劳务合作社41家，提供灵活就业岗位超2000个，促进小农户与现代农业发展有机衔接，联农带农富农成效凸显。7月16日，区农业农村局、省农产品营销协会、盛泽镇人民政府联合举办江苏省优农产品云展会直播活动。（钱毅玲）

2021年吴江区新增农村劳务合作社名单

序号	农村劳务合作社名称	序号	农村劳务合作社名称
1	苏州市曹村兴民劳务农民专业合作社	22	苏州大德劳务专业合作社
2	苏州裕农劳务专业合作社	23	苏州戴家浜劳务专业合作社
3	苏州市吴松源劳务专业合作社	24	苏州广福劳务专业合作社
4	苏州市吴江区七都隐读骏致劳务专业合作社	25	苏州勤星劳务专业合作社
5	苏州齐心劳务专业合作社	26	苏州严慕劳务专业合作社
6	苏州市古溇吴韵劳务专业合作社	27	苏州市吴江区南刘村劳务专业合作社
7	苏州市美美江村劳务专业合作社	28	苏州市吴江区吴模村劳务专业合作社
8	苏州市桃花庄劳务农民专业合作社	29	苏州瑾下浜劳务专业合作社
9	苏州夏家斗村富强劳务农民专业合作社	30	苏州市吴江区橘力劳务专业合作社
10	苏州前港劳务专业合作社	31	苏州市文民劳务专业合作社
11	苏州市双杨劳务专业合作社	32	苏州市吴江区平望联丰劳务专业合作社
12	苏州市吴江区盛泽坛亭劳务专业合作社	33	苏州市吴江区南厍村劳务专业合作社
13	苏州市吴江区盛泽桥南劳务专业合作社	34	苏州市吴江区四都劳务专业合作社
14	苏州菱荡湾劳务专业合作社	35	苏州市吴江区务源劳务农民专业合作社
15	苏州市吴江区盛泽双溪劳务专业合作社	36	苏州庞东劳务专业合作社
16	苏州市吴江区盛泽寺西漾劳务专业合作社	37	苏州三淞劳务专业合作社
17	苏州市吴江区盛泽北龙劳务专业合作社	38	苏州东秋劳务专业合作社
18	苏州市贯桥劳务农民专业合作社	39	苏州市吴江区同芯劳务专业合作社
19	苏州市吴江区盛泽兴桥劳务专业合作社	40	苏州市吴江区莼南村劳务专业合作社
20	苏州市吴江区盛泽群铁劳务专业合作社	41	苏州市吴江区安湖村劳务专业合作社
21	苏州市吴江区盛泽幸福劳务专业合作社		

（钱毅玲）

农村工作

2021年9月23日，吴江区盛泽镇黄家溪村获评第二批全国乡村治理示范村
（区农业农村局　提供）

【乡村振兴项目】 2021年，全区坚持以“江村”乡村振兴品牌为引领，连片打造“魅力大运河”和“美丽湖泊群”两大特色田园乡村组团，10个省级农业农村重大项目完成投资20.3亿元，占比100.9%；45个区级乡村振兴重点项目完成投资61.92亿元，占比102.23%；蓝城“曲水善湾”、开弦弓村综合提升、桃源融创等一批重点项目的显示度明显提升，“新鱼米之乡”“新江南空间”的现代风貌加速呈现。（钱毅玲）

【农村人居环境】 2021年，全区持续深化农村人居环境整治，获评苏州市人居环境整治提升示范镇1个（八坼街道）、示范村17个（松陵街道南厍村，横扇街道双湾村、菀南村，八坼街道双联村、友谊村，同里镇文库村、合心村、白蚬湖村，盛泽镇桥南村、幸福村，黎里镇新钢村，平望镇溪港村、群星村、万心村，震泽镇双阳村、蠡泽村，七都镇望湖村），2个案例入选江苏省农村人居环境整治典型案例（吴江区：“三张榜单”引领农村人居环境整治高质量推进，桃源镇九里桥村：巧运“绣花针”织出乡村美景图）、3个案例入选首批苏州市农村人居环境整治提升典型案例（八坼街道获苏州市农村人居环境整治提升镇级典型案例、桃源镇九里桥村获苏州市农村人居环境整治提升村级典型案例、平望镇获苏州市农村人居环境整治提升镇级示范案例）。（钱毅玲）

【数字乡村】 2021年，吴江区加快推进数字乡村建设，制定出台《苏州市吴江区数字乡村建设实施方案》，形成“以一星为基础、二星为骨干、三星为引领”的数字乡村星级管理体系，建成市级“智慧农村”示范村9个（东联村、渔业村、开弦弓村、北联村、吴溇村、沧洲村、庙头村、莺湖村、群幸村），数量位列苏州大市第二。（钱毅玲）

【乡村治理】 2021年，全区持续深化农村综合改革，健全完善乡村治理体系，黄家溪村获评第二批全国乡村治理示范村，《“四个融入”为现代江村“夯基垒台”》入选首批全省乡村治理典型案例。（钱毅玲）

【村级集体经济】 2021年，区农业农村局聚焦共同富裕目标，制定出台《关于推动村级集体经济倍增发展的意见》；完善村级抱团联合发展机制，拓宽收入渠道，新增“惠村项目”24个，已完工项目7个，在建项目17个；新增经营性物业面积4.23万平方米，村均可支配收入817万元，比2021年（下周）增长超10%。巩固拓展脱贫攻坚成果，启动新一轮村级结对共建工作，8个市级集体经济相对薄弱村村均可支配收入530万元，增长超30%。“江村通”农村集体三资大数据云平台启动上线，农村“三资”监管进一步强化。（钱毅玲）

（本栏编辑　钱晓燕）

综　述

【概况】 2021年，吴江区服务业工作紧扣“一体化”和“高质量”两个关键词，统筹新冠肺炎疫情防控和经济发展，突出先进制造业和现代服务业深度融合、生产性服务业高质量发展、生活性服务业有效供给等重点领域，实现“十四五”现代服务业发展的良好开局。全区完成服务业增加值1027.18亿元，比2020年（下同）增长5.3%（可比价）。服务业增加值占地区生产总值比重46.2%，同比下降2个百分点。完成服务业一般公共预算收入101.14亿元，同比下降20.1%。完成服务业投资425.97亿元，同比增长14.7%，其中完成服务业重点项目投资289.98亿元，占年度目标任务的100%。完成服务业税收158.92亿元，同比下降14.5%。完成社会消费品零售总额720.12亿元，同比增长16.6%。 （石秋阳）

【服务发展亮点】 2021年，通鼎集团入选中国服务业企业500强，列第157位。天辰冷链获城乡冷链和国家物流枢纽建设项目中央预算内投资计划扶持。海晨物流入选国家发展改革委物流业制造业深度融合创新发展典型案例。海晨物流、中纺联获省服务业发展专项资金扶持。楚凯药业、鸿灌环境、清研微视等5家企业获评苏州市第二批生产性服务业领军企业。苏州农商行、博众精工、五一互联3家企业获评苏州市首批技术先进型生产性服务业企业。21名生产性服务业重点领域人才获苏州市高端人才认定奖励。认定亿光电子、通用电梯、蜜思肤3家企业为吴江区第十批总部企业，累计30家。认定区级平台经济领军企业9家，累计19家。15幢商务楼宇纳入区级楼宇系统管理，认定亨银金融大厦为四星楼宇。生产性服务业工作获省政府办公厅“2020年落实有关重大政策真抓实干成效明显的地方”表彰。“做大做强生产性服务业”获评吴江区营商环境优质案例。 （石秋阳）

2021年吴江区服务业重点项目情况表

项目/行业	项目数（个）	总投资（万元）	年计划投资（万元）	完成投资（万元）	年度计划完成率
一、按项目性质分					
结转续建	52	7284386	1577943	1672821	106.01%
新开工	28	3290300	1051300	1227026	92.17%
未开工	3	408900	280000		
合　计	83	10983586	2909243	2899847	100.00%
二、按行业类别分					
房地产	17	2735191	1229300	1428188	116.18%
总部经济	6	853100	389800	147495	37.84%
现代商贸	7	1593400	309743	342413	110.55%
科技研发	7	1341000	301000	275200	91.43%
文化旅游	19	1062500	187000	250620	134.02%
信息技术服务	8	2565800	179800	136394	75.86%
现代教育	8	280908	115300	112400	97.48%
现代物流	4	281400	103800	123450	118.93%
安置公寓房	5	225287	70500	71150	100.92%
健康养老	2	45000	23000	12537	54.51%
合　计	83	10983586	2909243	2899847	100.00%

（石秋阳）

商贸流通

【概况】 2021年，吴江区实现社会消费品零售总额720.12亿元，比2020年增长16.6%。重点商贸项目完成投资37亿元。在全区重点开展"乐购吴江"促消费系列活动，指导汽车流通协会、老字号协会开展汽车博览会、长三角老字号品牌展等繁荣市场活动，鼓励商场超市、电器市场和吴江品牌企业开展各类消费促进活动，带动居民消费热情。（朱萍萍）

2021年吴江区重点商贸企业销售情况表

单位：万元

企业名称	销售额	企业名称	销售额
吴江华润万象汇	116700	吴江润良商业有限公司	37571
苏州中迪汽车销售服务有限公司	85686	吴江润江商业有限公司	28533
吴江之星汽车销售服务有限公司	81576	吴江市润泰商业有限公司	26131
发网（苏州）供应链管理有限公司	67177	苏州三港农副产品配送有限公司	23073
吴江万宝商业广场	67000	吴江市华神石化有限公司	17994
吴江宝致汽车销售服务有限公司	66524	江苏骏瑞食品配送有限公司	17148
苏州江澜生态农业科技发展有限公司	39664	吴江市腾达电器有限公司	10929

（朱萍萍）

【肉菜流通追溯体系】 2021年，区商务局联合运维服务公司保障肉菜流通追溯体系的安全稳定运行，接到故障报修电话9个，处理故障维修10多次，提供现场技术支持和维护服务8人次，巡检次数284人次。将原来的4M网络升级为20M网络，开发二维码代替流通服务卡的手机App，增加支付功能和收集交易记录功能。开展宣传活动1次，对管理方和经营者提供现场专业技术培训约10次，肉菜流通追溯体系各环节进场录入信息7047条。赴农贸市场开展肉菜流通追溯体系运维情况调研，收集意见建议，积极落实整改，进一步完善肉菜流通追溯体系建设。（朱萍萍）

【单用途商业预付卡】2021年，区商务局牵头区市场监管局完成“清风行动”预付卡专项检查3次，检查重点发卡企业12家，翻阅交易记录21300笔；配合区农业农村、卫健、文体旅等部门完成预付卡相关执法检查4次；向区公安、市场监管、卫健等部门移交涉嫌违法案件线索3条；配合区信访部门完成预付费接访工作3次。组织并参加3场“我为群众办实事主题实践活动——预付卡消费法律宣传进社区”。发布《关于单用途预付卡消费预警提示》4次，向社会公布一批高风险发卡企业。约谈次发卡企业11家，要求企业严格遵守预付卡管理法律法规，并向10家发卡企业发出整改通知书。（朱萍萍）

【商贸安全生产】2021年，区商务局督促指导企业落实安全生产主体责任，组织开展商贸安全生产检查380余次，出动执法人员750余人次，检查企业1060余家，排查整改各类隐患620余处，分发《商务领域安全生产工作指导手册》等各类宣传资料20000余份。联合相关部门大力开展商贸服务行业餐饮燃气使用安全专项治理行动，累计检查餐饮经营单位4377家次，排查整改隐患2770余处，安装燃气泄漏安全保护装置4907套，安装率100%。加强再生资源行业安全管理，组织10余个督查组，督查检查企业30余家，联合应急管理局开展“双随机一公开”联合执法检查1次，构建以信用监管为基础手段、以双随机检查为基本手段、以重点监管为补充手段的新型监管机制，不断规范行业秩序，营造安全生产诚信氛围。（朱萍萍）

【保障保供】2021年，区商务局作为区保障保供组牵头单位，联合各成员单位协同作战，合力统筹物资保障工作。明确稳产保供、物资调度、信息报告等多项工作的职责分工、重点任务和具体要求等事项，压实各成员单位职责，确保物资保障工作高效运作。建立医疗物资保障数据库，落实数据汇总机制，统计重点医疗物资入库、储存、分发等情况，保证底数清晰。同时全力抓好市场生活必需品供应工作，切实满足群众需求。（朱萍萍）

数字商务

【概况】2021年，吴江区数字商务发展良好。电商企业网上销售进入平稳上升期，宝通易捷、华佳、欧普、太湖雪等重点监测企业的销售收入总体呈平稳上涨趋势，五一互联、绸都网、宜布网等平台运行良好。为更好支持数字商务产业发展，区商务局联合各平台组织，开展数字商务业务培训近10次，涵盖电商法律法规解读、知识产权培训、直播辅导等内容。充分发挥各级电子商务扶持资金引领作用，鼓励企业扩大经营业绩、发展新型零售业务、实施线上线下融合发展。五一互联、太湖雪、辑里等企业获省、市、区电子商务资金537.08万元，项目涵盖营销模式创新、电商平台创建、电商销售增长等多个层面。（朱萍萍）

【数字商务示范创建】2021年，江苏五一互联电子商务有限公司、苏州宜布网电子商务有限公司等10家企业获评吴江区数字商务示范企业。全区形成较高完备性、较强专业性的电子商务示范体系和品牌体系。（朱萍萍）

【跨境电商】2021年，吴江区完成跨境电子商务B2B出口35.4亿元，比2020年增长0.57%；完成跨境电子商务B2C出口1.25亿元；吴江综保区完成跨境电商网购保税进口35861单，出货金额1111万元。12月14日，吴江市格瑞福金属制品有限公司正式走通跨境电商9810模式（跨境电商B2B出口海外仓）第一单。（朱萍萍）

供销合作

【概况】2021年，吴江全区供销

社完成商品销售额62.1亿元，其中完成消费品零售额10.11亿元，实现利润1448.51万元；完成农资销售4331.19万元，其中配送农药3701.54万元，供应水稻专用测土配方肥6357.4吨、小麦专用配方肥5604吨。在统筹推进疫情防控和经济社会发展的情况下，按照全面实施乡村振兴战略的要求和上级供销社关于深化综合改革的具体部署，持续推进供销社代表会、理事会、监事会三会制度常态化建设，不断创新为农服务载体，各项工作稳中有进，各项目标圆满完成。（魏　星）

【供销企业改革与经营】 2021年，区供销社系统进一步完善“双线运行”（行业指导管理一条线、经营服务一条线）机制，加强社有资产运作，提高经营管理水平，促进资产保值增值。全年处置资产39处，其中公开拍租32处，协议租赁6处，公开拍卖资产1处，盘活资产3处，资产公开处置率保持100%。资产管理过程中，最大限度做到安全与经营兼顾、改造与维护同步、清产与确权协进。加强全系统安全管理，扎实做好既有建筑、社有资产、社有企业和食品经营等方面的安全管理。加强督查培训，做好安全演练，提高安全生产水平，全年组织安全检查180次，查出安全隐患42处，投入安全整改资金约13万元，全部整改到位。全系统有效应对极端天气侵袭，确保人员财产安全。（魏　星）

【供销社为农服务】 2021年，区供销社系统以项目入手抓好助农强社工作，提升基层为农服务实力。桃源中心供销社建成市级“三体两强”示范基层社，黎里中心供销社完成省级薄弱基层社改造提升工程，震泽中心供销社助力瑞粒家庭农场建成省级水稻高效示范项目，平望中心供销社建成乡镇为农综合体。全年培训农产品经纪人63人，基层供销社新增社员2210人，参办农民专业社11家，优化改造服务社5家。注重村级供销社建设，截至年底，建成开弦弓村、龙降桥村和北联村供销社，为供销社生产、供销、信用“三位一体”建设提供新的空间。

借助线上线下多种平台，加大产销对接、助力现代农业。全年新增商户10家、累计100多家，新入驻各类产品50种、累计1000多种，形成以本地区名特优产品为主体，高品质、地理标志产品不断加盟的展示展销新平台。通过长三角地区供销联盟、市区两级供销联合展销、参与大型区域性农展会等多层次联展联销活动，进一步提升销售功能，扩大吴江产品知名度。全年组织展示展销活动14次；联办农产品“红色快闪”活动，先后与苏州市供销社以及区事管中心、区公安局、苏州农商银行、区人社局等单位联合举办“红领扁担兴江村”农品快闪集市活动7场。帮助盛泽龙卷风灾区果农进行产品销售，推动吴江及对口协作地区名特优农产品进机关、进社区，实现惠企利民助农。

围绕绿色生态目标，加强农资配供、农废回收服务。构建“区级集中配送中心+镇级直营店+村级直营店”的三级肥药配供平台，新建七都、开弦弓村2家肥药配送直营店，累计建成农资直营店7家。全

2021年5月18日，吴江农资七都直营店开业　　（区供销社　提供）

年先后在平望、汾湖、松陵、震泽、七都举办农技咨询服务活动5场。通过短信平台向农户发送植保、施肥、用药等农技专业信息5000多条，发放纸质农技资料1000多份。推进农业生产废弃物回收处置工作，回收废旧农药瓶、农药袋394万件，比2020年（下同）增长38.81%回收废旧农膜107吨，增长91.67%，无害化处理率100%。吴江农资公司被评为苏州市废旧农膜、农药包装废弃物回收利用工作先进单位，2名同志被评为先进个人。

（魏　星）

粮食购销

【概况】 2021年，区粮食和物资储备局根据《吴江区粮食流通仓储设施安全保障提升规划》（2021—2025），落实平望粮食中心库一期工程7000吨仓储设施项目，完成新建仓房项目图纸深化设计、规划报建手续和审图，开始准备项目招标工作。完成平望粮食中心库码头项目底板和挡墙浇筑，基本具备放水条件。稳步推进平望粮食中心库22个仓库绿色储粮设备升级改造项目，完成44台粮面专用空调安装，其他设备完成80%安装改造工作。继续加强危仓老库维修和小型设施更新专项工作，11月底完成8家储粮企业18个维修项目，投入总金额208.61万元，粮食仓储设施持续优化。是年，吴江区在2020年度苏州市粮食安全责任制考核中获得优秀并通报表扬。

（吕　玲）

【粮食安全】 2021年，区粮食和物资储备局落实苏州市下达区级地方储备粮规模任务7.88万吨，其中稻谷5.52万吨，小麦2.36万吨，确保地方储备粮数量真实，质量良好，储存安全。地方储备粮小麦和稻谷按规定进行轮换，分5批次轮换出7.88万吨，轮换出库数量通过粮食交易市场招标采购和秋粮收购的方式补足，确保储备粮规模到位，推陈储新。按照苏州市成品粮增储要求，区级成品粮油储备规模由5107吨调整为5915吨，新增大米储备任务808吨，落实储备大米4888吨（其中静态储备大米1082吨）、面粉520吨、油脂507吨。做好粮油市场动态监测，及时发布粮油价格信息，完善应急保供体系建设，增强应急供应能力，有效保障全区粮油供应安全和市场稳定。严格规范落实仓储管理制度，抓好高水份粮处理工作，落实熏蒸备案管理、储粮安全检查等制度。开展全区粮食和物资储备行业安全生产和安全仓储专项整治行动，重点排查安全生产责任落实、粮食进出仓作业、高空作业、熏蒸药剂管理、安全用电管理、消防安全、储粮安全等情况，全面排查整治不留隐患。全年开展各类安全检查30次、116人次，发现安全隐患数109个，下发整改通知3份。开展危化品使用安全专项整治，完成粮食行业内14家危险化学品使用单位网上申报的审核工作。全年开展危化品检查7次、29人次，下发整改通知6份，发现安全隐患数16个，全部整改完成。开展粮食系统既有建筑安全隐患排查整治，累计排查建筑512套，总建筑面积17.08万平方米，其中仓储用房10.16万平方米，经营性用房等非储粮建筑6.92万平方米。继续深化域外产销合作，与哈尔滨市宾县粮食局签订3333.33公顷粮食生产基地协议，粮食购销意向3万吨（粳稻）。

（吕　玲）

【粮油收购】 2021年，区粮食和物资储备局加强前期走访调研，分析夏秋两季收购形势和粮食市场行情，根据各地粮源、库存状况、仓容缺口等情况，腾仓并库，做好收购资金、机械设施检查等各项准备工作，关注收购小麦质量情况，做好超标粮收购预案，严格执行国家粮食收购政策和苏州市水稻、小麦价外补贴政策，加强收购政策宣传，落实依质论价、优质优价，着力提高为农服务水平，确保两季收购顺利进行。是年，夏粮收购初期遭遇盛泽龙卷风灾害天气以及连续降雨，小麦发生较严重倒伏和赤霉病，为保障种粮农户收益，启动紧急收购，各粮库应收尽收，并提供为农烘干等服务。全区入库小麦2.69万吨（超标粮）、稻谷7.6万吨（净粮）。小麦价外补贴对象411户，种植面积7786.67公顷，收购价外补贴小麦2.54万吨，兑付补贴款508.05万元；水稻价外补贴对象605户，种植面积12840

公顷，收购价外补贴稻谷7.54万吨，兑付补贴款1508.64万元。水稻、小麦价外补贴收购合同履约率分别为87.43%和74.18%。（吕 玲）

【粮油监管】 2021年，区粮食和物资储备局依法履行粮食监管职能，重点进行地方储备粮检查、粮食库存检查、两季收购检查、粮食流通统计制度检查等，同时联合区财政、市场监管等部门加强联合执法检查，全年开展各项粮食流通监督检查23次，保证粮食储存安全，有效维护全区粮食市场秩序。加强超标粮监管，夏粮收购完成后，联合区市场监管局、农业农村局和农发行吴江支行对辖区内存放于11个粮油公司39个仓的2.69万吨超标粮小麦进行验收，做好出库销售备案和全程跟踪，确保不流入口粮市场。区粮食质量监测所做好全区粮食收获质量调查、品质测报及监测工作，按时做好36份省级样品送检和市级样品检测工作。全年完成地方储备粮(稻谷和小麦)检测166批次，成品粮储备(大米)检测4批次，区食安委检测任务90批次，合格率100%。完成超标粮小麦检测60批次，保障全区粮食质量安全。

（吕 玲）

石　油

【概况】 2021年，吴江区有在业加油站79座、加油点34座(含便利加油点7座)，其中中石化49座、中石油17座、中海油1座、高速站2座、各类民营加油站(点)44座。（朱萍萍）

【中石化吴江公司】 2021年底，中国石化吴江石油分公司有加油站59座；润滑油经营中心1个；加油卡发卡中心1个，发卡网点58个，充值网点58个；易捷便利店53个，均设于加油站内。全年无安全等级事故发生。实现汽柴油销售40.58万吨，润滑油销售0.545万吨，便利店销售12492万元，上缴地方税金1650万元。至年底，有员工419名。

打赢“百日安全无事故”硬仗。按照HSE管理体系建设要求，根据省公司统一部署，开展“百日安全无事故”专项行动。严格强化岗位安全履责，强化制度和流程执行，严格承包商、承运商安全管理；组织油站安全培训和应急实操演练；全面排查油气回收装置、油水分离设施隐患，严禁跑冒滴漏，杜绝环保风险；落实追溯问责机制。

中鲈大道站顺利建成。响应地方城市发展规划要求，在平望镇中鲈大道与唐家湖大道交叉处新建中鲈大道加油站。工程自立项后抢抓时间节点，从设计源头抓起，优化施工方案，统筹施工进度，做好标准化工地建设，打造优质工程。油站采用新式贯标、新式油品灯箱和玻璃幕墙，于2021年底顺利竣工出油，为吴江中部地区广大车主出行提供加油便利，优化公司网络布局。该站税源全部留成地方。

鲈乡南路加油站光伏发电项目建设完成。结合吴江南部新城发展规划要求，树立中国石化品牌形象，鲈乡南路加油站进行形象改造提升，并引入光伏发电项目。该项目采用“自发自用，余电上网”模式，利用站房屋顶安装光伏设备，光伏发电面积320平方米，预计年发电量2.9万千瓦时，于2021年底建设完成，并于2022年初顺利并网发电。项目的建成，落实企业生产方式向绿色低碳转型。

价格调整。根据国家发改委通知，全年25次调整成品油价格，呈现“15涨6跌4搁浅”格局，全年总体处于上涨态势，且涨幅较大。（李树民）

2021年中石化吴江公司成品油价格调整情况表

单位：元/升

调整日期	92#(ⅥA)汽油	95#(ⅥA)汽油	98#(ⅥA)汽油	0#普通柴油(Ⅵ)	0#柴油(Ⅵ)	-10#普通柴油(Ⅵ)	-10#车用柴油(Ⅵ)
1月15日	6.08	6.46	7.44	5.68	5.68	6.02	6.02
1月29日	6.14	6.53	7.51	5.74	5.74	6.09	6.09

（续 表）

调整日期	92#（ⅥA）汽油	95#（ⅥA）汽油	98#（ⅥA）汽油	0#普通柴油（Ⅵ）	0#柴油（Ⅵ）	-10#普通柴油（Ⅵ）	-10#车用柴油（Ⅵ）
2月18日	6.36	6.76	7.74	5.97	5.97	6.33	6.33
3月3日	6.57	6.98	7.96	6.18	6.18	6.55	6.55
3月17日	6.75	7.18	8.16	6.38	6.38	6.76	6.76
3月31日	6.57	6.99	7.97	6.19	6.19	6.56	6.56
4月28日	6.65	7.08	8.06	6.27	6.27	6.65	6.65
5月14日	6.73	7.16	8.14	6.36	6.36	6.74	6.74
6月11日	6.87	7.31	8.29	6.50	6.50	6.89	6.89
6月28日	7.05	7.50	8.48	6.69	6.69	7.09	7.09
7月12日	7.11	7.56	8.54	6.74	6.74	7.15	7.15
7月26日	7.03	7.48	8.46	6.66	6.66	7.06	7.06
8月23日	6.83	7.26	8.24	6.45	6.45	6.84	6.84
9月6日	6.94	7.38	8.36	6.57	6.57	6.96	6.96
9月18日	7.01	7.46	8.44	6.64	6.64	7.04	7.04
10月9日	7.29	7.75	8.73	6.93	6.93	7.34	7.34
10月22日	7.53	8.01	9.09	7.17	7.17	7.60	7.60
11月19日	7.45	7.93	9.01	7.10	7.10	7.52	7.52
12月3日	7.11	7.56	8.64	6.74	6.74	7.15	7.15
12月17日	7.00	7.45	8.43	6.63	6.63	7.03	7.03
12月31日	7.12	7.57	8.55	6.75	6.75	7.16	7.16

（李树民）

专卖专营

【盐业专营】 2021年，吴江盐业公司实现营业收入5389万元，实现利税总额300余万元。全年销售盐产品总量45586吨，其中大包装食盐18596吨、小包装食盐6105吨、工业用盐20885吨，较好地满足全区食盐及盐化产品的供应保障。

2021年，吴江盐业公司紧紧围绕高质量发展和可持续发展，发挥好自身渠道优势，高度关注市场动态，对市场上发现的假劣盐和不规范经营行为及时与市场监管部门沟通，全力配合区市场监管局依法查处，有力保障吴江盐区的食盐市场秩序、价格稳定和用盐安全。积极推进“三品”战略，广泛开展“进社区、进农贸、进广场、进商超”四进宣传服务工作，树立淮盐品牌形象，科普健康用盐知识。全年举办各类惠民宣传287场次，其中文明集市2场，乡风文明1场。

2021年，吴江盐业公司严格执行食盐储备制度，努力克服“双控”形势下产能不足实际，加强产销协调，加大水陆运输费用投入，有效保证食盐储备任务的足额落实。推进直供制度落实，为保证食盐质量可追溯，按照苏州市盐业体制改革方案中“对学校、企事业食堂实行直接供应”的刚性要求，加强对接沟通，至年底，学校、医院、供电等一些企事业单位均实现直配直送。加强终端覆盖，结合“两在两同”建新功*行动，印制、张贴淮盐惠民服务卡1000余张，将批发许可证（样本）、投诉电话、责任人等内容向社会公开公布，进一步提升服务效能。

2021年，吴江盐业公司积极践行国企责任，针对11月吴江地区居民生活用盐的抢购，迅速启动应急预案，发动员工开展应急配送，贴近市场靠前服务，在现有运力不足情况下，通过多渠道利用社会车辆，满足市场需要，稳定市场价格，及时进行食盐库存充足的有效宣传，避免恐慌性抢购发生。针对盛泽龙卷风灾害，第一时间响应政府“我是党员我先上”活动号召，支持灾后恢复工作。（单　蕾）

【烟草专卖】 2021年，区烟草专卖局（苏州市烟草公司吴江分公司，以下简称吴江分公司）履行烟草专卖管理职责，打击涉烟违法犯罪活动，维护国家和消费者利益，深入贯彻“落实责任、突出重点、创新监管、注重实效”的专卖工作总体要求。查处各类涉烟违法案件429起，其中500元以上级特大假烟案件3起；查获违法卷烟6128.7万支，比2020年（下同）增加173.56%；总案值5207.44万元，同比增加132.57%。上报国标假烟网络案件5起，协助司法机关拘留32人、逮捕21人、判刑28人。开展“我为市场监管勇担当”主题实践活动，聚焦“五不、一稳”目标，针对性开展“百日会战”“利剑7号、8号”以及保护未成年人免受烟侵害“守护成长”专项行动。6月，开出苏州烟草系统首张向未成年人售烟的罚单。开展对虚假客户、违规客户集中清理专项行动，对735户疑似客户逐户复核、建档，清理许可证414张，提升许可质效。持续探索社烟多网融合，完成全区899个网格的全覆盖对接和网格队伍的专卖普法培训，累计协同宣传、检查54次，借助多网融合查处案件30起，案值66.81万元。

2021年，吴江分公司保持稳中求进主基调，取得良好效益。建设诚信互助小组426个，小组成员覆盖率100%，累计开展小组活动30350场，其中线下活动10562场、线上活动19788场。发展智慧门店171户，占总户数比重2.87%，位列苏州烟草系统第一。全省TOP100优秀客户入选10户次，位列苏州烟草系统第一，实现零售终端全商品扫码、全店铺管理、全渠道支付、会员制营销，卷烟库存准确率100%。承担5条全国网建现场会参观线路，其中“一家亲"加盟店和水秀“华润万家”作为国家局1号线参观点。履行烟草企业社会责任，持续推进“烟头不落地、吴江更美丽”文明吸烟环境建设，全年完成震泽古镇、平望派出所、永康路步行街、胜地公园、轨道交通4号线175个吸烟柱和12个吸烟区的建设。深化文明创建工作，持续开展结对助学、扶贫帮困、志愿服务等活动，获评2018—2020年度苏州市“文明单位”。（徐晓琴）

旅游业

【概况】 2021年，吴江区继续推进“全域旅游”建设，入选省级首批文化和旅游产业融合发展示范区建设单位。吴江运河文化旅游区入选省2022年国家4A级旅游景区创建名单。震泽谢家路和平望庙头村获评2021年江苏省乡村旅游重点村。全区旅游总收入282.21亿元，比2020年（下同）增长71.82%；接待境内外游客2402.58万人次，同比增长79.86%。全区登记备案的旅行社33家、旅行社分社8家、旅行社经营网点64家，旅游星级饭店6家（五星级3家、四星级3家）。

（贝　洁　彭　昱　顾　芸）

【景区安全管理】 2021年，面对依旧严峻复杂的疫情形势，吴江区落实景区景点常态化疫情防控，扎实筑牢疫情安全防线。各景区景点严格把好“三关”，“把入口关”：佩戴口罩、测量体温、设置“一米线”、查验健康码和行程码；“防扩散关”：安排专人巡查，督促佩戴口罩；“可追溯关”：使用健康码电子设备扫描健康码，实时监控可追溯。积极落实上级最新防疫要求，延缓大型文旅活动，非必要、不举办，安全不可控、不举办。景区景点内工作人员定期开展核酸检测，做好每日消杀记录、防疫宣传氛围营造等工作。成立专门工作组，传达贯彻国家、省、市文旅部门对景区管理的最新要求，积极落实疫情防控、消防安全、品质提升等各项要求，及时发现和整改安全隐患。建立健全风险管控和隐患排查治理体系，对全区4A级以上旅游景区（景点）、旅游度假区开展安全风险评估和应急资源调查，逐一出具检查报告并督促整改。在东太湖生态旅游度假区举办全区景区安全培训和旅游安全应急演练，提升旅游从业人员应急救援能力，切实增强安全风险管控能力。（贝　洁）

【旅游产业提升】 2021年3月，吴江区文化产业高质量发展暨创建国家全域旅游示范区推进大会召开，修订完善《苏州市吴江区文体旅产业高质量发展扶持政策实施细则（试行）》，下发专项资金2242.01万元，扶持优质文体旅项目79个。全年确定区级年度重点文体旅建设项目32个，总投资461.8亿元，年度完成投资68.35亿元，达到年度计划的115.11%。“融创桃源国际生态文旅度假区”等5个项目入选2021年省重点文旅产业项目，数量位居苏州各板块第一；“京东方艺云数字文化产业基地”等6个项目入选2021年苏州市重点文化产业项目。承办示范区“十四五”重大文旅项目研讨会，召开全区重点文旅项目现场推进会，力争项目早投产、早运营。注重旅游品牌建设，对标指导，积极申报，苏州湾黄金湖岸通过4A级景区复核检查；爱慕生态工厂等10家省级工业旅游区通过复核工作，克莱斯电梯成功创建2021省级工业旅游区；做好震泽丝绸风情小镇省级特色小镇验收工作；持续推进东太湖度假区国家级度假区及江村景区3A级景区创建工作。同里泰睦庭人文园林酒店、震泽白相里·五亩田获评苏州市乡村旅游十大精品民宿；旅游商品水韵姑苏（丝毛长巾）、“悦木时光”系列产品分别荣获2021年“苏州有礼”旅游文创商品大赛金奖和银奖，“平安喜乐”名木小花瓶、《翊水》运河文创系列、称心如意·非遗手工秤、黎礼·纸艺书灯、黎礼·流沙杯垫荣获铜奖。是年，全区建成旅游厕所163间，AAA+旅游厕所8间，AAA级旅游厕所30间，AA级旅游厕所39间。推进全区4A级及以上景区智慧旅游建设，加快实现旅游景区分时预约全覆盖、语音导览或电子讲解全覆盖以及旅游商户电子支付全覆盖，所有景区接入“君到苏州”平台。（贝　洁　彭　昱）

【全域旅游创建】 2021年，吴江区加速推进全域旅游建设，编制《吴江全域旅游发展规划（2021—2025）》，修订《关于促进吴江区旅游民宿业发展的指导意见》。启用吴江旅游集散中心和全域旅游实训室，开通跨区域旅游专线，组建全域旅游志愿者队伍，出台四级旅游服务标准。完成区全域旅游大数据中心、全域旅游总入口“指游吴江”智旅系统功能升级以及数字政府智慧旅游场景的建设任务，全面实现4A级以上旅游景区实名制分时预约，全面优化吴江智慧旅游服务体系。

（陈　伟）

【旅游宣传营销】 2021年，吴江区加强活动造势，推出“阿拉游吴江”四季精品线路（春季踏青之旅、夏季红色之旅、秋季美食之旅、冬季暖心之旅）及针对上海市民的相关优惠活动，发布阿拉游吴江品牌，组织上海媒体达人首发团体验吴江春季风光。联合上海东方卫视完成录制拍摄5期以“阿拉游吴江”为主题宣传视频，并于上海都市频道《星旅途》栏目播出。印制夏季旅游宣传手册，通过快递网络在上海重要点位进行社区宣传推广。积极推进长三角示范区公共服务一体化，推出一系列针对长三角示范区居民的旅游优惠政策。与苏州好行观光巴士合作推出“出发·江村”美食观光巴士游线，串联环长漾特色田园乡村多个主题版块，展现吴江江村文化、丝绸文

2021年4月17日，2021“阿拉游吴江”品牌暨春季踏青之旅发布会召开

（区文体旅局　提供）

化、农耕文化等特色资源。打造夜间文旅品牌，配合推进红色展演进景区，推出同里·退思邀月、黎里古镇灯光秀、相约七都·渔舟晚唱等景区景点夜场活动，拉动文旅市场夜间消费，打造特色夜间文旅IP。加强媒体合作，在沪宁高速马群收费站出口看板进行全域旅游广告宣传，完成全年苏州轨道交通、虹桥枢纽等广告联合投放。联合微信公众号、微信视频号、微信朋友圈广告等渠道，推出吴江十二时辰游历画册，展示醉意江南新空间。继续加强与人民网、中江网、新华日报、上海东方卫视、南京电视台等重量级媒体合作，完成吴江文旅专题拍摄5次，全域风光航拍视频4条，发布看江南·到吴江系列旅游视频6部。积极打造旅游品牌内涵，推出“游学江村”深入式体验线路，“中国·江村”丝绸文化研学游线路入选2021年度苏州市乡村旅游精品线路。

（贝　洁　彭　昱）

【旅游行业管理】 2021年，区文体旅局继续加强旅游行业管理。举办“美丽吴江”2021年吴江区文旅推广短视频大赛暨导游服务技能大赛，将互联网思维融入导游人才培养。指导2家五星级、1家四星级饭店分别顺利通过全国、省级旅游星级饭店评定性复核工作。做好2021年度旅行社责任险续投保工作，下发《关于进一步规范旅游包车安全管理的通知》，开展行业疫情防控突击检查、日常抽查，督促旅行社根据疫情形势，严格执行跨省游“熔断”机制。坚决贯彻落实省、市、区关于既有建筑安全管理作出的重要指示和工作部署，联合第三方专业机构安全专家，对全区旅游星级饭店扎实开展既有建筑安全大排查大整治工作。

（顾　芸）

【文旅集团】 2021年，文旅集团坚持稳中求进的工作总基调，聚焦主责主业，稳步推进各项工作。全年收入2.12亿元，完成预算的103.24%，比2020年增长22.18%。

酒店运营。酒店板块全年营收16643.6万元，创历史新高。加强宣传推广，与区融媒体中心合作开设“缤纷文旅”专栏节目，参与市文体旅局“最美江南、好玩苏州”宣传采风活动，联合山东香港大厦举办“寻味运河”交流活动。加大产品创新，定期推出“江南运河宴”等主题宴席，先后获评“黑珍珠餐厅”“百合花放心餐厅”等。推进校企合作，同苏信学院共建“文旅学院”“大师工作室”，一体化推进“招生、培养、就业”闭环管理。先后获评吴江区首批技能等级认定“第三方评价机构”、长三角生态绿色一体化发展示范区职业教育产教融合旅游服务类专业合作基地。

文旅融合。聚焦文旅资源融合，相继开通公司微信小程序、抖音视频号、飞猪、携程旗舰店等；组建成立悦泊营销公司，开展集团化营销。聚焦区域影响力提升，打造苏州地区首家洲际旗下华邑品牌酒店；建成东太湖大酒店“湖韵书场”江南小书场。聚焦“建党百年”，推出9条红色旅游路线，加强与青浦、昆山、嘉善等地文旅交流合作，强化导流引流。

项目建设。苏州湾华邑温泉度假酒店、东太湖大酒店二期、苏州湾体育中心等项目先后开业。阿里体育苏州中心落户吴江，并作为阿里体育江苏总部对外发展体育业务。参股

2021年3月3日，文旅集团、苏信学院“产教融合·校企合作”签约仪式举行

（文旅集团　提供）

苏州康养集团，推进吴江康养项目落地实施。同东方国资、城投集团、七都、震泽等发起设立“吴江文化产业投资基金”，与上影集团签署顾问协议，助推形成文商旅融合生态。

资产管理。持续加强安全生产管理工作，做好以疫情防控、酒店运营、出租资产为重点的排查整治。对公司现有资产进行全面梳理，制定综合处置方案，着力提升资产价值。

（蒋　璇）

邮　政

【概况】 2021年，吴江区邮政公司承担全区党政军民的邮政通信服务任务，履行邮政普遍服务义务，为全区提供邮政商务服务。下设综合职能部门（综合办公室），市场经营部门（市场营销部、服务质量部），经营支撑部门（金融业务部、集邮与文化传媒部、渠道平台部、运营监控部、快递包裹部、速递物流部），下辖邮政储蓄网点27个、营业投递部9个。全年邮政业务总收入4.118亿元。获评2018—2020年苏州市文明单位。（王　鹰）

【邮政经营与服务】 2021年，吴江区邮政公司强化党建引领，深化改革转型，彰显责任担当。普遍服务方面，营业窗口服务指标、建制村直接通邮率、乡镇及以上党报当日见报率、普遍服务邮件投递频次深度和全程时限全面达标，机要通信连续29年质量全红。农村电商方面，推进惠农项目服务乡村振兴，拓展惠农销售渠道，建成邮乐购加盟站点420个；成功举办苏州全区平望辣酱万人团活动，销售农产品1121万元；发放助农贷款820万，寄递农产品54.75万件。积极推进三级物流体系建设，邮快合作、交邮合作取得新进展，试行平望交邮联运线路，通过公交线路代投快递1300余件。代理金融方面，全年邮政金融余额规模137亿元，市占率9.15%，储蓄余额点均规模5.06亿元。客户经营持续深入，加快移动支付智慧场景建设，全年新建数字货币场景838个，发放尊老卡近2万张。寄递业务方面，精准走访加工制造客户556家，商企在线客户比2020年增长19%；主动拓新服务开展体检报告速递服务，重视服务横扇产业集群市场，主动培育并服务抖音客户，市占率保持在35%以上。邮务业务方面，深耕政务市场，全年开展政务热点项目30多个，创新发展彩色邮资机宣传戳项目，机戳项目收入增幅500%，项目数量及规模位列全省第一、居全国领先。其中“昆曲—浣纱记”为全省首枚省版机戳，“水乡古镇—同里”为首枚古镇机戳。协同发展业务方面，成立抖音类电商直播收单场景横扇试点专项工作组，寄递金融协同针对横扇存量电商直播客户开展综合服务，实现走访、建档覆盖率100%。（王　鹰）

【邮政企业管理】 2021年，吴江区邮政公司深化寄递改革，深入推进揽收、处理、投递、运输、管理五大环节降本增效，全年压降成本723万元。推进“一体机混合收寄”，优化网络组织，提升处理效率，全区自提业务量占比提升至87.40%。持续推进机制优化，深化经营模式改革，全面落地实施营投部承包经营责任制改革。进一步提升队伍素质，全年组织开展培训46期，参训员工3240人次，理财经理和大堂经理人数占比提升20%。深化党史学习教育，认真落实巡视巡察整改工作，积极开展“我为群众办实事”，聚焦建党100周年打造党建增辉服务品牌，服务政府部门建设党建阵地10余个。服务保障不断提升，全年邮航安检不合格邮件同比减少26%，揽收及时率保持月月高位达标。抓好常态化疫情防控，金融风控逐步加强，圆满完成建党100周年、第四届进博会等国家重大活动安全保障任务。

（王　鹰）

【邮政能力建设】 2021年，吴江区邮政公司持续提升信息化能力，稳步推进“吴江食堂”线上积分兑换平台建设。持续夯实基础能力，全年改造升级金融网点2个，完成七都等5个营投部的整合拆分工作，新建揽投网格6个，采取“快包自提+甩点直投+网格化作业”方式持续释放揽投能力。持续增强营销能力，基金持证率较年初提升2.4%；银行从业持证率较年初提高7%，综合营投部转型覆盖100%。（王　鹰）

通　信

【电信概况】2021年，中国电信吴江分公司有正式员工283人，大专以上学历242人（其中研究生39人、本科140人、大专63人），中级以上职称60人。公司设综合管控部（办公室）、前端营销部（销售部、政企客户部、全渠道运营中心）、后端支撑部（维护安装部）。全年实现业务收入9亿元，客户总数超过133万户，其中固定电话用户18万户，移动电话用户60万户，宽带用户40万户，网络电视用户超20万户。

（于　佳）

【通信建设与信息化服务】2021年，中国电信吴江分公司全力推进网络强国建设，网络质量、核心网络能力和接入规模不断提高，4G（第四代移动通信）网络推进深度覆盖，5G（第五代移动通信）网络建设有效推进，“提速降费”有效落实。提升网络能力，保障宽带质量，全年网络层过忙链路解决率100%，OLT（宽带接入设备）无脱网。全年新建万兆汇聚OLT33台，新增10G PON口（宽带光口）3166个，10G PON口占比由年初44.61%提升至49.94%；完成高负荷1.25G PON升10G PON464个，有效提升用户网络峰值速率。加强4G网络深度覆盖建设，重点对新建区域、商业楼宇等进行深度覆盖，建设开通无线基站92个，完成开通驻地网项目23个，累计完成开通地下室合路项目88个；为解决局部高负荷问题，完成点位扩容98个，累计开通2.1G扩容设备132台。推进5G网络建设，建设并开通5G基站270个，累计开通850个，完成城区、乡镇镇区、重点区域5G信号覆盖。

（于　佳）

【电信服务】2021年，中国电信吴江分公司诚信经营维护用户合法权益，高效满足用户需求，维护网信安全，扩大对外合作，提升服务水平，积极实施网络提质提速工程，百兆以上宽带用户占比90%，全区宽带电信用户户均速率突破220M，宽带光纤用户率接近100%。电信用户实名制率100%。服务能力提升新突破，客户综合满意度新提升。（于　佳）

【转型业务】2021年，中国电信吴江分公司加快转型升级，利用行业应用优势，拓展新兴业务领域，互联网数据中心（IDC）、物联网及云业务能力不断提高。基础设施共建共用、信息系统整体部署、数据资源汇聚共享和业务应用有效协同，通过政务大数据的开发利用，为政府管理和公共服务提供数据支撑和技术支持。聚焦智慧城市高地，努力拓展新兴领域ICT（信息和通信技术），推进现有新能源、IPV6（互联网协议）、车载设备、智能防疫设备等项目，聚焦基于NB-IOT（窄带互联网）网络技术的智慧城市领域中的三表市场（水、电、气）、智慧管网、智慧路灯、智慧烟感、智能门磁、智慧社区、平安乡村等应用场景，在政务、公安、教育、医疗、农业、水利、安监、住建等领域用技术助力地方发展。利用云网融合优势，响应区工信局助力“企业上云”行动，为企业提供“云主机+云存储”一体化云服务，协助多家企业成功申报“三星”“四星”级企业。协助公安公共安防类项目，建设智能违停抓拍、人像卡口、村村通和高空视频监控等，实现全区公共安全视频监控网络的补点及扩面。响应区教育局“云上教育”参与同城帮扶工作，助力公/民办学生共享优秀教育资源；协助区卫健委及各乡镇街道对高风险区回乡人员疫情防控工作，提供疫情防控智能防疫设备；协助公交公司完成近200辆公交车车载智能主动安全监管系统安装，进一步提高吴江公共交通行驶安全性能；协助盛泽镇政府安全生产监测系统建设，对企业生产现场进行动态监管，对企业设备运行情况、企业安全管理状况等进行实时警报，实现全镇安全生产的可视化和网格化；协助区住建局参与智慧工地扬尘项目建设，推进人工智能技术在现代方向的应用；与全区各乡村合作，推进乡村新一代“雪亮技防”建设，拓展农村地区“雪亮技防”应用场景，实现全区农村地区公共道路、主要出入口、公共活动场所等重点区域视频监控提档升级。（于　佳）

【移动概况】2021年，吴江移

动公司深入落实创世界一流“力量大厦”发展战略，推进数智化转型，全力构建基于“5G+算力网络+智慧中台”的“连接+算力+能力”新型信息服务体系。下设综合部、市场经营部、集团客户部、技术业务支撑中心4个部门及12个网格分局，各分局负责区域业务拓展及用户服务。全年在网用户数125万户，宽带用户超27万户，互联网电视用户19万户，实现运营收入超15.7亿元。是年，吴江移动获评2018—2020年度苏州市文明单位，企业员工获评苏州市最美劳动者，联合亨通光电共同建设的“5G数字化工厂项目”荣获工信部主办的第四届5G绽放杯全国二等奖。（叶　静）

【移动网络】　2021年，吴江移动公司大力推进5G项目建设及4G升级扩容，新建5G基站620个，5G室内分布系统117个；扩容4G小区近2326个，累计约22026个。完成各大乡镇5G信号全覆盖；吴江城域网出口带宽扩容至1840G，新增小区光纤宽带覆盖4.5万余户；新建管道约66千米，新增线路约600千米；重点提升热点区域覆盖，提升用户满意度，做好网络与信息安全重点工作。全年出动大型应急通信车完成吴江盛泽龙卷风抢险、7·12四季开源酒店倒塌事故抢险等3处重大事故抢险工作，完成盛泽人福村、叶泽湖花苑社区等12处新冠肺炎疫情保障工作；维护、工程、网优人员累计服务约125次，新增设备约151台，扩容小区约430个，各项活动期间，保障现场网络接通率100%，确保重点场景、重要活动通信畅通。（叶　静）

【移动服务】　2021年，吴江移动公司围绕“三全”（全方位服务能力、全过程服务管控、全员服务参与）服务要求，持续推进“服务质量领先工程”，手机客户满意度、家宽客户满意度、移动网络质量满意度、资费套餐满意度、家庭上网质量满意度全面提升。重点提升全员服务意识，从整体满意度、资费套餐、上网质量、业务宣传办理、代维服务水平五个维度出发，围绕制度保障、感知修复、协同提升三个环节，全面提升服务质量。常态化开展疑似诈骗骚扰号码监测行动，维护人民群众利益。营业厅各醒目处摆放反诈宣传物料，坚持落实“断卡”行动工作任务，严格执行“六必做”：必问入网用途，必查一卡多号，必查黑证件，必说警示提醒语，必签告知书，必录知情视频，通过“高频骚扰电话拦截业务”“防诈骗来电号码提示”等免费服务，筑牢反诈“防火墙”，配合公安部门聚焦联动打击，保障广大人民群众合法权益。（叶　静）

2021年7月12日，吴江移动开展工维线路改造　（吴江移动公司 提供）

【移动信息化应用】　2021年，吴江移动公司围绕客户需求，加快转型步伐，深入推进企业信息化产品及服务领域，服务覆盖用户超2万家，在云计算、大数据、物联网、智能制造等方面取得较大成效。全年相继签约“智能化技防城”“排污总量自控云平台”“重点区域视频图像服务”“5G数字化工厂项目”“5G+工业互联网标识解析”“农业农村一张图”等多项信息化项目，以数字化赋能制造业高质量发展，助力智慧吴江建设。响应新冠疫情防控常态化要求，充分利用网格属地优势，借助信息化手段助力疫

情防控，大数据精准短信、和对讲、云视讯高清会场、海外归国人员观察隔离平台等系列服务高效助力疫情防控。（叶　静）

【联通概况】 2021年，吴江联通公司以“为客户创造价值”为经营理念，下设综合支撑中心和12个网格，各网格负责区域内业务发展与服务。全年实现业务收入2.8亿元，在网用户数51.68万户，宽带用户数3.42万户。是年，吴江联通获评“2018—2020年度苏州市文明单位”“2019—2021年度江苏省文明单位”“2021年度江苏省信息通信行业省级优秀驻地网”。（李乃娟）

【联通网络】 2021年，吴江联通公司围绕“匠心网络，品质服务”工作思路，累计完成400余千米光缆的布放，全年开通5G基站412个，累计开通5G基站1101个，覆盖全区各重点区域和场景。全面响应国家数字强国战略，千兆光纤网络实现乡镇及以上区域全覆盖，大规模部署10G PON（万兆光网）及以上端口数量，设备升级万兆上联，宽带全面提速，助力苏州成为“千兆城市”。圆满完成吴江奥特莱斯开业、第九和第十届江苏（盛泽）纺织品博览会、平望镇运河旅游节、苏州湾戏剧文化节、苏州湾体育中心开业、长三角一体化两周年活动的信号保障，活动期间网络安全顺畅，周边基站运行稳定无故障。面对“5·14”盛泽龙卷风、“烟花”台风等突发紧急状况，吴江联通快速响应，全力以赴，确保区域网络畅通，圆满完成抢险救灾保障任务。

（李乃娟）

【联通服务】 2021年，吴江联通公司围绕周边商业及人口集聚情况，进一步完善营业网点布局，提升渠道效能，为客户提供全面的通信服务，满足用户就近服务需求。聚焦营业厅服务感知提升，开展“百倍用心、十分满意”活动，建立“客户至上”管理标准，提升服务质量，改善客户临厅满意度；以互联网化转型为导向，进一步优化“中国联通”手机营业厅App功能，在原有查、缴、办等百余项在线服务基础上，汇集影视音、阅读、新闻热点等丰富的娱乐资源，包括吃喝玩乐等生活福利，全方位满足用户需求。“联通小燕”不断转变服务方式，从线下到线上，先后走进吴江气象局5G气象日直播、社区防通信诈骗公益课堂、双十二乐购吴江平望镇腊八民俗风情节云直播、长三角一体化示范区绿色优质农产品联展联销现场直播等公益活动，积极履行社会责任，多举措服务地方发展。贯彻落实国务院联席办电信网络诈骗治理工作部署，技管结合，确保实人实证入网，杜绝诈骗分子反复入网可能，保障人民群众合法权益和财产安全。

（李乃娟）

【联通信息化应用】 2021年，吴江联通公司基于领先的5G MEC技术（边缘计算技术），结合物联网、智能AI、大数据等运用，聚焦农业、工业、教育、水利、环境等行业信息化建设，提供无人农场耕种管收生产环节全覆盖、能耗管理等解决方案，相继签约“智慧农业”“智能工厂”“云化AGV”“二级标识解析”“智能监控”等多项信息化项目，助力企业实现数字化转型；协助多家企业完成三星上云申报工作，以云服务赋能产业经济，助力企业良性发展；与镇政府合作建设乡村数字服务平台，助力乡村振兴；与多所学校合作建设5G+智慧校园，助力长三角智慧教育健康快速发展。响应国家绿色环保号召，提供智能垃圾分类、河长制App2.0等软件平台服务，助力吴江区文明城市建设。疫情期间，为区街道办、企事业单位提供苏康码扫码枪、NB门磁、LBS电子围栏、AI外呼坐席、位置短信等服务，助力吴江区疫情防控常态化。（李乃娟）

（本栏编辑　潘　莉）

民营经济

综　述

【概况】 2021年，吴江区持续擦亮“民营经济看吴江”品牌。着力构建现代产业发展新体系，四大主导产业完成规上产值3421.6亿元，比2020年增长19.1%，占全区工业经济总量的78.5%，新兴产业产值占规上工业产值的51.20%，先导产业产值占规上工业产值的18.13%。加快形成民营经济发展新优势，国家先进功能纤维创新中心通过省级年度目标任务考核，亨通海洋信息技术与装备创新中心成立牵头公司及产业联盟；累计培育苏州市地标型企业7家、吴江区“新地标”企业56家，获评“苏州制造”品牌登峰企业3家、入库“苏州制造”品牌培育企业59家，数量均列全市第一。支持中小企业做精做优做强，澳盛科技、赛伍应用、中广核达胜3家企业获评国家级制造业单项冠军，凯伦建材等5家企业获评国家第三批专精特新“小巨人”企业，世华新材料等23家企业获评省专精特新小巨人企业。积极营造创新创业创优新环境，持续开展“双招双引”，全区人才总量超34万人，高层次人才总量占比超8.5%。区工信局全年开展服务活动32场，其中线上+线下管理培训15场、对接考察10场、市场拓展7场等，参与企业2400余家，服务企业3500人次。　（赵燕芳）

【吸纳外地投资】 2021年，全区新增外地投资者29953名。其中，新增私营企业中，外地投资者14825人，占投资者总人数的49.49%，吸纳外地投资额271.9亿元，占投资总额的93.97%；新增个体户中，外地投资者15128人，占投资者总人数的50.51%；吸纳外地投资额17.44亿元，占投资总额的6.03%。　（王沁楠）

民营企业

【民营规模企业】 2021年，吴江区民营企业规上工业产值2380.26亿元，比2020年增长19.6%。恒力、盛虹“世界500强”排名分别跃升至第67位、第311位；恒力、盛虹、亨通、通鼎4家企业蝉联“中国企业500强”；东方恒信新入选“中国民营企业500强”，全区“中国民企500强”企业数增至6家，数量领跑全国县（市、区）。

（赵燕芳）

【私营企业】 2021年，吴江区新发展私营企业12273户，新增注册资本542.32亿元。至年底，全区私营企业总数87250户，注册资本总额5366.29亿元。从分布领域看，新登记私营企业主要集中在批发和零售业、科学研究和技术服务业、制造业，分别占新增总户数的24.56%、20.15%、18.59%。新登记私营企业中，从事批发和零售业3014户，新增注册资本63.48亿元；从事科学研究和技术服务业2473户，新增注册资本90.96亿元；从事制造业2281户，新增注册资本85.58亿元。（王沁楠）

【个体工商户】 2021年，吴江区新发展个体户19887户，新增注册资金24.93亿元。至年底，个体工商户总数150508户，注册资金总额146.26亿元。从分布领域看，新登记个体户主要集中在批发和零售业、住宿和餐饮业、居民服务、修理和其他服务业，分别占新增总户数的49.66%、19.46%、8.49%。新登记个体户中，从事批发和零售业9876户，新增注册资本12.6亿元；从事住宿和餐饮业3871户，新增注册资本4.01亿元；从事居民服务、修理和其他服务业1689户，新增注册资本1.97亿元。（王沁楠）

【农民专业合作社（包括联社）】 2021年，吴江区新发展农民专业合作社（包括联社）65户，新增注册资金1.11亿元。至年底，农民专业合作社（包括联社）总数447户，注册资金总额8.3亿元。（王沁楠）

2021年吴江区市场主体登记情况汇总表

登记类型	项　目	单　位	新　增		期末总数	
			数　量	同比增（减）	数　量	同比增（减）
私营企业	户　数	户	12273	11.20%	87250	4.72%
	注册资本	亿元	542.32	-9.48%	5366.29	8.54%
个体工商户	户　数	户	19887	-10.32%	150508	10.60%
	资金总额	亿元	24.93	0.89%	146.26	15.23%
国有集体及其控股企业	户　数	户	522	17.57%	3417	6.68%
	注册资本	亿元	155.37	12.70%	1979.88	11.49%
农民合作社	户　数	户	65	242.11%	447	-1.76%
	成员出资总额	亿元	1.11	158.59%	8.3	5.05%
以上内资合计	户　数	户	32747	-2.76%	241622	8.33%
	注册资本	亿元	723.73	-5.04%	7500.72	9.42%

（王沁楠）

资本市场

【概况】 2021年，吴江区新增上市公司5家，单年度新增上市公司数量创历史新高。全区累计有境内外上市公司25家，占苏州大市的11%，排名全市第四，其中境内上市公司22家、境外上市公司3家。明志科技、博众精工两家企业同日登陆上海交易所科创板，为长三角县区范围内首次；同享科技由新三板精选层平移至北交所，为全国

2021年5月12日，明志科技、博众精工同日登陆上海交易所科创板
（区金融监管局　提供）

首批北交所上市公司。新三板存量挂牌企业28家，占苏州大市的10%，排名全市第五。全区报证监会（交易所）企业3家，其中过会2家。是年，全区上市公司完成A股再融资规模106.2亿元，位列全市第二；全区A股上市公司总市值3270亿元，位列全市第二，初步形成千亿级市值1家、五百亿级市值2家、百亿级市值6家的上市公司梯度发展队伍。（卜权昱）

2021年吴江区上市企业情况表

公司名称	股票代码	证券交易所	上市时间	所属区镇	备 注
江苏永鼎股份有限公司	永鼎股份（600105）	上交所主板	1997.9.29	汾湖高新区（黎里镇）	原名永鼎光缆
江苏东方盛虹股份有限公司	东方盛虹（000301）	深交所	2000.5.29	吴江高新区（盛泽镇）	原名丝绸股份、东方市场
江苏亨通光电股份有限公司	亨通光电（600487）	上交所主板	2003.8.22	七都镇	—
南极电商股份有限公司	南极电商（002127）	深交所	2007.4.18	吴江高新区（盛泽镇）	原名新民科技
康力电梯股份有限公司	康力电梯（002367）	深交所	2010.3.12	汾湖高新区（黎里镇）	—
通鼎互联信息股份有限公司	通鼎互联（002491）	深交所	2010.10.21	震泽镇	原名通鼎光电
科林环保装备股份有限公司	*st科林（002499）	深交所	2010.11.9	东太湖度假区（太湖新城）	原名科林环保
德尔未来科技控股集团股份有限公司	德尔未来（002631）	深交所	2011.11.11	七都镇	原名德尔家居
东吴水泥国际有限公司	东吴水泥（00695.HK）	香港联交所	2012.6.13	汾湖高新区（黎里镇）	主体为苏州东吴水泥有限公司
吴江鲈乡农村小额贷款股份有限公司	鲈乡小贷（CCCR）	纳斯达克	2013.8.13	吴江开发区	更名为铜道控股（GLG）
苏州华源控股股份有限公司	华源控股（002787）	深交所	2015.12.31	桃源镇	原名华源包装
江苏苏州农村商业银行股份有限公司	苏农银行（603323）	上交所主板	2016.11.29	东太湖度假区（太湖新城）	原名吴江银行
大峡谷半导体照明系统	大峡谷-KY（5281）	台湾柜买中心	2016.3.30	汾湖高新区（黎里镇）	主体为大峡谷照明系统（苏州）股份有限公司
法兰泰克重工股份有限公司	法兰泰克（603966）	上交所主板	2017.1.25	汾湖高新区（黎里镇）	—
江苏凯伦建材股份有限公司	凯伦股份（300715）	深交所创业板	2017.10.26	七都镇	—
苏州迈为科技股份有限公司	迈为股份（300751）	深交所创业板	2018.11.9	吴江开发区	—
江苏聚杰微纤科技集团股份有限公司	聚杰微纤（300819）	深交所创业板	2020.3.12	东太湖度假区（太湖新城）	—
苏州赛伍应用技术股份有限公司	赛伍技术（603212）	上交所主板	2020.4.30	吴江开发区	—
江苏海晨物流股份有限公司	海晨股份（300873）	深交所创业板	2020.8.24	吴江开发区	—
苏州世华新材料科技股份有限公司	世华科技（688093）	上交所科创板	2020.9.30	吴江开发区	—
通用电梯股份有限公司	通用电梯（300931）	深交所创业板	2021.1.21	七都镇	—
佳禾食品工业股份有限公司	佳禾食品（605300）	上交所主板	2021.4.30	东太湖度假区（太湖新城）	—
苏州明志科技股份有限公司	明志科技（688355）	上交所科创板	2021.5.12	吴江开发区	—
博众精工科技股份有限公司	博众精工（688097）	上交所科创板	2021.5.12	吴江开发区	—
同享（苏州）电子材料科技股份有限公司	同享科技（839167）	北交所	2021.11.15	吴江开发区	—

（卜权昱）

2021年吴江区存量“新三板”挂牌企业情况表

序　号	证券简称（代码）	公司全称	挂牌时间	区镇	备　注
1	太湖股份（430460）	苏州太湖电工新材料股份有限公司	2014.1.24	汾湖高新区（黎里镇）	基础层
2	华尔美特（430593）	苏州华尔美特装饰材料股份有限公司	2014.1.24	汾湖高新区（黎里镇）	基础层
3	巨峰股份（830818）	苏州巨峰绝缘系统股份有限公司	2014.6.30	汾湖高新区（黎里镇）	创新层
4	纳地股份（831166）	苏州纳地金属制品股份有限公司	2014.9.25	平望镇	基础层
5	金童股份（831340）	苏州金童机械制造股份有限公司	2014.11.11	汾湖高新区（黎里镇）	基础层
6	st神元（831808）	苏州神元生物科技股份有限公司	2015.1.16	吴江开发区	基础层
7	同里印刷（832064）	苏州同里印刷科技股份有限公司	2015.3.9	吴江开发区	基础层
8	st晶品（832247）	苏州晶品新材料股份有限公司	2015.4.9	汾湖高新区（黎里镇）	基础层
9	固泰新材（832644）	苏州固泰新材股份有限公司	2015.6.19	汾湖高新区（黎里镇）	创新层
10	同里旅游（834199）	苏州吴江同里湖旅游度假村股份有限公司	2015.11.25	吴江开发区	基础层
11	澳冠智能（834276）	苏州澳冠智能装备股份有限公司	2015.11.30	汾湖高新区（黎里镇）	基础层
12	爱富希（834767）	江苏爱富希新型建材股份有限公司	2015.12.11	吴江开发区	基础层
13	蜜思肤（836831）	苏州蜜思肤化妆品股份有限公司	2016.4.21	东太湖度假区（太湖新城）	基础层
14	华佳丝绸（836823）	江苏华佳丝绸股份有限公司	2016.4.26	吴江高新区（盛泽镇）	基础层
15	明阳科技（837663）	明阳科技（苏州）股份有限公司	2016.6.13	吴江开发区	创新层
16	诚骏科技（838174）	苏州诚骏科技股份有限公司	2016.7.28	平望镇	基础层
17	太湖雪（838262）	苏州太湖雪丝绸股份有限公司	2016.8.2	震泽镇	基础层
18	东冠股份（838268）	苏州东冠包装股份有限公司	2016.8.3	汾湖高新区（黎里镇）	基础层
19	祥龙科技（838162）	苏州祥龙嘉业电子科技股份有限公司	2016.8.8	吴江开发区	创新层
20	米莫金属（838327）	江苏米莫金属股份有限公司	2016.11.3	吴江开发区	基础层
21	格朗富（839539）	苏州格朗富环境股份有限公司	2016.11.3	平望镇	基础层
22	楚星时尚（870001）	苏州楚星时尚纺织集团股份有限公司	2016.12.14	吴江高新区（盛泽镇）	基础层
23	欧福蛋业（839371）	苏州欧福蛋业股份有限公司	2017.1.25	汾湖高新区（黎里镇）	基础层
24	金研科技（871714）	苏州金研光电科技股份有限公司	2017.7.26	汾湖高新区（黎里镇）	基础层
25	恒美股份（871578）	苏州恒美电子科技股份有限公司	2017.8.9	吴江开发区	基础层
26	天浩科技（872034）	苏州天浩汽车科技股份有限公司	2017.11.7	吴江开发区	创新层
27	网信科技（873002）	苏州网信信息科技股份有限公司	2018.9.6	吴江开发区	基础层
28	博大新材（873569）	苏州博大永旺新材股份有限公司	2021.2.18	东太湖度假区（太湖新城）	基础层

（卜权昱）

【企业债券】 2021年，吴江区未发行企业债券。至年底，全区累计发行企业债券11期，融资总额119亿元，存续期4单，存续期余额24.4亿元。所筹资金分别用于公路、安置房、道路、文体场馆等重点项目建设。

（卜权昱）

【创业投资】 2021年，吴江区新增省发改委备案创业投资企业2家，实收资本4.11亿元。至年底，全区在省发改委备案创业投资企业15家，实收资本22.55亿元。苏州清研资本管理企业（有限合伙）（王邵明团队）获评江苏省创业投资优秀团队。

（卜权昱）

2021年吴江区省发改委备案创投机构汇总表

机构名称	注册地	备案时间
吴江东运创业投资有限公司	吴江开发区	2008.9.10
吴江东方国发创业投资有限公司	东太湖度假区（太湖新城）	2009.2.26
苏州金茂新兴产业创业投资企业（有限合伙）	吴江高新区（盛泽镇）	2012.1.20
吴江富坤赢通长三角科技创业投资中心（有限合伙）	东太湖度假区（太湖新城）	2012.12.18
苏州华创赢达创业投资基金企业（有限合伙）	吴江开发区	2013.3.13
苏州东方汇富创业投资企业（有限合伙）	东太湖度假区（太湖新城）	2013.12.18
苏州市吴江创业投资有限公司	东太湖度假区（太湖新城）	2014.9.30
苏州清研汽车产业创业投资企业（有限合伙）	东太湖度假区（太湖新城）	2015.5.28
苏州市吴江创迅创业投资有限公司	东太湖度假区（太湖新城）	2015.12.31
苏州龙驹创联创业投资企业（有限合伙）	东太湖度假区（太湖新城）	2018.7.2
苏州乾融赢润股权投资合伙企业（有限合伙）	汾湖高新区（黎里镇）	2019.1.30
苏州盛山澫赢创业投资企业（有限合伙）	东太湖度假区（太湖新城）	2019.3.28
苏州清睿华赢创业投资合伙企业（有限合伙）	吴江高新区（盛泽镇）	2020.10.12
苏州富坤赢禾股权投资合伙企业企业（有限合伙）	东太湖度假区（太湖新城）	2021.5.31
苏州金灵创业投资合伙企业（有限合伙）	吴江开发区	2021.8.17

（卜权昱）

企业选介

【恒力集团】 恒力集团始建于1994年，立足主业，坚守实业，是以炼油、石化、聚酯新材料和纺织全产业链发展的国际型企业。拥有全球产能最大PTA（化纤原料，即精对苯二甲酸）工厂之一、全球最大功能性纤维生产基地和织造企业之一，员工12万，建有国家“企业技术中心”，企业竞争力和产品品牌价值均列国际行业前列。恒力集团坚持全产业链发展，打造“原油—芳烃、乙烯—精对苯二甲酸（PTA）、乙二醇—聚酯（PET）—民用丝及工业丝、工程塑料、薄膜—纺织”的完整产业链。坚持实施品牌战略和市场战略两大工程，自主研发能力在全国纺织业处于领先地位，积极开拓国内外高端市场，坚持自主创新，不断提升核心竞争能力，成立“恒力国际研发中心”和“恒力产学研基地”，聘请德国、日本、韩国和中国台湾等地专家，组成国际研发团队，为企业进行高端差别化产品研发。先后承担国家级、省级以及行业协会的重大科技计划项目60多项，自主研发的聚酯纤维关键技术获“国家科技进步奖”。2021年，恒力集团总营收7323亿元，位列世界500强第67位、中国企业500强第21位、中国民营企业500强第3位、中国制造业企业500强第6位，获国务院颁发的“国家科技进步奖”和“全国就业先进企业”等荣誉。（陆思怡）

【盛虹集团】 盛虹集团以“芳烃、烯烃”双链驱动，在新型能源材料、生物基材料、高性能纤维及复合材料、生态环保材料、生物医用材料、功能性纺织新材料等领域具备较强国际竞争力，是创新型高新技术产业集团。拥有上市公司1家（东方盛虹，000301），实体公司超30家，员工4万余人，下辖苏州、连云港、宿迁三大产业基地。盛虹集团在超细纤维、生物基纤维、EVA光伏料等领域，实现中国企业从0到1的突破，通过技术优势和产能优势，解决相关领域技术瓶颈问题，提高国产自给率，技术优势和产业竞争力位居国际前列。组建江苏首家、全国首个由民营企业牵头的国家级制造业创新中心，在上海成立石化创新中心、先进材料研究院等协同创新平台。以生产大宗基础原料的炼化一体化项目为平台，形成核心原料平台+新能源、新材料、电子化学、生物技术等多元化产业链条的“1+N”新格局。先后获得“国家技术创新示范企业”“全国循环经济先进单位”“国家火炬计划重点高新技术企业”“国家科技进步奖”“中国工业大奖表彰奖”“袁宝华企业管理金奖”等荣誉。2021年，盛虹集团位列世界500强第311位、中国企业500强第89位、中国民营企业500强第19位、中国民营制造业500强第12位。（陆思怡）

【亨通集团】 亨通集团是一家致力于光纤光网、智能电网、大数据物联网、新能源新材料、金融投资等领域的国家创新型企业、国家技术创新示范企业、国家自主知识产权示范企业，拥有全资及控股公司70余家（其中境内外上市企业3家），是全球信息与能源互联系统集成商与网络服务商，全球光纤通信前三强，中国企业500强、中国民企百强、江苏民企十强，营收超千亿元级。创建海外产业基地（欧洲、南美、南非、南亚、东南亚等）11个，营销技术服务公司40多家，业务覆盖130多个国家和地区，光纤网络全球市场占有率超过20%，承建国际海洋光网项目100多个。亨通集团坚持自主创新驱动发展，实现关键技术自主可控，依托海内外自主创新平台，在光纤通信、超高压海缆、半导体材料等领域打破国外垄断，突破多项自主可控关键核心技术。铝合金节能输电技术获国家科技进步二等奖，新一代光纤材料研发工艺装备及产业化、海洋光网成套装备等三项技术获江苏省科技进步一等奖、中国电子学会科技进步一等奖，量子保密通信获国际电信联盟2019年度技术最高奖，500kV光纤复合海底电缆获中国电力科技创新一等奖等荣誉。先后承担国家、省部级科技项目300多项，制定各类标准520多项，拥有授权专利4000余项，PCT国际专利超30项，其中发明专利超800项，标准和专利总数位居国内同行首位，入选国家工业强基、国家智能制造、国家绿色制造等重大项目。光纤网络的先进技术被收录在央视的《大国重器》《我们一起走过——致敬改革开放40周年》节目、《中国改革开放与企业发展》丛书及中宣部《光网络筑梦人》微电影向全国宣传推广。（陆思怡）

【通鼎集团】 通鼎集团是为国家信息通信建设提供线缆及配套产品的排头兵企业。企业立足国家“三张网”（通信网、交通网、能源网）的发展，在5G、大数据、人工智能、工业互联网等新技术、新业态方面创新研究，在国家新基建涉及的多领域谋篇布局，产品涵盖光纤光棒、光电线缆、网络设备、芯片模块、仪器仪表等，在5G宽带无线接入产品和技术、自组网技术以及信息安全、网络安全、公共安全、大数据运营等领域为运营商、各类专网用户提供支撑服务，产业范围涵盖国内外通信、电力、运输、智慧城市等行业，产品从有线到无线、从无源到有源，从一根缆到一张网，从“进入千家万户”到“步入千行百业”。通鼎集团是中国企业500强，被认定为2019年中国战略性新兴产业领军企业100强，是国家火炬计划重点高新技术企业、中国民营企业500强、中国通信设备供应商50强、中国光纤光缆最具竞争力企业10强。2021年，集团营业收入453亿元，利润总额21亿元，累计总资产约251亿元。通鼎集团坚持顶层设计、强化战略引领，培育壮大特色鲜明主业和优势突出的战略性新兴产业，新型材料、光电线缆、网络设备、信息安全、数据运营等产业在“新基建”各领域均有优秀表现。集团发挥企业在轨道交通、通信网络、公共安全、无线专网建设等领域细分市场的比较优势，持续提升产品和服务竞争力，在数字经济中竞速，实现持续稳健发展。作为国家科技创新示范企业，通鼎集团成立院士工作站、国家级博士后科研工作站、国家级企业技术中心、国家级技能大师工作室、国家认定CNAS检测中心、江苏省光通信材料重点实验室等15个国家级、省市级科技创新平台。参与行业标准制定182项，拥有软件著作权596项，拥有国家授权专利1225项（其中发明专利261项）。（陆思怡）

【永鼎集团】 永鼎集团成立于1978年，位于汾湖高新区，总资产超70亿元，注册资本2.5

亿元，总占地面积240公顷，1997年登陆A股，成为全国光缆行业中首家民营上市企业。集团拥有数十家控股、参股公司，致力于打造以通信科技、海外工程、汽车产业、超导产业为核心，多产业齐头并进共发展的格局，是集品牌化、高端化、国际化为一体的综合性集团，拥有员工近万人。主导产品通信光缆、通信线缆市场占有率连续三年稳步提高，市场排名第8名。产品出口全球40多个国家和地区，24.85亿美元的孟加拉国家电网传输和通信网络改造工程被国家工信部评为服务型制造示范项目，成为国家“一带一路”走出去的样板工程。永鼎集团拥有国家级企业技术中心、国家级博士后科研工作站、国家CNAS认可实验室等多个创新平台。先后获得“国家技术创新示范企业”“国家级服务型制造示范企业”“中国光通信具竞争力企业十强”“中国光纤光缆最具竞争力企业十强”“中国驰名商标”等荣誉，跻身中国民营企业500强、中国民营企业制造业500强，中国电子元件百强企业，中国电子信息百强企业。拥有国家级研发平台2个，省级研发平台的高新技术企业4个；拥有有效专利587件，其中发明专利182件；累计完成省级新产品新技术鉴定34项，其中超94%以上项目鉴定为国内领先水平或国际领先水平；发布参与制定国家、行业、团体标准93项，其中国家标准34项；多次承担国家、省市科技计划项目，如国家863计划、江苏省科技成果转化、江苏省重点研发计划、苏州市重点产业技术创新项目等。（陆思怡）

【东方恒信】 东方恒信成立于2005年，位于苏州市吴江区桃源镇，下辖企业近20家，主要分布在吴江、苏州、上海及境外，是跨地区、跨行业的股份制投资控股集团，业务领域涉及基础设施建设经营、房地产开发、建筑材料、化纤、矿业开采、电子商务、新型材料、智能制造等。企业紧跟产业升级步伐，把投资领域从传统行业逐渐向半导体芯片、大数据和信息安全、生命科学等高科技行业转移，运营上从重资本模式向轻资产模式转变，走出符合自身特色的发展之路。其中，东芯半导体的成立，解决了国内对于存储芯片在设计技术上的空缺，加速培育本土芯片行业人才。2021年，东方恒信成功入选中国民营企业500强。（陆思怡）

【巨峰电气】 巨峰电气创建于1995年，占地总面积20多万平方米，拥有客户上千家，涉及发电、特高压输变电、新能源电动汽车、集成电路基板、航空航天、高速高铁、军工、石化、冶金、覆铜板、汽车轮胎等领域。公司是全国绝缘材料行业副理事长单位、中国电气绝缘产业技术创新战略联盟理事长单位、国家高新技术企业，引进工程院院士雷清泉教授领衔的创新团队，直接从事绝缘技术产品研究开发的技术人才100余人，建有国家级企业技术中心、企业院士工作站、国家级博士后科研工作站、省绝缘材料工程技术研究中心、多个高校科研机构联合实验室等创新平台。公司检测中心是国内绝缘材料制造企业中首家通过了CNAS国家认可实验室认证的测试机构。（马延庭）

【凯伦建材】 凯伦建材是一家集防水材料研发、制造、销售及施工服务于一体的国家高新技术企业。曾获得“苏州市市长质量奖”“苏州市高分子建材先进技术研究院建设企业”“中国防水行业最具影响力十大品牌”“中国房地产500强首选供应商”“中国防水行业质量提升示范企业”等荣誉。公司以“融合防水”为旗，于国内首创MBP高分子自粘胶膜防水卷材和白色抗流挂聚氨酯防水涂料，填补国内高分子防水领域的技术空白，引领行业转型升级。2017年10月26日，凯伦建材实现A股上市，成为中国建筑防水行业首家创业板上市公司，上市后，年平均复合增长率超过70%。（马延庭）

（本栏编辑　潘　莉）

开放型经济

对外及港澳台贸易

【概况】 2021年，全区实现进出口总额264.80亿美元，比2020年（下同）增长22.2%，其中出口197.46亿美元，增长23.7%，进口67.34亿美元，增长18.2%，进出口总额列苏州大市第五。一般贸易实现进出口110.98亿美元，增长25.4%。一般贸易出口占全区出口总额的比重为40.86%，增长1.05%。

（朱萍萍）

2021年吴江区进出口分企业类型情况表

单位：万美元

企业类型	进出口额	出口额	进口额
外资及港澳台资企业	1391886	854002	537883
内资企业（不含港澳台资企业）	1256114	1120644	135470
合　计	2648000	1974646	673353

（朱萍萍）

2021年吴江区进出口分区镇情况表

单位：万美元

单位名称	进出口额	出口额	进口额
吴江开发区	1866847	1322701	544145
吴江高新区（盛泽镇）	223095	195111	27984
汾湖高新区（黎里镇）	189142	154511	34632
东太湖度假区（太湖新城）	155085	118059	37027
平望镇	73703	52009	21694
震泽镇	32227	30615	1612
七都镇	67400	64623	2777

（续 表）

单位名称	进出口额	出口额	进口额
桃源镇	27324	25660	1664
合 计	2634825	1963289	671536

注：部分企业无法分区镇，故各区镇数据加和与全区合计数存在一定差异。 （朱萍萍）

2021年吴江区主要地区和国际市场进出口情况表

单位：万美元

国别/地区	进出口额	出口额	进口额
亚 洲	1472064	910961	561104
中国台湾	252498	61599	190899
中国香港	110482	110238	244
韩 国	131198	56251	74946
日 本	247203	152604	94599
东 盟	376367	267972	108396
欧 洲	626493	548856	77637
欧 盟	540202	470728	69474
德 国	99279	67632	31647
荷 兰	112815	106138	6677
俄罗斯	55547	54143	1404
北美洲	282256	261895	20361
加拿大	21129	20094	1034
美 国	261127	241800	19327
拉丁美洲	180400	169729	10671
大洋洲	55477	52833	2644
澳大利亚	49307	48730	577
非洲	31303	30373	930

（朱萍萍）

2021年吴江区进出口企业50强一览表

名 次	进出口50强企业名称	名 次	进出口50强企业名称
1	吴江海晨仓储有限公司	11	江苏国望高科纤维有限公司
2	中达电子（江苏）有限公司	12	群光电能科技（苏州）有限公司
3	峻凌电子（苏州）有限公司	13	江苏亨通光电股份有限公司
4	苏州璨宇光电有限公司	14	苏州新效国际货运代理有限公司
5	高创（苏州）电子有限公司	15	苏州璨鸿光电有限公司
6	亚旭电子科技（江苏）有限公司	16	江苏恒力化纤股份有限公司
7	卡特彼勒（吴江）有限公司	17	飞旭电子（苏州）有限公司
8	群光电子（苏州）有限公司	18	恒力华东石化销售有限公司
9	亿光电子（苏州）有限公司	19	苏州盛虹纤维有限公司
10	吴江华丰电子科技有限公司	20	江苏澳盛复合材料科技有限公司

（续　表）

名　次	进出口50强企业名称	名　次	进出口50强企业名称
21	苏州赛伍应用技术有限公司	36	苏州慧斌国际贸易有限公司
22	苏州锦仁物流有限公司	37	吴江威桥光电有限公司
23	英格索兰（中国）工业设备制造有限公司	38	京东方杰恩特喜科技有限公司
24	展达通讯（苏州）有限公司	39	利瑞宝运动器材（吴江）有限公司
25	苏州欧圣电气工业有限公司	40	吴江恒创金属制造有限公司
26	泰金宝光电（苏州）有限公司	41	日电爱克赛思科技（苏州）有限公司
27	和纺电子（苏州）有限公司	42	吴江市博众精工科技有限公司
28	瑞仪光电（苏州）有限公司	43	钡泰电子（苏州）有限公司
29	崧腾电子（苏州）有限公司	44	江苏盛虹石化集团有限公司
30	苏州莱升进出口有限公司	45	大同家电（吴江）有限公司
31	锐迈机械科技（吴江）有限公司	46	豪展医疗科技（吴江）有限公司
32	苏州市佳禾食品工业有限公司	47	苏州欧普照明有限公司
33	富威科技（吴江）有限公司	48	苏州亮晋纺织有限公司
34	凤凰半导体通信（苏州）有限公司	49	大毅科技（苏州）电子有限公司
35	英诺赛科（苏州）半导体有限公司	50	吴江信亿电子科技有限公司

（朱萍萍）

吴江区2020—2021年度苏州市出口名牌企业一览表

序　号	企业名称	序　号	企业名称
1	苏州太湖雪丝绸股份有限公司	6	吴江福华织造有限公司
2	伊卡路斯（苏州）车辆系统有限公司	7	海泰纺织（苏州）有限公司
3	苏州欧普照明有限公司	8	微康益生菌（苏州）股份有限公司
4	苏州新吴光电股份有限公司	9	苏州捷力新能源材料有限公司
5	江苏凯伦建材股份有限公司		

（朱萍萍）

【企业参展】 2021年，区商务局组织50家企业参加129届中国进出口商品交易会（即广交会）；组织50家企业参加130届广交会；发动全区382家企业报名参加第四届中国国际进口博览会（即进博会）。进博会期间，来自吴江的苏州上久楷丝绸科技文化有限公司、苏州山水丝绸股份有限公司两家企业入选“人文交流活动”展示项目，代表江苏省出展老字号展位；吴江盛虹控股集团旗下公司江苏港虹纤维有限公司参与进出口银行举办的支持进口融资线上签约仪式，签订进口融资协议。（朱萍萍）

【苏州自贸片区联动创新区】 根据2021年度苏州自贸区联动创新区评定结果，吴江经济技术开发区完成“复制推广”29项、“自主创新”3项；汾湖高新技术产业开发区完成“复制推广”20项、“自主创新”2项。（朱萍萍）

外商及港澳台商投资

【概况】 2021年，全区新批外资及港澳台资项目105个，合同外资及港澳台资13.11亿美元。实际使用外资及港澳台资5.97亿美元。新批服务业企业73家，合同外资及港澳台资7.98亿美元。新批欧美企业15家，合同外资0.9亿美元。年内有40家外资及港澳台资企业增资，累计增资金额4.33亿美元。全区有1466家外商投资企业参加联合年报。（朱萍萍）

2021年吴江区合同外资及港澳台资情况表

区　镇	项　数（个）	总投资（万美元）	合同外资及港澳台资（万美元）	其中（万美元）	
				新批项目	变更项目
吴江开发区	29	119154.44	74124.38	56974.83	17149.55
汾湖高新区（黎里镇）	16	45054.26	25549.01	14776.66	10772.35
吴江高新区（盛泽镇）	12	10399.84	10349.94	10349.94	0.00
东太湖度假区（太湖新城）	37	23282.41	17444.59	8336.21	9108.38
平望镇	5	-2188.36	-1784.93	226.48	-2011.41
七都镇	2	6229.14	3655.42	3508.08	147.34
震泽镇	3	10492.49	1708.61	1189.57	519.04
桃源镇	1	15.45	7.73	7.73	0.00
合　计	105	212439.67	131054.75	95369.50	35685.25

（朱萍萍）

2021年吴江区实际使用外资及港澳台资情况表

区　镇	任务数	实际使用外资及港澳台资	逐年累计（万美元）
吴江开发区	26500	30584.08	747376.77
汾湖高新区（黎里镇）	10500	10538.44	323778.58
吴江高新区（盛泽镇）	5400	2078.73	126206.44
东太湖度假区（太湖新城）	7500	11018.76	152196.78
平望镇	1500	1728.77	49562.11
七都镇	1200	1283.75	27796.66
震泽镇	1200	1364.99	39812.80
桃源镇	1200	1104.99	24955.15
其　他	—	—	9355.20
合　计	55000	59702.51	1501040.49

（朱萍萍）

2021年吴江区新批合同外资及港澳台资1000万美元以上企业情况表

单位：万美元

序　号	企业名称	所属区镇	合同资金
1	宝时得科技（苏州）有限公司	吴江开发区	15000
2	苏州鹏宝房地产开发有限公司	吴江开发区	10000
3	锦鹏（苏州）科技产业园运营管理有限公司	吴江高新区（盛泽镇）	10000
4	苏州豪侨建材有限公司	吴江开发区	6000

（续　表）

序　号	企业名称	所属区镇	合同资金
5	苏州恒力化工进出口有限公司	吴江开发区	6000
6	嘉广新智能科技（苏州）有限公司	吴江开发区	5000
7	敏华智能新零售科技（苏州）有限公司	吴江开发区	5000
8	苏州味全食品有限公司	汾湖高新区（黎里镇）	3129.54
9	神尔机器人科技（苏州）有限公司	汾湖高新区（黎里镇）	3000
10	苏州欧普智造科技有限公司	汾湖高新区（黎里镇）	3000
11	如薇化妆品有限公司	吴江开发区	3000
12	佩莱商业管理（江苏）有限公司	吴江开发区	3000
13	佩莱创业投资（江苏）有限公司	东太湖度假区（太湖新城）	3000
14	福峰智能制造（苏州）有限公司	七都镇	2508.08
15	长三角一体化示范区（苏州吴江）港能投智慧能源有限公司	汾湖高新区（黎里镇）	2321.94
16	苏州吴江新奥能源发展有限公司	东太湖度假区（太湖新城）	2000
17	埃迈诺冠气动器件（苏州）有限公司	吴江开发区	2000
18	苏州百胜房产置业有限公司	汾湖高新区（黎里镇）	2000
19	贝达半导体材料（苏州）有限公司	七都镇	1000
20	概念巢（苏州）智能科技有限公司	东太湖度假区（太湖新城）	1000
21	特灵科技（中国）有限公司	汾湖高新区（黎里镇）	1000

（朱萍萍）

【大型招商】 2021年，全区区镇两级在吴江、上海等地举行主题投资推介活动，推进招商引资工作。全区签约项目124个，总投资830.4亿元，其中内资101个，总投资623.98亿元；外资及港澳台资23个，总投资29.489亿美元。签约项目中已注册项目77个（内资63个，外资及港澳台资14个），开工项目40个（内资36个，外资及港澳台资4个），投产项目33个（内资30个，外资及港澳台资3个）。项目涵盖5G开发应用、集成电路、医疗、新材料、高端装备制造等产业。其中：1月，区委、区政府在吴江举行数字经济和数字化发展推进大会，签约项目12个，总投资81亿元；4月，区委、区政府在上海举办2021长三角一体化示范区（吴江）上海投资说明会，签约产业项目及合作项目32个，总投资约462.55亿元。其中外资及港澳台资项目9个，总投资17.664亿美元；内资项目23个，总投资338.9亿元。9月，区商务局举办中外项目产业对接会，为意向企业提供相互交流、加强合作的平台。

（朱萍萍）

【总部认定】 2021年，峻凌电子（苏州）有限公司获评江苏省第十二批跨国公司地区总部，成为全区第4家省级跨国公司地区总部，依工聚合工业（吴江）有限公司获评江苏省第十二批跨国公司功能性机构，成为全区第2家省级跨国公司功能性机构。如家酒店连锁（中国）有限公司、敏华家具总部（吴江）有限公司、瑞仪光电（苏州）有限公司、亿光电子（中国）有限公司、峻凌电子（苏州）有限公司、苏州璨鸿光电有限公司、威特电梯部件（苏州）有限公司、依工聚合工业（吴江）有限公司、普玛宝钣金设备（苏州）有限公司等9家企业获评苏州市跨国公司地区总部和功能性机构。（朱萍萍）

服务外包

【概况】 2021年，全区累计服务外包企业94家，服务外包接包合同额13387万美元，离岸执行合同金额10433万美元。

（朱萍萍）

2021年吴江区服务外包情况表

区　镇	审核企业数（家）		接包合同额（万美元）	离岸接包执行额（万美元）	培训人数（人）
	2021年	逐年累计			
吴江开发区	2	39	2695	156	0
汾湖高新区（黎里镇）	0	25	10571	10156	0
东太湖度假区（太湖新城）	0	24	121	121	0
吴江高新区（盛泽镇）	0	2	0	0	0
平望镇	0	1	0	0	0
七都镇	0	0	0	0	0
震泽镇	0	1	0	0	0
桃源镇	0	2	0	0	0
合　计	2	94	13387	10433	0

（朱萍萍）

对外及港澳台经济合作

【概况】 2021年，全区新批对外及港澳台投资项目16个，新增境外协议投资额1.81亿美元，完成对外承包工程营业额1.38亿美元，企业实际对外投资额2.22亿美元。5家公司的11个境外项目获得区级扶持资金872.67万元，4家公司的12个境外项目获得省级切块资金349.14万元，2家公司的4个境外项目获得国家级扶持资金703.74万元。督促境外企业做好疫情防控工作，拟定并下发《关于进一步加强全区境外企业疫情防控工作的通知》。

（朱萍萍）

2021年吴江区新批对外及港澳台投资企业名单及投资情况表

单位：万美元

序　号	企业名称	投向国家（地区）	投资总额	投资主体所在区镇
1	创源智能科技（越南）有限公司	越　南	500	吴江开发区
2	科伦特电源（香港）科技有限公司	中国香港	100	东太湖度假区（太湖新城）
3	香港澳盛科技有限公司	中国香港	300	平望镇
4	香港恒悦国际有限公司	中国香港	30	吴江开发区
5	锐迈机械科技股份有限公司	美　国	30	吴江开发区
6	美国罗优控股有限公司	美　国	98	吴江开发区
7	金沙投资有限公司	中国香港	154.8	吴江开发区
8	康福股份有限公司	德　国	445.82	吴江开发区
9	雄石控股有限公司	中国香港	2526.34	吴江开发区
10	科伦特电源（越南）科技有限公司	越　南	300	东太湖度假区（太湖新城）
11	亨福通信有限公司	印度尼西亚	7500	七都镇
12	香港复盈新材有限公司	中国香港	1	汾湖高新区（黎里镇）
13	吴江中中香港有限公司	中国香港	490	吴江高新区（盛泽镇）
14	香港简单有为科技有限公司	中国香港	78.3	东太湖度假区（太湖新城）
15	亨通柬埔寨工程公司	柬埔寨	25	七都镇

(续 表)

序 号	企业名称	投向国家(地区)	投资总额	投资主体所在区镇
16	丝绸魔盒股份有限公司	美国	2.8	震泽镇
合 计			12582.06	

(朱萍萍)

2021年吴江区对外及港澳台投资企业增资情况表

单位:万美元

序号	企业名称	投向国家(地区)	增资金额	投资主体所在区镇
1	中耀(香港)科技发展有限公司	中国香港	15	东太湖度假区(太湖新城)
2	亨通光电印度私营有限公司	印 度	4200	七都镇
3	发网国际有限公司	中国香港	180	汾湖高新区(黎里镇)
4	亨芯新加坡私人有限公司	新加坡	500	东太湖度假区(太湖新城)
5	巴西亨通线缆科技有限公司	巴 西	453	七都镇
6	越南彩虹织造有限公司	越 南	200	吴江高新区(盛泽镇)
合 计		—	5548	—

(朱萍萍)

海关监管

【概况】 2021年,吴江区对外及港澳台贸易进出口总值1710.9亿元,比2020年(下同)增长14%,其中出口1275.8亿元,增长15.2%,进口435.1亿元,增长10.4%。征税入库24.8亿元,下降3.6%;监管进出口货运量44.8万吨,增长13.9%;监管进出口总值230.5亿美元,增长25.1%;监管集装量7万箱次,增长17.6%;新增注册企业649家。审结报关单28.9万票,下降0.6%;备案加工手册150份,增长2.7%;手册备案金额14.8亿美元,下降16.2%。检验检疫进出口货物1.4万批、34.7亿元,分别下降58.4%、72.1%,检验检疫抽检进出口货物574批、3亿元,分别下降13.8%、51.6%。

(汤 明)

【口岸监管】 2021年,保持打私高压态势,与吴江区多部门联合开展打击成品油走私综合治理,年内查发处置涉案成品油2186吨,拆解走私船5艘。落实新冠肺炎疫情防控各项措施,严防口岸疫情传入,组织开展口岸环节高风险非冷链集装箱货物采样检测和预防性消毒、口岸环节进口冷链食品预防性消毒全流程培训和实操演练10余次;与区卫健委共享吴江地区输入性疟疾病例数据,共同开展业务指导和培训。开展进出口危险化学品和危险货物检验工作,退运2批有害物质含量超标进口涂料。常态化开展非洲猪瘟、沙漠蝗等重大动植物疫情传入监控,全年在20余个监测点组织实施红火蚁监测普查和年度实蝇监测。保障吴江市民进出口食品安全,指导多家吴江企业建立以HACCP为核心的食品安全卫生控制体系,做好进出口食品安全抽样监测、出口动物源性食品安全风险监测、进口食品风险监测,开展进口食品"国门守护"行动,检出不合格进口食品3批,监督企业实施销毁。(汤 明)

【营商环境优化】 2021年,吴江海关整体通关时间排在南京关区前列。打造吴江海关"1216关企服务平台",为企业提供"全天候、全业务领域、全企业覆盖"服务机制,将"我为群众办实事"、推动企业问题清零、优化口岸营商环境、落实基层海关政务公开标准化规范化、服务企业"最先一公里"、普法等融为一体,全年平台为企业解决问题330余个。建立海关服务吴江重大项目、重点企业、重要行业工作机制,构建了"海关服务项目清单"和"海

关业务办理时间节点清单”，对吴江区重点企业实施“一企一策”精准扶持。（汤　明）

【税收优惠政策落地】 2021年，吴江海关为吴江区企业减免税额6535.1万元。签发原产地证书2.5万份，帮助企业减免进口国关税3.19亿元。上报铅酸蓄电池和风力发电机组税政调研选题，连续三年上报的税政调研选题被国务院税则委员会采用，推动税率调整为吴江企业减负。（汤　明）

【新兴业态培育】 2021年，吴江海关推动建立海关研究工作专班，研究制定《吴江海关支持吴江开放型经济高质量发展工作规划安排》30条，被区委书记李铭批示肯定。推动企业集团加工贸易监管模式改革，年内在苏州璨宇光电有限公司及苏州璨鸿光电有限公司、苏州璨曜光电有限公司成功试点。开展综合保税区数字监管联网管理标准化记账（区块链）改革，为南京关区4个试点区域之一。加大对吴江重点企业、特色行业培育力度，推动欧普照明、飞旭电子2家企业成功获评AEO高级认证企业，助力吴江单克隆抗体开拓波兰、新加坡、美国等市场，玉兰、木槿种苗顺利出口英国，冷冻法式蛋皮、欧姆蛋等新型蛋制品首次输往中国澳门和中国香港。（汤　明）

2021年12月8日，吴江首单跨境电商出口海外仓（9810）货物顺利通关
（吴江海关　提供）

【服务长三角生态绿色一体化发展示范区建设】 2021年，吴江海关策划推动长三角一体化示范区中欧班列开行。推动中国电子口岸数据中心南京分中心长三角生态绿色一体化发展示范区窗口（省内南京外首家）落地吴江，为近5000家省内企业办理了电子口岸业务。成功协调在盛泽镇设立出口原产地证自助打印点，便利青浦、嘉善企业就近打印原产地证书。（汤　明）

（本栏编辑　王来刚）

金融监管

【概况】 2021年，吴江区有区地方金融监督管理局(简称“区金融监管局”)、中国人民银行吴江支行(简称“吴江人民银行”)、中国银行保险监督管理委员会苏州监管分局吴江监管组(简称“苏州银保监分局吴江监管组”)、国家外汇管理局吴江支局(简称“吴江外汇管理局”)4家金融监管协调机构。是年，全区信贷规模稳步增长，不良贷款率持续下降，数字人民币试点场景不断增加，资本市场“吴江板块”强势崛起，金融生态环境保持稳定，未发生区域性、系统性金融风险，金融服务实体经济能力逐步增强。 (张振亚)

【金融监管局】 2021年2月20日，吴江区地方金融监督管理局正式挂牌，加挂区政府金融工作办公室牌子，为区政府工作部门，正科级建制，内设金融环境科(综合科)和资本市场科，下设吴江区金融工作管理服务中心，为副科级事业单位。主要职能为综合统筹协调区内金融监管机构及银行、保险、证券等金融机构，负责小贷、担保、典当、融资租赁、商业保理等地方金融组织的日常监管，研究制定并推动落实金融调控政策，服务企业登陆资本市场，防范化解重大金融风险，力促金融支持实体经济实现高质量发展。至年底，全区有各类银行业机构29家，一级支行以上机构32家(含3家平行管理支行)，其中外资银行2家、村镇银行1家，对外营业网点237个；保险机构40家(财产类公司19家，寿险类公司19家，代理类公司2家)，证券分支机构12家；地方金融组织40家(开业小贷公司13家、融资担保公司2家、外资融资租赁公司16家、典当行7家、商业保理公司2家)；集团财务公司1家；境内外上市公司25家、新三板存量挂牌企业28家、大宗商品交易市场1家、权益类交易场所1家。

金融合作创新。2021年，深改委推进长三角示范区重点改革，推进同城化金融服务建设，示范区首笔跨区域联合授信业务落地、首笔“长三角绿色生态贷”投放，中国银行、中国建设银行、中国农业银行、中国工商银行、交通银行相继更名为苏州示范区分行，五大国有商业银行均实现跨区域开立对公账户；全面深入对接示范区执委会，建立青吴嘉三地反假币联席会议等金融风险监测预警制度。鼓励创新绿色金融产品，苏州农商银行发行全国首单绿色科技创新债权融资计划，发放全省首笔超千万元排污权抵押贷款，投资全省首单“碳中和”绿色债券，被授予江苏省绿色金融创新示范金融机构称号，被确定为苏州市首批“绿色低碳转型金融服务中心”和“绿色低碳金融实验室”之一。深入推进数字人民币试点工作，制定出台《吴江区数字人民币试点场景应用实施方案》，推进区内和跨区域数字人民币试点场景应用，实现九大应用场景。苏州农商银行成为全国首批、江苏省首家成功接入数字人民币App的农商银行。亨通金服积极拓展数字人民币硬钱包的场景搭建。

金融监管。强化对小额贷款、融资担保、融资租赁、商业金融业保理、典当行等五类地方金融组织的日常监管，全年组织开展各类审计70场，受理4件审批事项，出具整改通知书2份、监管意见函1份，完成1家小贷公司——苏南小贷的动态评级工作。强化对24家正常经营的地方金融组织的数据动态监测、实地走访检查、第三方审计，对违规行为等做出风险提示，防范和化解风险隐患，引导地方金融组织致力于主业，服务小微、服务实体。加强对地方金融运行情况的监测分析，配合中央金融管理部门在吴分支机构研究分析全区金融运行情况，提出发展建议，拟订“十四五”发展规划。

金融生态。2021年，金融生态环境日趋优化，金融生态县（市、区）在全省排名提升至21位，全区不良贷款余额26.88亿元，不良贷款率0.63%，较年初下降0.25%。组织开展非法集资集中排查，累计排查涉嫌非法集资风险机构463家，核查企业名称和经营范围中含“金融”等字样或内容的企业57家。开展涉金融相关字样市场主体“双随机一公开”专项检查，随机抽取名称中包含“金融”“理财”“财富管理”字样或者内容的在业企业、个体工商户7家。一企一策化解企业债务风险，依托联合授信、债权人委员会、府院联动处置“僵尸企业”等机制开展辖内债务风险企业的帮扶工作，全年牵头召开41场银企专题协调会，出具34份会议纪要及33份银行建议函，直接稳控重点债务风险企业信贷规模超百亿元。

（张振亚）

【人民银行】 2021年，人民银行吴江支行贯彻稳健的货币政策，维护金融稳定，深化金融改革创新，提高金融服务和管理水平，为地方经济发展贡献金融力量。

窗口指导。加强政策宣传解读，持续发挥两项直达实体经济货币政策工具作用，引导金融机构加大重点领域的支持，加大对稳企业、保就业的支持，缓解小微企业压力。灵活精准、合理适度贯彻稳健的货币政策，引导金融机构加大对科技企业、制造业支持力度，强化对小微企业贷款支持，做好金融支持乡村振兴工作，落实金融支持实体经济政策导向，至年底，全区民营企业贷款余额2015.78亿元，比2020年（下同）增长19.02%；全区制造业贷款余额1302.62亿元，增长18.15%；小微企业贷款余额1247.55亿元，增长15.74%；全区涉农贷款余额452.61亿元，增长16.53%。发挥市场利率定价自律机制，规范存款市场定价行为，优化LPR传导环境。

金融监管。健全金融风险监测机制，协助开展法人机构压力测试，研判区域性金融风险；持续开展地方中小银行资本补充工具、互联网存款业务、过渡期落实资管新规情况等调研统计工作。规范高效开展“两综合两管理”工作，完成2020年度银行业机构执行人民银行政策的综合评价。对辖内法人银行开展央行评级和存款保险资产质量真实性现场核查，做好恒丰银行、渤海银行在吴江新设机构的开业管理工作，打造金融生态真实合规的“安全区”。

金融稳定。加强县域金融生态环境建设，构建经济金融良性互动长效机制，促进辖区经济发展。推动金融生态达标县申报工作，吴江区在2018—2020年度全省22个金融生态达标县名单中排名第三。联合区公检法等部门，推动吴江区首起洗钱案成功宣判；严厉打击支付结算领域违法违规行为，提升反诈业务能力。发挥存款保险功能，改善投保机构公司治理和风险管理体系。

金融服务。发展绿色金融，制定出台《吴江区深化金融合作创新工作方案》；全国首单绿色科技创新债权融资计划、江苏省首单绿色债权融资计划、示范区首笔跨区域授信业务、首笔“长三角绿色生态贷”落地吴江。助推金融惠民，利用“3·15”金融消费者权益日、“6·14”信用记录关爱日、金融知识普及月等重要节点，牵头组织开展反假、征信、反诈等金融知识宣传；推进《关于切实解决老年人运用智能技术困难的实施方案》，开设“爱心版”手机银行、开辟“绿色通道”、简化业务操作流程，改善老年客户群体办理金融业务的服务体验；打造“最舒心”营商环境，联系区行政审批局和辖内商业银行，在全省范围内首创“政银通办”新模式，突破便民服务地域限制。紧抓长三角一体化战略契机，推进黎里支付示范商圈建设；拓宽数字人民币应用领域，协助地方政府举办多场数字人民币红包活动，实现苏州吴江和上海青浦十项数字人民币跨区应用；协同政府相关部门推动全国首条公交车数字货币跨区域支付场景建设。（许　萌）

【苏州银保监分局吴江监管组】2021年，苏州银保监分局吴江监管组落实各项决策部署，推进服务实体、风险防范、金融创新等各项工作，为推动辖区经济高质量发展和长三角一体化示范区建设提供金融支撑和坚实保障。

服务实体。面对新冠肺炎疫情常态化现状，督促辖区银行保险机构严格落实“惠企”政策，鼓励并引导辖内银行加大对小微企业和个体工商户的纾困帮扶力度，合理降低贷款利率，畅通企业融资途径。推动辖内金融机构强化重点领域金融服务力度，加大首贷、无还本续贷、信用贷款、中长期贷款的投放。是年，吴江区银行业金融机构普惠型小微贷款余额636.1亿元，较年初（下同）增长36.05%；制造业贷款余额1515.5亿元，增长22.83%。

风险防控。加强金融机构不良贷款监测分析和跟踪掌握，督促银行摸清风险底数，有序稳妥推进不良处置工作。通过协同联动机制，按照一企一策要求，配合区金融局等部门对辖内债务风险企业量身定制化解方案，对信用良好、负债合理、盈利能力较强的风险企业进行信贷支持，帮助相关企业解决困境，维护区域金融稳定。年末，辖内银行机构（剔除苏州农商行异地，下同）不良贷款余额26.88亿元，比年初（下同）减少5.02亿元；不良率0.63%，降低0.25%；累计处置不良贷款26.59亿元。

监管履职。督促法人机构规范公司治理，强化吴江中银富登村镇银行监管，督促其坚守市场定位、提升内控水平、强化风险管控。根据上级部门授权，做好辖内银行保险机构行政许可相关工作，对辖内保险中介机构、保险兼业代理机构开展现场巡查，联合区公安局对辖内银行开展安全大检查及安全评估。

消费维权。坚持为民监管理念，优化处理流程，安排专人负责相关事件的接受与跟踪反馈，提高纠纷协商解决效率，压实机构主体责任，强化金融消费者权益保护工作。全年处理银行业保险业来电来信来访151件次，均妥善处置。加强金融知识宣传教育，联合相关部门开展打击治理电信网络诈骗犯罪、防范非法集资等联合宣教活动，切实加强公民金融素养。（朱文岚）

【外汇管理局】2021年，吴江外汇管理局推进外汇管理改革，促进外汇重点领域成果转化，防范异常资金流动风险。推进跨国公司资金运行管理改革，办理两笔跨国公司资金集中运营备案登记和两笔变更备案登记，便利企业合理利用境内外资金，降低成本提高效率。落实全口径跨境融资宏观审慎管理政策，多次召开外汇政策宣介会，推动辖内企业合理利用境外资金，拓宽融资渠道，优化资金运作，至12月底，吴江辖内企业借入外债106笔，其中66笔为跨境融资宏观审慎模式，签约金额合计4.04亿美元；协助上级部门推进新型离岸国际贸易试点工作，走访辖内亨通集团有限公司、恒力集团有限公司等企业。推广资本项目收入支付便利化改革，全年吴江辖内银行为企业办理资本项目收入支付便利化业务205笔，总金额10417.05万美元。深化“放管服”改革，加大“政务服务平台”建设，扩大不见面审批范围，全年办理政务服务网上办理业务958笔，网上办结487笔，网上办结率50.83%。按照“抓大放小”原则强化监测监管，对52家企业发放现场核查通知书，将3家企业列为B类企业，促进地区货物贸易外汇资金合理有序流动；对服务贸易项下大额收付汇业务进行核查，涉及金额1.31亿美元。（许　萌）

银　行

【概况】2021年，全区有各类银行业机构30家，一级支行以上机构33家（含3家平行管理支行），其中外资银行2家、村镇银行1家、财务公司1家。年末，全辖区本外币存款余额3978.63亿元，比年初（下同）增加405.85亿元，增长11.36%；本外币贷款余额4236.56亿元，增加625.98亿元，增长17.34%。年末不良贷款余额23.96亿元，减少3.76亿元，不良贷款率0.56%，下降0.2%。（许　萌）

【工商银行】2021年，中国工商银行股份有限公司吴江分行更名为中国工商银行股份有限公司苏州长三角一体化示范区分行。是年，围绕国家战略落地和长三角绿色生态一体化示范区发展，持续深化对实体经济的投融资服务，年末，本外币各项贷款余额528.2亿元，比年初增加128.8亿元。通过设立乡村振兴办公室，做好区域内民营、小微企业的金融支持工作，积极创新产品，化解产业链上下游企业流动性压力，年末，监管口径普惠贷款余额39.22亿元，比年初增加14.79亿元。本外币全部存款余额393.7亿元，比年初增加43亿元。开展党建共建活动，抓好“我为群众办实事”实践活动，维护客户和员工利益，提升治理能力，成为吴江地区金融服务“可信赖的依靠力量”。（周　妤）

【农业银行】2021年，中国农业银行股份有限公司苏州长三角一体化示范区分行本外币各项存款余额552.95亿元，比年初增加34.88亿元，总量保持四大行第一。其中人民币各项存款较年初增长34.55亿元，增量保持四大行第一；本外币各项贷款余额631.27亿元，比年初增加52.36亿元，总量保持四大行第一，在同业率先突破600亿元大关；实现国际结算量114亿美元、跨境人民币结算量67亿元、结售汇业务量24.6亿美元。主动融入国家战略和重大项目，为平望大龙荡生态改造项目新增投放2亿元，为汾湖星舰超级工厂、英诺赛科8英寸硅基氮化镓芯片等4个省市级重点项目授信13亿元；支持新兴领域和优质企业，制造业贷款新增4.35亿元，总量264.36亿元；服务小微和三农发展，银保监口径普惠贷款余额44.34亿元，比年初增加9.95亿元。经营活力有序释放，个人掌银活跃客户23.6万户，比年初增加6.1万户，新增智慧校园、智慧厂区等有效场景64个，场景掌银月均月活4.67万户，落地长三角一体化示范区内首单BMP数字人民币旅游应用场景和生活缴费场景。持续加强新开户和新注册企业营销，全年新开对公结算账户3819户，其中新开立本外币存款日均余额5万元（含）以上对公客户764户，开立外汇账户126户。品牌影响力持续提升，连续22年冠名组织吴江区迎新欢乐跑活动，获“2021年度吴江百姓心目中值得信赖的银行”称号，多次被新华社、人民网等权威媒体报道。（刘　辉）

【苏州农村商业银行】2021年末，苏州农村商业银行总资产1571.28亿元，比2020年（下同）增长13.9%；各项存款余额1189.97亿元，增长14.84%；各项贷款余额945.02亿元，增长21.31%；存贷款市场份额居吴江区首位。不良贷款率首次压降到1%以下，为0.997%。全年营业收入37.11亿元，增长1.9%；实现净利润11.18亿元，增长18.53%。监管指标全面达标，获评苏州市生产性服务业领军企业，在苏州市金融机构降低企业融资成本综合评估、苏州市科技金融信贷政策导向效果评估两项工作中获评“优秀单位”。获评“2021年度江苏省金融统计五星级示范统计单位”“江苏省文明单位”。是年，开展“中小企业培育回归行动计划”，聚焦中小微潜力企业，完成培育回归中小企业客户2384户（不含涉政客户），新增贷款有效户1530户，新增贷款投放130亿元。抢占绿色金融发展先机，首批获评“苏州市绿色低碳转型金融服务中心”，承建“苏州市绿色低碳金融实验室”。先后组织发行全国首单绿色科技创新债权融资计划、中标江苏省首单“碳中和”绿色债券，落地全省首单排污权抵押贷款。紧跟科创金融政策风向，与苏州市科技局签约“科贷通”，成为“一行一品牌”合作银行。助力乡村振兴，“阳光信贷”整村授信工程对接网格员进村建档，完成全市337个行政村，17万户58万人的建档工作，授信金额16.20亿元，用信余额4.93亿元。在庙港开弦弓村、汾湖湾村、八都龙降桥村三地建设“江村驿站”品牌服务点，辖内普惠金融服务点达到151个。参与换发江苏省第三代社会保障卡，换发卡12万张，积累社保卡活期存款29亿元。参与尊老卡信息采集工作，完成发卡21万张，激活率超80%。推进数字转型，“长三角一体化智慧银行服务”项目在2021中国金融科技创新大赛中荣获“新锐应用奖”。大力推行数字人民币应用，成为全国首批、省内首家成功接入数字人民币App的农商银行。向区发改委《屋顶分布式光伏开发试点方案》提供金融支持，取得苏州市电子营业执照系统接入资格和吴江区公共资源交易中心招投标保证金合作银行准入资格。新设盛泽目澜菜场等8个专业市场，智慧市场总数增至40个。（王永亮）

【中国银行】 2021年末，中国银行股份有限公司苏州长三角一体化示范区分行本外币存款余额368.84亿元，较年初（下同）增加35.13亿元，本外币贷款余额501.95亿元，新增59.15亿元，存贷款总额均创历史新高；不良余额、不良率持续“双降”，不良率0.32%，优于吴江区四大行平均水平。是年，先后落地“企业开办一站式服务专窗”与“政银服务一体机”便民服务，累计为310家企业提供一站式服务。贯彻落实总分行“八大金融”“十大模式”，深化拓展“1+N+N”供应链金融，供应链全线叙做13个核心企业，新增上下游客户30户，累计发生额9.74亿元；牵头重大项目银团贷款27.5亿元；“三优三保”*累计放款11.37亿元。紧盯民营普惠增长，实现民营企业贷款新增38.37亿元，普惠金融贷款余额35.69亿元，新增11.51亿元。紧抓知识产权保护契机，与吴江区市场监督管理局快速建立金融服务战略合作，创新普惠金融服务方案，办理长三角一体化示范区内首笔知识产权质押贷款。推进养老场景建设，落地吴江区三家养老机构养老云平台项目，做好尊老卡信息采集，拓展尊老卡1.3万余张，市场份额居四大行首位；数字人民币场景取得突破，与华衍水务开展支付合作项目，全市范围内率先实现数字人民币水费企业端线上缴费消费。聚焦综合化经营，累计承销24.5亿元债务融资工具，承销金额吴江地区四大行市场份额排名第二。年内获2017—2019年度吴江区文明行业奖。（王天琪）

【建设银行】 2021年末，中国建设银行股份有限公司苏州长三角一体化示范区分行各项贷款余额超500亿元，缴纳税收1.5亿元。主动参与吴江区“融先锋”党建品牌联盟建设，成立“善·融先锋”子品牌。协助区住建局开展保障性租赁房管理系统上线及维护，采用“住房租赁+”服务模式，将金融活水引入保障房建设，促进城市迭新及人才安居。创建吴江区工业企业绿色发展综合评价体系，推出多元化绿色产品，加大绿色信贷投放力度，支持区域制造业转型发展。精准服务乡村振兴，创新搭建助农平台，以“裕农通”结合数字人民币建设美丽乡村，为区域优质农副产品拓宽销售渠道，助农销售大米超万斤。强化科技赋能智慧城市，搭建汾湖一体化平台，打造天辰冷链智慧园区管理平台，上线智慧政务，推出江陵街道人事干部系统，上线政府基层党组织党费云平台，助力智慧城市建设。（王晨曦）

【交通银行】 2021年6月10日，交通银行股份有限公司吴江分行更名为交通银行股份有限公司苏州分行长三角一体化示范区分行（以下简称“交通银行苏州示范区分行”）。12月7日，交通银行苏州汾湖支行开业。是年，交通银行苏州示范区分行克服不利因素影响，抢抓长三角一体化发展机遇，扎实推进各项工作。年末，人民币总存款57.55亿元，较年初（下同）增加1.21亿元，增幅2.15%；日均存款58.82亿元，增加8.06亿元，增幅15.88%。人民币各项贷款时点余额77.85亿元，增加7.10亿元，增幅10.04%；日均余额68.24亿元，增加0.75亿元，增幅1.11%。全口径逾期贷款1990万元，比年初减少4982万元，逾期率0.22%，下降0.74个百分点。实质性不良贷款余额13057万元，增加6367万元，不良率1.47%，增加0.55%。

（梅江平）

【中信银行】 2021年，中信银行吴江支行落实金融支持实体经济相关政策，强化疫情防控金融服务保障，彰显“有担当、有温度、有特色、有价值”企业文化精神。年内，中信银行汾湖支行、中信银行盛泽支行升格为一级支行。年末，本外币存款余额（含盛泽、汾湖）139.67亿元，比年初增加4.67亿元，增幅3.46%；各项贷款余额148.76亿元，比年初减少2.8亿元，其中，对公贷款余额89亿元，比年初净增8705万元，增幅为1%。贷款不良率0.20%。营业净收入4.40亿元，其中利息净收入3.45亿元，中间业务收入0.95亿元。税前利润2.99亿元。是年，推动“党建+普惠”特色化建设，加大对中小微企业支持。落实帮助区内上市公司稳定经营，化解风险，根据实际情况“一事一议”。申请专项贷款支持吴江上市公司，确保贷款利率不高于同期贷款市场报价利率水平。支持民营经济发展，做好“稳企业　保就业”工作。推进平台项目、教育项目、企业固定资产项目等，推广科技贷、房抵贷、网络贷等业务。绿色信贷余额增量2.93亿元，计划完成率146.5%；战略新兴产业贷款余额增量8.8亿元，计划完成率176.2%；普惠金融余额增量7723万，普惠小微法人客户增量14户。抓住境内外资本市场发展机遇，聚焦债券承销和银团贷款，做大融资规模，加大债券市场等撮合类业务；开拓并购融资和股权融资；落地长三角投资发展公司主体项目单位长新公司7亿元项目资本金，推进苏州高铁南站、长三角产业园建设等项目合作；发行苏震桃高速公路权益收益票据5亿元；围绕资本市场的快速发展，助力佳禾食品、博众精工IPO募集；恒力集团可交债、赛伍股份可转债配资业务落地；盛虹股份定增过桥配套融资20亿元获批，完成首批10亿元结构化融资。

（赵玉长）

【江苏银行】 2021年，江苏银行吴江支行（含盛泽支行）紧紧围绕服务实体经济、防控金融风险、深化金融改革三大主题，加强区域信贷支持、产品配套和创新、回归金融本源。年末，支行各项存款136.18亿元，较年初（下同）增加3.41亿元；各项贷款余额113.65亿元，增加17.2亿元，其中：年内累计为1372户实体企业投放贷款51.27亿元，净增9.19亿元，满足疫情期间企业信贷资金需求。年内，吴江支行获评江苏省省部属企事业工会“五一巾帼标兵岗”。

（徐音澜）

【邮政储蓄银行】 2021年，中国邮政储蓄银行股份有限公司苏州市吴江区支行秉持普惠金融、服务“三农”（农业、农村、农民）及服务中小企业的发展理念，助力长三角生态绿色一体化发展示范区发展。年末，各项存款余额209.04亿元，较年初（下同）增加23.44亿元，增幅12.63%；各类贷款余额106.18亿元，增加19.50亿元，增幅22.5%；不良贷款余额1693.50万元，不良贷款比例0.16%。是年，加强队伍建设，深化内控管理，不断开拓市场，提升竞争力，实现各项业务稳定增长，全年无重大事故发生。开展消费者权益保护宣传工作，助推居民提高风险意识，保护自身合法权益。年内，获“中国邮政储蓄银行江苏省分行十强先进集体”“苏州市文明单位”等称号，区支行第一党支部被评为“江苏省分行先进基层党组织”，辖内区支行营业部和舜湖支行获“吴江老百姓满意的银行网点”称号。

（李祎琳）

【民生银行】 2021年，中国民生银行吴江股份有限公司吴江支行始终围绕“做民营企业的银行、敏捷开放的银行和用心服务的银行”战略定位，切实履行社会责任，服务实体经验和长三角区域一体化发展。年末，本外币存款余额78.58亿元，其中储蓄存款12.90亿元；人民币贷款余额74.09亿元，其中对公贷款余额52.27亿元，个人贷款余额21.82亿元。（黄良宏）

【光大银行】 2021年，中国光大银行股份有限公司吴江支行立足“夯基础、拓新客、增营收”，抢抓长三角一体化战略机遇，践行“跨越计划”，实现平稳健康高质量发展。年末，全区辖吴江、盛泽、江兴社区3个网点。各项存款余额46.95亿元，其中对公存款余额39.73亿元，储蓄存款余额7.22亿元；各项贷款余额59.84亿元，其中对公贷款余额39.83亿元，个人贷款余额20.01亿元。是年，加大重点领域信贷投放，主动服务实体经济，制造业贷款余额30.68亿元，比年初（下同）增长62%；制造业中长期贷款增长125%；民营企业贷款余额32.1亿元，增长10%；客户结构比例均衡。零售金融坚持“以提升零售价值贡献为核心，做真零售、真做零售”的工作思路，深耕客群基础，提升数字化获客、场景化获客和综合经营能力，零售信贷余额突破20亿元，增长30%。（张超伦）

【招商银行】 2021年末，招商银行股份有限公司吴江支行全折人民币自营存款74.22亿元，比年初（下同）增加10.10亿元。其中，对公存款余额62.01亿元，增加8.83亿元；储蓄存款余额12.21亿元，增加1.27亿元。支行全折人民币自营贷款余额109.78亿元，增加30.90亿元。其中，一般对公贷款余额64.17亿元，增加24.81亿元；零售贷款余额45.61亿元，增加6.10亿元。是年，强化资产组织工作，精准介入，做好重大项目跟进，稳固区域龙头企业的投商行一体化方案，努力提升新动能企业市场份额。围绕两战客户、优质企业为核心的产业链延展拓宽供应链融资，推动个贷、闪电贷、消费信贷业务实现新突破。夯实负债基础，巩固扩大优势和成果，关注区域政府项下的专项债、政府发债、产业基金等，聚焦结算资金、归集资金等领域，优化结构、降低成本。深耕客群基础，基于“产业+区域”，建立以“区域覆盖+重点突出”为核心的动态化名单制营销，构建层次清晰、结构合理的客群体系，梳理涵盖新动能客群在内的五大客群作为结构调整重点目标客群。力推开放融合营销机制，产品推动上成立跨条线、跨部门推动小组，丰富完善新动能企业“人+资本+产业+科技”服务内容，推动产品跳出部门局限。抓好风险管理，防范电信诈骗、银行卡买卖风险，执行好、落实好“断卡”行动。做好疫情常态化管理工作和自身安全防护，履行社会责任，既要“防得住”又能保障“放得开”。（吴峻宇）

【浦发银行】 2021年，上海浦东发展银行股份有限公司吴江支行坚持党建引领，抢抓区域经济产业升级市场机遇，大力支持地方实体经济发展。年末，本外币存款余额64.03亿元，比2020年（下同）增加11.39亿元；本外币贷款余额68.61亿元，增加8.83亿元；个人金融资产余额33.28亿元，增加3.31亿元。全年完成营业净收入2.0亿元，实现利润2.26亿元。后三类余额2297万元，减少3356万元；不良率0.33%，下降0.61%，连续五年实现不良率双降。1月22日，上海浦东发展银行股份有限公司苏州汾湖支行正式开业。（吴利清）

【宁波银行】 2021年，宁波银行吴江支行结合区域内经营特点，找准市场脉搏，稳基础、抓转型、促发展，不断完善营销体系，增强盈利能力，强化风险管控，保持各项业务可持续发展，经营效益不断提高，各项业务稳健发展。年末，支行各项存款余额60.3亿元，各项贷款余额62.19亿元，不良贷款率0.67%。（王美丽）

【苏州银行】 2021年，苏州银行吴江支行成立十周年。是年，加大对普惠金融业务的支持保障力度，支农支小，为批发市场商圈租赁户提供简易、便捷、专属的银行信贷服务，帮助缓解市场商户流动资金压力。运用“信保贷+绿色科创贷”组合模式为企业授信，首笔“绿色科创贷”及首笔排污权质押贷款落地，助力企业渡过“困难期”。年末，支行各项存款余额62.98亿元，较年初（下同）增加9.32亿元，其中单位存款37.63亿元，储蓄存款24.95亿元；各项贷款余额73.48亿元，增加14.02亿元，其

中单位贷款33.89亿元，个人贷款39.59亿元。（刘　悦）

【广发银行】2021年，广发银行股份有限公司苏州吴江支行抓住长三角一体化示范区发展机遇，加大对重点行业、优质民营企业的信贷支持以及扶贫信贷投放，聚焦核心存款，通过结算、存单等产品提升核心存款占比，大力营销基金托管、财政、学校、法院等机构存款。零售业务方面，贯彻落实“一协同、三联动”客群发展路线，推进整体业务发展，与吴江国寿协同发展，深入吴江国寿支公司四大职场，实现国寿星级客户迁徙，带动存款及AUM增长。年末，各项存款余额16.05亿元；各项贷款余额22.86亿元，其中，扶贫贷款余额2.57亿元，公司普惠小微贷款余额0.47亿元，零售普惠小微贷款余额2.01亿元，涉农贷款2.38亿元，绿色信贷1.5亿元。（马敏霞）

【企业银行】2021年，企业银行（中国）有限公司吴江支行以“创新探索求发展，变革引领新未来”为指引，应对新冠肺炎疫情，各项工作稳中求进。年末，各项存款余额5.42亿元，较2020年（下同）增加28.02%；各项贷款余额4.36亿元，增加6.04%，其中个人住房贷款余额9601.59万元，增加97.84%。净利润为833.13万元，信贷资产质量良好，贷款五级分类均为正常，无逾期贷款。是年，秉承合规经营理念，完善内控制度，信贷以小微制造业为主，支持小微企业发展，对到期还款困难企业，通过特例运用等金融支援，以展期、无还本续贷等措施给予支持。贯彻绿色发展理念，执行相关行业信贷政策，新增绿色信贷一笔，投放太阳能PJT项目设备购买及相关固定资产投资，授信金额1800万元。（安莉丽）

【上海银行】2021年，上海银行股份有限公司苏州吴江支行统筹疫情常态化防控，以营收、效益和质量为主线，坚持专业化和一体化经营，加快支行业务结构调整，加强风险管理，加大对吴江普惠企业及社区民生的服务支持力度，有效服务实体经济，稳步推进各项工作。年末，支行各项存款46.72亿元，比年初增加4.92亿元；人民币表内贷款78.17亿元，贷款不良率0.04%；投债14.5亿元，外币贷款500万美元，连同银行承兑汇票，合计贷款余额超过100亿元。（杨文辉）

【泰隆银行】2021年，浙江泰隆商业银行股份有限公司吴江支行定位“坚持小微，践行普惠”发展战略，坚守疫情防控风险底线，发挥金融支持稳企业保就业作用，推进“沃土计划”，助力乡村振兴。年末，各项存款余额11.55亿元，较年初（下同）增长33.83%；各项贷款余额14.25亿元，增长20.61%；个人存款余额4.73亿元。不良贷款余额1173万元，不良贷款率0.82%，下降0.44个百分点。小微企业贷款延期率59.46%，信用贷款占比35.09%。普惠小微贷款余额10.59亿元，1561户；农户贷款余额6.90亿元，1707户。是年，下沉社区化经营，提高金融服务覆盖面，组织开展“防电信诈骗，领老花镜”社区公益活动百余场，发放老花镜2500余副，覆盖吴江区水乡社区、新园社区、镜湖社区、衡悦社区等50余社区。举办“小小银行家”“社区星舞台”等公益活动。（高　婷）

【兴业银行】2021年，兴业银行吴江支行秉承发展理想，连续第8年保持良好发展势头。年末，支行生息资产141.5亿元，其中表内生息资产97.04亿元，比年初（下同）增加17亿元；零售贷款11月末余额17.7亿元，增加2.65亿元，新增规模位列分行内各支行首位。发挥服务特色，用服务带动“轻资产”业务提升，拓展纯负债业务。全年累计开立基金有限合伙企业38家，累计服务基金有限合伙企业118家，募集托管基金账户75家；落地财政专项债2笔、土拍保证金5笔，开立吴江经开城投基本户，实现区域深度下沉发展。（沈祎峰）

【兆丰银行】2021年，兆丰国际商业银行股份有限公司苏州吴江支行发挥综合金融服务优势，依托吴江试验区战略平台，通过政策支持、融资服务、金融创新，加大对区内及市里的台资企业支持力度，强化两岸的金融服务平台，为客户提供优质金融服务及融资渠道。

年末，存款户115户，存款余额41020万元，信贷户28户，放款余额42498万元。（俞佳晴）

【浙商银行】 2021年浙商银行吴江支行围绕“两最”（最具竞争力全国性股份制商业银行和浙江省最重要金融平台）总目标，践行平台化服务战略，以“上规模、调结构、控风险、增效益”为主线，五大业务板块协同发展，在应收款平台、智能制造、国际业务交易量、小企业集群等业务上重点发力，在减耗增收、控本增效上苦练内功，服务实体经济和长三角区域一体化发展。年末，各项存款39.87亿元，比年初（下同）增加1.23亿元，其中人民币存款37.91亿元，增加1.05亿元，各项贷款46.69亿元，增加13.94亿元。

（杨歆怡）

【农业发展银行】 2021年，中国农业发展银行苏州市吴江区支行着眼乡村振兴战略，服务地方经济发展。全年累计发放各类贷款13.62亿元，贷款余额63.35亿元。其中购销储贷款余额23.71亿元，比年初（下同）减少5.42亿元；中长期贷款余额37.72亿元，增加4.85亿元；短期流动资金贷款余额1.92亿元，减少0.17万元。（沈坤元）

保　险

【概况】 2021年末，吴江区有保险机构40家，其中财产保险公司18家、人寿保险公司20家、保险代理公司2家；在册从业人员5427人，其中保险营销员4772人。全年实现保费收入49.75亿元，比2020年（下同）减少0.98亿元，下降1.93%。其中，财产险保费收入20.55亿元，人寿险保费收入29.2亿元；赔款支出和其他各类给付总计17.47亿元，增加2.71亿元，增长18.36%。其中，财产险赔款支出13.8亿元，人寿险赔款支出和各类给付3.67亿元。

（朱文岚）

【人保财险】 2021年，中国人民财产保险股份有限公司吴江中心支公司聚焦“人民保险，服务人民”使命，落实“卓越保险战略”、践行“六大战略服务”。设置利民便民营业网点、深入推进“保险五进入活动”，加强产品和服务创新，提升保险消费者获得感和幸福感。针对龙卷风、台风、暴雨等自然灾害，做好“灾前预警+灾中救治+灾后理赔”，实现风险控制服务闭环。是年，公司总保费70582万元，市场份额32.91%，其中车险50274万元、非车险20308万元；处理各类赔案5.5万笔，支付总赔款42107万元；“吴江区自然灾害民生综合保险”合计赔付2507笔，发放赔偿金额494.49万元；大病保险全年赔付60830人次，发放赔款12692.3万元。（柳　亭）

【中国人寿保险】 2021年，中国人寿保险股份有限公司吴江支公司发挥社会稳定器、经济助推器功能，实现寿险总保费10.75亿元，比2020年增长6.51%，其中健康险4975.79万元，意外险4296.67万元，一般寿险7.46亿元，分红险2.36亿元；寿险保费市场份额29.32%；赔付支出7459.17万元，其他各类给付7002.7万元。是年，公司深入推进党史学习教育，加入“融先锋”金融系统党建联盟，开展党建共建，强化营销员功能型党支部建设。加强销售运营管理，提升保单续收工作水平。加大政企协作，涉农险增长迅速，老人险、计生险等覆盖面不断延伸。加深与重点银行合作，打造一批示范合作网点。助推长三角一体化，在长三角示范区（汾湖）设立营销服务网点。助力乡村振兴，向丹江口、郧西、天等、龙州等地区采购农副产品，协助涟水县销售当地土产。继续为同里镇多户困难家庭提供帮困物资，为特困特贫群众提供保险保障。推进“健康中国行动”，加大健康险宣传普及。参与抢险救灾，第一时间核实承保状态，提供保险理赔。

（沈　芰）

【太保产险】 2021年，中国太平洋财产保险股份有限公司吴江中心支公司把握高质量发展主线，实现“稳”“进”兼备经营新局面。全年入账保费5.6亿元，市场份额26.03%。是年，在震泽众安桥村发布“太保乡情”三农服务品牌，安排公司骨干担任诚心村第一驻村书记。快速应对5·14盛泽镇地区龙卷风、7·13山东东营大案、7·25“烟花”台风，成立防汛突击队，帮助客户做好现场施救和减损工作，开通理赔绿色通道快速赔付，获得受灾村委和农户赠送锦旗。开展司庆日义务献血、高温日慰问交警消防、慰问太浦河道工作人员、吴江慈善一日捐、走进乡村帮扶、慰问特殊教育学校、吴江社会福利中心、中西部贫困学生的捐资助学等公益活动，培养员工社会责任感。（许雪华）

【太保寿险】2021年，中国太平洋人寿保险股份有限公司吴江支公司（以下简称"公司"）完成总保费收入8.04亿元，保费总量比2020年（下同）增长17.3%。赔付总支出10212.4万元，增加920.74万元，增幅9.1%，基本与2019年持平。其中，人个赔付金额8279.8万元，增幅6.4%；团体赔付1932.6万元，增幅27.98%。单笔赔款金额超10万元的145笔，总金额2694.4万元，其中最大一笔重大疾病赔款120.4万元。公司开展"理赔无忧服务工程"，创建快速理赔服务通道，推出"承诺服务"和"自助服务"，最快赔付在客户提交理赔材料后，能做到分分钟理赔款到账。5月盛泽龙卷风事件，公司及时、高效、快速理赔；7月吴江四季开源酒店倒塌事件，公司快速跟进、了解进展，高效理赔服务质量得到客户高度认可。公司注重合规教育，坚持以业务建设为中心的工作目标，全年未发生违法违纪行为和行政责任事故。7月1日，公司获评"中国太保寿险先进基层党组织"。（树本华）

证　券

【东吴证券】2021年，东吴证券股份有限公司吴江分公司以优质服务推进吴江企业走向资本市场，支持佳禾食品、明志科技首发上市并募集资金9.9亿元，为迈为股份非公开发行募集资金28亿元。以金融个性化和差异化服务为抓手，持续推进财富管理深入转型，引导投资者树立正确的投资理念。至年底，累计托管资产522亿元，比2020年增长78%。（尚　越）

2021年吴江区证券分支机构一览表

序　号	名　称	地址
1	东吴证券吴江分公司	松陵街道中山北路172号
	东吴证券吴江体育路营业部	松陵街道体育路488号
	东吴证券吴江盛泽镇西环路营业部	盛泽镇金源大厦L1—L3
	东吴证券苏州吴江区中山北路营业部	松陵街道中山北路172号
	东吴证券吴江平望营业部	平望镇学才路163号6幢1单元103号
	东吴证券吴江七都营业部	七都镇人民路19幢10411号
	东吴证券吴江汾湖营业部	黎里镇城司路1218号
	东吴证券吴江震泽营业部	震泽镇镇南一路1192号
	东吴证券盛泽镇强武路营业部	盛泽镇雅都广场商务楼1-1-132
2	南京证券吴江松陵镇笠泽路营业部	松陵街道笠泽路110号—401室
3	中国中金财富证券吴江盛泽舜新中路营业部	盛泽镇舜新中路439号12层
	中国中金财富证券吴江中山南路营业部	松陵街道中山南路6、7号店面
4	华泰证券吴江盛泽广州路营业部	盛泽镇汇赢大厦107室
	华泰证券吴江区高新路营业部	松陵街道高新路946、948号
5	东海证券苏州吴江中山南路营业部	松陵街道中山南路1729号610室
6	海通证券苏州鲈乡南路营业部	松陵街道鲈乡南路2328号
7	中信证券吴江文苑路营业部	松陵街道文苑路178号
8	光大证券苏州开平路营业部	松陵街道开平路3688号8幢L113
9	中信建投证券吴江中山北路营业部	松陵街道中山北路212号

（续 表）

序 号	名 称	地址
10	财达证券苏州开平路营业部	松陵街道开平路789号18层
11	国融证券江苏分公司	松陵街道体育路1155号820室
12	兴业证券苏州吴江中山南路营业部	松陵街道中山南路988号1幢901

（卜权昱）

其他金融机构

【概况】 2021年，吴江区有小贷公司13家、融资担保公司2家（苏州亨通融资担保有限公司、苏州市吴江创融融资担保有限公司）、外资及港澳台资融资租赁公司16家、典当行7家、商业保理公司2家（江苏盛泽东方农发商业保理有限公司、苏州新合盛商业保理有限公司）、集团财务公司1家（亨通财务有限公司）、大宗商品交易市场1家［苏州盛泽东方市场纺织电子交易中心有限公司（东方丝绸市场）］、权益类交易场所1家（苏州市吴江农村产权交易中心有限公司）。

（陆 瑛）

2021年吴江区小贷公司一览表

单位：万元

序 号	公司名称	成立时间	注册资本	贷款余额
1	吴江市鲈乡农村小额贷款股份有限公司	2008.10.21	33300	34903.78
2	苏州市吴江区巾帼农村小额贷款有限公司	2009.1.16	12000	14076.66
3	吴江市苏南农村小额贷款股份有限公司	2009.2.25	20000	73418.45
4	吴江市苏商农村小额贷款股份有限公司	2009.12.29	20000	20631.91
5	吴江市金鑫农村小额贷款有限公司	2010.9.17	10000	2859.63
6	吴江市吴越农村小额贷款股份有限公司	2010.9.20	9244.9	15039.45
7	吴江市汾湖农村小额贷款股份有限公司	2010.12.6	5000	10547.34
8	吴江市中国东方丝绸市场农村小额贷款股份有限公司	2011.1.28	46500	74141.75
9	吴江市腾巨农村小额贷款股份有限公司	2011.7.27	5000	1392
10	苏州市吴江区凯丰农村小额贷款有限公司	2013.7.26	15000	782
11	苏州市汾湖科技小额贷款有限公司	2013.12.20	10000	8014.9
12	苏州市吴江区松陵农村小额贷款股份有限公司	2014.3.27	7500	7400
13	苏州市中鲈科技小额贷款股份有限公司	2016.3.1	10000	5548.49

（陆 瑛）

2021年吴江区外资及港澳台资融资租赁企业一览表

序 号	公司名称	批准时间
1	江苏德仁融资租赁有限公司	2012年
2	苏州中国东方丝绸市场融资租赁有限公司	
3	江苏东吴融资租赁有限公司	
4	苏州福冠融资租赁有限公司	
5	苏州正大融资租赁有限公司	
6	苏州汇金融资租赁有限公司	

（续　表）

序　号	公司名称	批准时间
7	苏州福华融资租赁有限公司	2012年
8	苏州华龙融资租赁有限公司	
9	苏州锦帆融资租赁有限公司	
10	江苏蓝海融资租赁有限公司	
11	苏州海锋融资租赁有限公司	
12	苏州冯氏融资租赁有限公司	
13	苏州宇泰融资租赁有限公司	2013年
14	江苏千里融资租赁有限公司	
15	普得融资租赁（苏州）有限公司	
16	米袋融资租赁（苏州）有限公司	2017年

（陆　瑛）

2021年吴江区典当行一览表

序　号	名　称	地　址
1	苏州信诚典当有限公司	松陵街道亨通金融大厦28楼
2	苏州运富典当有限公司	江陵街道云梨路1099号云梨路商业广场4幢335
3	苏州恒隆源典当有限公司	松陵街道开平路450号君悦国际1幢-102#
4	苏州永鼎典当有限公司	江陵街道运东大道997号
5	苏州市吴中典当有限责任公司吴江分公司	松陵街道中山南路988号华邦商务广场1幢607室
6	江苏金腾典当有限责任公司盛泽分公司	盛泽镇市场路东方花园4幢12号
7	苏州吴门典当行有限公司吴江分公司	黎里镇城司路嘉乐城A3区1号楼215

（管梦思）

2021年吴江区融资担保公司一览表

序　号	名　称	地　址
1	苏州亨通融资担保有限公司	松陵街道东太湖大道7070号亨银金融大厦2401
2	苏州市吴江创融融资担保有限公司	松陵街道迎宾大道333号苏州湾金融小镇22幢4楼

（陆　瑛）

2021年吴江区商业保理公司一览表

序　号	名　称	地　址
1	江苏盛泽东方农发商业保理有限公司	盛泽镇敦煌路388号
2	苏州新合盛商业保理有限公司	黎里镇洋砂路95号

（陆　瑛）

（本栏编辑　钱晓燕）

城乡规划

【城市规划】 2021年，区自然资源和规划局牢牢把握一体化示范区发展机遇，全程参与《长三角生态绿色一体化发展示范区国土空间总体规划（2019—2035年）》方案编制，积极探索先行启动区规划制度创新，协同推进水乡客厅建设。细化《苏州市国土空间总体规划—吴江分区规划（2020—2035年）》，基本完成底数底图系统梳理、提交基数转换初步成果、三线试划定等重要工作。《苏州市吴江区国土空间规划近期实施方案》获江苏省人民政府批复，实现全区各类开发活动在规划过渡期有据可依。水乡旅游线城际铁路等重要轨道线位对接形成稳定方案，苏州南站综合枢纽优化变更设计方案上报中国铁路总公司审查。

（田　静）

【村镇规划】 2021年，区自然资源和规划局牵头编制的《苏州市吴江区开弦弓等长漾北片区村庄规划》入选2021年全国国土空间规划实践优秀案例第一批推荐案例，《燕花庄连片区村庄规划设计》《太浦河—沪湖蓝带计划战略规划》以及《长三角一体化先行启动区——苏州南站枢纽地区城市设计研究及汾湖片区概念规划》分别获评2021年度江苏省优秀国土空间规划一、二、三等奖。统筹连片开展“多规合一”实用性村庄规划编制工作，其中长漾特色田园乡村带、元荡美丽乡村群、桃源水乡森林片区（共17个行政村，含212个自然村）村庄规划已获批实施。推进“共绘苏乡　规划师下乡”服务活动，探索规划师下乡服务标准化机制，先后启动运作元荡美丽乡村群片区等4个片区的“规划师下乡”服务活动。

（田　静）

【城市更新】 2021年，区自然资源和规划局深入开展城市更新政策研究，牵头出台《长三角生态绿色一体化发展示范区（吴江区）城市和产业双优融合更新实施方案》和《拆除重建类城市更新项目实施细则》。筹建城市更新管理机构，落实城市更新工作领导小组办公室并进行实体化运作。制订2021年度城市更新实施计划，筛选全区15个城市更新单元，覆盖各个区镇板块。建立完善城市更新项目动态跟进机制，全力推进城市更新项目落地。（田　静）

【规划审批】 2021年，吴江推进规委会实质性运行，召开规委会主任会议4次，审议完成项目31个。区自然资源和规划局主动适应城市发展需要，调整各类规划41项。严格把关建设项目规划审批及市政工程规划，共出具规划条件117个（含正式稿55个）、办理规划条件变更9个，完成项目方案审查及变更143项、市政类审查87项。用地预审与选址意见书48个，建设用地规划许可证87个。

（田　静）

市政与公用事业

【市政行业管理】 2021年，市政企业新申报及分立、重组、合并资质19家，完成吴江区标准化监理项目17个，苏州市标准化监理项目1个。强化城镇桥梁监管，落实日常管养制度，开展定期巡查，建立隐患排查整改制度。完成218座桥梁的铭牌、标志、标牌、涉水桥梁防撞墩设置工作；全面排查辖区内城市桥梁，整改15座一般隐患桥梁并同步做好系统数据录入，录入全区897座城市桥梁，信息完整度100%；完成吴江区第一次全国自然灾害综合风险普查工作中的城镇桥梁普查任务；花园路（东方中路—如意路）道路工程等4个项目获评2021年苏州市“姑苏杯”优质工程奖（市政类）。（徐诗涵）

【美丽宜居城市建设】 2021年，区住建局优化公共空间环境，提升城市建设和管理水平。实施长三角一体化进程中的江南水乡古镇保护、震泽镇美丽宜居小城镇、环元荡美丽湖泊群综合治理项目、“平望·四河汇集”片区更新、“万公堤”景观提升和红色文化彰显5个省级试点项目及太浦河“沪河蓝带”汾湖段综合整治提升1个市级试点项目。遵循长三角一体化国家战略，打造元荡、太浦河生态综合治理示范样板，助力一体化发展蓝图绘制；推进大运河文化带建设，将碎片化治理转型升级为系统性城市有机更新，描绘吴江现代版“运河繁华图”；完善古镇修缮保护，探索存量资源整合利用，打造宜居、宜游、宜业小城镇典范；利用3年试点期，加强首批试点项目和第二批试点项目统筹，探索美丽宜居城市建设的方式方法、标准体系和政策机制，为后续项目开展积累更多可复制、可推广的经验。

（徐诗涵）

【海绵城市建设】 2021年，区住建局系统化推进高品质海绵城市建设。修编符合本地发展的海绵城市专项规划，会同区各相关职能部门贯彻执行《吴江区海绵城市建设专项规划》《吴江区海绵城市建设管理办法（暂行）》和《吴江区海绵城市建设实施细则》，实现土地出让、规划审批、施工图审查、竣工验收及后期运维全过程把控，加大对项目过程监管，不定期开展项目巡查工作，提高项目建设质量。是年，全区在建海绵城市建设项目46个，完成项目29个，其中纵一河河道东侧绿化景观工程一标段、太浦河（太湖新城段）两岸景观提升工程（四个节点景观提升工程）、江苏省苏州市吴江区水系连通及农村水系综合整治试点县先导段设计施工一体化、七都镇老旧小区雨污分流和综合整治提升工程被评选为苏州市海绵城市建设示范项目。（徐诗涵）

【美丽镇村建设】 2021年，吴江区坚持全域推进，同步建设特色精品乡村、特色康居乡村、特色宜居乡村，打造吴江特色

江苏省特色田园乡村——震泽镇齐心村　（区农业农村局　提供）

的特色田园乡村建设体系，齐心村香洞湾被命名为“江苏省特色田园乡村”。7个村庄（齐心村香洞湾、戴家浜村灶家浜、肖甸湖村肖甸湖、沈家村金家浜、星字湾村北上、农创村东庄田、南厍村南厍）被命名为“苏州市特色精品乡村”。史北村北家甸等88个乡村被命名为“特色康居乡村”。七都镇美美江村特色康居示范区、同里镇稻香水韵·江南同里特色康居示范区被命名为“苏州市特色康居示范区”。4个村庄（开弦弓村开弦弓、南厍村南厍、龙北社区龙泉嘴、溪港村溪港）被列入“首批苏州市传统村落名录”。宝塔街11-12号师俭堂等7处建筑被列入“首批苏州市村镇传统建筑（组群）名录”。4个村落（东联村枫里桥、三好村江泽、严幕村西亭、众安桥村谢家路、溪港村溪港）被列入“第五批江苏省传统村落名录”。芦东村夫子浜等959个村庄被命名为“特色宜居乡村”。（徐诗涵）

【园林绿化】 2021年，吴江区出台《吴江区园林绿化提升三年行动计划（2021—2023年）》，区住建局编制《吴江中心城区绿化景观提升规划》并指导区镇、街道开展城镇建成区绿化景观提升规划编制。落实2021年度苏州市绿化实事项目，全年新增和改造绿化面积50.4万平方米；实施太浦河、元荡125.5万平方米岸坡整治、生态治理和滨水绿廊建设；启动建设公园1个、口袋公园11个；启动实施7条主要干道、14个高速出入口绿化提升；推动104个村庄建设“绿美村庄”；洋砂荡公园景观绿化工程获评2021年度苏州市“姑苏杯”优质工程奖，苏州御峰项目（WJ-J-2017-026地块）园林绿化工程、吴江区太湖新城北部片区纵一河河道东侧绿化景观工程一标段等7项园林绿化景观工程获评2021年度苏州市“园林杯”园林绿化优秀工程奖；参展2021上海（国际）花展，主题景点“芳华满庭”获庭院景点类铂金奖。启动全区城镇建成区绿化现状普查，涉及面积267平方公里；启动建设吴江区园林绿化综合管理平台，实现资源整合、数据共享、管理统一；推广绿地养护管理规范，组织居住区物业参加绿化养护技术培训；出台《关于加强全区古树名木保护管理工作的通知》，指导区镇、街道完成古树名木和古树后备资源情况调查、签订管护责任书，完成7棵古树救治复壮、77棵古树名木全面体检；完成2020年度10家中介机构（绿化监理企业）信用等级评定工作，评定A类绿化监理企业2家。（徐诗涵）

【城建档案管理】 2021年，区城建档案处（馆）接收归档工程项目312个，出具档案接收凭证312份，其中房建项目202个，接收竣工工程面积720多万平米；各类市政、装修等项目110个。新建工程档案报送登记483项。完成办理建设工程档案报送责任书483份，完成审核归档声像档案工程项目341项。收集照片约20000张，视频约2700分钟，声像档案资料入库工程累计数量1788个。完成228个房屋建筑工程项目编制整理组卷、21个市政工程项目编制整理组卷，入库档案案卷33835卷，库存累计296654卷。接收设计院移交（1984—2000年）设计项目1086个工程电子档案。全年接待各类企业档案查阅利用1095人次，提供电子档案19945卷，为3100多户个人装修提供原始图纸，向苏州市资规局提供工程地质报告5600多项，为房屋普查排查提供项目资料1096项，为自然灾害普查提供项目资料128项。（徐诗涵）

房屋征收

【概况】 2021年，区房屋征收办公室坚持依法依规和公平、公正、公开原则，严格执行统一政策标准，抓好重点项目推进，确保房屋征收顺利开展，推进城市有机更新。（徐诗涵）

【重点项目房屋征收】 2021年，全区国有土地上房屋征收计划项目10个，其中旧城区改建项目4个，公益性项目6个。全区在实施征收项目1个，发布房屋征收补偿决定1件。涉及国有土地上协议搬迁项目26个，建筑面积76.54万平方米，全年已竣工项目7个。涉及集体土地上拆迁项目51个，建筑面积71.52万平方米，全年已竣工项目9个。（徐诗涵）

房产管理

【房产开发管理】 2021年，区住建局强化房产开发管理，贯彻落实《苏州市住房城乡建设局关于规范全市新建成品住房建设销售管理的通知》，规范吴江区新建成品住房建设销售管理行为。全区商品房总成交24455套266.16万平方米，453.93亿元，其中住宅成交20701套238.52万平方米，427.68亿元。严格落实商品房预售资金监管，规范资金使用，银行监管账户70个，重点监管资金63.95亿元。（徐诗涵）

【物业管理】 2021年，区住建局规范物业管理，按照《吴江区住宅小区物业管理考核办法》督查小区和物业服务企业，提升物业管理水平。推进业委会和物业企业建党工作，吴越祥庭“红色物业”通过省级示范点项目验收，歌悦花园等3个小区获苏州市高级示范物业管理项目，雍雅苑等3个项目获江苏省省级示范物业管理项目。完成物业承接查验备案45件，前期物业服务合同备案28件，前期物业招投标结果备案26件，物业管理区域备案27件，物业服务合同备案26件，业主委员会备案33件，维修基金缴存4.99亿元。（徐诗涵）

【房产交易管理】 2021年，区住建局提升房产交易管理服务水平，全面开通吴江区存量房直系亲属、自行成交及实体经济交易免费网签；实现“互联网+存量房交易资金托管、银行贷款集成服务”市区“一网通办”。全区存量房交易12579处，建筑面积205.67万平方米；资金托管7863户，托管金额133.24亿元。完成房屋鉴定12处，建筑面积1.57万平方米。新签白蚁防治预防合同82个，面积441.5万平方米；预防完成项目101个，建筑面积472.8万平方米。（徐诗涵）

建筑工程管理

【建筑市场管理】 2021年，吴江区推进建筑产业现代化，完成绿色建筑项目面积322.93万平方米，是任务目标的161.47%；完成新开工装配式建筑项目面积122.96万平方米，是任务目标的102.47%。苏州玖珑花园1—6、19、20号楼、苏州玖珑花园7、8、17、18、21—24号楼获二星级绿色建筑运行标识，全区有星级绿色建筑运行标识6项，在苏州大市范围内处于前列。规范建筑行业管理，开展建筑业企业、项目经理信用考评工作，64家建筑业企业考评结果为A，19家为D，51位建筑工程项目经理考评结果为A，6位为D。明珠城丹桂苑15#地块商业体项目获“国家优质工程奖”，5项房建项目入选江苏省“扬子杯”候选名单，32项房建项目获苏州市“姑苏杯”优质工程奖。受理建筑业企业资质转入申请企业71家，资质首次、增项、升级申请企业20家，对156家建筑业企业进行资质动态核查，撤回资质企业2家。组织开展全区建筑市场综合大检查及监理、混凝土、检测等行业专项检查；推进建筑领域“苏安码”工作，全区近3万名农民工申领“苏安码”绿码；完成新增入库建筑业企业38家，符合统计口径企业数172家，全年建筑业企业总产值162.83亿元，比2020年增长18%。全区深入落实实名制管理，开展

2021年3月15日，建筑起重机械实景式安全培训　（区住建局　提供）

实名制专项督查，推进工资“月结月清”工作；成功调处农民工来访投诉案件140余起，接待来访人数1300余人次，解决拖欠农民工工资近4000万元；组织农民工实名制专题培训6次，向近500位项目负责人解读《保障农民工工资支付条例》；联合开展服务区内重点工程建设项目送法进工地“开工第一课”活动。（徐诗涵）

【建筑招投标管理】 2021年，全区招标发包标段总数379个，比2020年（下同）增加10.5%；招标发包面积147.95万平方米，减少14.4%；招标发包投资总额117.18亿元，减少6.9%；公开招标374个，中标价116.72亿元；邀请招标5个，中标价0.46亿元；招标中标价117.18亿元，造价降低率13.1%，降低工程造价17.72亿元。组织“双随机、一公开”*检查2次，检查项目数量28个，涉及中标企业44家，中标金额38.8亿元，对存在问题的8家中标企业上报市住房城乡建设局进行信用考核扣分处理。8月2日起，吴江区建设工程全面推行不见面开标，至年底，云开标率100%。受理工程变更备案33个，累计增加3.54亿元，占立项总金额比重2.76%。指导建设单位和招标代理机构处理异议50个；收到投诉9个，其中发出投诉不予受理决定5个，投诉受理回复4个。（徐诗涵）

【建筑工程造价管理】 2021年，吴江区16家本地工程造价咨询企业完成咨询项目926个，工程造价101.17亿元。全年抽取吴江区36个工程项目进行咨询质量检查，涵盖建筑、市政、安装、装饰、园林绿化各专业；协助苏州造价处对昆山5家、苏州市区15家造价咨询企业的40个咨询项目开展咨询质量检查；为54家区外造价咨询企业办理年度备案，联合区财政、审计及造价行业相关专家组成联合检查组，对区外造价咨询企业开展2次不告知检查，加强工程造价咨询行业管理；完成2次建筑工程人工工资测算和1次绿化苗木价格调研，为建筑工程提供计价依据；持续开展典型工程造价指标测算，为政府投资工程造价控制提供数据参考；全年接办计价解释和争议调解约1000件（包括现场调解、电话、网络接办件）；组建吴江区第五届工程造价行业专家库，72名专家入选。（徐诗涵）

【建筑项目设计审查】 2021年，区审图公司贯彻工程建设项目审批制度改革精神，落实“放管服”改革内容，审查建设项目747个，土建新建面积582.94万平方米。（徐诗涵）

【建筑工程质量和安全监督】 2021年，全区新办房建项目413项，建筑面积881万平方米，其中市政项目82项，造价25.22亿元。年度累计监管项目840项，建筑面积约2630万平方米。监督竣工项目360项，竣工建筑面积600.87万平方米。创建省级标准化星级工地53项，获评“姑苏杯”32项，“扬子杯”6项。落实建筑工程五方责任主体项目负责人质量终身责任，贯彻《工程质量安全手册》，实施建设工程质量检测综合报告制度，加强建筑材料质量管控，开展住宅工程质量常见问题专项治理，加强住宅工程质量投诉回访及现场复查力度。全年开展工程质量监督抽查1450余项次，下发工程质量监督整改通知书600余份，对在建房建市政项目实体质量和原材料进行质监抽测377次，对质量责任主体行政处罚14起。继续深化安全生产“三年大灶”专项整治，围绕建筑施工领域危大工程、预防高处坠落等重点薄弱环节开展专项整治，借力第三方机构开展专业检查；推动企业加强机构建设，规模以上施工企业配备安全总监；开展新安全生产法等行业培训宣贯，提高从业人员安全意识和工作能力；推进全区建筑工地智慧化标准化建设，提高建筑起重机械信息化管理水平。全年监督检查工程项目1947项次，下发施工安全隐患限时整改通知书1100份，停工（局部）整改通知书160份，全区通报建筑工程64项（次），涉及责任单位151家（次）。（徐诗涵）

【行政执法工作】 2021年，区城市建设管理综合执法大队开展执法检查453次，检查项目649个，检查面积495万平方米，发出各类执法通知书97份。完成施工许可前现场踏勘项目355个，配合建管、房管科、市政、燃气办、招标办等职能部门日常检查166余次，处理投诉举报案件121起。是年，行政立案72起，作出行政处罚72起，罚款金额273.3万元。强化部门联动执法，统筹配置执法力量，形成执法合力，严厉打击违法行为，对存在扬尘管控不力、危大工程安全隐患、违规交付、围标串标、第三方破坏燃气设施、违规拆改承重结构、违法分包、肢解发包等行为的违法违规案件严厉查处。开展"送法"活动，下沉企业，印发宣传手册，以案释法，让企业全面了解应遵守的法律法规以及违法施工行为应承担的法律责任。依托职能理论教育、业务培训、工作研讨等形式，提高执法人员执法能力与综合素养。2021年，在省住建厅开展的行政执法案卷评查评优活动中，送评的吴住建综罚字(2021)第15号案卷入选江苏省住房和城乡建设行政执法优秀案卷。（徐诗涵）

【消防审验】2021年，区住建局完成消防设计审查项目202个，出具设计审查意见书202份；开展验收和复验检查203次，检查项目135个，出具消防验收意见书135份；备案检查和复查134次，检查项目86个，出具竣工验收消防备案检查意见书86份。（徐诗涵）

城市管理

【概况】2021年，区城管局践行"城市管理要像绣花一样精细"要求，开展"美丽吴江　满意城管"品牌打造，制订城市管理高质量发展三年行动计划，将2021年定为服务基层年，重点聚焦生活垃圾、市容市貌、交通秩序"三项治理"，实现城乡功能品质、城市安全韧性、城市志愿服务"三大提升"，各项工作全面优于年度考核目标。区城管局连续三年获评综合考核优秀区级机关部门。（沈　怡）

【环卫保洁】2021年，吴江区道路保洁面积4987万平方米，无物业小区314个，机械化清扫率约85%，环卫保洁市场化率约80%。全年生活垃圾无害化处置总量73.29万吨，其中焚烧厂焚烧量58.73万吨，卫生填埋量14.55万吨。餐厨废弃物收运处置总量12.63万吨，其中餐厨(厨余)垃圾12.44万吨，废弃油脂0.18万吨。（沈　怡）

【垃圾分类】2021年，吴江区夯实党建引领、政府推动、部门联动、全面发动、全员互动的"一领四动"工作模式，完善分类设施建设、落实分类主体责任、加快分类习惯养成，构建垃圾分类"吴江模式"，推动生活垃圾分类高质量发展再上新台阶。全区113条主要街道、9690户商家实现生活垃圾定时上门收集；446个小区获评星级小区，其中四星级小区14个、五星级小区5个；150个居民小区及各类终端完成信息化改造；汾湖高新区、松陵街道两个板块158个小区落实垃圾分类物业自主管理模式。全年生活垃圾"三增一减"成效明显，全量处置各类垃圾88万吨，其中可回收物2.29万吨，比2020年(下同)上升48%；有害垃圾40吨，上升18%；厨余垃圾12.42万吨，上升53%；其他垃圾73.29万吨，下降2%。全区办理垃圾分类案件4667起，处罚金额41万余元，案件数量、处罚金额均位于苏州大市前列。（沈　怡）

【垃圾终端设施建设】2021年，吴江区生活垃圾焚烧发电扩容建设项目投运。项目设计总处理能力3000吨/日，其中生活垃圾1500吨/日、与生活垃圾相近的一般工业固体废物1500吨/日(含水率60%的污泥不大于300吨/日)。项目投运后生活垃圾实现全量焚烧处置，一般工业固废处置终端得以完善。处置规模60万吨/年的吴江建筑再生资源处置项目完成项目立项、环评稳评等前期工作，取得施工许可证，于12月正式开工建设。（沈　怡）

【农村人居环境整治】2021年，区城管局继续按照"抓整治、建机制、组队伍、夯基础"工作思路，完善"四个统一"(补助资金、保洁队伍、监管考核、集中清运)工作机制，狠抓村庄长效保洁，公厕维护、设施维修等纳入日常管护范围，提高保洁能力。推进农村厕所革命，根据《2021年吴江区"厕所革命"工作实施意见》要求，完成新改建农村公厕350座，拆除老旧公厕124座。全面建成长效管护体系，首创公厕管护"十步保洁法"、区镇村+第三方"四级

2021年，首个智慧停车楼建设完成并试运营　　（区城管局　提供）

联查”模式、“吴江公厕”信息平台和“吴江公厕助手”小程序。吴江农厕改革优秀做法先后被中央电视台、人民日报、新华日报等国家、省、市级媒体关注。吴江区《三年完成农村公厕改造　探索厕所革命“吴江模式”》成为全省唯一入选国家级典型范例。　（沈　怡）

【路灯亮化】2021年，区城管局推进城市照明信息化建设，印发《吴江区城市照明信息化管理工作方案》，通过物联网载体，运用大数据等信息化技术，实现全区路灯智能化、信息化、精细化管理。完成路灯LED节能改造收尾工作，全区路灯103559盏，LED覆盖率99%以上，全年电费支出5059.84万元，与2017年节能改造项目启动前相比，城市照明节电率68.4%，累计节约电费5000万元以上。12月起，根据国家、省发改委关于深化燃煤发电上网电价市场化改革相关文件精神，城市照明电费采用代理购电价格方式执行浮动电价。东太湖度假区（太湖新城）苏州湾建筑群景观照明设施形成规模化效应，成为吴江夜景新地标。

（沈　怡）

【智能化停车管理项目】2021年，全区新增泊位14277个，其中公共泊位4484个、配建泊位9793个，超额完成年度目标任务。吴江区智慧停车管理平台累计实现联网管理停车场191个、泊位35085个。完成首个智慧停车楼建设并试运营，为长三角地区层数最高（共9层）停车楼。出台《吴江区“智慧停车”道闸建设标准（试行）》《吴江区“智慧停车”接口技术规范（试行）》，统一软硬件建设标准，助力停车数据“一张网”建设。新增10块二级诱导屏，上线手机端微诱导，实现“线上+线下”智慧诱导；上线机动车停车场备案系统，实现备案停车场“一场一码一档”管理。开展全区公共停车收费整治，规范全区公共停车场收费管理。开放首批10处机关事业单位停车场，共享泊位2000余个。吴江区商务行政片区、永康路步行街片区被评为苏州市停车示范管理区。　（沈　怡）

【公共自行车及共享单车管理】2021年，吴江区新建公共自行车站点38个、车辆700辆，更新公共自行车站点55个、车辆1100辆，累计有公共自行车站点624个，公共自行车14988辆。横扇街道、八坼街道突破零站点记录，实现全区所有板块公共自行车服务全覆盖。首次采用“车桩+蓝牙围栏”模式，通过蓝牙对接技术，实现围栏区域无桩借还车。依托“北斗+GPS”多模卫星定位系统，通过“高精定位分体锁+电子围栏”同频精准定位，实现共享单车“定点停放、入框结算”，违停率由20%降至4%。建立“0530响应机制”，企业网格对接政府网格，实现“第一时间响应，5分钟内到达现场，30分钟内处置完毕”，有效治理共享单车乱停放现象。12月，根据苏州市统一要求，同步引入哈啰、美团单车10000余辆，实现苏州六区通借通还、“一车一牌”管理。

（沈　怡）

【地下管网及道路井盖整治】2021年，吴江区开展城市地下管网安全生产专项整治“三年行动”，出台《关于进一步规范吴江区市政设施建设类施工告示的通知》《关于进一步落实城

共享单车定点停放示范展示区　　（区城管局　提供）

市地下管网第三方破坏防控工作的通知》，严格安全管理。落实常态化监督检查，开展日常检查61次、联合督查5次，检查工地46个，督促整改一般隐患12个。责令企业自查自纠，巡查管线长度87.4万千米，发现一般安全隐患717处，全部完成整改。强化安全宣传培训，开展季度培训、安全生产知识竞赛、安全生产月活动，弘扬安全生产文化。开展检查井专项整治行动，整治井盖下沉、跳响等问题509个；首次采用并安装防沉降井盖36处。推行“一井一档”，对全区城市道路范围内所有窨井盖及窨井设施摸底排查，累计建档20.07万个，实现窨井设施智能化建设管理。（沈　怡）

【城管法制工作】 2021年，区城管局加强队伍建设，提升执法人员办案水平，增强履职意识和本领。全年办理城市管理简易程序处罚案件2.07万起，处罚金额61.81万元；一般程序处罚案件2102起，处罚金额864.73万元。开展城管系统中青年干部能力提升班和执法队伍纪律作风教育整顿行动，推进队伍规范化建设，先行打造5个明星工作室。开展城市管理“小微执法”专项行动，出动“小微执法”队伍27支，人员1.33万人次（其中志愿者3174人次），巡查重要路段、点位119处1.06万次。强化城市管理教育处罚，教育纠处5.61万起，查处简易程序案件近2万起，处罚金额48.58万元，一般程序案件599起，处罚金额11.41万元。强化生活垃圾分类执法及检查工作，出动执法人员7803人次，教育纠处8846次，督促整改4023次，办理简易程序处罚案件4569起，一般程序处罚案件98起，处罚金额41.23万元。（沈　怡）

【市容秩序管理】 2021年，区城管局围绕上级城市管理工作重点，落实常态长效管控，精准施策，提升城市环境品质。开展城市管理“路长制”红黑旗评比，对258条具备管理要素的主次干道开展督查打分，评选年度红旗道路10条、黑旗道路8条；落实市容环卫责任制，将主次干道沿街单位纳入市容环卫责任监管系统，采集沿街单位信息1.34万户，教育整改不履责行为9.9万余起，处罚1.17万起，处罚金额27.74万元。推进非机动车乱停放整治，拖移乱停放非机动车9685辆，立案处罚1.12万起，处罚金额22.15万元；开展乱涂乱贴整治，上报符合停机条件号码1262个，立案查处乱涂乱贴275起，处罚金额6.6万余元；推进占道经营整治，查处流动摊2088起，处罚金额12.55万元；查处店外占道经营202起，处罚金额3.18万元。全力推进各类创建活动，严格落实示范路创建标准，确保36条既有示范路不摘牌，新创示范路高质量示范引领，汾湖高新区（黎里镇）中心街成功创建苏州市级城市管理示范路。开展市容环境专项整治，完成16个整治提升类项目和18个常态管理类项目，其中桃源镇桃花源大道灶家浜特色田园改造提升及汾湖高新区（黎里镇）元荡先导段综合整治提升被评为苏州市级市容环境专项整治示范项目。（沈　怡）

【户外广告设施管理】 2021年，区城管局抓好安全管理，提升户外广告品质，整治违规户外广告设施2462处，面积4.48

万平方米,其中高立柱广告49处、屋顶镂空字459处、墙面广告381处、店招标牌及其他类型广告设施1573处,完成全区400余条道路1100余条横幅清零任务;加强户外广告设施和店招标牌设置源头管理,规范审批流程,印发《吴江区户外广告和店招标牌设施设置审批流程》,审批户外广告和店招标牌3453件。推进亮点项目建设,震泽镇省界点大型落地媒体、南大街店招标牌改造项目和松陵街道盛家库城市更新项目落地。助推店招个性化设置,开展"招"靓江城——吴江"百佳招牌"和"百佳设计"评选活动,评选结果汇编成册,建立"吴江店招标牌精品库",形成美学示范引领。(沈　怡)

【渣土运输管理】 2021年,区城管局加强建筑垃圾(工程渣土)管控工作,印发《关于开展〈吴江区工程渣土运输企业目录〉申请的通知》,建立工程渣土运输处置许可企业目录,32家运输企业981辆工程渣土车纳入目录管理。推进建筑垃圾(毛垃圾)百日整治,开展执法1703次,出动执法人员7586人次,执法车辆2478车次,巡查点位1311个,设卡检查135次,处理问题线索133条,办理建筑垃圾违法案件213起,处罚金额297.67万元。联合公安交警、交通(海事)及属地综合执法部门对辖区内偷倒、乱倒建筑垃圾(毛垃圾)区域及主要交通卡口进行检查,对建筑垃圾违法行为查处保持高压态势。开展跨区域执法,实施异地调查取证、异地扣押涉案车辆,成功办理首例长三角一体化示范区城市管理执法协作典型案件。全年立案查处各类建筑垃圾违法行为652起,处罚金额845.31万元,处罚金额列苏州大市第一。(沈　怡)

【综合行政执法改革】 2021年,吴江区推进镇域综合行政执法体制改革,"大数据+指挥中心+综合执法队伍"综合执法新模式走在全省改革实践前列。全区办理普通程序处罚案件3050起,比2020年减少14.23%,开展专项整治活动1300次。全面推行律师驻队工作模式,各区镇、街道综合执法机构聘请25名驻队律师为现场执法指导、业务培训、疑难案件处置等提供法律服务;常态化组织开展案卷评查工作,通报统计分析案卷中存在的问题,督促整改;组织法律法规知识竞赛,开展执法业务培训,相关区级职能部门举办各类培训54次,参加人员3309人次,培训总时长412学时;会同区委编办开展综合行政执法人员在编在职情况专项督查,督促一线执法人员回归执法主业。健全综合行政执法考核评价机制,将区级综合行政执法部门纳入年度服务高质量发展成效考核,修订完善镇域综合行政执法督查细则,通过设定目标、量化标准、规范流程,进一步完善监督机制。(沈　怡)

2021年12月20日,吴江建筑再生资源处置项目正式开工
(区城管局　提供)

【企业类专属网格巡查】 2021年,吴江区企业类专属网格重点开展巡查问题"清零行动",解决23家争议企业的确权问题,清零积存问题9万余条,实现闭环。将巡查事项清单优化为七大类25项,在实地调研基础上针对性完善吴江区企业类专属网格综合管理平台功能。是年,全区网格数调整至127个,配备网格员226个;入网格企业数11469家,入企检查

45876次，企业自行整改率90%以上。协助安监部门发放安全生产宣传海报1万余份，推动企业落实安全生产主体责任。（沈　怡）

【信息化建设】 2021年，区城管局探索智慧城管建设，推进静态交通综合治理平台项目建设，通过停车管理、违停治理、便民诱导有机结合，实现全区静态交通治理高效化、有序化、人性化。完成城市综合管理服务平台建设实施工作，打造数据服务“一个库”，数据规范“一标准”，指挥协调“一张网”，行业应用“一张图”，业务运行“一平台”，城管服务“一门户”的城市综合管理服务区级平台样板。牵头完成全区首批数字政府典型应用场景中“静态交通”和“渣土运输”建设，掌握全区停车盲点与停车需求，实现对全区渣土运输情况全时全域动态管理，破解“跨行业、跨领域、跨区域”监管难题。（沈　怡）

城市投资建设

【城投集团】 2021年，吴江城投集团、东太湖公司完成融资258.007亿元，城乡一体化公司完成融资28.46亿元，合计286.467亿元；城投集团完成隐性债务化解13.036亿元。城投集团维持主体评级AA+。

重点项目融资。做好重点项目融资工作，保障盛家库城市更新项目（盛家库二期）、云梨桥畔城市更新项目拆迁工作稳步推进；确保苏州湾中心商服楼（4—30F）、平望地块、震泽地块开发等公司重点投资项目有序进行。

乡镇融资服务。统筹推进吴江区“三优三保”*工作，实施一期、二期和三期项目。至年底，一期项目总投资71.89亿元，拟融资约57.4亿元，放款约51.07亿元，完成总投放89.0%；二期项目总投资186.52亿元，拟融资约149亿元，放款约50.14亿元，完成总投放33.7%；三期项目总投资15.03亿元，拟融资约11.84亿元，放款约9.1亿元，完成总投放76.9%。

国有资产经营。2021年度完成苏州市吴江区域自来水投资有限公司50.662%股权无偿划转至苏州市吴江水务集团有限公司；苏州市吴江智慧城市运营管理有限公司（以下简称“智慧城市公司”）增加注册资本6000万元；苏州市吴越智博大数据科技有限公司增资人民币4000万元；苏州乐泊车联运营管理有限公司增资人民币2800万元。城投集团下属子公司智慧城市公司成立合资子公司苏州市吴江区城科物业服务有限公司，智慧城市公司出资153万元，占比51%，完成国资备案登记、流动通知单办理；城投集团下属子公司苏州市吴江区市政公用集团有限公司成立子公司苏州吴江瑞源建筑再生资源利用有限公司，完成国资备案登记，办理流动通知单。城投集团下属子公司苏州市吴江城市建设开发有限公司收购苏州四汇置业有限公司100%股权；成立苏州滨泽房地产开发有限公司，完成工商注册。成立苏州市吴江区城开万云城市发展有限公司和苏州吴江金海华湖湾餐饮有限公司（金海华合资公司），项目资本金到位，进入验资流程；完成苏州市苏州湾文化中心增资9000万元；2021年度对外投资分红2400万元。基金投资：城投集团参与跟投长三角一体化示范区（江苏）通赢投资基金，基金总规模50亿元，城投集团出资2亿元，配合完成工商注册及登记；参与跟投苏州吴江文化产业投资基金，基金总规模5亿元，城投集团出资1.9亿元，配合完成工商注册及登记；2021年10月第一笔投资款1900万元出资到位；苏信启康基金2021年8月第二笔投资款1200万元出资到位。合计2021年度基金分红1156.32万元。全年租金收入10265万元（不含分成、涉诉及水面资产租金）。（王　艳）

【水务集团】 2021年，水务集团落实国企改革三年行动方案，围绕全区高质量生活污水治理工作任务推进污水厂改扩建和市政管网建设，开展全区污水厂整合，与央企达成初步战略合作，全面提升污水收集处理能力。

全区污水厂整合。根据“先运营、后资产”的原则开展全区生活污水运营整合，原市政集团名下城南、平望等七家生活污水公司及开发区运东污水公司纳入水务集团管辖，实施统一运营管理。

重点项目建设。完成13.75千米污水主管网建设任务，11.9千米污水主管网在建；完成横扇生活污水厂尾水生态湿地建设；城北二期改造项目投入使用，城北污水厂处理能力9万吨/日；城南厂1万吨/日、平望厂2千吨/日临时设施投入运行，缓解片区排水压力；城南厂9万吨/日、桃源厂1.25万吨/日、震泽厂1万吨/日、七都厂1万吨/日扩建工程前期工作推进。

生产运营。在进水浓度提高基础上，完成生活污水处理量5072.33万吨（不含运东污水公司），比2020年增长11.49%，各厂出水水质均按照环保部门要求达标排放。排水管网公司完成城区污水主管网常态化养护546.7千米、绿村水处理公司完成农村污水管网养护1721千米；吴江污水处理公司、运东污水处理公司年内获评“江苏省优秀污水处理厂”，运东污水处理公司获评“苏州市优秀污水处理厂”；排水检测公司检测能力在全区供排水系统中保持领先水平。集团下属公司多名检测技术人员、污水操作工在各项职业技能竞赛中获得佳绩。

战略合作。与三峡集团全资子公司长江生态环保集团签订战略合作协议，通过重组吴江再生水有限公司设立水处理合资公司，利用合资平台深度融合双方资金、技术、管理和市场等优势，打造央地合作污水治理新格局。（陆　菲）

【长三角公司】 2021年，长三角公司总资产267亿元，净资产150亿元，资产规模达到周边市县同类园区开发为主业公司规模的平均水平。

功能定位。结合重组后各业务板块基础，围绕功能要求、业务板块、组织结构、发展方向等问题，梳理确定“开发建设、投资发展、营商服务、跨区合作”四项功能，初步设想“产城开发运营、产业金融投资、项目建设服务、智慧同城交通、资产运营管理”五个业务板块领域。

资金运筹。累计完成27亿元放款工作，其中：银行贷款13亿元，债券14亿元，储备授信批复30亿元；保持子公司交投公司AA+的外部信用评级，保证公司低成本融资能力。参与示范区建设，发挥国有资本示范引领作用。12月21日，注册成立长三角一体化示范区（江苏）通赢投资基金合伙企业（有限合伙）（以下简称“基金”），系列基金总规模200亿元。

项目建设。长三角公司全年承接工程62项（含区重点项目11项），其中新建项目37项，续建项目25项，年度计划总投资约24.98亿元。建设苏大未来校区、苏州湾文化中心、苏州湾体育中心、万公堤、阅湖大道绿化景观工程等项目，完善城市配套设施，提升城市品质。

民生服务。优化公交线网，至年底，全区有跨省毗邻公交线路13条，毗邻跨省公交数量、质量持续领先；优化区内公交线网，全年新辟线路5条，优化调整线路28条，临时性调整线路209条次，线网覆盖继续扩大。其中，新辟7620路公交通学专线全力护航上学路，首次试点“交邮惠民”公交邮路配送服务，新增旅游公交线串联黎里古镇与上海朱家角，开辟首条定制公交线路直达苏州工业园区。升级软硬件，全区累计公交车总数1058辆，新购车辆128辆，其中新能源及清洁能源车辆923辆，占车辆总数的87.24%。提升站场功能，全年新建改建候车亭102个，客运场站提升项目2个。建设智慧交通，全年新增五项软件著作权。

经营开发。松陵大道综合交通枢纽（凯旋生活广场项目总投资31.6亿元，累计完成投资20.18亿元。完成枢纽、住宅主楼结构封顶，精装枢纽商业样板段施工；长三角大厦项目总投资3.1亿元，累计完成投资1.64亿元，进入主体结构施工，对接相关单位商讨产业园招商运行方案、设立合资公司建议方案、合资经营企业协议、委托招商运行管理协议；保利·湖畔云上获取二期二批次预售证，项目累计认购1229套、面积10.38万平方米、金额17.77亿元，项目累计完成直接投资18.59亿元。筹备苏州南站高铁新城建设，对接各设计规划单位参与站城一体化设计工作，初步明确开发范围，完成区域综合开发前期策划咨询初步成果；平望·四河汇集项目加快推进项目公司成立事宜；金家坝产业更新项目已形成初

苏州湾文化中心　　（长三角公司　提供）

步整体片区产业升级方案；长三角高端智造产业园初步规划中鲈园区、汾湖园区、松陵园区、震泽园区、盛泽园区。参与G60科创走廊建设，与新建元城市就嘉兴产业园项目基本达成合作意向。

发展成效。长三角公司获2021年苏州市“无诈企业”创建优胜单位。“万公堤景观提升与文化彰显”项目入选江苏省美丽宜居城市建设第二批试点名单，吴江区太湖新城水秀幼儿园工程建筑安装总承包获评江苏省建筑施工标准化星级工地（一星），芦荡路北松陵大道东地块安置房一至四标段被评为“姑苏杯”优质工程奖，太浦河（太湖新城段）两岸景观提升工程—四个节点景观提升工程等多个项目分别获评苏州市海绵城市建设示范项目、苏州市园林绿化优秀工程、建筑绿色智慧示范片区（苏州）智慧工地示范项目等。　（赵　杰）

交通工程建设

【概况】 2021年，沪苏湖铁路、605省道吴江同里至黎里段改扩建工程、江陵路快速化改造一期工程（S230—苏嘉杭高速）、凯旋广场（轨道交通4号线松陵大道综合交通枢纽）、苏申外港线（江苏段）航道整治工程、苏州至台州高速公路七都至桃源段新建工程（含华天路西延）、通苏嘉甬铁路、长湖申线三级整治工程、下穿沪苏湖铁路地方道路改造工程、农村公路及桥梁大中修改造工程、盛八线（双泽路至野河荡大桥段）改建工程、笠泽路跨运河通道工程、230省道（东太湖大道至渔湾大道段）快速化改造工程13项交通重点工程建设完成年度投资44.27亿元。（王峥嵘）

【长三角交通一体化】 2021年，苏台高速七都至桃源段开工建设，完成三线迁改前期工作。吴江大道—周湖公路—金商公路、汾湖大道南延、浦港路、609省道东延至上海崧泽高架等跨省通道项目加快推进前期工作。长湖申线三级航道整治工程开工建设。　（王峥嵘）

【铁路建设】 2021年，沪苏湖铁路苏州段征地拆迁、三电迁改工作加快推进，铁路下部基础和桥梁工程稳步实施。召开通苏嘉甬铁路工可审查会，航评通过审查，推进环评、水土保持等前期工作。召开如通苏湖苏州至吴江段可研审查会，推进土地预审、规划选址等工可前置专项工作。水乡旅游线和10号线苏州南站段方案，进行可研审查。苏州南站、盛泽站推进方案设计变更，苏州南站地方配套工程、盛泽站地下空间开发地方立项审批同步推进。

（王峥嵘）

【城市快速环线】 2021年，江陵路快速化改造一期工程桩基础施工接近尾声，下部结构开展大面积施工，上部结构全面进入现浇梁施工阶段；江陵大桥南辅道桥通车，拆除老江陵大桥。605省道吴江同里至黎里段改扩建工程取得施工图设计变更批复，项目部建设完成。230省道（东太湖大道—渔湾大道）改造工程工可报告通过省发改委审查，完成稳评备案，取得航评批复。　（王峥嵘）

【“四好农村路”建设】 2021年，各区镇完成乡村公路改造

2021年，环长漾“稻米香径”获评省“四好农村路”　（震泽镇　提供）

维修工程，共计42.9千米农路，29座桥梁。创建“美丽农村路”10条，合计55.946千米。环太湖党建示范路38千米通过市级验收。（王峥嵘）

【其他交通重点工程】2021年，松陵大道综合交通枢纽枢纽建设有序推进；盛八线（G524—S258段）快速化改造工程、松桃线盛泽段改扩建工程、笠泽路跨运河通道工程完成初步方案研究；苏申外港线航道整治工程、航道工程完成交工验收，屯村大桥建成通车；八坼大桥路改建工程完成交工验收；乍嘉苏线航道整治工程可行性研究（中间成果）获省港航中心内部审查通过，可行性研究报告完成初稿。（王峥嵘）

【交通工程质量】2021年，全区交通工程建设招投标和质量监管覆盖率均保持100%。创新质量监管模式，引进第三方服务。江陵路快速化改造一期工程获评2021年度苏州市第一批公路水运“平安百年品质工程”创建市级“示范项目”、2021年度全市公路水运工程“平安工地”建设活动市级“示范工程”；2021年度江苏省公路水运工程平安工地建设省级“示范工程”及2021年度公路水运省级“平安百年品质工程”示范创建达标项目。（王峥嵘）

城乡公交一体化

【概况】2021年，吴江区通过城乡公交一体化建设试点示范县（市、区）评估验收，为全省首批、苏州唯一。全区新辟公交线路4条（786路、7109路、7620路、示范区7路），调整公交线路28条次。至年底，全区有城乡公交线路175条，线路总里程2697.6千米，镇村公交通达率保持100%；新增公交车128辆，累计有公交车辆1058辆，新能源与清洁能源公交车占比87.2%，年度城乡公共交通客运总量4878.83万人次。（王峥嵘）

【长三角毗邻公交】2021年，吴江区继续推动长三角一体化公交互融互通，新增6条（盛泽至嘉兴秀洲786路、震泽至湖州南浔7502路、桃源至湖州南浔7219路、桃源至嘉兴桐乡7213路、汾湖至嘉兴嘉善310路、示范区7路）、调整2条（七都至湖州南浔7606路、盛泽至嘉兴秀洲786路）、终止运营1条（桃源至嘉兴桐乡7615路）跨省公交线路。推行示范区景区直通车个性化出行项目，试点黎里古镇直达上海大观园、东方绿舟、朱家角古镇的假日旅游公交专线（示范区7路）。至年底，全区有跨省公交线路15条、在营毗邻公交线路1条，公交线网总长度337.3千米，实现所有省际主要通道公交全覆盖。（王峥嵘）

【公交惠民便民举措】2021年，吴江区探索多元化公交服务新模式，12月6日，运东卓锦花园至园区创意产业园定制公交线路试运营，是吴江首条定制公交线路及首条直达工业园区的公交线路。开通首条通学专线7620路，为学生提供点对点、零中转公交出行体验，精准对接学校上下学时间，实现一站式无缝接驳。（王峥嵘）

【公交客运基础设施建设】2021年，吴江区新建、改建城乡公交候车亭102个，累计2260个；

2021年10月29日，吴江首条"交邮惠民"公交示范邮路开通

（区交通运输局　提供）

全区在用客运公交场站28个。

（王峥嵘）

【班线客运】 2021年，吴江班线客运企业1家，始发客运班线63条；开行吴江至上海浦东机场、盛泽至苏州高铁站、吴江黎里至苏州北广场汽车站定制客运班线3条。（王峥嵘）

【汽车客运出租和旅游包车客运】 2021年，全区有客运汽车出租企业5家，客运出租汽车在册835辆（在营487辆），单车日均业务量26.83趟次，日均客运量3.3万人次；有旅游包车企业5家，车辆253辆。（王峥嵘）

交通行业管理

【公路客货运输】 2021年，全区公路旅客运输量5367.3万人次，周转量8.79亿人千米；公路货物运输量3980.4万吨，周转量35.32亿吨千米。至年底，全区有营运客车374辆，总客位17036个；营运货车8482辆，总吨位103910吨。是年，区交通运输局继续推进道路普货运输企业分类分级监管，纳入监管503家，将全区拥有5车以上普通货运企业全部纳入监管。推进农村物流发展，完成农村物流达标县创建任务，为全省首批八个农村物流达标县（市、区）之一。打造"城乡融合　吴优其流"吴江农村物流服务品牌，实现区、镇、村三级农村物流节点100%覆盖，建成投运3个区级农村物流中心、14个镇级农村物流服务站和210个村级农村物流服务点；形成"市场主导"合作共配支撑邮快件下行、"产运储销"全程冷链助力农产品上行的双向流通特色运行模式；实现农村物流融合发展，结合平望客运站升级改造，打造吴江区首个乡镇综合运输服务站，依托公交服务网络，开通首条"交邮惠民"公交邮路。引导支持农村物流企业发展现代冷链物流运输，苏州三港农副产品配送有限公司、江苏骏瑞食品配送有限公司和苏州江澜生态农业科技发展有限公司3家农村物流示范点企业均建立冷链运输车队和冷库，有冷藏车156辆。推进农村物流发展，全区有省级农村交通物流示范点企业4个、市级城市配送示范性企业1家，年配送量15万吨，配送范围覆盖县、镇、村三级，并向苏州大市范围延伸，辐射江浙沪地区。完成农村物流达标县创建任务。绿配示范企业苏州绿水清山智慧物流有限公司新增新能源配送车辆30辆，共有新能源配送车辆130辆。10月下旬，吴江区首个普通国省干线公路停车区正式运营。全年累计征收车辆通行费约3598万元。落实重大节假日七座及以下小客车、"绿色通道"、疫情免征等惠民政策，免征金额195.49万元，惠及车辆11.57万辆次。

（王峥嵘）

【公路管理】 2021年，国省干线公路MQI值（路况综合指数）95.04，优良路率100%；县道MQI值96.01，优良路率100%；乡村道MQI值88.65，优良路率92.7%。（王峥嵘）

【水上管理】 2021年，区交通运输局航道巡航3680千米，巡查航标14天，查标里程950千米，保养航标22次371座；清障扫床384.44千米；完成护岸维修480米。通航保证率、航标正常率均为100%。新增航标1座苏南运河4-1号泛滥标，原5号标重建。完成全区航标遥测系统升级改造。水上交通安全巡航33574千米,巡航时长2316.3小时,上航检查船舶1719艘次。接处警282起,救助遇险船舶26艘次,救助遇险人员27人次,消除堵航险情27次,挽回经济损失94.9万元。处理水上交通事故216起,辖区未发生因管理不善造成的重特大水上交通责任事故和船舶污染责任事故。（王峥嵘）

【驾培管理】 2021年,吴江区新增驾培主体1家,增设教练场地2处22764平方米,新增教练车69辆、注销教练车15辆。至年底,全区有驾校21家,教练车1063辆,教练员1408名。全年机动车驾驶员培训报名46921人,结业41922人。（王峥嵘）

【机动车维修管理】 2021年,吴江区进一步提升机动车维修行业环境保护水平,开展机动车维修企业环境保护大排查大整治行动;全面加强危化品全生命过程周期监管,使用危化品的机动车维修企业按要求注册填报“江苏省危化品使用专项治理信息系统”,开展隐患排查治理;推进机动车维修备案工作,完成新老企业备案831家;开展汽车维修行业“鲈乡车大夫争先创优”活动,15家企业获评“鲈乡车大夫争先创优”活动先进企业。至年底,全区有交通运输部门综合性能检测、公安部门安全性能检测、环保部门尾气检测“三检合一”资质机动车检测站10家。（王峥嵘）

【港口(码头)管理】 2021年,全区码头装卸量2694.7万吨,其中普货2601万吨、危货93.7万吨。至年底,全区有持证码头119家,泊位数224个,主要分布在京杭运河、太浦河、长湖申线及苏申外港线等航道沿线。其中,普货码头97家、泊位数199个;危货码头22家、泊位数25个。（王峥嵘）

【交通运输行政工作】 2021年,交通运输行政服务窗口推行创新服务举措1项,受理各类办件17万余件,办件准确率100%,按时办结率100%,群众满意率99.8%。全年实施行政处罚1866件、行政许可4229件。未发生行政诉讼败诉和行政复议撤销案件。开展综合执法工作,维护道路运输市场秩序,推进路域环境整治工作,加强超限超载治理工作,完善非现场执法网络,执行公路治超联合执法常态化、制度化、规范化,建设完善车辆不停车超限检测管理系统,全年路面查获超限超载车辆2472辆,卸货吨位17500吨。（王峥嵘）

【交通运输安全应急】 2021年,区交通运输局持续深化交通运输领域安全生产专项整治,行业本质安全水平提升明显,交通运输领域治乱成效显著,道路运输事故死亡人数、起数比2020年分别下降50%、60%,水上交通、港口码头、交通工程等其他领域未发生一般以上事故,行业安全生产形势总体稳定向好。全年开展应急演练13次,进一步提高行业应急能力。推动新安法宣传贯彻,继续开展交通运输系统“扫黑除恶”专项斗争。完成重大活动安保维稳、疫情防控、春运、安全生产月、防汛保畅、战高温、抗台风、寒潮应对等多次保障任务。（王峥嵘）

【智慧交通建设】 2021年,区交通运输局重点推进京杭运河吴江段多维感知专项建设、智慧交通数据中心平台、升级版技防城(交通部分)项目建设,完成6处汽车客运站、79处公交站亭和400辆出租车的技防设备安装工作;加强吴江交通运输系统网络安全防护体系建设;完成智慧农路、交通云战疫、交通云课堂和“苏周到”App公交扫码乘车升级改造等项目建设;编辑智慧交通“十四五”发展规划,完成数字政府应用场景建设,定期更新区政务大数据资源目录,做好相关数据共享工作。（王峥嵘）

水　利

【概况】 2021年,吴江区水务局围绕长三角生态绿色一体化发展示范区建设要求,不断创新管理,水务改革发展取得明显成效。吴江区“联合河长制”工作经验入选《新时代治国理政案例精选(2021)》,“水利建设投资落实好”受到省政府督查激励,区水务局被省委、省政府评为“2020年全省防汛抗洪工作先进集体”，农村河道长效管护、农田水利工程管护两项工作分别获得全省考核第一、第二名，连续6年获全省考核优秀等次。“太湖浦江源水利风景区”入选“国家水利风景区高质量发展典型案例”，宾馆河整治入选住建部《城市黑臭水体治理案例集》，盛泽镇抚田港黑臭水体治理案例获全省“讲好污染防治攻坚故事”二等奖，为该类项目苏州大市范围唯一入选案例。水系连通及农村水系综合整治试点县项目获水利部、财政部年度评估“优秀”，入选江苏省美丽宜居城市建设试点，获评苏州市海绵城市建设示范项目，入选2021年度吴江项目建设经典案例集。“沪湖蓝带”项目（太浦河共保联治江苏先行工程）被定为长三角一体化发展重大项目开工仪式现场工程，列入长三角一体化发展重大项目，入选2021年度吴江项目建设经典案例集。城乡供水安全保障获全市考核“优秀”。进博会水环境保障工作扎实有效，连续四年收到上海市感谢信。成功抵御多轮强降雨和台风“烟花”“灿都”侵袭，保障人民群众生命财产安全和经济社会秩序平稳有序。

（沈莹莹）

【水利工程建设】 2021年，全区完成防洪工程建设投资3亿元，新建改建水闸35座，泵站27座，加固加高圩堤44.6千米、挡墙59.9千米。疏浚河道191条、155千米、土方220万方。完成水系连通及农村水系综合整治工程建设，完成投资9.3亿元。推进“沪湖蓝带”项目（太浦河共保联治江苏先行工程），完成投资4.14亿元。完成申报大浦港、大德塘中小河流治理项目，有序开展吴淞江（江苏段）整治工程、太浦河后续工程前期工作。（沈莹莹）

【水利工程管理】 2021年，区水务局完成河湖水域面积调查，编制河湖专项保护规划68个，对吴江区新列入江苏省湖泊保护名录的湖泊开展管理范围划定工作。开展水利工程运行管理问题整治专项行动，全面落实水利工程“能开则开、应开尽开”要求，优化畅流调度。完成涉水项目审查42个，对涉水项目实施全过程跟踪监管。完成“智慧水务”信息化系统建设，初步实现“物联感知一张网、数据资源一大脑、水务专题一张图、综合服务N应用、安全保障一体系”。（沈莹莹）

2021年6月15日，吴江区“联合河长制”工作经验在中国国际发展知识中心第四期交流沙龙上向全球发布（区水务局 提供）

【水旱灾害防御】 2021年汛期，吴江遭遇风、暴、潮、洪四碰头，太浦河平望水文站水位达到4.45米，超历史最高水位0.12米，太浦河江苏段发布红色预警，区水务局积极应对，成功抵御多轮强降雨和台风“烟花”“灿都”侵袭，实现“不亡人、不伤人、少损失”目标。

（沈莹莹）

【供水保障】 2021年，区水务局印发《吴江区生活饮用水水源保护实施细则》，完成全区饮用水源地安全评估，打捞处置蓝藻、水草及漂浮物10万吨。加强供水安全监管，开展工业企业用水安全专项督查，完成供水设施改造项目47个。建成示范区首个高品质供水项目，启动高品质供水示范区建设。强化水源地原水、出厂水水质检测，自主研发藻类检测预警分析平台，实现对原水藻类的高效抓取和精准识别。

（沈莹莹）

【安全生产和质量监管】 2021年，区水务局开展安全生产大检查5次，检查企业（点位）316个、工程157个，发放质量安全监督检查意见187份，发现并及时整改隐患439个，实现整改闭环管理。组织培训，强化企业安全生产管控。提升质安监报备效能，质监备案由14个工作日缩短至5个工作日，安监备案由15个工作日缩短至2个工作日。开展“四个一”专项整治（每个月做到“清退一批不合格的原材料，责令一个不达标的工程返工，责成项目法人责令一家违规的施工单位停工、约谈一家履职不到位的监理单位”），责令7个工程返工整改，约谈施工单位5家、监理单位6家，清退7批不合格原材料，在全市质监机构履职情况考核中获评A级，获得第二届“姑苏杯”苏州市水利水务工程建设质量安全管理技能竞赛第一名。（沈莹莹）

2021年度吴江区农田水利基本建设效益情况表

项　目			建设效益
完成水利土方			163（万立方米）
农田水利建设分项	圩堤	达标	18.758（千公顷）
		未达标	0（千公顷）
	排涝	大于200毫米	11.718（千公顷）
		150—200毫米	11.282（千公顷）
		110—150毫米	0（千公顷）
		小于110毫米	0（千公顷）
	抗旱	多于100天	17.345（千公顷）
		70—100天	5.655（千公顷）
		30—70天	0（千公顷）
	防渍	大于1.00米	5.986（千公顷）
		0.80—1.00米	17.014（千公顷）
		小于0.80米	0（千公顷）
	配套	建筑物配套面积	23（千公顷）
		生产河以上建筑物	4554（座）
		中心河以上建筑物	2395（座）
	旱涝保收田		23（千公顷）

（沈莹莹）

（本栏编辑　钱晓燕）

科学技术

综　述

【科技项目】 2021，区科技局组织申报市级以上科技计划项目超3400项，争取市级以上经费超3.3亿元。其中，国家级科技项目323个；省级科技项目1302个，争取经费13762万元；市级科技项目1787个，争取经费20205.8万元。区科技局以项目实施为抓手，稳步推进成果转化，亨通洛克利、凯伦股份、达胜加速器3家单位承担的项目获省科技成果转化专项资金项目立项；苏州迈为科技股份有限公司成为省“双碳”重大科技成果转化入库项目。

（李　响）

【高新技术】 2021年，区科技局共组织1102家企业申报国家高新技术企业，全区现有有效高企1032家。建立后备高新技术企业培育库，660家企业进入苏州市高新技术企业培育库。

（李　响）

【科技载体】 2021年，区科技局加强各类研发机构建设，省、市级工程技术研究中心分别新增认定13家、18家。其中先进功能纤维创新中心获苏州市新型研发机构认定。聚焦科技孵化载体建设，积极营造创新创业良好生态，是年获省、市备案的众创空间分别为3家、1家。推动创新联合体建设，大力促进产学研用一体化，永鼎股份、信能精密等10家企业与湖北大学、南航等高校院所共建的创新联合体获区级备案立项。

（李　响）

【农社发展】 2021年，区科技局组织申报省农业科技型企业立项3家，全区新增市级农业科技创新项目16项，获得科技经费196.54万元。立项苏州市生物医药产业科技创新政策性资助项目1项、医疗卫生科技创新项目6项、社会发展科技创新项目1项。提升全社会科技获得感，因地制宜、分层分类、创新性地开展“点单式”星火科技培训，全年开展星火科技培训9期，参训人数440人；完成区级农业科技示范基地的中期检查35家；发挥科技在“双碳”“水系结构优化”“安全应急”等工作的支撑作用。

（李　响）

【科技人才】 2021年，区科技局深入推进主导产业关联引才、跨区域联动引才和全产业链基金引才新模式。组织开展两批吴江科技领军人才申报评审工作，共项目立项89个。全区科技人才项目招引超300项，申报姑苏人才计划128项，是2020年同期的近2倍，获评

市级以上创新创业领军人才44项，其中创业领军人才36项，同比分别增长57.1%和63.6%。（李　响）

【科技合作】2021年，区科技局承办“校园苏州日，走进吉林大学”产学研对接活动，组织30家企业的技术负责人与高校老师开展对接活动。先后举办“华东师范大学计算机专场”“通鼎集团走进上海交大”“沪苏同城数字化产业成果推介会”等形式多样的产学研活动。全年促成产学研合作项目140余项。参加第六届中国创新挑战赛，全年征集到吴江企业技术需求71条，征集有效解决方案49项，意向合作金额1230万元。作为首批试点区域率先开展长三角科技创新券通用通兑试点工作，全年申领长三角科技创新券的吴江企业111家，创新券累计支持科技项目64项，促成项目合同金额1747.21万元，兑付创新券金额293.83万元。（李　响）

【国外智力引进】2021年，全区累计办理各类外国人来华工作许可业务919件，新发放外国人来华工作许可证件226张。全区获国家友谊奖1人，国家高端引智项目41项，国家重点或一般引智项目14项；获江苏友谊奖3人，“外专百人”4人；入选苏州“海鸥计划”海外高端人才242人。（李　响）

【科技金融】2021年，区科技局继续做好科技金融融合服务工作，联合省生产力促进中心举办“高企融资服务直通车”活动，为区内高新技术企业提供定制化专属优惠金融产品和便捷高效的融资服务，全年累计发放“科贷通”贷款109项，贷款总额5.69亿元。（李　响）

【科技政策落实】2021年，区科技局大力宣传制造业企业研发费用税前加计扣除比例提高至100%和高企所得税率减按15%征收等优惠政策，激发企业加大研发投入的积极性。全区1470家企业享受2020年度研发费用加计扣除政策，加计扣除金额达47.44亿元，同比分别增长51.7%和23.2%，279家高新技术企业享受8.34亿元所得税优惠。（李　响）

科学普及

【青少年科技创新政府奖】2021年5月25日，第十五届吴江区科技创新政府奖颁奖典礼暨吴江区第33届科普宣传周启动仪式在苏州青少年科技馆举行。第十五届吴江区科技创新政府奖（青少年组）共收到申报材料21份，其中小学组13份、中学组8份，经前期评选和公示工作共评出青少年组政府奖、青少年组提名奖、优秀辅导老师和优秀组织单位各4个，在第十五届吴江区科技创新政府奖颁奖典礼暨吴江区第33届科普宣传周启动仪式上由区政府授予奖牌。（李晨露）

【青少年科技创新竞赛】2021年4月24日，区科协联合教育局举办第四届青少年机器人创客大赛，比赛设4个竞赛项目，全区386位学生参加，评出个人奖296项、优秀组织奖8个、优秀辅导员43人。是年，区科协组织中小学生开展各类青少年科技创新竞赛活动，择优推荐参加江苏省、苏州市各类竞赛。在第十七届吴江区青少年科技创新大赛评选活动中，收到创新成果类86项、科技实践活动12项、科学论文4篇、科技辅导员创新成果7项、科学幻想画371幅，经专家评审共有80个项目入围市级创新竞赛。（李晨露）

【少儿科普讲故事达人赛】2021年5月26日，区科协、区文明办、区教育局、区融媒体中心、团区委联合发文，组织第六届“童言无疆童话世界”少儿科普故事达人赛。5月26日至7月20日，在吴江区科协微信公众号平台上对参赛作品进行线上海选，邀请专家选出100位选手获得“百位科普讲故事小达人”称号并进入晋级赛；通过初赛和晋级赛，8月23日举办决赛，决出金奖1名、银奖3名、铜奖5名，最佳语言奖、最佳创作奖、最具活力奖各1名，优秀奖8个。（李晨露）

【长三角“科普动起来”家庭创新制作比赛】2021年5月初，区科协发文征集参赛作品。5月16日，在长安花苑小学进行初赛选拔。5月23日，吴江组织10个组的参赛队赴浙江嘉善，以主题为“红船映初心，共筑中国梦”的创新创意作品参加决赛。经过角逐，共获得一等奖1个、二等奖2个、三等奖3个、优胜奖4个。（李晨露）

【院士专家进校园】 2021年4月至10月，区科协在中小学开展“院士专家进校园”活动，邀请中科院院士吴宏鑫、中国工程院院士陈君石、中科院研究员潘厚任、东南大学自动化学院副院长孙长银等到吴江5所中小学校，开展科普讲座10余场次，参加师生3000余人次。（李晨露）

【汪集暘地热科普馆建设】 自2020年11月开始为弘扬科学家精神，传播地热等科普知识，以院士汪集暘故居的修缮工作为契机，区科协与区文体旅局、桃源镇政府联合启动地热科普馆建设工作。2021年3月6日，区科协邀请上海科普事业中心陈郭伟团队现场考察并与桃源镇政府全面对接。该项目已于2021年9月基本竣工，并在9月23日举办的吴江区全国科普日开幕式上完成揭牌。（李晨露）

【科普健康行志愿服务项目】 2021年9月区科协联合苏州第九人民医院等单位发布科普健康行志愿服务项目，该项目包含“儿童肥胖筛查”“儿童哮喘的管理”“诺如病毒的认识与防治”“心肺复苏术”“汉姆立克急救法”“变应性鼻炎防治健康”“防患于未然之冠心病防治篇”等关于健康保健、紧急救护、食品安全、科普知识讲座等服务内容20余项。2021年3月以来，区科协开展健康科普活动50余场，有效提升人民群众的疾病认知水平和健康管理能力。（李晨露）

学会（协会）

【2020年度中国自动化学会颁奖盛典暨吴江“智能先发”高峰论坛】 2021年4月9日，在吴江举办的2020中国自动化颁奖盛典上，汇聚8位两院院士、250余位行业专家。区科协以此次颁奖盛典为契机，将中国自动化学会苏州科技经济融合工作站落地吴江，并现场聘任14位工作站智库专家，搭建“政、产、研、学、用”于一体服务平台，助力区域经济发展。盛典启动2021年“杨嘉墀科技奖”，这是以吴江籍著名科学家、两弹一星”元勋杨嘉墀命名的“杨嘉墀科技奖”首次回到家乡。苏州市委副书记、市长李亚平表示，以此次活动为契机，以建设国家新一代人工智能创新发展试验区为引领，将进一步加强与中国自动化学会的战略合作，在人工智能、装备制造、工业互联网、产业数字化转型等方面，力争取得更多创新成果。（沈　婧）

【吴江科技创新政府奖（职业组）评选】 2021年，为进一步规范吴江区科技创新政府奖（职业组）评审流程，激发广大科技工作者投身科技创新主动性积极性，吴江区人民政府办公室印发《关于印发吴江区科技创新政府奖（职业组）实施办法（试行）的通知》（吴政办154号），这是吴江科技创新政府奖的3.0版本。本次针对职业组取消申报人的年龄限制，并扩大申报范围。收到申报材料17份，涉及纺织、光电线缆、电力、数字信息技术、新材料、医药、建材等7大行业。经两轮专家评审，评出6位政府奖获得者，分别是：禹云长、吴斌、仁怀林、马军、严兵和朱永刚。（沈　婧）

【省级离岸基地创建】 2021年，在省科协印发的《关于开展第二批江苏省海外人才离岸创新创业基地试点建设的通知》中，全省共有10家单位获评创业基地，吴江光电产业科协省级离岸基地位列其中，成为全区首家省级海外人才离岸创新创业基地，同时也是省级第一家以产业科协为主体的离岸基地。12月3日，举办江苏省海外人才创新创业联盟首届理事大会，首届理事会由63位理事组成，选举产生8位联席会长、14位副会长，吴江光电产业科协当选为江苏省海外人才创新创业联盟首届理事单位。（沈　婧）

【吴江区自然科学论文评选】 2019—2020年度吴江区自然科学论文评选，邀请中国光学学会、北京邮电大学等学会和省市相关领域的18位专家，评出91篇论文，为推荐参加2022年的苏州市论文评选做好准备。（张　勇）

【2021长三角科普创作高峰论坛】 2021年10月29—30日，2021长三角科普创作高峰论坛在吴江区举办。省科协党组成员、副主席冯少东，省科普作协理事长、江苏凤凰出版传媒集团副总经理、总编辑徐海，吴江区人民政府副区长许诺等出席开幕式并讲话。来自科学传播和科普创作领域的知名专家学者、出版人以及高校、科研院所、公益组织、企业、媒体机构的代表共100余人参加本次论坛。论坛采用学术探讨与交流合作并举的模式，共设置4场大会报告、6场专题报告和6场交流报告，围绕生态保护、科学传播、科普科幻创作、科技活动开展、科普研学、青少年学业生涯规划等主题进行分享交流。（李晨露）

【苏州市科协双杯奖评选】 2021年，苏州市科协“讲理想、比贡献”创新创业“双杯赛”评选中，吴江区推荐的江苏永鼎集团VAD及OVD技术制备宽带高掺饵光纤等6个项目共33名科研人员获得表彰，吴江区科协获评优秀组织奖。（张　勇）

2021年吴江区新建企业科协一览表

序　号	企业名称	科协主席	秘书长
1	苏州雄鹰笔墨新材料有限公司科学技术协会	张胜红	朱岩岩
2	苏州中卫宝佳建设工程有限公司科学技术协会	张　华	叶沈岗
3	苏州铁近机电科技股份有限公司科协	吴　雄	杭书斌
4	苏州微光电子融合技术研究院有限公司科学技术协会	黄北举	张　洁
5	英诺赛科（苏州）半导体有限公司	郭　总	潘　楠
6	江苏聚杰微纤科技集团股份有限公司	钱伟林	倪凤贤
7	苏州蓝纳青医用材料科技有限公司	高锦明	沈祺豪
8	苏州巨联环保有限公司	朱小兵	李丽婷
9	富威科技（吴江）有限公司	张荣明	胡龙龙
10	苏州慈云蚕丝制品有限公司	周佳园	赵颖飞
11	代尔塔（中国）安全防护有限公司	万锦红	颜国芹

（张　勇）

2021年吴江区科协所属各学会（协会）一览表

序　号	学会名称	理事长（会长）	秘书长
1	科技工作者协会	顾福根	钱根林
2	计算机协会	沈利东	杨建红
3	农学会	汪先犬	胡海蓉
4	老年学学会	姚继元	姚钧铠
5	心理卫生协会	顾忆红	方拥军
6	科普促进协会	刘树功	曲小敏
7	蔬菜协会	庞新华	蒋春华
8	青少年科技辅导员协会	陆向红	杨建红
9	档案学会	张志远	钱晓燕
10	光电科学技术协会	崔　巍	冯　峰
11	生态文明研究学会	陆雪春	陈洪兵（兼任副会长）

（续 表）

序 号	学会名称	理事长（会长）	秘书长
12	苏州信息职业技术学院科协	徐 兵	盛丽梅
13	装备制造科学技术协会	蔡连生	王友林

（张 勇）

防震减灾

【概况】 2021年，吴江及周边地区未发生3.0级以上地震。按照省、市地震部门统一部署，完成地震灾害风险普查，指导吴江开发区完成地震安全区域性评估并通过评审。 （徐诗涵）

【地震监测】 2021年，区住建局做好监测站的日常巡视检查、维护和管理，确保地震监测台站及相关设施设备正常运行，配合苏州市台网中心进行区域内地震台站的巡检。

（徐诗涵）

【应急避难场所】 2021年，吴江区向区镇下达的2020—2022年三年全区应急避难场所建设任务已有7个建设完成，占总任务量58%。其余6个已完成规划设计评审。（徐诗涵）

【防震减灾宣传】 2021年，在“5·12”防灾减灾日前后，区住建局参加减灾委组织的主题宣传教育活动，在吴江新闻网、吴江日报、吴江电视台、微信公众号等同步开展防震减灾知识宣传。 （徐诗涵）

【自然灾害综合风险普查】 2021年，区应急管理局统筹推进全区自然灾害风险普查，对5大类、16个小类致灾因子进行全面调查和评估，对重要承灾体、历史自然灾害事件以及应急力量和综合减灾能力开展数据调查，全力摸清全区自然灾害风险底数，为城市灾害治理提供数据基础。 （吴怡婧）

【防汛抢险救灾】 2021年，吴江区气候年景总体偏差，第6号台风“烟花”、第14号台风“灿都”过境，引发持续性强风暴雨，太湖水位上涨，太浦河江苏段发布洪水红色预警，防汛防台形势严峻。入汛前，区防指及时调整成员单位和相关人员，储备编织袋77万只、块石496吨、草包11万只、帐篷1279顶、移动机泵563台套、土工布9万平方米等。全区各类专业抢险队、部门应急队伍和志愿者队伍142支4344余人，做到主汛期24小时待命，随时准备参与抢险救援行动。台风过境期间，及时发挥牵头抓总、综合协调作用，全面部署防台抢险工作，采取一系列措施，成功抵御两个超强台风和超历史水位侵袭，确保全区人民群众生命财产安全。

（吴怡婧）

（本栏编辑 浦德琪）

现代化教育体系建设

【概况】 2021年9月，吴江区有各级各类全日制学校（含幼儿园）240所。全区幼儿园132所（分园、村园、附设幼儿班自2015年起独立统计，2020年起新增园区以独立法人为单位进行统计），其中公办83所（含独立法人单位40所）、民办49所[含苏州枫华学校、北外苏州附校（2021年12月，北外苏州附校更名为苏州湾外国语学校）附设幼儿班，其余47所均为独立法人单位]；小学56所，其中公办33所、民办23所；初中39所，其中公办31所（含九年一贯制学校7所：苏大附属吴江学校、云龙实验学校、横扇学校、菀坪学校、金家坝学校、八都学校、江村实验学校）、民办8所[含九年一贯制学校4所：存志外国语学校、滨之湖实验学校、道尔顿学校（2021年12月，道尔顿学校更名为道雅外国语学校）、泽新实验学校]；高中10所，其中公办7所、民办3所（含完全中学1所：青云实验中学；十二年一贯制2所：苏州枫华学校、苏州湾外国语学校）；中等专业学校2所；特殊教育学校1所。另有，高职院校1所（苏州信息职业技术学院），社区教育中心校8所，区社区培训学院1所，非全日制职工技术培训学校26所，民办非学历教育机构144个，学前看护点45个。至年底，全区累计创建市级以上优质幼儿园80所（含省优质幼儿园60所，分园及村园独立统计），省四星级普通高中4所，三星级普通高中2所，省四星级职中2所，省现代化特殊教育学校1所，区社区培训学院和8所镇（区）社区教育中心均达到省级标准。

（顾莹璆）

【基础教育】 2021年，全区扎实推进16个重点新建改扩建学校项目，建成项目14个，新增学位1.3万个。苏州市吴江区水秀实验小学及幼儿园，苏州市吴江区云龙实验学校、吴江新胜实验学校等一批优质学校正式启用。基础教育创新融合，启动幼小衔接结对试点园（校）项目，评选吴江区第一批“幼小衔接结对试点园（校）”42对，其中吴江实验幼儿园教育集团太湖园区、吴江实验小学教育集团太湖校区、盛泽幼儿园和盛泽小学获评省试点园（校），领先苏州各板块。成立吴江实验初中教育集团，填补初中段紧密型教育集团的空白，通过制度创新、政策支持和项目化实施，提升初高中教育整体水平。2021年获评省级基础教育教学成果奖10项，其中特等奖1项，一等奖5项，二等奖4项，数量和质量位居苏州各市区前列。民办学校提质升优，全面完善“2+12”民办教育制度体系，实施民办学校质量提升工程，通过派驻制度、教育云帮扶、办学水平等级评估、项目化推进和捆绑考核等措施，推进合格外来工子弟学校、民办学校提质增效工程，提升全区教育均衡发展水平。落实中办、国办《关于规范民办义务教育发展的意见》和省、市相关文件精神，按照统一部署，完成区民办义务教育阶段学生占比统计，起草《吴江区规范民办义务教育发展专项行动方案》。关停外来工子弟学校江新小学，启动民办义务教育学校章程核查工作。（顾莹瑛）

【职业教育】 2021年，吴江区首次举办长三角生态绿色一体化发展示范区职业教育活动周，牵头制定示范区中等职业学校跨省招生意见，试行中职统一学籍管理。产教融合不断深化，推动14个企业学院建设，270名学生参与现代学徒制培养，28名教师参与企业实践，校企合作开发课程9门。组织参加苏州市职业院校技能大赛，在大市八个板块中列中职组第三。承办苏州市职业学校创新创业大赛，获一等奖5项、二等奖9项、三等奖13项。组织教师参加苏州市职业学校教师教学能力大赛，获一等奖3项、二等奖4项、三等奖9项。1人获2021年江苏省职业院校技能大赛中等职业学校班主任能力比赛一等奖。284名职三学生参加单招考试，126名上本科线，创历史最好成绩。丝绸中专五年制大专五年级41名学生参加“专转本”考试，32人上本科线，上线率列江苏联合职业技术学院办学点第一名。（顾莹瑛）

【社区教育】 2021年，吴江区加快融入示范区一体化合作，“金嘉吴宣”（上海市金山区、浙江省嘉善县、苏州市吴江区、安徽省宣城市宣州区）终身学习共同体“社区教育助力乡村振兴”项目入选全国社区教育实验项目。平望“四河汇集”和太湖新城“花伴湾”列入市社区教育游学项目。积极开展老年人智能技术普及培训，建设全媒体培训课程，印发公益读本1万册，年培训量达1万人次以上。以六大行动积极推进联合国教科文组织城市社区学习中心能力建设，新增15个公共学习空间建设点，培育社区居民学习共同体43个。社区心理健康名师工作室被评为省级优秀名师工作室，1人列入省“社区教育领军人才”培养对象。创新开展全民终身学习活动周，约2.5万市民参与活动。（顾莹瑛）

【高等教育】 2021年，苏州信息职业技术学院（南京师范大学、南京审计大学、南京航空航天大学、西北农林科技大学校外教学点）、区教师发展中心（华中师范大学校外教学点）、区总工会职工学校（北京语言大学校外教学点）、太湖新城成人教育中心校［南京信息工程大学、中国地质大学（武汉）校外教学点］、汾湖高新区成人教育中心校（中国矿业大学校外教学点）、滨湖职业培训学校［中国石油大学（华东）、河海大学、扬州大学、泰州职业技术学院校外教学点］等6所院校接受业余高等学历教育总人数14277人，其中进修大专6886人、进修本科7391人；2021年毕业6004人，其中大专毕业2802人、本科毕业3202人。2021年全区成人高考报名6158人（含退役士兵），录取4812人，其中，高起本18人，高起专2742人，专升本2052人。省高等教育自学考试报名16806人次，毕业600人，其中本科毕业356人、专科毕业244人。（顾莹瑛）

【长三角教育一体化】 2021年，全区加快推进长三角教育一体化进程。长三角生态绿色一体化发展示范区教师发展学院正式揭牌，积极探索示范区一体化培养机制建设，发布《长三角示范区教师一体化培养方案》。继续推动示范区职教一体化招生，吴江、青浦、嘉善三地互投20个专业255个学位；苏州丝绸中等专业学校增挂“长三角生态绿色一体化发展示范区职业技术学校”牌子。南师大附属吴江实验小学、南师大附属幼儿园、苏州大学附属吴江学校、上海世外教育集团汾湖实验小学、上海世外教育集团附属云龙实验学校等合作办学项目顺利签约揭牌。举办2021新教育国际高峰论坛暨第五届长三角（苏州湾）教育对话活动，承办第十届长三角地区中小学班主任基本功大赛。扎实推进融入式党建“书记项目”——

2021年吴江区基

序　号	学校类别	校　名	责任单位	建设类别	办学规模N班	增加规模N班
1	初中	上海世外附属云龙实验学校（运河实验学校）	吴江开发区	新建	48	48
	小学	上海世外附属云龙实验学校（运河实验学校）	吴江开发区	新建	48	48
2	幼儿园	港中英乔幼儿园（港中旅）	吴江开发区	新建	12	12
3	幼儿园	运东幼儿园（青雅）	吴江开发区	新建	24	24
4	幼儿园	宋庆龄基金会花朵实验幼儿园（吉市路）	吴江开发区	新建	18	18
5	幼儿园	越江幼儿园	汾湖高新区（黎里镇）	新建	12	12
6	小学	坛丘小学（幼儿园）	吴江高新区（盛泽镇）	原地改扩建	24	0
	幼儿园	坛丘小学（幼儿园）	吴江高新区（盛泽镇）	原地改扩建	9	9
7	幼儿园	郎中荡幼儿园（暂名）	吴江高新区（盛泽镇）	新建	9	9
8	完中	苏州中学苏州湾校区	东太湖度假区（太湖新城）	新建	46	46
9	幼儿园	南京师范大学吴江实验幼儿园（水秀幼儿园）	东太湖度假区（太湖新城）	新建	24	24
10	小学	南京师范大学吴江实验小学（水秀小学）	东太湖度假区（太湖新城）	新建	30	30
11	幼儿园	滨湖绿郡幼儿园（朗诗）	东太湖度假区（太湖新城）	新建	12	12
12	高中	吴江高级中学	区教育局	原地改扩建	66	18
13	高中	盛泽中学改扩建二期	区教育局	原地改扩建	60	24
14	初中	吴江实验初级中学改扩建	区教育局	改扩建	54	18
合　计						

育建成项目一览表

增加学位（个）	起始年级学位数（个）	性 质	面 积（亩）	建筑面积（平方米）	计划投资（万元）	学校地址
2160	720	公办	120	75000	35000	吴江开发区湖心西路和庞山路交叉口的东南侧
1920	320					
360	120	普惠	9.072	4431	2200	吴江开发区庞山路199号
720	240	公办	15	7280	3640	吴江开发区江陵东路南、运东大道西041042地块西南角
540	180	民办	18.2	14858.3	15000	吴江开发区庞北路18号
360	120	公办	9.9	6800	3800	黎里镇越江路北、友东路西
0	0	公办	29.2	23678	12000	盛泽镇新兴路7号
270	90	公办				
270	90	民办普惠性	5.5	3539.33	1840	盛泽镇南二环路2699号水乡郎盛苑
1500	500	民办	152	103000	75000	胜地公园以南、中山南路以东、行船河以西
720	240	公办	16.65	14000	9300	松陵街道风清街
1200	200	公办	39.3	30000	18600	
360	120	普惠	7.95	4088	2044	松陵大道东芦荡路南
810	270	公办	160	20000	14000	中山北路801号
1080		公办	156	34000	19050	盛泽镇南环路东首1号
810	270	公办	3	5371.28	4300	吴模路1855号
13080	3480			346046	215774	

实施长三角示范区教师发展学院提升工程。建立长三角示范区教师一体化培养机制，开展“2+N”示范区联合师训活动（即由示范区教师发展学院牵头，以与国家教育行政学院、北京师范大学等国内顶尖教育院校、机构合作的2个示范区教师高端培训项目为龙头，以N个青吴嘉各自的传统特色联培联训师训项目为辅的培训体系，充分发挥教师培养的高端引领作用）。成立长三角生态绿色一体化发展示范区群团联盟，与青浦、嘉善联合举办长三角党史知识竞赛和示范区思政微宣讲比赛等活动。（顾莹璆）

【教育技术装备】 2021年，全区智慧教育稳步推进。校外培训机构综合管理平台、学情分析系统、教师大数据管理等平台上线运行，苏州线上教育吴江分中心增设“5+2”课后延时线上课程*。启动苏州市人工智能教育实验学校创建评比，推进苏州市智慧校园四星级评估申报及验收工作，开展5G技术智慧校园应用，7所学校通过苏州市智慧校园四星级评估。开展师生信息化应用竞赛评比活动，获市级以上奖项130人次，省级以上奖项21人。（顾莹璆）

素质教育

【概况】 2021年9月，全区全日制普通中小幼及中高职在校（园）学生214100人。幼儿园班级1244个，在园幼儿40893人；小学班级2499个，在校学生107700人；初中班级884个，在校学生37653人；普通高中班级340个，在校学生15631人；中职学生5409人，高职学生6626人；特殊教育班级15个，学生188人。是年，全区学前三年入园率、义务教育阶段适龄儿童入学率、巩固率保持100%，残疾儿童少年毛入学率100%。高中段毛入学率保持100%。2021年普通高考共有3605名考生参加考试。2021届高三录取：清华大学1人，北京大学2人，C9高校29人，985高校99人，211高校312人，全区6人进入省前100名，理科成绩最高在震泽中学，文科成绩最高在吴江中学，震泽中学被清华北大录取人数位居苏州大市各重点高中前列。（顾莹璆）

【德育工作】 2021年，全区教育系统以爱国主义教育、品格教育为主旋律，建立青少年党史学习教育“融入+”党史学习教育长效机制，把“青少年党史学习教育”贯穿立德树人教育全过程，开展“我向党旗敬个礼”“思政会客厅”“红领巾相约2035——寻访党的百年足迹”等活动，引导广大学生知史爱党、知史爱国。启动国防教育示范学校创建活动，出台加强新时代学校国防教育三年行动计划。通过“法律伴我成长”宣传教育周、青少年法治宣传“五个一”系列活动、“两法”专题学习培训活动，提高青少年学法懂法守法用法意识，在全国“宪法小卫士”行动计划中获优秀组织奖，1名学生获第六届全省学生“学宪法　讲宪法”法治知识竞赛一等奖。依托“劳动教育主题月”，集中开展实践活动，培养学生勤俭、奋斗、创新、奉献的劳动精神。健全省市区三级品格提升工程项目创建机制，引导学生准确理解和践行社会主义核心价值观。成立吴江区班主任培育站，夯实班主任基本功，推动班主任专业化进程。第十届“拨动学生心弦的艺术”长三角地区中小学班主任基本功大赛在吴江举行。命

2021年11月18日，第三届长三角地区中小学班主任基本功大赛现场（区教育局　提供）

名28所首批德育特色项目(学校),发挥示范辐射作用。区教育局获评吴江区全国文明城市建设工作先进集体,4所学校被评为江苏省文明校园,1所学校申报全国文明校园。（顾莹璆）

【教学工作】 2021年,全区深化拔尖人才培养。升级初中、高中创新人才项目建设,继续实施并完善拔尖创新人才一体化培养改革实验项目,持续开展初高衔接贯通培养,震泽中学承办江苏省区域基础教育课程教学改革展示活动,改革创新在原有试点学校基础上向其他学校拓展延伸。加大学科竞赛类人才培养力度,做好做强做优强基计划和综合素质评价工作。立足新高考背景下的生涯规划,着眼于学生学习和发展的可能性,形成精准的拔尖学生一生一策培养方案。2020年立项的省、市课程基地建设项目在2021年省、市级中期视导中两项获示范等级、四项获优秀等级,优秀以上占比超过60%。2021年省、市课程基地、文化建设和品格提升建设项目省级立项2个、市级立项9个。（顾莹璆）

【特色教育】 吴江持续开展有效课堂主题研究活动,探索具有吴江特色、校本特点、师本特长的体现“开放务实、精致简约”的“苏式课堂”特质的教学新样态,为教师课堂教学素养的提升搭建成长的舞台,为学生学科素养的提高提供有效的保障。例如“精致课堂”的内涵有三点:一是精讲,循易简之道,着力方法,学会、会学;二是精练,行邃密之道,着力功夫,累积、积累;三是精思,按解惑之道,着力智慧,问道(学生老师都要有问题意识,培养提问能力)、悟道。从而实现叶圣陶倡导的“教是为了不教”,提高学生的自主学习能力。（顾莹璆）

【集团化办学】 2021年,全区集团化办学体系不断完善,集团化办学地域不断拓展,通过一系列创新举措推进城乡携手、公民协同、初高贯通等办学体制改革,激发城区优质学校带动乡村薄弱学校的发展动能,推动全区集团化办学走上强强联合、以强带弱、内生外拓的发展之路。全区目前共有紧密型、纵向型、协作型、帮扶型等四大类型教育集团,覆盖到所有学段,其中紧密型教育集团6个、纵向型教育集团7个、协作型教育集团19个、帮扶型教育集团22个。（顾莹璆）

吴江区紧密型教育集团一览表

教育集团	下辖校区
江苏省吴江实验小学教育集团	太湖校区、爱德校区、城中校区、苏州湾实验小学、东太湖实验小学、长安实验小学
苏州市吴江区盛泽实验小学教育集团	盛泽实验小学、吴绫实验小学、程开甲小学、绸都小学、盛泽小学、鼎方校区、桃源小学
苏州市吴江区鲈乡实验小学教育集团	仲英校区、越秀校区、流虹校区
苏州市吴江区实验幼儿园教育集团	太湖园区、爱德园区、城中园区、苏州湾园区、求真园区
苏州市吴江区鲈乡实验幼儿园教育集团	鲈乡园区、流虹园区、越秀园区
苏州市吴江区实验初级中学教育集团	吴江区实验初级中学、笠泽实验初级中学
江苏省震泽中学教育集团	江苏省震泽中学、江苏省震泽中学育英学校

（顾莹璆）

吴江区协作型教育集团一览表

牵头学校	协作共建学校
区实验初中	苏州湾实验初中、盛泽实验初中
松陵一中	菀坪学校(初中)、八坼中学、横扇学校(初中)
同里中学	开发区初中、笠泽初中

（续　表）

牵头学校	协作共建学校
汾湖初中	莘塔中学、芦墟初中
北库中学	金家坝学校（初中部）、黎里中学
震泽初中	平望二中、梅堰中学
七都中学	八都中学、庙港中学
盛泽二中	盛泽一中、南麻中学
铜罗中学	青云中学、桃源中学
思贤实小	松陵小学、北门小学、菀坪学校（小学部）
同里实小	山湖花园小学、长安实验小学
汾湖实小	莘塔小学、北厍小学
梅堰实小	南麻小学、坛丘小学
芦墟实小	黎里小学、金家坝学校（小学部）
震泽实小	铜罗小学、青云小学、桃源小学
屯村实小	天和小学、花港迎春小学
平望实小	盛泽小学、八坼小学
江村实验学校（小学部）	七都小学、八都学校（小学部）、横扇学校（小学部）
江苏省震泽中学教育集团	江苏省震泽中学、吴江区实验初级中学、吴江区震泽初级中学、吴江区盛泽第二中学、汾湖实验初级中学、江陵实验初级中学

（顾莹璆）

吴江区帮扶型教育集团一览表

帮扶学校	被帮扶学校	帮扶学校	被帮扶学校
花港迎春小学	齐心小学	程开甲小学	盛泽思进小学
天和小学	爱心小学、平南学校	坛丘小学	盛泽革新小学
莘塔小学	芦墟高新小学	南麻小学	盛泽前进小学
黎里小学	汾湖黎里友谊小学	八坼小学	平望船民小学
七都小学	七都隐读小学	平望实小	平望船民小学
江村实验学校（小学部）	震泽儒林第三小学	震泽实验小学	震泽希望小学
梅堰实验小学	梅堰儒林第四小学	八都学校（小学部）	震泽立国小学
绸都小学	盛泽可以小学	青云小学	桃源蒲公英思源小学
盛泽小学	盛泽四海小学	横扇学校（小学部）	吴江区宏鸣可小学
吴绫实验小学	盛泽育英小学	山湖花园小学	吴江区爱心小学
盛泽实验小学	盛泽茅塔小学	苏州湾外国语学校	笠泽实验初中

（顾莹璆）

吴江区纵向型教育集团一览表

序　号	名　称	序　号	名　称
1	菀坪学校	5	江村实验学校
2	横扇学校	6	云龙实验学校
3	金家坝学校	7	苏州大学附属吴江实验学校
4	八都学校		

（顾莹璆）

【教科教研】 2021年，全区教科教研品质提升。关注学生持续发展能力的培养，以“有效课堂”构建和“教学模式”推展为新的平台，菜单式服务组织“名师送教”。加大对课程基地建设的指导和管理，深化高中、初中教学教研一体化改革，打造区域学科教研共同体，组建学科研究中心，做亮“课例研究”等微教研品牌。通过成果培育对象申报和遴选，组织开展专家指导、实践交流和成果提炼等活动，有序推进各类成果孵化和应用推广。组织教师参加苏州市基本功、评优课和专业素养大赛等各级各类比赛，5人获省基本功、优质课大赛一、二等奖，49人获市基本功、优质课大赛一、二等奖，33人获苏州市素养大赛一等产奖，获奖数量位居大市前列。（顾莹璎）

【“双减”工作】 2021年，全区贯彻落实中共中央办公厅、国务院办公厅《关于进一步减轻义务教育阶段学生作业负担和校外培训负担的意见》以及江苏省和苏州市关于减轻义务教育阶段学生作业负担和校外培训负担工作的指导意见，强化校内减负增效，提升教育教学质量，确保学生在校内学足学好。推进“双减”背景下的高质量教学研究，实施教学“七认真”（认真备课、认真上课、认真布置和批改作业、认真辅导学生、认真考核学生、认真组织课外活动、认真指导学生开展自学）精细化管理，颁布《中小学课堂规范二十条》；开展科研力与教学力双驱互动主题活动，引领教师把研究中心下沉到课程、课堂和教学；制订幼小、小初衔接方案，探索义务教育阶段教育教学工作的连贯性和有效性。全面压减作业总量和时长，减轻学生过重作业负担。探索新型义务教育作业管理模式，建立作业公示制度，将作业设计纳入教研体系，合理调控作业结构，加强面批讲解，抓实质量监督。提升学校课后服务水平，满足学生多样化需求。实行“5+2”课后服务*模式，重点是落实课程形式的多样性、课程内容的丰富性和对课后服务的指导监督。发挥集团化办学的资源共享优势，依托校外资源丰富课后服务内容，提升课后服务水平。课后服务覆盖全区所有义务教育阶段公民办学校。全面规范培训机构。全面停止审批新的义务教育、高中和幼儿阶段学科类校外培训机构。从严规范培训行为、培训内容、培训时间、从业人员资质等，义务教育阶段学科类校外机构统一登记为非营利性机构，义务阶段学科类培训机构压减率达95.1%。义务教育阶段学科类、高中学科类校外培训机构全部纳入学费监管。建立区级深化校外培训机构治理联席会议制度，形成合力共同应对各类风险隐患。健全“双随机一公开”（在监管过程中随机抽取检查对象，随机选派执法检查人员，抽查情况及查处结果及时向社会公开）机制，对校外培训内容开展检查。（顾莹璎）

【规范民办义务教育】 2021年，全区落实中办、国办《关于规范民办义务教育发展的意见》和省、市相关文件精神，按照统一部署，加强分类指导，因地因校施策，规范民办义务教育学校办学行为。起草吴江区规范民办义务教育发展专项行动方案，完成民办义务教育学校章程、举办者、校名、基本办学条件达标等核查工作。继续开展民办学校优质发展水平等级评定。组织开展民办学校举办者（负责人）、民办幼儿园园长、新教师、骨干教师培训以及游戏化课程专家伴随式、教科研基础能力等专项培训。8月，完成松陵街道民办外来工子弟学校江新小学的关停工作，原600多名学生由公办松陵小学全部接收。截至12月底，全区共有各类民办学校88所，其中民办幼儿园52所，民办中小学16所，合格外来民工子弟学校20所，在校生近6万人，占全区中小幼学生在校人数的30%。不再审批设立新的民办义务教育学校（含民办九年一贯制学校、十二年一贯制学校和完全中学）。所有非营利性民办学校完成年度财务审计工作，委托相关会计事务所随机抽取8所（10%）学校就核算质量和审计报告进行评价。（顾莹璎）

【体卫艺科普教育】 2021年，全区坚持“德智体美劳”五育并举，注重全面发展。扎实推进《学生体质健康标准》实施工作，抓好“体育、艺术2+1项目”（即通过学校组织的课内外

2021年6月1日,“百年辉煌 雏鹰展翅”文艺汇演暨素质教育巡礼活动在苏州青少年科技馆举行 (区教育局 提供)

体育教育和艺术教育活动,让每个学生在九年义务教育阶段能够掌握两项体育运动技能和一项艺术特长,为学生的全面发展奠定良好的基础)工作,推进实施青少年体育“5621”计划[即每个县(市、区)至少推动5个运动项目,每个项目至少布局6所小学、2所初中、1所高中,形成体育项目的“梯队”建设],评选命名2021—2024年度吴江区体育传统特色项目学校59所。举行“区长杯”青少年校园足球联赛,承办苏州市“市长杯”校园足球联赛小学组决赛。组织2021年吴江区学生艺术节活动、庆“六一”素质教育巡礼暨艺术节优秀节目展演。承办江苏省第七届学生艺术节艺术工作坊和舞蹈展演活动。组织2021省“金钥匙”系列竞赛、“科技创新大赛”选拔,开展电子百拼比赛,提升青少年科学素养,苏州青少年科技馆全年参观访问达12万人次。推进实施吴江区中小学阅读素养提升工程,在江苏省“苏教国际杯”作文大赛获2个省特等奖,23个省一等奖,“七彩语文杯”作文大赛中获5个省一等奖。区教育局教研室分别获初、高中省优秀组织奖。(顾莹琴)

【健康教育】 2021年,全区着力促进学生健康。开展近视防控宣传月系列活动,增强学生爱眼护眼意识。坚持以积极心理学为导向,全方位多层次开展心理健康教育工作。苏州市达标心理辅导室100%覆盖,开展“鲈乡父母课堂”进学校、区校联动心理健康讲座活动200多场,参与学生5万多人次、家长6万多人次、教师7000多人次。624名教师通过苏州市中小学校专兼职心理健康教育教师资格认定。重视家校共育,做好全员家访,挂牌成立“吴江区中小学家庭教育指导与服务中心”(10月20日成立),年均接待未成年人个别心理咨询500多人次。结合学校开放日、科普宣传周等活动,组织专兼职心理健康教育教师到部分学校、小区进行现场咨询答疑。每年为全区五年级、初一、高一的全体学生进行团体辅导活动50多场。吴江区中小学家庭教育指导与服务中心副主任薛晟参与891成长热线直播《传统家庭教育中的心理误区》,分享家庭教育技巧。心理专职教师顾琴华带领小学生参演江苏教育频道《成长》栏目心理电影。吴伟红心理名师工作室编著《小学性教育心理课》,通过绘本故事讲述性教育。持续印发通俗读本《亲子心理读本》5万余册、心理健康普及读本《市民心理健康手册》6万余册,配合苏州教育局共印发中、高考考生心理调适口袋书《你好!中考!》《你好!高考!》2700余本。

(顾莹琴)

师资队伍

【概 况】 2021年9月,全区各类学校(园)有教职员工18875人,其中在编教职员工9070人。全区各类学校(园)专任教师15054人,其中幼儿园2709人、小学6492人、特殊教育学校32人、普通中学5090人、中专484人、高职院校247人。至年底,全区公办幼儿园、小学、初中、普高、中职专任教师本科学历分别占比86.10%、93.13%、98.46%、99.93%、100%,初中、普高、中职专任教师硕士研究生分别占比16.05%、25.68%和13.22%。全区有国家教学名师2人、省人民教育家培养工程培养对象3人、省“333高层次人才培养工程”第三层次培养对象6人、正高级教师33人、在职省特级教师46人、市名教师名校长50人、学科(术)带头人280人、各类姑苏教育人才66人次、区级以上骨干教师比例32%。

(顾莹璎)

【师德师风】 2021年,区教育局组织学习《中小学教师师德师风手册》,开展师德师风知识检测、自查自纠和专项督查,坚持填报师德月报。加强全区“四有”好教师团队建设,获评市级“四有”好教师团队4个,盛泽实验小学教育集团的“综合育人新丝路”好教师团队获评省级重点培育团队。选树并宣传优秀教师典型,做好吴江区优秀教育工作者评选以及苏州教育时代新人的遴选推荐。结合教师职业行为负面清单,严把从业教师准入门槛,强化教师资格认定及教师资格注册管理,完成教师资格认定1336人、教师资格证注册8164人。

(顾莹璎)

【教育队伍建设】 2021年,区教育系统加大人才招聘引进力度,录用新教师879人,其中硕士研究生398人,“双一流”建设高校本科毕业生66人。引进录用教育重点紧缺人才28人,其中教授级高级教师2人、省特级教师3人。大力建设名师工作室,32个名师工作室成员397人。完善教师培养体系,依托18所区级以上教师发展示范基地校,探索教师培训新模式,全年累计完成区级教师(校长)培训10276人次。1名教师获评江苏省最美中学教师、2人获评江苏省优秀教师、1人获评江苏省优秀教育工作者、1人获评苏州教育时代新人、1人获评苏州时代新人、5名教师获得正高级教师职称、6名教师被授予江苏省特级教师荣誉称号。2人入选苏州市首批名师工作室领衔人,1人入选第二批省名师工作室主持人,2人入选省“教育家型教师”创新培养计划。

(顾莹璎)

2021年10月20日,吴江区中小学班主任培育站揭牌(区教育局 提供)

【教育人事制度】 2021年,全区教育系统深化管理体制改革。落实减轻中小学教师负担文件精神,修订新一轮区级骨干教师评审办法。优化岗位设置管理,完成直属事业单位岗位设置与聘用工作。按时按序完成全区9345份教师人事档案的专审工作。完善教师待遇保障制度和教师收入分配激励机制,指导学校方案向教学一线和教学实绩倾斜,不断完善义务教育教师工资随当地公务员动态调整联动机制。推动教师交流轮岗制度化、常态化,增强教师队伍活力,完成各类教师交流255人,校级领导交流轮岗32人。至年底在交流人数627人,交流教师比例达17.51%。选派第三批援疆支教团队4人赴疆支教,继续做好印江教育扶贫的巩固工作。进一步加大乡村教师支持力度,落实第二批乡村定向师范毕业生的跟踪培养以及2021年乡村定向师范生的指标申报。

(顾莹璎)

依法治教

【教育政风行风】 2021年,全区教育系统热点难点有效攻坚。及时妥善处理关系群众和学校切身利益的问题,全年处置各类工单2800余件。落实政务服务和“互联网+”监管各项工作,推进党务政务公开,全年公开文件145份。精准实施招生改革,首届新高考平稳落地,首战告捷。落实落细新冠肺炎疫情防控,强化校园管控,教育系统各类人群疫苗接种做到应接尽接,基本实现全员覆盖。落实教育系统每周5%的常态化核酸检测工作,进一步巩固疫情防控良好态势。学校法治副校长和卫生副校长配备率均为100%。开展吴江区垃圾分类先进学校评比,30所学校获评区级垃圾分类先进学校。全面推进中小学教室灯光改造工程,全区中小学60%的教室完成改造。全面落实中小学"阳光食堂"信息化监管服务平台建设。完善吴江区新生入学工作系统平台,将公办和民办学校报名登记、查验材料、审核录取全流程纳入统一招生平台,扎实落实"公民同招"。完善思政育人体系,守好校园意识形态阵地。落实网络意识形态责任制和网络安全工作责任制,召开2次专题会议,精心组织宣传教育。教育故事广泛传播。强化吴江教育微信"新闻+政务+服务"发展模式,完善全区教育系统微信矩阵建设,与各级媒体联动,营造良好舆论氛围。在国家、省、市级媒体上发表各类报道30余篇。开设"党史学习教育""'双减'在行动""快乐成长一起来""新任校长有话说""冬奥2022"等专栏,以生为本、与时俱进讲好教育故事。吴江教育微信全年发布微信推文600多条,在苏州市教育系统政务微信考核中居前列。 (顾莹璎)

【从严治党】 2021年,全区教育系统落实主体责任,制定完善区委教育工委全面从严治党责任、区委教育工委领导班子成员全面从严治党个人责任清单,召开全区教育系统全面从严治党工作大会2次。强化书记抓党建的主责主业意识,将党建工作和党风廉政建设纳入学校年度考核,开展学校党组织书记述职评议工作。推进"清廉校园",开展"一把手"上廉政党课、一案四释(同一个案例,以案释德、以案释纪、以案释法、以案释责)等活动,筑牢党风廉政建设。开展"廉领导贤内助"家庭助廉主题活动,把警示教育、家风文化和家庭助廉有机结合,家风建设助力党风政风建设。广泛开展"一把手"书记上党课,扎实深化党史学习教育,突出抓好"六专题一实践"重点任务,在吴江教育微信公众号上发布党史学习教育活动信息40多期,汇编青少年党史学习教育工作简报30期。用好本地红色阵地和百年老校资源,举办情景式党课,开展新老书记讲党史主题活动。举办庆祝中国共产党成立100周年暨党史学习教育主题活动、"请党放心 强国有我"青少年党史学习教育主题演讲比赛,以昂扬奋进的姿态献礼建党百年。聚力开展"两在两同"建新功行动*,全力实施"五点钟学校""校外培训机构学费监管""'育无疆'家长学校""开展老年人智能技术培训""坚决落实'双减'政策 积极回应群众期待"等两批次8项"我为群众办实事"项目,助力惠民便民。高举先锋旗帜,发挥11个行动支部冲锋攻坚、争先创优的战斗堡垒作用,组织党员干部参加援疆教育帮扶脱贫攻坚工作以及各类志愿服务,多个集体和个人受到区级以上表彰和宣传。4名党员分获"感动江苏教育人物""苏州市时代新人""苏州市优秀共产党员""吴江区担当作为好干部"称号。举办第五届党员百节好课展示活动,党员和骨干教师"双培养"机制有效落实。民办学校党建工作"两个覆盖"(党的组织覆盖和工作覆盖)达100%,继续推行公办学校派驻民办学校党建工作指导员管理制度。依托"好苗苗学习班""老少重温入队(团)誓词""寻梦南社游学活动"等五大工作平台扎实开展关心下一代工作。依托"海棠花红"先锋阵地和"吴教先锋"党建品牌,对全区教育系统78个基层党组织书记项目进行立项和督导。深化"一校一品"党建文化品牌项目创建,获省级成果奖3个,市级成果奖16个,区级及以上成果覆盖率超过70%。 (顾莹璎)

【规范管理】 2021年,教育部门牵头落实全区各学校新冠病毒肺炎疫情防控组职责,转发印发各类防控文件34个,完成覆盖全区所有学校学生的两剂次疫苗接种任务,做到应接尽接。扎实做好学校封闭管理,落实师生全员排摸、个人健康卡申报和在校因病缺勤登记制度等,构建严密的疫情防控体系。

贯彻落实新时代教育督导体制机制改革意见，推动区镇、街道切实履行教育职责，保障各级各类学校依法办学。强化督政督学，完成对吴江高新区（盛泽镇）、七都镇、震泽镇教育履职情况“回头看”。加强中小学幼儿园责任督学挂牌督导，重视“五项管理、校园安全、课后服务、疫情防控”等常态化督查。按时间节点推进年度教育现代化建设监测及义务教育学校标准化建设监测工作。全年完成对菀坪幼儿园、花港迎春小学、汾湖实验初级中学等校（园）的素质教育综合督导，开展对爱心小学等3所外来民工子弟学校的课堂教学调研性督导评估。推进区（镇、街道）高质量发展教育工作成效考核及江苏省义务教育优质均衡发展县（市、区）建设申报工作。

（顾莹璎）

【平安校园】 2021年，区教育系统组织开展新《安全生产法》学习宣传，9次专题部署校园安全工作。全面推进安全专项整治三年行动，开展实验室危化品、治安防范、燃气安全、食品安全等督导检查抽查27次，排查学校542所（次），发现隐患619处，全部完成整改。成立校舍建筑安全整治领导小组，制定“一校一策”消险措施，全区Dsu［安全性严重不符合《民用建筑可靠性鉴定标准》（GB50292-2015）对Asu级的规定，严重影响整体承载］级既有校舍建筑100%消险。推进校园蓝盾志愿者活动，全区共有170所学校14万名家长参与志愿服务。215所校（园）达到智慧安防校园建设一级标准以上。加强防范电信网络诈骗宣教工作，获评苏州市“无诈机关”创建工作先进单位。举办学校安全干部素质提升培训、“安全第一课”等专题教育活动，开展防震、防火、防暴等应急疏散演练1106次，全面提升师生安全素养。　（顾莹璎）

学校选介

【苏信学院】 2021年，苏州信息职业技术学院（以下简称苏信学院）围绕“红心向党、立德树人”主题，组织开展红歌大合唱、经典朗诵、集体观影、颁发“光荣在党50年”纪念章等庆祝中国共产党成立100周年系列活动。牵头示范区内其他8所中职校（全覆盖），并吸纳相关部门单位，组建“1+8+N”的一体化示范区职业教育协同创新平台，举办9校党史学习教育知识竞赛、思政课题立项、思政课程教学比赛等活动。组织开展“四有课堂”教学评比，建设课程思政优秀案例库。

苏信学院创新确立“外联内拓、养德精技”的发展思路，明确高质量发展的全新战略定位，确定高质量发展的17项重点工作任务，着力推进“一系一品牌”建设工程和“1师1企、1专业1产业、1系1区镇”教学与实践对接工程等重点工作项目，为学院高质量发展夯实新基础、蓄积新动能、探索新路径。

苏信学院1个科研项目首次入选中国高校产学研创新基金项目，实现零的突破；获评2021年江苏省职业院校教学大赛最佳组织奖，获得1项省教学成果奖二等奖，1部省重点教材，1项省重点教改课题，1项省教学大赛一等奖、5项二等奖、1项三等奖；5个省技能大赛二等奖，4个省微课教学大赛二等奖，1个案例首次入选省职业教育质量年度报告，13门课程入选省级在线开放课程，1个苏州市教学创新团队，1个苏州市优秀企业学院。

苏信学院合作伙伴德奥电梯获批江苏省第三批产教融合型试点企业，承办华为“聚姑苏，共未来”——2021 5G+数字化人才发展产教融合城市沙龙，与吴江文旅集团共建文旅学院揭牌，与吴江开发区共建产业学院智能制造首期产教融合班开班，与法兰泰克重工股份有限公司共建企业学院揭牌；吴江区网格学院在院内成立，成为首批“吴江区项目制培训”承训机构之一。

苏信学院获评2020年度“中国大学生自强之星”；2021年全国大学生软件测试大赛Web安全测试全国总决赛团体第一名；获评江苏省第十六届大学生职业规划大赛总决赛特等奖、优秀指导老师、最佳组织奖等一系列奖项；获苏州市高职高专院校辅导员工作案例一等奖。　（沈荣明）

【上海世外教育附属吴江云龙实验学校】 上海世外教育附属吴江云龙实验学校由吴江区

人民政府投资3.5亿元兴建，按照江苏省中小学一类标准设计建造而成，为九年一贯制公立义务教育学校，2021年9月1日启用。学校位于吴江经济技术开发区湖心西路555号，占地80万平方米，建筑面积7万平方米，拥有96个教室，可容纳4500名学生就学。学校有图书楼1个（拥有4万册藏书）、报告厅1个（可容纳1000人）、400米塑胶环形跑道运动场1个、标准足球场1个、篮球场10个、排球场8个、大型室内体育馆2个、食堂2个，另有4个装配有48台计算机的教室、理化生科学等各类分组实验室，以及各类专用教室等门类齐全的教学设备设施，每个教室配备有希沃一体机并接入互联网。学校现有1—8年级29个教学班，学生近1300名。大学本科及其以上的学历教师80名，其中研究生学历占30%，正高职称1名，副高职称4名，省特级教师1名，全国优秀教师1名。学校由吴江区人民政府委托国内教育品牌——上海世外教育集团管理，充分依托上海世外教育资源、管理理念、教育管理专家团队、学科专家团队和课程研发团队，提升办学品质，践行长三角教育一体化的探索。学校办学理念是“进德修业　自强不息”，校训为“励志　勤学　善思　忧天下”。学校全面贯彻落实“双减”“五项管理”文件精神，以多样化的课程开展延时服务。学校安排有吴江历史文化课程，校园内9座楼（师俭楼、静思楼、耕乐楼、思本楼、崇本楼、南社楼、程开甲楼、柳亚子楼、费孝通楼）的命名，打上吴江地方文化的烙印，践行爱国主义教育以及上海世外“中国心　世界眼”的教育理念，让中华文化流淌在孩子们血液中。学校利用九年一贯制优势，尝试推进义务教育“五四制”，开展小初教育教学衔接实验。（吴方明）

上海世外教育附属吴江云龙实验学校　（区教育局　提供）

【南师大吴江实验小学】 南京师范大学吴江实验小学（苏州市吴江区水秀实验小学）是苏州市吴江区人民政府与南京师范大学合作办学项目，2021年9月正式启用，坐落于东太湖度假区核心区域风清街520号，占地面积39.2亩，建筑总面积30488平方米（含7688平方米地下人防车库），设计规模6轨，可容纳1600名左右学生。学校共有教室57个，体育馆1个；食堂餐厅920平方米，含760个座位。学校普通教室36间，专用教室21间，教师办公室15间，会议室8间，图书馆、电子阅览室各1间，报告厅1间。科学、美术、音乐、书法、美术、劳技、网络、舞蹈等专用教室配备均达省标。科学园、远程教育、自动录播、电子阅览、阅读长廊等设施配备能较好满足学生科学素养提升及阅读习惯培养。300米标准运动场，室内体育馆，篮球、羽毛球运动场能满足师生的日常运动之需。学校现有一年级学生276人，总计7个班级。教职员工33人，其中专任教师22人，南师大外聘校长1人，后勤辅助人员10人。研究生学历8人，专任教师本科率100%。骨干教师9人，占比40.9%，35周岁以下教师14人。2021年4月8日，吴江区政府和南京师范大学签约，委托南京师范大学管理，冠名为“南京师范大学吴江实验小学”，进行合作办学。特设“合作学校发展委员会”，成立南师大“专家指导委员会”负责指导学校发展和业务培训。南师大吴江实验小学围绕学生发展、教师发展和家校共育的“331”计划，力争短时间内打造成为“吴江前列、苏州一流、江苏知名”的优质学校。学校着力打造三个特色课程建设：小幼适应性课程建设、水精灵“动静创阅”课后延时课程建设和“摸爬滚打”童趣活动课程建设，着力建设三个教师发展工作坊：青年教师工作坊、班主任工作坊和骨干教师工作坊，从南师大的校训“正德厚生、笃学敏行”中汲取精华致力将学校教师团队建设成为“厚生敏行”的“四有”（有理想信念、有道德情操、有扎实学识、有仁爱之心）好教师团队。学校成立一个家校共育专业共同体，邀请国务院智库多名专家定期开展“南师教育直播间”活动，指导家庭教育与学校教育相融合，探索新时代下家校共育新路径。 （钱 澜）

【滨湖绿郡幼儿园】 滨湖绿郡幼儿园坐落于吴江区松陵街道松陵大道188号滨湖绿郡花园北门37幢，2021年9月正式启用。该园占地面积5506.6平方米，总建筑面积4137.28平方米，配有教室12个、多功能活动室1个、美术专用教室1个、建构室1个、科学发现室1个、教师阅览室1个，园中每间教室都装备多媒体教学设备。现有教职员工人共19人，其中专任教师8人（本科学历6人、大专2人）。现有小班2个，幼儿45人；中班1个，幼儿30人；中大混龄班1个，幼儿28人。办园理念为：尚自然、展个性、促发展、育栋梁。秉持培养纯真善良、智慧健康的孩子的理念，努力创造一个和谐、务实、感恩、创新的普惠性园所。

（李 娟）

2021年吴江区各级各类公办学校情况一览表（一）

名 称	占地面积（平方米）	建筑面积（平方米）	班级数（个）	学生数（人）	在编教职工数［专任教师数］（人）	主要荣誉
江苏省震泽中学	246668	56484	44	1995	272［266］	江苏省文明校园，全省教科研工作先进集体，江苏省健康促进金牌学校，江苏省中小学“校园心理剧”创作示范学校，第十八届“叶圣陶杯”全国中学生新作文大赛优秀团体奖，第十四届“地球小博士”全国地理科学知识大赛“优秀组织奖”，江苏省中小学天文网络知识竞赛优秀组织单位，苏州市教育教学成果特等奖、一等奖，苏州市普通中小学教科研工作先进集体，苏州市第二批智慧校园发展水平四星级学校，立项课程基地建设市级项目示范学校，苏州市模范教工之家，苏州市中华经典诵写讲大赛优秀组织奖，“学党史 诵经典 展风采”第十三届苏州市“普通话、苏州方言、英语口语”比赛一等奖，苏州市中华红色经典美文诵读大赛中学组一等奖，中国中小学剑桥英语本地化联盟成员，苏州教育国际交流协会理事单位，苏州市十佳高中生社团提名奖
江苏省震泽中学育英学校	57613	39232	10	449	44［48］	—

（续　表）

名　称	占地面积（平方米）	建筑面积（平方米）	班级数（个）	学生数（人）	在编教职工数［专任教师数］（人）	主要荣誉
吴江中学	187296	87584	62	3117	312［305］	江苏省科普科幻教育基地，江苏省青少年航空教育基地，苏州市文明校园，苏州市教师发展示范基地，苏州市大中小学思政课一体化教育联盟首批学校，“学党史 诵经典 展风采”第十三届苏州市“普通话、苏州方言、英语口语”比赛二等奖，苏州市2020年立项 省、市级中小学课程基地建设项目市级视导优秀奖，“苏州市中小学红色印记学校”荣誉称号，苏州市智慧校园发展水平三星级学校，苏州市中华红色经典美文诵读大赛中学集体组一等奖
吴江高级中学	99002	46938	58	2977	287［281］	江苏省对外交流合作交流重点建设项目学校，江苏省青少年科技教育先进学校，苏州市教师发展示范基地校，苏州市中小学创建“一校一品”党建文化品牌项目特色学校，“学党史 诵经典 展风采”第十三届苏州市“普通话、苏州方言、英语口语”比赛二等奖，2021年苏州市青少年田径比赛高中组团体总分第四名，2021年苏州市青少年阳光体育联赛中小学生航空模型比赛体育道德风尚奖运动队
吴江盛泽中学	86565	44911	36	1848	187［176］	江苏省计算机科普教育基地，江苏省青少年计算机等级考试（YCRE）考点，2021年江苏省教学成果奖二等奖，江苏省青少年航空科普教育基地，苏州市课程基地——STEAM科创教育课程基地，2018—2020年苏州市文明校园，苏州市青少年数字公民培育计划项目学校，2021年度江苏省第33届金钥匙科技竞赛省青少年科技教育先进学校，智能机器人社获苏州市“十佳高中生社团提名奖”，2021年苏州市中华红色经典美文诵读大赛优胜奖，苏州市第九届青少年电子技师比赛模科物联智造团体第一名，2021年苏州市中华红色经典美文诵读大赛中学集体组优胜奖
吴江平望中学	58214	30641	20	1043	138［133］	苏州市2019—2020智慧校园发展水平三星级学校，第十三届苏州市“普通话、苏州方言、英语口语”比赛：高中组团体奖二等奖
吴江汾湖高级中学	89335	33224	36	1744	184［193］	第十三届苏州市“普通话、苏州方言、英语口语”比赛高中组团体奖特等奖

（续 表）

名 称	占地面积（平方米）	建筑面积（平方米）	班级数（个）	学生数（人）	在编教职工数［专任教师数］（人）	主要荣誉
江苏省吴江中等专业学校	74760	47400		2515	151［199］	2021年度苏州市职业学校技能大赛先进学校，2018—2020年度苏州市文明校园，2021年苏州市职业教育创新创业大赛团体优胜奖，2018—2020年度苏州市教育系统关心下一代工作先进集体，“计算机网络技术”获评苏州市中等职业学校精品课程，“全域思维下的现代学徒制旅游人才培养”“‘多元共育’申龙电梯现代学徒制”获苏州市职业教育现代学徒制项目建设，“光电缆行业‘三融’人才培养模式的探索与实践”获省职业教育教学成果二等奖，“基于‘行是知之始’思想劳动教育的实践性教学创新的研究”成功申报省“十四五”规划2021年度课题，“挹翠阁”国风手工饰品社团、吴风越韵社团获苏州市职业学校标兵社团
江苏省苏州丝绸中等专业学校	139494	85752		2955	245［282］	江苏省教学成果一等奖，江苏省中小学职业体验中心，江苏省“五四”红旗团委，苏州市优秀教工之家，“服装CAD版型制作与放码”获评2021年苏州市中等职业学校精品课程，“服装设计与工艺现代学徒制试点”项目立项为苏州市职业教育现代学徒制项目，技术成果“化纤生产智能物流系统”获中国纺织工业联合会科学技术成果奖，“华佳丝绸企业学院”被遴选为第四批苏州市职业院校优秀企业学院，学校被江苏京东信息技术有限公司评为优秀协作院校
苏州信息职业技术学院	359600	155159	217	6626	234［247］	2021年全省高校毕业生就业工作量化考核A等，“武进人才杯”江苏省第十六届大学生职业规划大赛最佳组织奖，2021年江苏省职业院校教学大赛最佳组织奖，2021年江苏省教学成果奖二等奖，第二届江苏省大学生流行音乐大赛流行演唱（组合）银奖、最佳人气奖，2018—2020年苏州市文明校园，“党的光辉照我心”苏州高校庆祝中国共产党建党百年暨第一届“我是传承者”主题演讲大赛优秀组织奖

2021年吴江区各级各类公办学校情况一览表（二）

名 称	占地面积（平方米）	建筑面积（平方米）	班级数（个）	学生数（人）	在编教职工数［专任教师数］（人）	主要荣誉
实验初级中学	60058	22466	62	3034	227［251］	江苏省基础教育教学成果特等奖，2018—2020年度苏州市文明校园，江苏省“一校一品”党建文化品牌，苏州市第二批“四有”好教师团队

（续 表）

名 称	占地面积（平方米）	建筑面积（平方米）	班级数（个）	学生数（人）	在编教职工数［专任教师数］（人）	主要荣誉
笠泽实验初级中学	67322	35386	32	1499	115［122］	苏州市第七批市级语言文字规范化示范校
苏州湾实验初级中学	51548	35346	34	1407	128［140］	2020年度江苏省节水型学校，苏州市数学课程基地视导优秀，苏州市智慧校园，2020年度苏州市义务教育管理标准特色学校，苏州市第二批国际理解教育项目实验学校，第十七届江苏省《时代学习报》初中数学文化节“核心素养”测评活动优秀组织奖，学党史诵经典展风采”第十三届苏州市“普通话、苏州方言、英语口语”比赛优秀组织奖，第十三届苏州市“普通话、苏州方言、英语口语”比赛团体特等奖，苏州市中小学生垃圾分类知识竞赛团体二等奖
震泽初级中学	55055	37646	24	1134	91［90］	苏州市特殊教育工作先进集体，2018—2020年度苏州市文明校园
苏州大学附属吴江学校	66622	60331	0（中）	0（中）	0［0］	—
			16（小）	682（小）	30［46］	—
松陵第一中学	64478	30936	45	2227	176［176］	小南社获评江苏省基础教育课程基地，苏州市“平江杯”第六届校园灯谜艺术节团体电控赛“中学生组”二等奖，苏州市青少年阳光体育联赛中学生田径比赛初中组团体总分第二名，苏州市节水型学校
横扇学校	63761	26206	14（中）	593（中）	39［48］	苏州市中小学课程基地学校，苏州市中小学校园慈善文化建设示范教育基地，苏州市2020—2021年度毒品预防教育示范基地，苏州市教育局机关大厅布展，苏州市养正文化农耕课程基地，中国校园健康行动护眼亮眼工程宣教示范学校
			42（小）	1849（小）	77［100］	—
菀坪学校	58910	20133	12（中）	493（中）	41［48］	—
			27（小）	1149（小）	49［82］	—
八坼中学	44557	15266	12	545	56［56］	苏州市健康学校，苏州市优秀共青团
云龙实验学校	79997	70218	4（中）	199（中）	18［19］	2021年“引力播杯”苏州市中小学硬笔书法大赛总决赛最佳组织奖
			25（小）	1053（小）	28［67］	—
开发区实验初级中学	109764	39831	33	1589	116［128］	苏州市教师发展示范基地校，苏州中小学优秀社团“十佳初中生优秀社团提名奖”，江苏省基础教育课程基地建设结果合格，苏州市毒品预防教育示范学校，苏州市青少年足球联赛八强纪念奖

（续 表）

名 称	占地面积（平方米）	建筑面积（平方米）	班级数（个）	学生数（人）	在编教职工数［专任教师数］（人）	主要荣誉
江陵实验初级中学	53104	44425	32	1479	86［122］	苏州市健康学校，苏州市中小学硬笔书法大赛最佳组织奖，苏州市广播体操展演选拔赛一等奖，苏州市无烟单位，苏州市模范教工小家，苏州市第四批语言文字规范化达标学校
运河实验初级中学	70735	18285	18	848	85［88］	苏州市模范教工之家，苏州市首届“地学研究与科普杯”先进集体，苏州市天文学会2021年度科普工作先进集体，苏州市“基于经验学习的初中物理课程基地”考核获优秀，苏州教育“宪法卫士”行动计划优秀组织奖
梅堰中学	53493	12033	13	478	51［56］	江苏省青少年科技教育先进学校，2018—2020年度苏州市文明校园，苏州市第十三届“普通话、苏州方言、英语口语”比赛初中组团体二等奖，苏州市“宪法卫士”行动计划优秀组织奖
南麻中学	19223	10299	15	684	46［63］	苏州市节水型学校
盛泽第一中学	69658	26322	36	1580	95［126］	苏州市智慧校园，江苏省科协“三星级先进学校”
盛泽实验初级中学	42628	36361	21	966	57［81］	—
盛泽第二中学	72190	33385	65	3286	171［237］	江苏省青少年航空科普教育基地，苏州市中小学创建“一校一品”党建文化品牌项目特色学校，2018—2020年度苏州市文明校园
七都中学	61384	19313	21	883	71［82］	江苏省教育厅第十四届江苏省中小学诗歌竞赛优秀组织奖，苏州市爱卫会2021-2023苏州市健康单位，苏州市教育局第七批市级语言文字规范化示范校，苏州市模范教工小家，苏州市“宪法卫士”行动计划优秀组织奖，2018—2020年度苏州市文明校园
江村实验学校	62532	23804	13（中）	485（中）	52［57］	苏州市义务教育学校管理标准特色校
			34（小）	1386（小）	72［89］	—
八都学校	58863	19721	11（中）	431（中）	32［44］	2018—2020年底苏州市文明校园，苏州市“宪法卫士”行动计划优秀组织奖
			27（小）	1030（小）	51［72］	—
青云中学	74197	19112	10	327	49［48］	江苏省智慧校园
铜罗中学	15334	6039	10	400	46［52］	—
桃源中学	28760	9383	9	305	42［45］	2020—2022年度苏州市健康单位
芦墟初级中学	25984	10396	12	403	56［52］	苏州市“宪法卫士”行动计划优秀组织奖
莘塔中学	23310	11784	11	396	44［49］	—

（续　表）

名　称	占地面积（平方米）	建筑面积（平方米）	班级数（个）	学生数（人）	在编教职工数［专任教师数］（人）	主要荣誉
金家坝学校	57601	16449	9（中）	395（中）	46［53］	江苏省智慧校园，苏州市中华红色经典美文诵读大赛二等奖，2021苏州市中小学创意变变变比赛银奖，“我爱祖国海疆”苏州市青少年航海模型综合团体二等奖，江苏省体育特色（中小学）学校
			28（小）	1222（小）	53［80］	—
黎里中学	53045	25429	15	641	78［73］	江苏省智慧校园 苏州市中小学家庭教育课程优秀项目学校
北厍中学	40811	11853	13	543	59［62］	江苏省智慧校园
汾湖实验初级中学	27423	25054	25	1141	60［91］	苏州市第六届全市中小学生“宪法卫士”行动计划优秀组织奖，苏州市模范教工之家，苏州市2018—2020年度文明校园
同里中学	64934	33750	27	1114	111［108］	苏州市中小学家庭教育课程优秀项目学校，联合国教科文组织世界遗产青少年教育基地，2021年苏州市机器人比赛综合团体奖，苏州市健康单位

2021年吴江区各级各类公办学校情况一览表（三）

名　称	占地面积（平方米）	建筑面积（平方米）	班级数（个）	学生数（人）	在编教职工数［专任教师数］（人）	主要荣誉
吴江实验小学	170797	117756	211	9691	416［568］	江苏省基础教育教学成果奖，江苏省首批江苏省幼小衔接试点学校，江苏省科普剧汇演评选创作表演三等奖，苏州市义务教育学校管理标准特色校，苏州市小学课程基地和学校文化建设项目，苏州市儿童友好学校建设项目成员校，苏州市线上教育实现教学结构变革的路径研究领航学校，苏州市红十字工作“人道奉献”先进集体，苏州市国际理解教育项目实验学校，苏州市教师发展示范基地校，苏州市第二批“四有”好教师培育团队，苏州市节水型学校，苏州市中小学德育名师工作室考核优秀组织奖，苏州市第九届“我的天堂我的水”征文大赛优秀组织单位，江苏省第十一届中小学“校园心理剧”一等奖，苏州市“宪法卫士”行动计划优秀组织奖，2021年苏州市中华红色经典美文诵读大赛亲子师生组优胜奖，苏州市2021年中国啦啦操俱乐部联赛（苏州站）二等奖，全国2021新教育国际高峰论坛暨第五届长三角（苏州湾）教育对话承办单位，江苏省“现代与经典”承办单位、长三角地区第十届小学班主任基本功大赛承办单位、苏州市融合教育经验交流暨课例现场展示研讨活动承办单位

（续 表）

名 称	占地面积（平方米）	建筑面积（平方米）	班级数（个）	学生数（人）	在编教职工数［专任教师数］（人）	主要荣誉
鲈乡实验小学	65144	72089	92	4261	194［263］	苏州市文明校园，苏州市教师发展示范基地校，苏州市云上教育同城帮扶工作先进集体，苏州市中小学校园慈善文化建设示范教育基地，苏州“无诈校园”先进单位，苏州市首批名师工作室领衔人，苏州市首批乡村带头人培育站导师
思贤实验小学	45360	45618	66	3045	132［181］	江苏省青少年电子制作锦标赛电路创新制作团体U10第二名，江苏省中小学“校园心理剧”创作活动二等奖，江苏省第七届科普剧汇演创作表演奖小学组二等奖，苏州市少先队工作优秀学校，苏州市模范教工之家，苏州市中小学生社团建设先进学校，苏州市第二批智慧校园发展水平四星级学校，苏州市小学课程基地和学校文化建设项目，2018—2020年度苏州市文明校园，苏州市第一批智慧安防校园（二级智慧安防校园），苏州市第十三届“普通话、苏州方言、英语口语”比赛特等奖，苏州市青少年电子制作比赛小学组综合团体一等奖，苏州市中华经典美文诵读大赛小高集体组一等奖、亲子师生组一等奖，苏州市体育传统项目学校中期评估田径项目二等奖，苏州市科技模型AEROWINGS LT-1手掷直线飞行赛小学男子组单项团体第二名
东太湖实验小学	46570	45124	39	1739	54［94］	2018—2020年度苏州市文明校园，2021年苏州市中小学“创意变变变”比赛银奖，2021年苏州市中华红色经典美文诵读大赛优胜奖，苏州市“宪法卫士”行动计划优秀组织奖，2021苏州市科技模型教育竞赛航海模型小学女子、男子组综合团体一等奖
北门小学	5654	9259	18	828	54［57］	苏州市模范教工小家，苏州市中小学家庭教育课程优秀项目学校，2018—2020年度苏州市文明校园，苏州市“引力播”杯中小学硬笔书法大赛总决赛最佳组织奖
松陵小学	14698	9189	30	1265	87［95］	—
水秀实验小学	25930	30162	7	278	19［22］	—
八坼小学	25104	16660	31	1266	58［91］	江苏省中小学“校园心理剧”评比江苏省一等奖
天和小学	38285	27845	58	2568	103［158］	2018—2020年度苏州市文明校园，2021年苏州市“基于全面质量的义务教育一体化区域实践”优秀典型案例及论文评选活动苏州市优秀组织奖，苏州市“传承优秀文化，共庆建党百年”传统手工艺作品展一等奖

（续 表）

名 称	占地面积（平方米）	建筑面积（平方米）	班级数（个）	学生数（人）	在编教职工数［专任教师数］（人）	主要荣誉
长安实验小学	55052	30899	66	2998	109［170］	江苏省青少年科技教育先进学校，2018—2020年度苏州市文明校园，2021年度苏州市民族团结进步创建示范基地，苏州市“宪法卫士”行动计划优秀组织奖
山湖花园小学	135501	103220	126	5683	195［311］	—
花港迎春小学	69716	47797	90	3952	110［247］	2021年全国青少年校园足球特色学校，苏州市第七批语言文字规范化示范学校，苏州市中小学硬笔书法大赛组织奖，苏州市“童声齐颂建党百年”主题活动优秀组织奖，苏州市第九届中小学生交通安全知识竞赛优秀组织奖，苏州市青少年“百年风华 强国有我”表演赛舞台剧组优胜奖
平望实验小学	49995	26579	61	2754	121［168］	2020年江苏省智慧校园，第十一届江苏省中小学“校园心理剧”创作活动二等奖，苏州市青少年党史学习教育——红色经典诗歌整班书写比赛一等奖，苏州市中小学生汉字书写大赛优秀组织奖，苏州市中小学硬笔书法大赛最佳组织奖，苏州市第二届最美童声赛事三等奖
梅堰实验小学	25294	14070	31	1396	65［88］	2020年度苏州市文明校园，苏州市智慧校园发展水平三星级学校，“十三五”教育科研课题被评为中国智慧工程研究会教育科研规划课题二等奖
程开甲小学	36946	24903	56	2520	103［160］	江苏省“科学家精神”基地学校，江苏省基础教育类教学成果奖一、二等奖，江苏省科技创新大赛青少年科技实践活动一等奖，江苏省第七届中小学生艺术展演活动器乐展演三等奖，江苏省第十四届中小学诗歌竞赛活动优秀组织奖，苏州市省、市级中小学课程基地建设项目市级视导“示范”等级，苏州市中小学社团建设先进学校，苏州市中小学创建“一校一品”党建文化品牌项目特色学校，苏州市第二批“国际理解教育项目”实验学校，“新时代苏州有效教学研究”项目成果（规划方案类）一等奖，苏州市科技创新大赛青少年科技实践活动一等奖，苏州市中华红色经典美文诵读大赛小高集体组二等奖，苏州市青少年党史学习教育——红色经典诗歌整班书写比赛三等奖
坛丘小学	15671	24151	30	1369	70［83］	苏州市2019—2022年度体育传统项目学校中期评估一等奖，苏州市第一批智慧安防校园（一级智慧安防校园）
南麻小学	29374	7487	32	1408	62［86］	2021年第四届“集体的力量”苏州市青少年创新设计大赛一等奖

（续 表）

名 称	占地面积（平方米）	建筑面积（平方米）	班级数（个）	学生数（人）	在编教职工数［专任教师数］（人）	主要荣誉
盛泽实验小学	77823	40212	97	4465	164［261］	作品《瑶瑶的日记》荣获第十一届江苏省中小学“校园心理剧”创作活动一等奖，江苏省中小学”校园心理剧“创作示范学校，全市云上教育同城帮扶工作中荣获先进集体，2021年江苏省青少年电子制作锦标赛“太空探测器团体U10组”第三名，“电路创新制作团体U10组”第四名，作品《祖国颂》荣获苏州市小学生红色经典诗文诵读比赛（集体组）二等奖，苏州市青少年党史学习教育——红褐色经典诗歌整班书写比赛三等奖，节目《我爱您，伟大的中国共产党》荣获2021年苏州市中华红色经典美文诵读大赛小中集体组优胜奖，节目《不朽》荣获团员教师集体组二等奖，苏州市青少年数字公民培育项目学校，2019—2022年度苏州市体育传统项目学校中期评估三等奖，2021年第三届“国安杯”中小学国家安全主题微视频、绘画评选活动二等奖，苏州市第十一届小学六年级整班英语写字比赛二等奖，“学党史 诵经典 展风采”第十三届苏州市“普通话、苏州方言、英语口语”二等奖，2020年度全省教科研工作先进集体，第二十七届省青少年科技模型大赛（苏州赛区）“电子百拼竞赛（智PU）”项目小高组团体三等奖，“创意电子焊接制作竞赛”项目小高组团体三等奖，2021年苏州市青少年阳光体育联赛小学生速度轮滑比赛团体第四名
绸都小学	27253	17193	56	2376	115［149］	“苏州市青少年数字公民培育计划”项目学校，苏州市“宪法卫士”行动计划优秀组织奖，江苏省第七届科普剧汇演创作表演奖小学组一等奖，江苏省优秀少先队集体，苏州市体育传统项目学校中期评估二等奖
盛泽小学	31687	25777	60	2603	121［159］	江苏省幼小衔接实验区和结对试点园（校），江苏省教育系统关心下一代工作先进集体，苏州市中小学家庭教育课程优秀项目学校，苏州市级苏州市少先队“优秀中队角”，盛泽小学“彩虹桥”幼小衔接基地获评苏州市中小学课程基地和学校文化建设项目，江苏省第二十七届省青少年科技模型大赛（苏州赛区）“电子百拼竞赛（智PU）”项目小高组团体比赛三等奖，“创意电子焊接制作竞赛”项目小高组团体比赛三等奖，苏州市第十一届小学六年级整班英语写字比赛一等奖，苏州市2021年青少年阳光体育联赛“骏达杯”校园篮球联赛总决赛（小学组）第六名，2021年苏州市中华红色经典美文诵读大赛亲子师生组优胜奖，苏州市第二届“最美童声”大赛合唱组别二等奖，苏州市文明校园（集团），苏州市利用线上教育实现教学结构变革的路径研究领航学校（集团）

（续　表）

名　称	占地面积（平方米）	建筑面积（平方米）	班级数（个）	学生数（人）	在编教职工数［专任教师数］（人）	主要荣誉
吴绫实验小学	55318	12314	40	1763	44［108］	江苏省基础教育课程基地建设项目结项并获优秀等第，江苏省第七届科普剧汇演创作表演奖小学组二等奖，苏州市第十五届阳光少年评选活动中生生园小先生获阳光团队，苏州市第32届青少年科技创新大赛科技实践活动“生菜的无土栽培”获小学组二等奖，苏州市第32届节苏州市青少年科技创新大赛科技实践活动“土壤改良”获小学组三等奖，苏州市木质建筑“老宅门”模型拼装赛小学男子组第一名，苏州市“我爱祖国海疆”青少年航海模型比赛综合团体三等奖，苏州市建筑模型赛吴绫实验小学小学女子组第三名，苏州市建筑模型赛小学男子组第六名，苏州市纸质模型“绿漪亭”拼装赛小学女子组第六名，苏州市文明校园（集团），苏州市利用线上教育实现教学结构变革的路径研究领航学校（集团）
七都小学	46910	21392	48	2049	90［127］	江苏省青少年科技创新大赛一等奖，江苏省“金钥匙”团体特等奖，苏州市文明校园，2021年立项省、市中小学生课程基地建设项目成功验收，苏州市中华红色经典美文诵读大赛小高集体组二等奖，2021年度苏州市健康场所，苏州市“宪法卫士”计划行动优秀组织奖，“姑苏杯”第十三届苏州家庭机器人技能挑战赛小学组一等奖
震泽实验小学	73702	20067	63	2978	135［178］	江苏省金钥匙·青少年人工智能活动优秀组织奖，江苏省第七届中小学生艺术展演活动学生艺术实践工作坊一等奖，苏州市义务教育学校管理标准特色校，苏州市少先队“四星队室”，苏州市模范教工之家，苏州市特殊教育工作先进集体，2021年苏州“优秀中队角”，苏州市青少年党史学习教育——红色经典整班书写比赛一等奖，苏州市第十一届小学六年级整班英语写字比赛一等奖，苏州市中小学生规范汉字书写大赛优秀组织奖，2021年“花季杯”苏州市青少年国粹文化系列活动——第十一届苏州市中小学传统手工艺作品展（线上比赛）二等奖，苏州市第七届中小学生艺术展演活动暨第六届中小学生艺术节学生艺术实践工作坊评比展示项目《蚕丝创客》二等奖，2021年度“苏州市优秀少先队集体”，苏州市第六届“宪法小卫士”行动计划优秀组织奖，2021年苏州市中小学社团建设先进学校，2021年第四届“集体的力量”苏州市青少年创新设计大赛一等奖，苏州市第十六届“阳光少年”十佳阳光团队奖，2018—2020年度苏州市文明校园，苏州市一级智慧安防校园，苏州市“社团建设先进学校”
桃源小学	11907	6914	18	749	35［50］	苏州市模范教工之家，苏州市中华红色经典美文诵读亲子师生组二等奖

（续　表）

名　称	占地面积（平方米）	建筑面积（平方米）	班级数（个）	学生数（人）	在编教职工数［专任教师数］（人）	主要荣誉
青云小学	17782	7668	18	763	53［63］	全国青少年人工智能活动特色单位，江苏省中小学“校园心理剧”创作示范学校，江苏省健康促进银牌学校，江苏省首批民族工作“红石榴家园”，苏州市青少年数字公民培育计划项目学校，苏州市健康场所，苏州市模范教工之家，第十一届江苏省中小学“校园心理剧”创作特等奖，江苏省中小学生金钥匙科技竞赛人工智能活动优秀组织奖，苏州市第十一届小学六年级整班英语写字比赛一等奖，2021年苏州市中小学生十佳社团提名奖，苏州市第十六届“阳光团队”，2021年苏州市青少年创意编程竞赛团体一等奖，苏州市中小学主题画信活动优秀组织奖
铜罗小学	24866	26504	24	1050	42［72］	苏州市中小学创建“一校一品”党建文化品牌项目，“学党史 诵经典 展风采”第十三届苏州市"普通话、苏州方言、英语口语“比赛小学组团体一等奖，第三届“国安杯”中小学国家安全主题微视频、绘画评比活动优秀组织奖，成立江苏省民间文艺家协会剪纸文艺传承基地，苏州市小学生红色经典诗文诵读比赛集体组一等奖，苏州市青少年党史学习教育——红色经典诗歌整班书写比赛二等奖，苏州市第十六届“阳光少年”评选活动获阳光团队，第五届全国青少年无人机大赛（江苏省赛）优秀组织奖，2021年苏州市中小学生优秀社团获“十佳小学生社团”，2019—2020年度青少年科技教育工作优秀单位，第六届苏州市中小学自我保护情景剧大赛获二等奖
芦墟实验小学	16110	10410	24	1116	59［71］	苏州市中小学生创意作文大赛“行走的泰伯庙”优秀组织奖，苏州市第十三届小学组团体比赛“普通话、苏州方言、英语口语”一等奖，苏州市2018—2020年度文明校园
莘塔小学	20828	9461	25	1221	46［66］	江苏省中小学“校园心理剧”创作示范学校，江苏省少年军校专业委员会第三次年会学校国防教育成果展示，江苏省第十一届中小学“校园心理剧”创作活动一等奖，江苏省中小学师生“对话2035年的我们”主题征稿比赛优秀组织奖，江苏省2021年度省级节水型学校，苏州市模范教工小家，苏州市大中小学思政课一体化教育联盟学校，2021年度苏州市文明校园，2021年“宪法卫士”行动计划优秀组织奖，苏州市2020年度校园足球输送奖，苏州市“中国梦——行动有我：2020年中小幼学生‘成语中国'微电影征集展播活动”作品入围，苏州市2021年青少年党史学习教育——红色经典诗歌整班书写比赛二等奖，苏州市2021年“市长杯”青少年校园足球联赛（小学女子甲组）总决赛女子组二等奖，苏州市2021年“市长杯”青少年校园足球联赛（小学女子乙组）总决赛女子组三等奖

（续 表）

名 称	占地面积（平方米）	建筑面积（平方米）	班级数（个）	学生数（人）	在编教职工数［专任教师数］（人）	主要荣誉
黎里小学	26586	18375	36	1603	74［97］	2018—2020年度苏州市文明校园，江苏省智慧校园，第32届江苏省金钥匙科技竞赛先进学校，苏州市2020年度节水型学校，江苏省第十九批“绿色学校”，苏州市青少年党史学习教育红色经典诗歌整班书写比赛三等奖，江苏省中小学生童声齐颂建党百年主题征稿优秀组织奖
北厍小学	21381	10067	36	1617	68［102］	江苏省青少年科技教育先进学校，江苏省智慧校园，苏州市中小学社团建设先进学校，苏州市文明校园，苏州市中小学创建“一校一品”党建文化品牌项目特色学校，苏州市中华红色经典美文诵读大赛小中集体组一等奖，“引力播杯”苏州市中小学硬笔书法大赛总决赛最佳组织奖，苏州市健康场所（学校）
汾湖实验小学	67360	27996	49	2401	76［140］	苏州市宪法卫士计划组织奖，苏州市第二批国际理解教育项目实验学校，苏州市青少年阳光联赛攀岩比赛“道德风尚奖”，苏州市健康场所学校，苏州市宪法卫士计划组织奖，苏州市“十四五”课题立项，2018—2020年度苏州市文明校园
屯村实验小学	28481	26316	33	1366	55［78］	2021年江苏省青少年电子制作锦标赛-电路创新制作团体，2021年苏州市书法教育工作先进集体，苏州市第七批语言文字规范化示范校，2021年苏州市宪法卫士行动计划优秀组织奖，2021苏州市青少年党史学习教育——红色经典诗歌整班书写比赛一等奖
同里实验小学	36935	17130	40	1774	72［98］	—
特殊教育学校	9672	5102	15	188	30［32］	苏州市特教先进集体

2021年吴江区各级各类公办学校情况一览表（四）

名 称	占地面积（平方米）	建筑面积（平方米）	班级数（个）	学生数（人）	在编教职工数［专任教师数］（人）	主要荣誉
实验幼儿园	10706	7926	20	787	25［46］	江苏省基础教育类教学成果二等奖，江苏省幼小衔接结对试点园（校），苏州市“四有”好教师重点培育团队，苏州市“模范教工之家”，苏州市第七批语言文字规范化示范校，苏州市教师国家通用语言文字教学能手大赛优秀组织奖，剧本获2021年中小幼学生‘成语故事’微电影征集展播活动示范作品、真人表演获入围作品
实验幼儿园城中园区	7350	5858	6	186	14［16］	江苏省基础教育类教学成果二等奖，苏州市“四有”好教师重点培育团队，苏州市“模范教工之家”，作品入围2020年中小幼学生‘成语中国’微电影征集展播活动

（续 表）

名 称	占地面积（平方米）	建筑面积（平方米）	班级数（个）	学生数（人）	在编教职工数［专任教师数］（人）	主要荣誉
实验幼儿园爱德园区	7925	6056	16	576	25［35］	江苏省基础教育类教学成果二等奖，苏州市“四有”好教师重点培育团队，苏州市“模范教工之家”，苏州市第七批语言文字规范化示范校，2020年中小幼学生“成语故事”微电影征集展播活动优秀展播作品
实验幼儿园苏州湾园区	13000	11425	20	745	41［49］	江苏省基础教育类教学成果二等奖，苏州市“四有”好教师重点培育团队，苏州市“模范教工之家”，苏州市第七批语言文字规范化示范校
求真实验幼儿园	9948	8822	14	448	15［31］	江苏省基础教育类教学成果二等奖，首批省级教师发展示范基地校名单，苏州市“四有”好教师重点培育团队，苏州市“模范教工之家”，“爱德·求真”好教师团队，苏州市第一批智慧安防校园“二级智慧安防校园”
鲈乡幼儿园	7255	6457	18	624	49［41］	苏州市第三批园本特色课程基地，苏州市国家通用语言文字教学能力大赛优秀组织奖，苏州市中小学“创意变变变”铜奖
思贤幼儿园	13338	12295	26	1017	42［60］	苏州市第七批语言文字规范化学校，苏州市教师发展示范基地校，2021年度全国足球特色幼儿园，成功申报江苏省教育科学“十四五”规划2021年度课题
北门幼儿园	2507	3581	9	300	16［19］	苏州市模范教工小家
松陵幼儿园	4840	3099	9	289	12［21］	苏州市中小学“创意变变变”铜奖
苏州大学附属吴江幼儿园	11280	7850	8	264	8［18］	苏州市优质幼儿园
水秀实验幼儿园	10985	14126	7	206	6［16］	—
横扇幼儿园	18591	11587	24	847	19［54］	苏州市第三批园本特色课程基地，苏州市教育科学“十四五”规划2021年度课题成果立项（重点课题），江苏省陈鹤琴教育思想研究会“十四五”课题成功立项（重点课题），江苏省陶行知研究会“十三五”课题成功结题
菀坪幼儿园	6709	3484	11	461	13［32］	—
八坼幼儿园	8629	8312	14	465	32［29］	中国学前教育研究会“十四五”课题成功立项，苏州市教育科学“十四五”规划课题成功立项，苏州市中小学“创意变变变”铜奖，苏州市教育科研专项研究典型案例评比活动团体三等奖
天和幼儿园	8387	5211	15	530	23［31］	苏州市中小学“创意变变变”铜奖，江苏省教育科学“十四五”规划课题成功立项，江苏省教育学会“十四五”教育科研规划课题成功立项，苏州市园本特色课程建设基地
天悦幼儿园	3353	1792	6	198	2［8］	—

（续　表）

名　称	占地面积（平方米）	建筑面积（平方米）	班级数（个）	学生数（人）	在编教职工数［专任教师数］（人）	主要荣誉
长安实验幼儿园	9762	8189	20	780	26［41］	—
山湖花园幼儿园	14233	10894	27	959	22［59］	江苏省优质幼儿园，江苏省教育科学“十四五”规划2021年度课题成功申报，苏州市中小学“创意变变变”铜奖
运河湾幼儿园	11733	11813	12	464	6［24］	—
花港迎春幼儿园	12824	10801	25	927	21［53］	苏州市教育科学“十四五”规划课题成功立项，苏州市中小学“创意变变变”铜奖，2020年中小幼学生“成语中国”微电影征集展播活动优秀作品
平望幼儿园	13295	6336	24	856	33［57］	苏州市中小学“创意变变变”铜奖，江苏省“十三五”陶研课题成功结题，苏州市教育科学“十四五”规划课题成功立项，苏州市教育学会“十四五”教育科研规划课题成功立项
梅堰幼儿园	15455	7468	16	533	25［36］	—
坛丘幼儿园	7716	3776	15	442	17［37］	—
南麻幼儿园	3402	3742	10	380	8［23］	2020年中小幼学生“成语中国”微电影征集展播活动展播示范作品，苏州市优质幼儿园，苏州市中小学“创意变变变”铜奖
盛泽实验幼儿园	18727	20853	30	961	37［70］	2021年度全国足球特色园，江苏省陈鹤琴教育思想研究会“十四五”课题成功立项（重点课题），通过江苏省优质幼儿园复审
盛泽幼儿园	18108	12248	29	902	31［67］	苏州市教育科学“十四五”规划课题成功立项，苏州市教育学会“十四五”教育科研规划课题成功立项
七都幼儿园	17711	11494	23	759	27［52］	中国学前教育研究会“十四五”课题成功立项，苏州市教育科学“十四五”规划课题成功立项
庙港幼儿园	4055	2080	12	405	10［20］	江苏省陈鹤琴教育思想研究会“十四五”课题成功立项（重点课题），苏州市模范教工小家，苏州市教育科学“十四五”规划课题成功立项
震泽幼儿园	7888	5098	22	801	29［47］	苏州市模范教工小家
八都幼儿园	10655	7778	15	485	19［33］	苏州市“模范教工之家”，2021年度苏州市“优秀阅读推广组织”
桃源幼儿园	3375	2708	11	364	15［23］	苏州市中小学“创意变变变”铜奖，苏州市教育科学“十四五”规划课题成功立项，苏州市教育学会“十四五”教育科研规划课题成功立项
青云幼儿园	5133	4584	11	357	20［25］	江苏省教育科学“十四五”规划课题成功立项
铜罗幼儿园	9919	4164	15	501	16［34］	苏州市教育科学“十四五”规划课题成功立项
富乡幼儿园	2005	1218	0	0	0［0］	—
芦墟幼儿园	5637	3070	8	265	9［17］	港南浜分园通过江苏省优质幼儿园复审
莘塔幼儿园	8024	4922	15	529	21［34］	—

（续 表）

名 称	占地面积（平方米）	建筑面积（平方米）	班级数（个）	学生数（人）	在编教职工数［专任教师数］（人）	主要荣誉
金家坝幼儿园	9636	3675	0	0	0［0］	江苏省基础教育教学成果二等奖
黎里幼儿园	9925	5690	18	544	20［36］	苏州市教育科学“十四五”规划课题成功立项
北厍幼儿园	10106	3371	10	326	12［20］	—
汾湖实验幼儿园	12662	9175	18	651	13［38］	—
越江幼儿园	6288	7244	0	0	0［0］	—
汾湖城区幼儿园	10847	4257	9	273	4［18］	苏州市优质幼儿园
屯村幼儿园	9426	4726	15	509	18［35］	—
同里幼儿园	8222	5585	20	614	41［44］	苏州市特殊教育先进集体

2021年吴江区各级各类公办学校情况一览表（五）

名 称	占地面积（平方米）	建筑面积（平方米）	全日制学历班		成人学历班		各类短训班		在编教职工数（人）	主要荣誉
			班级（个）	人数（人）	班级（个）	人数（人）	班级（个）	人数（人）		
太湖新城成人中心校	4929	2788	0	0	16	1035	90	24572	15	苏州市第三批社区教育游学项目“相遇花伴湾 探寻大自然”，苏州市老年教育赋能项目“智能赋能 智慧养老”，苏州市“创建优秀学习型街先进单位”
汾湖成人中心校	26600	6900	15	441	18	452	98	26850	45	苏州市语言文字推广基地，苏州市创建学习型街（镇）先进单位，苏州市“养教联动跨代行”社区教育品牌项目，苏州市实验项目“汾湖社区教育助力地方经济发展的实验”一等奖。联合国教科文组织农村社区学习中心项目实验点
震泽成人中心校	26000	2800	1	20	6	106	78	70	8	苏州市优秀继续教育院校
盛泽成人中心校	7832	6410	0	0	6	156	212	18919	4	苏州市示范性社区教育中心，苏州市语言文字推广基地，苏州市终身教育（社区教育）实验项目一等奖，江苏省社会教育学习体验基地（宋锦文化园），联合国教科文组织城市社区学习中心实验项目
七都成人中心校	6000	2200	0	0	6	179	88	48817	3	江苏省“在线学习优秀组织奖”

（续　表）

名　称	占地面积（平方米）	建筑面积（平方米）	全日制学历班		成人学历班		各类短训班		在编教职工数（人）	主要荣誉
			班级（个）	人数（人）	班级（个）	人数（人）	班级（个）	人数（人）		
同里成人中心校	10120	2400	0	0	8	131	305	32079	5	苏州市优秀成人继续教育院校，苏州市社区教育品牌项目“同里湿地自然课堂”，苏州市老年人智能技术优秀数字化课程二等奖，苏州市终身教育实验项目一等奖
平望成人中心校	2701	3040	0	0	5	216	254	9864	3	苏州市第三批社区教育游学项目“平望·四河汇集”，第三批社区教育省级“名师工作室”“龚海波灯谜工作室”
桃源成人中心校	6977	1150	0	0	5	113	435	54894	5	苏州市老年人智能技术优秀数字化课程三等奖，苏州市终身教育实验项目一等奖

2021年吴江区各级各类民办学校情况一览表

名　称	占地面积（平方米）	建筑面积（平方米）	班级数（个）	学生数（人）	教职工数［专任教师数］（人）	主要荣誉
北外苏州附校	100550	69139	6（高）	140（高）	37［32］	苏州市第十二届“普通话、苏州方言、英语口语”比赛优秀组织奖，苏州市“家在苏州传承文明礼赞中国”中小学生汉字书写大赛优秀组织奖，苏州市2021年中华经典诵读比赛优秀组织奖，苏州市2021年中小学画信比赛优秀组织奖，苏州市第十三届“普通话、苏州方言、英语口语”比赛优秀组织奖，苏州市2020年苏州市中小学生社团建设先进学校，苏州市第十二届“普通话、苏州方言、英语口语”比赛特等奖，苏州市2021年中华红色经典美文诵读大赛亲子师生组特等奖，苏州市第七批语言文字规范化示范校，苏州市2021年“创意变变变”幼儿园组铜奖，苏州市第十二届“普通话、苏州方言、英语口语”比赛/初中组一等奖，苏州市2021年中华红色经典美文诵读大赛中学集体组二等奖，苏州市2021年中华经典诵读比赛二等奖，苏州市第七届中小学生艺术展演活动舞蹈节目二等奖，苏州市第十三届“普通话、苏州方言、英语口语”比赛/小学部二等奖，苏州市第七届中小学生艺术展演活动器乐节目三等奖
			20（初）	504（初）	116［94］	—
			38（小）	983（小）	148［118］	—

（续　表）

名　称	占地面积（平方米）	建筑面积（平方米）	班级数（个）	学生数（人）	教职工数［专任教师数］（人）	主要荣誉
青云实验中学	125636	112315	32（高）	1224（高）	164［153］	全国十七届生肖（庚子年）个性化邮票青少年创意设计大赛优秀组织奖（学生1银奖3铜奖），2021年苏州市中小学生汉字书写大赛优秀组织奖
			80（初）	3156（初）	295［268］	—
苏州枫华学校	155010	59013	36（高）	1094（高）	125［96］	2021年全国青少年足球特色学校
			15（初）	376（初）		—
			23（小）	540（小）	70［56］	—
存志外国语学校	32972	23625	22（初）	600（初）	111［63］	2021年苏州市节水型学校，2021年苏州市中华红色经典美文诵读大赛—亲子师生组—新航程新起点二等奖
			18（小）	506（小）	69［40］	—
滨之湖实验学校	20632	26937	2（初）	30（初）	13［9］	—
			12（小）	166（小）	49［29］	—
道尔顿学校	7921	12800	11（初）	273（初）	32［18］	—
			12（小）	322（小）	48［32］	—
盛湖学校	27598	33426	40	1884	167［130］	2021年苏州市中华红色经典美文朗诵大赛团员教师集体组二等奖，苏州市“基于全面质量的义务教育一体化区域实践”优秀组织奖
盛泽佳诚初级中学	10919	9119	12	580	47［33］	苏州市节水型学校
泽新实验学校	43427	9625	9（初）	445（初）	39［28］	—
			20（小）	860（小）	50［43］	—
菁云学校	12524	14215	9	202	33［29］	—
存志嘉德双语初级中学	46544	6555	6	98	32［10］	“世界学者杯”苏州赛区初中组冠军
松陵团结小学	6580	3423	26	1116	73［62］	—
松陵江新小学	5448	3857	14	546	39［34］	—
宏鸣可小学	6808	3086	12	489	32［29］	—
齐心小学	8001	3579	18	730	42［31］	—

（续　表）

名　称	占地面积（平方米）	建筑面积（平方米）	班级数（个）	学生数（人）	教职工数［专任教师数］（人）	主要荣誉
爱心小学	17317	14297	48	2049	126［97］	党建品牌“爱墨飘香，乐学于心”获苏州市党建“最佳党建品牌案例”并在苏州市党建期刊发表，2021年苏州市中国红色经典美文诵读大赛小中集体组一等奖，2021年书法教育工作中被评为先进集体（苏州市书法教育学会）
平望船民小学	9454	5319	16	676	39［29］	2021年苏州市民办学校红色经典朗诵比赛集体二等奖
平望平南学校	7564	5110	15	585	52［31］	—
平望梅堰儒林第四小学	10000	3125	13	547	34［24］	—
盛泽茅塔小学	13606	7267	34	1510	93［78］	—
盛泽革新小学	8406	9445	40	1711	94［73］	—
盛泽前进小学	7520	4260	24	953	63［49］	—
盛泽思进小学	10413	7564	28	1177	69［63］	2021年苏州市民办学校红色经典朗诵比赛二等奖，2021年苏州市民办学校红色经典书写比赛二等奖。
盛泽可以小学	10400	6415	27	1161	78［58］	—
盛泽育英小学	10457	5035	22	948	67［54］	苏州市节水型学校
盛泽四海小学	6653	3858	12	420	35［24］	苏州市节水型学校，2021年苏州市民办学校红色经典朗诵比赛荣获集体二等奖
太湖国际实验学校	15000	4541	10	227	51［26］	—
七都隐读小学	7004	4961	12	447	46［25］	—
震泽儒林第三小学	6540	3800	16	562	37［27］	—
震泽希望小学	10850	3246	12	407	29［21］	—
震泽立国小学	6499	2524	6	248	20［12］	—
桃源蒲公英思源小学	10526	5300	14	555	32［32］	—
芦墟高新小学	13760	7466	27	1155	63［53］	苏州市云上教育同城帮扶先进集体
汾湖黎里友谊小学	14706	4604	20	818	55［45］	—
英仑伟才幼儿园	3657	3584	9	295	43［18］	苏州市优质幼儿园，中国江苏网、百度新闻等媒体报道“献礼建党百年”视频，中国新闻在线、百度新闻等媒体报道“不忘教育初心，坚持立德树人”，中国学前教育研究会“十四五”研究课题立项“‘做绘本’：提升幼儿表达能力的园本实践”
格林幼儿园	5703	3763	15	351	68［30］	—
童博幼儿园	4354	2148	12	462	46［24］	—
奥清幼儿园	3444	2889	9	196	47［18］	苏州市优质幼儿园

（续 表）

名 称	占地面积（平方米）	建筑面积（平方米）	班级数（个）	学生数（人）	教职工数［专任教师数］（人）	主要荣誉
乔芮幼儿园有限公司	7303	10386	8	148	43［17］	苏州市教育科学“十四五”规划课题立项“新时代中国节庆活动课程化的行动研究——家园伙伴协作视角”
青禾幼儿园	8000	6018	21	849	80［42］	第四届苏州市群众文化“繁星奖”系列活动“火红的旋律.火热的情”市民网络红歌大赛活动“优秀组织奖”
维爵幼儿园有限公司	7708	6000	11	249	39［22］	—
培德幼儿园有限公司	6800	9565	11	225	53［22］	—
北外苏州附校幼儿园	6955	4831	9	253	38［24］	—
青橙绿苑幼儿园	4083	2820	9	342	42［18］	苏州市优质幼儿园
东岸幼儿园	4065	3389	8	289	38［16］	—
滨之湖幼儿园有限公司	9885	9306	5	67	27［11］	—
天虹丽湾艺术幼儿园	2627	1061	6	185	27［12］	—
童梦想幼儿园	2819	1631	9	291	37［18］	—
仁德幼儿园	6606	3978	12	412	54［25］	苏州市优质幼儿园
太湖明珠幼儿园	6316	2771	10	216	53［20］	—
青橙溪源幼儿园	8733	9201	20	734	77［43］	江苏省优质幼儿园
青禾橙家幼儿园	4000	2717	10	400	39［20］	—
青城幼儿园	5329	6049	9	316	37［18］	—
华徽幼儿园	7961	8080	14	485	61［28］	—
德昂幼儿园	2696	2426	9	328	41［20］	—
英瀚幼儿园	2970	1839	9	295	37［19］	—
红太阳幼儿园	3622	2149	7	250	31［14］	—
童乐幼儿园	4810	5340	9	336	36［18］	—
爱儿法幼儿园	4734	2615	11	404	43［22］	—
宋庆龄基金会花朵幼儿园	12136	14824	3	16	22［9］	苏州市新办园卫生保健合格评价单位，苏州市萌芽保健室A级合格评审单位
富华幼儿园	4055	3022	6	164	27［12］	—
艾尔顿幼儿园	7059	2165	9	143	37［18］	江苏省优质幼儿园
新世纪幼稚园	1399	1606	6	112	29［14］	—
育红幼儿园	3523	3053	5	123	21［10］	—
青澜幼儿园	6054	2990	8	299	35［16］	苏州市托幼机构卫生保健合格园

（续　表）

名　称	占地面积（平方米）	建筑面积（平方米）	班级数（个）	学生数（人）	教职工数［专任教师数］（人）	主要荣誉
盛泽新生幼儿园	1390	1957	6	197	33［12］	—
舜泽幼儿园	11232	6420	21	733	83［45］	—
盛泽东方花园幼儿园	2638	1597	0	0	19［10］	—
博恒幼儿园	3500	2188	7	113	35［17］	苏州首批示范性托育机构
心语幼儿园	2582	1690	6	194	27［12］	—
德尔幼儿园	5000	3970	7	163	32［16］	—
新亚幼儿园	5850	3150	7	163	28［14］	—
沭恩幼儿园	4055	2800	9	290	35［18］	—
雅昕幼儿园	10875	7966	17	504	67［34］	—
京师童谣幼儿园	3354	1835	2	35	12［4］	—
云川幼儿园	3222	2799	6	210	24［13］	—
贝尔欣幼儿园	3563	2509	7	167	28［14］	—
阳光天使幼儿园	2692	2158	10	361	41［20］	—
恒乐幼儿园	7294	5768	6	167	27［12］	—
睿思童幼儿园	3181	3495	6	167	25［12］	—
蓝心普幼儿园	5303	4113	8	186	37［18］	—
景嘉幼儿园	4320	2810	5	134	23［10］	—
苏州枫华幼儿园	3608	1984	2	40	11［4］	—

注：表一至表五及民办学校一览表的统计数据截至2021年9月　（顾莹璎）

（本栏编辑　浦德琪）

苏州市吴江区人民武装部

2021年，吴江区人武部党委在苏州军分区党委和吴江区委、区政府的坚强领导下，坚持以习近平新时代中国特色社会主义思想为指导，深入贯彻党的十九大和十九届二中、三中、四中、五中、六中全会精神，深入贯彻习近平强军思想，深入贯彻新时代军事战略方针，积极适应国动系统改革的新形势、新任务、新要求，紧紧围绕庆祝建党百年，突出举旗铸魂，聚焦备战打仗，坚持依法从严，持续转改作风，圆满完成了各项任务。年内获省军区通报表彰2个，获军分区通报表彰先进单位7个、先进个人10名。

全区各级党政主要领导和分管领导经常深入武装部、村社区民兵营现场办公，解决困难和问题。

区人武部党委坚决贯彻习近平主席训令，定期组织党委议战议训，年初召开人武工作会议，每月举行武装工作例会，年底讲评党管武装工作情况，每年组织党政领导“军事日”活动，坚决扛起党管武装政治责任，强劲推动武装工作落地落实。

3月16日，吴江区春季入伍新兵整装待发

5月22日，开展民兵集训

9月23日，在第21个全民国防教育日到来之际，人武部副部长肖刚为学生上国防教育课

6月21日，区应急连民兵进行战术演练训练

12月23日，开展征兵宣传进校园活动

苏州市吴江区工业和信息化局

5月8日，吴江航空航天产业推介会在东太湖畔召开

5月18日，数字蓝海 智造未来——“工业互联网看吴江”推进会在东太湖畔召开

6月28日，区工信局举行建党100周年庆祝活动暨“奋斗百年路 启航新征程”主题党日活动

2021年，区工信局在区委、区政府的坚强领导下，认真贯彻落实中央和省、市、区关于经济工作的决策部署，围绕打造“创新湖区”、建设“乐居之城”的发展定位，锚定目标狠抓落实、攻坚克难，全区经济和信息化工作呈现出稳中有进、进中提质的发展态势，实现了“十四五”良好开局。《工业生态“数字管理”赋能经济高质量发展》入选“中国改革2021年度案例”并获评全国唯一县级特别案例，同时，区工信局先后荣获江苏省工信系统先进集体、苏州市抗疫先进集体等多项荣誉，“万企行微行动 为万家企业保驾护航”上榜吴江区精神文明建设“十佳新事”。

主要指标力攀新高。全区工业总产值5350亿元，首超5000亿元；规上工业总产值4390.4亿元，首超4000亿元；工业增加值1073亿元，首超1000亿元；规上工业实现利润总额240.9亿元，创历史新高。完成工业投资220.1亿元，其中技改投资160.5亿元。围绕7条重点产业链加速布局，四大主导产业均实现两位数增长；以先进功能纤维、膜材料等为方向的新材料产业实现产值793.8亿元，第四个千亿能级产业俨然成势。

数智转型赋能发展。在智改数转“一号工程”引领下，工联院江苏分院分中心和海尔卡奥斯、徐工汉云、华为等3个国家级“双跨”平台相继落地；举办“工业互联网看吴江”推进会并发布品牌，设立产业基金，成立产业联合会；完成智改数转项目1552个，新增440家省星级上云企业，亨通、盛虹等10余个本土企业工业互联网平台投入运营；成功创建国家智能制造试点示范工厂1家、国家智能制造优秀场景1个；累计创建省级示范智能车间144个，继续领跑全省；苏州湾科技城工业互联网数智管理平台入选工信部工业互联网试点示范项目。

惠企服务有力提升。汇编各级各类惠企政策，加大宣传解读和辅导力度，让广大企业“应享尽享”；建设完成吴江区企业服务云平台，打通政策服务最后一公里；开展产业链重点企业大走访，深入一线协调企业发展诉求；有效抓好企业常态化疫情防控，出台“稳岗惠企”政策并兑现资金近1500万元，鼓励外地职工留苏过年。2021年全区新增制造业单项冠军、专精特新小巨人、技术创新示范企业等国家级荣誉共18类39项，帮助企业争取市级以上各类专项资金支持超2.4亿元，兑现区级高质量发展扶持资金超5亿元。

2022年，区工信局将切实扛起推动全区工业经济高质量发展的使命担当，以更高标准、更实举措、更优作风开新局、谋新篇、创新绩，坚持创新驱动核心地位，锤炼实体经济看家本领，抓住数字经济关键增量，促进产业集群向更高能级创新集群演变。

10月18日，吴江区中青年企业家管理能力提升研修班在浙江大学西溪校区顺利开班

11月12日，区工信局召开“两在两同”建新功行动暨“冲刺全年红、打好收官战”工作推进会

吴江区自然资源和规划局

6月25日，开展纪念第31个全国土地日活动

8月25日，全区城市更新工作领导小组会议召开

2021年，在区委、区政府的坚强领导下，区自然资源和规划局立足“两统一”职责，围绕“一体化”和“高质量”两个关键，全力以赴提升服务水平和工作效能，高质量完成全年目标任务。

聚焦规划引领，优化国土空间布局。扎实推进《苏州市国土空间总体规划——吴江分区规划（2020—2035）》，编制完成《苏州市吴江区国土空间规划近期实施方案》并获批实施。全面推进镇村布局规划完善，高质量完成《吴江区镇村布局规划（2020版）》。创新开展“共绘苏乡　规划师下乡”规划师下乡活动，积极探索规划师下乡陪伴式服务机制。

聚焦节约集约，增强精准保障能力。坚持“项目为王”理念，推进2021年度土地征收成片开发方案获批，保障完成34个省市级重点项目的用地需求。深度对内挖潜，2021年度“三优三保”拆旧3691.74亩，复垦2417.22亩，市级验收1887.05亩。全年盘活存量土地8385.58亩。完成批而未供土地处置6188.93亩，任务完成比率达333%，完成量在苏州大市位居第一。

聚焦综合治理，厚植绿色生态本底。完成省级生态空间管控区域优化调整工作。积极探索城市更新，在省内率先出台双优融合更新实施方案及项目实施细则。拟定土地整治项目后期管护条例，强化土地整治项目后期管护。积极推进湿地公园建设，强化湿地征占用管理。完成江苏震泽省级湿地公园等5个项目的自然资源统一确权登记主体性工作。

聚焦为民惠民，提升工作服务效能。发出长三角生态绿色一体化发展示范区首张不动产登记证明，顺利开通抵押登记等4个类型的“跨省通办”业务。2021年度累计办理不动产权证书9.37万份、证明5.79万份、登簿量18.89万份。常态化推进“交房（地）即发证”，累计发出“交地即发证”94本、“交房即发证”433本。基本完成吴江全区“房地一体”农村不动产登记发证工作。

5月28日，“共绘苏乡　规划师下乡”吴江行动发布会在七都开弦弓村召开

6月29日，开展党史学习教育“书记讲党课”活动

1月26日，吴江发出长三角生态绿色一体化发展示范区首张“跨省通办”不动产登记证明

12月23日，举办“交房即发证”仪式

苏州市吴江区城市管理局

4月20日，青浦区、吴江区、嘉善县三地城管部门签订《毗邻区域共同管辖执法协议》

8月18日，全区“治违、治污、治隐患”暨违法建设治理工作现场推进会召开

5月15日，参加庆祝中国共产党成立100周年红色经典歌曲合唱比赛

2021年，区城管局全面贯彻落实区委、区政府部署要求，谋划制定《苏州市吴江区推动城市管理高质量发展三年行动方案》，将2021年定为服务基层年，统筹推进常态化疫情防控和精细化城市管理，重点聚焦生活垃圾、市容市貌、交通秩序“三项治理”，实现城乡功能品质、城市安全韧性、城市志愿服务“三大提升”，各项工作全面优于年度目标。

铁腕重拳治理违法建设。围绕“七类重点”，综合运用“三治”系统数据、遥感影像等，开展底数复核，排摸上报违建点位15.42万个，总面积4577.56万平方米，点位数和面积数均列苏州大市第一。完成治违拆旧11529亩，违法建设治理342.39万平方米，超额完成年度目标任务。

系统推进生活垃圾分类。平望镇、同里镇率先完成生活垃圾分类片区建设。446个小区获评垃圾分类星级小区，150个居民小区及各类处置终端完成信息化改造。吴江区以93.7分位居垃圾分类指数城市主城区排名榜首。生活垃圾焚烧发电扩容项目于11月正式投运，新增生活垃圾日处理能力1500吨。建筑再生资源处置项目于12月开工建设。

扎实推动农村厕所革命。完成新改建农村公厕350座，拆除老旧公厕124座。首创公厕管护“十步保洁法”、区、镇、村+第三方“四级联查”模式。先后被中央电视台、人民日报、新华日报等国家及省、市主流媒体报道推广。“三年焕新农村公厕　探索厕所革命‘吴江模式’”入选全国6个典型范例，为江苏省唯一上榜范例。

持续加大民生保障力度。完成智慧停车楼、江陵西路、清树湾P+R停车场建设。全区新增停车泊位14277个，其中公共泊位4484个。新增公共自行车站点38个，车辆700辆，首次引入新型蓝牙锁围栏，实现无桩借还车。在全市范围内试点引入投放共享单车9940辆，设置电子停车框5125个，形成公共自行车和共享单车互为补充、相互促进的管理模式。

狠下功夫提升精细管理。率先推进全域架空线整治和入地，覆盖包含2个示范片区、16条道路、36个小区、3个综合整治工程在内的57个项目。在全市首创开展户外招牌“双百佳”征选，提升全区店招标牌设置品质。加强跨区域合作，签订毗邻区域共同管辖执法协议，携手开展异地执法行动，推动长三角一体化发展取得新成效。

7月23日，“青春集智”计划启动仪式

6月30日，“红色力量领航绿色时尚”垃圾分类主题公园打卡闯关赛举行

11月，吴江区生活垃圾焚烧发电扩容项目建成投运

苏州市吴江区水务局

3月22日，2021年“世界水日”“中国水周”主题宣传活动

6月15日，吴江区“联合河长制”工作经验在中国国际发展知识中心第四期交流沙龙上向全球发布

2021年，全区水务工作以习近平总书记新时期治水思路为引领，深入贯彻区委、区政府决策部署，在做好常态化疫情防控工作的基础上，着力加快建设，持续深化改革，不断创新管理，较好地完成了各项目标任务，水务改革发展取得明显成效。

吴江区“联合河长制”工作经验入选《新时代治国理政案例精选（2021）》，“水利建设投资落实好”受到省政府督查激励，区水务局被省委、省政府评为“2020年全省防汛抗洪工作先进集体”，农村河道长效管护、农田水利工程管护两项工作分别获得全省考核第一、第二名，连续6年获全省考核优秀等次。“太湖浦江源水利风景区”入选“国家水利风景区高质量发展典型案例”，宾馆河整治入选住建部《城市黑臭水体治理案例集》，盛泽镇抚田港黑臭水体治理案例荣获全省“讲好污染防治攻坚故事”二等奖，为该类项目苏州大市范围唯一入选案例。水系连通及农村水系综合整治试点县项目获水利部、财政部年度评估“优秀”，入选江苏省美丽宜居城市建设试点。“沪湖蓝带”项目（太浦河共保联治江苏先行工程）被定为长三角一体化发展重大项目开工仪式现场工程，列入长三角一体化发展重大项目。城乡供水安全保障获全市考核“优秀”。

12月5日，区水务局局长胡明忠带队巡查太浦河

联合河长制主题公园

太浦河共保联治江苏先行工程

苏州市吴江区文体广电和旅游局

1月15日，苏州评弹情景组曲《红军故事》入选“江苏省庆祝中国共产党成立100周年舞台艺术精品创作工程”

3月10日，区委书记李铭、区长王国荣公布吴江“运河八景”

2021年，吴江区文体广电和旅游局深入贯彻区委、区政府决策部署，全面推进文化产业高质量发展和国家全域旅游示范区创建工作，吴江入选全省首批文旅产业融合发展示范区建设单位，同里古镇入选第二批省级夜间文化和旅游消费集聚区建设单位，震泽镇众安桥村谢家路、平望镇庙头村成功获评省乡村旅游重点村，克莱斯电梯智能体验中心获评省工业旅游区。

公共服务水平不断提升，首次建立“青吴嘉三地公共文化服务配送精品资源库”，搭建“吴江区公共文化服务配送微信平台”。盛泽文化中心、过云楼艺术馆入选省“最美公共文化空间”打造对象名单，评弹情景组曲《红军故事》入选“江苏省庆祝中国共产党成立100周年舞台艺术精品创作工程”。智慧广电乡村达标镇全覆盖任务完成。

3月10日，吴江区文化产业高质量发展暨创建国家全域旅游示范区推进大会召开

活化利用传统优秀文化，编制完成《大运河文化带（吴江段）建设规划》，打造三里飞桥、四河汇集等吴江“运河八景”。吴江运河文化旅游区入选国家4A景区创建名单。7位代表性传承人入选全市第五批非遗传承人名单，太湖雪、鼎盛丝绸入选全市非遗分类保护示范基地。

4月17日，2021“阿拉游吴江”品牌暨春季踏青之旅发布会在上海举行

体育事业繁荣发展，县级体育重点工作督查结果荣登全省第二。区文体广旅局获评“全国群众体育先进单位”，1人荣获“全国群众体育先进个人”称号。全区首个体育班在鲈乡实验小学教育集团开班。同里杯中国围棋天元赛、长三角皮划艇桨板大赛等品牌赛事先后开展。

苏州市吴江区审计局

2021年，吴江区审计局坚持以习近平新时代中国特色社会主义思想为指导，全面贯彻落实习近平总书记关于审计工作的重要指示精神。围绕区委区政府中心工作和上级审计机关部署要求，做好常态化“经济体检”，以“五个强审”为抓手，依法履行审计监督职责，为打造“创新湖区”、建设“乐居之城”作出贡献。

坚持党对审计工作的领导，履行好区委审计委员会办公室职责。严格执行重大事项请示报告制度，年度审计项目、“同级审”报告及其整改报告，报区委审计委员会批准后办理。组织筹备区委审计委员会第四次会议，汇报2021年以来审计工作情况和《审计发现问题容错纠错操作办法（试行）》《苏州市吴江区审计事业“十四五”发展规划》等制度文件征求意见稿，经会议审议原则通过，为审计委员会把方向、谋大局、定决策、促改革做好服务工作。

夯基垒台、固本培元，加强审计机关自身建设。领导干部带头，发挥“关键少数”作用，与区统计局开展党组理论学习中心组联组学习，共学共进。党组书记讲授专题党课，举办“学党史·跟党走·强审计·当先锋”主题演讲比赛和“青年沙龙”，提升学习教育实效。用好红色资源，组织“重温百年路　聚力新时代”“沿着红色足迹学党史”主题实践活动。开展好“节日里的党史教育”，传承红色基因，培育爱国主义情怀。将“我为群众办实事”贯穿审计工作始终，与结对社区联合开展主题活动，参加“文明实践进网格”志愿服务，密切党群关系。推动梅石社区“共享停车场”项目落地落实，为群众办实事、办好事。推进“三立先锋”党建品牌建设，丰富完善品牌内涵，以融入式党建“书记项目”为抓手，提升党建与审计业务融合度。

10月15日，2021年度省厅审计科研课题中期研讨交流会在吴江召开

11月19日，区委审计委员会第五次会议召开

12月17日，区审计局召开2021年度审计工作情况媒体通气会

3月18日，区审计局党组书记、局长李小迟带队走访九里桥村

6月4日，区审计局组织赴芦苇库周大屠杀遇难同胞纪念馆开展“重温百年路　聚力新时代”党史学习教育主题活动

7月6日，区审计局开展党史学习教育暨党风廉政宣传教育专题党课

国网苏州市吴江区供电公司

国网苏州市吴江区供电公司下设9个职能部室、4个业务支撑和实施机构、1家省管产业单位、1家三新供电服务有限公司、10个供电所，担负辖区内7镇4街道4区的供电任务。截至2021年底，公司全民员工344人、集体员工31人、直签员工17人、农电员工495人，服务全区用电客户72.72万户。

2021年，吴江全社会用电量299.72亿千瓦时，同比增长11.43%；供、售电量291.14亿千瓦时、286.04亿千瓦时，位列全省县级公司第一；调度最高用电负荷461.07万千瓦，创历史新高。全区共有35千伏及以上变电站88座，主变容量1499.08万千伏安（其中，220千伏变电站16座，110千伏变电站59座，35千伏变电站13座）；35千伏及以上线路224条，1921.05公里；10（20）千伏线路1351条，8290.72公里。

公司紧紧抓牢长三角一体化示范区建设机遇，积极服务“双碳”目标，助力吴江整县光伏建设，加快构建新型电力系统。坚决扛起保供责任，出色完成“5·14”盛泽地区龙卷风灾抢险复电任务，成功应对超强台风“烟花”等恶劣天气影响和迎峰度夏高温高负荷考验。持续优化电力营商环境，探索长三角跨区供电服务，推广应用“全电共享”电力设备模块化租赁新模式，主动服务政府重点工程和重大民生项目，全力支撑吴江经济社会高质量发展。公司先后获“全国市场质量信用A等用户满意企业”“国家电网公司一流县供电企业”“江苏省文明单位”“江苏省电力公司先进集体”等荣誉称号。

面向未来，公司将坚决执行上级各项决策部署，高标准打造城市能源互联网县域样板，努力在建设具有中国特色国际领先的能源互联网企业中走在前列，为吴江经济社会高质量发展保驾护航。

3月30日，吴江供电公司开设苏州地区首个长三角一体化办电服务专窗

5月15日，盛泽遭受“5·14龙卷风”突袭后，吴江供电公司全力抢修恢复供电

7月23日，吴江供电公司领导做客《政风行风热线》节目

8月6日，苏州市吴江区举行2021年大面积停电事件应急演练

8月26日，全国节能宣传周期间成立“吴江绿碳产业联盟”

9月8日，吴江区副区长季恒义调研吴江供电公司

9月30日，吴江区政府与国网苏州市供电公司签订战略合作框架协议暨吴江全域光伏启动仪式举行

黎里古镇

5月18日，2021苏州黎里梨花文化节开幕仪式举行

5月18日，召开2021新鲜提案·黎里真实影像大会

6月11日，举行“五五购物节——乐购吴江·精彩汾湖GO”暨六悦博物馆“六悦老街”启动仪式

古镇风景

中国历史文化名镇黎里古镇形成于南宋，至今已有近900年历史。现区域总面积61平方公里，辖11个行政村和3个社区。古镇核心区内现存明清民国建筑近10万平方米，积淀着宋、元、明、清和民国众多的历史遗存，如柳亚子旧居、鸿寿堂、周宫傅祠、端本园等各类国家级、省市级文物保护和控制单位56处。以“丁”字形市河为轴，一河两街115条弄堂呈鱼骨状布局，始建于元代的古市河东西向延伸近2公里，横跨着17座古桥，保存着250余座河埠头，镶嵌着352颗缆船石。2018年12月古镇创建成为国家4A级旅游景区，被费孝通先生誉之为“水乡明珠”。

黎里古镇保护开发工程自2012年启动以来，已完成总投资20亿元左右。现古镇核心区四期工程完成，端本园恢复工程、周宫傅祠修复工程、古镇展示中心、游客服务中心、揽桥荡生态公园、黎里农贸市场提升等一批重点工程建成投用，以形态修复打造江南水乡古镇风貌初显成效，入选“中国十佳村镇漫游地”。六悦博物馆、中国锡器博物馆、倪征㬢纪念馆、徐悲鸿艺术馆等相继开馆迎客，黎花建国、爱慕客栈、六悦庄、协顺兴等酒店、餐饮配套逐渐完善，以业态导入推进文旅融合发展。不断深挖古镇弄堂文化、古桥文化、廊棚文化、缆船石文化、红色文化等文化内涵，以文化培植不断推进历史民俗文化传承和创新，成功获评中国历史文化名镇。同时，借势借力一体化发展擦亮“古镇名片”，长三角一体化跨省专线首发黎里，“梨花文化节”“黎里真实影像大会”“十大民宿进黎里”等活动成功举办，“黎里国际生态文旅示范项目”被列为2021江苏省重点文旅项目。

下一步，黎里古镇将紧抓长三角生态绿色一体化发展示范区先行启动建设的重大机遇，发挥中国历名文化名镇和国家4A级景区效应，加快推动长三角古镇群落、文化休闲和旅游资源的联动开发，高标准建设国际生态文旅示范项目，打响“江南水乡游黎里”品牌，构筑江南水乡古镇生态文化旅游圈，使黎里古镇成为汾湖一体化高质量发展的“金名片”。

9月17日，黎里中秋显宝活动举行

10月30日，召开“两在两同”建新功行动现场会

12月4日，“十大民宿进黎里”活动举行

吴江经济技术开发区

6月28日上午，吴江开发区与中铁九局集团签约暨揭牌仪式在同里举行

11月16日，区委副书记、区长、吴江开发区管委会主任王国荣带队到吴江开发区调研部分拟上市企业，图为在近岸蛋白质科技股份有限公司调研

吴江经济技术开发区地处长三角核心位置，东临上海，距虹桥机场45分钟车程，南近杭州，西濒太湖，北接苏州主城区。吴江开发区设立于1992年，2010年升级为国家级经济技术开发区，目前代管同里镇和江陵街道，行政区总面积176平方公里，总人口近55万人，共19个行政村、18个社区。吴江开发区在全国217家国家级经济技术开发区综合发展水平考评中位列第29位，在全省119家经济开发区科学发展综合考评中位列第6位。区内同里镇是首批中国历史文化名镇，行政区面积93平方公里（含1平方公里的古镇保护区），下辖10个行政村，

5月12日，吴江开发区的苏州明志科技股份有限公司和博众精工科技股份有限公司同时登陆上交所科创板

6个行政社区，总人口7.2万人。区内江陵街道设立于2019年6月，行政区面积83平方公里，下辖9个行政村，12个行政社区，户籍人口8.4万，外来人口38.5万。

作为苏州南部现代新城区，吴江开发区目前已落户优质工业生产型企业近3000家，累计合同利用外资140多亿美元，实际利用外资近百亿美元，注册内资1300多亿元，已形成电子信息、智能装备制造两大主导产业，以及新能源、新材料、生物医药、高端民生消费品四大新兴产业，成为中国沿海地区最佳投资地之一。落户企业中有英格索兰、卡特彼勒、GS加德士、康宁、SK等近20家世界500强企业，128家美国、日本、韩国等地上市上柜企业，以及30多家国内主板上市企业在这里布局生产、研发基地。总投资超1000万美元企业400多家、超1亿美元企业50多家。优质欧美企业加速集聚，总数超150家；智能工业快速发展，拥有省级智能工厂2家、市级智能工厂3家、省级智能车间53家、市级智能车间61家，省级星级上云企业98家，获得国家级、省级智能制造领域示范项目9项，获评全省首批“互联网+先进制造业”特色产业基地。累计有效发明达3000多件，拥有各类人才8.5万人，其中高层次人才9800多人，各类工程研发中心、技术研究中心200多家，博士后科研工作站12家。迈为股份、赛伍技术、海晨股份、世华科技、博众精工、明志科技、同享科技等7家企业相继上市，资本市场“吴江开发区板块”正加速崛起。

吴江开发区已成为国内重要的电子信息产业基地和智能装备产业集聚区，被评为“中国十大活力开发区”“中国最具投资吸引力开发区”“国家新型工业化产业示范基地”“中国机械装备产业基地”和“长三角G60科创走廊工业互联网标杆园区”。区内拥有众多国家级平台，国家级科技企业孵化器——吴江科技创业园，国家级综合保税区——吴江综合保税区（中国江苏自由贸易试验区苏州片区联动创新区），国家历史文化名镇——同里古镇，国家级现代农业产业园——吴江国家现代农业示范区，国家级湿地公园——同里国家湿地公园。

吴江开发区将紧抓数字经济发展机遇，加速推进产业能级提升、城市功能优化和创新集群建设，奋力打造更高水平开放、更高质量发展的国家级经济技术开发区。

2月1日，区委书记李铭专题调研督导疫情防控工作，在中达电子看望慰问一线工作人员

7月13日，吴江开发区召开既有建筑安全管理工作会议，实地查看老旧房屋

1月14日，吴江开发区机关党委2020年度工作总结表彰大会暨述党建述意识形态述法会议顺利召开，表彰2020年度机关“优秀党建品牌”和“党建品牌创建先进支部”

江苏省汾湖高新技术产业开发区（黎里镇）

6月7日，长三角毗邻地区田山歌展演（芦墟山歌）开幕式及汾湖高新区文体中心启动仪式举行

6月18日，庆祝建党100周年先行启动区基层党建红色巡礼活动举行

汾湖高新区，地处江浙沪“两省一市”交汇的黄金腹地、长三角核心区域，是在省级汾湖经济开发区的基础上，于2012年8月经省政府同意更名设立的省级高新区，与黎里镇实行“区镇合一，以区为主”的管理模式。区域面积258平方公里，下辖43个行政村和9个社区居委会，户籍人口14.3万人，流动人口14.4万人。2019年11月，作为江苏省唯一乡镇，被列为长三角生态绿色一体化发展示范区先行启动区；2020年3月，成功获批中国（江苏）自由贸易试验区苏州片区联动创新区，并于2021年5月，晋级江苏自贸试验区联动创新发展区。

现有各类企业4000余家，其中规上工业企业323家；拥有永鼎股份、康力电梯、东吴水泥、法兰泰克等上市企业4家，固德电材、华尔美特、太湖电工等新三板挂牌企业12家，以及国家级孵化器1个、国家级众创空间3家。先后获评中国历史文化名镇、国家级卫生镇、全国发展改革试点城、国家火炬超高速节能电梯特色产业基地、国家知识产权试点园区等荣誉称号，国家级科技企业孵化器汾湖科创园成为吴江首个国家级海智计划工作基地。在全国百强镇排行榜中攀升至第15位，成为先行启动区内唯一入围的乡镇。

2021年，完成地区生产总值336.92亿元，同比（下同）增长8.4%；一般公共预算收入32.28亿元，增长10.5%；完成工业总产值868.12亿元，增长18.9%；工业开票销售收入完成933.04亿元，增长26.7%；实现全社会固定资产投入79.50亿元，增长7.5%；新增注册外资2.55亿美元，到账外资1.05亿美元，进出口总额18.91亿美元。国家战略落地见效，签约注册沪苏同城项目近20个，水乡客厅、苏州南站高铁新城两大核心区域建设全面铺开，沪苏湖、通苏嘉甬、水乡旅游线城际铁路等互联互通项目有力推进，

7月11日，2021年吴江国际精英创新创业洽谈会汾湖分会场暨首届“长三角科技之光”活动举行

7月11日，汾湖人才礼遇卡发布仪式举行

9月4日，四个功能区集中挂牌仪式举行

沪苏合作办学、跨区域医联体实质化运行，鼋荡小馆、鼋荡驿站成为示范区新地标，“一网通办”走在全国前列，三地联合申报国家高新区取得阶段性成果，示范区两周年现场会圆满举办并获高度赞誉。发展动能强劲有力，新签约中车、特灵等高显示度项目31个，总投资额超140亿元；新增省专精特新小巨人企业7家，市级以上示范智能车间8家，英诺赛科成为吴江首家省级“独角兽”企业，并获国家发改委“卡脖子”攻关重大专项支持；全国首家跨越两省一市的示范区博士后科研工作站落户汾湖。做精做细环鼋荡美丽湖泊群、“曲水善湾”美丽吴江样板区等一批生态保护和乡村振兴项目，办实办好特色古镇打造、老旧小区改造等一批政府实事项目，“新江南空间”风貌逐步呈现，“新时代鱼米之乡”画卷徐徐展开，共同富裕成效更加可观可感。

10月15日，国家发改委副主任丛亮现场考察汾湖“一网通办”为民服务中心等示范区两周年亮点项目

11月20日，同济大学附属第十人民医院吴江合作医院签约揭牌仪式举行

当前，汾湖高新区作为长三角生态绿色一体化发展示范区先行启动区，正迎来前所未有的发展新机遇，拥有面向世界、参与国际竞争力的无限潜力。下一步，将坚决扛起“争当表率、争做示范、走在前列”光荣使命，紧扣“一体化”和“高质量”两个关键，大力实施“1236”行动计划，高举旗帜、牢记嘱托，踔厉奋发、笃行不怠，以更加饱满的热情和更加昂扬的斗志“一起向未来”，朝着一体化和高质量发展走在最前列的目标奋勇前进！

鼋荡小馆

鼋荡驿站

东太湖度假区（太湖新城）

6月17日，首届长三角生态绿色一体化旅游度假高质量发展大会在东太湖度假区举办

11月8日，苏州大学未来校区首期启用仪式举行

东太湖度假区（太湖新城）于2012年1月成立，是长三角生态绿色一体化发展示范区吴江板块的主城区，也是苏州“一核四城”城市格局的南部板块，被誉为21世纪苏州城市建设的最大亮点。2019年6月，吴江中心城区行政管理体制改革和行政区划调整后，辖区总面积198平方公里，代管松陵、横扇、八坼3个街道办事处，下辖32个行政村、30个社区（合署办公后为52个村、社区）。2021年底常住人口总数约35.43万人，其中，户籍人口19.87万人，流动人口15.56万人；全年实现一般公共预算收入55.34亿元，完成规上工业总产值195.23亿元，完成全社会固定资产投资198.65亿元。

东太湖生态旅游度假区作为苏州“一核四城”南部板块的重要组成部分，在区委区政府的坚强领导下，经过10年的开发建设，已累计投入超2000亿元，初步实现了从“城镇”到“城市”的华丽转变，现代化产业体系初步建成，文体卫生、商务金融、旅游度假等配套服务日趋优质，经济社会发展迈上新的台阶。

现代产业加速成型。苏州湾科技城获评“苏州市十大数字经济产业园”，中国工业互联网研究院江苏分院挂牌运营，数字产业发展办公室成立，海尔卡奥斯、徐工汉云、华为云3个国家级“双跨平台”落地。

城市品质现代高端。总高358米的苏州湾中心“太湖之眼”完成幕墙施工，CBD灯光亮化工程深入实施，苏州湾夜景在庆祝建党百年之际“七一”华丽首秀，新城形象成为环太湖新地标。苏州湾文化中心、苏州湾体育中心高水准运营，苏州大学未来校区、苏州

3月30日，东太湖度假区（太湖新城）与中建三局项目签约仪式举行

10月23日，2021“苏州工行杯”第五届长三角皮划艇桨板大赛——暨苏州市青少年阳光体育联赛中小学生皮划艇比赛在苏州湾举行

震泽镇

3月1日，江苏省震泽中学育英学校开学典礼举行

5月1日，震泽镇快鸭港大街南延道路工程奠基

6月28日，明辰路（震八线）正式通车

震泽镇主动融入长三角生态绿色一体化发展示范区建设，全力推进震泽镇“经济提质工程”推动经济高质量发展，“丝绸振兴工程”擦亮丝绸金色名片，“田园乡村工程”推进乡村振兴，“古镇活力工程”激发古镇新生活，“交通畅行工程”提升全区域交通水平，“清水靓河工程”重现江南水乡风貌，“頔塘新貌工程”打造城市新品质，“医教惠民工程”提高公共服务水平，“群众喜乐工程”铸就美好生活，“队伍强基工程”提升治理能力等“十大工程”，奋力谱写新时代震泽镇高质量发展新篇章。

特色小镇，区位独特。震泽位置独特，位于苏州市吴江区西部，地处“吴头越尾”，江苏省、浙江省交界处，与浙江省湖州市南浔区接壤，是吴江的“西大门”。全镇总面积96平方公里，有21个行政村，2个街道办事处和6个社区居委会，总人口12万，其中户籍人口6.7万。境内沪苏浙高速、318国道和京杭运河支流长湖申线并行横贯东西，苏震桃公路（S258）纵贯南北，未来苏震桃高速将贯穿南北，沪苏湖高铁将在震泽南部通过，震泽至盛泽高铁站仅需10分钟，交通便利。

千年古镇，历史悠久。震泽前唐开埠、南宋设镇，因毗邻太湖而得名（太湖别称“震泽”），是一座名副其实的千年古镇。全镇拥有文保文控单位66个，其中国家级2个、省级3个、市级61个，是国家4A级旅游景区、中国历史文化名镇。悠久的历史和浓厚的文化气息，孕育了明末清初天文学家王锡阐、中国历史上首位驻美大使施肇基、“两弹一星”元勋杨嘉墀、上海昆剧团团长蔡正仁、苏州昆剧团团长王芳等一大批社会英才和文化名人。此外，震泽还是中国篮协主席姚明的祖籍。

经济强镇，产业鲜明。震泽镇在2021年度全国综合实力千强镇排名中位列第169位，是全国重点镇之一，江苏省重点中心镇之一。2021年，全镇完成地区生产总值160亿元，同比（下同）增长7.3%；一般公共预算收入历史性突破10亿元大关，达到10.05亿元，增长11.3%；规上工业总产值192亿元，增长13.8%；全社会固定资产投资28.3亿元，增长7.6%；各项经济指标获得可喜成绩。产业门类齐全，特色鲜明，现有工业企业1000多家，光电通信、装备制造、丝绸纺织三大产业总产值突破200亿元，新材料产业快速崛起成为新的经济增长点，彩钢板产业转型升级成效显著。通鼎集团连续入围中国企业500强，太湖雪

9月11日，震泽镇水乡再塑和古镇保护暨畅流活水工程启动

10月8日，苏州捷力新能源二期在震泽开工建设

10月22日，2021“中华杯·时尚盛泽”数字艺术应用设计大赛颁奖典礼举行

造了千亿级产业、千亿级市场、千亿级企业“三个千亿”的辉煌，已经成为中国重要的丝绸纺织生产基地、出口基地和产品集散地。民营经济实力强劲，拥有恒力、盛虹两家“世界500强”企业，分别位居第75位、第241位；拥有东方盛虹、南极电商2家上市公司，华佳丝绸、楚星时尚2家新三板挂牌企业，“恒远”“盛虹”“福华织造”“桑罗”“德尔”5个中国驰名商标，“盛泽织造”“绸都染整”2个集体商标（江苏省著名商标）。科技创新成效明显，江苏省首家国家级先进功能纤维制造业创新中心建设稳步推进，拥有高新技术企业176家、人才总量31216人（大专及以上学历），累计获批国家级企业博士后科研工作分站18个、独立站1个、省工程技术研究中心9个、省级企业重点实验室1个。“双碳”行动深入推进，与中纺联共建世界级纺织产业集群气候行动示范区和世界级高端丝绸纺织产业创新集群，与东方国际共建纺织行业碳排放标准体系，与苏州农商行共建低碳转型绿色金融创新实验室，完成《盛泽纺织行业双碳目标气候创新行动规划报告》《盛泽纺织产业气候行动白皮书》。创建于1986年的中国东方丝绸市场是国家级面料出口基地、国家外贸转型升级专业示范市场、全国诚信示范市场，云集全国各地7000余家丝绸化纤商贸企业，经营10多个大类、超万个品种的纺织品。“中国·盛泽丝绸化纤指数”被誉为行业的晴雨表，《中国纺织化纤面料编码（部分）》成为国家标准。

盛泽东方纺织城

恒力集团

盛虹控股集团

吴江高新区（盛泽镇）

6月16日，以“丝韵东方·时尚盛泽”为主题的2021盛泽时尚周暨第九届江苏（盛泽）纺织品博览会云展会开幕

10月20日，第十届江苏（盛泽）纺织品博览会开幕

10月20日，第十届江苏（盛泽）纺织品博览会展馆现场

10月20日，吴江区第二届丝绸产业版权授权展启动仪式举行

吴江高新区（盛泽镇）位于江苏省最南端，地处长江三角洲和太湖地区的中心地带，东临上海，西濒太湖，南接浙江杭州、嘉兴，总面积150平方公里，下辖12个社区、30个行政村，人口近40万。境内苏嘉杭高速公路、524国道贯穿其中，沪苏湖铁路盛泽站正在建设，交通十分便捷，地理位置优越。

2021年，吴江高新区（盛泽镇）完成一般公共预算收入36.41亿元，比2020年（下同）增长6.02%；工业总产值822亿元，增长25.57%；规上工业总产值600.06亿元，增长21.18%；工业开票销售首次突破千亿大关，达1186.31亿元，增长35.79%；全社会固定投资73.93亿元，工业投资36.46亿元，增长29.52%。限额以上批发额4676.45亿元，增长44.24%；中国东方丝绸市场交易额1410亿元，增长10.2%；城乡居民人均可支配收入7万元，增长8.5%。全镇综合实力上升至中国百强镇第7位。

近年来，吴江高新区（盛泽镇）先后被评为“国家级丝绸星火密集区”“全国乡镇企业示范区”“中国丝绸名镇”“中国纺织名镇”。全镇拥有工商贸市场主体超2万家，年产纺织品超230亿米，纺丝能力320万吨，纺纱能力近20万吨，打造了“从一滴油到一匹布”“一根丝到一个品牌”的完整产业链，塑

中学附属苏州湾学校等一批优质学校开学招生。

文旅产业活力焕发。2012年正式获批省级旅游度假区，2021年接待游客250万人次，实现旅游收入15亿元。深耕水资源优势，水上运动日益成为度假区一张靓丽名片，常年举办全国青少年帆船联赛、全国帆船锦标赛、全国商学院帆船赛等国家级赛事。

全域功能不断提质。创新优化城市精细化管理、“115N”大网格、党建引领基层社会治理等治理模式，推动51项重点实事项目完成投资13.61亿元，新增老旧小区加装电梯10台；获评1个省级文明镇、3个省级文明村，文明城市建设水平显著提升。

6月28日，东太湖度假区（太湖新城）举办“百年风华励初心，同心逐梦谋发展”庆祝中国共产党成立100周年情景式党课

11月4日，东太湖度假区（太湖新城）举办党建引领城市治理工作推进会暨年轻干部一线淬炼成果汇报会

阅湖台

苏州湾大剧院

苏州湾献礼建党百年灯光秀

10月12日，苏州抖音电商基地在震泽镇正式开业

10月12日，震泽丝绸荣获国际金奖一百周年暨震泽丝绸振兴推进大会举行

苏州抖音电商基地

江苏省震泽中学育英学校

丝绸挂牌“新三板”，成为苏州蚕丝被行业第一股。

田园乡村，环境优美。震泽镇是典型的江南水乡，自然禀赋优越，湖泊多、稻田多、桑田多，拥有两个超1万亩的省级保护湖泊北麻漾和长漾，保有2.7万亩稻田和苏州市范围内最大面积的1万亩桑田。聚焦“中国·江村”品牌建设，充分发挥省级特色田园乡村众安桥谢家路示范带动作用，长漾特色田园乡村带震泽片区建设初具成效，全面呈现“村美业特农民富、水韵桑田稻花香”美丽乡村现实模样。近年来，先后获得国家生态镇、国家卫生镇、全国美丽宜居小镇、中国首批特色小镇（中国丝绸小镇）、江苏省首批旅游风情小镇（震泽丝绸文化风情小镇）、苏州市农村人居环境整治示范镇等称号。

途远·丝享家民宿

西坡·震泽民宿

环长漾“稻米香径”获评江苏省“四好农村路”

平 望 镇

6月26日，“敢潮2021”平望·京杭大集正式启幕

6月26日，平望镇举行“百年红色领航 同心筑梦平望”庆祝中国共产党成立100周年主题活动

平望镇发源于5000年前龙南原始村落，明朝洪武元年（1368）正式建镇。史书记载：隋唐以来，自南向北有塘路鼎分于葭苇之间，天光水色一望皆平，故名平望。平望全镇行政区域面积133.5平方公里，辖2个办事处、20个行政村、7个社区居委会，户籍人口8.1万人，常住人口约13万人。近年来，在区委、区政府的坚强领导下，平望镇始终激扬高质量发展主旋律，连续三年入围全国百强镇，位列2021年度第89位。2021年全镇实现地区生产总值158亿元，一般公共预算收入11亿元；工业总产值465亿元，其中规上工业总产值327亿元；工业开票销售收入391亿元；全社会固定资产投资45.5亿元，其中工业投资22.5亿元；工业用电量35亿度；城乡居民人均可支配收入67190元。获评中国纺织织造名镇、国家卫生镇、省历

9月18日，水利部副部长陆桂华（中）一行调研“平望·四河汇集”之运浦湾

7月25日，苏州市委副书记、市长李亚平（右）连夜到吴江平望一线指挥听取汇报

8月27日，水利部太湖流域管理局局长吴文庆（右四）一行调研平望水文站

11月10日，苏州市政协党组书记朱民（前排中）一行到平望镇庙头村调研农文旅项目建设和发展情况

7月7日，苏州市委常委、宣传部部长金洁（前排左一）调研吴江区大运河文化带建设工作和“平望·四河汇集”项目建设情况

史文化名镇等荣誉。

平望的情况可以用一组数据分别为3、4、5、6来表示：一是30%。全镇327条河道、54个湖泊星罗棋布、纵横交错，全镇行政区域面积中的30%以上为水域面积，“水韵平望”名副其实；二是40%。大运河吴江段总长43公里，其中平望新老运河总长17.45公里，占比40%，大运河、古运河、太浦河、頔塘河汇聚于此，形成了独一无二的“黄金运线”，“平望·四河汇集”入选苏州运河十景，“通运平望”名声在外；三是50%。平望是一个工业重镇，工业占地区生产总值比重约50%，现有工矿企业1500余家，其中规模以上企业155家。世界500强盛虹集团在平望设立全资子公司国望高科，实现“百亿投入、百亿产出”目标，“实力平望”货真价实；四是60%，全镇常住人口约13万，其中户籍人口约8万人，占总人口比重约60%，早在5000年前，先民们就在平望留下了活动的足迹，流传着“莺湖八景”的美丽传说。吴根越角的包容性孕育了佛教文化、中医康养文化、灯谜文化等多样文化，获评省历史文化名镇，“宜居平望”人人向往。

12月14日，江苏省文化投资管理集团有限公司党委书记、董事长徐宁（中）带队到平望调研“平望·四河汇集”之运浦湾、大龙荡和京杭大集项目建设和运营情况

9月30日，“四河汇集地 丰收长漾里”2021年平望镇丰收季在庙头村开幕

11月6日，平望·四河汇集之江南上美好在望 2021吴江运河文化旅游节平望主题日活动举办

桃 源 镇

桃源镇位于江苏省最南端，东、南、西三面分别与浙江嘉兴市秀洲区、桐乡市乌镇、湖州市南浔区相邻。行政区总面积90.6平方公里，辖3个办事处、25个行政村和3个社区居委会，户籍人口7.04万人，外来人口约3万人。

2021年，桃源镇奋力开启建设“十四五”新征程，全面实施“1451”工程，紧紧围绕党建引领这一核心，以“百亿能级培育”“村级经济倍增”“社会治理提质”“城镇功能更新”四大行动计划为抓手，着力打造文旅窗口、制造硬核、生态绿廊、淳美乡村、实干乐土等五大名片，向着“建好中国第一水乡森林”这一目标不断奋进。

区位和生态优势愈加凸显。镇北318国道和沪苏浙高速公路相接，镇南320国道和申嘉湖高速公路相连，镇东与苏嘉杭高速公路贯通，累计开通3条跨省公交线路，实现毗邻乡镇公交全覆盖，沪苏湖高铁、苏台高速桃源段全面开工建设，互联互通“十字走廊”加快形成。牢牢抓住桃源森林旅游度假区项目入选2021年度省重大项目和省重点文旅项目的重大机遇，加速推进首期“运河客厅”建设，部分品牌民宿和商业街完成主体施工，先导体验区禾风农场顺利试运营，打造临浙“差异化”优势，扮靓江苏“南大门”高颜值。与上海浦东新场、浙江嘉兴西塘、油车港、新塍四镇结对共建长三角非遗小镇联盟，举办“奋进百年正芳华”暨“五五购物节　运河边的街市”、第十九届桃源森林文化旅游节等文旅盛会，以经典之作打造古韵今风共融的江南文化新空间桃源样板。与练市、乌镇开展毗邻党建共建，加速打造党建统领、多元合作、多方受益的一体化发展格局。

产业发展提质增效。制订产业更新三年行动计划，优化高质量发展产业扶持政策，努力实现产业质效全面提升、创新绿色明显增强、招引服务持续优化。区镇重点项目按序时推进，嘉盛源长装配式材料正式达产，步步高互联网产业园全面施工，小黄蜂科技启动二期项目建设。举办“同心筑梦　情系桃源”上海恳谈交流

5月16日，桃源镇·练市镇·乌镇镇“加强毗邻党建、深化一体化合作”框架协议签约仪式举行

6月11日，“奋进百年正芳华”暨“五五购物节 运河边的街市”启幕

6月26日，桃源镇“同心筑梦 情系桃源”恳谈交流会在上海举办

运河森林

12月10日，第十九届桃源森林文化旅游节开幕

12月16日，小黄蜂科技产业园二期奠基仪式

会，乐庭家居总部、东方恒信科创总部等一批优质项目成功签约，桃源家居科技产业园揭牌成立。“头部企业”保持良好发展势头，东方恒信成为全市唯一新入选“中国民企500强”企业，华源控股上榜2021年江苏省“质量标杆”名单。诗淇服饰、凯灵箱包获评“江苏省版权示范单位”。完成步步高稻谷产业园“人才飞地”建设，获评区科技领军创业人才1人，区“双招双引”认定3项，落户创业人才项目5个。

乡村振兴全面推进。完成2900亩高标准农田建设、581亩高标准生态化池塘改造，镇现代农业园区入选第七批苏州市级现代农业园区名单，苏太美丽牧场生猪出栏数保持稳健增长，认定市级示范家庭农场1家、区级示范家庭农场10家。启动实施村级集体经济倍增计划，太师桥联勤公安检查站、富乡小微产业园等村级抱团发展项目扎实推进，新增5家村集体劳务合作社，2021年村级可支配收入同比增长10%。九里桥村获评苏州市农村人居环境整治提升村级典型案例。

宜居品质显著提升。扎实推进民生实事建设，桃源幼儿园异地迁建、区域性养老服务中心完成主体施工，综合为老服务中心开工建设，铜罗卫生院预防保健楼启用，村（社区）日间照料中心社会化运营实现全覆盖。铜罗古镇老街业态逐步丰富，实景修复还原福泰兴烟纸店，完成地热科普馆布展。完成25个自然村生活污水治理、4个提质增效达标区建设、2条农村公路大中修、3个老旧小区综合改造、5个村农村自来水管网改造项目。完成12个特色康居乡村建设，戴家浜村灶家浜自然村获评市特色田园乡村和共享农庄。提升医疗卫生服务能力，创建省级以上特色科室2个，市级特色科室3个，实现村级卫生服务站中医阁建设全覆盖。营造优质高效舒心的政务服务，设置4个“一窗式”服务专区和5个“无忧办”窗口，共受理行政审批事项14万余件。持续提升教育品质，青云小学获评“全国青少年人工智能活动特色单位”，入选“苏州市青少年数字公民培育计划”。

治理体系逐步完善。圆满完成庆祝中国共产党成立100周年安保维稳任务，常态化开展扫黑除恶专项斗争，持续做好防台防汛防灾、打击治理电信网络诈骗、矛盾纠纷排查化解等工作，守好江苏“南大门”。深入开展既有建筑安全隐患排查，共排查农村房屋17686幢、城镇房屋1924幢，稳步推进整改整治闭环。打好污染防治攻坚战，开展联合河长制巡查和镇级河湖联合巡查，完成12条生态美丽河湖建设。加快腾退低效用地，累计处理僵尸企业251家，释放盘活土地111.75亩，完成“三治”整治销项878.49亩，“三优三保”土地复垦286.38亩，农村违法建设治理23万平方米，关停取缔、整治提升“散乱污”点位37处。

灶家浜特色田园乡村

建设中的桃源森林旅游度假区

七都镇

2021年，七都镇认真贯彻落实中央和省、市、区决策部署，统筹疫情防控和经济社会发展，变危机为先机、化压力为动力，一路奔跑、一路领跑，实现开局漂亮、全年精彩。

经济发展迈上“快车道”。2021年，全镇实现地区生产总值114.7亿元，同比增长6.6%；一般公共预算收入7.88亿元，首次突破7亿元，增速达到22.39%；工业总产值635.8亿元，同比增长26.9%；全社会固定资产投资31.37亿元，同比增长14.54%。大力支持民营企业发展壮大，亨通集团、凯伦股份分别成功举办成立30周年和10周年活动。19个市区两级重点项目完成投资30.15亿元，年度投资完成率115.5%。率先且近两倍完成“智改数转”目标任务，成为全区唯一拥有3A级（最高等级）江苏省两化融合贯标试点企业的乡镇。绿色低碳彰显示范，亨通精工等四家企业入选2021年江苏省绿色工厂。率先发布工业企业大数据中心，创新将能耗管控、环境保护等指标列入系统，实现高质量发展的“一网统管”。

城乡融合跑出“加速度”。统筹推进违法建设治理、“三治”“三优三保”等，完成治违拆旧978.46亩，完成率140%、全区最高，治理违法建设点位近7000个、面积超52万平方米，吴越路成功创成全镇首条“无违路”、开弦弓村西草田成功创建“无违自然村”。全面落实空气质量监测“点位长”责任制，PM2.5平均浓度降至22.2微克/立方米，空气优良天数比例提升至90.3%，创有监测数据以来最好水平。省考太浦闸断面保持在Ⅱ类水质水平，建成大圩田港、桥下港等6条生态美丽河湖。功能配套更齐全，综治中心建成投用，庙港幼儿园加快异地新建，吴溇老街项目加速推进，完成2个老旧小区综合改造，吴溇港滨水休闲公园有序建设，太湖湿地公园亮化工程、4个主要节点绿化景观综合提升工程顺利完成。

乡村振兴答出“高分卷”。“江村”品牌持续擦亮，江村综合提升专班正式成立，江村CLUB等多种业态相继进驻，驻村教授工作室交付使用，“江村书架计划”“相见·乡建”首届设计师圆桌论坛等活动精彩纷呈。农村产业更加兴旺，新增“三高一美”高标准农田近千亩，建成群幸村稽五漾高标准蔬菜基地，浦江源太湖蟹生态养殖示范园获评“全国农村创业园区”等国家和省市荣誉8项。人居环境更显宜居，望湖村获评“苏州市农村人居环境整治提升工作示范村”，建成41个市、区两级“美丽庭院”，长桥村孝思兜自然村获评全区唯一“2021年度苏州市美丽庭院建设示范

3月18日，2021年七都镇奋战二季度重点项目开工仪式举行，通用电梯股份有限公司智能制造基地项目开工

5月28日，中国共产党苏州市吴江区七都镇第十六届代表大会第一次会议隆重开幕

9月11日，七都镇商会第五届理事会会议暨亨通集团定向捐赠仪式举行

9月，联合湖州市吴兴区织里镇成立“织里——七都乔溇”南太湖唯一生态联勤警务站

10月14日，七都镇启用全区首家智慧养老“美美驿站”丽都名苑

防汛抢险

村”，再添16个特色康居乡村、2个整村康居乡村。

社会事业实现“高水平”。精心打造全区首家乡镇就业平台“七都好工作”，创新举办“双塔夜市”招聘会，提供就业岗位5862个；首家乡镇“一窗式”劳动保障维权服务中心挂牌成立，全区率先自主开展工伤预防项目，建成全区首个外卖行业联合工会，开通异地（湖州）就医定向备案服务，“沪苏湖”异地就医实现划卡结算。养老服务更有质感，30个日间照料中心社会化运营全覆盖，庙港社区获评全国“示范性老年友好型社区”。疫情防控常态化举措进一步细化落实，疫苗接种率持续保持全区领先。更好统筹发展与安全，全区率先实现餐饮企业智能联网燃气监测和预警系统安装全覆盖；有效应对台风“烟花”，顺利完成太湖安全度汛工作。

自身建设持续“再加强”。“一门式、一窗式”政务服务改革持续深化，企业开办最优可达“0.5天零费用”；创新设立全市首个“办不成事”窗口，打造“无忧办”服务，实现行政审批事项“全城通办”“长三角一网通办”“弹性办”“自助办”。高标准开展党史学习教育、扎实推进“两在两同”建新功行动、大力开展“我为群众办实事”实践活动。“美好七都、法治为民”法宣馆、开弦弓“乡村治理示范点”、吴越村法治公园、庙港法治宣传一条街等相继建成，“全域”普法模式基本成形。镇政协工委报送的《“有事好商量”创出违法建设治理“双公示”新模式》获评苏州市2021年度协商议事优秀典型案例。

凯伦股份获评“江苏省两化融合贯标试点企业”

浦江源太湖蟹生态养殖示范园获评全国农村创业园区等6项国家、省、市级荣誉称号

群幸村“稽五漾”高标准蔬菜基地

太湖湿地公园亮化工程

长桥村孝思兜“美丽庭院”

同 里 镇

2月，同里古镇举办新春活动

同里是中国十大历史文化名镇之一，拥有1000多年的建镇历史和五六千年的文化积淀，钟灵毓秀、人文荟萃，留下了丰富的历史遗存。坐拥历史瑰宝，坚持精细呵护、数字赋能，以退思广场为核心，布局“一核四区”新格局。

生态是同里最浓的底色，文化是同里最亮的成色，两者的邂逅成就了同里的“五彩缤纷”。近年来，同里践行“两山理论”、凝聚匠心精神，奋力推进污防攻坚，努力改善人居环境，全力打造“新江南空间”，厚植文化土壤，传承文脉肌理，擦亮“江南文化”品牌，水乡文化、古镇文化、乡土文化、非遗文化在这里相互融合、熠熠生辉。

同里古镇久负盛名，但同里不只有古镇，还有国家级现代农业示范区、国家重点示范湿地公园，中国美丽休闲乡村北联村，国家森林乡村肖甸湖村，等等。近年来，同里坚持全域融合、景社合一，主动串联水乡古镇、生态湿地、田园乡村、现代农业，加快布局“农业+”“文化+”“旅游+”新业态，大力发展“湖光经济”“月光经济”，全要素推动农文旅融合发展示范区建设，精心打造古镇游居标杆、田园栖居典范、湿地慢养目的地，努力呈现“姑苏城外”的水韵芳草稻田香。

同里将继续全力打造同里农文旅融合发展示范区，为吴江经济技术开发区加快打造强劲增长极、建设美丽南苏州，奋力推进国家级开发区争先进位，全面建设创新高地、生态高地、人居高地的国际化活力新城贡献同里力量。

4月18日，第二十五届“同里之春”国际旅游文化节开幕

5月，同里古镇夜游退思邀月

9月30日，“繁华吴江夜 ZUI美夜同里”夜经济活动启动暨同里国庆夜集开市仪式举行

10月，同里古镇国庆假日活动

文　化

公共文化

【公共文化服务】 2021年，继续开展第四届吴江区基层公共文化服务配送工程，通过“菜单式”点选、“订单式”配送的形式，搭建吴江区公共文化服务配送数字平台，提升实现公共文化服务供给精准度，提高文化产品供给面和参与度，全年配送服务129场，服务群众超30万人次。“文艺轻骑兵　吴江服务行”系列活动将文艺活动延伸至基层的每个角落，举办活动88场。吴江区盛泽文化中心、过云楼艺术馆入选2021年度江苏省“最美公共文化空间”。苏州市吴江区戏剧家协会、苏州市吴江区艺术团、苏州市吴江区同欢乐艺术团入选2021年度江苏省优秀群众文化团队培育对象名单。

2021年，持续推进全区图书馆总分馆的建设和运行，新建汾湖文体中心分馆、芦荡湖全民阅读点，对接“苏州·书仓”，新建设网借库房，完成网借图书的盘点，调整基藏书库和网借书库，扩大网借书库的规模，完成网借图书的盘点，实现与苏州全市范围内图书借阅通借通还、资源共享。区图书馆接待读者147.4623万人，外借图书105.0171万册，送书下乡5.2497万册，总藏量255.1242万册，培训基层管理员371人次，开展讲座、展览、镇村少儿活动等各种类型的全民阅读活动205场。吴江博物馆推出原创展览2个，联合办展1个，线上展览10期，全年接待中外观众3.9万余人次。　（杨　子）

【文艺精品创作】 强化政治责任、历史担当，生动讲好建党百年辉煌历程中的奋斗故事。评弹情景组曲《红军故事》入选“江苏省庆祝中国共产党成立100周年舞台艺术精品创作工程”，参加第三届中国苏州江南文化艺术国际旅游节、第八届苏州评弹艺术节展演。举办吴江区庆祝中国共产党成立100周年红色经典歌曲合唱比赛、“百年辉煌”——庆祝中国共产党成立100周年摄影大赛，开展庆祝中国共产党成立100周年2021年“吴风苏韵”吴江非遗诗歌采风、“吴江非遗献礼百年，传统技艺共贺华诞”系列活动。举办桃源船模制作技艺、同里剪纸、吴江农民画三大非遗主题展览并开设三大主题非遗课堂。

出台《吴江区群众文化“民星奖”评奖办法》（试行），修订《吴江区群众文艺团队扶持办法》，开展好音乐、舞蹈、戏剧、曲艺、美术等门类精品创作工作，党史短剧《一纸退重兵》等15个舞台类作品参加第四届苏州市群众文化“繁星奖”。2021年苏州市第十四届小戏小品大赛（剧本征稿）中，吴江区小品《起跑线》《返乡》获得二等奖，小品《表姐的爱情》、小品《太湖老船长》、小话剧《永远的喀喇昆仑》获得三等奖。（杨　子）

2021年3月10日，吴江区文化产业高质量发展暨创建国家全域旅游示范区推进大会举行（区文体旅局　提供）

【文化品牌活动】 以“家国梦想　丝韵吴江”为参展主题，吴江6家企业入驻“苏作馆”，成为苏州大市入选企业产品最多、企业专柜最多、产业化程度高的板块，100余件体现吴江非遗元素的商品占据“苏作馆”“大师衍生品区”企业份额的75%。2021年9月，吴江区文体广电和旅游局组织京东方艺云等5家文旅企业参展第十届中国苏州文化创意设计产业交易博览会（简称苏州创博会），以“设计引领·数字赋能”为主题，结合文化产业高质量发展三年行动计划重点，在展馆中充分展示吴江近年来在数字文化、大运河文化、丝绸文化创意等方面的亮点，第十届苏州创博会吴江馆首次推出数字人民币消费体验场景。

（彭　昱　杨　子）

文化产业

【政策体制完善】 2021年，制定出台《苏州市吴江区文化产业高质量发展行动计划（2021—2023年）》，抢抓长三角一体化新机遇，围绕打响“江南文化”品牌，聚焦数字文化产业发展，拓展创意设计、文旅融合、工艺美术、数字文化装备制造等重点领域，大力推进文化与科技、金融、体育、商贸、会展等相关产业融合发展。修订完善《苏州市吴江区文体旅产业高质量发展扶持政策实施细则（试行）》，下发2242.01万元专项资金扶持优质文体旅项目79个。积极对上争取，获评省、市两级文旅产业专项资金共计750万元，获评省级现代服务业（广播电视）发展专项资金150万元。吴江区获评首批江苏省文化和旅游产业融合发展示范区建设单位。是年，全区共计87家规上文化产业企业，主营业务收入381.73亿元，同比增幅35.9%。（彭　昱）

【重点项目建设】 2021年，吴江区文体广电和旅游局以“项目为王”理念，开展文体旅项目入库和动态管理工作。确定32个区级年度重点文体旅建设项目，总投资461.8亿元，年度完成投资68.35亿元，达到年度计划的115.11%。融创桃源国际生态文旅度假区”等5个项目入选2021年省重点文旅产业项目，数量位居苏州各板块第一，“京东方艺云数字文化产业基地”等6个项目入选2021年苏州市重点文化产业项目。承办示范区“十四五”重大文旅项目研讨会，召开全区重点文旅项目现场推进会，力争项目早投产、早运营。（彭　昱）

【文化旅游消费】 同里古镇入选第二批省级夜间文旅消费集聚区建设单位，盛家厍入选第二批苏州市夜间文旅消费集聚区。“大运河畔的平行旅程—2021京杭大集项目”入选江苏文旅消费新场景。大峡谷照明系统（苏州）股份有限公司入选省文化和旅游装备技术研发中心。“退思邀月”夜游项目获评2021年度苏州市夜间文化和旅游消费示范项目；2021黎里禊湖秋月文旅消费系列活动、吴江运河文化旅游节系列活动获评2021年度苏州市文旅消费优秀活动。（彭　昱）

文化遗产保护

【文物保护】 2021年，吴江区文体广电和旅游局多措并举做好文保工作，完成14处不可移动文物方案评审和15处文保工程验收，落实17处文保项目专项补助；对全区不可移动文物单位安全情况进行地毯式摸排和不定期抽查，督促整改消除隐患；启动并完成首届吴江区不可移动文物完好率测评工作、首届吴江区文物保护工程巡查项目和首届吴江区“最美文保人”评选活动；推进三里桥、吴江文庙等重点工程，指导同里、黎里、震泽三古镇做好古镇联合申遗工作，配合做好考古勘探指导工作；完成嘉荫堂三维数字化扫描、吴江区文物保护宣传汇报片拍摄；召开2021年度吴江区文物工作会议、吴江区文物建筑修缮在建工程督察反馈集中约谈会、2021年度文物工程巡查总结暨先进业余文保员代表座谈会。

至年底，吴江区有各级文物保护单位134处，其中全国重点文物保护单位10处、江苏省文物保护单位18处、苏州市文物保护单位106处，另有苏州市控制保护建筑145处，其他未定级不可移动文物231处，总计510处（含526个单体）。拥有世界文化遗产2处、中国历史文化名镇3个、江苏省历史文化名镇2个、苏州市历史文化名村2处、苏州市控制保护古村落1处。有国家二级博物馆（吴江博物馆）1个、名人馆（柳亚子纪念馆）1个。全国重点文物保护单位为大运河（文物遗存：运河古纤道、三里桥、安德桥、安民桥）、退思园（含丽则女学校址）、耕乐堂、思本桥、先蚕祠、垂虹断桥、东庙桥、慈云寺塔、师俭堂、柳亚子旧居。（周春华）

【非遗保护】 2021年是《中华人民共和国非物质文化遗产法》正式颁布实施十周年，吴江区文体广电和旅游局发布吴江区“多彩非遗月”活动清单，结合“文化和自然遗产日”开展一系列丰富多彩、形式多样的非物质文化遗产活动。发布《鲈乡风韵文丛》第六卷《戏单见春秋》，举行吴江区第八批非物质文化遗产代表性传承人授牌，推动非遗进景区——最江南·长三角非遗集市，以全区联动的形式，通过非遗项目活态展演、非遗展板静态展示、非遗传承人动态展销、非遗书籍免费发放、非遗课堂宣传普及的形式，动态开展丰富多彩的文化活动，推进非遗项目走进大众、融入生活。经区政府常务会议审议通过，有4个项目新列入第八批吴江区级非物质文化遗产代表性项目名录，5家单位新增为吴江区级非物质文化遗产代表性项目保护单位。至年底，吴江拥有非遗代表性项目82项，其中国家级2项、省级3项、市级20项；共有非遗代表性项目保护单位107家。（杨 子）

2021年6月23日，最江南·长三角非遗集市开市 （区文体旅局 提供）

吴江区第八批非物质文化遗产代表性项目新增名录

序 号	项目名称	保护单位	项目类别	备 注
1	金属凿刻	吴江市一悦金属艺术品有限公司	传统技艺	

(续 表)

序 号	项目名称	保护单位	项目类别	备 注
2	传统建筑营造技艺(石作)	苏州市黎里文化旅游发展有限公司	传统技艺	
3	吴江竹编技艺(黎里竹编技艺)	苏州市黎里文化旅游发展有限公司	传统技艺	列入区第八批名录项目,调整区六批项目同里竹编技艺为吴江竹编技艺(同里竹编技艺)
4	真丝花线制作技艺	吴江同欣丝绸织造有限公司	传统技艺	

(杨 子)

吴江区非遗代表性项目保护单位新增名录

序 号	保护单位	项目名称	项目类别
1	苏州太湖雪丝绸股份有限公司	吴江蚕桑丝织技艺(蚕桑养殖技艺)	传统技艺
2	吴江桑尚丝绸有限公司	吴江蚕桑丝织技艺(吴江旗袍制作技艺)	传统技艺
3	苏州市吴江区百花戏曲艺术传承中心	越剧	传统戏剧
4	苏州市吴江区吴越美食推进会	吴江羊肉制作技艺(桃源羊肉制作技艺)	传统技艺
5	苏州市养生花酒业有限公司	铜罗黄酒酿造技艺	传统技艺

(杨 子)

文化市场

【概况】 2021年,全区审批营业性演出133件,举办营业性演出1236场次,同比增加10%。苏州湾大剧院举办的首届苏州湾戏剧节、首届苏州湾歌剧舞剧节,推出戏剧《狂人日记》、舞蹈诗剧《只此青绿——舞绘千里江山图》、芭蕾舞剧《红色娘子军》等一系列经典作品,为观众带来全方位、高水准的艺术体验,培育吴江城市文化气质。至年底,全区共有演出场所经营单位2家,文艺表演团体6家,艺术品经营单位12家。

(姚益青)

吴江区文艺表演团体一览表

序 号	公司名称	负责人
1	苏州玉空间艺术发展有限公司	吕卫泽
2	苏州忆百年文化传播有限公司	计清清
3	江苏花漾柠檬兔影视文化	郑 昊
4	吴江区同里镇雅韵丝竹演艺团	邹志敏
5	吴江红楼越剧团	顾学风
6	吴江吴越艺术团	沈红英

(姚益青)

吴江区艺术品经营备案单位一览表

序 号	公司名称	负责人
1	苏州惠炫信息科技有限公司	杨财英
2	江苏泰丰文化传播股份有限公司	胡 婷
3	苏州雅萃艺术品有限公司	白建玲

（续 表）

序 号	公司名称	负责人
4	苏州过云楼艺术馆有限公司	王克盛
5	苏州苏香门文化发展有限公司	沈鹤宾
6	吴江中博新文化艺术品展有限公司	陈大为
7	苏州永信文化发展有限公司	吴燕飞
8	苏州恩泽文化发展有限公司	凌 曦
9	吴江市松陵镇金港画廊	王剑虹
10	江苏景宏国际拍卖有限公司	戴国林
11	吴江天奕投资管理有限公司	乔 川
12	吴江市松陵镇忆古堂画廊	蒯鸣镝

（姚益青）

【综合执法】 2021年，吴江区文化市场综合执法出动执法人员3940人次，检查文化、旅游和体育市场经营单位1642家次，关停取缔无证场所13家。核查处置投诉举报170余件，全年办理案件105起，其中简易程序当场处罚28起，一般程序案件77起（包括跨年案件2起）。没收违法所得3960.7元，罚款32万余元，查缴非法出版物、违法经营设备等1.4万件，案件涉及网吧、娱乐、出版（版权）、印刷、文物、体育、无证经营等多个领域。深入落实包容审慎执法机制，严格执行文体旅领域涉企免罚轻罚清单，共办理涉企免罚轻罚案件37起。（李艺君）

融媒体中心

【概况】 2021年，区融媒体中心全面推进媒体深度融合发展，坚持守正创新，实施“43战略”（以“融合、突破、共赢”为主旨，开启融合发展新征程；以“移动优先、用户优先、智能优先”为引领，构建融合发展的全媒体传播新体系新格局；以“做精新闻、做强平台、做优服务”为抓手，全面提升融合发展的市场竞争力；以“新闻赋能、数字赋能、创新赋能”为动力，为融合发展提供持续内生能源），构建“智能+智慧+智库”新型主流智媒体，建立健全全媒体传播体系。区融媒体中心获评吴江区2018—2020年度全国文明城市建设工作先进集体、吴江区“两优一先”先进基层党组织。（张 晟）

【平台建设】 2021年，区融媒体中心突出移动优先、用户优先、智能优先，构建“1+2+3+4+N”（即“1”家互联网网站：吴江新闻网；“2”个App：今吴江、东太湖论坛；“3”大主流媒体平台：吴江日报、吴江广播、吴江电视；“4”类户外媒体：传统户外媒体、党报阅报栏、户外LED大屏、吴融屏媒；“N”是打造众多新媒体矩阵：“融媒吴江”“吴江微报”“今吴江”“声动891”微信号，“今吴江”“吴江频道”“吴江视听”“吴江政事”视频号，“吴江日报”人民号，“刚刚新闻”头条号，“今吴江”抖音号，以及一大波服务社会生活的短视频传播矩阵“丁丁的吴江地图”“佳哥的吴江腔调”“891月半姐妹”等抖音号、视频号、快手号和小红书号）全媒体传播平台，形成吴江区域内的主流舆论矩阵。以短视频、微视频为主体的移动化、社交化、可视化产品发布数量持续上升，“10万+”以上的全媒体产品成为常态。短视频《点亮苏州湾、逐梦长三角》点击量超141万次，点赞、转发近10万，成为苏州地区迎“七一”建党百年中的一条“爆款短视频”；《“吴江阿甘”陆鸿申请入党》感动朋友圈，“今吴江快评”配发的评论被“人民日报”客户端转载，点赞总量超过1000万。智库型融媒服务向街道、乡镇、行政村延伸，与吴江高新区（盛泽镇）渔业村合作建立村级联系点。（张 晟）

【主题宣传】 2021年，区融媒体中心紧盯吴江区委、区政府提出的打造“创新湖区”、建设“乐居之城”定位，围绕中国共产党成立100周年、党史学习教育、长三角生态绿色一体化发展示范区等主题，推出“奋斗百年路　启航新征程，学党史　悟思想　办实事　开新局”“贯彻七一讲话　争取更大光荣”等系列报道，开展“我为群众办实事”、“长三角一体化”、“两在两同”建新功、锚定“五新目标”绘就“最美窗口”、“民营经济看吴江”、“工业互联网看吴江”等主题宣传，推出《党的光辉我来说》广播系列专题、《陈云来信》及《共产党员张应春》原创广播剧和微广播剧，开展行走长三角　携手绘“红”图——“时代的脚步”吴江融媒体新闻行动，聚焦江浙沪皖三省一市多个红色阵地，讴歌新时代伟大实践。在新冠肺炎疫情防控中，各新媒体平台相继发布最新疫情动态信息、疫苗接种、全民核酸检测预约登记，连续推出系列抗疫防疫知识短视频，以“本地方言”“情景短剧”本色出演，为吴江疫情防控起到了信息枢纽、咨询平台的作用。打造“一体平台”新引擎，上线全新移动新闻媒体“今吴江”App3.0版，增加“吴江号”功能，为服务长三角生态绿色一体化宣传、服务吴江各企事业单位宣传开辟全新阵地。（张　晟）

【精品创优】 2021年，区融媒体中心精品创优工程佳绩频传，累计超过180件作品在国家、省、市级评比中获奖，获奖数量和奖项等次创融媒体中心成立以来新高。外宣工作走在全省县域前列，2021年全年中央、省、市级媒体、学习强国上稿2300余条，其中《小镇来客》纪录片在央视英语环球节目中心播出，吴江故事传向全球89个国家和地区。（张　晟）

【公益服务】 2021年，区融媒体中心依托“891服务热线”、“东太湖论坛”两个阵地，成立“帮你忙服务队”，为市民答疑解惑，帮助市民排解消费维权、劳动纠纷、网络新型诈骗等方面的各类民生问题；聚焦高温下的劳动者，开展“夏日送清凉”公益活动进工地、进社区，致敬最美一线工人；开展学党史、颂党恩“吴融助学”新闻行动，为高考学子送去爱心与希望，收获阳光与蓝天。成立“垂虹朗读”，以融媒体中心主持人为主要班底，先后举办“回顾百年奋斗·诗话千年运河——世界读书日朗诵会”“党辉耀我心、温情暖重阳——庆祝中国共产党成立100周年暨老年节”诵读等专场演出。携手长三角九城市，举办首届“长三角少儿春节晚会”，致力打造吴江推进长三角生态绿色一体化发展示范区建设的一张文化名片。在“新闻+政务服务商务”运营模式上持续发力，承办“姑苏八点半·繁华吴江夜”“繁华吴江夜　越夜越美丽”夜经济全区主会场及各区镇分会场、各类主题专场系列活动，策划举办“五五购物节——乐购吴江”活动；拓展教育培训空间，打造吴江融媒教培自主品牌“融媒太湖星”。吴江首家开展“互联网营销”项目制培训，促进各部委办局、区镇、企业在直播电商及新媒体运营方面的发展。开展“我为群众办实事”七个一主题实践活动，分别前往吴江全区八大板块，精心制作一部微视频，拍摄一组乡村振兴新图片，志愿美化一处人居环境自然村，圆梦生活困难

2021年1月，区融媒体中心携手长三角九城市，举办首届长三角少儿春节联欢晚会
（区融媒体中心　提供）

儿童一个微心愿，深入挖掘一位文明新典型，集中举办一系列活动促消费，举办一次中小学生作文赛。（张 晟）

【队伍管理】2021年，区融媒体中心党委通过组织“吴融铁军”精神大讨论，提炼并确定“忠诚、担当、拼搏、奉献”为“吴融铁军”精神。设立奖励激励、能上能下、冗员待岗“三项机制”。出台《首席（资深）记者、编辑和主持人评（续）聘管理办法》，实行首席（资深）记者编辑和主持人评聘制度、优秀员工提档晋级制度，开展季度优秀新闻、创新案例和季度之星评比。实施“融媒大讲堂”人才培训计划，组织开展新进员工、抖音短视频、航拍飞手、活动创收、财务和经营管理制度等各类融媒体业务培训，持续激发全员上下干事创业精气神。开展“一把手”上专题党课，组织廉内助座谈、廉政灯谜等廉洁文化系列活动，切实把廉政教育成果转为党员干部干事创业的思想指引；日常通过纪检监督融入新闻采访、融入政务服务、融入经营活动“三融入”，做到忠诚、干净、担当，为深度融合发展释放新能量。（张 晟）

【有线数字电视】2021年，全区数字电视有效用户数229995户；新增高清互动电视终端数6511端，累计249823端；新增广电宽带用户数19960户，累计88770户。完成全区134个核酸应急检测点建设任务，完善视频共享平台应用，累计完成监控点位430个，无线上网点位282个，助力全区全员核酸检测实战工作。完成全区8个智慧广电乡村工程达标镇（街道）建设任务，实现各区镇8个版块“一镇一品”栏目的改版与上线，提高各镇资讯和本地便民信息获取效率，拓宽政务宣传渠道，助力基层政府管理服务能力提升。根据《吴江区数字乡村建设实施方案》，明确“智慧广电”作为数字乡村公共服务平台，“治惠东联”项目成为苏州地区数字乡村示范样板。不断创新“智慧广电+数字乡村”的内容与形式，为全区乡村百姓提供更优质的高清电视、智慧教育、数字文化等综合服务。始终牢记党委、政府“喉舌”职责，凭借有线用户覆盖优势，弘扬主旋律，传递正能量，免费开展社会主义核心价值观、党的十九大精神等公益宣传，发挥主流媒体主要阵地作用。江苏有线吴江分公司以新媒体为抓手，累计制作公益类开机画面56幅，累计播放公益类开机画面266天，其中法治类宣传画面93天。（付天君）

史志档案

【概况】2021年，区委党史办、区档案馆深入学习贯彻习近平总书记关于档案工作重要批示精神，围绕党史学习教育和市县级档案馆业务建设评价，有序推进全区史志档案工作。完成《苏州市吴江区“十四五”档案事业发展规划》编制。“吴江通”微信公众号荣获2021年度全国档案微信公众号排行榜第三。《黄家溪村志》《苏州市吴江区政法志》《盛泽镇志》《吴江年鉴2021》出版发行。（朱梦亭）

【党史宣传】2021年，作为区委党史学习教育领导小组成员单位，区委党史办利用“吴江通”“吴江新闻网”等平台推送党史资料、纪念文章和学习活动

2021年12月3日，吴江区“十四五”档案事业发展规划征求意见座谈会召开
（区档案馆 提供）

情况。区委党史办参与党史学习教育专题宣讲和党的十九届六中全会精神宣讲活动。

（朱梦亭）

【党史征编】 2021年，区委党史办推进《中共吴江地方历史（第三卷）》编写工作，细化分工，对标对表，定期召开编写研讨例会，组织专家学者审读部分章节，完成前三编初稿编写，对第二编纲目进行细化调整。完成《苏州党史纪事·吴江区委工作概述》撰写，参与《吴江红色基因图谱》书稿撰写。

（朱梦亭）

【档案监督指导】 2021年，区档案馆贯彻落实国家、省、市档案事业发展“十四五”规划总体要求，高标准完成《苏州市吴江区“十四五”档案事业发展规划》编制。强化法治意识，在国际档案日围绕新修订《档案法》开展专题宣传。依法加强机关团体、企事业单位档案工作业务指导，制定《2021年档案工作评价标准》，对93家单位开展年度评价，对62家单位进行档案工作规范等级复查。推进疫情防控、脱贫攻坚、党史学习教育等档案规范化管理，收集到疫情防控文书档案2913件、照片65张、视频25段、实物14件。明确全区精准扶贫和党史学习教育文件材料归档范围和保管期限表。对区城建档案馆、苏州湾体育馆开展档案行政执法专项检查。专题研究重大建设项目档案管理工作，制定《吴江区建设项目档案指导书》，完成“江苏港虹纤维有限公司增资建设年产差别化功能性加弹丝12万吨项目”和“江苏国望高科纤维有限公司抗紫外线阳离子化学纤维技术改造项目”档案验收。承办全市档案系统专题培训，面向全区开展500多人次业务培训，对行政村、宗教场所、中小学校、企业等单位档案工作进行集中式辅导。（朱梦亭）

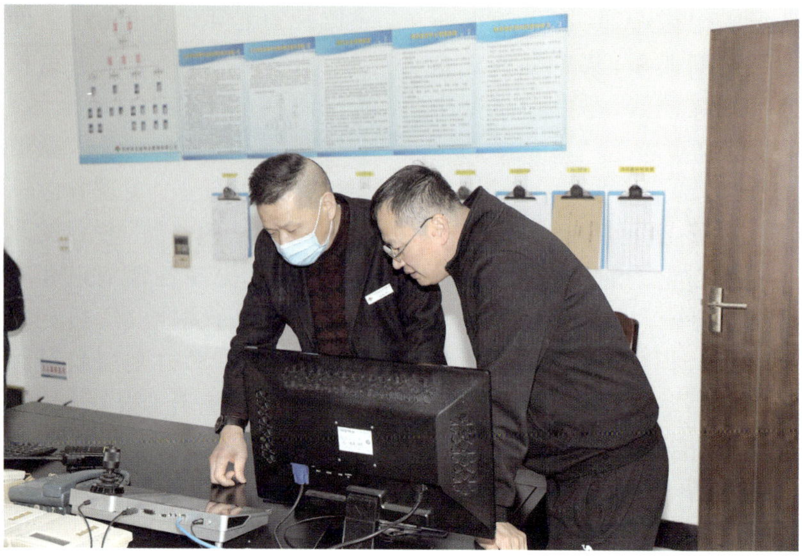

2021年2月8日，区档案馆进行节前安全检查　　（区档案馆　提供）

【档案安全保管】 2021年，区档案馆加强实体档案安全保管，完成大楼门禁系统改造，加强日常巡查和专项巡查。牵头开展区级民生档案服务领域突出问题排查工作，上报问题清单及对应建议。全年接收7个单位移交的档案25170卷、14558件，同步接收《案卷目录》49册、《全引目录》1册、《归档文件目录》19册，收集整理地方志资料及报纸杂志246册。开放118个全宗的8521卷、826件到期文书档案案卷级、文件级目录。提前开放1984—2001年文书档案136卷。完成《吴江区档案馆指南（续编）》。（朱梦亭）

【查档服务】 2021年，区档案馆根据疫情防控政策优化查档服务，添置智能叫号系统、制作便民服务卡，接待现场查档7702人次，调阅利用档案资料30404卷（册）。延伸民生档案查询利用服务，在8个区镇、2个街道开通婚姻、独生子女、出生医学证明三类民生档案基层查阅窗口，现场接待查档302人次，调阅利用档案资料311卷（册）。（朱梦亭）

【档案征集】 2021年，区档案馆借助“吴江通”等网络平台开展“忆峥嵘岁月，颂建党百年”——吴江红色档案史料征集活动，开展名人档案、民生档案及吴江特色档案征集，征集到盛泽民生绸厂证章、吴江县封锁管理所证章等档案和地情资料227件。“吴江图片档案中

2021年3月18日，吴江区数字档案室管理系统业务培训举行

（区档案馆 提供）

心”接收照片18546张，并通过融媒体中心、拍记队等征集到全区重要会议、重要活动、重点工程、重大项目等电子照片8774张。征集到2009年学习实践科学发展观活动、2014—2015年群众路线教育实践活动和2019年“不忘初心，牢记使命”主题教育活动材料，形成文书档案1147件。（朱梦亭）

【档案数字化】 2021年，区档案馆启动国家级数字档案馆创建工作，将之纳入《苏州市吴江区“十四五”档案事业发展规划》，先后赴宁波、张家港等地调研学习创建经验。推广使用吴江区数字档案室管理系统，针对数据迁移、软件使用对全区进馆单位及村、社区档案人员开展10场近400人次专题培训，158家单位完成数据导入。（朱梦亭）

【地方志】 2021年，区档案馆扎实推进地方志工作，《黄家溪村志》《苏州市吴江区政法志》《盛泽镇志》出版发行，终审《苏州市吴江区标准地名志》，验收《七都镇志》，指导《桃源镇志》《吴江人大志》《吴江老干部工作志》编纂工作。完成《苏州对口帮扶铜仁志》《苏州市援藏志》《苏州援疆志》中吴江部分编写。编纂出版《吴江年鉴2021》，以汾湖高新区（黎里镇）为试点启动乡镇年鉴编纂工作。完成每月《吴江大事记》编写。开展地方志理论和地情文化研究，举办吴江区第十三届地方志优秀学术论文评比活动，2篇论文在江苏省地方志学会2021年度学术年会论文评比中获奖。（朱梦亭）

【红色档案开发利用】 2021年，区委党史办、区档案馆整合开发党史、档案、方志资源，发挥存史育人作用。馆藏“费孝通26次访问江村照片”“张应春烈士照片”入选“江苏省百件红色珍档”。参与建设的吴江党史馆6月正式开馆，成为吴江纪念中国共产党成立100周年和开展党史学习教育的重要阵地。利用红色资源举办“方寸忆党史暨吴江区第25届集邮展览”，拍摄短视频《巾帼女杰张应春》，参与苏州市电视台、苏州市档案馆红色档案专题节目拍摄和省档案馆《光耀史册》百集珍档微纪录片拍摄。发挥爱国主义教育基地功能，接待区委政法委、区农业农村局等20个单位近400人次参观。（朱梦亭）

【长三角档案一体化合作】 2021年，区档案馆与上海市青浦区档案馆、浙江省嘉善县档案馆共同探索电子档案管理工作，研究制定《长三角生态绿色一体化发展示范区电子文件归档和电子档案“单套制”管理三年行动方案》。联合开展“6·9”国际档案日活动，举办红色故事分享会。有序推进太浦河历史文化研究项目，记录长三角地区共建共治共享的太浦河故事，编纂《太浦河工程建设史》形成送审稿。（朱梦亭）

（本栏编辑 浦德琪）

卫　生

【概况】 2021年底，吴江全区有医疗卫生机构488个。其中，综合医院6所，中医医院2所，专科医院3所，检验实验室1所，血透分析中心1家。镇卫生院（社区卫生服务中心）、分院21所，社区卫生服务站（村卫生室）209所，专科防治所2所，妇幼保健所2所，健康体检中心2所，护理院7所，门诊部及诊所151家，企事业、学校医务室32所，中医备案诊所36所，养老机构医务室（备案）7所。卫技人员9722人。编制床位7885张，实际开放7780张。全区公立医疗机构完成诊疗688.52万人次，病床使用率66.89%。

（孙　源）

【医疗体系建设】 2021年，推进吴江区国家标准化代谢性疾病管理中心（MMC）"1+X"建设，苏州市第九人民医院、江苏盛泽医院以及10家基层医疗机构授牌国家标准化代谢性疾病管理中心（MMC）成员单位。加快推进基层医疗卫生机构标准化建设，完成黎里中心卫生院扩建、屯村卫生院和金家坝卫生院异地新建、松陵卫生院搬迁启用，全区基层医疗卫生机构标准化建设率96.04%。苏州市吴江区中医医院与上海市中医医院、苏州市吴江区第五人民医院与同济大学附属第十人民医院签约合作医院。建立一体化示范区医疗机构检验检查报告互联互通机制，对35项检验和9项检查结果实现实时查阅和互认共享。　（孙　源）

【医政管理】 2021年，加强基层中医药服务能力建设，全区新建中医阁28家。苏州市第九人民医院呼吸病学、江苏盛泽医院普外科学获评苏州市重点学科，苏州市第九人民医院老年医学、江苏盛泽医院临床护理学和苏州市吴江区儿童医院儿科学获评苏州市重点扶持学科，苏州市第九人民医院老年医学科、江苏盛泽医院骨科和苏州市吴江区儿童医院检验科获评苏州市重点专科，苏州市第九人民医院泌尿外科确认为苏州市临床重点专科建设单位。苏州市吴江区中医医院肾病科获评苏州市级中医重点专科。组织申报各级各类科研项目和继续教育项目，医学教育管理覆盖率保持100%。　（孙　源）

【基层卫生与老龄健康】 2021年，做好新冠肺炎疫情相关重点管控人员转运和隔离健康管理，进口冷链食品和货物管控指导，交通、社区、学校疫情防控卫生学指导，组织2021年吴江区新冠肺炎疫情综合处置实战演练。全力推进新冠疫苗接种，构筑免疫屏障。实施老年人运用智能技术专项普及培训工程，全区开展老年人智能手机线下培训652场16655人次。举办首届长三角一体化示范区老龄健康论坛，为示范区应对人口老龄化出谋划策。黎里中心卫生院获评2021年度社区医院，庙港卫生院儿科获评江苏省基层医疗机构特色科室，庙港卫生院“庙港社区家庭医生工作室”获评江苏省星级家庭医生工作室，横扇卫生院获评省家庭医生创新服务模式单位。（孙　源）

2021年1月4日，吴江区首家托育机构备案授牌仪式举行

（区卫健委　提供）

【疾病防控】2021年，全区共报告甲、乙类传染病8种1882例，死亡2例（艾滋病），报告发病率90.80/10万，报告发病数较2020年（下同）上升22.29%；报告丙类传染病5种3558例，报告发病率171.67/10万，报告发病数上升58.06%。全区建立居民电子健康档案人数为1222092份，规范管理高血压患者人数88124人，规范管理糖尿病患者人数21549人，65岁及以上老年人接受健康体检人数119487人。完成查螺面积1402638平方米，实现全区连续27年无螺历史新记录。区疾控中心通过实验室资质认定复评审、职业卫生技术服务机构乙级资质认可评审。（孙　源）

【妇幼健康】2021年，全区监测孕产妇10574例，活产数10681例，孕产妇保健覆盖率99.00%，住院分娩率100%，孕产妇死亡率9.36/10万，出生缺陷发生率15.60‰；0—6岁儿童健康管理率95.24%，5岁以下儿童死亡率2.25‰，婴儿死亡率1.69‰。开展婚前医学检查率92.69%，完成孕前优生健康检查5376人，婚前孕前指导率100%；增补叶酸预防神经管缺陷新增服用人数4174例；为12040例孕妇提供血清学产前筛查；开展新生儿29种遗传代谢性疾病筛查7868例，听力筛查7739例，先天性心脏病筛查7779例。开展HPV和TCT联合检测宫颈癌筛查，完成宫颈癌筛查38966例，乳腺癌筛查39516例。实施女性盆底功能免费筛查服务，累计筛查6366例。实现妊娠风险筛查评估全覆盖。出台《关于印发吴江区促进3岁以下婴幼儿照护服务发展的实施意见的通知》，将普惠托育体系建设纳入2021年度苏州高质量发展考核吴江个性指标体系，吴江区艾尔顿幼儿园、吴江区博恒幼儿园被评为首批苏州市示范性托育机构。（孙　源）

【卫生监督执法】2021年，全区办理各类行政许可事项2752件，受理投诉举报164件，立案29件，立案率17.7%；卫生行政处罚结案128件，罚没款金额2759897.74元，移送公安部门4件，申请强制执行3件；社会抚养费征收结案2件，征收社会抚养费162241元。完成国家双随机任务386家，省抽双随机任务279家，监督检测合格556家，不合格38家，关闭71家，行政处罚6家，罚款7600元。组织医疗机构传染病防治、健康体检、护理院、春季学校卫生监督、涉水产品生产企业等21个专项行动，出动执法人员5126人次，执法车辆1376车次，出具执法文书743份。针对检查发现问题，立案54起，罚款金额793241.2元；对全区涉水产品生产企业常态化开展卫生信用评价工作，评价结果在信用吴江网上公布，积极开展游泳场所信用评价工作，继续开展医疗机构、公共场所等量化分级工作。（孙　源）

2021年6月10日，2021长三角一体化示范区卫生应急技能竞赛暨深化安全生产推进平安医院建设综合演练举行　（区融媒体中心　提供）

【卫生应急】 2021年，吴江区健全全区疫情防控一办十组两专班工作体系，建立卫生应急值班督查制度。新增救护车24辆，新增120黎里急救分站，全年吴江120出车34692车次，抢救危重伤员1954人次。利用物联网技术和云技术，实现院前院内急救一体化。融入长三角生态绿色一体化发展示范区，协力推动青浦—吴江—嘉善三地院前急救区域联动，参与举办三地大型应急演练两次。完成全区13个区镇街道全员核酸采样点19类防疫物资的配备，保障全区疫情防控一办十组两专班物资保障、调度和物资发放。　（孙　源）

【爱国卫生】 2021年，吴江区七都镇、同里镇2个国家卫生镇和34个省级卫生村顺利通过复审。开展卫生镇（社区）及街道环境卫生长效管理考核检查，巩固提高卫生创建成果。开展春冬季灭鼠、夏秋季灭蟑、灭蚊蝇统一消杀活动，全区病媒生物密度控制在国家C级标准以内，通过省级病媒生物单项达标复审，建成11个病媒生物防治示范小区。　（孙　源）

【健康城市】 2021年，吴江区新建省健康社区（村）11个、省健康促进医院1家、市健康社区（村）10个、市健康单位10家、区健康促进机关14家、区健康促进企业38家，命名2020—2021年度吴江区“健康家庭”100户，2017年建成的5家苏州市健康场所顺利通过市级复审评估。举办“将健康融入所有政策”策略专题讲座，全区开展各类健康讲座1477场，受众5.76万人次。开展无烟党政机关建设，全区新建无烟单位24家。开展争创全国文明典范城市禁烟控烟专项提升工作，持续开展公共场所控烟专项监督检查，对61家单位和11名个人进行处罚，罚款金额68320元。　（孙　源）

【无偿献血】 2021年，全区无偿献血12771人次，献血总量322.7万毫升，其中机采血小板1838人次2446个治疗量。无偿献血占临床用血比例保持100%；一次献血300或400毫升7161人次，占总献血总人数65.5%。全年办理血费报销200笔180740元。　（孙　源）

【卫生行业文明】 2021年，区卫健委获评区级“文明行业”和2018—2020年度全国文明城市建设工作先进集体，区卫健系统14家单位获评吴江区级“文明单位”。《白衣做战袍　生命赴使命——吴江区卫健系统抗击新冠肺炎疫情纪实》《我是医生》等作品分别获评吴江区优秀新闻奖，《医生日记》被学习强国全国平台收录。全系统注册志愿者6347人，开展文明实践活动7000多次，累计服务时长超过80万小时。区卫健委新时代文明实践志愿服务队获评吴江区“新时代文明实践战疫志愿服务优秀团队”，“医心为民”文明健康志愿服务团队获评区“最佳志愿服务团队”，区文明健康中心获评苏州首批“新时代文明实践示范点”。办结两会建议提案41件，办结率、见面率、满意度均为100%。　（孙　源）

【苏州市第九人民医院】 医院位于苏州市吴江区太湖新城芦荡路2666号。2021年，全年门急诊160.89万人次；出院病人5.51万人次；住院床日42.9万，床位使用率76%，业务总收入13.20亿元，药占比（除中药饮

2021年9月4日，欢迎吴江支援扬州抗疫医务人员回家（区卫健委　提供）

片外）29.93%。医院现有职工2054人，其中卫技人员1963人，硕士生导师14人，博士20人，硕士437人，高级职称418人；实际开放床位1547张。放疗科、医学美容科、核医学科正式开科，组建质控科、社工部。心血管内科获得国家级第四批高血压达标中心建设单位及全国第三批次胸痛中心（标准版）认证。心衰中心获2021年省心衰中心优秀质控奖。老年医学科获评省老年医学临床技术应用研究项目建设单位。呼吸与危重症医学科获评苏州市医学重点学科，老年医学科获评苏州市医学重点扶持学科。新增李锐教授、王增军教授院级临床专家团队，挂牌陶敏教授苏州市名医工作室。举办省级继续教育学习班4项，市级23项，区级10项，外出进修55人。成立“苏州大学—创芯国际类器官药物评价协同创新中心苏州九院分中心”。立项江苏省医学会伦琴影像专线基金1项、苏州市科技局科技创新项目4项、吴江区科技局“后补助”项目3项、苏州市中西医结合科研项目1项、苏州市吴门医派科研项目1项、苏州市卫健委临床重点病种诊疗专项1项、苏州市药学科研项目1项、苏州市卫健委“科教兴卫”青年科技项目2项、苏州大学江苏省重点实验室开放课题1项、南通大学教改课题1项、吴江区科教兴卫项目10项。“心手相连圈”获第九届全国医院品管圈大赛三级医院综合专场—A圈组三等奖。获苏州市医学新技术引进奖二等奖、国家妇幼健康科学技术奖三等奖、区科技创新政府奖提名奖3项科技奖。杨涛获评姑苏卫生特聘D类人才。郑江南、单宇入选苏州市2021年导师制项目。发表学术论文184篇，其中SCI36篇。紧密型医联体单位吴江五院完成二级甲等医院评审。与黎里卫生院、屯村卫生院、菀坪卫生院签署专科共建协议。对口支援的贵州省印江县人民医院通过三级医院评审，派朱洁援助陕西省靖边县妇幼保健院。顺利通过电子病历五级评审。构建“以患者为中心”的智慧就医体系，投放自助挂号收费机210台，启用排队抽血系统，推行签到制二次排队叫号，推出网上自助开单便民服务，实现微信公众号核酸检测自助开单和结果查询，设立助老服务站，为无亲属陪护的80岁以上高龄老人及残疾人提供伴医服务。开展志愿者服务活动164次时长12215小时，选派51名医务人员援宁、援扬，抗击疫情。医院获评“苏州市文明单位”“苏州市抗击新冠肺炎疫情先进集体”“苏州市医疗保障定点先进单位”“苏州市生活垃圾分类工作”优秀集体、区残疾人工作先进集体、区第四届“互联网+”创新荣誉等称号。护理团队获评吴江区三八红旗集体；肖佩华获评江苏省劳动模范，李莉家庭获评“江苏省最美家庭”。

（周　倚）

【江苏盛泽医院（江苏省人民医院盛泽分院）】 医院位于吴江高新区（盛泽镇）市场西路1399号。2021年，门急诊71.45万人次，出院病人1.85万人次；住院床日16.11万日，床位使用率63.7%；业务收入4.44亿元，药占比33.89%。至年底，医院有职工1277人，其中卫技人员963人、高级职称228人，核定床位652张，实际开放660张。是年，医院严格落实疫情防控各项工作，完成核酸检测471044人次，新冠病毒疫苗接种619142针次，先后派出37人次医疗队伍奔赴南京、扬州、天津等地支援防疫一线工作。以医疗技术临床应用管理为抓手，全面提升医疗水平、加强医疗内涵、确保医疗质量。推进结构化门急诊电子病历，实现全院覆盖。抗菌药物使用强度持续改进取得成效，DDD值明显下降。完成药物临床试验机构创建，选定9个目标专业，制定各项管理制度和标准操作规程。普外科成功创建苏州市临床重点学科，骨科成功创建苏州市临床重点专科，护理部获得苏州市医学重点扶植学科项目。申报各类科研项目52项，其中国家自然基金2项（基于TLR7/8受体激动剂调节肿瘤免疫微环境用于优化骨肉瘤放射免疫联合治疗的研究、局部振动经肌肉—脊髓—皮层环路影响肌肉收缩效率的机制研究）、省科技厅3项、省卫健委1项、苏州市级18项，已立项16项，验收11项，其中省级1项、市级3项。完成在研项目中期检查100余项。住院医师规范化培训在培学员12人，年度内通过结业考核5人；接收对口支援医院、医联体单位、其它医院进修学习151人次。选派37位医疗、护理技术骨干赴知名三甲医院进修学习。各级继续教育项目获批45项，其中省级2项，苏州市级25项。发挥吴江南部医联体核心医院作用，帮助各基层单位做好疫情防控工作和有序恢复医疗工作，全年派出人员1730人次，门诊1100人次，教学查房79人次，新增专科联盟2个。全面启动综合楼项目建设。定期召开“三甲”创建推进会，多次邀请省人医评审专家来院评审指导。完成应知应会手册，完成各级各类人员岗位职责、工作制度、应急预案汇编，举办全院PDCA案例竞赛活动等。医院获评2016—2020年援黔医疗卫生对口帮扶工作优秀帮扶集体（对口支援铜仁市）、南京医科大学2021年临床技能竞赛三等奖、2018—2020年度苏州市文明单位、2021年度苏州市青年文明号、2021年长三角一体化示范区卫生应急技能竞赛二等奖等集体荣誉。夏正获2015—2020年援黔医疗卫生对口帮扶工作特殊贡献奖和2015—2020年苏州对口帮扶铜仁市“优秀专业技术人才”，黄丽群等6人获南京医科大学各类奖项，宋丽丽、张建凤获苏州市最美劳动者，金正帅获苏州市“医者仁心·入围人物”，周旻忞获苏州市青年岗位能手，金益获苏州市卫生健康系统新闻宣传先进个人，陈彩林获苏州市医院感染管理先进个人，李艳获苏州市医疗保障管理先进个人、吴江区优秀团书记和吴江区“优秀青年志愿者”，何洁瑾获吴江区“十佳青年志愿者”，戴彩红获吴江区优秀党务工作者，黄文军获吴江“红色工匠”银奖，陆美艳等11人获2020年度吴江区优秀护士长等。（姚茜茜）

【吴江区中医医院（吴江区第二人民医院）】 医院位于平望镇通运路73号。2021年，门急诊人次44.63万人次，总收入34209.11万元（其中医疗收入24331.69万元）。医院为低保及困难人员提供门诊治疗33460人次（其中血透31680人次），减免医疗费387.86万元；为住院困难人群提供医疗救助服务352人次，发生费用527.2万元，减免医疗费449.43万元；两项总计发生医疗费942.42万元，减免医药费837.29万元，减免医药费占总费用的88.84%。血透中心有病床51张，有220位血透病人在血透中心长期接受治疗。至年底，医院在职职工705人，其中卫技人员654人，高级职称161人，省名中医1名，省中医临床优秀人才1名，省农村优秀中医临床人才3名，市名中西医结合医师2名，姑苏卫生青年拔尖人才1名。是年，医院在做好疫情常态化防控工作，承接江陵街道接种点任务，扎实落实疫苗接种工作，同步抓好创建和基建工作，三级中医院有序创建，异地新建项目按期推进，院区中医氛围改造提升，中医经典病房投入使用，支援宁、扬两地疫情核酸采样，发布党建品牌“红芪”。是年，医院成为上海中医药大学附属市中医医院吴江合作医院，加入上海疼痛专科医联体并成立杜冬萍教授吴江工作室，与铜罗卫生院共建康复科，成功创建老年友善医院，与平望实验小学共建中医药文化特色校园，获批吴门医派名老中医药专家姜宏传承工作室和王晓鹏传承工作坊。全年举办继续教育项目18项，其中省级1项、市级4项。组织推荐申报省、市、区科研项目31项；完成第一批和第二批科教兴卫项目申报，立项7项；组织推荐申报省中管局中医药科技发展计划项目3项；申报苏州市“科教兴卫”青年科技项目1项；组织完成2021年度科技成果验收，顺利验收市级课题4项。蒋元斌、顾春妹获苏州市最美劳动者称号，李艳丽获苏州市优秀护士称号。（戴菊英）

【苏州市吴江区儿童医院（苏州大学附属儿童医院吴江院区）】 医院位于苏州市吴江区松陵街道公园路176号。核定床位300张（牙椅4张），实际开放床位张250张。2021年新开设内神经外科专家门诊、心胸外科专家门诊、手外科专家门诊、烧伤整形科、小儿骨科、五官科、泌尿科、神经专科、心理护理专科和儿童保健科（生长发育专科）。有内科病区3个、外科病区2个，全年门急诊量45.5万人次，出院病人7915人次，手术2803例，床位使用率57.19%，平均住院日5.37天。全年业务总收入27453.27万元，门诊药占比45.5%，住院药占比24.01%。至年底，有职工347人，其中卫技人员308人、硕士及以上学历53人、博士生1人、高级职称30人。是年，启动“吴江区新生儿耳聋筛查”项目。引进苏州大学教授张学农。南京、扬州发生新冠肺炎病毒疫情期间，5名医务人员支援南京，7名医务人员支援扬州。举办区级继续教育学习班9次，市级继续教育学习班9次，承担苏州市第九人民医院住院医师（全科）规范化培训儿科部分轮训，共接收带教实习医师45人次，接收完成全科规培医师22人次规培轮转并考核。发表SCI期刊文章2篇，中文核心期刊论文3篇。申报省级幼妇重点课题1项、市级课题3项、吴江区课题5项，获批实用新型专利10项，新增市级重点扶持学科1个、市级重点专科1个，推荐省级专家库人选1人，获批吴江区科协科普项目1项。以儿科联盟为基础，对口支援基层卫生院41人次。抗击新冠肺炎疫情，完成发热门诊、筛查门诊改建，完善PCR实验室建设，申报苏州市核酸检测定点医疗机构，完成核酸检测32.3万人次。医院派驻医生至新冠隔离点2批4人次，火车站1人次。参与全区应急采样队伍组建25小组共100人。全年门诊患者预约诊疗率100%。采样门诊、隔离抢救室、CT室、质谱实验室改造完成，儿保科改造、门诊诊室增加和候诊区扩容稳步进行，增开内科专家夜门诊、外科夜门诊、肺功能和FeNO、眼底照相等专科检查项目；铺开床铺结算业务，提高就医体验。打造“小松鼠志愿者”“童心协力”等志愿服务品牌，开展各类义诊14次，累计参加志愿服务人员70余人次，提供1800余人次服务。成立“童心圆”慈善救助基金，救助患儿1例。（陈浩然）

苏州市吴江区儿童医院（苏州大学附属儿童医院吴江院区）（潘福官 摄）

【吴江区精神康复医院】 医院位于吴江区太湖新城镇夏蓉街565号。2021年，门急诊29129人次，出院1420人次，业务总收入2327万元。在编职工169人，其中卫技人员156人、正高职称3人、副高级职称12人、中级职称59人，有心理咨询师37人、心理治疗师22人。2021年，全区新增患者132人（报告281人，死亡109人，外迁36人，删档6人），在册患者6338人，报告患病率为4.82‰，在管患者6037人，在册患者管理率95.25%，规范管理率

95.25%，服药率92.4%，规律服药率90.12%，精分症服药率91.22%，精分症规律服药率89.81%，面访率93.42%；使用长效针剂帕利哌酮注射液治疗20人（共27人，脱落7人）。是年，召开精防医师工作季度例会3次，对社区精神康复驿站开展业务培训2次，指导各精神康复驿站开展精神健康同伴支持项目119次活动，惠及8个镇区1200余人次。开展“我为群众办实事”主题实践活动，结合公共卫生管理、心理健康促进等开展志愿者服务。按照《吴江区社会心理服务体系三级平台建设工作规范》，协助社心办指导全区所有相关医疗机构完成心理咨询室的建设。截至9月底，吴江区共建镇级平台9个，村级平台23个，机关、企事业单位心理服务点17个，学校心理咨询室70个，医疗机构心理咨询室8个，新增站点33个，共计160个。年底基本完成心理科普馆建设，为普通大众提供心理科学普及体验服务。

（陈文丽）

【吴江区第四人民医院】 医院位于震泽镇南一路1333号。2021年，门急诊52万人次，出院病人0.42万人次；住院床日5.81万日，床位使用率70%；业务收入1.07亿元。至年底，医院有职工376人，其中卫技人员326人、高级职称44人、中级职称91人、注册护士125人；核定床位111张，实际开放222张。下设八都社区卫生服务中心，核定床位40张，开放床位20张。下设23个社区卫生服务站。做好疫情防控常态化工作，7月底派遣5名医护支援南京核酸采样，全年完成新冠疫苗接种196546针次。推进卫生健康长三角一体化建设，开展远程会诊，与至英消化医生集团合作开展胃肠镜等诊疗服务，让老百姓享受上海优质资源同质化诊疗；持续推进与南部医联体核心单位江苏盛泽医院的医联体建设；吴江区级科教兴卫课题立项1项；发表普通论文11篇；发明专利5项；开展无创呼吸机等十项新技术。心内科创建中国心衰中心（基层版）及市级基层医疗卫生机构特色科室，儿科通过区级临床重点专科复评，中医康复科为苏州市中医骨伤专科联盟单位，创建中医阁3家。完善发热门诊建设，PCR实验室投入使用。购置医用X射线摄影系统、彩色多普勒超声诊断仪、全自动生化免疫流水线、有创呼吸机、五分类血球仪等医疗设备262万。

（王林珍）

【吴江区第五人民医院（吴江区第一人民医院汾湖分院）】 医院位于汾湖高新区（黎里镇）新友路555号。2021年，门急诊52.59万人次，出院病人0.67万人次；住院床日8.3万日，床位使用率60.2%；业务收入2.07亿元，药占比35.89%。至年底，医院有职工463人，其中卫技人员431人、硕士生24人、高级职称59人；核定床位280张，实际开放340张。做好新冠疫情防控工作，全年完成新冠疫苗接种331919剂次，接种总人数164870人；完成隔离点集中观察人员400人；汾湖高新区318国道卡口防疫工作出动71人次；6名同志驰援南京疫情防控，完成7轮核酸采样近10万人次。融入示范区一体化发展，先后和复旦大学附属儿科医院、同济大学附属第十人民医院合作，挂牌复旦大学附属儿科医院医联体和同济大学附属第十人民医院吴江合作医院。成立5个工作室（黄瑛教授消化内科工作室、王立波教授呼吸内科工作室、彭波教授泌尿外科工作室、房林教授甲乳外科工作室、孙丽萍教授甲乳超声工作室）。开展输尿管镜下钬激光碎石术等新技术11项，开展吴江区级科教兴卫项目1个。消化内科完成港南村、汾湖湾村和镇西社区50岁—74岁户籍居民大肠癌筛查1229人，筛查出危险度评估阳性141人，隐血阳性46人，双阳4人。5月，通过苏州市卫健委组织的二级甲等综合医院创建评审。

（周红明）

【苏州永鼎医院】 医院位于太湖新城镇高新路1388号。4月25日，海吉亚集团收购永鼎医院，4月29日正式接手管理。全年医院门急诊65.25万人次，收住院2.33万人次，住院床日17.2万日，手术3767台，药占比47.16%，平均住院日7.5日，实现收入5.47亿。医院职工882人，其中卫技人员737人、高级职称86人、中级职称170人。核定床位586张，实际开放

700张。提高员工薪酬，调整绩效方案，增加员工福利项目，发放股权激励。引进飞利浦IQon光谱CT、飞利浦Ingenia 3.0TMR及飞利浦Azurion 7M20 DSA机、飞利浦Q5、Q7彩超、STROZ的鼻内窥镜、奥林巴斯宫腔镜、贝朗电动开颅系统、冠龙椎间盘镜手术系统、奥林巴斯290胃肠镜，妇科海扶刀治疗仪、生物刺激反馈仪，泌尿科碎石机，康复科眩晕治疗仪、血透机、爱尔康超乳一体机、西门子C臂机、蔡司光学生物测量仪及国内外一线品牌的动力系统等。进行环境改造，改扩建包括CT、MRI、中医堂、特需门诊、MMC、核酸采样、发热门诊、内镜室、康复大厅、会议室、海吉亚学院等大工程32项、零星工程40余项。完成全院临床路径、门诊CA认证、门诊省统一结构化电子病历改造工作，完成医保贯标相关工作，初步完成国家两定医保接口的改造工作。加入吴江区健康吴江预约管理平台。入驻名医工作室8个，引进各学科专家70余名，建立3个MDT。成立海吉亚医疗教学研究院。举办继续教育项目7项，“科教兴卫”结题1项，发表论文27篇，其中核心期刊1篇，另有大会论文1篇，担任苏州市及以上学术委员人员9人次，医院重点专科建设单位15个。完成药品改革，3次药品降价，实现零差价和中标价。获江苏省老年友善机构，苏州市老年友善机构优秀单位。获吴江区纳税大户，陈艳获吴江最美医保人，都雪艳获苏州市百名感控医生先进个人，妇科和产科两份病历入选苏州市优秀病历，获吴江区“依法执业、诚信服务”技能竞赛民营医院第一名。建立满意度调查体系，获锦旗53面，感谢信17封。（姚海英）

体　育

【概况】 2021年，区文体旅局继续实施健康中国和全民健身国家战略，紧跟长三角地区赛事联办，坚持体育惠民便民导向，加快推进体育各项事业改革发展，打造文体旅融合新格局。吴江区在全省县级体育工作督查中获评2021年度江苏省县级体育工作先进单位，列64个县（市、区）参评单位第二。是年，全区体彩累计销售网点213家，销量4.13亿元。

（朱舜蕾）

【群众体育】 2021年，区文体旅局推进各区镇文体活动中心、体育公园规划建设，全区新增健身步道26千米，新建健身路径120套，新增笼式球场11片、多功能运动场2片，新增体育场地面积20万平方米，实现人均体育设施面积3.64平方米。推进办赛多元化立体化，一镇一品赛事活动体系更加完善，创新推进区镇企业运动会体系建设工作。开展“新春杯”乒乓球比赛、城市定向联赛、首届龙舟比赛、长三角10公里路跑巡回赛、男子篮球足球赛、骑行大会、迎新欢乐线上跑等；组队参加苏州市龙舟比赛、广播体操选拔赛等活动，全年开展各类赛事活动500余项次；积极参加长三角一体化示范区体育联盟赛事活动。是年，区体育总会登记注册的区镇级体育类协会102个，体育类俱乐部（含青少年俱乐部）26个，3A级以上共有15家（其中4A级2家，5A级1家）。加强社会体育指导员队伍建设，开展社会指导员裁判员培训班9期，全年新增社会指导员150人，培训三级裁判员260人，每万人有社会体育指导员48.1人。实施全民健身“三进工程”（进机关事业单位、进城乡社区、进企业），开展巡回科学健身讲座9场。优化提升区体质测定与运动健身指导站，精心布置国民体质监测工作创新融入区镇主题活动，全年完成国民体质监测4127人。（朱舜蕾）

【竞技体育】 2021年，吴江区体育运动学校通过国家体育总局田径运动管理中心专家组评估检查，成功创建新一轮（2021—2024）国家田径单项奥林匹克高水平后备人才基地（铅球、标枪）。向江苏省队和国家队输送高水平竞技体育后备人才。做好省青年男篮项目省队区办、投掷基地市队区办工作，完善区队校办训练模式。是年，吴江区体育运动学校向苏州体校输送15人，高校高水平运动队3人，省队3人。贯彻落实“5621”计划，扎实推进“苏八条”在吴江落地，开展区级体育传统特色评比，夯实学校竞技体育发展基石。区级阳光体育联赛新增幼儿体适

2021年10月10日，长三角10公里路跑巡回赛首进吴江
（区文体旅局　提供）

能（39所公办幼儿园539人参与展示活动）、羽毛球（80人参加）、跆拳道项目（19所学校148名学生参加）和帆船进校园活动。做好全区青少年参赛备赛工作。完成江苏省青少年阳光体育联赛县市组比赛6个项目，中小学生乒乓球、轮滑、手球等20多项比赛，获得省赛7金6银4铜，市赛11金17银15铜。开展全区校园足球联赛，组织苏州市“市长杯”青少年校园足球小学女子组总决赛，吴江莘塔小学获甲组二等奖、乙组二等奖。吴江区运动员孙启豪在第十五届全运会获得田径项目男子十项全能冠军；运动员谈周泓勋在2021年全国蹼泳锦标赛男子4×100米蹼泳接力项目和男子4×200米蹼泳接力项目各摘1金；运动员潘臻豪在2021年全国蹼泳锦标赛100米器泳项目摘铜。吴江区代表队在江苏省县组田径比赛以7金5银4铜获金牌榜第三，以团体总分210分列第五；在江苏省投掷项群赛获3金2银2铜，在苏州市小学生田径比赛获男子团体第五，女子团体第七。（朱舜蕾）

【体育产业】2021年，吴江区文体旅局推进体育产业发展，规范区级体育产业发展引导资金管理使用，“苏州湾体育中心”等6个项目获得230万元区产业资金扶持，2个项目获得市级90万专项资金。在年度重点建设项目中，“运河文体中心”等5个体育产业项目总投资20.45亿元，完成年度投资3.36亿元。苏州湾体育中心、汾湖文体中心建成投用。梅沙教育全国青少年帆船赛斩获“2020年梅沙教育全国青少年帆船赛贡献奖”“2020年优秀航海赛事活动”2项国家级荣誉。盛泽文体中心（全民健身中心型）、苏州湾体育公园（特色型）入选2021年苏州市体育服务综合体名单。吴江胜地生态公园、盛泽环潜龙渠运动基地获评“苏州市体育旅游示范基地”，长三角“运河名镇”龙舟平望邀请赛、2020梅沙教育全国少年帆船联赛、“姚长子”篮球邀请赛获评“苏州市体育

2021年吴江区体育产业发展专项资金项目资助名单

单位：万元

序　号	项目单位	项目类别	项目名称	金　额
1	利瑞宝运动器材（吴江）有限公司	支持文体旅产业载体建设	江苏省体育产业基地	100
2	苏州市毅恒体育文化发展有限公司		跆拳道场馆建设	10
3	苏州市吴江区绸都体育健身俱乐部		盛泽体育健身中心的运营管理	10
4	苏州聚慧体育用品有限公司		苏州市体育产业示范基地	50
5	苏州市吴江文化旅游发展集团有限公司		苏州湾体育中心	50
6	苏州优肯体育文化科技有限公司		体育培训（篮球、体适能、滑步车、搏击、轮滑等）	10
合　计				230

（朱舜蕾）

旅游精品赛事”，吴江东太湖滨水体育旅游线路获评“苏州市体育旅游精品线路”。在实现社会效益优先基础上，助推经济效益提升。疫情防控常态化机制下，统筹抓好疫情防控和赛事活动，举办第35届同里杯中国围棋天元赛、第23届中国大学生篮球联赛（CUBA）全国总决赛、第八届中国女子围棋甲级联赛、“同里杯”全国围棋升段赛、第五届长三角皮划艇桨板大赛等品牌赛事。推进体彩销售，坚持管理和营销并举，加强网点管理服务、形象更新、宣传营销。（朱舜蕾）

【“云端”健身】 2021年，区文体旅局通过线上做好居家健身指导，满足疫情期间全民健身需求。全年在“吴江文体旅”微信公众号平台定期推送20期“宅在家里咋锻炼，吴江文体旅陪你练”，以图文、短视频方式呈现，为市民提供线上健身服务。组织八段锦、围棋等线上赛事，开创全民健身新局面，让“云端”健身课程成为日常健身的补充课堂。（朱舜蕾）

【体育班】 2021年，区文体旅局加强青少年体育发展，挖掘培育优秀体育后备人才，通过暑期选材、集训、测试，联合吴江区鲈乡实小教育集团在流虹校区以单独编班的方式开设四年级体育班。按照教育规划进行个性化教学，在保持训练的同时做好文化课学习，形成“运动训练+学习”两条腿走路新模式。（朱舜蕾）

【帆船进校园】 2021年，区文体旅局响应“双减”政策，从9月秋季学期开始，与区教育局、东太湖度假区文体旅局联合苏州市尚赛帆船俱乐部青少年帆船培训中心，开展帆船运动进校园活动，在吴江城区各中小学校开展帆船知识讲座，开设兴趣班、航海角，成立帆船社团和校帆船队，普及帆船知识，拓宽学生对水上运动的认识，激发青少年对水上运动的兴趣，共同营造具有江南水乡特色的帆船文化。至年底，全区多所学校上千人次学生参与其中。（朱舜蕾）

（本栏编辑　钱晓燕）

吴江区幼儿竞技体适能暨快乐体操培训班　（区文体旅局　提供）

计划生育

【概况】 2021年，吴江区户籍人口出生5191人，出生政策符合率99.85%，出生人口性别比（以女为100）103.89；流动人口出生2457人，出生政策符合率99.92%，出生人口性别比111.81。免费孕前优生健康检查项目覆盖率100%，妇幼保健和计划生育服务全面达标。计生奖励扶助政策全面兑现。

（孙　源）

【科学育儿】 2021年，吴江区持续推进0—3岁科学育儿公共指导工作，倡导"生活化早教"理念，多角度多形式宣传科学育儿理念，满足群众育儿需求。全年发放0—3岁科学育儿指导手册5368份，新发服务券5368份，线上亲子体验721课，复课后开展线下科学育儿公益讲座46期，服务家庭数9845户，指导17818人。

（孙　源）

【计生奖励与扶助】 2021年，吴江区继续落实人口计生奖扶政策，发放各类奖励、扶持金9645.75万元（一次性奖励不在内），惠及计划生育人群79.2万人次（一次性奖励不在内）。其中发放养老援助服务券991.3万元，农村奖扶（城镇无业人员）6168.19万元，持证企业退休人员一次性奖励817.92万元，独生子女死亡家庭即时一次性补偿21万元，计划生育特别扶助对象特扶金2244.82万元，特扶出行补贴29.89万元，公益金45.9万元。全区计生特殊家庭结对帮扶率、计生困难家庭结对帮扶率均100%。

（孙　源）

【计生依法行政】 2021年，吴江区办理再生育审批107件，生育登记11888件。坚持计划生育一票否决制，受理64批次116个集体和9441名个人的审核材料。

（孙　源）

【计生协会】 2021年，计生协会开展宣传倡导工作，利用5·29会员活动日开展宣传品发放、健康咨询义诊等宣传服务活动，向群众普及优生优育、生殖健康等知识。全区开展各类宣传服务活动562场次，受益群众8.2万人；开展"连心家园"关怀帮扶活动，利用妇女节、中秋、重阳、春节等节日组织计生特殊家庭开展各类主题活动，全年开展帮扶活动42场次，参与1311人次，830户次；全区走访慰问特扶家庭4577户次，7048人次，为全区2717名特扶对象购买住院护工险；开展计生系列保险工作，推进"生育关怀三年行动计划"，

全区参保人数26167人，保费234.07万元，理赔人数560人，理赔额130.3万元。（孙　源）

人力资源

【就业创业】 2021年，区人社局贯彻落实就业优先战略和积极就业政策，坚持援企稳岗和扩就业并举，实施“四送四零”就业直通车专项工程，全区有效用工备案56.38万人，创历史新高；城镇登记失业率在2%左右，新增城镇就业2.32万人，吴江籍高校毕业生就业率99.48%。贯彻落实“稳岗惠企十条”人社任务，优化政策直达机制，发放稳岗返还、“留吴优技”等惠企资金9000余万元，有效稳定就业主体。全区人力资源市场举办招聘活动416期，帮助就业13.23万人次。打造“1+2+X”（发挥“1个”人力资源市场的作用，利用保障企业用工人力资源服务联盟、“乐业吴江”就业联盟“2个”联盟服务体系，依靠“一部手机找工作”、用工监测分析系统、“乐业吴江·用工速递”等“X个”特色服务项目）人力资源保障模式，上线“用工速递”平台，成立“乐业吴江”就业协作联盟，精准服务企业用工需求，累计建成劳务基地40个、校企合作职业院校137所。扩大基层公益性岗位、基层公共服务岗位开发范围，累计开发公益性岗位254个，安置就业困难人员67人。建立退捕渔民就业援助长效机制，帮助135名退捕渔民实现再就业，持续巩固退捕渔民转产就业成效。重点关注高校毕业生就业，离校未就业高校毕生生年末就业率97.61%。培育典型，新增省级家庭服务职业培训基地1家、市级家政服务业实训基地1家，获评省级优秀农民工3人。做优“创响吴江”品牌，综合发挥各类创业扶持政策激励效应，发放各类创业补贴4200万元、创业担保贷款1200万元，创业带动就业1.41万人。落实示范区高校毕业生在吴创业若干意见，建设首批4家长三角地区高校大学生创业联动工作站，吸引更多高校毕业生到吴创业。构建省级全周期职业技能培训体系，推进“金蓝领”培育工程，开展各类补贴性职业技能培训7.18万人，发放城乡劳动者就业技能、新生代农民工职业技能、企业新型学徒制和企业职工岗位技能提升等补贴共6870.13万元。（沈欣瑜）

2021年4月14日，2021全国民营企业招聘月活动启动仪式在吴江举行
（吴江开发区　提供）

【人才服务】 2021年，区人社局坚持人才引育和评价机制改革创新，落实人才政策、完善引才协同机制、抓好职业技能质量提升年活动，构建人才发展“好生态”。全年新增专业技术人才超0.69万人、高技能人才1.51万人，实施各项人才资助6602.67万元。全区人才总量34.8万人，其中高层次人才3.03万人；技能人才总量25.64万人，其中高技能人才10.44万人。组织开展首次示范区机械专业高级职称联合评审，实现“一次评审、三地互认”；汾湖高新区博士后科研工作站更名为长三角生态绿色一体化发展示范区先行启动区博士后科研工作站，是目前全国唯一一家跨越两省一市行政区划的国家级博士后科研工作站。全面推进职业技能等级认定工作，累计备案职业技能等级认定企业132家，在全市率先设立7个职业技能等级认定第三方评价机构考核点。亨通集团入选全省首批“G42+”重点民营企业人

才人事综合改革示范基地，获省、市人才人事政策集成支持和“一对一”服务。马炳烈、李松获评省“双创人才”（高技能类），累计获评6人；董运华、三浦健二、王先革获评姑苏高技能领军人才，累计获评10人；轩传吴、李松获评江苏工匠，累计获评5人。新增专业技术人才职称自主评审企业1家（康力电梯），全区累计职称自主评审企业3家。新增自主评审专业技术人才初中级111人，高级15人（其中正高级2人）。新增国家级博士后科研工作站7家，累计省级以上企业博士后科研工作站65家（其中国家级46家）。新增江苏省技能大师工作室1家，苏州市高技能人才公共实训基地和苏州市技能大师工作室各2家。举办第九届“吴江技能状元”大赛。聚焦国际人才服务，争当“跨域一体”先行示范者，示范区首张个人、首组家庭式跨区域“上海市海外人才居住证”均花落吴江，全年协助5位人才（家庭）取得“上海市海外人才居住证”。（沈欣瑜）

【人事管理】 2021年，区人社局履行政府人事工作综合管理职责，规范实施全区事业单位人事管理工作。全年组织实施事业单位面向双一流高校选聘高层次人才和面向社会公开招聘12个批次，计划聘用964人，实际聘用704人。其中，面向双一流高校选聘高层次人才的4个批次中，专业化青年人才定岗特选2个批次，计划聘用62人，实际聘用50人（含首次面向清华、北大选聘5人）；教育系统高层次紧缺人才选聘2个批次，计划选聘240人，实际聘用190人。面向社会公开招聘的8个批次中，一般事业单位招聘1个批次，计划招聘143人，实际聘用137人；教育系统招聘3个批次，计划招聘266人，实际聘用225人；卫健系统招聘4个批次，计划招聘253人，实际聘用102人。指导教育系统招聘备案制教师451人。（沈欣瑜）

【劳动关系】 2021年，区人社局全力做好做实劳动关系领域的稳控工作。至年底，全区有国家、省、市、区四级劳动关系和谐企业1220家，占已建工会且正常经营企业数的77.46%。配合上级部门积极开展企业薪酬调查工作，完成100家部级、76家省级、103家市级和12家建筑企业样本的薪酬调查工作。结合吴江产业结构特点，首次探索对纺织、电子信息两大产业岗位工资细分调查，为相关行业薪酬指导提供参考。协助首次发布长三角一体化示范区制造业企业市场工资价位。首次创新开展劳务派遣单位信用等级评价，实施分类分级精准监管，共评定劳动保障A级（信用优秀）单位5家，B级（信用合格）单位256家，C级（失信）单位144家。新增5A级劳动保障信誉单位3家、4A级6家、3A级10家、2A级6家、A级76家，全区苏州市2A级以上劳动保障信誉单位86家，吴江区A级劳动保障信誉单位401家。深化“放管服”改革，推行互联网+书面审查，全区7211家用人单位通过网上申报年度劳动保障书面审查工作；规模以上企业劳动合同签订率100%。联合区检察院、区法院召开涉破产企业劳动争议法律适用问题研讨会，签署《破产企业劳动争议处置衔接会商纪要》，为全国首份关于建立破产企业劳动争议处置衔接机制的文件。5月，启动长三角区域联动巡回仲裁庭；10月，协助举办“三地一体　同心同行”长三角一体化示范区劳动争议调解仲裁联合研讨会。平望镇劳动人事争议调解中心获评“江苏省金牌劳动人事争议调解中心”。（沈欣瑜）

【吴江国际精英创新创业洽谈会】 2021年7月10—11日，第十三届吴江国际精英创新创业洽谈会举办。洽谈会以“创新湖区　智汇吴江”为主题，采取“线下+线上”办会模式，聚焦5G产业、智能制造、航空航天、工业互联网、大数据、半导体、光电子、生物医药（含医疗器械）、纺织新材料等领域，举办“数字经济”共融共生发展论坛暨清华大学苏州汽车研究院十周年院庆、“沪苏同城　绿动汾湖”首届“长三角科技之光”活动、“智领大健康　美丽新盛泽”医用纤维新材料与大健康应用高峰论坛长三角专场、“数字苏州湾　智创东太湖”工业互联网与数字经济创新赋能对接活动、长三角金融赋能产业数字化发展峰会等12项引智引才活动。促成海内外专家学者、企业大咖、人才嘉宾等500余人参会，推动148个创新创业项目落户，其中项目持有人博士学历62.8%、硕士学历37.2%；项目所属领域中高端装备制造占28%、电子信息占24%、新材料占24%。（沈欣瑜）

【校企对接】 2021年，区人社局整合各区镇资源开展赴外校园招聘活动。年内组织上海、吉林、西安、兰州、四川等13条招聘线路，累计参会企业265家次，对接省内外高校31所，举办校园招聘31场，发布招聘岗位11121个，收到应聘简历8762份（其中硕士2657份、博士55份），现场达成意向1312人（其中硕士439人、博士2人），138家企业与高校院系建立长期合作关系。举办“‘智汇长三角’一体化示范区校园引才专场活动”“‘校园苏州日’——走进吉林大学系列活动”“长三角名校吴江行”以及“职”播带岗、“汇聚云端 江城有你”、名企特宣视频等一系列线上活动，与上海交通大学、浙江大学、东南大学、中国科学技术大学等知名高校签订合作协议，共建“研究生创新实践基地”，吸纳各校加入“苏州湾引才联盟”。（沈欣瑜）

【“一窗式”劳动保障维权服务平台】 2021年，吴江区所有区镇全部建立“一窗式”劳动保障维权服务工作平台，实行劳动保障维权“一窗式”受理。全区劳动监察机构受理投诉举报案件3310件，劳动保障监察举报投诉案件结案率100%；处置全国平台欠薪线索2262件；核处12345便民工单1645件；主动监察用人单位1568户，人均“双随机”执法检查用人单位74.7家。全区仲裁机构共受理各类劳动争议9116件（立案案件3477件，案前调解案件653件，不予受理案件223件，各镇区劳动人事争议调解中心成功调处各类劳动争议案件4763件）。其中，立案案件已结案3516件，调解结案2374件，裁决结案1105件，其他方式结案37件。劳动人事争议仲裁案件按期结案率100%，劳动人事争议仲裁结案率98.02%，劳动人事争议调解成功率79.81%，劳动人事争议仲裁终结率72.01%。为1.87万名劳动者追回劳动报酬2.29亿元，在全市保障农民工工资支付工作考核中获A级等次。督促用人单位为9115名未参保职工办理社会保险登记，依法现场责令停止非法职介行为243次。（沈欣瑜）

社会保障

【概况】 2021年，区人社局持续推进社会保险提质扩面。深化拓展全民参保计划，放宽灵活就业人员参保户籍限制，落实非全日制从业人员、超过法定退休年龄人员、实习生的工伤保险参保工作。全区企业职工养老保险月平均缴费同比增长3.41万人，全区养老、失业、工伤保险参保人数分别达到104.79万人、57.5万人、67.49万人。全年发放灵活就业、残疾人社保补贴8965.19万元，发放失业保险金1.59亿元。纳入社会化管理养老人员31.26万人。组织退休人员慰问8.67万人次、免费健康体检5.96万人次，组织参与各类文体活动3.55万人次。（沈欣瑜）

【养老保险】 2021年，区人社局按照省市部署，完成2021年度企事业退休人员基本养老金、城乡居民基本养老保险基础养老金标准调整及发放工作。居民基础养老金从每月550元提升至每月590元；居民基础养老金最低标准从每月160元提升至每月173元。全年养老保险基金总收入145.05亿元，其中征缴收入87.02亿元，省级统筹下拨53.88亿元；总支出166.52亿元，其中待遇支出73.06亿元，省级统筹上解53.88亿元；结余141.05亿元。（沈欣瑜）

【工伤保险】 2021年，区人社局作出工伤认定决定4500件，职工因工因病劳动能力鉴定3340人。落实非全日制从业人员、超过法定退休年龄、实习生参加工伤保险政策，251人参保缴费。在25家重点企业开展工伤预防培训改善项目，审批工伤康复149人，苏州市首例赴上海定点康复医院的病例出院，“沪苏同城”共推工伤康复协作发展。贯彻落实《江苏省工伤保险费率管理办法》，执行省统一基准费率，并继续执行阶段性降低工伤保险费率政策，全年为参保企业减负8607.98万元。工伤保险基金总收入1.21亿元，其中征缴收入1.19亿元；总支出2.38亿元，其中待遇支出2.32亿元，上解上级支出0.03亿元；基金结余0.8亿元。（沈欣瑜）

【失业保险】2021年，全区失业保险基金总收入3.62亿元，其中征缴收入2.83亿元，市级统筹下拨0.77亿元；总支出3.5亿元，其中待遇支出1.92亿元，市级统筹上解0.86亿元；基金结余0.63亿元。（沈欣瑜）

【江苏省人社一体化信息平台】2021年，区人社局统筹推进业务规范化和系统标准化建设。落实企业职工基本养老保险省级统筹的各项要求，实行全省统一经办标准。开展人社系统基础数据规范化标准化集中攻坚行动，全力做好数据清理、培训及测试工作。省机关事业单位养老保险信息系统、人社一体化信息平台、城乡居保子系统分别于5月11日、10月11日、12月6日有序平稳上线。全面落实社会保障改革攻坚任务。审慎推进机关事业单位养老保险制度改革，持续开展职业年金归集工作。10月，根据《区人社局涉及医疗、生育保险职能划转方案》，医保征缴类业务顺利完成经办职能移交。（沈欣瑜）

住房保障

【住房保障管理】2021年，区住建局落实住房保障管理制度，调整廉租住房保障对象家庭和经济适用住房供应对象家庭的人均收入和发放租赁补贴标准。21户家庭取得购买经济适用住房资格，发放租赁补贴247户，完成政策性租赁住房9712套（间），其中1186套（间）为人才公寓，提前且超额完成省、市下达的各项目标任务。启动“十四五”期间政府投资保障性租赁住房建设工作。（徐诗涵）

【老旧小区改造、加装电梯工作】2021年，区住建局出台《关于高质量推进吴江区2021年城镇老旧小区改造工作的通知》，统筹推进老旧小区改造提升。在试点改造过程中探索“九大机制”，破解实际难题。是年，完成全区8个区镇29个老旧小区改造任务，在苏州大市中改造数量和高质量考核中均位居前列。开展“我为群众办实事”实践活动之“力推加装电梯工作，助力乐居吴江建设”项目，召开吴江区既有多层住宅增设电梯培训会，出台《关于明确吴江区既有多层住宅增设电梯管线迁改财政补贴（试行）的通知》等系列文件，促成资金合理分配。年末，全区有16部电梯通过验收并投入使用，5部电梯正在施工中，12部电梯正在开展前期工作。（徐诗涵）

【燃气管理】2021年，区住建局完善天然气管网布局，完成58.73千米高中压管道和121.99千米低压管道建设；推动28个老旧小区配套建设管道燃气。是年，天然气用气量6.48亿立方米；液化气供应量4.16万吨。推行瓶装液化气实名制供气，强化瓶装液化气充装配送信息追踪。与各城镇燃气经营企业签订安全生产目标管理责任书，层层落实安全生产责任；扎实做好全区城镇燃气领域风险隐患排查整治工作，有效治理打击各类违法违规行为。（徐诗涵）

2021年5月20日，吴江区首批江苏省第三代社会保障卡发布仪式举行
（区人社局 提供）

医疗保障

【概况】2021年，区医疗保障

局贯彻落实中央和省、市、区委、区政府的决策部署，积极践行以人民健康为中心的发展理念，深入贯彻《关于深化医疗保障制度改革的实施意见》，健全完善制度体系，深入推进重大改革，持续优化公共服务，不断提升“医无忧·保民康”党建品牌影响力，推动全区医疗保障事业高质量发展，增强人民群众在医疗保障领域的获得感、幸福感和安全感。（杨　溢）

【医保基金】2021年，医保基金运行安全平稳，参保质量逐步提升。至12月底，全区职工医保参保人数86.32万人，职工医保（含生育）基金收入519889万元，基金支出536430万元，当期基金结余赤字16541万元，累计结余353043万元。全区居民医保参保39.48万人，镇村覆盖率100%。居民医保基金收入59871万元，基金支出61699万元，基金当期结余赤字1828万元，累计结余26950万元。职工医保待遇和居民医保住院政策补偿比分别达到91.78%和78.05%。完成年度新冠病毒疫苗及接种费用专项资金预决算工作，按月及时划拨疫苗注射费用，加强资金使用监管和信息动态监测，至12月，吴江区上解三批次新冠疫苗及接种费用共1.97亿元，向各集中注射点划拨新冠肺炎疫苗注射费用3116万元。

（杨　溢）

【医保公共服务】2021年，区医疗保障局全面动态掌握困难群众对象范围，落实困难人员参保资助、大病保险倾斜支付、医疗救助政策。至12月底，社会医疗救助73478人次，救助金额2219.32万元，低收入人员专项救助10人次，救助金额4.96万元；大病补偿214680人次，补偿金额11681.54万元。细化落实长护险试点工作责任，优化服务运行，至12月底，长期护理保险享受待遇1332652人次，结算金额9195.06万元。纵深推进异地就医，从原来的长三角三省一市跨省门诊直接结算扩大到27个省市门诊直接结算互联互通，全区253家定点医药机构纳入异地就医联网结算范围，其中27家一级以上定点医疗机构及下属213家社区卫生服务站和7家定点护理院同时支持省内和跨省异地就医联网结算，6家定点药店支持省内异地就医购药结算。大力推进“互联网+医保”服务模式，全面推进15项医疗保障信息业务编码标准贯彻执行工作，完善“吴江医保”微信公众号功能，上线医保生育费用报销、医保参保缴费个人账户查询等15项医保掌上服务。拓展医保电子凭证应用场景，完成全区907家定点医药机构医保电子凭证应用接入，示范区率先实现门（急）诊“一码通”直接结算。开展医保业务系统独立化改造，实现“征缴数据有来源、支付流程不改变”的医保独立经办模式。推动国家医保信息平台吴江上线，服务全国医保基金“一盘棋”精准化管理。

（杨　溢）

【医保基金监管】2021年，区医疗保障局以实施《医疗保障基金使用监督管理条例》为契机，部署区镇（街道）协同开展宣传，夯实医疗保障基金监管法制基础。推动医保与卫生健康、市场监管、公安、审计、纪检监察等部门开展联合执法、案件移送、联合惩戒等，会同卫健、市监、公安等部门开展区级专项整治暨打击欺诈骗保“护城河”行动。细化定点医药机构协议管理内容，健全准入和退出机制，发挥信用联合惩戒和联合激励作用。充分利用医保基金智能监控、大数据分析等监管手段，推行日常巡查、专项检查、重点检查、专家审查等相结合的多形式检查，确保定点医药机构现场检查全覆盖。全年处理定点医药机构736家次，其中暂停医药机构71家次，解除医保协议9家，追回违规基金本金1411.03万元；行政立案7件，其中移送公安机关3件，行政处罚2件，不予行政处罚1件，在办1件，追回基金1.25万元，切实守护好百姓的“救命钱”。（杨　溢）

【医保领域改革】2021年，全区基本医疗保险和生育保险基本政策、待遇享受、经办服务、基金及定点管理已全面按市级统筹调整到位。6月起，吴江区参保人员在苏州大市内实现“一卡通”同城实时结算。7月，职工医保结算期统一调整，机关事业退休人员医保个人账户计入办法跟通苏州。继续推行总额控制下的多元复合医保支付方式改革，全面实施按病种付费，提升紧密型医联体内总额控制考核结算的质效。持续优化医疗收费结构和比价关系，充分发挥价格标杆作用。深入了解全区23家公立医疗机构特色中医服务项目收费情况，并从4月15日起，调整执行中医医疗价格项目108项，平均调整幅度约53%。完成为期一年的物理康复治疗收费方式改革试点任务，探索按病种收费为主、按项目收费为辅的医疗服务价格改革。规范医疗收费行为，完成全区35家定点医疗机构2020年度医药价格报告审核和上报。稳妥有序落实药品、医用耗材集中采购，强化采购行为监管，至12月底，约谈药品采购红色预警医疗机构4家，完成线下备案采购初审上报129份。（杨　溢）

【医保“同城”】 2021年5月，示范区异地就医免备案范畴从门（急）诊扩大到住院，实现示范区“异地就医结算全领域免备案”，青浦、吴江、嘉善三地230余万参保人员在示范区内84家定点医疗机构门（急）诊和住院就医均可以直接结算。强化三地医保经办沟通联系，实现三地一站式联办事项6个，为示范区参保人员提供高效、便捷的医疗保障服务。建立长三角示范区医保一体化异地医保基金联审互查机制，探索建立联合曝光机制，打通违规费用退回参保地的渠道。至2021年底，青吴嘉三地开展异地就医费用联审互查17轮次；筛查异地就医18851人次，涉及医疗费用548.58万元；现场联审140人次，涉及医疗费用304.46万元；查实违规38人次，追回医保费用4.92万元。积极推进门诊慢特病异地结算的运行机制和实现路径，将参保人员需求强烈的恶性肿瘤、高血压、糖尿病等病种纳入试点，推动实现示范区“门诊慢特病异地就医结算全覆盖”。开启医保“沪苏同城”，8月24日起，吴江参保人员无需办理任何手续，可在上海1135家联网医疗机构实现就医直接结算。至12月底，吴江参保人员在上海免备案直接结算21985人次，医疗费用4291.29万元，基金支付2248.07万元。（杨　溢）

民政工作

【社会救助和社会福利】 2021年，区民政局抓精准，促高效，构建“弱有众扶”社会救助新格局。落实困难人群兜底保障，严格落实好低保、特困、低保边缘、临时救助等保障措施，低保标准提高到每月1095元，全年发放救助（补贴）金1.08亿元。开展低收入人口认定，健全相对困难对象数据库，实施低收入家庭帮扶项目。开展残疾人“两项补贴”资格认定申请“跨省通办”，有效解决残疾人异地申领补贴面临的“多地跑”“折返跑”等难点堵点问题。完善救助帮扶体系。深入推进“物质救助+服务保障”救助模式，开展困难家庭“一户一档一策”项目20个，将服务拓展至困难残疾人和其他困难家庭，覆盖4000余人次。健全精神障碍社区康复工作体系，实现各区镇（街道）精神障碍社区康复驿站建设运营全覆盖。创新救助服务模式。完善主动发现机制，探索救助网格化管理，在七都镇、江陵街道试点建设社会救助驿站，提高社会救助精准度。印发《吴江区“急难型”家庭慈善救助实施办法》，突破传统救助“民政救助对象”和“本地户籍”双限制，及时对困难群众给予应急性和过渡性救助，全年救助40人次，支出救助资金27.5万元。推动慈善、福彩事业发展。以新春募捐、一日捐、定向捐、冠名捐、网络募捐等多种形式打通爱心捐赠通道，全年募捐资金9763.74万元。提升慈善事业参与第三次分配能力，围绕“帮特困、扶贫弱、助急难、补短板”，积极开展慈善大病救助、“手拉手·送温暖”、慈善助学、危房改造等慈善帮扶项目，累计支出金额4673万元。推进福彩公益事业发展，全年销售3.14亿元。（董秋寒）

【养老服务】 2021年，区民政局贯彻落实积极应对人口老龄化国家战略，全面推动养老服务高质量发展。健全养老服务保障体系。编制《吴江区养老服务发展“十四五”规划》，为吴江养老服务发展提供强有力的基础保障。建立养老服务联席会议制度，推动养老服务领域综合监管。优化养老基本公共服务供给。推进养老服务设施建设，新建养老机构1家，启动江陵街道区域性养老服务中心建设，完成盛泽镇、七都镇、平望镇、江陵街道4个镇（街道）综合为老服务中心建设并投入运营，启动松陵街道油车路、桃源镇铜罗社区、平望镇梅堰社区3个综合为老服务中心项目。引入分区竞争模式，规范居家养老上门服务，推动80周岁以上老年群体服务全覆盖，完成服务工单32.73万单，投入财政资金2636万元。完成高龄、残疾、经济困难老年人家庭适老化改造459户。举办吴江区首届“九九重阳购物节”，营造全社会爱老助老氛围。有序推进尊老卡发放，累计办理24万余人次。江苏禾康信息技术有限公司、苏州普康智慧养老产业科技有限公司2家养老服务企业获评“江苏省养老服务高质量发展示范企业”，创新养老服务高质量发展。牵头老有所养公共服务国家标准化试点项目，完成《吴江区老有所养基本公共服务事项指导性清单（修改版）》，梳理国行地标200余项，开展编制机构养老、社区养老、适老化改造、养老顾问等4个项目标准化服务手册，其中《老年人家庭适老化改造实施规范》成功申报苏州地标。首创“一站多点”社区养老片区运营模式，将全区337家日间照料中心分为39个片区开展分级运营，实现村（社区）日照中心社会化运营率100%，此项工作被纳入苏州市养老“十四五”规划在全市推广。推进长三角养老一体化发展，完成养老服务地图编制工作和百岁老人尊老金调标工作。（董秋寒）

【基层社会治理】 2021年，区民政局坚持自治、法治、德治相结合，全面推动政府治理同社会调节、居民自治良性互动，提高基层治理社会化、法治化、智能化、专业化水平。夯实社区管理基础。在苏州市范围内率先完成村（居）委会换届选举工作，一次性选举成功率100%，有序推动超大型社区分设，全年新增社区1个。加强为民服务设施建设，投入40万元撬动社会资金1.05亿元，完成37个社区综合服务设施提档升级。加强社区社会工作者队伍建设，举办“全科社工”能力提升培训班，新增持证社工245人。优化基层治理路径。基层社会工作站建设实现全覆盖，举办第二届“政社互动”对接会，在七都镇开弦弓村、震泽镇三扇村、松陵街道苏河社区开展“美好家园”项目试点，在松陵街道二村社区、苏河社区开展老年友好社区试点建设，完成30个“苏颐养1号店”线上遴选。新望社工服务社“三社联动解民忧”服务案例获江苏省社区社会组织优秀项目案例。规范社会组织管理。加强社会组织党的建设，成立吴江区社会组织党委，全区社会组织党组织数量由上年33家增长至48家，外企协会“外企之家”案例获苏州市社会组织党委“最佳党建品牌案例”奖。新成立社会组织41家，注销登记社会组织25家，撤销“僵尸”型社会组织28家。推动社会组织等级评估，新增5A级社会组织3家，增幅列苏州市第一。颁发全国首张住所冠名“长三角生态绿色一体化发展示范区”社会组织登记证书。（董秋寒）

【民政社会服务】 2021年，区民政局全面提升专项社会事务服务水平。完成地名命名96个，清理整治不规范地名21处。开展红色地名评选宣传，中共浙西路东特委和中共吴兴县委旧址、张应春烈士墓、柳亚子故居、开弦弓村4个地名入选苏州市首批红色地名名录。制定出台《吴江区违建墓地专项整治成果巩固提升行动方案》，完成41处安葬设施基本情况的梳理排摸和专项整治，开展殡葬行业价格秩序、公益性安葬设施建设经营工作专项督查。落实惠民殡葬补贴政策，减免殡葬基本服务费用899.2万元，发放绿色节地葬补贴32.7万元，文明办丧补贴41.6万元。加强未成年人关爱保护，细化困境儿童“三步筛查”工作法，精准发放困境儿童生活补贴549万元。成立区未保委，构建区、镇、村三级儿童福利和未成年人保护信息化管理体系，成立儿童关爱联盟，推进社会共同参与，开展“七彩阳光走进身边”、困境儿童“微心愿”等未成年人关爱保护系列活动。持续推进镇（街道）儿童关爱之家建设运营，同里镇儿童关爱之家成功创建全区第三个省级儿童关爱之家。推进婚姻登记“跨省通办”“市域通办”试点，

举办“庆百年辉煌　祝百年好合”集体结婚颁证活动；跨区域办理678例。（董秋寒）

【疫情防控和安全专项整治】2021年，区民政局全力抓好疫情防控。全面落实养老、儿童福利、救助管理等民政服务行业疫情防控指南，动态完善常态化防控举措，加强对重点人员和关键环节的全方位管控，有序推动民政服务对象疫苗接种工作，倡导民政窗口服务线上办、预约办、错峰办，做好应急处置响应，坚决守住民政服务机构“零感染”底线。严格落实安全生产“三管三必须”，针对养老、殡葬、儿童、婚登、救助、福彩等不同领域的机构特点，围绕消防安全、燃气安全、房屋建筑安全、食品安全等整治重点精准发力，深入排查整治安全隐患，充分发挥区养老护理和救助安全生产专业委员会职责，每季度联合相关职能部门开展“四不两直”安全检查，全面提升行业本质安全水平。常态化抓好形势研判和阵地建设，完善风险防范化解长效机制，加强信息研判和预警，梳理舆情潜在风险点，及时上报有关部门，切实做到防范未然。及时妥善处理群众来信来访，督促指导基层民政部门落实各项民生政策，把问题消除在萌芽状态，维护社会稳定。（董秋寒）

【为民服务】2021年，区民政局组织开展“学党史、悟思想、办实事、开新局”各类专题学习研讨45次，抓实“我为群众办实事”特色项目6个，服务覆盖群众超10000人次，其中“急难型”困难家庭救助被列为区级重点项目，形成《吴江区“急难型”家庭慈善救助实施办法》长效机制，被《人民日报》宣传报道。深入基层一线开展实地走访调研，优化服务事项和办事流程6项。启动“吴江区智慧民政全业务信息平台”建设，促进民生数据“准、通、活”运用，实现平台功能数据一库全通、业务一网统管、资金一表清晰、成效一屏全显，该平台各项功能模块开发已正式投入运营。推动社会救助信息化建设，牵头汇集各救助管理部门42项救助事项信息，搭建社会救助资源库。围绕殡葬领域“身后一件事”改革，合力推进苏城数字殡葬基本信息采集。（董秋寒）

2021年吴江区地名变化一览表

标准名称	地名类别	所属行政区域	位　置	统计类别
铂珺庭	住宅区	松陵街道	秋枫街以东、芦荡路西延伸段以南、松陵大道以西、龙河路以北	命名
庞金商业中心	大型建筑群	江陵街道	庞金路以东、云梨路以南、云联北路以西、庞金路以北	命名
韩家湾巷	道路	横扇街道	雪落漾西，起点为新建道路，止点为大家港巷	命名
大家港巷	道路	横扇街道	沪常高速公路西、北，起点为新建道路，止点为徐河湾巷	命名
徐河湾巷	道路	横扇街道	沪常高速公路北，起点为大家港巷，止点为跨长圩港无名桥梁东堍	命名
仲登街	道路	盛泽镇	蚬子荡路南，盛泽第二中学北侧、盛泽实验小学南侧，起点为白龙桥路，止点为西环二路	命名
东城滩路	道路	盛泽镇	蚬子荡路北、白龙港花苑北侧，起点为东城滩自然村，止点为西环二路	命名
圣塘新村巷	道路	盛泽镇	中心大道向南延伸段东、圣塘新村内，起点为跨斜港，止点为南环三路	命名
清枫和苑	住宅区	松陵街道	秋枫街以东、鲈乡河以南、冬梅街以西、和风春岸花园以北	命名
余霞路	道路	松陵街道	迎宾大道北、太湖东岸花园南侧，起点为风清街南延伸段，止点为湖景街	命名
禹畴街	道路	松陵街道	花园路东，起点为开平路，止点为高新路	命名

（续 表）

标准名称	地名类别	所属行政区域	位　置	统计类别
贝家角路	道路	跨松陵街道和江陵街道	花园路西、笠泽实验初级中学西侧，起点为芦荡路，止点为江村路	命名
励志路	道路	松陵街道	中山南路东、亨银金融大厦西侧，起点为东太湖大道，止点为开平路	命名
百强汽车商业广场	大型建筑群（广场）	松陵街道	新建道路（鲈乡南路东，地名规划方案名“中民路”）以东，拾萃商业广场以南，中山南路以西，城南河以北	调整
拾萃商业广场	大型建筑群（广场）	松陵街道	新建道路（中民路”）以东，新建道路（地名规划方案“西流路”）以南，中山南路以西，百强汽车商业广场以北	命名
花鹤翎雅苑	住宅区	黎里镇	海南路延伸段以东、以南，江苏路以西、花鹤翎坊以北	命名
花鹤翎坊	大型建筑群	黎里镇	海南路延伸段以东，花鹤翎雅苑以南，洋青河以西、以北	命名
清风和景雅苑	住宅区	松陵街道	位于规划道路（琥珀湾名庭西侧）以东，鲈乡河以南，夏蓉街以西，规划道路（江厍路北，枫荟雅苑、琥珀湾名庭）以北	命名
鋆瑞商务中心	大型建筑群	松陵街道	水秀街以东，计成路以南，风清街以西，东太湖大道以北	命名
云锦湾雅苑	住宅区	盛泽镇	盛虹万丽酒店宗地以东，哈密路以南，澜溪二路以西，舜湖西路以北	命名
望月湾街	道路	平望镇	新建道路（地名规划方案名“新建荡路”）南、起点为通运北路，止点为新建道路（地名规划方案名“新运河路”）	命名
熙照华庭	住宅区	黎里镇	江苏路以东，吴江市鑫逸五金厂宗地以南，新建道路以西，城司路北侧绿地以北	命名
北王路	道路	盛泽镇	常台高速公路东，起点为盛东路，止点为跨乌桥港无名桥梁（规划方案名“庄塔桥”）南堍	命名
双舜巷	道路	盛泽镇	舜湖中路北、衡悦广场南侧，起点为舜新中路，止点为舜湖中路	命名
北麻漾东路	道路	盛泽镇	北麻漾南岸，起点为梅坛路，止点为北麻路	命名
北麻漾西路	道路	跨盛泽镇和震泽镇	起点为盛泽镇北麻路，止点为震泽镇震新南路	命名
针织路	道路	盛泽镇	经伟路东、沈前港西侧，起点为园区路，止点为清溪南路	命名
钟秀南路	道路	横扇街道	苏州湾大道北，起点为草埂路，止点为塘前圩路	命名
钟秀北路	道路	跨横扇街道和松陵街道	苏州湾大道西，起点为横扇街道草埂路，止点为松陵街道迎宾大道	命名
草埂路	道路	横扇街道	太湖苏州湾沿岸，起点为钟秀南路，止点为塘前圩路	命名
平波路	道路	横扇街道	位于太湖路东，起点为苏州湾大道，止点为草埂路	命名
塘前圩路	道路	横扇街道	太湖路西，起点为钟秀南路，止点为草埂路	命名
扇坪南路	道路	横扇街道	渔湾路南、太浦河北，起点为跨太浦河无名桥梁北堍，止点为渔湾路	命名
扇坪中路	道路	横扇街道	渔湾路北、横草路南，起点为渔湾路，止点为跨横草路无名桥梁（地名规划方案名“菀平新桥”）北堍	命名
扇坪北路	道路	横扇街道	横草路北、苏州湾大道南，起点为跨横草路无名桥梁（地名规划方案名“菀平新桥”）北堍，止点为苏州湾大道	命名
柳胥路	道路	江陵街道	道路止点调整为湖渔街（太湖明珠城内）。调整后，“柳胥路”起点为交通路，止点为湖渔街	调整
耕渔路	道路	江陵街道	江陵西路北，起点为鲈乡北路，止点为湖渔街	命名
湖渔街	道路	江陵街道	江陵西路北，起点为耕渔路，止点为新建道路（地名规划方案名“游太湖路”）	命名

(续　表)

标准名称	地名类别	所属行政区域	位　置	统计类别
秋鲈街	道路	江陵街道	鲈乡北路西,起点为耕渔路,止点为新建道路(地名规划方案名"游太湖路")	命名
紫菱街	道路	江陵街道	秋鲈街西,起点为江陵西路,止点为柳胥路	命名
忆莼街	道路	江陵街道	紫菱街西,起点为耕渔路,止点为新建道路(地名规划方案名"游太湖路")	命名
观湖春晓庭	住宅区	黎里镇	海南路延伸段以东,规划道路(诸曹漾路)以南,江苏以西、城司路以北	命名
罗南路	道路	桃源镇	紫荇塘东,起点为白寺港,止点为府前路	命名
悦揽美景花园	住宅区	江陵街道	规划道路(西湖花苑西区)以东,花港路西延伸段以南,新建道路及西侧轨道交通设施以西,规划道路(太湖朗润花园和太湖朗润商务中心北侧)以北	命名
凯旋生活广场	大型建筑群	松陵街道	冬梅街以东,新建道路(地名规划方案名"联团路")以南,松陵大道以西,东太湖大道以北	命名
江南渡商业中心	大型建筑群	桃源镇	紫荇塘及无名道路(地名规划方案名"北宫桥路")以东,烂溪塘及前窑村北宫桥自然村农田和无名道路以南、烂溪塘沿岸绿地以西以北,及规划道路(地名规划方案名"桃乌路")以东、无名道路及其南侧规划用地和规划道路以南、紫荇塘沿岸绿地以西、横泾港沿岸绿地以北	命名
邻水湾景苑	住宅区	盛泽镇	地名范围调整为:双永路规划向南延伸段("南麻漾路",下同)以东、织平路以南、新建道路(地名规划方案名"玉樵路")及永平村断头村自然村以西、永平村断头村自然村以北,苏州吴江宏达生态新材料有限公司宗地(地处织平路南侧)以东、织平路以南、无名河道(永平村断头村自然村西侧,下同)及双永路规划向南延伸段以西、永平村断头村自然村及无名河道水域和南麻漾以北,西九曲港以东、东九曲港以南、35千伏北麻变电站以西、织平路及西九曲港水域以北,及西九曲港及直麻港以东、织庄路以南、双永路以西、东九曲港及西九曲港以北	调整
杨扇路	道路	盛泽镇	南北向,起点为目澜路,止点为朝阳路	注销
杨扇村路	道路	盛泽镇	新生路东、纵贯欧盛花园,起点为无名道路(地名规划方案名"其字圩巷"),止点为目澜路向东延伸段	命名
丹玲圩路	道路	黎里镇	汾越东路南、汾湖国道路北,起点为东玲路,止点为跨朱家港无名桥梁(地名规划方案名"北蝴蝶湾桥")东堍	命名
平运弄	道路	平望镇	524国道(地名规划方案名"莺湖路")西,起点为苏州优豪纺织有限公司主要出入口,止点为平运路	命名
众星汇商务中心	大型建筑群	松陵街道	苏州湾大道以东、开平路以南、春兰街以西、东太湖大道以北	命名
四季健康花园	住宅区	江陵街道	庞东中心河及栅桥路以东,湖心东路以南,兴东路以西,栅桥路以北	命名
舜湖西路商业广场	大型建筑群	盛泽镇	润洋路以东,舜湖西路以南,西环路以西,润洋路东侧规划用地以北	命名
四季印象澜庭	住宅区	震泽镇	木桥头(震新南路东河道)以东,四季印象坊以南,梅新路向南延伸段以西,梅新路向南延伸段西侧、三家村东河以北	命名
四季印象坊	大型建筑群	震泽镇	镇南路851号居住区域以东,镇南路南侧绿地以南,梅新路向南延伸段以西,四季印象澜庭以北	命名
东张家甸巷	道路	平望镇	东张家甸(系太浦河北河道)北,起点为联丰路,止点为无名道路(地名规划方案名"青乌路")	命名

（续 表）

标准名称	地名类别	所属 行政区域	位 置	统计 类别
前程路	道路	平望镇	常台高速公路西，起点为东张家甸巷，止点为联丰路	命名
蛇永路	道路	黎里镇	沪渝高速北，起点为厍西路，止点为苏同黎公路	命名
清波巷	道路	黎里镇	洋窑港东侧，起点为东秋巷，止点为港南浜路	命名
平乐巷	道路	黎里镇	姚池港南，起点为东秋巷，止点为清波巷	命名
东秋巷	道路	黎里镇	清波巷东，起点为清波巷，止点为平乐巷	命名
悦欣华庭	住宅区	松陵街道	风清街及计成路规划延伸段以东、规划道路（东太湖大道北、开平路南）及计成路规划延伸段以南、苏州湾大道以西、东太湖大道以北	命名
皓月轩	住宅区	桃源镇	迎春路东侧商住楼以东、镇中路以南、广场路铜罗幼儿园以西、铜罗卫生院及铜罗幼儿园和皓月坊以北	命名
皓月坊	大型建筑群	桃源镇	迎春路东侧商住楼以东、皓月轩以南、铜罗幼儿园以西、镇东路以北	命名
雅秀云庭	住宅区	七都镇	常增路东侧商住楼以东、临湖创业路以南、巨龙路以西、七都大道及雅秀坊以北	命名
雅秀坊	大型建筑群	七都镇	常增路东侧商住楼以东、雅秀云庭以南及以西、七都大道以北	命名
目澜路	道路	盛泽镇	起点调整为东方大街，止点调整为强武路	调整
长田圩路	道路	盛泽镇	市场中路南、盛泽国贸中心和龙桥新村南侧，起点为春旭路，止点为西环二路	命名
红洲路	道路	盛泽镇	叶板桥港西，起点为无名道路（地名规划方案名“其字圩巷”），止点为南环路	命名
浦家浜路	道路	松陵街道	锦泰花园、锦祥花园东侧，起点为吴江大道，止点为新建道路（位于云龙西路南、未命名）	命名
锡阐路	道路	震泽镇	位于新建道路（地名规划方案名“匡庐路”）南，起点为震新南路，止点为跨斜塘无名桥梁（地名规划方案名“斜塘河桥”）东堍	命名
清水漾路	道路	松陵街道	尚林华庭西侧，起点为龙河路东延伸段（地名规划方案名“龙河路”），止点为芦荡路	命名
林涛路	道路	松陵街道	枫荟雅苑北侧，起点为冬梅街，止点为规划道路（琥珀湾名庭西侧）	命名
顾家荡街	道路	松陵街道	悦江南雅苑东侧，起点为体育路，止点为江厍路	命名
联团路	道路（路）	松陵街道	万象汇花园南侧，起点为松陵大道，止点为秋枫街	命名
锦霞花院	住宅区	松陵街道	新建道路（地名规划方案名“南联路”）以东、“南联路”南侧绿地及苏州市吴江城市建设开发有限公司宗地以南，新建道路（地名规划方案名“浦家浜路”）以西、支河三北侧绿地及中山南路东侧规划用地以北	命名
世贸公寓	住宅区	盛泽镇	长甸圩港以东，市场中路以南，空地（市场中路南侧、下同）以西，规划用地（长甸圩港东侧绿化带以东）及龙桥新村以北；以及空地以东，市场中路以南，规划用地（位于白龙桥路西侧）以西，龙桥新村及规划用地（位于龙桥新村北侧）以北	调整
龙渊路	道路	江陵街道	龙山路北，起点为光明路，止点为同津大道	命名
龙门路	道路	江陵街道	龙山路北，起点为长田路，止点为云津南路	命名
浦联街	道路	江陵街道	长田路东，起点为龙津路，止点为龙山路	命名
凌晓路	道路	江陵街道	云津南路东，起点为龙津路，止点为大兢路	命名
凌越街	道路	江陵街道	长田路东，起点为殷家路，止点为乌金路	命名

（续 表）

标准名称	地名类别	所属行政区域	位 置	统计类别
庄平路	道路（路）	盛泽镇	南环三路西延伸段及规划西延伸段北，起点为规划道路（地名规划方案名“探海路”），止点为无名道路（鳑鲏港东）	命名
星斓雅园	住宅区	盛泽镇	位于福州路以东，楼兰路以南，大洋港以西，沈家港以北	命名
龙桥新村	住宅区	盛泽镇	范围调整为：长甸圩港及世贸公寓以东，世贸公寓、规划用地及市场中路南侧空地以南，白龙桥路西侧规划用地、世贸公寓及其南侧规划用地以西，新建道路（未命名）及白龙桥路西侧规划用地以北	调整
下丝巷	道路	黎里镇	太浦河南，起点为跨白马港无名桥梁（地名规划方案名“上丝桥”）北堍，止点为下丝村自然村	命名
达源巷	道路	黎里镇	太浦河南侧，起点为黎民南路南延伸段（地名规划方案名“浒泾浜路”），止点为下丝巷	命名
双押亩路	道路	黎里镇	金茂路南，起点为苏州市汾湖城乡一体化建设有限公司宗地西南角，止点为金盛路	命名
高善路	道路	黎里镇	新友路西及新友花苑西侧，起点为北字河，止点为临沪大道	命名
九里桥路	道路	桃源镇	连青路南，起点为跨烂溪塘新建桥梁（“九里亭桥”）西堍，止点为宅里桥路	命名
平桥浜路	道路	桃源镇	连青路北，起点为桃源路，止点为跨虹桥港东堍	命名
宅里桥路	道路	桃源镇	虹桥港东，起点为新桥港南无名道路（地名规划方案名“新桥村路”），止点为平桥浜路	命名
大德塘路	道路	桃源镇	大德塘西，起点为华天路，止点为商城路西延伸段（地名规划方案名“青云路”）	命名
龙桥雅苑	住宅区	盛泽镇	位于龙桥新村、世贸公寓以东，市场中路、世贸公寓南侧规划用地及龙桥新村以南，白龙桥路以西，新建道路（未命名）以北	命名
叶家港路	道路	横扇街道	无名河道（地名规划方案名“小咸港”）西，起点为环河路、止点为横草路北侧无名道路（地名规划方案名“白甫港路”）	命名

（沈心怡）

退役军人事务

【党建工作】 2021年，区退役军人事务局持续抓好习近平新时代中国特色社会主义思想的学习，扎实抓好党史学习教育。联合青浦区、嘉善县退役军人事务局开展“联合学党史、聚力践使命”主题党日和网络知识竞赛活动，挖掘各辖区内的红色旅游资源，打造长三角一体化示范区“红色之旅”。开展以“老兵永远跟党走”为主题的庆祝建党100周年系列活动，组织发动广大退役军人参加党史知识竞赛、作品征文、微视频征集展播等活动，受到市局通报表扬。组织军休干部前往长兴“新四军苏浙军区纪念馆”“新四军太湖游击队纪念馆”等地重温峥嵘岁月，追寻红色记忆，动员军休干部参与“老兵永远跟党走”“庆祝中国共产党成立100周年党史知识竞答活动”系列活动。围绕《退役军人保障法》正式施行，组织参与苏州市“我与保障法”微电影、微视频大赛，选送微电影作品《致敬参战老战士》获得苏州市唯一最佳作品奖，选送微电影作品《基层建设带领者》和微视频作品《我与退役军人保障法》获苏州市优秀作品。结合主题党日活动，与中国银行苏州长三角一体化示范区分行党委，为6名军休干部颁发“光荣在党50年”纪念章。年内，省市领导多次到吴江调研，并召开全区退役军人工作会议，推进退役军人工作高质量发展。（张 露）

【接收安置】 2021年，吴江区接收当年度自主就业退役士兵196人，发放一次性经济补助金2210.95万元。接收安置军队转业军官15人（团职3人、营职以下11人、专业技术干部1人），其中积分选岗进机关11人、安置事业单位1人、优先选拔进公安机关2人、竞争性选拔进机关1人；接收由政府安排工作的退役士兵8人，其中安置进事业单位3人、安置进省属国企3人、安置进区属国企2人；接收军队退休干部1人；圆满完成全年接收安置任务。待安置期间成立由政府安排工作退役士兵临时党组织，组织开展主题党日、社区志愿服务、服务窗口实践、适应性培训等活动，并加强待安排工作期间的服务管理，帮助缴纳社保医保，发放生活补助费6.46万元。年内，全市移交安置工作座谈会在吴江召开。（张　露）

【就业创业】 2021年，区退役军人事务局联合长三角一体化示范区退役军人事务部门开展就业创业系列活动，组织“吴越同舟·商创未来”长三角一体化示范区青吴嘉退役军人工作论坛，签订《长三角示范区青吴嘉关于促进退役军人就业创业的合作框架协议》，开展首届长三角一体化示范区退役军人创业能力培训班，吴江区16人参加。年内，组织“八一”、秋季2场专场招聘会，并开通长三角一体化示范区（青吴嘉）退役军人网上招聘平台。青吴嘉三地上百家机关、企事业单位入场招聘，涵盖政府公益性岗位、生产加工制造、贸易零售、服务业、IT业等多个行业领域，其中吴江区有近400名退役军人求职，300余人达成就业意向。联合区人社局组织开展“创响吴江”全民创新创业退役军人专项赛活动，评选出一等奖1个、二等奖2个、三等奖3个和金种子奖4个，松陵街道和盛泽、震泽、平望、桃源、同里镇6个退役军人服务站获优秀组织奖。震泽镇选送、代表退役军人参赛的项目《汽车铝合金轻量化》获“创响吴江”全民创新创业大赛总决赛二等奖。启动与盛泽镇共建的吴江区退役军人创业孵化示范基地。委托苏州信息职业技术学院承办自主就业退役士兵适应性培训，除111名选择复学的自主就业退役士兵外，66名退役士兵参加为期5天的适应性培训。选定8家退役军人补贴性教育培训承训机构，组织退役军人参加职业技能培训和高职扩招、成人免试、专转本等学历教育。6月15日，联合区委组织部、区民政局出台《关于在大学毕业生退役军人中培养推选村（社区）“两委”后备干部的实施意见》，推动退役军人实现更高质量稳定就业。

（张　露）

【双拥工作】 2021年，区退役军人事务局组织召开区拥军优属拥政爱民工作领导小组（扩大）会议暨争创省双拥模范城（区）“七连冠”动员部署会，设立区双拥工作领导小组双组长，出台《吴江区创建省双拥模范城（区）工作实施方案》。组织召开区创建省双拥模范城（区）工作联络员会议和创建工作专班会议，组建双拥工作联络群，全面解读创建工作实施方案，部署重点工作。多次召开集中慰问部队座谈会、双拥工作协调会等会议。举办“爱我人民爱我军，共创双拥模范城”双拥文化产品征集活动。实施“吴疆书香”文化拥军固边工程，建设拥军书屋。推进“一园一路两标”工程，建设双拥主题公园、双拥路和永久性双拥宣传标志。在春节和“八一”前夕，区各级领导走访慰问优抚对象，发放慰问金419.58万元。9月8—11日，组织“千里边陲慰亲人”活动，赴福建漳州、湖南长沙部队看望慰问吴江籍子弟兵，激励他们安心服役、刻苦训练、保家卫国。开展慰问2021年秋季新兵活动，为145名新兵发放定制箱包。建设江陵街道山湖花园小学阳光少年军校，组织“铭记革命历史传承红色精神”道德课堂活动，引导少年军校学员赓续红色血脉。组织拍摄双拥公益短片《我有一个梦想》，获全国三等奖。加强典型引领，推荐优秀典型人物，章春鸣获“江苏最美拥军人物（提名）”。（张　露）

【优抚褒扬】 2021年，吴江区调整优抚对象抚恤补助、优待金标准，全年发放抚恤补助经费3421.4万元、义务兵家庭优待金2033.5万元。开展优抚对象免费体检活动，下拨经费54.24万元，惠及1808人。作为优抚年度确认工作试点地区，吴江区高效完成全国优抚信息管理系统年度确认工作，完成率100%。升级“惠军保”服务，首推“吴江区部分优抚对象慈善保险项目”，拓展惠及6类优抚对象，共1300多人。全面梳理烈士名录和烈士纪念设施情况，整体修缮区烈士陵园和其他纪念设施；开展“清明祭英烈”、“930”烈士纪念日敬献花篮等活动。（张 露）

【权益维护】 2021年，区退役军人事务局联合各镇（街道）、村（社区）退役军人服务站开展常态化联系退役军人活动。设立退役军人法律援助工作站，成立“鲈乡老班长工作室”，为退役军人提供法律援助和服务。深入开展向“全国模范退役军人”崔根良、沈小平学习宣传活动，长三角一体化示范区退役军人事务部门联合发布首届青吴嘉最美退役军人。组织区级“最美退役军人”和“优秀兵支书”评选。组建区、镇、村三级“迷彩绿”退役军人志愿服务队和长三角示范区退役军人水上应急救援志愿者联盟，打造特色志愿服务品牌。黎里镇汾湖“迷彩绿”退役军人水上应急救援志愿服务队入选全省“百支优秀退役军人志愿服务队”。江苏亨通光电股份有限公司工会被省退役军人事务厅、省总工会命名为江苏省优秀“戎耀之家”。（张 露）

【困难帮扶】 2021年，区退役军人事务局落实企业军队转业干部各项解困政策，发放273名企业退休军队转业干部相关待遇1452.61万元。落实下岗、失业转业志愿兵和自谋职业转业士官生活困难补助相关政策，发放163名志愿兵（士官）生活困难补助172.29万元。“八一”、春节走访慰问特困企业军转干部70人，发放慰问金8.1万元。发放160名企业退休军转干部医疗费用专项补助15.16万元。综合运用资金、社会化援助、实物援助等多种方式开展困难退役军人帮扶援助行动。春节前，帮扶困难退役军人157人，发放帮扶资金37.1万元。“八一”节前，帮扶困难退役军人195人，发放帮扶资金51.4万元。苏州市困难退役军人帮扶关爱基金帮扶困难退役军人74人，发放帮扶资金23.2万元。组织“吴江区亨通拥军关爱基金”发放活动，资助60名生活困难和重病的退役军人每人1万元；吴江区关爱退役军人协会资助10万元用于走访困难退役军人。（张 露）

【服务保障体系建设】 2021年，区退役军人服务中心获评全国示范型退役军人服务中心；江陵街道退役军人服务站等9个镇（街道）退役军人服务站获评全国示范型退役军人服务站；震泽镇龙降桥村退役军人服务站获评全省优秀退役军人服务站。服务保障体系建设提档升级，各镇（街道）在落实人员、统一政治文化氛围布置的基础上，落实3个以上村（社区）退役军人服务站开展规范化建设。省退役军人服务中心领导对吴江区退役军人服务保障体系建设运行情况给予肯定。年内，通过召开全区镇（街道）退役军人服务站负责人会议和全区退役军人事务局系统岗位练兵比武竞赛活动，推进服务保障体系建设走深走实。（张 露）

【自主择业军转干部管理】 2021年，区退役军人事务局按时做好10名自主择业军转干部的年度登记审核和医保每月代缴费等服务工作。严格按政策落实自主择业军转干部住房补助政策，发放9名自主择业军转干部2020年度住房补贴25.26万元。组织开展迎“八一”慰问座谈，了解自主择业军转干部工作生活情况和思想动态，发放节日慰问金2.4万元。（张 露）

社会信用体系

【社会信用信息平台建设】 至2021年底，社会信用信息平台累计归集入库各类信用数据727.18万条（本年度归集入库各类信用数据81万条，涉及单位42个），累计上报苏州市468万余条（本年度上报374万余条），数据入库量、时效性、准确率长期位于苏州大市前列。至年底，平台为全区82个区级部门、区镇街道开设账号，其中有63个单位通过平台共享、查询、使用信用数据。平台累计出具法人信用自查报告2631份，部门信用审查报告264份（本年度出具法人信用自查报告1011份，部门信用审查报告191份）。（杨无非）

【行政处罚、行政许可公示】2021年，区信用办认真落实省市区公共信用信息一体化建设要求，提升信息采集准确率和时效性，为加强事中事后监管、落实简政放权等提供重要支撑。全年归集“双公示”信息27848条（其中行政许可20770条、行政处罚7078条），在“苏州市吴江区人民政府”和“信用吴江”网进行公示的同时，及时推送上级信用信息平台。（杨无非）

【信用服务与信用示范企业创建】2021年，区信用办创新开展“信用体检进万企”活动品牌，为全区近6万家企业进行信用体检，出具社会法人信用报告2631份，根据企业需求开通信用风险定制通知服务，以信息化手段助力企业及时掌握失信情况。面向全区优质企业举办信用管理培训会，全区62家企业代表参加培训。做好企业信用修复指导，面向失信企业举办2场信用修复专题培训，174家企业参与培训，多途径降低企业信用风险。实现信用数据有效聚合应用，开拓信用信息应用服务场景，扎实推进“信易贷”工作，全面推广苏州市“信易贷”综合服务平台，在“信用吴江”网站、“吴江发改”微信公众号上开设企业“信易贷”线上申报窗口，向国家及省市发改部门及各金融机构推荐信用良好中小微企业名单。全区获评苏州市级信用管理示范企业8家，江苏省级信用管理示范企业1家，数量居苏州大市前列。（杨无非）

【企业信用监管】2021年，全区有76510家企业完成年报公示，年报公示完成率94.7%。全面清理长期未经营企业4849家。坚持优化营商环境，加强事中事后监管，牵头全区市场监管领域31个部门，组织开展完成双随机检查企业6478家次。全面加大广告监管力度，积极推进公益广告登记制度，全年监测各类金融类广告1040条，检查各类餐饮、药品器械、长江流域等重点行业企业广告14597条、其他企业广告29405条；医疗美容监测181条；长江流域广告监测8470条；查处各类广告案件87件，罚没款共154.78万元。组织对区政府命名表彰的201家重守企业进行年度复查，有155家企业通过复查；辅导培育277家企业获得2019—2020年度苏州市级“守合同重信用”企业公示。（蒋剑雄）

【诚信建设宣传】2021年，吴江区持续推进“诚信建设万里行”“五进”活动，进村（社区）开展“共建信用吴江·共享美好生活”“诚信共防疫·平安过新年”等倡议活动，进机关开展“政务诚信·吴江在行动”、“听吴江诚信的声音”音频征集和“以诚铸城·信用吴江”案例征集活动，进校园开展“诚信在我心·信用伴我行”书画大赛及书画展活动，进企业开展“6·14信用记录关爱日”信用知识宣传活动，引导各类人员将守法守信作为立德修身的自觉行为。（杨无非）

新市民服务

【新市民积分管理】2021年，吴江区继续通过积分化管理，统筹教育、社保、医疗等公共资源，有计划地妥善解决新市民普遍关注的子女入学、入医、落户等相关问题。3890名新市民子女获得积分入学准入资格，280名学龄前新市民子女获得积分入医准入资格，477名新市民获得积分落户准入资格。年内，继续实施自然灾害民生综合保险和新市民交通意外险，全年理赔5起，理赔金额16.2万余元。（袁晓虎）

住房公积金管理

【概况】2021年，吴江公积金中心立足新发展阶段，贯彻新发展理念，服务和融入新发展格局，精耕细作“责任田”，探索开垦“试验田”，精心打造“示范田”。获评江苏省文明单位、江苏省住房城乡建设系统城乡运行保障劳动竞赛先进集体、苏州市最美巾帼文明岗、苏州市最美窗口等荣誉。（朱奕瑾）

【公积金归集和提取】2021年，吴江区归集住房公积金42.40亿元，累计归集住房公积金292.18亿元；提取住房公积金28.46亿元，其中公积金还贷提取16.83亿元，占比58.68%；购房提取5.87亿元，占比20.49%，累计提取住房公积金195.40亿元，公积金期末余额97.17亿元。（朱奕瑾）

【公积金个贷】 2021年，吴江区发放住房公积金贷款2669户，其中纯公积金贷款869户，组合贷款1800户，提供资金支持12.75亿元，累计向全区34440户家庭发放公积金贷款116.35亿元，累计支持群众购房面积420.86万平方米；公积金个贷回收6.44亿元，期末住房公积金贷款余额63.32亿元，资金运用率65.17%。（朱奕瑾）

【公积金扩面】 2021年，吴江区新增缴存单位4987家，新增缴存职工12.98万人，比2020年（下同）增加33040人；净增缴存职工2.96万人，增加4373人；年末公积金缴存人数33.23万人，住房公积金制度静态覆盖率74.56%。（朱奕瑾）

【廉租房补充资金】 2021年，吴江公积金中心实现廉租住房建设补充资金2312.30万元，支持政府投资公共租赁住房建设。（朱奕瑾）

【公积金服务】 2021年，吴江公积金中心精准施策，换位思考，创新宣传模式，制作发布灵活就业人员缴存公积金、租房委提、加装电梯的动漫微信广告，用公积金宣传海报点亮松陵街道、江陵街道辖区内小区电子屏，借助“互联网+”模式，在疫情防控期率先推出在线直播课堂，吸引2540人次在线观看。举办老旧小区加装电梯提取公积金服务专场，新政实施当天办理5笔公积金提取共13.2万元。以党史学习教育为契机，扎实开展“我为群众办实事”，开展“我为群众办实事”实践活动项目3项、惠民利民微实事项目3项和党史学习教育长效工作机制3项，联合相关部门推出义务“跑腿服务”，为办事群众免费邮寄贷款材料565份，为还清公积金贷款的职工代办他项权证注销业务209笔，实现贷款结清“一窗式”办结。继续推进“长三角住房公积金一体化”工作，加强三地合作与交流，6月21日组织示范区住房公积金党建共建签订，在共建基层工作、共享党建资源、共办民生实事等方面逐步形成组织联建、活动联办、难题联解的党建发展新局面。7月15日，经苏州市编办批准在苏州市住房公积金管理中心吴江分中心增挂“示范区分中心”牌子；经市中心批准设立“示范区分中心汾湖服务点”，内设3个“综合窗口”和1个“跨省通办”专窗，一窗通办苏州大市综合业务和示范区业务，在示范区内形成“一主两副多极点”网点布局。10月15日，在长三角生态绿色一体化发展示范两周年建设工作现场会的考察参观阶段，公积金“跨省通办”专窗向国家及省市领导展示上海业务吴江办，两地业务“同城办”，无差别、同标准通办公积金业务的新模式。（朱奕瑾）

（本栏编辑　陈凤贤）

2021年7月15日，苏州市住房公积金管理中心长三角生态绿色一体化发展示范区分中心揭牌（吴江公积金中心　提供）

资源生态

国土资源

【土地保障发展】 2021年，区自然资源和规划局严格执行新《土地管理法》要求，稳步推进土地转用征收报批工作，组卷报批43个各类批次共405.77公顷。切实履行部门职责，精准把握项目用地需求，为42个省市级重点项目提供307.27公顷新增用地指标，推动一批重大项目落地。严格把握土地供应节奏，全年累计出让土地86宗437.11公顷，土地出让金165.61亿元。全区完成划拨类土地供应50宗469.49公顷。加快区级土地储备库建设，年底在库储备土地16宗56.54公顷。（田　静）

【土地节约集约】 2021年，吴江深入落实苏州产业用地更新“双百”行动，第一个考核周期全区完成产业用地更新810公顷，完成率111%，其中“退二还一”项目627.87公顷，完成率108%，均超额完成目标任务。衔接国土空间规划及相关专项规划，摸排深挖潜力，编制2021年度“三优三保”年度实施计划，“三优三保”取得市级批准46.73公顷。严格落实建设用地“减量化”，全年盘活存量土地559.04公顷。持续加大批而未供土地处置力度，完成批而未供土地处置412.6公顷，任务完成比率333%，完成率和完成量均居苏州大市第一位。强化动态巡查，拟定土地整治项目后期管护条例，加强土地整治项目后期管护。（田　静）

【自然资源保护】 2021年，区自然资源和规划局推进永久基本农田规划调整试点，结合示范区永久基本农田规划调整试点工作方案，调整优化吴江区永久基本农田空间布局。规范有序开展永久基本农田核实整改补足工作，形成初步落图成果。开展第三次全国国土调查耕地资源质量分类工作，成果通过省厅质检、汇总，形成省级成果报部审批。统计完成绿化造林面积23.89公顷，超额完成苏州市下达目标任务。强化森林防火安全，严格做好森林防火宣传，重点对湿地（森林）公园开展安全生产监督管理，全年累计开展森林防火专项检查9次。完善和推进湿地公园建设，加强野生动物疫源疫病监测。（田　静）

【自然资源调查登记】 2021年，区自然资源和规划局按照地籍调查规范要求，开展吴江区集体土地所有权确权登记数据更新。完成2020年度国土变更调查，并通过国家级核查。推进全区自然资源统一确权登记，完

成江苏震泽省级湿地公园、戗港、何家漾、三里塘、沐庄湖5个项目的自然资源统一确权登记主体性工作。（田　静）

【自然资源和规划综合执法】2021年，区自然资源和规划局创新开展自然资源空天地一体化违法行为监测（双月度监测），实现违法用地及时取证、及时监管，提升自然资源和规划执法监察"事前主动防范"的能力，将违法行为发现遏制在萌芽。出台《吴江区土地违法违规问题"清零"行动方案》，成立吴江区土地违法违规问题"清零"行动领导小组和工作专班，实施"清零"行动。持续做好违法用地综合整治三年行动整改，开展"年度+季度"卫片执法检查、例行督察整改、规划验收和督查，依法做好规划和林业行政执法工作。（田　静）

【不动产登记】2021年，区自然资源和规划局持续简化不动产登记流程，实现抵押登记、预告登记等1个工作日办结，全区不动产登记工作全面实现"3个工作日"办结的改革目标。推进"互联网+不动产登记"，实现存量房转移登记"苏易登"掌上办、"双预告登记"线上办。年度累计办理不动产权证书9.37万份、证明5.79万份、登簿量18.89万份。推进不动产登记"跨省通办"，发出一体化示范区首张"跨省通办"不动产登记证明，该服务项目获2021年度吴江区营商环境优质案例。深耕"一体化制度创新试验田"，开通抵押登记、注销登记、转移登记、登记信息查询4个类型"跨省通办"业务，提升群众幸福指数。发扬"我为群众办实事"服务精神，常态化推进"交房（地）即发证"，全年累计发出60本交地即发证、399本交房即发证。（田　静）

【自然资源和规划信息化建设】2021年，区自然资源和规划局累计完成地下管线普查8751千米，其中，汾湖高新区2209千米，中心城区及横扇、八坼3987千米，重要道路沿线2555千米，包括电力、通信、燃气、给水、排水等九类管线普查。响应数字化转型发展要求，推进自然资源和规划信息化建设工作，率先开展吴江区自然资源"一张图"数据治理，实现自然资源数据标准化整合与统一管理，形成包括12大类37小类268个可叠加的图层信息的"国土空间基础信息平台和实施监督系统"及资规一张图移动App，为全区自然资源和规划高效管理、为区CIM城市基础信息模型及CIM+应用夯实基础。率先推进自然资源和规划一体化业务系统建设，逐步实现资规系统数据共享、全业务、全流程线上办公，提升系统服务能力。（田　静）

水资源

【河湖管理】2021年，区水务局印发《吴江区河湖管理检查考评实施办法》，全面统筹水域岸线管控、水生态环境两大方面42类问题，整合各类河湖巡查力量，实现建成区河湖每周巡查全覆盖、其他河湖半月巡查全覆盖。开展涉水违规问题专项清理行动，清理地笼1.2万条、大型围网28处、沉船106艘，18个水利部暗访问题全部完成销号。开展"清剿水葫芦、美化水环境"专项行动，保障进博会水环境质量。（沈莹莹）

【黑臭水体治理】2021年，区水务局完成97条疑似劣五类水体整治，超额完成苏州下达治理任务。建成生态美丽河湖100个，在大市范围内率先完成市级黑臭河道销号，完成区级销号128条。全面落实水利工程"能开则开、应开尽开"要求，优化畅流调度。（沈莹莹）

【河湖长制改革】2021年，区水务局完成58项市级、506项区级河湖"一事一办"任务。创新建立太浦河水质无忧保险机制，与青浦、嘉善签订第二期18项跨界水体联合治理项目，加快联合河长制主题公园、联合河长制记忆馆建设，"联合河长制"工作经验先后入选《新时代治国理政案例精选（2021）》、中共中央党校《行政改革内参》，获水利部《河长制湖长制工作简报》专版刊发。（沈莹莹）

【水资源管理】2021年，吴江区顺利通过国家级县域节水型社会达标创建省级验收，开展示范区水资源管理集成创新试点和全省首批水资源刚性约

2021年3月22日，2021年“世界水日”“中国水周”主题宣传活动启动
（区水务局　提供）

束“四定”试点工作，两项试点实施方案均已通过省级审查。强化水资源监管，实现10万吨以上非农取水户在线监控全覆盖，完成水资源费、水利工程水费征收总额8364万元。推进节水型社会建设，加强“节水三同时”管理工作，巩固农业水价综合改革成果，农田灌溉水利用系数由2019年的0.678提升至2021年的0.683。（沈莹莹）

【水政执法】2021年，区水务局建立1（检查机构）+N（职能科室）+1（执法机构）执法机制，印发《吴江区水务局涉水违法案情流转及处理程序规定》规范处置流程，形成河湖水安全、水环境、水生态问题发现处置闭环。全年出动水行政执法巡查1275次，立案39起，移送案件36起，案件查处量为2020年度的6倍，爱琴海购物公园排水案做法经验在全市推广。常态化开展扫黑除恶斗争，开展“无黑城市”示范点、示范项目创建，出台行业规范性文件，补齐管理短板。（沈莹莹）

【生活污水治理】2021年，区水务局整改直排口2550个，完成84个小区、111个单位庭院、348家工业企业、1879个“小散乱”排水户雨污分流改造。完成城北污水厂二期、桥北污水厂二期，以及城南污水厂、平望污水厂临时处理设施建设，增加污水处理能力1.7万吨/日。建设农村生活污水治理项目191个，超额完成年度农村污水治理任务，全区生活污水处理量比2021年增加11%，平均进水COD浓度比2021年增加18%。开展排水“三整治”执法行动，检查企业404家、完成问题整改165处。检查76家涉水工业企业，发现和整改问题29处。（沈莹莹）

环境质量

【概况】2021年，吴江区坚持生态优先，推动绿色发展，打好污染防治攻坚战，大力改善生态环境质量。探索示范区共保联治新路径，推进生态环境治理体系和治理能力现代化，实现生态环境高水平保护，促进经济社会高质量发展。是年，区生态环境部门获评全国生态环境保护执法大练兵表现突出集体、苏州市“激励干事创业、奉献火红年代”先进集体。

（徐佳琦）

【质量状况】2021年，全区11个地表水环境质量省考断面水质达到或好于Ⅲ类水体比例为90.9%，其中界标、瓜泾口西、太浦闸、太浦河桥、新开路桥、戗港、三船路河桥7个断面水质达到Ⅱ类。2个集中式饮用水水源地水质达标率均为100%，太湖吴江水域治理连续十四年高质量实现“两个确保”（确保饮用水安全、确保不发生大面积湖泛）。PM2.5浓度首次低于“3”（低于30微克/米^3），越秀幼儿园空气质量国控监测站点PM2.5浓度为28微克/米^3，比2020年降低15.2%；空气质量优良天数比率85.2%，比2020年提高1.6个百分点，未出现重污染天气。土壤环境质量稳定向好。全年未发生重大生态环境污染事故。（徐佳琦）

2021年吴江区水质监测年平均值统计表

断面名称		王江泾	界标	平望新运河桥	瓜泾口西	元荡湖口	太浦闸	苏嘉杭高速太浦河桥	戗港	新开路桥	三船路河桥	八荡河大桥
所在河流		京杭运河	太浦河	頔塘河	吴淞江	元荡	太浦河	太浦河	戗港	新开路港	三船路港	八荡河
水质类别		Ⅲ	Ⅱ	Ⅲ	Ⅱ	Ⅳ	Ⅱ	Ⅱ	Ⅱ	Ⅱ	Ⅱ	Ⅲ
pH值	无量纲	7	7	8	8	8	8	8	8	8	8	8
溶解氧	毫克/升	5.6	7.3	7.9	8.2	8.4	9.3	7.9	7.6	7.7	8.5	7.7
高锰酸盐指数	毫克/升	5.1	3.5	3.6	3.0	4.0	3.2	3.6	3.6	3.4	3	4.1
生化需氧量	毫克/升	3.4	1.3	2.0	1.1	2.2	1.7	2.0	1.6	1.6	1.3	2.2
氨氮	毫克/升	0.32	0.18	0.31	0.08	0.33	0.04	0.29	0.09	0.10	0.07	0.43
化学需氧量	毫克/升	17.4	12.7	14.7	12.5	16.1	11.6	13.1	12.9	12	11.9	15.2
总氮	毫克/升	2.38	1.78	1.63	0.87	1.96	0.79	1.37	0.56	0.68	0.58	2.1
总磷	毫克/升	0.087	0.076	0.123	0.028	0.081	0.045	0.075	0.053	0.042	0.039	0.079

（徐佳琦）

2021年吴江区环境空气质量监测情况一览表

单位：天

时　间	有效监测天数	优	良	轻度污染	中度污染	重度污染	严重污染	超标率
1月	28	0	25	3	0	0	0	10.7%
2月	27	14	13	0	0	0	0	0.0%
3月	31	5	21	5	0	0	0	16.1%
4月	26	6	16	4	0	0	0	15.4%
5月	30	5	14	11	0	0	0	36.7%
6月	29	5	16	7	1	0	0	27.6%
7月	26	10	13	3	0	0	0	11.5%
8月	30	11	11	8	0	0	0	26.7%
9月	29	7	18	3	1	0	0	13.8%
10月	31	13	17	1	0	0	0	3.2%
11月	30	7	21	2	0	0	0	6.7%
12月	28	4	18	6	0	0	0	21.4%

（徐佳琦）

2021年吴江区环境功能区噪声监测情况一览表

单位：dB（A）

月　份	功能区类别	昼　间	夜　间	昼夜等效	达标率
2月	1类	49.1	39.3	49.1	100%
	2类	54.7	44.1	54.5	
	3类	55.1	52.4	59	
	4a类	59.5	53.4	61.2	
5月	1类	58.5	61.9	67.5	50%
	2类	56.0	51.4	58.6	
	3类	54.0	49.7	56.8	
	4a类	58.2	52.7	60.3	

（续　表）

月　份	功能区类别	昼　间	夜　间	昼夜等效	达标率
8月	1类	56.3	58.5	64.2	75%
	2类	55.3	48.1	56.4	
	3类	55.6	53.4	59.8	
	4a类	59.1	52.2	60.4	
11月	1类	50.3	41.8	50.9	100%
	2类	51.9	43.3	52.4	
	3类	57.1	53.4	60.3	
	4a类	63.8	54.1	63.9	
标准值	1类	55	45	—	—
	2类	60	50	—	—
	3类	65	55	—	—
	4a类	70	55	—	—

（徐佳琦）

生态建设

【组织保障】 2021年4月，区政府印发《苏州市吴江区生态文明建设规划（2020—2025）》。年内，启动《吴江区生态环境保护责任清单》《健全生态环境治理体系推进生态环境治理能力现代化实施意见》编制工作，推进"十四五"生态文明建设领域各项工作有序开展。（徐佳琦）

【生态文明建设】 2021年，吴江区扎实推进生态文明建设，启动全区生物多样性本底调查，成立"吴江区生态环境宣传教育基地"（同里国家湿地公园）；实施全区首个生态安全缓冲区项目，横扇生活污水处理厂尾水实地净化工程竣工投运；举办中国—中东欧国家百万少年儿童生态环保美术创作展、生态文明科普嘉年华、"绿色中国行　生态文明展"等活动，营造生态文明建设良好社会氛围。至年底，全区有省级生态文明建设示范镇6个。

（徐佳琦）

【生态保护】 2021年，吴江区开展江苏省生态空间管控区域优化调整工作，调整后吴江区省级生态空间管控区面积维持在292.82平方千米。至年底，吴江区森林覆盖面积为22860公顷，林木覆盖率19.85%。全区湿地保有量面积44525.10公顷，其中以湖泊、河流为主的自然湿地面积21903.68公顷，自然湿地保护率71.10%。

（田　静）

【吴江获评国家生态文明建设示范区】 2021年10月，生态环境部发布《关于命名第五批国家生态文明建设示范区的公告》，苏州市吴江区被正式命名为国家生态文明建设示范区。10月14日，在云南举办的2020年联合国生物多样性大会生态文明论坛上，吴江区获生态环境部表彰授牌。多年来，吴江坚持将生态文明建设融入党委、政府中心工作、融入经济社会总体布局、融入长三角一体化发展、融入乡村振兴战略规划、融入污染防治攻坚战，构建生态文明建设全方位、全地域、全过程格局，以绿色发展推动人与自然和谐共生。近五年，吴江区累计实施79项生态文明建设重点工程，投入资金共79.19亿元。（徐佳琦）

【Go Jiangsu海外社交媒体粉丝吴江采风】 2021年11月，由省政府新闻办、省生态环境厅联合举办的Go Jiangsu海外社交媒体粉丝采风活动首次走进吴江，10名来自意大利、伊朗、澳大利亚、加纳、津巴布韦、巴基斯坦等国家的外籍粉丝和人民日报、中央电视台、中国日报、江苏卫视、江苏广电国际频道等国内主流媒体记者，先后参观走访同里国家湿地公园、平望镇"四河汇集"、震泽镇众安桥村、吴江生活垃圾焚烧发电扩容建设项目、汾湖元荡慢行桥，从“生态+一体共荣”“生态+生物多样”“生态+江南文化”“生态+美丽乡村”“生态+环境治理”等多角度了解美丽吴江建设成效。（徐佳琦）

污染防治

【水污染防治】2021年，吴江区印发《国省考重点断面水质提升攻坚行动方案》，以问题导向推动重点流域综合整治。在全区11个国省考断面设置15个关联点位，明确镇级断面长，厘清各区镇关联范围。组织重点断面水质提升和支流支浜环境隐患排查，开展涉水企业事故排放及应急处置设施专项督查整治行动，启动涉磷企业调查，推进区域水平衡核算，对江苏省下发的一级排查任务3784个疑似排口及955个敏感区域排查，溯源确认排口2499个。实施提能升级、截污纳管、雨污分流、美丽湖泊、蓝藻打捞5大类6项太湖治理重点项目建设，累计投资8.59亿元，全面加强太湖生态环境保护。

（徐佳琦）

2021年吴江区太湖流域水环境综合治理工程一览表

单位：万元

序号	项目名称	主要建设内容及规模	年度计划投资	项目实施期限	年度建设目标	责任单位
1	吴江经济技术开发区运东污水处理厂四期扩建及升级提标改造工程	扩建4万吨/天污水处理设施、对已有6万吨/天污水处理设施进行提标改造（共10万吨/天）	10000	2018—2022	完成主体工程	吴江开发区
2	桥北社区生活污水处理厂5000吨/日扩建工程	扩建5000吨/日生活污水处理设施以及新建1万吨/日深度处理设施	500	2019—2021	完成	吴江高新区（盛泽镇）
3	盛泽镇城镇生活污水管网工程	南部片区（南三环路、秀水路）、吴中路地下管线铺设及道路修复，管道长度约10千米	200	2020—2021	完成	吴江高新区（盛泽镇）
4	盛泽镇2019年第三批雨污分流综合改造工程	包括桥北新村一区、影剧弄小区等18个小区雨污分流改造	100	2020—2021	完成	吴江高新区（盛泽镇）
5	长三角一体化示范区先行启动区环元荡美丽湖泊群	项目实施以元荡为中心的“一心、三带、多点”治理区域布局，区域总面积约100平方千米，项目围绕水系连通、清淤疏浚、河道清障、岸坡整治、水生态修复、河湖管护和景观人文建设	52350	2020—2021	完成	汾湖高新区
6	蓝藻及水生植物处置及资源化利用工程	针对东太湖水源地现状，组建专业的蓝藻（水草）打捞工作队伍，利用专业的机械化蓝藻（水草）打捞设备配合人工，对东太湖水源地及环太湖沿线进行蓝藻（水草）打捞，并进行无害化处置，全年预计打捞蓝藻（水草）50000吨	1628	2021	完成	水务局

（徐佳琦）

【大气污染防治】2021年，吴江生态环境局开展36个涉VOCs（挥发性有机物）企业集群1037家企业整治，实施485个重点项目VOCs综合治理，编制429家第二批省VOCs重点监管企业“一企一策”方案，组织近300家企业开展活性炭提质增效培训，完成448个企业储罐建档排查，推动343个疑似涉VOCs储罐加强无组织治理，14家钢结构企业完成挖槽水性漆替代。优化调整高排放非道机械禁止使用范围，实现一、二类低排区全覆盖。围绕“3060”双碳目标（2030年前实现碳达峰，2060年前实现碳中和），完成9家电力企业碳交易系统开户及额度分配，规范参与碳排放权交易市场，对辖区内128家规上工业综合能耗5000吨以上企业开展温室气体排放核查。（徐佳琦）

【土壤污染防治】 2021年，吴江区进一步规范土壤污染状况调查评审和备案流程，全年完成191个地块土壤调查备案和33块退出关闭化工遗留地块土壤调查，推动65块暂不开发利用污染地块划定管控区域，开展土壤和地下水环境监测。与江苏省环保集团合作，完成地下水环境状况调查评估和地下水污染防治分区工作，划定优先防控区0.48平方千米，一般防控区1069平方千米。年内，太湖工业废弃物处理有限公司3万吨/年危废焚烧项目、满泽环保5000吨/年危废收集“绿岛”项目、吴江光大焚烧发电扩容项目相继建成，全区固体废物处置能力进一步提升。

（徐佳琦）

环境监管

【环境执法】 2021年，吴江区生态环境部门出动生态环境执法人员32484人次，检查企业16297家次，实施行政处罚303件，罚款金额5900余万元，查办涉嫌环境污染犯罪移送公安部门28件63人，移送行政拘留7件7人，查封扣押12件，限产停产6件，查办大案要案30件，处罚金额、查封扣押数量、查办涉嫌环境污染犯罪案件数量、大案要案数量均位列苏州大市第一。是年，组织开展各类环境执法专项行动47次，实施春夏污染防治攻坚常态化夜间执法检查，与吴中区联合开展毗邻区域检查，及时回应群众热点关切问题。成功办理最高检卫星遥感监测公益诉讼线索问题，推动17批次39件第二轮省生态环境保护督察交办信访问题整改落地见效。启动52件生态损害赔偿程序，完成修复36件。构建以排污许可制为核心的固定污染源监管制度体系，完成1846家重点排污单位自动监控设备安装联网，30家千吨以上危废产生单位和11家危废经营单位实现视频监控联网，对245个重点污染源开展用电监控预警处置。加强污染源监督监测、执法监测，全年获取各类监测数据619万多个。推进企事业单位环保信用评价和警示工作，倒逼企业主动履行环境保护职责，全年新增黄牌和红牌企业各5家，帮扶摘牌9家。（徐佳琦）

【环境风险防控】 2021年，吴江区印发《水生态环境质量预警管控办法》《重点敏感区域大气污染应急预警方案》等工作制度，组织5次突发环境事件应急演练，开展全区突发环境事故隐患自查自纠、纺织品后整理企业环保设施安全隐患排查、危化品安全生产整治等专项执法检查，全面排查环境安全隐患。全年完成865套重点环境治污设施安全风险评估，开展放射性同位素异地使用安全监管，帮扶指导60枚废旧放射源收贮工作。（徐佳琦）

【环境法治建设】 2021年，吴江生态环境局健全宽严相济执法机制，推行执法正面清单，实

2021年3月20日，吴江生态环境执法局开展“送法进企业 携手促环保”执法活动

（区融媒体中心　提供）

施包容审慎监管，对及时纠正、没有造成危害后果的6个方面16条轻微违法违规行为给予一定容错空间，引导企业主动守法、自查自纠，累计免除罚金400万元。组织开展入企送法培训活动，开办环境管理“云课堂”，使企业“在家”即可享受法治服务，累计服务超1万人次。全年发布生态环境典型案例12件，强化警示教育作用，提高企业守法意识。（徐佳琦）

【环保服务】 2021年，吴江生态环境局深入推进重点项目全过程跟踪服务，全年完成254个建设项目环评审批，投资总额259.87亿元；审核排污许可证279张。在《示范区环评制度改革指导意见》框架下，出台《关于建设项目环境影响评价告知承诺制审批的实施细则（试行）》《关于加强规划环境影响评价、区域评估与建设项目环境影响评价联动的实施细则（试行）》和《关于建设项目环境影响评价与固定污染源排污许可“两证联办”的实施细则（试行）》，率先在示范区探索区域评估与项目环评深度融合，简化编制内容、压缩审批时间、提升审批效率。积极推动绿色信贷发展，采用“排污权+其他担保”模式，完成全省首笔超千万元排污权抵押组合贷款发放。

（徐佳琦）

【联保共治】 2021年，吴江区主动对接上海、浙江，常态化开展联合执法和监测行动，跨界联合执法入选2021年生态环境部优化执法方式第一批典型做法和案例。承办中国环境与发展国际合作委员会“减污降碳，共建人类命运共同体”圆桌会议，研讨“长三角地区碳达峰挑战及路径”，推动示范区碳达峰、碳中和领域的研究谋划。与生态环境部、江苏省生态环境厅签署战略框架协议，共建长三角一体化示范区绿色发展国际创新中心，推动打造绿色发展的创新聚集平台、示范平台和国际合作交流平台。（徐佳琦）

2021年6月3日，共建长三角一体化示范区绿色发展国际创新中心战略框架协议在吴江签署　（区融媒体中心　提供）

节能减排

【公共机构节能】 2021年，区机关事务管理中心夯实制度基础，修订《苏州市吴江区公共机构节能考核评价办法》。指导区公安局创建江苏省公共机构节能示范单位，指导区法院等11家单位创建节约型机关，区级机关创建率80.7%。开展宣传答题活动，倡导垃圾分类、光盘行动、禁塑限塑、低碳出行等绿色生活方式。结合“我为群众办实事”活动，在社区开展节能宣传。（杨伊安）

【绿色制造体系建设】 2021年，区工信局充分发挥绿色示范引领作用，鼓励重点、头部企业开展绿色示范创建。恒力化纤、亨通光纤等2家企业入围国家级绿色工厂，通鼎互联等4家企业5个产品入围绿色设计产品，亨通光电、亨通线缆等2家企业入围国家绿色供应链管理名单；康力电梯等12家公司获评省级绿色工厂，新增数列苏州大市第一。提升资源能源利用效率和清洁生产水平，实施重点节能与循环经济项目40个，完成投资近2亿元，节约能源标准煤3万吨；获省级专项3个，市级专项18个。组织企业开展自愿性清洁生产审核，23家企业通过现场审核验收。遏制高耗能、高排放项目盲目发展，有效控制能耗增长。（赵燕芳）

（本栏编辑　钱晓燕）

吴江开发区

【概况】 吴江开发区北接苏州主城区，东临上海，南连浙江，西濒太湖。行政区总面积176平方千米，其中古镇保护区约1平方千米。吴江开发区党工委管委会代管同里镇和江陵街道，统筹代管区域内经济发展、开发、建设、管理等各项工作。下辖叶建村、文库村、九里湖村、北联村、合心村、湘溇村、屯溪村、屯南村、白蚬湖村、肖甸湖村、富渔社区、屯渔社区、屯村社区、东新社区、富土社区、鱼行社区。江陵街道侧重于统筹辖区内社区（农村）发展、组织公共服务等职能，下辖湖东社区、西湖社区（花港村）、新柳溪社区（九龙村）、江陵社区、淞南社区、三里桥社区（三兴村）、庞山湖社区、山湖社区（叶津村）、运东社区、雅辉社区、联兴村、叶泽湖花苑社区（叶泽湖村）、新港社区（龙杨村）、城南社区（三庞村）、益联村。总人口40万人，其中户籍人口约10万人。

2021年，吴江开发区完成地区生产总值595.00亿元，工业产品销售收入2002.30亿元，一般公共预算收入73.80亿元，全社会固定资产投资164.76亿元，其中工业投资63.49亿元。注册外资7.41亿美元，到账外资3.06亿美元；进出口总额186.68亿美元，其中出口132.27亿美元，进口54.41亿美元。在全省经济开发区科学发展综合考评中列第6位。

（孙　洁）

【招商引资】 2021年，吴江开发区优质项目加速入驻，新批外资项目24个、增资项目20个、内资项目12个，云梨路总部经济集聚区签约落户长城汽车、佩莱等近10个总部项目，积极推进IMI、宝时得等签约项目加快落地建设，持续跟进GWC阀门、三养集团、冷王等一批近期拟签约落户项目进度。

（孙　洁）

【产业提升】 2021年，吴江开发区34个区级重点项目年度完成投资144亿元，年度完成率113%。博洛尼天空之城南楼、微康生物研发大楼、卡特彼勒、峻凌电子等项目已封顶，博众精工项目进入内部装修，天瑞金二期完成竣工验收。国内单体最大的金刚玻璃异质结光伏项目正式启动，总投资1.2亿美元的群光电能扩产项目竣工投产，发展动能持续增强。“智改数转”取得实效，已完成智能化改造和数字化转型项目366个，超额完成年初350个的既定目标，完成数领跑全区。3家企业挂牌上市，累计主板上市企业7家、新三板上市企业20家，上市后备企业50家，“十四五”期间力争主板上市企业新增20家，资本市场“吴江开发区板块”快速崛起。

（孙　洁）

【基础建设】 2021年，吴江开发区紧盯云梨路总部经济集聚区建设，完成云梨路城市设计，优化下穿隧道方案并开始施工。苏州花港湾商务区高端住宅、星级酒店、商务会展中心、文商旅等项目建设加快推进。鲈乡路北延柳胥路至联中路段顺利通车，花港路网完成环通，湖心西路支路等4条道路完成改造。文明典范城市创建扎实开展，城市面貌有力改善。

（孙　洁）

【工作机制创新】 2021年，吴江开发区出台重点项目党工委班子成员挂钩联系及综合协调推进工作机制，成立动迁工作专班，设立城市更新等5个专项工作领导小组；制定并下发推进长三角一体化示范区建设2021年工作要点和全面深化改革2021年工作要点；制定并公布开发区、同里镇、江陵街道“权责清单”；制定国企改革方案，总公司更名为发展集团，新设东运城市投资公司；启动绿化管理运营改革，成立市政服务公司；调整开发区投资项目管理和支付模式。（孙　洁）

【生态治理】 2021年，吴江开发区抓牢“退二优二”“退二进三”，划分6个重点区域，由党工委、管委会班子成员分片挂钩，计划2年内回购土地173.33公顷，为开发区未来发展打下坚实基础，全年城市更新完成项目评估24个、过会11个、签约11个、即将签约3个。“三治”治违拆旧完成93.77公顷，超额完成区下达目标（83.27公顷），完成率位列四大板块第一。“三优三保”*完成拆旧19.17公顷（任务数25.33公顷），其中已复垦17.03公顷；“退二优二”完成37.6公顷，超额完成区下达目标任务数（23.86公顷）。拆除违法建设点位458起，建筑面积19.2万平方米。（孙　洁）

【人才建设】 2021年，吴江开发区提高人才储备力度，开展高层次人才公开招聘工作，招录29人，其中研究生占62%，拥有985、211学历的占72%；组织开展崇本四季讲堂、“学思践悟”中青年干部能力提升班等，持续加大干部教育；科学调配干部队伍，配合完成33名科级领导干部调整及37名股级中层干部调整工作；重组招商队伍，新引进12名硕士研究生增强招商人员力量，开发区驻上海联络处正式启用，实行工作人员常驻机制。（孙　洁）

【创新服务】 2021年，吴江开发区持续推进“互联网+”政务服务建设，“开发区网上办事大厅”正式试运行，采用链条服务、集成服务、扩宽服务机制等方式，不断提升政务服务效能。积极推进市委优化营商环境巡察反馈意见整改，183项整改举措全面展开并取得积极成效，现已基本完成整改工作。随着各项改革举措的落地，开发区经济社会事务管理体制机制不断完善，营商环境持续优化。

（孙　洁）

【民生事业】 2021年，吴江开发区与上海世外教育集团合作办学项目上海世外教育附属吴江云龙实验学校正式揭牌，世外云龙实验学校、北大新世纪世恒学校、吴江新教育学校、花朵实验幼儿园正式投用，丰富办学层次，新增学位8000多个。京东方数字医院门诊开诊，屯村卫生院新院区启用。同里区域性养老服务中心年底竣工，山湖社区综合为老服务中心和叶泽湖日间照料中心建成。困境儿童、低保家庭等民生保障不断加强，文化生活不断丰富。农房登记颁证加快推进，同里屯村动迁安置小区、山湖花园九区动迁安置房建设完成。老旧小区改造、河道水利等项目高效推进，人居环境持续改善，群众满意度稳步提升。

（孙　洁）

【疫情防控】 2021年，吴江开发区全力做好全员核酸检测预约登记演练工作，设立采样点59个，配备医务、保障等相关工作人员2000余人。叶泽湖社区作为全区首个全员核酸检测演练点顺利完成采样演练。建成全区规模最大的疫苗接种方舱，江陵街道自主开发“新冠疫苗接种预约登记系统”，累计完成疫苗接种超87万人次、全程

疫苗接种41万余人。（孙　洁）

【安全生产】 2021年，吴江开发区不断强化企业安全生产监管，累计开展安全生产事前行政处罚133起；2134家工业企业安全风险报告填报已全部完成；23家企业申报二级标准化，创历年之最；三级挂牌隐患全部摘牌；企业微信平台稳定运行，安全监管信息共享平台初步搭建；重点领域专项整治扎实推进。区域生态环境治理力度不断加大，"散乱污"企业加快取缔，瓜泾口西国考断面考核达标，PM2.5平均浓度同比下降。年内，开发区党工委班子挂帅成立7个专项检查组，扎实开展既有建筑安全隐患排查，排查房屋面积约3830万平方米，普查房屋约1.8万幢，分别按轻重缓急制定整改方案。（孙　洁）

【党建工作】 2021年，吴江开发区扎实开展党史学习教育、"我为群众办实事"及"两在两同"建新功行动*。打造"融入式党建""1+4+N"（在党工委抓基层党建的工作责任制领导下，4个党委共建共治共享，以"N"项"崇本"党建叶脉项目，全力融合开发区中心工作任务）工作体系，扎实推进基层党建"三网融合"。落实"融入式党建"书记项目，建强开发区"崇本"党建品牌。创新"百家行动支部"工作方法，推出"新欣云梨"党建联合体等党建工程。工青妇等群团工作稳步推进，开发区妇联"HerUp"巾帼志愿活动有力开展。纵深推进全面从严治党，推广使用基层廉勤监督平台，推动解决各类问题4296个，形成对"小微权力"的有效监督。持续加大反腐力度，摸排各类问题线索75条，"第一种形态"处置47件，查办案件20件，处理违纪违法人员20人次。梳理审查疑似违反中央八项规定线索262条，坚决纠正形式主义、官僚主义等不正之风。组织开展"采笋廉竹下　清新扬正气""风筝传廉洁　清风相伴行"和"粽叶飘香迎端午　清廉家风齐传承"活动，推动廉洁清风进社区、进家庭、进企业。扎实开展谈心谈话，组织安环局、经发局、招商局召开廉情风险座谈会，在行政审批局开展廉政教育活动，进一步筑牢政务服务人员的拒腐防变意识，积极营造清正廉洁新风正气，持续推动政治生态、干部作风向善向好。（孙　洁）

2021年吴江开发区外商投资企业新项目情况表

单位：万美元

序　号	企业名称	总投资	注册资本	经营范围	投资商
1	扬风启帆（苏州）帆船有限公司	15.33	15.33	三产	奥地利
2	苏州海益视博众精工科技有限公司	285	200	三产	韩　国
3	锭洲精密机械（苏州）有限公司	152.02	152.02	机械	萨摩亚
4	帆顺智能科技（苏州）有限公司	0.46	0.46	三产	加拿大
5	舒霏蕾美容护肤（苏州）有限公司	15.45	15.45	三产	新加坡
6	苏州康为咨询有限公司	46.39	46.39	三产	美　国
7	苏州豪侨建材有限公司	6000	6000	三产	英属维尔京群岛
8	苏州博炫光电科技合伙企业（有限合伙）	1.54	1.54	电子	美　国
9	艾切（苏州）机械设备有限公司	7.25	7.25	三产	意大利
10	苏州隆芝自动化有限公司	15.68	15.68	机械	韩　国
11	博泽精密科技（苏州）有限公司	235.13	235.13	其他	新加坡
12	埃迈诺冠气动器件（苏州）有限公司	2000	2000	机械	英　国
13	苏州恒力化工进出口有限公司	6000	6000	三产	新加坡

（孙　洁）

2021年吴江开发区港商、台商投资企业新项目情况表

单位：万美元

序号	企业名称	总投资	注册资本	经营范围	投资商
1	苏州市七百二十度网络科技有限公司	15.33	15.33	三产	中国台湾
2	如薇化妆品有限公司	9000	3000	三产	中国香港
3	苏州优品达电子科技有限公司	30.91	30.91	三产	中国台湾
4	江苏柯领显示科技有限公司	220.75	154.53	电子	中国香港
5	苏州顺祥新材料有限公司	77.31	77.31	三产	中国台湾
6	苏州市致烁机械科技有限公司	1200	500	三产	中国香港
7	佩莱商业管理(江苏)有限公司	3000	3000	三产	中国香港
8	嘉广新智能科技(苏州)有限公司	5000	5000	电子	中国台湾
9	苏州鹏宝房地产开发有限公司	10000	10000	三产	中国香港
10	苏州博理新材料科技有限公司	214.84	150.39	三产	中国香港
11	苏州腾动精密机械有限公司	30.96	30.96	机械	中国台湾
12	祐中电子(苏州)有限公司	77.4	77.4	电子	中国台湾
13	苏州兴建盛电子科技有限公司	154.61	154.61	电子	中国台湾
14	宝时得科技(苏州)有限公司	15000	15000	机械	中国香港
15	苏州市致灿机械科技有限公司	1200	500	三产	中国香港
16	敏华智能新零售科技(苏州)有限公司	8000	5000	三产	中国香港

(孙　洁)

2021年吴江开发区主要经济社会指标

项目	数量	项目	数量
总户数(户)	51040	工业(人)	20313
户籍人口(人)	139247	建筑业(人)	3658
其中:男(人)	67954	其他(人)	8767
女(人)	71293	粮食播种面积(亩)	25159
农业户籍人口(人)	9735	粮食总产(吨)	13142
人口出生率	15.73‰	其中:夏粮播种面积(亩)	7173
人口死亡率	5.64‰	夏粮总产(吨)	2277
自然增长率	10.08‰	秋粮播种面积(亩)	17986
地区生产总值(亿元)	592.53	秋粮总产(吨)	10865
其中:第三产业(亿元)	150.20	油菜籽播种面积(亩)	944
人均生产总值(按户籍人口计算)(元)	438939	油菜籽总产(吨)	86
农林牧渔总产值(现行价万元)	63387	蔬菜总产(吨)	36879
其中:农业(万元)	32657	蚕茧总产(吨)	0
林业(万元)	0	水果总产(吨)	851
牧业(万元)	948	年末存栏生猪(万头)	0.24
渔业(万元)	27221	出栏肉猪(万头)	0.43
农林牧渔服务业(万元)	2561	年末存栏家禽(万羽)	2.80
农村从业人员(人)	34621	出栏家禽(万羽)	8.46
其中:农业(人)	1883	禽蛋总产量(吨)	57

（续　表）

项　目	数　量	项　目	数　量
水产品总产量（吨）	6917	工业总产值（亿元）	2002.30
其中：养殖产量（吨）	6917	规模以上工业总产值（当年价格）（亿元）	1746.72
养殖面积（公顷）	1487	规模以上工业企业主营业务收入（亿元）	1756.48
年末农业机械总动力（万千瓦）	2.299	规模以上工业企业总资产（亿元）	1714.01
大中型拖拉机数（台）	38	注册外资（万美元）	74124
联合收割机数（台）	18	实际使用外资（万美元）	30584

注：本表数据取自2021年统计年鉴。

（区统计局）

汾湖高新区（黎里镇）

【概况】 汾湖高新区（黎里镇）位于苏州市吴江区东部，行政区域总面积258平方千米，其中市镇面积13.6平方千米。下辖黎阳、黎花、建南、雄锋、史北、华莺、大联、方联、汤角、青石、乌桥、东秋、城司、高新、芦东、伟明、汾湖湾、莘南、莘西、元荡、龙泾、港南、三好、东联、大潮、雪巷、禾田、跃胜、杨文头、新钢、红旗、星谊、梅石、银杏、新鹤、东胜、梅墩、黎星、汾湖、沈家港、永新、大长港、川心港43个行政村，黎新、振黎、兴黎、镇东、镇西、新区、莘塔、金家坝、北厍9个社区居委会。区内户籍人口14.3万人，其中少数民族户籍人口406人，涉及19个民族。

2021年，汾湖高新区（黎里镇）完成地区生产总值336.92亿元，比2020年（下同）增长8.4%；一般公共预算收入32.28亿元，增长10.5%；完成工业总产值868.12亿元，增长18.9%；工业开票销售收入完成933.04亿元，增长26.7%；实现全社会固定资产投入79.50亿元，增长7.5%；新增注册外资2.55亿美元，到账外资1.05亿美元，进出口总额18.91亿美元。黎里镇攀升至中国百强镇第15位，成为先行启动区内唯一上榜镇。

（沈喜喜）

【长三角一体化先行启动区建设】 2021年，汾湖高新区（黎里镇）紧扣“一体化”和“高质量”两个关键，加速推动国家战略在汾湖落地见效。发力改革创新，设立四大功能片区，优化区域发展策略，获批江苏自贸试验区联动创新发展区，推动三地跨区域联合申报国家级高新区取得阶段性成果，试点数字货币兑现政府补贴、民生事项“一网通办”等改革创新机制。致力互联互通，加速推动沪苏湖、通苏嘉甬等铁路建设，浦港路南延等项目有力推进；高铁新城设计、苏州南站枢纽方案及集疏运系统规划取得中后期成果。着力生态绿色，“联合河长制”入选《新时代治国理政案例精选2021》，太浦河共保联治江苏先行工程形象初

鼋荡小馆　　［汾湖高新区（黎里镇）　提供］

显，乡村振兴美丽吴江样板区示范效应逐步展现，鼋荡小馆、鼋荡驿站顺利建成运营。聚力沪苏同城，注册沪苏同城项目34个，沪苏合作办学、跨区域医联体、免备案就医实质化运行，完成公积金一体化服务专窗及交界河湖一体共治等试点任务。示范区二周年现场会圆满收官并获高度赞誉。

（沈喜喜）

【招商引资】 2021年，汾湖高新区（黎里镇）坚持“项目为王”导向，瞄准新型半导体、5G光通信、高端智能装备等主导产业，主攻世界500强、中国500强等领军企业，持续引进高显示度项目，引领和带动产业集聚。全年新签约中车交通、中交上航、特灵科技等重大项目31个，总投资额超140亿元。38个区级以上重点项目稳步推进，完成年度计划投资的110.6%。英诺赛科一期规模量产，恒力新材料、科大亨芯等一批优质项目稳步推进。金融支持实体经济力度显著增强，成功发行全国首单双创用途私募公司债，汾湖产业母基金累计过会金额超14亿元，吸引图菱视频、图湃医疗、纵深科技等多个优质返投项目，汾湖在资本市场的知名度和美誉度与日俱增。

（沈喜喜）

【产业提升】 2021年，汾湖高新区（黎里镇）紧抓国家战略机遇，着眼长远，编制完成《“十四五”产业发展规划》，科学系统谋划现代产业发展体系。重点企业保持强劲增长势头，累计拥有各类企业4000余家，其中规上工业企业330家，规上工业企业产值668.5亿元，增长18.8%；全年销售收入超10亿元企业17家，超亿元企业153家；94家企业列入吴江区纳税大户名单。以康力电梯为龙头的电梯产业集群晋升国家外贸转型升级基地。永鼎股份连续获评“中国民营企业500强”，并成功入选工信部服务型制造示范企业。法兰泰克参与白鹤滩国家重大水电项目。

（沈喜喜）

【科技创新】 2021年，汾湖高新区（黎里镇）完成高新技术产业产值267亿元，占规上总产值的40%，全社会研发投入占比4.2%。累计完成企业智能化改造和数字化转型231家，新增省专精特新小巨人企业8家，市级以上示范智能车间8家，英诺赛科成为吴江区首家省级“独角兽”企业，并获国家发改委“卡脖子”攻关重大专项支持。全年有效发明专利197件，每万人发明专利拥有量67件。17家企业与科研院所签订合作协议28项，其中有14个项目成功兑付科技创新券超170万元。首次发布汾湖人才礼遇卡，兑现各类人才奖励补贴超1300万元。省双创团队实现“零突破”。全国首个跨越两省一市行政区划的国家级博士后科研工作站落户汾湖。全年新获江苏省科技成果转化资金项目1项（中广核达胜加速器技术有限公司获省专项资金1000万元）；新增江苏省工程技术中心1家，累计19家；区内企业与大院大所共建研发机构项目2家，累计6家。

【服务经济】 2021年，汾湖高新区（黎里镇）完成第三产业增加值138.27亿元，比2020年（下同）增长7%；服务业实现税收收入13.73亿元，增长1.2%，其中，26家规模以上服务业企业全年实现营收11.84亿元，增长7.3%，第二、第三产业结构进一步优化。坚持“房住不炒”原则，全年房地产施工房屋面积188.93万平方米，完成投资27.7亿元；商品房销售面积26.47万平方米，完成商品房销售金额42.73亿元。（沈喜喜）

【城乡建设】 2021年，汾湖高新区（黎里镇）着力提升城乡品质和城市能级，密切衔接先行启动区国土空间规划、水乡客厅规划编制等顶层设计，中心城区等4个控规完成局部调整，新一轮镇村布局规划完成并取得批复。首批“11+1”城市更新片区发布展示，全方位挖掘存量内在潜能。精细化管理全面展开，4个老旧小区综合改造完成，3座高标准厕所建成；成立文明典范城市建设常态化专班，开展“文明守护幸盔有你”等特色活动，打造文明实践“生态链”。深化实施乡村振兴战略，制定集体经济相对薄弱村巩固提升方案，建成高标准农田600公顷、特色康居乡村13个，成功申报苏州市“菜篮子”工程基地2家。杨文头村

东湖健身公园入选2021全省最美乡村健身公园名单。（沈喜喜）

【生态治理】 2021年，汾湖高新区（黎里镇）坚持“拆建管融”发展新路径，持续开展“散乱污”“三治”“三优三保”*“百户动迁·百人攻坚”等专项行动，完成“三治”销项超106.25公顷、拆除违建53.97万平方米。推动绿色低碳转型，制订碳达峰、碳中和行动计划，完成去产能企业20家，资产回购16宗，提前完成年度僵尸企业处置目标任务。开展挥发性有机物产业集群及工业炉窑废气专项整治，重点企业活性炭提质增效顺利完成，空气优良率持续保持在吴江前列。深入开展水美汾湖建设，与金泽镇签署《雪落漾一体共治备忘录》，探索交界河湖治理新模式，全省首个村级联合河长制工作站落户汾湖，河湖“两违”“四乱”及淮委交办问题全部整改完成，美丽湖泊群一期工程基本完工，打造“美丽汾湖”先行示范。（沈喜喜）

【社会民生】 2021年，汾湖高新区（黎里镇）不断丰富拓展“美好生活”新内涵，全年民生支出37.9亿元，比2020年增长52.11%。落实落细常态化疫情防控工作，累计接种疫苗近47万剂次。夯实社会保障，累计发放各类救助补助资金超2600万元。持续优化公共服务，10项民生实事工程扎实推进；汾湖为民服务中心扩能增容，新设示范区综合受理专窗，实现示范区内三地3877项事项通办，跨区域“一网通办”走在全国前列。坚持人民至上、生命至上，建立健全既有建筑安全管理常态长效机制，成功抵御“烟花”“灿都”等超强台风和超历史水位侵袭，群众对一体化高质量发展的获得感更加真切。（沈喜喜）

【古镇保护】 2021年，黎里古镇围绕“黎里国际生态文旅示范项目”建设目标，落实三年行动计划，着力打造诗意江南古镇。成功举办“梨花文化节”“黎里真实影像大会”“十大民宿进黎里”等重大文旅节庆活动，相继完成柳亚子纪念馆展陈、老街灯光亮化、小镇客厅试点提升改造等重点工程，“中国美术学院油画系·写生与研习基地”“《中国作家》汾湖高新区创作基地”落户黎里。“黎里国际生态文旅示范项目”被列为2021江苏省重点文旅项目，黎里纪录片产业基地被授予“江苏省广播电视和网络视听产业基地”称号。（沈喜喜）

【党建工作】 2021年，汾湖高新区（黎里镇）扎实开展党史学习教育和“两在两同”建新功行动*，打牢基层党建根基，高标准完成黎里镇党委换届和区镇两级党代表换届工作。立足建党百年，精心组织开展“百年心向党·奋进长三角”系列活动，26个党组织和个人被授予市、区两级“两优一先”。加大党员培训和干部交流力度，举办“周末讲堂”“书记讲给书记听”等系列培训班，选派10名干部到示范区执委会等部门挂职。深入推进长三角一体化毗邻区镇廉洁文化“共建共享”机制建设，联合西塘镇开展“清风廉动长三角·百名干部学纪律”教育活动。实施村务阳光“553”工程，梳理权责清单5张，对52个村（社区）进行政治体检。配合完成苏州市开发区高质量发展专项巡察及吴江区委对村（社区）专项巡察“回头看”各项工作。（沈喜喜）

2021年汾湖高新区（黎里镇）主要经济社会指标

项　目	数　量	项　目	数　量
总户数（户）	49922	人口出生率	5.46‰
户籍人口（人）	143243	人口死亡率	9.13‰
其中：男（人）	69805	自然增长率	-3.67‰
女（人）	73438	地区生产总值（亿元）	336.92
农业户籍人口（人）	32665	其中：第三产业（亿元）	138.27

（续　表）

项　目	数　量	项　目	数　量
人均生产总值（按户籍人口计算）（元）	235107	蔬菜总产（吨）	20502
农林牧渔总产值（现行价万元）	128905	蚕茧总产（吨）	0
其中：农业（万元）	52043	水果总产（吨）	1021
林业（万元）	1449	年末存栏生猪（万头）	0
牧业（万元）	6041	出栏肉猪（万头）	0
渔业（万元）	63211	年末存栏家禽（万羽）	13.07
农林牧渔服务业（万元）	6161	出栏家禽（万羽）	11.17
农村从业人员（人）	51420	禽蛋总产量（吨）	1431
其中：农业（人）	4815	水产品总产量（吨）	7514
工业（人）	32153	其中：养殖产量（吨）	7514
建筑业（人）	3649	养殖面积（公顷）	3107
其他（人）	10803	年末农业机械总动力（万千瓦）	4.959
粮食播种面积（亩）	85368	大中型拖拉机数（台）	124
粮食总产（吨）	43237	联合收割机数（台）	28
其中：夏粮播种面积（亩）	28197	工业总产值（亿元）	868.12
夏粮总产（吨）	8594	规模以上工业总产值（当年价格）（亿元）	677.30
秋粮播种面积（亩）	57171	规模以上工业企业主营业务收入（亿元）	686.32
秋粮总产（吨）	34643	规模以上工业企业总资产（亿元）	820.05
油菜籽播种面积（亩）	281	注册外资（万美元）	25549
油菜籽总产（吨）	57	实际使用外资（万美元）	10538

注：本表数据取自2021年统计年鉴。

（区统计局）

吴江高新区（盛泽镇）

【概况】 吴江高新区（盛泽镇）位于吴江区东南部，行政区总面积150平方千米，其中建成区面积45.98平方千米、规划工业产业区60平方千米。农村辖红洲、茅塔、圣塘、杨扇、兴桥、群铁、东港、前跃、幸福、黄家溪、北角、胜天、荷花、永和、盛虹、渔业、坛丘、人福、龙桥、郎中、双溪、龙旺、南塘、坝里、大谢、桥南、庄平、寺西洋、永平、沈家30个行政村，镇区辖目澜、衡悦、山塘、桥北、舜湖、镜湖、坛丘、南麻8个社区居委会。总人口50万人，其中户籍人口13.7万人，外来常住人口及流动人口36.3万人。（史丽娟）

【工业】 2021年，吴江高新区

2021年10月29日，长三角（盛泽）现代供应链产业园奠基

［吴江高新区（盛泽镇）　提供］

（盛泽镇）经济发展保持好态势。围绕做优做强做深做透主导产业，实施丝绸纺织产业转型升级三年行动。总投资410亿元的18个区级以上重点项目完成年度投资72.85亿元。恒力40万吨特种工业丝、国家先进功能纤维创新中心、宝格置业·天虹广场、恒力酒店等项目稳步推进。完成智改数转项目219个，新增省级智能车间2家，实现星级上云125家。“双招双引”成功签约产业项目14个，认定市“姑苏人才”项目7个、区“领军人才”项目16个。新增高新技术企业52家，认定市级以上科研载体7家，万人发明专利拥有量68件，助推吴江丝绸产业成功创建全国世界知识产权组织版权保护优秀案例示范点。不断扩大时尚周、纺博会影响力，走出首位本土“中国十佳时装设计师”。恒力、盛虹“世界500强”位次持续攀升，国有（集体）企业改革构建“1+6+X”体系［“1”即镇属区管的江苏盛泽投资有限公司，“6”即苏州盛泽城市有机更新发展有限公司、江苏吴江丝绸集团公司、东纺云智（苏州）互联科技有限公司、江苏盛泽旅游发展有限公司、苏州市盛泽丝路乡村发展有限公司、苏州盛泽资产经营管理有限公司等6大镇属镇管龙头企业，“X”即龙头企业下属子公司］，全镇综合实力上升至中国百强镇第八位，保持稳中向好态势。（史丽娟）

【农业】 2021年，吴江高新区（盛泽镇）乡村振兴成效显著。全年种植水稻、小麦面积分别为1375.38公顷、1340.11公顷，总产量分别为12873.56吨、6533.02吨；水产池塘养殖面积132.53公顷，总产量1583吨，生态管理水面879公顷；现有苗木面积272.17公顷，果品面积90.8公顷；常年蔬菜面积66.67公顷，季节性蔬菜面积133.33公顷，桑地面积212.67公顷，全年饲养蚕种146张，总产8.03吨。大力推进农田基础设施建设，完成省级高标准农田建设项目（群铁兴桥片、圣塘大谢片）458.67公顷。推进渔业生态文明建设，完成池塘生态化改造73.33公顷，退渔还田11.33公顷。推进现代农业园区建设，盛泽古运河农业园区获评苏州市级农业园。加快推进农业全程机械化，全年新增无人植保机、播种机、中拖、秸秆还田机等18台套。加大农村生态建设。巩固“三网拆除”成果，对镇所辖879公顷、26个河荡水域推行生态管理模式；落实河（湖）长制和河道长效保洁工作，创新实施省际界巡河联防联治，实现全镇395条河湖长效管护全覆盖，努力实现河道“河畅、水清、岸绿、景美”目标。（史丽娟）

【基层治理】 2021年，吴江高新区（盛泽镇）不断夯实发展底线。全面深化污染防治，总投资约30亿元的“十四五”生态环保工程特别清单、提升攻坚任务清单启动实施，“智慧蓝网”加速构建，循环经济产业园加快企业入园，水质净化应急2万吨、南部工业区4万吨污水处理等工程正式投运，王江泾断面水质稳定达标。水系结构调整优化方案加快完善，生态廊道一期基本完工，白龙桥生态公园完成主体建设，桥北新村防汛应急工程建成投用，打造生态美丽河湖10条。率先探索纺织行业“双碳”应用场景，与中纺联、东方国际、德国GRE、苏州农商行合作，共建世界级气候行动示范区、碳排放标准体系、绿色低碳金融创新实验室。狠抓安全生产，全面打响“百日攻坚行动”，构建“4+12”工作格局（“4”即工贸、既有建筑、城镇燃气、道路交通安全等4个重点领域，“12”即工矿商贸及化工、建筑工程施工及城镇燃气、特种设备、消防、电力、校园及旅游、城市地下管网、养老护理和救助、油气输送管道、农业农村、交通运输、道路等12个安全生产专业委员会），推进租赁企业大排查大整治，推广企业“一户一表”，全面排摸清理既有建筑安全隐患，深化“331”专项行动*，全域布局“智慧安网”。深入开展扫黑除恶专项斗争，加快优化综合网格力量“1+5+1”配置（“1”即网格长，“5”即综治网格员、巡片网格员、叠加网格员、志愿网格员、警务网格员5类网格员，“1”即网格督导员），实现综治中心规范化建设全覆盖，逐点推进无物业小区封闭式管理，高效应对“5·14”极端天气灾害，黄家溪村成功创建“全国乡村治理示范村”，高质量发展基础更加稳固。（史丽娟）

【城乡建设】 2021年，吴江高新区(盛泽镇)“三大有机更新”全面开花。市场有机更新有力推进,深化与中铁工合作,总投资约60亿元的未来时尚城一期正式签约,古龙商区、东宇染厂等首批3个地块即将启动,跨境电商贸易成功试点,市场交易业态丰富发展。产业有机更新强势开展,总面积约100公顷的茅塔区块一期先行启动,总投资超60亿元的岭郅智造、长三角现代供应链、中南高科新材料等更新项目相继落地,动员首批自主更新企业47家,试行工业厂房出租管理办法,对192家D类企业实行倒逼更新。城乡有机更新全面铺开,加快规划打造总面积约13.33公顷的荷花村多优融合示范区块,农村违法建设整治35万平方米,“一户两宅(多宅)”整治拆除280户,龙桥新村、新起点家园等6个老旧小区完成提升改造,资源要素利用更加优化。(史丽娟)

【社会民生】 2021年,吴江高新区(盛泽镇)民生保障实现新提升。坚持人民至上,推出便民利企改革新举措,重大项目“绿色通道”、容缺受理、模拟审批、“一件事”套餐、“六办”清单全面上线,24小时自助服务区正式启用,“三进”服务深入开展,基层全科政务服务持续完善,公共就业服务窗口全覆盖。推进总投资70亿元的68个重点民生工程,完成年度投资17.4亿元。高铁片区规划积极深化,努力构建“高铁、城铁、地铁”三位一体格局。目澜市集、东郊市集顺利开业,郎庭名苑安置房交付使用,盛八线整治提升全面启动,茅塔路、邻水路等建成通车,交通畅行精准实施。上师大合作项目签约落地,与北师大达成前期合作意向,苏州丝绸中专升格新建抓紧规划,新城实验小学(幼儿园)加快建设。吴江南部医联体加速提质扩面,核酸检测预登记预演成功开展,疫情常态化防控能力有效提升。区域性养老中心即将完工,“微养”智慧养老系统试点运行,日照中心实施片区化管理。全国示范性军人服务站成功创建,“盛川义学”教育基金正式设立,群众幸福感稳步增强。(史丽娟)

【党建工作】 2021年,吴江高新区(盛泽镇)党建引领展现强作为。全面加强党的领导,高质量开展党史学习教育、“两在两同”建新功行动*,隆重举行庆祝建党100周年系列活动。牢牢把握意识形态工作主动权,认真开展党的十九届六中全会精神宣讲,创新时尚之都大讲堂、乡村振兴讲坛等学习模式。组建“十大专项工作”行动支部,成立总商会党委、8家商会(协会)党支部,建强“海棠花红”“红色蜂巢”党建阵地群。持续优化干部队伍结构,加强年轻干部培养,开展绸都青干沙龙系列活动,提拔中层干部23名,创新社会化用工管理机制。实施“强党风、转作风、育乡风”行动,开展“作风八问”“转型五问”大讨论、企业“五讲五比”活动,推进盛泽城市精神和品质总结提炼。深化全面从严治党,动态实施第三方明察暗访。高标准完成各项换届任务,全力支持人大、政协履职尽责,全面加强统战、人武、群团工作,汇聚起拼搏创业的强大合力。(史丽娟)

【中国东方丝绸市场】 2021年,中国东方丝绸市场(简称市场)围绕市场高质量发展目标,通过时尚创意、更新创优、贸易创新、管理创效等措施,不断促进“市场、产业、城乡”有机融合,推动市场转型升级新发展,助力“时尚之都·美丽盛泽”建设。全年交易额1410.32亿元,比2020年增长10.23%。6月,举办2021盛泽时尚周暨第九届江苏(盛泽)纺织品博览会云展会,现场观看时尚发布秀和设计赛事2600人次,线上云展会吸引流量10.5万人次,时尚周吸引230家专业媒体报道、522篇刊发转载、央视新闻频道对时尚周盛况进行专题报道,时长近2分钟。10月,举办第十届江苏(盛泽)纺织品博览会,展出面积超25000平方米,近650个展位,400多家企业参展,为历届展会规模之最,共吸引4.22万名国内外纺织服装采购商到盛泽寻觅商机,四场趋势主题直播观看人数6.48万人次,意向交易额超12.86亿元。印发《中国东方丝绸市场有机更新方案》,成立盛泽镇东方丝绸市场有机更新专项指挥部和工作专班,明确6.2平方千米的市场有机更新范围及未来时尚城一期先行启动地块,联合央企成立开发公司。与东方国际集团签订战略合作协议;加强与中国服装设计师协会、北京服装学院合作，加快时尚人才引进、探索打造中国设计村；盛泽走出首位“中国十佳时装设计师”。国际贸易集聚区先行启动区正式启用，服务中心对外营业；搭建跨境电商综合服务平台，推动企业开展9710跨境电商业务；“走出去、请进来”进一步拓展，组织企业参加线上线下纺织专业展会、对接会。加强市场安全管理力度，开展东方丝绸市场仓贸整治百日攻坚行动，持续深化“331”专项行动*，开展星级文明诚信经营户评选活动；加强服务平台支持力度，市场15家公共服务平台每月服务企业超4000家。（范明娟）

2021年吴江高新区（盛泽镇）主要经济社会指标

项　目	数　量	项　目	数　量
总户数（户）	40013	夏粮总产（吨）	4299
户籍人口（人）	138607	秋粮播种面积（亩）	20633
其中：男（人）	67717	秋粮总产（吨）	12564
女（人）	70890	油菜籽播种面积（亩）	0
农业户籍人口（人）	22677	油菜籽总产（吨）	0
人口出生率	6.27‰	蔬菜总产（吨）	31822
人口死亡率	7.64‰	蚕茧总产（吨）	8.03
自然增长率	-1.37‰	水果总产（吨）	1634
地区生产总值（亿元）	474.43	年末存栏生猪（万头）	0
其中：第三产业（亿元）	266.27	出栏肉猪（万头）	0
人均生产总值（按户籍人口计算）（元）	343118	年末存栏家禽（万羽）	2.31
农林牧渔总产值（现行价万元）	37661	出栏家禽（万羽）	3.78
其中：农业（万元）	25320	禽蛋总产量（吨）	65
林业（万元）	2506	水产品总产量（吨）	3844
牧业（万元）	0	其中：养殖产量（吨）	3844
渔业（万元）	7090	养殖面积（公顷）	827
农林牧渔服务业（万元）	2745	年末农业机械总动力（万千瓦）	4.086
农村从业人员（人）	49692	大中型拖拉机数（台）	58
其中：农业（人）	2231	联合收割机数（台）	28
工业（人）	37628	工业总产值（亿元）	822.00
建筑业（人）	2181	规模以上工业总产值（当年价格）（亿元）	616.89
其他（人）	7652	规模以上工业企业主营业务收入（亿元）	592.03
粮食播种面积（亩）	34229	规模以上工业企业总资产（亿元）	766.32
粮食总产（吨）	16863	注册外资（万美元）	10350
其中：夏粮播种面积（亩）	13596	实际使用外资（万美元）	2079

注：本表数据取自2021年统计年鉴。

（区统计局）

东太湖生态旅游度假区（太湖新城）

【概况】 东太湖生态旅游度假区（太湖新城）位于吴江区北部，是区委、区政府所在地，距苏州主城区16千米，总面积198平方千米。2019年6月区划调整后，江苏省吴江东太湖生态旅游度假区党工委管委会与苏州太湖新城吴江党工委管委会合署办公，实行“两块牌子、一套班子”，代管松陵、横扇、八坼3个街道，下辖水乡、西塘、北门、东门、二村、三村、城中、奥林清华、梅石、苏河、新园、湖滨华城、龙河、祥泰、冬梅、长板、水秀、西元圩、石里、横扇、菀坪、沧浦、渔业、八坼24个社区居委会，江新、南厍、梅里、吴模、高新、芦捕、联杨、戗港、南刘、第二渔业、星字湾、四都、北横、沧洲、姚家港、叶家港、圣牛、双湾、太浦河、诚心、安湖、同芯、新湖、菀南、新营、农创、友谊、直港、双联、黑龙、汤华、石铁32个行政村。至2021年底，东太湖生态旅游度假区(太湖新城)常住人口19.87万人，外来人口15.56万人，实有人口总数35.43万人。

2021年，东太湖生态旅游度假区(太湖新城)完成一般公共预算收入55.34亿元；完成规上工业产值195.23亿元，比2020年(下同)增长14.64%；完成全社会固定资产投资198.65亿元，同比增长15.8%，总量及增幅全区排名第一；完成有效投入84.3亿元，同比增长70.61%；成立苏州湾公司，推动产业提升、城乡更新、文旅发展、基金股权投融等各项功能全面加强。(刘　艳)

【产业发展】 2021年，东太湖生态旅游度假区(太湖新城)在挂钩联系企业“十百千”工程、“招商月”等工作的推动下，引进优质项目52个，总投资超380亿元，其中中建·吴江之星、京东方艺云等5个项目总投资超10亿元。工业企业高质量发展成效显著，吴江变压器有限公司入选工信部建议支持的国家级专精特新“小巨人”企业名单(全区3家)，中瑞智创和信能精密获评国家级“专精特新”小巨人企业(全区5家)，佳禾食品获国家科学技术进步奖二等奖并成功在主板上市，翔楼新材顺利过会，博大新材新三板挂牌；有效高新技术企业新增54家，总数165家；完成智改数转项目166个，其中省星级“上云”企业67家；友谊、菀南“一区一园”完成13.97公顷更新，引进中新智地探索工业园区产业化发展。

(刘　艳)

【科技创新】 2021年，东太湖生态旅游度假区(太湖新城)主动求新求变，创新动能加速释放。苏州湾科技城获评“苏州市十大数字经济产业园”，中国工业互联网研究院江苏分院挂牌运营，数字产业发展办公室成立，海尔卡奥斯、徐工汉云、华为云3个国家级“双跨平台”落地，京东方艺云、豪钥科技等29个数字经济项目入驻。出台苏州湾领军人才政策，探索“创新苏州湾‘4+N’”引才新模式，新增省双创人才1人(全省仅10名)；姑苏领军人才认定8人、区领军人才认定18人、“双招双引”认定46个，均实现倍增；太湖新城科创园获评国家级博士后科研总站，下属7家企业均获评分站；成功获评3家省级众创空间。(刘　艳)

【城乡统筹】 2021年，东太湖生态旅游度假区(太湖新城)站准主城定位，城市建设亮点纷呈。CBD灯光亮化工程初步完成，苏州湾夜景在建党百年之际华丽首秀，新城形象成为环太湖新地标。苏州湾中心幕墙完成建设，湖景街、阅湖大道、万工堤一期完工，顾家荡路上跨S230工程、笠泽路西延等一批实事工程基本建成，CBD核心区地下空间综合开发利用完成规划方案编制，苏州湾文化中心、苏州湾体育中心高水准运营，苏州大学未来校区、苏州中学附属苏州湾学校、南师大附属小学、幼儿园等一批优质学校开学招生，新城功能品质提升成效显著。PM2.5平均浓度比2020年下降16.7%，各考核断面持续稳定在III类以上，太浦河“最美八公里”二期建设完工。成功入选农业部首批生态农场2家，获评市级特色田园乡村3个，建成三星级康居乡村11个，八坼街道获评市级农村人居环境整治示范镇。

(刘　艳)

【国创工作】 2021年，东太湖生态旅游度假区(太湖新城)广聚发展合力，国创工作有声有色。突出“运动+度假”主题，编制完善度假区提升规划与建设实施方案，制定5大类37项具体任务，顺利召开首届长三角生态绿色一体化旅游度假高质量发展大会，成立度假区文体旅运营联盟，凝聚合力推动东太湖度假区向国家级迈进。成功引进京东方艺云等数字文化项目，太湖苏州湾度假乐园室内馆建设顺利推进，创办首届东太湖金秋诗词月等活动，举办第五届长三角皮划艇浆板大赛等水上运动赛事15场，成功挂牌长三角首家小帆船认证培训中心，组织学生参与帆船运动上千人次，首届苏州湾红帆赛顺利开赛，提高帆船、皮划艇等“水上赛事”在度假区企事业单位、群众中的参与度，全年接待游客251万人次、实现旅游收入15亿元。（刘 艳）

【社会民生】 2021年，东太湖生态旅游度假区（太湖新城）聚焦共建共享，群众生活不断改善。创新优化城市精细化管理、“115N”大网格、党建引领基层社会治理等治理模式，推动51项重点实事项目完成投资13.61亿元，新增老旧小区加装电梯10台，撬动完成违法建设治理73万方方米、“三治”63.8公顷；获评省级文明镇1个、省级文明村3个，文明城市建设水平显著提升。深刻吸取“7·12”事故教训，开展安全生产综合整治集中攻坚行动和秋季百日攻坚活动，整改各类隐患23315个，完成既有房屋专业化普查排查14209幢。有效应对新冠肺炎疫情，开展多轮全员核酸检测演练，完成基础全程免疫接种近30万人。（刘 艳）

【党建工作】 2021年，东太湖生态旅游度假区（太湖新城）始终坚持党要管党、从严治党，党的领导更加坚强。扎实开展党史学习教育和“两在两同”建新功行动*，推出16个“我为群众办实事”项目；完成打造盛家库党群服务驿站、苏州湾影城“海棠影厅”等“海棠花红”阵地，创新打造“邻聚课堂”“行走课堂”“电影党课”等学习载体，联合夏阳街道、罗星街道高水平举办庆祝建党百年情景式党课；围绕“339工程”打造11个机关党组织“融入式党建”书记项目，推动党建与发展“同频共振”。圆满完成村社“两委”换届，举办干部培训55班次4639人次，举办年轻干部能力素质提升班，组织50名年轻干部全员参与一线攻坚，召开年轻干部一线淬炼成果汇报会，开展第三期年轻干部“青蓝工程”，推进干部实践实战教育，干部队伍建设不断加强。打造“太湖濯缨”勤廉品牌，深入开展“固本强基”专项督查，推动整改问题593个、完善制度22项，有效整治“怕慵懒散浮”作风问题。（刘 艳）

2021年东太湖度假区（太湖新城）主要经济社会指标

项 目	数 量	项 目	数 量
总户数（户）	66767	农村从业人员（人）	35997
户籍人口（人）	197926	其中：农业（人）	4799
其中：男（人）	96968	工业（人）	19534
女（人）	100958	建筑业（人）	2055
农业户籍人口（人）	16415	其他（人）	9609
人口出生率	8.96‰	粮食播种面积（亩）	35517
人口死亡率	5.36‰	粮食总产（吨）	19245
自然增长率	3.60‰	其中：夏粮播种面积（亩）	7873
地区生产总值（亿元）	367.54	夏粮总产（吨）	2496
其中：第三产业（亿元）	241.57	秋粮播种面积（亩）	27644
人均生产总值（按户籍人口计算）（元）	191197	秋粮总产（吨）	16749
农林牧渔总产值（现行价万元）	109003	油菜籽播种面积（亩）	170
其中：农业（万元）	34378	油菜籽总产（吨）	25
林业（万元）	0	蔬菜总产（吨）	76694
牧业（万元）	16541	蚕茧总产（吨）	7.12
渔业（万元）	55220	水果总产（吨）	6304
农林牧渔服务业（万元）	2864	年末存栏生猪（万头）	5.17

（续 表）

项 目	数 量	项 目	数 量
出栏肉猪（万头）	1.35	大中型拖拉机数（台）	61
年末存栏家禽（万羽）	3.32	联合收割机数（台）	20
出栏家禽（万羽）	6.49	工业总产值（亿元）	259.00
禽蛋总产量（吨）	139	规模以上工业总产值（当年价格）（亿元）	205.97
水产品总产量（吨）	6607	规模以上工业企业主营业务收入（亿元）	199.85
其中：养殖产量（吨）	6607	规模以上工业企业总资产（亿元）	273.49
养殖面积（公顷）	1180	注册外资（万美元）	17445
年末农业机械总动力（万千瓦）	3.825	实际使用外资（万美元）	11019

注：本表数据取自2021年统计年鉴。

（区统计局）

七都镇

【概况】 七都镇位于吴江区西南部，辖区总面积102.90平方千米，其中镇区（含庙港）面积7.03平方千米。下辖东风、望湖、双塔桥、吴溇、隐读、丰田、长桥、东庙桥、菱田、吴越、群幸、陆港、爍烂、盛庄、庙港、联强、太浦闸、联漾、开弦弓、光荣20个行政村和庙港渔村、西漾渔业2个涉农社区。市镇设庙港办事处，下辖七都、庙港2个社区居委会，至2021年底，全镇常住人口6.2万人。

（李 晓）

【经济发展】 2021年，七都镇实现地区生产总值114.7亿元，比2020年（下同）增长6.6%；一般公共预算收入7.88亿元，首次突破7亿元，增长22.39%；工业总产值635.8亿元，同比增长26.9%；全社会固定资产投资31.37亿元，同比增长14.54%；工业开票销售收入694.42亿元，同比增长28.1%；实际使用外资1284万美元。大力支持民营企业发展壮大，亨通集团、凯伦股份分别成功举办成立三十周年和十周年活动。全镇纳税超千万元的企业增至24家（其中亨通6家），合计纳税9.2亿元，同比增长52%，亩均税收超15万元。19个市区两级重点项目完成投资30.15亿元，年度投资完成率115.5%。投入8.52亿元，率先且近两倍完成“智改数转”目标任务，成为全区唯一拥有3A级（最高等级）江苏省两化融合贯标试点企业的乡镇。亨通工业互联网标识解析综合应用服务平台成功对接国家顶级节点，落户苏州首个江苏省光电缆技术标准创新基地。新增省市区各类创新创业类人才5人，实现创业类人才认定“零的突破”。绿色低碳彰显示范，顺利完成能耗压降任务。制定实施《七都镇打造绿色低碳示范镇三年行动计划》，亨通精工等4家企业入选2021年江苏省绿色工厂，占全区总数的三分之一；率先发布工业企业大数据中心，创新将能耗管控、环境保护等指标列入系统，实现高质量发展的“一网统管”。

（李 晓）

【城镇建设】 2021年，七都镇深化生态文明建设，切实提高城镇品质，发展空间更加优化。高标准编制、系统性谋划《“中国·江村”乡村振兴规划概念方案》《开弦弓村策划及概念规划》《浦江源渔耕水韵片区村庄规划》等多项规划。统筹推进违法建设治理、“三治”“三优三保”*等，完成治违拆旧65.23公顷，完成率140%，为全区最高，治理违法建设点位近7000个、面积超52万平方米，吴越路成功创成全镇首条“无违路”，开弦弓村西草田成功创建“无违自然村”。全力推动大气环境质量改善提优，PM2.5平均浓度降至22.2微克/立方米，空气优良天数比例提升至90.3%，创有监测数据以来最好水平。高标准完成250余家工业企业涉磷调查工作，7个居民小区、69个企事业单位、170家沿街商铺的雨污分流改造全部完成。省考太浦闸断面保持在Ⅱ类水质水平，建成大圩田港、桥下港等6条生态美丽河湖。141个散乱污点位整治全部完成，推进209家企业工业固废规范化处置。功能配套更齐全，综治中心建成投用，庙港幼儿园加快异地新建，儒林佳苑四期启动规划设计，吴溇老街项目加速推进，完成2个老旧小区综合改造，吴溇港滨水休闲公园有序建设，太湖湿地公园亮化工程、4个主要节点绿化景观综合提升工程顺利完成，全镇37座公厕完成新（改）建，浦江源水利风景区典型经验做法被纳入国家水利风景区高质量发展典型案例。（李　晓）

【乡村振兴】 2021年，七都镇加快推进农业农村现代化，农业高质高效，乡村宜居宜业，农民富裕富足。江村综合提升专班正式成立，江村CLUB等多种业态相继进驻，驻村教授工作室交付使用，“一心一廊三村四园”的空间结构徐徐展开，江村景区获评国家3A级旅游景区。先后与清华大学、伦敦政治经济学院等一批国内外知名院校构建学术联盟和实习基地，江村农文旅融合示范区项目入选2021年江苏省重点文化和旅游产业项目。新增“三高一美”高标准农田近千亩，建成群幸村稽五漾高标准蔬菜基地，“吴江大头菜”国家农产品地理标志通过农业农村部评审。浦江源太湖蟹生态养殖示范园获评“全国农村创业园区”等国家和省市级荣誉8项。在全区率先成立6家集体领办的劳务合作社。新增庙港人才公寓、联强村物业用房等“一村二楼宇”项目3个，隐读村人才公寓进入装修期，太浦闸村厂房建成投用。人居环境更显宜居，望湖村被命名为“苏州市农村人居环境整治提升工作示范村”；燦烂村文化健身公园获评“2021苏州美丽乡村健身公园”；建成41个市、区两级“美丽庭院”，长桥村孝思兜自然村获评全区唯一“2021年度苏州市美丽庭院建设示范村”；再添16个特色康居乡村、2个整村康居乡村，环长漾美美江村康居示范区顺利通过验收。（李　晓）

【民生事业】 2021年，七都镇全力保障和改善民生，社会事业呈现“高水平”。精心打造全区首家乡镇就业平台“七都好工作”，创新举办“双塔夜市”招聘会，提供就业岗位5862个，新增本地就业3239人。首家乡镇“一窗式”劳动保障维权服务中心挂牌成立，率先自主开展工伤预防项目，建成全区首个外卖行业联合工会，开通异地（湖州）就医定向备案服务，“沪苏湖”异地就医实现划卡结算。高标准编制《苏州市吴江区七都镇十四五教育发展规划》，配套“5+2”课后延时*服务，增设七都中学通学公交专线。七都、庙港2个卫生院硬件设施提档升级，签约家庭病床56人、家庭医生16578人，服务模式获《人民日报》关注报道。养老服务更有质感，庙港社区获评全国“示范性老年友好型社区”。苏州南太湖文化产业示范园区获评全区唯一“江苏省文化产业示范园区”；市级文保单位吴溇孙宅一期修缮工程通过区级验收。全国文明典范城市建设工作深入推进，“美美乡风进万家”活动全面铺开。建立健全全员核酸检测应急保障工作体系，疫苗接种率持续保持全区领先。深刻汲取“7·12”事故教训，迅速开展既有建筑安全大排查大整治，构建全镇既有建筑安全管理工作机制；在全区率先实现餐饮企业智能联网燃气监测和预警系统安装全覆盖；开展“331”专项行动*228次，完成消防隐患整改4800余处；首创智慧监管模式，AI电动车违停监管系统在儒林佳苑小区试点运用。持续深入开展打击治理电信网络诈骗犯罪，全镇通讯网络诈骗警情比2020年下降20.35%。（李　晓）

【党建和效能】 2021年，七都镇强化基层党建，落实责任担当，治理效能切实提升。“一门式、一窗式”政务服务改革持续深化，企业开办最优实现“0.5天零费用”，实现业务无缝对接、集成办理；全面开展相对集中行政许可权改革，实现“一个机构、一枚印章”管审批。创新设立全市首个“办不成事”窗口，打造“无忧办”服务，实现行政审批事项“全城通办”“长三角一网通办”“弹性办”“自助办”。高标准开展党史学习教育，扎实推进“两在两同”建新功行动*，大力开展“我为群众办实事”实践活动。不折不扣执行中央八项规定及其实施细则精神和省、市、区各项规定，积极配合各项审计工作。重点加强财政预算绩效管理，“三公”经费持续压减，财政资金使用效率持续提高。搭建矛盾纠纷“一站式”解决平台，第一批12件省交办的信访案件全部化解。“美好七都、法治为民”法宣馆、开弦弓“乡村治理示范点”、吴越村法治公园、庙港法治宣传一条街等相继建成，“全域”普法模式基本成形。自觉接受镇人大的法律监督、工作监督和政协的民主监督，办理各类建议20件、提案5件。镇政协工委报送的《“有事好商量”创出违法建设治理“双公示”新模式》获评苏州市2021年度协商议事优秀典型案例。（李　晓）

2021年七都镇主要经济社会指标

项　目	数　量	项　目	数　量
总户数（户）	16414	夏粮总产（吨）	338
户籍人口（人）	61562	秋粮播种面积（亩）	9792
其中：男（人）	30153	秋粮总产（吨）	5692
女（人）	31409	油菜籽播种面积（亩）	0
农业户籍人口（人）	16106	油菜籽总产（吨）	0
人口出生率	5.72‰	蔬菜总产（吨）	5731
人口死亡率	8.81‰	蚕茧总产（吨）	5.08
自然增长率	-3.09‰	水果总产（吨）	528
地区生产总值（亿元）	114.76	年末存栏生猪（万头）	0
其中：第三产业（亿元）	49.11	出栏肉猪（万头）	0
人均生产总值（按户籍人口计算）（元）	185911	年末存栏家禽（万羽）	1.42
农林牧渔总产值（现行价万元）	62738	出栏家禽（万羽）	1.68
其中：农业（万元）	24596	禽蛋总产量（吨）	118
林业（万元）	831	水产品总产量（吨）	7717
牧业（万元）	1189	其中：养殖产量（吨）	7717
渔业（万元）	27889	养殖面积（公顷）	1987
农林牧渔服务业（万元）	8233	年末农业机械总动力（万千瓦）	0.831
农村从业人员（人）	36827	大中型拖拉机数（台）	14
其中：农业（人）	2213	联合收割机数（台）	6
工业（人）	20124	工业总产值（亿元）	635.80
建筑业（人）	4092	规模以上工业总产值（当年价格）（亿元）	525.29
其他（人）	10398	规模以上工业企业主营业务收入（亿元）	552.69
粮食播种面积（亩）	11137	规模以上工业企业总资产（亿元）	637.31
粮食总产（吨）	6030	注册外资（万美元）	3655
其中：夏粮播种面积（亩）	1345	实际使用外资（万美元）	1284

注：本表数据取自2021年统计年鉴。

（区统计局）

桃源镇

【概况】 桃源镇位于吴江区南端，行政区总面积90.6平方千米，其中市镇面积6.82平方千米。农村辖广福、利群、杏花、戴家浜、宅里桥、前窑、桃花源、九里桥、大德、文民、瑾下浜、天亮浜、青云、陶墩、梵香、新和、水家港、新蕾、仙南、贤胡、严慕、迎春、富乡、后练、澄源25个行政村，市镇设桃源、青云、铜罗3个办事处，下辖桃源、青云、铜罗3个社区居委会。全镇户籍数约2万户，户籍人口7.04万人，其中少数民族人口162人（来自22个少数民族）。2021年，实现地区生产总值84.9亿元；一般公共预算收入5.72亿元；工业开票销售收入219.88亿元；工业总产值202.72亿元，其中规上工业总产值141.9亿元；全社会固定资产投资23.57亿元，其中服务业投资12.95亿元；进出口总额2.73亿美元。（刘　坤）

2021年12月10日，第十九届桃源森林文化旅游节开幕（桃源镇　提供）

【经济发展】 2021年，桃源镇制订产业更新三年行动计划，优化高质量发展产业扶持政策。桃源森林国际旅游度假区项目入选2021年度省重大项目和省重点文旅项目，首期“运河客厅”建设加速推进，先导体验区禾风农场顺利试运营，举办第十九届桃源森林文化旅游节、融创音乐节等文旅盛会。区镇重点项目按序时推进，嘉盛源长装配式材料达产，步步高互联网产业园全面施工，小黄蜂科技启动二期项目建设。举办“同心筑梦　情系桃源”上海恳谈交流会，乐庭家居总部、东方恒信科创总部等一批优质项目成功签约，桃源家居科技产业园揭牌成立。严格落实“双控”目标，坚决遏制“两高”项目盲目发展，扎实推动节能降耗工作。探索财税联动机制，完成477个工业地块ABCD评级。“头部企业”保持良好发展势头，东方恒信成为全市唯一新入选“中国民企500强”企业，华源控股上榜2021年江苏省“质量标杆”名单。诗淇服饰、凯灵箱包获评“江苏省版权示范单位”。新增省民营科技企业10家，省级企业技术中心2家，省星级上云企业24家，省级智能示范车间、两化融合管理体系贯标试点企业各1家。完成步步高稻谷产业园“人才飞地”建设，获评区科技领军创业人才1人，区“双招双引”认定3项，落户创业人才项目5个。（刘　坤）

【城乡建设】 2021年，桃源镇实现毗邻乡镇公交全覆盖，沪苏湖高铁、苏台高速桃源段全面开工建设，互联互通“十字走廊”加快形成。与上海浦东新场、浙江嘉兴西塘、油车港、新塍四镇结对共建长三角非遗小镇联盟。铜罗古镇老街业态逐步丰富，实景修复还原福泰兴烟纸店，地热科普馆布展完成。桃源幼儿园异地迁建、区域性养老服务中心完成主体施工，综合为老服务中心开工建设，铜罗卫生院预防保健楼启用，村（社区）日间照料中心社会化运营实现全覆盖。桃花水岸安置房具备交付条件，青云安置房完成规划方案设计，人民新村、育才弄小区、东方大道住宅区3个老旧小区完成综合改造。完成17个新建、8个“回头看”自然村生活污水治理，4个提质增效达标区建设。完成后天线、九桃线2条农村公路大中修和大德、天亮浜、后练等5个村农村自来水管网改造项目，新改建农村公厕28座。完成12个特色康居乡村建设，九里桥整村推进特色康居村建设，戴家浜村灶家浜自然村获评市特色田园乡村和共享农庄。（刘　坤）

【农业农村】 2021年，桃源镇完善村干部岗位责任制考核，开展7期村（社区）干部能力素质提升主题沙龙。启动实施村级集体经济倍增计划，完善村集体经济“造血功能”，太师桥联勤公安检查站、富乡小微产业园等村级抱团发展项目扎实推进。探索多元化集体资产运营模式，创新组建农文旅融合发展主体，新增5家村集体劳务合作社。培育新型农业经营主体，成功认定市级示范家庭农场1家、区级示范家庭农场10家。深耕农业转型升级，完成水家港、新和158.67公顷及九里桥、宅里桥34.67公顷高标准农田建设，镇现代农业园区入选第七批苏州市级现代农业园区名单。有序推进高标准池塘建设，完成38.73公顷生态化改造，启动10.6公顷退渔还田工程。苏太美丽牧场生猪出栏数保持稳健增长。加大水利基础设施建设力度，完成紫荇塘南段堤防及清淤工程。创新实施农村人居环境整治“123”工作机制，九里桥村获评苏州市农村人居环境整治提升村级典型案例。（刘　坤）

【社会治理】 2021年，桃源镇圆满完成庆祝中国共产党成立100周年安保维稳任务，常态化开展扫黑除恶专项斗争，持续做好防台防汛防灾、打击治理电信网络诈骗、矛盾纠纷排查化解等工作，守好江苏“南大门”。受理市民热线和网格员巡查上报工单1.8万件，办结率100%。坚持问题导向，落实安全生产长效管理，建立分类监管制度，加大高风险企业的检查频次，本质安全水平显著提升。深入开展既有建筑安全隐患排查，排查农村房屋17686幢、城镇房屋1924幢，稳步推进整改整治闭环。打好污染防治攻坚战，开展联合河长制巡查和镇级河湖联合巡查，完成12条生态美丽河湖建设。加快腾退低效用地，累计处理僵尸企业251家，释放盘活土地7.45公顷，完成“三治”整治销项58.57公顷，“三优三保”*土地复垦19.09公顷，农村违法建设治理23万平方米，关停取缔、整治提升“散乱污”点位37处。完成公共安全感知设备升级改造，304家店铺率先实现数字化管理。（刘　坤）

【民生保障】 2021年，桃源镇常态长效构筑疫情防控坚实防线，有序落实全人群新冠疫苗接种工作。提升医疗卫生服务能力，创建省级以上特色科室2个，市级特色科室3个，实现村级卫生服务站中医阁建设全覆盖。营造优质高效舒心的政务服务，设置4个“一窗式”服务专区和5个“无忧办”窗口，受理行政审批事项14万余件。持续提升教育品质，青云小学获评“全国青少年人工智能活动特色单位”，入选“苏州市青少年数字公民培育计划”。加强基础性、普惠性、兜底性民生保障建设，落实社会救助政策，发放救助、慰问、慈善资金超1400万元。统筹做好社保扩面缴存、退役军人服务保障、阳光扶贫走访等工作。关心关爱老年群体，实现尊老金扩面提标，发放565万元，覆盖1.8万余人。（刘　坤）

【党建工作】 2021年，桃源镇团结带领全镇党员干部群众，扎实开展党史学习教育，打造“小板凳”课堂理论宣讲品牌，获新华日报、学习强国等媒体关注报道。深入践行“两在两同”建新功行动*，扎实推进“我为群众办实事”实践活动，实施开展“党建惠+”、一线淬炼、先锋志愿、作风提升四大先锋行动，不断擦亮“融入式党建”品牌。与练市、乌镇开展毗邻党建共建，加速打造党建统领、多元合作、多方受益的一体化发展格局。吴江党史馆入选第三批市级“海棠花红”先锋阵地名单，开馆以来累计接待1万余人次。认真抓好区委第十三轮对村（社区）巡察反馈问题的整改落实和成果运用，完成立行立改16件次、边巡边改9件次、反馈问题整改34项。深入推进作风整治专项行动和“清风行动”，营造风清气正的干事创业氛围。圆满完成党委换届工作。（刘　坤）

2021年桃源镇主要经济社会指标

项　目	数　量	项　目	数　量
总户数（户）	19872	其中：男（人）	34242
户籍人口（人）	69707	女（人）	35465

（续　表）

项　目	数　量	项　目	数　量
农业户籍人口（人）	19057	秋粮总产（吨）	3565
人口出生率	4.85‰	油菜籽播种面积（亩）	0
人口死亡率	10.06‰	油菜籽总产（吨）	0
自然增长率	-5.21‰	蔬菜总产（吨）	19564
地区生产总值（亿元）	84.15	蚕茧总产（吨）	98.91
其中：第三产业（亿元）	36.46	水果总产（吨）	684
人均生产总值（按户籍人口计算）（元）	120126	年末存栏生猪（万头）	0.91
农林牧渔总产值（现行价万元）	55727	出栏肉猪（万头）	0.67
其中：农业（万元）	21435	年末存栏家禽（万羽）	1.44
林业（万元）	11891	出栏家禽（万羽）	2.42
牧业（万元）	1640	禽蛋总产量（吨）	98
渔业（万元）	10628	水产品总产量（吨）	2695
农林牧渔服务业（万元）	10133	其中：养殖产量（吨）	2695
农村从业人员（人）	27040	养殖面积（公顷）	273
其中：农业（人）	1460	年末农业机械总动力（万千瓦）	1.255
工业（人）	20067	大中型拖拉机数（台）	18
建筑业（人）	1219	联合收割机数（台）	4
其他（人）	4294	工业总产值（亿元）	202.71
粮食播种面积（亩）	11407	规模以上工业总产值（当年价格）（亿元）	145.27
粮食总产（吨）	4715	规模以上工业企业主营业务收入（亿元）	142.23
其中：夏粮播种面积（亩）	5289	规模以上工业企业总资产（亿元）	151.01
夏粮总产（吨）	1150	注册外资（万美元）	8
秋粮播种面积（亩）	6118	实际使用外资（万美元）	1105

注：本表数据取自2021年统计年鉴。

（区统计局）

震泽镇

【概况】 震泽镇位于吴江区西部，行政区总面积96平方千米，其中市镇面积16.76平方千米。辖齐心、众安桥、金星、三扇、永乐、双阳、新乐、蠡泽、新幸、兴华、大船港、朱家浜、贯桥、桃花庄、曹村、夏家斗、龙降桥、花木桥、长家湾、前港、联星21个行政村和砥定、石瑾、镇南、金阳、麻漾新城、八都社区6个居委会。2021年末，全镇总人口12万人，其中户籍人口6.6万人。全年完成地区生产总值159.67亿元；一般公共财政预算收入首次突破10亿元，达10.05亿元；工业开票收入296.68亿元，其中规上工业总产值193.52亿元；完成全社会固定资产投资28.28亿元；限额以上零售总额6.03亿元。城镇职工可支配收入76781元，农村人均纯收入41086元。

（庄陈颖）

【工业经济】 2021年，震泽镇深入实施“退二优二”，腾退盘活低效工业用地近千亩。加大招商选资力度，新建工业项目35个，计划总投资50.8亿元，其中5000万元以上项目17个，华东智慧科技总部、高仙机器人等新兴产业正式签约落户震泽，苏州抖音电商直播基地投入运营。16个区级重点项目均完成年度投资计划，礼德滤材、精美峰二期、博昱金属等项目主体竣工，祥益纺织等项目建成投产。10家企业纳税超2000万元，捷力新能源、明港集团纳税首超1亿元。48家企业申报高新技术企业，通过率位居全区第二。新增省星级上云企业22家，完成智改数转项目77个。捷力新能源核心技术攻关项目获省转型升级专项资金支持，新申铝业、震纶生物质分别获评省级工程技术研究中心、企业技术中心，帝奥电梯获评省级智能制造示范车间，优力克、南联电子获评市级智能车间，苏震生物工程获苏州市质量奖。引进国家级人才、新增姑苏领军人才各1人，区科技领军人才、高技能人才上榜8人（家），加快推进人才公寓建设。

（庄陈颖）

【农村工作】 2021年，震泽镇村级稳定性收入1.68亿元，村均803万元，实质性推进八都商业综合体等7个惠村项目。完成186.67公顷高标准农田建设任务，震泽现代农业示范园获评全国农村创业园区（基地），夏家斗农机合作社获评国家级示范合作社，家和蚕业入选国家农民合作社500强，瑞粒农场、家和蚕业获选省级家庭农场及合作社典型案例。新增苏州市农业龙头企业2家、市区两级示范家庭农场27家。齐心村香桐湾通过省级特色田园乡村验收，获评苏州市特色精品乡村。齐心村、众安桥村、金星村获评苏州市首批美丽乡村消费示范村。（庄陈颖）

【市镇建设】 2021年，震泽镇扎实推进国土空间规划前期研究工作，基本完成《震泽控制性详细规划调整》编制。统筹开展“三治”“违法建设治理”“三优三保”*等行动，完成治违拆旧94.1公顷，年度完成率137.7%。沪苏湖高铁、苏台高速、长湖申线航道整治工程震泽段动工建设，谢众路获评苏州市“美丽农村路”。原国际花园地块通过腾退更新，引入高品质房产项目，双阳新农村三期项目竣工，塔影湾花苑一期二标段有序推进，滨河花园、震泽及八都渔民住宅项目完成前期工作。居民小区、公共机构、行政村生活垃圾分类实现全覆盖，通过农村生活垃圾分类省级试点乡镇验收。

（庄陈颖）

【旅游文化】 2021年，震泽镇丰富文旅新业态，打造文旅融合样本。西坡、途远等民宿相继开业运营，1923博阳·开元酒店主体竣工。启动水乡再塑和古镇保护一期工程建设，逐步恢复震泽水乡历史风貌。成功举办第十五届旅游文化节、第八届蚕花节、中国农民丰收节暨长漾之约稻田艺术节、第十五届震泽太湖农家菜美食节。“姚篮杯”篮球俱乐部邀请赛成功申报苏州市精品体育赛事。推出“甜蜜假日”旅居度假品牌，各主流媒体平台阅读量1.3亿次。谢家路入选江苏省乡村旅游重点村名录，金星村获评苏州市“十佳”休闲农业和乡村旅游精品村。（庄陈颖）

【社会保障】 2021年，震泽镇新增就业2535人，开发公益性岗位96个，扶持创业441人，城镇登记失业率控制在3%以内。发放困难人群救助金（补贴）1314万元，开展“一户一档一策”精准帮扶277人次。建立“残疾人文化驿站”，“阳光助梦—关爱残障儿童”项目帮扶儿童22人。25家日间照料中心实现社会化运作全覆盖，发放尊老卡21789张。全力打造“頔塘冰心”退役军人工作品

2021年9月11日，震泽镇水乡再塑和古镇保护暨畅流活水工程启动仪式举行

（震泽镇 提供）

牌，发放各类优待抚恤资金共769.58万元，获评苏州市双拥工作先进单位。震泽中学育英学校正式启用，设立“杨嘉墀科技创新实验班”，爱心企业设立“震泽镇企业家联盟育英奖学金”。震泽实验小学新建教学楼主体建筑结顶，八都学校教学环境不断改善。顺利通过国家卫生镇复审，区四院、八都社区卫生服务中心改扩建工程完成项目前期工作，区四院通过“中国心衰中心（基层版）”认证。（庄陈颖）

【生态环境】 2021年，震泽镇扎实推进有序用电，完成能耗削减任务。常态化开展“散乱污”企业“回头看”专项整治，排查取缔新增“散乱污”点位153个。做好温室甲鱼场长效监管工作，巩固农村面源污染治理成果。推进頔塘河震泽段沿线砂石企业综合整治工作，打造水清岸绿景美的生态頔塘。高标准完成历史遗留污泥填埋场综合整治任务，处置工业污泥近8万立方米。常态化抓好大气污染联防联治工作，完成4个集群50家企业的废气综合治理，22家涉VOCs企业“一厂一策”提标改造，空气优良天数比例86.2%。175家危废产生企业纳入江苏省危险废物全生命周期监控系统管理，确保危废全过程安全可控。开展城乡生活污水处理提质增效精准攻坚“333”行动，完成3个居民小区雨污分流改造、32个自然村农村生活污水接管及9个排放达标区建设，新增污水管网16千米。开展全域水体消劣排查整治，推进8条河道劣V类水体消除工作，八都“靓河工程”建设基本完成。严格落实空气点位长、水质断面长、水体河（湖）长“三长”直通工作机制，全年开展巡河（湖）1531次，解决问题84个，完成“一事一办”任务46项。增设4个微型水质监测站点，68家重点排污单位安装流量在线监控设备并与省平台联网。健全污染防治线索线上线下联动处办督查机制，依托污染防治综合监管平台处理线索工单385件，行政处罚300余万元。（庄陈颖）

【社会管理】 2021年来，震泽镇抓好常态化疫情防控工作，有序推进新冠疫苗大规模接种，全力构筑坚实严密的防控链。围绕扫黑除恶、反诈骗等重点涉稳领域，深入推进社会矛盾纠纷大排查大化解9445专项行动，累计调处矛盾纠纷2457起，调处率98.6%，国、省、市三级信访积案交办件全部化解，在全区率先达成3个100%。联动平台受理有效工单2万余件，处办考核位列全区第一。深入实施安全生产专项整治三年行动，协同推进“一年小灶”与“三年大灶”，成功抵御“烟花”“灿都”超强台风及超历史水位侵袭。（庄陈颖）

【党建工作】 2021年，震泽镇坚持以习近平新时代中国特色社会主义思想为指导，深入学习贯彻习近平总书记“七一”重要讲话精神和十九届六中全会精神，广泛开展党史学习教育，举办庆祝建党百年活动，凝聚发展奋进的强大合力。部署开展“两在两同”建新功行动*，带领全镇党员干部积极投身到为民服务、推动发展的前沿一线。夯实党建基础，集聚向上能量，20个党组织（个人）获评市区两级“两优一先”荣誉，100个镇级“两优一先”典型获表彰。圆满完成村（社区）“两委”、区镇两级党代表、人大代表换届选举工作，选优配强27个村（社区）“领头雁”。深入推进“三整合”改革，理顺“一办七局”工作机制，重新优化党组织架构。培优干部队伍，提升综合能力，搭建成长平台，以高素质干部推动高质量发展。聚焦上级各项巡视巡察及“回头看”工作，坚定不移抓作风建设，涵养风清气正、务实进取的政治生态。全力支持人大、政协行使职权、发挥作用，推动统战、人武、群团等工作全面开展，巩固齐心协力、砥砺前行的良好局面。（庄陈颖）

2021年震泽镇主要经济社会指标

项　目	数　量	项　目	数　量
总户数（户）	20202	夏粮总产（吨）	5624
户籍人口（人）	65929	秋粮播种面积（亩）	29174
其中：男（人）	32220	秋粮总产（吨）	18431
女（人）	33709	油菜籽播种面积（亩）	0
农业户籍人口（人）	21968	油菜籽总产（吨）	0
人口出生率	4.98‰	蔬菜总产（吨）	28843
人口死亡率	9.08‰	蚕茧总产（吨）	86.85
自然增长率	-4.10‰	水果总产（吨）	1053
地区生产总值（亿元）	159.70	年末存栏生猪（万头）	0
其中：第三产业（亿元）	64.72	出栏肉猪（万头）	0
人均生产总值（按户籍人口计算）（元）	241709	年末存栏家禽（万羽）	4.10
农林牧渔总产值（现行价万元）	96796	出栏家禽（万羽）	3.57
其中：农业（万元）	42517	禽蛋总产量（吨）	176
林业（万元）	2739	水产品总产量（吨）	3880
牧业（万元）	8452	其中：养殖产量（吨）	3880
渔业（万元）	17068	养殖面积（公顷）	567
农林牧渔服务业（万元）	26020	年末农业机械总动力（万千瓦）	3.835
农村从业人员（人）	25653	大中型拖拉机数（台）	62
其中：农业（人）	2136	联合收割机数（台）	34
工业（人）	16001	工业总产值（亿元）	228.42
建筑业（人）	1645	规模以上工业总产值（当年价格）（亿元）	199.40
其他（人）	5871	规模以上工业企业主营业务收入（亿元）	194.15
粮食播种面积（亩）	44616	规模以上工业企业总资产（亿元）	286.67
粮食总产（吨）	24055	注册外资（万美元）	1709
其中：夏粮播种面积（亩）	15442	实际使用外资（万美元）	1365

注：本表数据取自2021年统计年鉴。

（区统计局）

平望镇

【概况】 平望镇位于吴江区中部，行政区面积133.5平方千米，其中市镇面积7.6平方千米。下辖群星、金联、联丰、胜墩、中鲈、平西、上横、溪港、南杨、顾扇、莺湖、万心、庙头、联合、双浜、龙南、新南、三官桥、秋泽、平安20个行政村和西塘、东溪河、城壕里、南斯港、学才、新诚、梅堰7个社区。全镇户籍人口78803人，暂住人口53117人，户籍少数民族人口171人。2020年，连续两年上榜“全国百强镇”，位列第91位。

（张　锐　陆振浩）

【经济运行】 2021年，平望镇实现地区生产总值158.14亿元，比2020年（下同）增长7.82%；一般公共预算收入11亿元，同比增长8.75%；工业总产值468.77亿元，同比增长33.24%，其中规上工业总产值333.67亿元，同比增长22.1%；工业开票销售收入395.96亿元，同比增长15.92%；全社会固定资产投资46.01亿元，同比增长18%，其中工业投资24.24亿元；实际利用外资1729万美元，同比增长26.1%；工业用电量35.08亿度，同比增长3.86%。19个区重点项目年度投资共28.99亿元，中鲈科技PET再生纤维项目投产达效，天辰冷链投入运营，中鲈绿色智能铸造产业园、丰望仓储项目竣工，港虹

CP7、中广核、华兆林智能纺纱等项目加快推进。强化“双招双引”，赴上海、深圳等地开展精准招商，开普洛克等一批优质项目成功签约。

（张　锐　陆振浩）

【转型升级】2021年，平望镇大力实施产业有机更新，系统绘制低效土地热力图，原闽虹地块率先破题导入智合双碳产业园。智能化改造和数字化转型成效显著，澳盛科技上榜工信部“第六批制造业单项冠军”名单，朗电机器人获评全省智能制造领军服务机构、市工业设计中心，兰天织造入围全省首批星级上云企业、市工业互联网重点平台，港虹纤维获评市级智能工厂，新增高新技术企业5家、省级智能制造示范车间1个、市级示范智能车间3个，完成“智改数转”项目103个。

（张　锐　陆振浩）

【改革创新】2021年，平望镇持续深化改革，对标数据平台“一网通用”，集成各类数据近2000万条。对标政务服务“一网通办”，全面实现“1130”目标，全年办件20.5万件，上线全省首个镇级政务服务旗舰店，率先完成全区首笔镇级中介交易。对标城市运行“一网统管”，基本完成“平望指数”开发，继续扩面智慧守护等物联部件。稳步推进国家级“网格式智慧管理”标准化试点，“云上旅店”出租房管理成功立项省级地方标准。

（张　锐　陆振浩）

【城乡建设】2021年，平望镇实施重点民生工程38项，年度投资9.5亿元。溪南大礼堂、“平望驿”客运站先后投用，新城公寓房一期即将交房，吴江区中医医院异地新建实现封顶，运河文体中心、平望康养中心、智慧便民服务中心等加快推进。莺脰湖路、平东路、百盛路等改造工程实现通车，完成3个老旧小区改造、5个行政村低压水网改造、12个城乡生活污水处理点位建设，基础配套设施不断完善。全面推进乡村振兴，动态实施“村社六项工作”，加快健全农村人居环境整治长效机制，群星村、庙头村入选行政村红榜，新增市级农村人居环境整治提升工作示范村3个，建成11个特色康居乡村。

（张　锐　陆振浩）

【文旅融合】2021年，平望镇紧盯构建旅游目的地目标，高标准完成“平望·四河汇集”等策划规划，模块化打造推进。加快创建国家历史文化名镇，运河文化旅游景区上榜4A级旅游景区创建名单，游客中心建成启用，“京杭大集”一期顺利启幕，首个新“莺湖八景”岻塘新渡全面呈现，“渔光曲”投入运营；运浦花园开门迎客，“运浦拾光”众创空间植入新业态，运浦灯塔竣工投用；“大龙荡”环湖道路全线贯通，与北京体育大学合作开展水上运动。

（张　锐　陆振浩）

【生态环境】2021年，平望镇扎实推进大气污染防治，PM2.5平均浓度降至30微克/米^3，空气优良天数比例85.8%。推进“清水引流”工程，强化河湖长履职，健全河道长效保洁，建成美丽河湖12条，动态销号准委督查及涉河违建点位，整体水质不断好转。加密小型水质监测站布点，加强国考断面水质动态监测及管控。强化驳岸、水闸等基础防洪排涝设施建设，顶住台风“烟花”等极端灾害天气冲击。持续锁定“四河四荡两路”等沿线区域，“三治”销项88公顷，完成率创历史新高，“三优三保”*拆旧26公顷，拆除各类违法建设40.1万平方米。（张　锐　陆振浩）

【党建工作】2021年，平望镇深入学习贯彻“七一”重要讲话精神，持续巩固拓展党史学习教育成果，隆重组织庆祝建党百年主题活动。扎实推进“两在两同”建新功行动*和“我为群众办实事”实践活动，班子领导带头践行全镇“领航建功”五大行动。深化党建联盟，成功与市水务局等单位结对共建。夯实党建阵地，深化融入式党建品牌，镇总商会获评全国“四好”商会，建成国望高科党群服务中心等6家“海棠花红”先锋阵地。一体推进不敢腐、不能腐、不想腐，严格落实“两个责任”，完善“五张责任清单”，持续营造风清气正的政治环境。筑牢意识形态主阵地，深入开展党的十九届六中全会精神宣讲，深化推进“强党风、转作风、育乡风”行动。

（张　锐　陆振浩）

2021年平望镇主要经济社会指标

项　目	数　量	项　目	数　量
总户数(户)	25667	夏粮总产(吨)	6609
户籍人口(人)	78803	秋粮播种面积(亩)	37882
其中:男(人)	38547	秋粮总产(吨)	23106
女(人)	40256	油菜籽播种面积(亩)	615
农业户籍人口(人)	30776	油菜籽总产(吨)	120
人口出生率	5.42‰	蔬菜总产(吨)	53278
人口死亡率	8.91‰	蚕茧总产(吨)	21.01
自然增长率	-3.50‰	水果总产(吨)	2138
地区生产总值(亿元)	158.14	年末存栏生猪(万头)	0
其中:第三产业(亿元)	70.32	出栏肉猪(万头)	0
人均生产总值(按户籍人口计算)(元)	199676	年末存栏家禽(万羽)	2.33
农林牧渔总产值(现行价万元)	79952	出栏家禽(万羽)	6.3
其中:农业(万元)	44154	禽蛋总产量(吨)	55
林业(万元)	824	水产品总产量(吨)	15918
牧业(万元)	717	其中:养殖产量(吨)	15918
渔业(万元)	29627	养殖面积(公顷)	1384
农林牧渔服务业(万元)	4630	年末农业机械总动力(万千瓦)	3.072
农村从业人员(人)	34307	大中型拖拉机数(台)	54
其中:农业(人)	2137	联合收割机数(台)	25
工业(人)	20908	工业总产值(亿元)	468.77
建筑业(人)	3870	规模以上工业总产值(当年价格)(亿元)	333.67
其他(人)	7392	规模以上工业企业主营业务收入(亿元)	328.56
粮食播种面积(亩)	61117	规模以上工业企业总资产(亿元)	378.72
粮食总产(吨)	29715	注册外资(万美元)	-1785
其中:夏粮播种面积(亩)	23235	实际使用外资(万美元)	1729

注:本表数据取自2021年统计年鉴。

(区统计局)

同里镇

【概况】 同里镇位于太湖之滨,京杭大运河之畔,地处江浙沪交会的长三角核心位置,行政区域面积93.03平方千米,其中古镇保护区0.87平方千米。辖合心、文库、屯南、屯溪、北联、叶建、湘溇、九里湖、肖甸湖、白蚬湖10个行政村及东新、鱼行、富土、屯村、富渔、屯渔6个社区。至2021年底,辖区内常住人口43899人(户籍含新吴江人)。　(丁鸿凌)

【农文旅融合】 2021年,同里镇科学规划农文旅产业布局,加快编制《同里镇农文旅融合发展三年行动计划》,完成太湖风景名胜区同里景区详细规划省级评审。加大招商引资力度,与博洛尼集团共同启动天空水乡农文旅创意园建设,持续推进恒力耕乐文化街区和德尔文旅创意产业园项目。同里国家湿地公园科普馆开馆,并与上海科技馆签约合作。现代农业产业园相继推出休闲垂钓园、田野市集、江南仙草园等文旅项目,北联稻田画、油菜花画创意频现,吸引大量市民游客驻足参观。倾力打造“同小鲤”自营服务品牌、系列文创产品,成功突破传统旅游营收模式。夯实农文旅融合发展新基础。

完成古镇灯光一期工程，加快推进二期建设，推出退思园夜花园沉浸式演出——《退思邀月》，获评年度苏州市夜间文化和旅游消费示范项目。以古镇联合申遗为契机，加快编制古镇区河道疏浚方案。全面摸排掌握古镇区公房动态，探索切实可行的古镇公房管理机制。启动王绍鏊故居、天放楼红楼、余德堂等文保单位维修，实现不可移动文物建筑智能烟感报警器全覆盖。长三角首列智轨电车（T1）正式运营，苏州轨道交通4号线与古镇无缝对接。成功举办第25届“同里之春”国际旅游文化节、第35届“同里杯”中国围棋天元赛和“沪苏有礼·侬好同里”2021同里（上海）推介周系列活动。与上海阮仪三城市遗产保护基金会合作举办“遗产创新·未来可期”——江南水乡古镇保护同里论坛，探讨古镇保护与发展。与中国江苏网合作举办“江南文化同里行”活动，邀请专家、媒体梳理古镇文脉，共谋创新突围。举办“繁华吴江夜　ZUI美夜同里”系列夜市活动，全面“点亮”同里夜生活，活动期间增加经济效益约2000万元。“十一”国庆当天，央视新闻频道新闻直播间对同里景区进行5分钟直播报道。同里古镇获评“2020年度中国旅游景区品牌影响力典范”“江苏省省级夜间文化和旅游消费集聚区”，同里国家湿地公园获评“全国林草科普基地”。（丁鸿凌）

【乡村振兴】 2021年，同里镇坚持现代农业向园区集聚、向高端转型、向绿色跨越，农业园区成功创建省级农业产业示范园，完成吴江农业农村现代化展示厅、太湖流域稻作文化展示馆、省级全程机械化综合农事服务中心等建设项目。稳步推进“三高一美”建设，新增高标准农田73.67公顷、高标准蔬菜基地79.93公顷、高标准池塘48.73公顷，建成10公顷水稻“无人农场”示范基地和农田智慧农业监测区，植保无人机作业实现全覆盖，获评江苏省首批蔬菜特色小镇。全面落实绿色技术清单、主题培育清单，实现水稻育秧14万盘，向全区发放优质稻种63万千克，入选江苏省“味稻小镇”。吴江现代农业产业园区入选《全国农村创业园区（基地）目录（2021）》。

加快腾挪发展空间，苏申外港线、苏同黎快速路、通苏嘉甬铁路等拆迁安置稳妥推进；完成“三治”38.58公顷、“三优三保”*13.84公顷，拆除违法建筑12.6万平方米。加快完善城乡交通路网，屯村大桥改建工程顺利通车，苏北路实现提档升级，完成农村公路改造维修5.2千米，养护农路65千米，改造农村危桥旧桥8座。持续改善城乡居民生活环境，完成北新村等3个老旧小区改造。建成肖甸湖省级特色田园乡村，完成湘溇王家浜“口袋公园”等美丽村景35个，合心湾里等9个特色康居村通过苏州市级验收，文库村等3个行政村获评苏州市“人居环境整治提升工作示范村”。

持续打好蓝天碧水净土保卫战，高标准完成省级环保督察整改，顺利通过省级生态文明建设示范镇创建现场考核。大力推进大气污染防治，PM2.5平均浓度为24微克/米^3，空气优良天数305天，优良率84.3%。扎实推动城乡生活污水处理“333”专项行动，整治南浜等11条劣五类河道，开展古镇景区污水管网疏通整治，实施九里湖等27个自然村生活污水管网提升行动，完成企业雨污分流改造62家。全面落实河（湖）长制，扎实推进新清水港、大南港等8条生态美丽河湖建设。严格落实长江流域十年禁渔，150户持证渔民自愿退渔还田40.73公顷，推动全镇外荡河湖发包养殖向生态养护过渡。开展“263”专项行动，集中整治“散乱污”，取缔不合规企业（作坊）64家，三督察一审计10个环境类信访问题完成整改。（丁鸿凌）

【社会事业】 2021年，同里镇改善民生福祉，完成区域性养老服务中心建设，加快推进屯村农贸市场改造、安息堂建设等工程，同里卫生院积极创建“省级基层卫生人员实训基地”。严格落实“双减”政策，科学调整护幼岗时间，深化校际教科合作，积极参与长三角教育一体化发展江苏试验区改革试点。优化村（社区）日间照料中心、儿童关爱之家社会化运营，完成适老化改造26户。精准落实民生保障，发放低保（边缘）、特困救助金203.8万元；积极开展双拥优抚安置工作，完成退役军人服务站阵地建设，发放补助金486.8万元。

落实安全生产责任制，统筹推进26个行业领域安全生产专项整治行动，完成三级政府挂牌重大隐患项目整改6项。全面开展既有建筑安全隐患排查整治，累计排查15000余户，解危473户。实施小餐饮场所“气改电”143家，完成“9+1”场所合规化改造1400余家，民宿智能烟感报警器安装全覆盖。启动“八五”普法，开展法治宣讲等活动30余场。区域社会治理现代化持续深化，扫黑除恶斗争常态化进行，扎实构建免疫屏障，巩固疫情防控网络，有效应对台风“烟花”正面冲击，保障人民群众生命财产安全。

以新一轮全国文明城市建设为起点，扎实推进全国文明典范城市创建。以打造“共同里　共文明”品牌为基础，完善同里镇新时代文明实践所、站、点建设，开展志愿服务活动600余次，发放文明礼遇券2000余张，营造“人人为我、我为人人”的社会文明新风尚。同里镇第四次蝉联“全国文明镇”，并通过“全国卫生镇”复评。

（丁鸿凌）

【政府建设】 2021年，同里镇严格落实从严治党各项要求，深入推进依法行政，会议、文件、督查、考核持续精简，“三公”经费进一步压缩。深入开展“我为群众办实事”实践活动，梳理推出118项实事清单，完成屯村北星街综合改造提升等实事工程；总结推出“听民声、知民情、察民意、解民忧”四步工作法，成功入选全国党史学习教育官网——经验做法展示平台。接待来访群众137批次611人次，受理信访件156件，答复率100%。推进政务公开制度标准化、规范化，主动接受各方面监督，坚持重大事项向镇人大报告，按期办复人大代表建议20件、政协提案8件。

（丁鸿凌）

松陵街道

【概况】 松陵街道地处吴江区北部，是区委区政府所在地，东临大运河和花园路，西濒太湖，北至江兴路，南到吴江大道，总面积64.88平方千米。辖水乡、西塘、北门、西元圩、东门、二村、石里、三村、城中、奥林清华、梅石、苏河、新园、湖滨华城、龙河、祥泰、冬梅、长板、水秀19个社区居委会及江新、南厍、梅里、吴模、高新、芦捕、联杨、戗港、南刘、第二渔业10个行政村，其中部分行政村与社区合署办公，实行社区化管理。至2021年底，户籍人口12.5万人，常住人口28.2万人。（沈雅萍）

【城市建设】 2021年，松陵街道增强主城意识，聚焦问题短板，全面推进路上、地下、空中立体管养，持续全方位做美城市，完成总投资49亿元的实事项目35个。持续推进老旧小区改造，完成双板桥小区改造，实施供水改造项目15个、加装电梯10台。加强市政基础设施维护管理，维修路面超1.7万平方米，中山南路等6条道路获评“红旗道路”。严格落实即违即拆、责任追究等工作机制，治理违法建设26万平方米。推进云梨桥畔和盛家厍动迁攻坚拔钉，完成签协697户。擦亮全国文明城市金字招牌，组织志愿服务约6300人次、清理垃圾近200吨，街道办、南厍村、苏河社区、二村社区获评苏州市级文明称号。（沈雅萍）

【安全生产】 2021年，松陵街道稳妥处置“7·12”房屋坍塌事故，痛定思痛、知责奋进，深化既有建筑等15个重点领域整治，全面排查既有建筑9579幢，形成既有建筑全生命周期管理基础数据。持续开展安全生产综合整治集中攻坚，发现并整改隐患922条。“331”专项整治稳扎稳打，检查“三合一”等各类场所7600余家，松陵专职消防队全年出警500余起。坚持疫情防控“平急结合”，精准应对周边地区突发疫情，全面提升疫情应急处置能力，完成“苏周到”核酸检测预登记19万人；设立体育馆疫苗接种方舱，全程免疫完成率123.69%。常态化开展扫黑除恶斗争，村社级综治中心实现全覆盖；滨湖派出所依托“平安守望联盟”，抓获违法犯罪嫌疑人12人；圆满完成建党百年等重大活动安保维稳任务，保障社会稳定大局。（沈雅萍）

【城乡环境】 2021年，松陵街道坚持生态优先发展理念，城乡面貌换新颜。深化河长制工作，全年开展巡河900余次，完成美丽河道建设11条、黑臭河道销号16条，2个考核断面均稳定达标。推进古纤道公园修复和吴模路、履泰桥口袋公园建设，常年养护绿化780万平方米，城市风貌品质得到有效提升。科学推进有序用电，完成减污降碳、能耗削减任务，关停散乱污企业4家，完成区级督办单销号4个。加强渣土运输全过程监管，严厉打击黑车运输渣土和垃圾偷倒行为，实施行政处罚56起。积极推进农村人居环境整治，南厍村获评苏州市人居环境整治提升工作示范村和苏州市特色田园乡村。新建公交车亭18座，不断满足城乡居民出行需求。实现保洁和垃圾分类市场化率100%，“市场化保洁服务外包项目”被评选为国家级年度精品项目，垃圾分类渐成风尚。（沈雅萍）

【民生建设】 2021年，松陵街道加大民生保障力度，促进公共服务优质均衡。做好社会救助工作，发放低保、残疾人补贴等救助金1500万元。教育“双减”政策稳步有序落实，南京师范大学等合作办学项目开学，新增学位2280个，松陵一中被授予“吴江区教学成果显著学校”和“2021届高考尖子生培养先进学校”称号。高质量完成国家卫生城市复审迎检工作，连心家园工作达标率100%。双拥优抚服务保障体系提质增效，成立松陵街道退役军人志愿者服务队，新建芦荡湖双拥主题公园，完成300人以上服务站省级示范型建设。群众文化生活多姿多彩，完成送电影下乡190场，做好“运河八景”项目规划和垂虹诗词、江东孔子文化挖掘工作，完成吴氏旧宅、三里桥修缮，垂虹桥驳岸加固。（沈雅萍）

【城市管理】 2021年，松陵街道加强和创新社会治理，构建网格化三级架构体系，形成“横向到边、纵向到底”的城市运行管理体系。规范工单处置流程，有效处置率达99.8%。突出红色领航，全力推进“红色物业”品牌打造，奥林清华东区被评为省党建引领物业管理服务工作示范点，正大家园、阳光悦湖豪苑、丽都花园建成吴江区红色物业示范点。接收160宗房屋类资产，成立街区一号城市建设发展有限公司，梳理、盘活街道资产，做到物尽其用。培育一线人民调解力量，用好社会化品牌调解工作室，将矛盾化解在萌芽状态，成功调处各类纠纷6700余起、金额6400余万元。做强做大信访“陵距离”品牌，接待信访1800余人次，66件重复信访件全部按时有效报结。（沈雅萍）

【党建工作】 2021年，松陵街道深入开展“两在两同”建新功行动*和“我为群众办实事”实践活动，从百年党史学习中汲取奋进力量。政务服务提速提质，为民服务中心成为吴江唯一一家“15分钟医保服务圈”创建单位。松陵街道微信公众号正式启用，发布信息400余篇，政务信息辐射力大幅提升。依法行政走深走实，召开松陵街道第一次全面依法治街委员会全体（扩大）会议，深化松陵法治直播间品牌，线上观影群众13余万人次；高新村、苏河社区成功创建省“民主法治示范村（社区）”。认真办理人大代表建议2条、议政代表建议9条、政协委员提案4条。政协松陵街道工委召集人心得体会入选省级汇编。街道统战、工青妇、人民武装、关心下一代等工作也取得相应成绩，群众获得感和满意度不断提升。（沈雅萍）

江陵街道

【概况】 江陵街道位于吴江区北部，行政区总面积82.8平方千米，下辖花港、九龙、三兴、三庞、联兴、叶泽湖、叶津、益联、龙杨9个行政村及湖东、西湖、新柳溪、江陵、淞南、三里桥、庞山湖、山湖、运东、雅辉、新港、城南12个行政社区。至2021年底，街道户籍人口8.4万人，流动人口39.4万人。（庄　铁）

【党群工作】 2021年，江陵街道深化党建“运河·纤”工程，以“一核两化、三方共建、五级管理”为运作模式，140支“红聚江陵”行动支部实现基层党建网、社会治理网、民生服务网“三网融合”。推进叶泽湖“红帆园”党建公园、运河文化公园（初心苑）等阵地建设，扩大党建辐射力。打造“睦陵”党群微家，以“红色议事厅”为载体，联合社区党组织、居委会、业委会、物业公司，多方合力推动联席会议制度。以党建为媒，开展党建结对共建活动，实现党的建设与社区治理良性互动。坚持党管武装，全年输送优质兵员21人，其中大学毕业生占52.3%。（庄　铁）

【民生保障】 2021年，江陵街道全力做好养老服务增量、增效、增能、增色工作。启动区域性养老服务中心建设，建立“一站多点”的三级社区养老服务体系，实现街道公建养老院零的突破。开启社区嵌入型养老新模式，建成山湖社区、西湖社区2个综合为老服务中心及13个村级日间照料中心，实现社区（村）为老服务阵地全覆盖和社会化运营全覆盖。对低保、低保边缘、特困对象等弱势群体开展补助救助，发放补助慰问金786.38万元。完成华盛家园、西塘小区老旧小区综合提升改造工程，实施社区（村）道路、绿化、污水管道改造提升等公益项目43个。完成2021年度水利工程建设，建设挡墙4.9千米，完成长浜港、南大港两条河道疏浚，河道绿化2万余平方米。（庄　铁）

【惠民服务】 2021年，江陵街道为民服务中心完成搬迁和装修，新增“无忧办”专窗，高标准配备政务服务一体机，集中办理自助便民服务事项，全年完成便民服务事项办理29.35万件。街道残疾人文化驿站自创小品《垃圾分类就是好》《严防诈骗》分获苏州市社区型残疾人文体活动展评二等奖。街道“儿童关爱之家”成为苏州首批省级儿童关爱之家。高标准推进基层武装规范化建设，完成15个社区（村）“两室一家”建设。创建山湖花园小学阳光少年军校。引进第三方智慧平台，提升物业服务质量，“招商雍雅苑”项目获省级示范物业管理项目。（庄　铁）

【教育文化】 2021年，江陵街道下辖公办学校11所，其中九年一贯制学校1所、幼儿园4所、小学4所、初中2所。民办学校23所，其中民办幼儿园17所（11所普惠性幼儿园），外来子弟工学校2所，民办九年一贯制学校2所，民办K12学校1所，民办（初中+高中）学校1所。下辖学前儿童看护点8所。引进上海世外教育集团优质教育资源，全面推进北大新世纪世恒学校等高端民办教育项目落地建成。天悦幼儿园、云龙实验学校等公办学校投入使用。7家民办幼儿园成功创建苏州市优质幼儿园，2家成功创建江苏省优质幼儿园。山湖花园小学获评全国足球和篮球特色学校，长安实验小学入选中国STEM教育种子学校，并获评省青少年科技教育先进集体，天和小学获评全国青少年足球特色学校，开发区实验初中获评省陶行知研究会实验学校。创作江陵街道主题曲《旭江陵》，成功举办百场“江陵文化大讲堂”主题培训、街道第二届男子篮球赛、百姓广场舞联赛等系列文化体育活动。成立江陵武术协会、江陵艺术团、江陵足球协会、体育总会等文体组织，满足群众文体需求。推进山湖公园智能化建设，持续优化健身步道建设，城南社区、山湖公园笼式球场建成投用。（庄　铁）

2021年12月9日，江陵街道为民服务中心新址正式启用（江陵街道　提供）

【城乡经济】 2021年，江陵街道全面推进垃圾分类工作，九龙豪苑获首批“苏州市垃圾分类五星小区”，红树垃圾四分类经验在全区推广。推进农村公厕新（改）建项目，新改建农村公厕10座，城南农村公厕改造受到央视关注。江陵街道智慧环卫一体化项目投入使用。进一步完善“政经分开”管理机制。城南综合商贸中心项目投入使用。推进“惠村项目”，完成九龙村柳胥商贸中心建设。推进劳务富民工程，组建劳务专业合作社2家。23个股份经济合作社可支配收入实现9828万元，比2020年增加590万元，增长率6.38%；农村集体资产资源线上交易全覆盖，全年完成线上交易117宗，成交金额1454.27万元。（庄 铁）

【生态环境】 2021年，江陵街道落实城乡生活污水提质增效精准攻坚“333”行动。实施水质考核断面及空气质量考核点位周边环境整治提升，推进32家企业完成雨污分流。完成5条生态美丽河湖建设，完善河道保洁工作机制。开展跨区域联合巡河共治，共开展河长巡河759次，受理处置各类问题707处。完成小叶港、柳胥河黑臭水体市区两级销号。实施41.59公顷养殖鱼塘退渔还田。17处河湖“两违三乱”完成整治销号，累计拆除侵占面积8000余平方米。实施大运河江陵街道段专项治理项目，完成运河挡墙修复672.1米，新增绿化面积14.7万平方米。（庄 铁）

【文明城市】 2021年，江陵街道持续完善实践所、站、点功能空间，构建“1+X”志愿服务体系（1是江陵街道新时代文明实践志愿服务支队，X是各个若干部门社区自己的志愿队伍，综合办公室牵头组建宣讲志愿服务队，司法所牵头组建法律志愿服务队，社会治理和社会事业办公室牵头组建文化、体育、教育、健康志愿服务队，综合行政执法局牵头组建城市管理和环保志愿服务队等），开展文明实践活动3600余次。以“文明印江陵”为主题，推行“蒲公英计划”，启动“文明场景”与“生产生活场景”共融的文明示范点建设，为持续创建文明典范城市注入新动力。59个文明创建网格常态提升城市文明指数。花港小区破解“停车难”问题受到《人民日报》关注。建立建筑垃圾（工程渣土）举报和处理奖励机制，长三角一体化跨区域执法受到《人民日报》关注。街道获评2019—2021年度省“文明乡镇”，叶泽湖村获评省“文明村”，江陵社区获评省“文明社区”。（庄 铁）

【安全生产】 2021年，江陵街道扎实推进安全生产专项整治“三年大灶”，加强专业网格企业巡查，累计巡查企业1.1万余家次，对发现问题及时处置，整改完成率100%。严格落实防汛和防台风预案，备足防汛防台物资装备，成功应对台风“烟花”，打牢安全度汛基础。扎实推进消防安全显性隐患攻坚，重点整治“三合一”场所、群租房、小餐饮、车库出租住人等安全隐患。发放宣传资料3万余份，开展大型商业综合体消防安全演练活动4场。严格落实常态化“三查”工作机制，全年开展检查、夜查行动179次。深入开展电动自行车综合治理，新建充电场地79处、安装充电插座1570个，新增电梯阻车设备168个，安装电梯“消防安全智能识别系统”250余台。全面开展既有房屋建筑和装修装饰工程安全大排查，既有建筑专业化普查全覆盖，排查既有建筑1.5万余栋，总面积约4000万平方米，按照隐患问题的轻重缓急予以分类处理。排查装修工程3315处，责令停工整治61起，强化施工人员安全意识，守牢安全发展底线。（庄 铁）

【疫情防控】 2021年，江陵街道常态化落实疫情防控要求，建成全区规模最大的疫苗接种方舱，日接种量最高峰超一万针。自主开发“新冠疫苗接种预约登记系统”，实现分时段精准预约，有效提高接种效率。至年底，累计完成首针接种40.53万人，首针接种率104.72%，完成免疫程序37.62万人，完成率97.20%，完成加强针11.05万人。做好全员核酸采样准备和演练工作，完成街道核酸采样点位建设，叶泽湖花苑社区作为全区首个全员核酸采样演练现场点，当天完成采样2326人次。（庄 铁）

【社会稳定】 2021年，江陵街道完成老旧小区技防改造和社会治安监控点增补，新增288个监控点位及人像抓拍系统。着力推动矛盾纠纷化解，信访接待窗口获区信访局2021年“人民满意窗口”称号。建成街道特色调解体系，成功调解矛盾纠纷2585起。江陵街道叶泽湖村“六步工作法”入选省依法治省办《全省城乡基层援法议事范例》。打造法治文化圈，建成运河文化主题公园法治文化阵地。全力开展反诈工作，街道获评苏州市反诈骗工作先进集体，江陵社区获无诈社区称号。优化综合网格“1+5+1”模式（第一个“1”是网格长；“5”是5类网格员：综治网格员、巡片网格员、叠加网格员、志愿网格员和警务网格员；第二个“1”是网格督导员），完成162个综合网格建设，深化“警网”融入，把社会治理网延伸到网格。完善江陵街道综治中心4+X+Y模式（4个基本要素：综治+警务+司法+网格，X指心理服务，Y指平安志愿者之家），创新Y元素，在全区首建“平安志愿者之家”。（庄　铁）

横扇街道

【概况】 横扇街道西邻太湖、南靠太浦河，S230（苏震桃公路）、S459（莘七线）、沪渝高速穿境而过，区域总面积71.4平方千米，辖菀坪、横扇、沧浦、渔业4个居委会和星字湾、四都、北横、叶家港、沧洲、姚家港、圣牛、双湾、太浦河、诚心、安湖、同芯、新湖、菀南14个村委会，户籍人口4.34万人。

（高佳元）

【城乡工作】 2021年，横扇街道坚持生态为先，城乡面貌持续改善。全面开展美丽乡村建设，星字湾北上获评省级特色田园乡村，新湖农业产业园成功升级苏州市级农业产业园，“稻米香径”横扇段高标准建成。新增西无焰、南上等8个特色康居村，新湖村、四都村、星字湾村纳入特色康居示范区建设范畴。完成沧洲、太湖绿洲高标准农田省级建设项目111.93公顷，退渔还田45.4公顷，池塘生态化改造204.1公顷。开展内河自愿退捕工作，完成2张内河捕捞证的签约及补偿发放工作。有序推进太浦河综合治理工作，累计腾挪沿线土地空间18.73公顷，“最美八公里”初显成效。农村人居环境持续优化，双湾村、菀南村成功创建苏州市人居环境整治示范村。深入推进生态美丽河湖建设，落实“河（湖）长制”，通过实施“一河一策”系统谋划246个河湖水体的整治与管护工作，全力推进辖区水清岸绿。（高佳元）

【综合整治】 2021年，横扇街道区块化实施综合整治工作，对环河路、大桥路等重点区域开展专项整治，对莘七线、文广路等重点路段开展综合整治。以“城警联动”为抓手，着力抓好路面公共秩序的动态管控，同时开发信息系统，将6000余辆电动三、四轮车纳入信息化管理体系。强势推进“三优三保”*工作，加大治违拆旧力度，完成三优三保任务28.67公顷、治违拆旧任务34.93公顷。全面开展区域违法建设专项治理，拆除点位985处，共36万平方米。建立“智慧消防”系统，已覆盖4个村2400多农户，打造智慧农村建设范例。聚焦安全生产专项整治三年行动，扎实开展危险化学品使用安全专项治理、工业企业安全生产风险报告、秋季百日攻坚战、“散乱污”治理等各专项整治行动。聚焦装修工程、学校、医院、宗教场所、工贸企业等14个重点领域，做好既有房屋建筑安全隐患排查整治，排摸既有房屋11252栋（户），鉴定危房21栋（户），拆除环河路危房4处。（高佳元）

【社会治理】 2021年，横扇街道优化“115N”多元联动管理模式，全面推进“红黄绿”三色管理制度，推进智能应用与社会治理深度融合，运用数字化统筹管理模式助力文明典范城市建设、人居环境整治、违法建设治理、安全生产、疫情防控等各项重点工作。常态长效做好文明典范城市建设工作，开展“文明志愿服务月月行”活动，启用“臻美能量卡”，充分发挥新时代文明实践所、站、点作用，累计开展志愿活动700多次，志愿服务超2.5万人次。横扇街道获评苏州市文明单位，菀南村、菀坪社区获评省级文明村（社区）。坚决守牢“外防输入、内防反弹”底线，精准落实常态化疫情防控举措，快速完成39个全员核酸采样点建设，落实全员核酸检测演练点位，全力推进新冠疫苗接种工作，累计完成加强针接种1.9万人，60周岁以上人群首针接种9297人。抓紧抓实防汛防台工作，做好各类紧急突发事件安全预案及演练，成功抵御台风“烟花”“灿都”。垃圾分类实现区域内全覆盖，41个小区实现“三定两清一督”分类模式，建成86个垃圾分类投放点，1个垃圾分类样板小区，1个生活垃圾分类优秀村。稳妥推进信访工作，提前完成上级交办的13起重复信访积案化解工作。开展打击电信网络诈骗“百日会战”和“百日提质”行动，推送反诈短信2万余条，举办宣传活动20多场，共4万人次参与。举行宪法集体宣誓仪式，开展“扫黑除恶”“扫黄打非”专项治理，推进“七五”普法，营造尊法学法、守法用法的浓厚氛围。广泛凝聚新的社会阶层人士力量，吸纳电商、物流等各领域优秀人才加入新联分会，助推产业结构优化升级。（高佳元）

【民生福祉】 2021年，横扇街道总投资1.26亿元的26项实事工程完成时序进度。新改建农村公厕46所，安装公共自行车点位13个，新增停车场1处、停车位3188个，建成农村微景观37处。完成老旧小区改造、城乡生活污水治理、垃圾中转站场地改造、农村道路提升等工程。完成新湖、沧洲、北横3个村的农村供水管网改造。完善街道、村社两级退役军人服务站，打造叶家港村、诚心村、菀南村3家示范型退役军人服务站建设。建成19家日间照料中心并实现社会化运作。修缮施相公庙、博士桥等古迹。举办首届农民趣味运动会，通过传统农事劳作比赛，凝聚乡村振兴力量。依托政务服务中心智能化建设，村（社区）便民服务中心示范点建设实现全覆盖，菀坪社区、沧洲村24小时自助服务区改造项目完工，为民服务中心进驻各类事项117项，累计办件1.7万件。探索居家医疗服务新模式，签约居民3万余人，横扇卫生院获评江苏省家庭医生签约服务创新单位。完成7家省级卫生村复审、2个病媒生物防治小区建设，村级综治服务中心、网格化管理服务中心和社会服务心理体系建设实现全覆盖。横扇卫生院、区域性养老服务中心异地新建完成立项，菀坪幼儿园南楼开始施工。（高佳元）

【队伍建设】 2021年，横扇街道扎实开展党史学习教育、“两在两同”建新功行动*，从思想上、行动上坚定捍卫“两个确立”，坚决做到“两个维护”。顺利通过省委编办“三整合”改革评估验收，平稳做好新湖、太浦河等撤并村及人员调整，圆满完成“两委”换届选举工作。充分发挥与苏州科技大学、省城乡建设投资有限公司的合作优势，通过“乡贤”引路，搭建党建共建平台，成立“乡建工作室”。把支部建在网格上，优选打造100个“党小组之家”。依托星字湾村北上“有事好商量”协商议事平台，推动政协协商与基层协商有效衔接。整合统战资源，建立“同心小楼”复合型工作阵地。菀南村党总支获评“苏州市先锋基层党组织（先锋村）”，菀坪社区获评“苏州市民族团结进步创建示范基地”。（高佳元）

八坼街道

【概况】 八坼街道位于东太湖度假区（太湖新城）南部，处于江陵街道、平望镇之间，紧扼运河咽喉，是水陆交通要道，行政区域面积52.22平方千米。目前下辖1个社区和8个行政村，分别为八坼社区、双联村、新营村、农创村、直港村、石铁村、黑龙村、友谊村和汤华村。截至2021年底，八坼街道共有户籍人口和流动人口3.8万人，企业612家，其中规上企业70家、上市企业3家（科林环保、佳禾食品、翔楼新材料）。（朱丹妮）

【城乡统筹】 2021年，八坼街道坚持城乡工作融合推进，统筹发展。持续打造“美丽菜园”，开展“家庭积分”“文明户评比”等活动，农村人居环境不断优化。《走实群众路线　提升农村人居环境》入选首批苏州市农村人居环境整治提升典型案例，八坼街道获评2021年度苏州市农村人居环境整治提升工作示范镇，双联村、友谊村获评2021年度苏州市农村人居环境整治提升工作示范村。乡村建设亮点纷呈。农创村东庄田获评2021年度苏州市特色精品乡村，新营村袁家桥完成苏州市特色精品乡村建设，直港村新坪村、宋家桥和双联村丰字获评2021年度苏州市特色康居乡村，街道实现重点村庄特色康居乡村全覆盖。扎实推进“运河乡村风情片”建设。完成八坼乡村风情片村庄规划（2021—2035）申报，以农创（农创村）、农养（新营村）、农旅（双联村）三村错位互补、联动发展模式，提升农文旅融合水平，新营村村史馆、小荡民宿建成投用，双联村高标准蔬菜基地建设项目落地。推动农村产业转型升级。着力打造八坼现代农业产业园，完善内部道路等基础设施建设，推动渔光互补项目落地，并成功创建苏州市级现代农业园区；东之田木和吴江牧原2个美丽牧场建成投产，石铁村粮食生产配套设施项目投入使用，苏州绿宝园生态农业科技有限公司和吴江东之田木农业生态园入选农业农村部首批生态农场。

（朱丹妮）

【镇村建设】 2021年，八坼街道按照东太湖度假区“339工程”发展方向，推动各类重点工作和实事项目落地。打响“运河学镇”品牌，明确“运河学镇”定位，突出“运河+古镇+大学”三要素，做美街道形态，完成“学镇会客厅”主体结构建设和内部装饰并完成首秀；农创村“梓之苑”初见雏形，加速苏大未来校区至农创村未来观光路、“稻田里的象牙塔”设计及运营方案；有序推进新源小区改造提升、财富广场“三线入地”等工程项目，完成大桥路、邮电街、开源路等镇区道路改造施工准备，确定新建运河大堤、运河集市、八坼大桥及沿运河亮化工程设计方案，探索解危拆旧（邮电街老工会办公楼）试点公共停车场建设。推进友谊工业区产业更新，制定工业区产业更新规划和三年基础设施改造方案，对工业区产业进行整体环评，完成梳理152家企业正负面清单、企业回购草签5家（面积5.57公顷），推进产业结构更新；完成工业区防洪管道改造和胜信路道路改造设计，推进工业区环境提升。常态化抓文明典范城市建设，出台创建工作常态化管理实施方案，健全网格长日常督查、第三方测评、问责考核等配套机制，加强宣传教育引导、推进垃圾分类等工作。提升改造城南中凯批发市场，完成雨污分流改造工程和市场内部环境提档升级。将新时代文明实践工作主动融入到创建工作中，发动志愿者参与环境整治和文明典范城市创建工作，累计志愿服务总时长32.6万小时。八坼街道获评2018—2020年度苏州市文明镇、2019—2021年度江苏省文明镇，吴江变压器等3家单位获评2018—2020年度苏州市文明单位，农创村获评2018—2020年度苏州市文明村、2019—2021年度江苏省文明村。

（朱丹妮）

【社会民生】 2021年，八坼街道统筹推进疫情防控和社会民生事业发展。优化服务体制机制，完成街道基层整合审批服务执法力量改革，优化职责清单，明确职责边界。强化综合网格规范化建设，配强网格力量，推动基层党建网、民生服务网、社会治理网“三网融合”，完善拓展“大数据+网格化+铁脚板”治理机制，培育服务团队14支，开展活动97次，服务群众3600人次。为民服务中心完成政务大厅智能叫号系统项目建设、建成村社便民服务中心24小时自助服务区4个，打通服务群众“最后一米”。加强基本民生保障。落实急难救助政策，发放低保重残等对象生活补贴7276人次、484.7万元；深化困难对象“一户一档一策”工作，推进精准帮扶项目，提供一站式服务；建立“爱心流动营站”志愿者团队，提供各类服务68次；发放困难退役军人生活补助2641人次、130.6万元；完成慈善募捐86.58万元。做优公共服务，完善“一老一小”服务体系，日间照料中心社会化运营实现村（社区）全覆盖；公共服务体系持续健全，完成综合性文化服务中心标准化建设9家；新增电动车充电桩800个。抓好疫情防控。加强对重点场所重点人群的常规检查和督促整改，有序推进各年龄段人员新冠疫苗接种，累计完成3.5万剂次；规范设置全员核酸检测采样点，开展多轮应急演练，完成近3.5万人预登记工作。

（朱丹妮）

【综合整治】 2021年，八坼街道以矛盾化解、安全生产、违建治理、环境整治等为重点进行综合整治，全力保障辖区和谐稳定。强化矛盾纠纷化解，建立完善街道信访工作联席会议领导小组、信访积案化解工作组，受理各类信访171件，接待来访376余人次，化解信访积案9件；整合信访、司法、劳动关系三大调解力量，调解矛盾纠纷408起；深入推进扫黑除恶，全面推动依法治街工作，双联村获评省级民主法治示范村。狠抓安全生产，推进26个行业领域专项整治，检查生产经营单位1708家次，发现一般隐患4430个并全部完成整改；积极开展“百团进百万企业千万员工”“新安法”宣传活动，建立机关干部挂钩企业制度，党政领导干部带头开展“四个一”安全监督和服务，各安全领域负责人对所监管领域进行安全指导，全年开展现场宣传工作97场次，专题宣讲26场次；行政处罚企业71起216万元；完成最高检卫星遥感监测公益诉讼线索问题整改工作，列入三级政府挂牌督办重大事故隐患整改的4个项目顺利摘牌；进一步加强既有房屋建筑安全管理，坚持“安全第一，预防为主，综合治理”的安全生产方针，排查既有建筑4690栋，同时建立房屋动态巡查机制；积极争创“无违村”，发动党员干部带头拆违，完成违法建设整治948处，面积12.6万平方米，集中整治农创村“一户两宅”，完成签约209户。加强生态环境整治。建立街道河长制，加强河道的日常管理和巡查，推进黑臭河道整治，全年完成4条黑臭河道销号工作。（朱丹妮）

【党建工作】 2021年，八坼街道持续深化打造“融入式党建”品牌，不断夯实支部建设、凝聚各方力量、激活基层治理，全力以赴迈好“十四五”第一步。坚持党建引领，提升基层治理水平。制定《八坼街道党建引领基层社会治理三年行动计划（2021—2023年）》，项目化推进基层治理工作，落地符合民情民意的社会治理项目10个，成功培育和发展群众自治队伍11支，开展活动105场次，服务群众4800余人次。夯实支部建设。建设并成功申报八坼街道“融美与共”党建服务站为区级海棠花红先锋阵地，打造双联村党群服务中心、新营村村史馆等多个村（社区）基层阵地；打造11个“有事好商量”协商议事室，新营村村规民约协商活动入选省级案例；严格发展党员，重点培育优秀教师、劳模、致富能手和在一线工作中表现突出的入党积极分子。狠抓作风建设，加强纪律监督，以班子换届为契机，充实纪检干部队伍力量，构建“街道—村（社区）—村民小组”三级廉勤监督网；全力配合区委对各村、社区进行全面政治体检，高标准完成区委对村社区的巡察，全面提升党员干部素质和工作能力。加强组织关怀。为134位老党员发放“光荣在党50年”纪念章，为其中84位老党员拍摄全家福；按季度为辖区党员开展过“政治生日”活动，发放生日贺卡921张，向机关党员赠送书籍67本。（朱丹妮）

（本栏编辑　陈凤贤）

人物

先进人物

任建华 男，1971年12月出生，中共党员，康力电梯股份有限公司轨道交通管理部工程总监，工程师。任建华2001年8月进入康力公司，十几年间从工地安装调试，逐步成长为带领轨道交通部进行国内轨道交通项目的项目管理和技术支持。2004年，康力电梯业务由国内转向国外拓展，派任建华去印尼负责电扶梯的安装和调试工作，工作期间他认真负责，按期出色完成任务，为公司在印尼市场拓展奠定基础。2010年，他担任苏州轨道安装项目经理，相继圆满完成1、2、3、4号线及支线的电扶梯项目，累计安装移交使用近1100台。陆续编制《公共交通电、扶梯项目安装管理流程》《自动扶梯勘测和整改规定》《轨道交通重载型扶梯安装作业指导书》等制度文件，对轨道交通安装项目顺利实施起到指导性作用。在项目实施过程中，他通过传、帮、带，为康力培养一批项目管理及技术能手，并为康力进军轨道交通等公共交通领域做出重要贡献。任建华先后获得苏州市姑苏高技能重点人才、苏州市劳动模范、江苏省五一劳动奖章等荣誉。2021年4月30日，被江苏省委、省政府授予"江苏省劳动模范"荣誉称号。

（区总工会）

禹云长 男，1964年2月出生，中共党员，吴江变压器有限公司电抗器总工程师，研究员级高级工程师。从扎根电抗器领域至今，禹云长不断填补国内空白和完成世界首创。2003年，他成功开发我国第一组800kV并联电抗器；2007年，成功开发我国第一组1100kV并联电抗器；2008年，成功开发三相一体500kV并联电抗器；2014年，成功开发世界上唯一一台1100kV、40万千伏并联电抗器。2016年，加入吴江变压器有限公司，担任总工程师。他为吴江变压器有限公司开发的35kV、330kV、500kV电抗器已通过国家级鉴定。多年来，禹云长作为总设计师、学科带头人、技术总负责，先后为沈阳变压器厂、衡阳变压器有限公司、新疆变压器厂、国网山东电力设备、吴江变压器有限公司5家企业从无到有地开拓建立电抗器产业，提供技术支撑。先后荣获国家科技进步一等奖等省部级以上科技进步奖5项，获国务院特殊津贴等省部级荣誉奖5项，出版专著2部，在国内重要刊物发表多篇论文，做为主要起草人起草国标2个、参与起草国标多个。2021年4月30日，被江苏省委、省

政府授予"江苏省劳动模范"荣誉称号。（区总工会）

吴勤芳 男，1963年2月出生，无党派人士，苏州明志科技股份有限公司（以下简称"明志科技"）董事长，正高级工程师。2003年，吴勤芳创建明志科技。他在企业发展中积极探索，以满足客户需求、创造客户需求为导向，创建独特的为客户提供最佳解决方案的经营模式，从提供先进的铸造装备、模具到生产高难度零部件，以及同步开发、快速样件制造等，吸引了一大批行业顶尖的客户，明志科技逐渐成为铸造行业著名的民族名牌。吴勤芳注重企业技术创新和研发，近五年主要研究及负责完成江苏省首台（套）重大装备及关键部件示范应用项目"缸盖制芯单元、组芯输送线"、江苏省专精特新发展提升项目"智能化制芯机及精密组芯生产线"、江苏省高端装备研制赶超工程项目"精密铸造机器人智能砂芯生产装备"以及工信部绿色制造系统集成项目"无机粘结剂绿色铸造系统集成"等科技项目。明志科技先后获得江苏省智能示范车间、工信部服务型制造示范平台、绿色工厂、国家知识产权优势企业、中国铸造行业排头兵、苏州市智能工厂等荣誉称号。2021年4月30日，被江苏省委、省政府授予"江苏省劳动模范"荣誉称号。

（区总工会）

陈秋荣 男，汉族，1979年10月出生，中共党员，恒力集团有限公司副总经理。自2002年参加工作以来，陈秋荣在各个工作岗位上均兢兢业业完成各项工作任务。在法院工作期间，处理民商事案件1500余起，坚持以事实为根据，以法律为准绳，努力把每一起案件都办成"铁案"。注重提升专业能力，与他人合著出版法学类专著2本，发表论文20余篇，获评法院系统二等功一次、三等功三次、苏州市"五一劳动奖章"等荣誉。2015年，陈秋荣加入恒力集团，带领集团法务组建全集团法务架构，为集团建立较为完善的公司风险内控机制，有力维护企业合法权益。为恒力集团多个重大项目持续推进提供专业支撑，助推重大项目的迅速建成投产和依法推进。陈秋荣还分管党群和行政工作。2017年9月，在他的指导下，中共恒力集团党委出台《关于进一步加强和改进企业党的建设工作的实施意见》。提出"丝路先锋"党建品牌，实施"四大工程"，启动建设集团党群服务中心和信息化管理平台，实现党建和发展的"双轮驱动"。恒力集团先后获评"全国文明单位""江苏省模范劳动关系和谐企业"等荣誉。2021年4月30日，被江苏省委、省政府授予"江苏省劳动模范"荣誉称号。（区总工会）

朱建芳 女，1973年1月出生，中共党员，苏州市吴江区震泽镇齐心村党委书记、村委会主任。朱建芳始终以党性为标准，以政治责任感为动力，以开拓进取、坚忍不拔、知难而进、勇挑重担的精神风貌投入到工作中，提出"一年打基础、两年上台阶、三年创先进"的目标，树立发展以富民为先的理念，富民以创业为先的内力，创业以环境为先的举措，努力增强村集体经济收入，千方百计为村民服务，推进齐心村新农村建设。在朱建芳的带领下，粮食生产专业合作社通过推广农业新技术和粮食新品种，产生良好的社会效益和经济效益。2011年，合作社成功打造"长漾"牌绿色大米品牌。2018年1月，长漾大米获得苏州地产优质大米评选金奖。2021年4月30日，被江苏省委、省政府授予"江苏省劳动模范"荣誉称号。（区总工会）

阮殿云 女，1974年10月出生，中共党员，吴江华夏机械设备有限公司（以下简称"华夏机械"）电焊工。阮殿云自2002年起在华夏机械从事特种设备压力容器电焊工作至今，始终认真负责，努力钻研焊接技术，具备过硬的岗位技能水平。从事焊接工作以来，没有遗漏过一次重大设备制造的焊接工作。她曾参与挪威世界船企大型邮轮配套船用设备的试制与制造，负责关键部件的焊接，她负责焊接的设备鉴定合格率96%以上，高质量的焊接合格率为企业取得长年订单任务。2017年，阮殿云当选为吴江区第十六届人大代表，其间积极行使人大代表参政议政职责，作为外来务工人员代表，主动为外来务工人员的社保参保问题提出提案建议，她的提案建议得到政府相关部门的重视，为外来务工人员参保权益保护的落实作出贡献。先后获得吴江市技能大赛焊工比赛第一名、“吴江市技术能手”、苏州市劳动模范、苏州市“最美劳动者”、江苏省“百佳文明职工”等称号，并获国家焊工职业技能高级工证书、国际认可CCS、DNV·GL焊接技术资格证书奖。2021年4月30日，被江苏省委、省政府授予“江苏省劳动模范”荣誉称号。（区总工会）

王新华 男，1965年5月出生，群众，苏州市吴江公共交通有限公司公交驾驶员。王新华2009年进入公共交通有限公司，他始终坚持“乘客至上、服务第一”的宗旨，文明用语，礼貌待客。当乘客遇到困难时，及时为乘客排忧解难。行车遵章守纪，把乘客安全放在第一位。春运和节假日是客流高峰期，王新华放弃休假，坚守岗位，以高度的责任心维护乘客乘车秩序，指导乘客安全乘车，实现12年公交运营无事故、无投诉。多次被评为公司行车安全先进个人、服务质量先进个人等，2016年被评为“苏州市文明公交车司机”，2017年被评为“吴江区劳动模范”，2018年被评为“苏州市劳动模范”。2021年4月30日，被江苏省委、省政府授予“江苏省劳动模范”荣誉称号。（区总工会）

张　洋 女，1992年1月出生，中共党员，中国农业银行股份有限公司苏州长三角一体化示范区分行城南支行网点负责人，助理经济师。张洋2013年进入农行，她苦练技能，努力提升业务水平，曾获全国农行第五届技术比赛柜面业务操作项目冠军、江苏省金融行业技能竞赛手工技能一等奖。她坚持“客户至上、始终如一”的服务理念，以娴熟的业务技能和热情周到的服务赢得众多客户信赖，被评为“苏州最美银行人”。2019年5月，她调任至农行吴江开发区支行担任副行长，引领开发区支行成功创建中银协五星级网点。同月，吴江区金融系统首家劳模创新工作室——农业银行苏州吴江分行“张洋劳模创新工作室”正式揭牌。2020年8月，张洋被提任为吴江城南支行网点负责人，积极发挥带头作用，提升城南支行的业务水平与团队面貌，网点责任制排名从26个网点排名中提升7个位次。先后获得全国五一劳动奖章、中国农业银行五一劳动奖章、苏州市劳模、江苏省巾帼金融之星等荣誉。2021年4月30日，被江苏省委、省政府授予“江苏省劳动模范”荣誉称号。（区总工会）

薛法根 男，1968年10月出生，中共党员，苏州市吴江区程开甲小学校长，中小学正高级教师。33年来，薛法根始终坚守在乡村教育第一线，自觉肩负起集团化办学重任，开创性提出“一带一路”的办学“新丝路”：老带新、强带弱、公带民、城带乡，从优先发展到共同发展、特色发展。他依托盛泽实验小学，输出办学思想、管理经验、名师骨干和学校文化，将新建三年的程开甲小学办成远近闻名的好学校，将村小合并而成的吴绫小学办成“耕读文化”特色学校，提升桃源小学这所跨镇区农村薄弱学校的精神面貌，推进“桃花源·好课堂”内涵建设。2019年，他领导的教育集团荣获“全国教育系统先进集体”称号。薛法根原创性地提出“组块教学”，通过课程内容优化与重组，提高课堂教学效率，破解“高耗低效”顽症，总结提炼便教利学的教学范式，延伸到各个学科，推广到全国各地。2018年，组块教学获得“国家教学成果二等奖”。薛法根以培养高水平教师队伍为己任，为每名骨干教师量身定制发展课程。在他的指导下，4位教师成为“江苏省特级教师”，20多名教师成为“苏州市名教师”。2020年，他领衔的“综合育人教师团队”获得江苏省新时代“四有好教师”建设团队称号。2021年4月30日，被江苏省委、省政府授予“江苏省先进工作者”荣誉称号。

（区总工会）

肖佩华 女，1973年11月出生，民进会员，苏州市第九人民医院护理部主任，主任护师。肖佩华从事护理工作29年，踏实勤奋，敬业奉献。自2017年担任护理部主任以来，紧紧围绕“质量、安全、服务”标准开展工作，以患者为中心，运用科学的管理方法不断提高医院的护理服务品质，为患者提供安全、满意的服务。在她的带领下，九院护理部荣获全国第八届医院品管圈大赛一等奖、江苏省第四届品管圈大赛一等奖、二等奖等。2020年在新冠肺炎疫情防控中，肖佩华作为医院新冠肺炎医疗救治组成员，带领九院护理队坚守在全院预检分诊和体温检测一线。当驰援湖北时，她带领医院21名医务人员前往武汉，52天援鄂，与所在的苏州援鄂医疗一队共收治107名重症患者，多次收到出院患者的感谢信及锦旗。先后获得全国卫生健康系统新冠肺炎疫情防控工作先进个人、江苏省新冠肺炎疫情防控记大功、江苏省"三八"红旗手、民进全国抗击新冠肺炎疫情先进个人等荣誉。2021年4月30日，被江苏省委、省政府授予"江苏省先进工作者"荣誉称号。

（区总工会）

梅　锋　男，汉族，1974年2月出生，中共党员，江苏新视界先进功能纤维创新中心有限公司副总经理（2021年），江苏新视界先进功能纤维创新中心有限公司董事长（2022年）。2004年，梅锋进入盛虹集团，他的加盟提高了盛虹在纺织、化纤界的知名度，也提升了苏州化纤企业在国内的影响力。他在化纤方面造诣深厚，开发出数十个适销对路的新产品，承担多项国家、省市级科技项目，熟悉国家、行业标准修制定工作，是国家、行业标准修制定审稿专家，在《合成纤维工业》《合成纤维》等专业期刊上发表多篇学术论文。曾组织申报专利200多项，获得授权专利76项，本人作为发明人授权专利34项，开发的超细、功能化纤维量年产100多万吨，为化纤产品结构升级调整和化纤差别化率提高起到积极作用。作为苏州知识产权中级职称评审委员会评委，他多次被邀请参加化纤、纺织界组织的专家级技术论坛、全国科学家论坛。先后获得国家科学技术进步奖二等奖、桑麻基金会纺织科技奖、中国纺织工业联合会科学技术奖一等奖等荣誉。2021年，被江苏省总工会授予"江苏省五一劳动奖章"。

（区总工会）

纪念人物

吴　巖（1475—1521）　字瞻之，松陵人，吴洪子，吴山弟。正德二年丁卯（1507）举人，三年戊辰科进士，授行人，擢工科给事中。九年，乾清宫失火，下旨征求意见。他想说的内容都被别人抢先发表，便逐条进行分析，被称为"虚已善谏"。升刑科左给事中，钦差在各地催粮税，无视核准蠲免者的利益，他请求召还。治理东南水利，疏浚吴淞江、白茆河的主张被采纳。十六年，迁四川参政，奉表进京，卒于道。

（据《松陵镇志》）

张海珊（1782—1821）　字越来，号铁夫，松陵镇湖滨人。道光元年（1821）乡试第一名（解元），可惜发榜前就去世了。其悉心研究农田、河渠、兵制、天下形势、漕粮利弊。三吴大旱，港涸，突然北风大作，太湖水涌入，他组织筑堤储水，秋天获得丰收。主张赈灾款项应该提前用于疏浚。著有《小安乐窝集》《丧礼问答》《火攻秘录》。

（据《吴江市志》）

程际韶（1762—1821）　字夔九，一字箫庭，盛泽人。清嘉庆十三年（1808）进士。以知县分发甘肃，署崇信县，补清水县，调宁夏县，升兰州循化同知。著有《留香阁诗集》《番寨柳枝词》《觳音偶存》。

（据《盛泽镇志》）

沈　塘（1865—1921）　字莲舫，别字雪庐，世居金家坝雪巷村。幼时即好画，每于墙壁及几案上随物画形，其父知其天性所嗜，乃授纸令习。初画花鸟，继及山水，都好像有名师传授一样。光绪九年（1883），放弃科举仕途，专事绘画。十五年春，受业于著名画家陆恢之门。十八年冬，由吴大澂荐入张之洞幕府，后参与陆恢总事的补绘承华事略图，深为吴大澂、张之洞器重。二十二年，纳资为湖北巡检。二十七年捐候补知县。又于两湖总师范学堂执教图画，留楚十余年。宣统三年（1911）携带全家归乡后在同里租房居住，亦卖画于上海。民国3年（1914）沈塘偕李平书游日本，日人争留为师，谢归苏州。初与陆恢同居桃花坞，后移家旧学前大新巷，重理笔墨，四方求画者不绝于门。性好古人癖，遇有名迹，不惜一再购藏。而于汉碑唐砖尤所酷好，偶有所得必镌以铭，摩挲竟日。又精鉴赏，凡法书名画篆刻，经眼即分真赝。民国10年卒，卒年56岁。

（据《金家坝镇志》）

沈善炯（1917—2021） 同里镇人。民国31年（1942），毕业于西南联大生物系。先后在清华大学农业研究所、华中大学生物系、中央研究院植物研究所、北平大学生物系工作。1950年7月，获美国加州理工学院生化遗传博士学位。同年11月，任浙江大学医学院副教授。1952年到中科院实验生物研究所植物生理室工作，1956年任研究员。1960年任上海微生物研究所副所长。先后任中国遗传学会副理事长、中国生化学会理事、中国微生物学会理事，兼任上海交通大学名誉教授。1955年主持金霉菌生理研究和金霉素的生产。1964年，从霉菌中发现能使木糖转变为木酮糖导构酶。他对于核糖核酸在遗传中的作用、葡萄糖代谢新途径的研究，均处于世界领先水平。1980年当选中国科学院分子遗传学专业学部委员（院士）。20世纪80年代初，帮助上海交通大学建立分子遗传和生物工程研究室，开创中国理工科大学开展分子遗传学研究的先例。论文主要有《肺炎克氏杆菌基因的精细结构定位和特性研究》《固氮基固的结构与调节研究》等。 （据《吴江市志》）

虞仞千（1921—1941） 浙江省嘉兴市新塍镇人。少年贫寒，小学未毕业就自学会计业务，后在新塍农民银行办事处当练习生。抗日战争爆发后，他到吴江县严墓镇供职税务所。由此，他认识中共党员肖心正等人，接受革命思想，积极地开展抗日活动。虞仞千和沈文潮等人在严墓等地演出抗日短剧，深受群众欢迎。沈文潮、俞清志处决汉奸叶冠吾的前夜，他帮助肖心正印刷传单，宣传除奸抗日。民国29年（1940）11月，他在县政府税务青年训练班上，讲授财会知识时，乘机宣传抗日时事和中共的抗日方针。12月，中共党组织吸收他参加搜集情报的工作，负责密写。民国30年8月，虞仞千加入中国共产党。8月24日夜，忠救军便衣闯入虞仞千和沈文潮的宿舍，逼问中共党员肖心正行踪。没有结果，将虞、沈2人捕去，是夜被杀害在浙江省南浔镇马腰桑地里。解放后，由浙江省嘉兴市追认为革命烈士。（据《吴江县志》）

凌文钧（1921—1952） 民国10年（1921）3月生于北库东浜村。1951年3月参加中国人民志愿军，在志愿军炮兵41团3营9连当战士。1952年9月18日，在朝鲜的一次战斗中壮烈牺牲。1953年3月21日，中央人民政府批准其为革命烈士。

（据《北库镇志》）

沈奎贤（1921—1968） 金家坝镇钗金田村人，民国28年（1939），从苏州名医宋爱人学习中医，33年在吴江县北库镇开业行医，颇受群众的推崇和信仰，在当地医界中有较高声誉。新中国成立后，先后担任吴江县卫生工作者协会北库支会主任、莘塔联合诊所主任等职。1955年参加苏州专区血防训练班学习，1957年秋，被选送进江苏省中医学校。1958年9月，调至南京中医学院，在医经教研组工作，参加《中医学概论》《中药大辞典》的编著工作。《中药大辞典》是新中国成立后中国第一部大型中药工具书，出版后受到国内外中医药界的重视，随即被日本翻译成日文行世。（据《金家坝镇志》）

钱国桢（1921—1996） 大学教授，解剖与组织胚胎学专家。钱植之之子。故居在同里镇东旗杆。毕业于南京中央大学生物系，中国协和医院解剖科研究生。曾任上海第二军医大学组织胚胎学教授、教研室主任、专家组成员，总后卫生部第四届科委会解剖与组织胚胎学专业组副组长，中国解剖学会理事兼组织胚胎学专业组组长，《解剖学杂志》副主编、编委会顾问，《中国组织化学与细胞化学》杂志第一届编委。

（据《同里镇志》）

（本栏编辑　潘　莉）

组织机构和负责人名录

【区四套班子】

中国共产党吴江区委员会

书　记　李　铭

副书记　王国荣　钱　斌

常　委　李　铭　王国荣　钱　斌　王　牟　杨　斌
汤　浩　张炳高　李文斌(2月任)
钱　宇(3月任)　沈春荣(12月任)
倪绍徐(12月任)　李卫珍(女,1月免)
万　利(2月免)　乐　江(女,4月免)
郑立军(12月免)

其他委员(按姓氏笔画排列)
朱建文　孙　峰(7月任)　杜建伟(7月任)
李　斌　沈　宇(7月任)　沈卫民(7月任)
沈卫林(7月任)　沈伟江(7月任)
张　燕(女,7月任)　张建华　陆　斌
陈　宇(7月任)　陈建忠(7月任)
季小峰(7月任)　季恒义(7月任)
袁　智(7月任)　顾　全(7月任)　顾　焱
徐永红(7月任)　徐晓枫(7月任)　高建民
曹月见(7月任)　蔡建忠(7月任)
戴　丹(女,7月任)　王　悦(7月免)
石　荣(7月免)　杨志荣(7月免)
肖仲伟(7月免)　邱全明(7月免)
沈金明(7月免)　沈建兴(7月免)
沈震松(7月免)　张志成(7月免)
陈晓君(女,12月免)　查旭东(7月免)
夏晓阳(7月免)　屠福其(7月免)

候补委员(按得票数多少排列)
汪晓东(7月任)　王　炜(7月任)
朱　颖(女,7月任)　朱钰芯(女,7月任)
王雪良(7月任)　陈志明(7月任)
夏国强(7月任)　徐国华(7月免)
华　磊(7月免)　顾　全(7月免)
钱晓明(7月免)　汝少峰(7月免)
蔡　薇(女,7月免)

吴江区人民代表大会常务委员会

主　任　徐晓枫

党组书记　孙悦良

副主任　李卫珍(女,1月任)　王　悦　张志成
夏晓阳(1月免)　吴卫中(1月免)

委　员(按姓氏笔画排列)
功　真　朱晓红(女)　庄明耿　孙　飞
孙　虹(女)　孙　峰　李建坤　吴巧珍(女)
吴建中　沈　琼(女)　沈卫良　沈伟勇
沈向东　沈宏彪　沈根荣　张建华　陆玉根

陆筱明　陈凤兰（女）　陈正严　金健康
周根表　赵菊观　施国强　施清岛　顾秦华
高继红（女）　谈法江　黄明康　崔夏萍（女）

吴江区人民政府

区　　长　王国荣（1月任）
代理区长　王国荣（1月免）
副 区 长　钱　宇（5月任）　沈春荣（2月任）　汤卫明
朱建文　陈建忠　高建民　季恒义
李　红（女，12月任）　吉　伟（挂职，4月任）
许　诺（挂职）　万　利（2月免）
李文斌（2月免）　谢王挽（挂职，6月免）

中国人民政治协商会议苏州市吴江区委员会

主　　席　李　斌
副 主 席　杨　斌（兼）　屠福其　沈向东　王玉英（女）
肖仲伟（1月免）　吴吉祥（1月任）
沈震松（1月任）
常　　委（按姓氏笔画排列）
王　恒　王　强　王海鹰　王德瑞
冯海花（女）　吕绍林　吕荣林　朱　颖（女）
朱　晨　朱卫泉　朱金兆　朱建华　朱荣华
刘　峥　孙玲玲（女）　孙俊良　李小迟
杨　华　杨罡昱　肖菊红（女）　吴伟江
吴海燕（女）　吴勤芳　沈卫芳（女）　沈龙根
沈生元　宋　涛　张一斌　张灵美（女）
陆　晨（致公）　陆健龙　陆彩萍（女）
陈　竞（女）　陈卫秋　陈文杰　陈红梅（女）
庞亚明　法　灯　孟庆利　施建中
顾忆红（女）　顾晓峰　顾爱勤（女）
徐　恒（女）　徐亚军　凌龙华　曹国荣
程　杰（女）　曾炳海　蔡惠祥　戴玲娜（女）
魏礼亚
秘 书 长　吕伟峰（11月任）　钟永林（11月免）

【区纪委监委】

中国共产党吴江区纪律检查委员会

书　　记　汤　浩（3月任）　乐　江（女，3月免）
副 书 记　钱伟健（2月任）　葛志正　李小迟（2月免）
其他常委　张　霞（女，11月任）　陆伯帅
盛　凯（2月任）　何　炜（11月免）
陈　斐（女，11月免）

区监委

主　　任　乐　江（女，3月免）
代理主任　汤　浩（5月任）
副 主 任　钱伟健（2月任）　葛志正　李小迟（2月免）
委　　员　陆伯帅　盛　凯（2月任）　乔　刚　张　磊

【人民武装、审判、检察机关】

吴江区人民武装部

部　　长　徐小红（9月任）　郑立军（9月免）
政　　委　倪绍徐
副 部 长　肖　刚
党委书记　倪绍徐
副 书 记　徐小红（9月任）　郑立军（9月免）

吴江区人民法院

院　　长　陈晓君（女，12月免）
代理院长　吴　岚（女，12月任）
副 院 长　吴建中　高宇鹤　陈　竞（女）　钮晓丰
党组书记　吴　岚（女，12月任）　陈晓君（女，12月免）
党组副书记　吴建中（8月任）
党组成员　吴建中　高宇鹤　钮晓丰　周　磊（2月任）
陆金东　张　勇　盛　凯（2月免）

吴江区人民法院吴江经济技术开发区人民法庭

庭　　长　陆金东

吴江区人民法院汾湖人民法庭

庭　　长　厉昱中

吴江区人民法院太湖新城人民法庭

庭　　长　秦绪栋

吴江区人民法院震泽人民法庭

庭　　长　刘成文

吴江区人民法院执行局

局　　长　张　勇

吴江区人民检察院

检 察 长　刘　军（女，3月免）
代理检察长　杜建伟（5月任）
副检察长　钮巧福　刘慎争　戴　飞
党组书记　杜建伟（4月任）　刘　军（女，4月免）
党组成员　钮巧福　刘慎争　王　静（女，4月任）
陈　烜（4月免）

【区级机关各部门】

区委办公室

主　　任　陈　宇（1月任）　沈震松（1月免）

副 主 任　张淑敏（女）　沈国强　吴　芳（女，2月任）

马天琦（3月任）　沈良华（3月任）

何莎莉（女，4月任）　徐永红（2月免）

余式汪（2月免）　吴建辉（3月免）

区委研究室（在区委办公室挂牌）

主　　任　陈　宇（1月任）　沈震松（1月免）

副 主 任　伊忠心（1月免）　马天琦（3月免）

区委机要局（在区委办公室挂牌）

区国家保密局（在区委办公室挂牌）

区密码管理局（在区委办公室挂牌）

区档案局（在区委办公室挂牌）

副 局 长　曹　莉（女）

区人民代表大会法制委员会

主任委员　张志成

副主任委员　沈根荣

委　　员（按姓氏笔画排列）

孙云峰　张建华　陈秋荣　陈瑞江　顾秦华

区人民代表大会财政经济委员会

主任委员　夏晓阳

副主任委员　李建坤

委　　员（按姓氏笔画排列）

王　净（女）　李苏雷　陆玉根　陈勤芳（女）

顾　健

区人民代表大会监察和司法委员会

主任委员　张志成

副主任委员　沈根荣

委　　员（按姓氏笔画为序）

孙云峰　张建华　陈秋荣　施清岛　顾秦华

区人民代表大会社会建设委员会

主任委员　王　悦

副主任委员　孙　飞（11月）　陆筱明（11月免）

委　　员（按姓氏笔画为序）

申建新　杨雪明　吴继华　徐利明（女）

薛建国

区人大常委会办公室

主　　任　沈卫良

副 主 任　赵小华　孙　飞

区人大人事代表联络工作委员会

主　　任　蔡　薇（女，11月任）　崔夏萍（女，11月免）

副 主 任　袁　媛（女）

区人大监察和司法工作委员会

主　　任　黄明康（11月任）　沈根荣（11月免）

副 主 任　陆永忠

区人大财政经济工作委员会

主　　任　庄建荣（11月任）　李建坤（11月免）

副 主 任　陆根林（11月任）　孙学勤（11月免）

区人大环境资源城乡建设工作委员会

主　　任　颜有明（11月任）　庄明耿（11月免）

副 主 任　马永伟（11月任）　陈　红（女，11月免）

区人大教科文卫（外事民宗侨台）工作委员会

主　　任　范建光（11月任）　金健康（11月免）

副 主 任　袁　峰（11月任）　支红建（11月免）

区人大农业农村工作委员会

主　　任　张一斌（11月任）　黄明康（11月免）

副 主 任　钱志伟（11月任）　袁　峰（11月免）

区人民政府办公室

主　　任　曹月见

副 主 任　沈春伟　戴忠浩（兼）　孙　健（1月任）

蔡绍广（2月任）　柳　楠（4月任）

黄　威（11月任）

柳　楠（挂职，2月任，4月免）

许远峰（挂职，7月任）　吕海峰（1月免）

金　鑫（2月免）　焦　蛟（1月任，11月免）

张　静（女，1月免）　王鹏宇（4月免）

党组书记　曹月见

党组成员　曹月见　沈春伟　王　罡　孙　健（1月任）

蔡绍广（2月任）　柳　楠（4月任）

黄　威（11月任）　许远峰（挂职，7月任）

吕海峰（1月免）　金　鑫（2月免）

张　静（女，1月免）　王鹏宇（4月免）

焦　蛟（1月任，11月免）

区政府研究室（在区政府办公室挂牌）

主　　任　曹月见

区大数据管理局（在区政府办公室挂牌）

副 局 长　王　罡（主持工作）　劳国芳（挂职，4月免）

区信息中心

主　　任　尚立新

政协苏州市吴江区委员会办公室

主　　任　施建中（11月任）　张一斌（11月免）

副 主 任　王　晟　董　斌（4月任）　徐华庭（2月免）

　　　　　王永权（11月免）

区政协提案委员会

主　　任　曹国荣（11月任）　陈文杰（11月免）

副 主 任　胡小芳（女）

区政协经济科技和农业农村委员会

主　　任　孙曙东（11月任）　朱金兆（11月免）

副 主 任　徐亚军（11月任）　孙　波（11月免）

区政协社会事业委员会

主　　任　施国强（11月任）　王　恒（11月免）

副 主 任　孙　波（11月任）　王　昕（女，11月免）

区政协城乡建设委员会

主　　任　朱雁鸣（女，4月任）

副 主 任　王　芳（女）

区政协港澳台侨（民族宗教）委员会

主　　任　卞如景（11月任）　杨　华（11月免）

副 主 任　李菊明

区政协文化文史委员会

主　　任　沈伟荣（11月任）　凌龙华（11月免）

副 主 任　耿万琪

区委组织部

部　　长　杨　斌

副 部 长　孙　峰　徐　恒（女）　胡洪明　杨晓鹰（女）

　　　　　吴文青（女，4月任）

区委非公有制企业和社会组织工作委员会（在区委组织部挂牌）

书　　记　徐　恒（女）

副 书 记　吴怡杉（女）

区委区级机关工作委员会（在区委组织部挂牌）

区委党建工作领导小组办公室（在区委组织部挂牌）

主　　任　吴文青（女，4月任）　孙　峰（4月免）

副 主 任　费　飞（女，1月免）

区公务员局（在区委组织部挂牌）

副 局 长　徐伟峰（4月任）

区人才创新发展中心（党建服务中心）

主　　任　魏　钰（女）

区委宣传部

部　　长　汤　浩（3月免）

副 部 长　石　荣（11月任）　嵇为超

　　　　　费　飞（女，1月任）　孟庆利（1月免）

　　　　　沈伟荣（11月免）

区精神文明建设指导委员会办公室（在区委宣传部挂牌）

主　　任　嵇为超

副 主 任　陈　忠

区互联网信息办公室（在区委宣传部挂牌）

副 主 任　陈臻华

区委统一战线工作部

部　　长　杨　斌

副 部 长　孙阿利（女）　薛建国（11月任）　卢艳玲（女）

　　　　　钱　瑶（女）　施建中（11月免）

区政府侨务办公室（在区委统一战线工作部挂牌）

主　　任　沈永明（11月免）

区委台湾工作办公室（区政府台湾事务办公室，在区委统一战线工作部挂牌）

主　　任　薛建国（11月任）　钱　瑶（女，11月免）

副 主 任　曹建华（女，11月免）

区民族宗教事务局（在区委统一战线工作部挂牌）

局　　长　卢艳玲（女）

副 局 长　胥大明　程　刚

区委政法委员会

书　　记　钱　斌

副 书 记　李文斌（兼）　庞新荣　沈正华

　　　　　金江华（11月免）

区委机构编制委员会办公室

主　　任　杨晓鹰（女）

副 主 任　沈志豪　贝　勇（4月免）

区机构编制效能管理中心

主　　任　沈志豪

副 主 任　周宇玲

区事业单位登记管理局

副 局 长　储方雄（11月免）

区委巡察工作办公室

主　　任　张　霞（11月任）　何　炜（11月免）

副 主 任　周　玲（女）　吴瑞涛

区委巡察组

组　　长　肖永林　俞　勤（女）　贝　勇（4月任）

　　　　　王卫其（11月免）

副 组 长　俞玉忠　马鸽龙　仲卫红　陆凌生　高永军

　　　　　任青峰　宋永良（11月免）　顾　中（11月免）

区委老干部局

局　　长　胡洪明

副 局 长　吴献忠　何伟刚(4月任)　王　靖

区发展和改革委员会

主　　任　沈伟江

副 主 任　陈之茂(1月任)　张　晖(11月任)
　　　　　史　伟(女)　吴志祥(11月任)
　　　　　颜有明(11月免)　朱穗华(11月免)

党组书记　沈伟江

党组成员　陈之茂(1月任)　张　晖(11月任)
　　　　　史　伟(女)　宋卫东　颜有明(11月免)
　　　　　陆根林(11月免)　朱穗华(11月免)

区粮食和物资储备局(在区发展和改革委员会挂牌)

副 局 长　陆根林(11月免)

区长三角地区合作与发展办公室

副 主 任　王宝柱(11月任)　吴志祥(11月免)

区教育局

局　　长　季小峰(1月任)　陈　宇(1月免)

副 局 长　周　萍(女)　王卫明　水菊芳
　　　　　张建华(7月任)　翁春强(4月免)

区委教育工作委员会

书　　记　季小峰(1月任)　陈　宇(1月免)

区政府教育督导室(在区教育局挂牌)

主　　任　季小峰(1月任)　陈　宇(1月免)

副 主 任　姚伟斌

苏州青少年科技馆

馆　　长　周　萍(女)

副 馆 长　陆向红(11月免)

区科学技术局

局　　长　朱国华(1月任)　季小峰(1月免)

副 局 长　夏建明(1月任)　余诚康(4月任)
　　　　　陈红梅(女,11月任)　蔡惠祥(11月免)
　　　　　潘宏亮(1月免)　党组书记　朱国华(1月任)
　　　　　季小峰(1月免)

党组成员　夏建明(1月任)　余诚康(4月任)
　　　　　潘宏亮(1月免)

区工业和信息化局

局　　长　王　炜(3月任)　徐惠林(2月免)

副 局 长　陈建刚　许国江(4月任)　吴海峰
　　　　　黄　威(4月任)　何莎莉(女,4月免)
　　　　　孙　健(1月免)

党委书记　王　炜(3月任)　徐惠林(2月免)

副 书 记　陈建刚

党委委员　吴海峰　黄　威(4月任)
　　　　　何莎莉(女,4月免)　孙　健(1月免)

区公安局

局　　长　李文斌

督 察 长　李文斌

副 局 长　朱学军　李正华(8月任)　顾世忠(8月免)
　　　　　沈卫东　钱伟阳

党委书记　李文斌

副 书 记　李怀忞　殷海根　丁晓华(11月免)

政　　委　李怀忞

副 政 委　李正华(8月免)

区公安局政治处

主　　任　蒋　峰(8月任)　李正华(8月免)

教 导 员　王　静(女,4月免)

区公安局松陵派出所

所　　长　郭　锋(4月任)

教 导 员　俞卫清(4月任)　吴忠明(4月免)

区公安局八坼派出所

所　　长　顾　伟(4月任)　叶卫林(4月免)

教 导 员　邱　玥

区公安局盛泽公安分局(已撤销)

局　　长　殷海根(11月免)

教 导 员　徐夫明(7月免)

区公安局盛东派出所

所　　长　吴忠明(4月任)　徐春红(4月免)

教 导 员　戴永凯(4月免)

区公安局盛西派出所

所　　长　严晓峰

区公安局盛泽派出所

所　　长　李正华(7月任)

教 导 员　沈卫东(7月任)

副 所 长　倪红根(7月任)　陈融(8月任)

区公安局盛南派出所

所　　长　俞志标

教 导 员　费正健(8月任)

区公安局吴江经济技术开发区派出所

所　　长　孙晓峰(7月任)

教 导 员　范建春(11月免)

副 所 长　王恩鹏(7月任)　李蔚晶(7月任)

胡　伟(7月任)

区公安局滨湖新城派出所

所　长　丁　亮(7月任)

教导员　徐向宇(8月任)　丁　亮(7月免)

区公安局城南派出所

教导员　甘　羽

区公安局运西派出所

所　长　李　峰

教导员　金志峰

区公安局汾湖派出所

所　长　沈国平(7月任)

教导员　徐伟忠(7月任)

副所长　张荣军(7月任)　陈喜明(7月任)

杨志浩(8月任)

区公安局黎里派出所

所　长　沈永明

教导员　韩永成(7月任)

区公安局北厍派出所

所　长　蒋　瑜

教导员　郁　峰(7月任)

区公安局金家坝派出所

所　长　邱卫明(8月任)

区公安局平望派出所

所　长　邱建峰

教导员　顾　伟(4月免)

区公安局震泽派出所

所　长　叶卫林(4月任)　郭　锋(4月免)

教导员　徐夫明(7月任)　张　健(7月免)

区公安局同里派出所

所　长　钱晓忠

教导员　董扣忠

区公安局横扇派出所

所　长　郭力强(4月任)　程　利(4月免)

教导员　沈勤荣

区公安局七都派出所

所　长　孟　杰(4月任)　迟东伟(4月免)

教导员　方纪恩

区公安局桃源派出所

所　长　程　利(4月任)　孟　杰(4月免)

区公安局水上派出所

所　长　吴新荣

教导员　屈兴祥(11月免)

区公安局监所管理大队(7月更名)

大队长　计长虹

教导员　范　森

区公安局情报指挥中心(7月更名)

主　任　俞洪峰(4月任)

教导员　李忠琪(4月任)

区公安局政治安全保卫大队(7月更名)

大队长　潘连荣

教导员　沈文泉

区公安局治安警察大队(7月更名)

大队长　周孝中

教导员　戴永凯(4月任)　沈　峰(4月免)

区公安局刑事警察大队(7月更名)

大队长　迟东伟(4月任)

教导员　沈　峰(4月任)

区公安局交通警察大队

大队长　沈志勇

教导员　沈　华

区公安局经济犯罪侦查大队

大队长　陈建中

教导员　张　健(7月任)

区公安局巡特警大队

大队长　金志荣

教导员　施　铭

区公安局网络安全保卫大队(7月更名)

大队长　吴　欢

教导员　钮国良

区公安局禁毒大队

大队长　华敏浩

教导员　黄玲苓(女)

区公安局出入境管理大队

大队长　柳　强

教导员　冯庆志(4月任)　劳国芳(4月免)

区公安局法制大队

大队长　徐文婷(女,4月任)　俞卫清(4月免)

教导员　张海江(8月任)　冯庆志(4月免)

区公安局战训大队

大队长　陈　莹

教导员　杨　皎(4月任)　徐志峰(4月免)

区公安局警务督察大队

大队长 孙平方

教导员 赵敏华(4月任)

区公安局大数据建设应用大队(7月更名)

大队长 高新峰

教导员 罗四维(4月任)

区公安局人口管理大队

大队长 徐文婷(女,4月免)

教导员 金 挺

新市民事务管理中心(4月机构设立)

主 任 盛 斐(4月任)

副主任 周晓斌(4月任)

区民政局

局 长 沈春荣(11月任) 蔡 薇(女,11月免)

副局长 王志萍(女) 金志洪 周 浩

沈文华(11月免)

党委书记 沈春荣(11月任) 蔡 薇(女,11月免)

区社会福利中心

主 任 吴 昊(女)

区司法局

局 长 金江华(11月任) 薛建国(11月免)

副局长 孙坚真(4月任) 王建斌 王永权(11月任)

陆学明 曹国荣(11月免)

董芳芳(女,11月免)

党委书记 金江华(11月任) 薛建国(11月免)

区委全面依法治区委员会办公室

副主任 谷万林

区法律服务中心

主 任 连滢滢(女)

区财政局

局 长 顾 焱(11月任) 吴吉祥(11月免)

副局长 王伟华 高 明 陆子兴(11月任)

苏向东(4月任) 庄建荣(11月免)

史轶磊(4月免)

党组书记 顾 焱(11月任) 吴吉祥(11月免)

党组成员 王伟华 浦 浩 陆子兴 朱晓明(11月任)

庄建荣(11月免) 史轶磊(4月免)

区政府国有资产监督管理办公室(在区财政局挂牌)

主 任 顾 焱(11月任) 庄建荣(11月免)

副主任 朱晓明(11月任) 陆子兴(11月免)

区委国企工作委员会

书 记 顾 焱(11月任) 吴吉祥(11月免)

副书记 庄建荣(11月免)

区国库(财政)集中支付中心

主 任 倪国强

区财政投资评审中心

主 任 顾春明

区财政局震泽镇财政分局

局 长 沈新卫(11月任) 黄 强(11月免)

区财政局七都镇财政分局

局 长 顾春波(女,11月任) 朱晓明(11月免)

区财政局桃源镇财政分局

局 长 吴 斌(11月任) 沈新卫(11月免)

区人力资源和社会保障局

局 长 张 燕(女)

副局长 钱校良 张 峥 李宗国(11月任)

沈 煜(4月任) 蔡绍广(2月免)

张 霞(女,11月免)

党委书记 张 燕(女)

区社会保险基金管理中心

主 任 嵇敏雁(女)

区人力资源管理服务中心

主 任 沈 煜

区退休人员管理服务中心

主 任 顾建英(女,11月免)

区劳动保障监察大队

大队长 卢 亮

区自然资源和规划局

局 长 沈卫林(1月任)

副局长 朱 晨 范文群(女) 吴雁预 杨 烨

总规划师 赵俊英(女,11月免)

党组书记 沈卫林(1月任)

副书记 朱红南

党组成员 范文群(女) 吴雁预 杨 烨

区土地储备中心

主 任 朱红南

副主任 计 芳(女) 钟 颢(女,6月任)

区自然资源和规划综合执法大队

大队长 费 峰(6月任) 杨 烨(6月免)

区自然资源和规划局经济技术开发区自然资源所(1月更名)

所 长 金林弟(6月任)

区自然资源和规划局汾湖自然资源所（1月更名）

所　　长　徐克弘（6月任）　张建中（6月免）

区自然资源和规划局盛泽自然资源所（1月更名）

所　　长　张建中（6月任）

区自然资源和规划局太湖新城自然资源所（1月更名）

所　　长　俞　斌（6月任）　金林弟（1月免）

区自然资源和规划局七都自然资源所（1月更名）

所　　长　金永康（6月任）　费　峰（6月免）

区自然资源和规划局震泽自然资源所（1月更名）

所　　长　张志根（7月任）　金永康（6月免）

区自然资源和规划局平望自然资源所（1月更名）

所　　长　俞　亮（7月任）

区住房和城乡建设局

局　　长　陈宇威

副 局 长　焦晓锋（11月任）　凌菊明

　　　　　朱雁鸣（女，4月免）　孙文广（11月免）

总工程师　张　剑（2月任）

党委书记　陈宇威

区人民防空办公室（在区住房和城乡建设局挂牌）

副 主 任　张　华

区政府房屋征收办公室

主　　任　翁洪方

区建设工程招标投标办公室

主　　任　吴新荣

区房产管理处

区城市建设管理综合执法大队

大 队 长　张伟娟（女）

区建设审图有限公司

董 事 长　董玉兰（女）

总 经 理　董玉兰（女）

区城市管理局

局　　长　王明辉

副 局 长　徐瑞忠　钱明华（4月任）　张利荣（11月任）

　　　　　孙　荣　王玉成（12月任）　马永伟（11月免）

党委书记　王明辉

区综合行政执法局（在区城市管理局挂牌）

局　　长　王明辉

副 局 长　徐瑞忠　钱明华（4月任）　张利荣（11月任）

　　　　　孙　荣　王玉成（12月任）　马永伟（11月免）

城市管理法制大队

大 队 长　沈兴华

教 导 员　张雪中

区综合执法监督指挥中心

主　　任　孙　洁（女）

区市容环境管理中心

主　　任　张　萍（女，11月任）

区交通运输局

局　　长　姚文明

副 局 长　周伟康　金　良　王　玲（女，4月任）

　　　　　唐　飞（12月任）　刘　峰（11月免）

　　　　　费　瑛（女，11月免）

党委书记　姚文明

副 书 记　刘　峰（11月免）

区交通运输综合执法大队

大 队 长　费惠江

区公路事业发展中心

主　　任　范志荣

区港航事业发展中心

主　　任　陈菊芳

区运输事业发展中心

区交通运输应急管理中心

主　　任　吴志华

区交通工程建设处

主　　任　庄志强

区铁路建设服务中心

主　　任　汪旭辉

区水务局

局　　长　胡明忠

副 局 长　陈雪荣（4月任）　徐华庭（2月任）　王　舟

　　　　　王春凤（女，7月免）　孙建忠（9月免）

总工程师　吕　萍（女）

党委书记　胡明忠

区水利工程运行中心

主　　任　马旭荣

区水务服务中心

主　　任　刘旭东（4月任）

区农业农村局

局　　长　夏国强（11月任）　沈卫民（11月免）

副 局 长　邱震宇（11月任）　陆健龙　马斌斌

　　　　　翁育松（4月任）　朱羊宝　吴惠华（4月免）

　　　　　钱志伟（11月免）

党委书记　夏国强（11月任）　沈卫民（11月免）

区委农村工作领导小组办公室

副 主 任　陈惠锋

区农业技术服务中心

主　　任　周　君

区农业综合执法大队

大 队 长　沈利明

区动物卫生监督所

所　　长　孔令勇（11月免）

区商务局

局　　长　徐永红（2月任）　赵　伟（2月免）

副 局 长　宋　涛（4月任）　朱冬梅（女）　吴敏娟（女）　朱新荣（4月免）

党组书记　徐永红（2月任）　赵　伟（2月免）

党组成员　朱冬梅（女）　吴敏娟（女）　朱新荣（4月免）

区外商投资促进中心

主　　任　沈程远（女）

区文体广电和旅游局

局　　长　张育英（女，11月任）　石　荣（11月免）

副 局 长　郑立军（11月任）　沈明根　龚　洁（女，11月任）　梅　峰（4月任）　刘　洋（女）　李惠兰（女，11月免）　陆梦南（11月免）　陈　园（女，4月免）

党委书记　张育英（女，11月任）　石　荣（11月免）

副 书 记　郑立军（11月任）

区文化市场综合执法大队

大 队 长　张　萍（女）

区公共文化艺术中心

主　　任　吴　瑜（7月任）

区卫生健康委员会

局　　长　沈　宇

副 主 任　管罕英（女）　薛建英（女）　孙建民（11月免）　冯志刚（2月任，11月免）　沈国强（4月任，9月免）

党委书记　沈　宇

副 书 记　范建光（11月免）

区疾病预防控制中心

主　　任　朱金华

区卫生监督所

所　　长　孔菊林（11月免）

区爱国卫生指导中心

主　　任　冯志刚（11月任）　范建光（11月免）

副 主 任　翁佩方　张育英（女）　顾建英（女，11月任）

区退役军人事务局

局　　长　刘　峰（11月任）　卞如景（11月免）

副 局 长　何进康　李震乾

党组书记　刘　峰（11月任）　卞如景（11月免）

党组成员　何进康　李震乾

区应急管理局

局　　长　郑　屹（11月任）　沈春荣（11月免）

副 局 长　林小林（4月任）　王忠林　王建忠　孙永林　陆　飞

党委书记　郑　屹（11月任）　沈春荣（11月免）

党委委员　林小林（4月任）　王忠林　王建忠　孙永林　陆　飞　陈　青

区安全生产委员会办公室

专职副主任　钱崖岗

区安全生产监察大队

大 队 长　陈　青

区审计局

局　　长　李小迟（2月任）

副 局 长　黎　飞（女）　程　磊　吴海荣

总审计师　石　剑

党组书记　李小迟（2月任）

党组成员　程　磊　吴海荣　石　剑

区经济责任审计中心

主　　任　李　瑾（女）

区行政审批局

局　　长　刘金平（11月任）　孙曙东（11月免）

副 局 长　任苏俊　陆　健　陆彩萍（女）　李晶晶（女）

总工程师　赵俊英（女，11月任）

党组书记　刘金平（11月任）　孙曙东（11月免）

区政务服务中心

主　　任　孙立堂

苏州市公共资源交易中心吴江分中心

主　　任　王　志

区农村产权交易中心有限公司

董 事 长　李　凯

总 经 理　李　凯

区市场监督管理局

局　　长　刘　峥

副 局 长　孙健华（8月任）　蔡惠祥（11月任）　戴海滨　周学忠　陆伟祺　沈建林　徐亚军（11月免）

党委书记　刘　峥

区知识产权局(在区市场监督管理局挂牌)

副 局 长　金　超

区检验检测中心

主　　任　吴颖育(女)

副 主 任　钱青峰　吕　莉(女,11月免)

区市场监督管理局吴江开发区(同里)分局

局　　长　沈文荣

副 局 长　吴建平　金懂林　徐赵文(7月任)
王爱春(女,2月免)

区市场监督管理局汾湖高新区(黎里)分局

局　　长　沈学萍(4月任)　许远峰(4月免)

区市场监督管理局吴江高新区(盛泽)分局

局　　长　杨华荣

区市场监督管理局太湖新城(松陵)分局

局　　长　梅寒青

区市场监督管理局七都分局

局　　长　王爱春(女,2月任)

区市场监督管理局桃源分局

局　　长　沈燕清

区市场监督管理局震泽分局

局　　长　沈建东

区市场监督管理局平望分局

局　　长　姚海良

区市场监督管理综合执法大队

大 队 长　沈　园(女)

区统计局

局　　长　金海洪(2月任)　钱伟健(2月免)

副 局 长　顾建兵(11月任)　陆建新(11月免)
许国江(4月免)

总统计师　陈建芬(女)

党组书记　金海洪(2月任)　钱伟健(2月免)

党组成员　顾建兵(11月任)　陆建新(11月免)

区医疗保障局

局　　长　沈卫芳(女)

副 局 长　游余根　汝亚琛　钱　斌(11月免)

党组书记　游余根

党组成员　汝亚琛　钱　斌(11月免)

区信访局

局　　长　戴忠浩

副 局 长　黄小华　倪凤林(4月任)
金志荣(挂职,3月任)　陈雪荣(4月免)
蒋　峰(8月免)

信访督查专员　朱　挺

党 组 书 记　戴忠浩

党组副书记　陈雪荣(4月免)

党 组 成 员　黄小华　倪凤林(4月任)
金志荣(挂职,3月任)　蒋　峰(8月免)

区地方金融监督管理局

局　　长　吴　誌

副 局 长　黄　波(11月任)　曹卫生(11月免)

党组书记　吴　誌

党组成员　黄　波(11月任)　曹卫生(11月免)

区政府金融管理办公室(在区地方金融监督管理局挂牌)

主　　任　吴　誌

副 主 任　黄　波(11月任)　曹卫生(11月免)

区委党校

校　　长　钱　斌(兼)

常务副校长　钱晓明

副 校 长　张宇红(女)　凌　晖　张洪蛟

区行政学校(在区委党校挂牌)

校　　长　钱晓明

副 校 长　张宇红(女)　凌　晖　张洪蛟

区委党史工作办公室

主　　任　王　恒(11月任)　施国强(11月免)

副 主 任　寿建民　许　咏

区档案馆

馆　　长　王　恒(11月任)　施国强(11月免)

副 馆 长　范红明　王来刚(7月任)　陈永康(11月免)

区接待办公室

主　　任　吴　芳(女,2月任)　徐永红(2月免)

副 主 任　朱　星　南　鑫(2月任)　吴彩荣(11月任)
吴　芳(女,2月免)　祝震球(11月免)

党组书记　吴　芳(女,2月任)　徐永红(2月免)

党组成员　朱　星　南　鑫(2月任)　吴彩荣(11月任)
祝震球(11月免)

区政府外事办公室(在区接待办公室挂牌)

主　　任　吴　芳(女,2月任)　徐永红(2月免)

副 主 任　朱　星

区融媒体中心

主　　任　王　庆

总 编 辑　刘　弋(1月任)　王　庆(1月免)

副 主 任　凌春明　张惠平　陈　洁（女）
　　杨　莹（1月任）　刘　弋（1月免）
党委书记　王　庆
副 书 记　刘　弋（1月任）　凌春明

区长三角一体化发展研究中心

主　　任　陈　宇（2月任）
副 主 任　张淑敏（女，4月任）

改革研究部

部　　长　黄　荣（4月任）

苏州市高级人才太湖培训中心

党委书记　孙　峰
主　　任　张　燕（女，3月任）
副 书 记　张　燕（女）　徐国平（7月任）
　　沈震松（1月免）
副 主 任　徐国平（7月任）　张　燕（女，3月免）
　　张　霞（女，11月免）

区机关事务管理中心

主　　任　张林法
副 主 任　盛玉芳（女）　王利新　吕　华　庄文华
党组书记　张林法
党组成员　盛玉芳（女）　王利新　吕　华　庄文华

区供销合作总社

理事会主任　陆　晨
理事会副主任　庄云霞（女）　胡　冰
监事会主任　王丽华（女）
党 委 书 记　庄云霞（女）

区社会治理现代化综合指挥中心（2月更名）

主　　任　陈　胜（1月任）
副 主 任　沈正华（兼，2月任）　冯康明　曾建宏（女）
　　张利荣（11月免）
党组书记　陈　胜（1月任）
党组成员　沈正华（兼，2月任）　冯康明
　　张利荣（11月免）

【群众团体】

区总工会

主　　席　沈健民（11月任）　陆　斌（11月免）
副 主 席　张玉堂　程　杰（女）　王　红（女）
　　吴如其（兼）　钮国良（挂职，7月免）
党组书记　沈健民（11月任）　陆　斌（11月免）
党组成员　张玉堂　程　杰（女）　王　红（女）
　　钮国良（挂职，7月免）

共青团吴江区委员会

书　　记　朱　颖（女）
副 书 记　朱　媛（女）　李冬梅（女，兼）
　　聂鹏程（4月免）

区妇女联合会

主　　席　朱钰芯（女）
副 主 席　沈珺琛（女）　张晓蕾（女）　胡毓芳（女，兼）
　　钟　艳（女，兼）　朱丽岚（女，挂职，8月免）
党组书记　朱钰芯（女）
党组成员　沈珺琛（女）　张晓蕾（女）

区工商业联合会

主　　席　沈向东
副 主 席　钱　瑶（女，11月任）　赵　军
　　孙阿利（女，11月免）
党组书记　钱　瑶（女，11月任）　孙阿利（女，11月免）
党组成员　赵　军

区科学技术协会

主　　席　孟庆利（1月任）
副 主 席　李　秀（女）
党组书记　孟庆利（1月任）　季小峰（1月免）
党组成员　李　秀（女）

区文学艺术界联合会

主　　席　孙俊良
副 主 席　凌　芬（女）　范新巍
党组书记　凌　芬（女）
党组成员　范新巍

区归国华侨侨眷联合会

主　　席　沈永明（11月免）
副 主 席　朱爱莲（女）　朱雁鸣（女，兼）　施清岛（兼）
党组书记　沈永明（11月免）
党组成员　朱爱莲（女）

区残疾人联合会

理 事 长　张建国
副理事长　何金皓（女，1月任）　曹云平（11月任）
　　吴月芳（女，11月免）
党组书记　张建国
党组成员　曹云平（11月任）

区哲学社会科学界联合会

主　　席　沈伟荣
副 主 席　王锦源（1月任）　钱晓明（兼）

黄　燕（女，1月免）　伊忠心（兼，1月免）

区红十字会

会　　长　钱　斌

常务副会长　凌　云（女）

副　会　长　杨罡昱　吴昱颋（挂职，8月免）

【国有企业】

东方国有资本投资经营有限公司

董 事 长　张彦红（女，11月任）　顾　焱（11月免）

总 经 理　张彦红（女）

副总经理　沈　琦　范　宏（11月任）　王　斌

许雪峰（11月任）

党委书记　张彦红（女，11月任）　顾　焱（11月免）

副 书 记　张彦红（女，11月免）

吴江城市投资发展集团有限公司

董 事 长　王雪良

总 经 理　王雪良

副总经理　张中军　倪麟英（女，11月任）

许晓江（1月免）　孙玲玲（女，4月免）

吴　昕（11月免）

党委书记　王雪良

副 书 记　沈育新　许晓江（1月免）

长三角投资发展（江苏）有限公司

董 事 长　陆　欣

总 经 理　陆　欣

副总经理　丁　悦　顾海珍（女）　杜　静（女）

总会计师　周长吉

党委书记　陆　欣

副 书 记　孙忠明

吴江文化旅游发展集团有限公司

董 事 长　许晓江（1月任）

总 经 理　许晓江（1月任）　吕建国（1月免）

副总经理　钱立新　庄荣金（11月免）

陶昱铮（女，2月任）　范金培

范纯瀚（1月任）　袁春中（2月免）

党委书记　许晓江（1月任）

副 书 记　钱立新　吕建国（1月免）

吴江水务集团有限公司

董 事 长　孙志剑

总 经 理　杨亚峰（11月任）　孙志剑（11月免）

副总经理　沈昌寰　李　民　吴斌华（11月任）

徐云华（女，8月免）

党委书记　孙志剑

副 书 记　杨亚峰（11月任）

吴江传媒集团

董 事 长　王　庆

副总经理　杨长辉

【苏州信息职业技术学院】

副　院　长　张　成（9月任）　韩美玲（女，6月任）

徐　兵　徐国平（6月免）　陈　宇（2月免）

党委副书记　韩美玲（女，6月任）　徐国平（6月免）

【驻江机构】

吴江海关

关　　长　张　建

副 关 长　肖荣堂　顾灏明　于　洋　许立新（12月免）

党委书记　张　建

吴江区税务局

局　　长　陈　秋（女，3月任）　顾友成（3月免）

副 局 长　戴布谷　戴建忠　张其中　戴伟忠（7月任）

单　虹（女）　陈　茸

党委书记　陈　秋（女，3月任）　顾友成（3月免）

苏州市住房公积金管理中心吴江分中心

主　　任　俞剑刚

副 主 任　董　进（女）　金振宇（4月免）

吴江生态环境局

局　　长　沈志勇

副 局 长　张荣虎　陆国祥　程宇婕（女，3月任）

党组书记　沈志勇

党组成员　张荣虎　陆国祥　岳　强　王　伟

中国电信股份有限公司吴江分公司

总 经 理　沈跃明

副总经理　丁建华　徐　激　汪至正

党委书记　沈跃明

中国邮政集团公司苏州市吴江区分公司

总 经 理　高旻峰

副总经理　胥海铭　丁　斐（女）　吴梅燕（女）

党委书记　高旻峰

国网苏州市吴江区供电公司

总　经　理　黄　涛（3月任）　姜德宏（3月免）

副 总 经 理　沈　飞　顾马荣　钱祖建　高雪忠

党委书记　沈　飞

党委副书记　黄　涛（3月任）　姜德宏（3月免）

区气象局

局　　长　朱　焱

副 局 长　解小寒

吴江区烟草专卖局（苏州市烟草公司吴江分公司）

局长（经理）　高　峰

副　经　理　张宏涛

副　局　长　李国弘

中石化吴江公司

经　　理　冯晓东

苏州市吴江盐业有限公司

经　　理　沈保平

副 经 理　吴伟伟

中国人民银行吴江支行

行　　长　倪　民

副 行 长　庄学锋　佘　刚（女）

党组书记　倪　民

党组成员　庄学锋　佘　刚（女）

中国银行业监督管理委员会苏州监管分局吴江监管办事处

主　　任　丁　皓

苏州农村商业银行

董 事 长　徐晓军

行　　长　庄颖杰

监 事 长　吴大刚

副 行 长　王明华　缪钰辰（女，12月任）　黄　迅

　　　　　徐卫忠　邱　萍（女）　张亚勤（女，12月免）

党委书记　徐晓军

副 书 记　庄颖杰　吴建中

【吴江经济技术开发区】

中共吴江经济技术开发区工作委员会

书　　记　李　铭

副 书 记　王国荣　王　牟　张伟华

委　　员　金建伟　查旭东　汝少峰　陆　斌　朱云根

　　　　　沈建兴（2月任）

吴江经济技术开发区管委会

主　　任　王国荣

副 主 任　王　牟　张伟华　查旭东　汝少峰　陆　斌

　　　　　朱云根　沈建兴（2月任）

中共吴江经济技术开发区纪律检查工作委员会

书　　记　金建伟

副 书 记　顾　华（1月任）　孙广琦（1月免）

吴江经济技术开发区监察工作委员会（在中共吴江经济技术开发区纪律检查工作委员会挂牌）

主　　任　金建伟

副 主 任　顾　华（1月任）　孙广琦（1月免）

党政办公室

主　　任　陈若峰

副 主 任　邱劲松　薛维付　范　嵘（1月任）

机关党委（在党政办公室挂牌）

专职副书记　伊忠心（1月任）　徐武强（1月免）

招商局

局　　长　金　鑫（2月任）　金海洪（2月免）

副 局 长　金尖锋　陈　蕾（女，7月任）

　　　　　肖剑英（4月免）　顾　威（7月免）

建设局

局　　长　孙文广（11月任）　吴建林（11月免）

副 局 长　王宇清　毛贵牛（4月任）

　　　　　王　玲（女，4月免）　卢勤凤（4月免）

财政和资产管理局

局　　长　史铁磊（4月任）　李美珍（女，4月免）

副 局 长　韩雪峰　蒋海燕（女）　许海根（11月免）

组织人事和社会保障局

局　　长　叶　丹（4月任）　吴晓萍（女，4月免）

副 局 长　李　俊（女）　钮国良（7月任）

　　　　　周金林（4月免）　秦春芳（女，7月免）

非公有制企业和社会组织委员会（在组织人事和社会保障局挂牌）

书　　记　叶　丹（4月任）　吴晓萍（女，4月免）

经济发展局

局　　长　焦　蛟（11月任）　郑　屹（11月免）

副 局 长　周金林（4月任）　李美新（女）

　　　　　张培元（3月任）　王蔚农（2月免）

科技局

局　　长　潘宏亮（1月任）　郑　屹（1月免）

副 局 长　王蔚农　顾　威（7月任）　丁启明（11月任）

安全生产监督管理和环境保护局

局　　长　沈国忠（2月任）　朱国华（1月免）

副 局 长　吕　扬　唐效华（4月任）　沈国忠（2月免）

　　　　　王　欢（4月免）

化工集中区管理办公室(1月在安全生产监督管理和环境保护局挂牌)

主　　任　沈国忠(2月任)　朱国华(1月免)

行政审批局

局　　长　沈　彬(女,4月任)　苏静英(女,4月免)

副 局 长　蒋卫群　胡靖云(女)　董芳军

吴江综合保税区管理局

局　　长　孙广琦(1月任)　肖明华(1月免)

副 局 长　陆　云(女,1月任)　顾　华(1月免)
　　　　　朱禹宏(11月免)

吴江经济技术开发区发展总公司

董 事 长　王　净(女,11月免)

总 经 理　王　净(女,11月免)

副总经理　徐　浩　庄志强　朱　晴(女)
　　　　　路　高(11月任)　范　宏(11月免)

【江苏省汾湖高新技术产业开发区(黎里镇)】

中共江苏省汾湖高新技术产业开发区工作委员会

书　　记　张炳高

委　　员　邓运华　陈朝林　谢王挽(6月任)　吴伟斌
　　　　　肖　军　沈健民(11月免)

江苏省汾湖高新技术产业开发区管委会

主　　任　张炳高

副 主 任　陈朝林　谢王挽(6月任)　吴伟斌　肖　军
　　　　　周　刚(挂职)　周晓健(女,挂职,9月任)
　　　　　沈健民(11月免)

中共江苏省汾湖高新技术产业开发区纪律检查工作委员会

书　　　记　邓运华

副　书　记　董芳芳(女,11月任)
　　　　　　周　宇(8月任,11月免)
　　　　　　沈红梅(女,7月免)

纪工委专职委员　陈　骁

汾湖高新技术产业开发区监察工作委员会(在中共江苏省汾湖高新技术产业开发区纪律检查工作委员会挂牌)

主　　任　邓运华

副 主 任　董芳芳(女,11月任)
　　　　　周　宇(8月任,11月免)
　　　　　沈红梅(女,7月免)

党政办公室

主　　任　徐炳华

副 主 任　金　骏　方华东　王莉萍(女,7月任)

科技和招商局(6月机构更名)

局　　长　张　静(女,1月任)　陈之茂(1月免)

副 局 长　李　江　陈月红(女)　许远峰(4月任)
　　　　　董云亮(8月任)

服务业发展局(在招商局挂牌,6月不再保留牌子)

局　　长　张　静(女,1月任,6月免)　陈之茂(1月免)

副 局 长　李　江(6月免)　陈月红(女,6月免)
　　　　　许远峰(4月任,6月免)

城乡发展局(6月机构设立)

局　　长　姚　俊(8月任)

副 局 长　张建新(8月任)　沈建中(8月任)
　　　　　徐永明(8月任)

财政和资产管理局(6月机构更名)

局　　长　李苏雷(11月任)　陈雁萍(女,11月免)

副 局 长　惠　巍　陈晓春(8月任)　卜　晔(4月任)
　　　　　苏向东(4月免)

组织人事和社会保障局(6月机构更名)

局　　长　吴文骏

副 局 长　周　强　宫相龙(4月任)　陈跃龙(8月任)
　　　　　何伟刚(4月免)

非公有制企业和社会组织委员会(在组织人事和社会保障局挂牌)

书　　记　吴文骏

经济发展局

局　　长　吕海峰(1月任)　吴伟斌(1月免)

副 局 长　史琛浩　沈雅琦(女,4月任)
　　　　　董云亮(4月任,8月免)　高柳一(8月任)
　　　　　姚伟中(4月免)　夏建明(1月免)

科技局(在经济发展局挂牌,6月不再保留牌子)

局　　长　吕海峰(1月任,6月免)　吴伟斌(1月免)

副 局 长　史琛浩(6月免)　沈雅琦(女,4月任,6月免)
　　　　　董云亮(4月任,6月免)

安全生产监督管理和环境保护局(挂综合行政执法局牌子)

局　　长　杨　勇

副 局 长　吴晓平　顾利平　汝胜华(11月任)

政法和社会管理办公室(在安全生产监督管理和环境保护局挂牌,6月不再保留牌子)

主　　任　杨　勇(6月免)

副 主 任　吴晓平(6月免)

城市管理局(6月机构成立,挂社会治理局牌子)

局　　长　王春风(女,7月任)

副 局 长　陈志刚(8月任)　左绪斌(8月任)
　　　　　吴岳芳(8月任)

黎里古镇开发保护区管理办公室(6月机构设立)

主　　任　陈　园(女,11月任)
　　　　　张育英(女,8月任,11月免)
副 主 任　李淑赟(女,8月任)　潘红军(8月任)
　　　　　邱永林(8月任)　王　潇(11月任)

芦墟产城融合区管理办公室(6月机构设立)

主　　任　杜　涛(7月任)
副 主 任　陈学广(8月任)　孙　静(女,8月任)
　　　　　倪春荣(8月任)

北厍智能制造区管理办公室(6月机构设立)

主　　任　吴伟斌(兼,8月任)
副 主 任　沈智忠(8月任)　沈建兴(8月任)
　　　　　庞拥林(8月任)　沈春泉(8月任,11月免)

苏州南站科创新城管理办公室(6月机构设立)

主　　任　陆　欣(挂职,8月任)
副 主 任　胡迎东(8月任)　梅海华(8月任)
　　　　　汝小芳(女,8月任)

苏州汾湖投资集团有限公司

董 事 长　吴　昕(11月任)　杨亚峰(11月免)
总 经 理　吴　昕(11月任)　杨亚峰(11月免)
副总经理　包玲英(女)　陈卫秋　钮孝炳

建设局(6月机构撤销)

局　　长　姚　俊(6月免)
副 局 长　沈建中(6月免)　徐永明(6月免)
　　　　　胡迎东(6月免)　汝小芳(女,6月免)

社会事业局(6月机构撤销)

局　　长　袁　奕(女,4月免)
副 局 长　张卫勤(女,4月免)　陈志刚(6月免)
　　　　　吴岳芳(6月免)　陈学广(6月免)
　　　　　高柳一(4月任,6月免)

农村工作局(6月机构撤销)

局　　长　周　宇(6月免)
副 局 长　张建新(6月免)　张卫东(4月免)
　　　　　沈建兴(6月免)　陈晓春(6月免)

黎里古镇保护开发管理委员会(6月机构撤销)

党委书记　肖　军(6月免)
副 书 记　张育英(女,6月免)
主　　任　张育英(女,6月免)
副 主 任　李淑赟(女,6月免)　陆向忠(4月免)
　　　　　邱永林(2月任,6月免)

中共黎里镇委员会

书　　记　张炳高
副 书 记　陈朝林(11月任)　陆　欣(挂职,8月任)
　　　　　沈健民(3月任,11月免)
　　　　　吴云为(挂职,4月免)
委　　员　邓运华　谢王挽(7月任)　吴伟斌　肖　军
　　　　　吴文骏　徐炳华(4月任)　许远峰(4月任)
　　　　　孙　静(女,4月任)　沈健民(11月免)
　　　　　孙　虹(女,4月免)　姚　俊(4月免)
　　　　　周　宇(8月免)　沈红梅(女,7月免)

黎里镇人大

主　　席　袁　奕(女,4月任)　孙　虹(女,4月免)

黎里镇人民政府

镇　　长　陈朝林(11月任)　沈健民(3月任,11月免)
　　　　　张炳高(3月免)
副 镇 长　吴伟斌(11月任)　姚　俊(4月任)
　　　　　李苏雷(11月任)　张　静(女,11月任)
　　　　　沈雅琦(女,4月任)　王　潇(11月任)
　　　　　陈雁萍(女,11月免)　袁　奕(女,4月免)
　　　　　陈之茂(1月免)

政协黎里镇工作委员会

主　　任　徐炳华(兼)
副 主 任　金　骏(兼)

【盛泽镇(江苏吴江高新技术产业园区[筹])】

中共盛泽镇委员会

书　　记　沈春荣(2月任)
副 书 记　徐惠林(2月任)　朱晓斌(4月任)
　　　　　吴伟红(4月任,11月免)　吕伟峰(2月免)
　　　　　徐国华(4月免)　张建华(4月免)
委　　员　吴利根(4月任)　王　君　宗　亮(4月任)
　　　　　吴建辉(3月任)　沈小林(4月任)
　　　　　周　蕾(女,4月任)　陈思敏(女,4月任)
　　　　　陈志明(挂职)　钱永高(3月免)
　　　　　林小林(4月免)　吴文青(女,4月免)
　　　　　吴伟红(11月免)　殷海根(4月免)

盛泽镇人大

主　　席　吴伟红(11月任)　徐国华(11月免)

副 主 席　杨晓华（4月免）

盛泽镇人民政府

镇　　长　徐惠林（2月任）　吕伟峰（2月免）

副 镇 长　王　君（11月任）　翁春强（4月任）

钱永高（11月任）　陆子平（11月任）

洪　亮（11月任）　施瑶绯（女，11月任）

沈钰方（11月免）　吴利根（4月免）

宗　亮（4月免）

政协盛泽镇工作委员会

主　　任　王　君（兼）

副 主 任　严以待（兼）

盛泽镇纪律检查工作委员会

书　　记　朱晓斌

中共江苏吴江高新技术产业园区（筹）工作委员会

书　　记　沈春荣（2月任）　王益冰（2月免）

副 书 记　徐惠林（2月任）　吕伟峰（2月免）

委　　员　张建华　吴伟红（11月任）　徐国华（11月免）

江苏吴江高新技术产业园区（筹）管委会

主　　任　徐惠林（2月任）　吕伟峰（2月免）

副 主 任　张建华　吴伟红（11月任）　徐国华（11月免）

党政办公室

主　　任　王　君

副 主 任　严以待　陈思敏（女，11月任）

顾建兵（11月免）　周　蕾（女，11月免）

组织人事和社会保障局

局　　长　周　蕾（女，11月任）　吴伟红（11月免）

副 局 长　陈　灵（4月任）　卜晓莉（女，11月任）

陈思敏（女，4月任，11月免）

金　华（4月免）　周　磊（2月免）

政法和社会管理办公室

主　　任　沈小林（4月任）　林小林（4月免）

副 主 任　张　雷（8月任）　钱健强　洪　亮（8月免）

应急管理局（在政法和社会管理办公室挂牌）

局　　长　沈小林（4月任）　林小林（4月免）

经济发展和改革局

局　　长　宗　亮

副 局 长　陈明源　周　玺（4月任）　陆子平（4月免）

焦　蛟（1月免）

服务业发展局（在经济发展和改革局挂牌）

局　　长　宗　亮

科技局（在经济发展和改革局挂牌）

局　　长　宗　亮

招商局（在经济发展和改革局挂牌）

局　　长　宗　亮

财政和资产管理局

局　　长　沈钰方（11月免）

副 局 长　黄　强（11月任）　杨沛超（女）　杨　帆（女）

建设局

局　　长　吴利根

副 局 长　华钰林　何长江（4月任）　金国华（11月任）

邱耀平（4月免）

社会事业局

局　　长　翁春强（4月任）　吴文青（女，4月免）

副 局 长　施瑶绯（女）　计丽华（女，4月免）

曹云平（11月免）

农村工作局

局　　长　吴建辉（3月任）　钱永高（3月免）

副 局 长　顾永强（4月任）　计丽华（女，4月任）

陈建荣（4月免）　田栋卿（4月免）

综合执法局

局　　长　洪　亮（8月任）　孙健华（8月免）

副 局 长　施　荣　沈钰峰　王　勇

行政服务局

局　　长　钱永高（3月任）

副 局 长　何海华　卜　燚　顾玲玲（女，4月任）

江苏盛泽投资有限公司

总 经 理　罗玉坤

副总经理　陈　建（女）　史　炜　石燕红（女）

中共中国东方丝绸市场工作委员会

书　　记　沈春荣（2月任）

副 书 记　张建华　徐惠林（2月任）　吕伟峰（2月免）

中国东方丝绸市场管委会

主　　任　张建华

中共中国东方丝绸市场纪律检查工作委员会

书　　记　朱晓斌

东方丝绸市场管理办公室

主　　任　陆子平（4月任）

副 主 任　钟　方　王　瑾（女，8月任）

张　雷（8月免）

【东太湖生态旅游度假区(太湖新城)】

中共吴江东太湖生态旅游度假区(太湖新城)工作委员会

书　　记　邱全明
副 书 记　陈　琦(女)　吴云为(4月任)
　　　　　杨志荣(4月免)
委　　员　沈建华　胡伟彪(4月任)
　　　　　陈　斐(女,11月任)　朱雪忠(4月免)
　　　　　解　冻(11月免)

吴江东太湖生态旅游度假区(太湖新城)管委会

主　　任　陈　琦(女)
副 主 任　吴云为　沈建华　胡伟彪(4月任)
　　　　　杨志荣(4月免)　朱雪忠(4月免)

中共吴江东太湖生态旅游度假区(太湖新城)纪律检查工作委员会

书　　记　陈　斐(女,11月任)　解　冻(11月免)
副 书 记　黄晓林

吴江东太湖生态旅游度假区(太湖新城)监察工作委员会(在中共吴江东太湖生态旅游度假区(太湖新城)纪律检查工作委员会挂牌)

主　　任　陈　斐(女,11月任)　解　冻(11月免)
副 主 任　黄晓林

党政办公室

主　　任　朱穗华(11月任)　徐文磊(11月免)
副 主 任　石　峰　刘　超(4月任)
　　　　　李　媛(女,11月任)　高杏林(4月免)

组织人事和社会保障局

局　　长　谭　燕(女)
副 局 长　张庆超(1月任)　袁静娴(女,11月任)
　　　　　李　媛(女,4月任,11月免)
　　　　　万　能(4月免)

经济发展局

局　　长　朱新荣(11月任)
　　　　　顾　艳(女,4月任,11月免)
　　　　　胡伟彪(4月免)
副 局 长　顾世忠(8月任)　王小寒(女)　金　枫
　　　　　何振飞

数字产业发展办公室(5月机构设立)

主　　任　万　能(11月任)

苏州湾科技城管理办公室(在数字产业发展办公室挂牌)

主　　任　万　能(11月任)
　　　　　顾　艳(女,4月任,11月免)

安全生产监督管理和环境保护局(在经济发展局挂牌,1月机构更名)

局　　长　朱新荣(11月任)
　　　　　顾　艳(女,4月任,11月免)
　　　　　胡伟彪(4月免)

生态环境局(在经济发展局挂牌)

局　　长　朱新荣(11月任)
　　　　　顾　艳(女,4月任,11月免)
　　　　　胡伟彪(4月免)

招商局(在经济发展局挂牌)

局　　长　朱新荣(11月任)
　　　　　顾　艳(女,4月任,11月免)
　　　　　胡伟彪(4月免)

建设局

局　　长　陈小华
副 局 长　沈宏伟　李　新(4月任)　张　剑(2月免)

财政和资产管理局

局　　长　翁培红(女,11月任)　李苏雷(11月免)
副 局 长　严桂兰(女)　翁培红(女,11月免)

文体旅游局

局　　长　顾　艳(女,11月任)
　　　　　陈　园(女,4月任,11月免)
　　　　　宋　涛(4月免)
副 局 长　张　杰　郑国英(女,4月任)
　　　　　吕继平(4月免)　顾潇佳(女,4月免)

综合协调办(在文体旅游局挂牌,1月机构撤销)

主　　任　宋　涛(4月免)

苏州湾投资发展(江苏)有限公司

董 事 长　谢耀方
总 经 理　谢耀方
副总经理　赵　军(1月任)

【镇】

中共七都镇委员会

书　　记　蔡建忠
副 书 记　王鹏宇(4月任)　吴惠华(4月任)
　　　　　钱志强(11月任)　王　炜(3月免)
　　　　　张建平(4月免)　张惠忠(4月免)
　　　　　朱新荣(4月任,11月免)
委　　员　邱耀平(4月任)　赵　翔　沈国宏
　　　　　钱　锋(11月任)　沈　虹

陈　娟(女,4月任)　孙坚真(4月免)
龚　洁(女,11月免)　倪凤林(4月免)

七都镇人大

主　　席　张惠忠(4月任)　沈宏彪(4月免)
副 主 席　沈　虹(兼)

七都镇人民政府

镇　　长　王鹏宇(4月任)　王　炜(3月免)
副 镇 长　邱耀平(4月任)　沈娟萍(女)　王　法
徐菲菲(女,11月任)　荣云鹏(1月任)
钱　峰(4月任,11月免)　金庆成　(4月任)
孙坚真(4月免)　梅　峰(4月免)

政协七都镇工作委员会

主　　任　吴惠华(兼,11月任)　张建平(兼,4月免)
副 主 任　钱　锋(兼,12月任)
钱志强(兼,4月任,11月免)
倪凤林(兼,4月免)
朱新荣(兼,4月任,11月免)

中共桃源镇委员会

书　　记　袁　智
副 书 记　翁琳燕(女)　邱建忠(11月任)
汝文英(女,11月任)　邱学兴(11月免)
胡琴芳(女,4月免)　万　能(4月任,11月免)
委　　员　马义峰(1月任)　陆　艳(女,4月任)
储方雄(11月任)　聂鹏程(11月任)
沈　文(4月任)　刘　勇(4月任)
柳　楠(4月免)　钱明华(4月免)
卢灿发(4月免)

桃源镇人大

主　　席　邱学兴(11月任)　沈伟勇(11月免)
副 主 席　储方雄(兼,11月任)　邱建忠(兼,11月免)

桃源镇人民政府

镇　　长　翁琳燕(女)
副 镇 长　汝文英(4月任,11月免)　马云生(3月任)
聂鹏程(4月任)　张之道(4月任)
阮贵华(4月任)　吴剑锋(11月任)
柳　楠(4月免)　吴永方(4月免)
余诚康(4月免)　陆　艳(女,4月免)
沈良华(3月免)

政协桃源镇工作委员会

主　　任　邱建忠(兼,11月任)　邱学兴(兼,11月免)
副 主 任　陆　艳(女,兼,4月任)
汝文英(女,兼,4月免)

中共震泽镇委员会

书　　记　顾　全
副 书 记　沈俊霞(女)　黄立峰(4月任)
瞿东一(11月任)　沈小林(4月免)
邱震宇(11月免)
委　　员　卢斌煜(11月任)　徐　健　孙　忠　刘　亚
沈　斌(4月任)　劳晓飞(4月任)
沈俊力(女,11月任)　沈国强(4月免)
汤伟忠(11月免)　翁育松(4月免)

震泽镇人大

主　　席　周根表
副 主 席　刘　亚(兼)

震泽镇人民政府

镇　　长　沈俊霞(女)
副 镇 长　卢斌煜(11月任)　庄志伟　杜宇亮
黄　欢(4月任)　薛美娟(女,11月任)
徐赟恺(11月任)　黄立峰(4月免)
瞿东一(11月免)　高柳一(4月免)

政协震泽镇工作委员会

主　　任　黄立峰(兼,11月任)
邱震宇(兼,4月任,11月免)
沈小林(兼,4月免)
副 主 任　沈俊力(兼,11月任)　汤伟忠(兼,11月免)

中共平望镇委员会

书　　记　戴　丹(女,2月任)　沈春荣(1月免)
副 书 记　赵　伟(2月任)　戴　丹(女,2月免)
周　宇(11月任)　胡琴芳(女,4月任)
顾　艳(女,4月免)　刘金平(11月免)
委　　员　葛伟星　刘　森　顾鸿斌
方贤实(女,4月任)　陈　烜(4月任)
徐卫东(11月任)　顾潇佳(女,4月任)
张　晖(11月免)　叶　丹(4月免)
石伟林(4月免)

平望镇人大

主　　席　沈卫民(11月任)　沈　琼(女,11月免)
副 主 席　陈　烜(兼,4月任)　叶　丹(兼,4月免)

平望镇人民政府

镇　　长　赵　伟(2月任)　戴　丹(女,1月免)
副 镇 长　徐卫东　钱培新　杨晓玮(4月任)
孙琴萍(女,4月任)　张一峰(4月任)

王　磊（11月任）　张　晖（11月免）
顾永强（4月免）　方贤实（女，4月免）

政协平望镇工作委员会

主　　任　周　宇（兼，11月任）
刘金平（兼，4月任，11月免）
顾　艳（女，兼，4月免）
副 主 任　方贤实（女，兼，6月任）
顾潇佳（女，兼，4月任，6月免）
顾鸿斌（兼，4月免）

中共同里镇委员会

书　　记　汪晓东
副 书 记　周佳雨　吴建林（11月任）　姚晨峰
焦晓锋（4月任，11月免）
委　　员　苏天方　殷礼斌　董爱斌　陶蓉芳（女）
蒋晶伟（4月任）　王　欢（4月任）
焦晓锋（11月免）

同里镇人大

主　　席　肖明华（1月任）
副 主 席　蒋晶伟（兼，12月任）

同里镇人民政府

镇　　长　周佳雨
副 镇 长　苏天方（4月任）　顾海兵　史大林
陈　红（女，11月任）　颜冰清（女，4月任）
焦晓锋（4月免）　计红华（11月免）
史　军（10月免）

政协同里镇工作委员会

主　　任　吴建林（兼，11月任）　姚晨峰（兼，11月免）
副 主 任　殷礼斌（兼）

吴江现代农业产业园区管理办公室

主　　任　吴建林（11月任）　汪晓东（4月任，11月免）
沈芳芳（女，4月免）
副 主 任　计红华（4月任，11月免）

【街道】

中共苏州市吴江区松陵街道工作委员会

书　　记　华　磊
副 书 记　沈跃华　钮国民
委　　员　王　旻（女）　徐　华（女）　华小钢（2月任）
赵建英（女，11月免）　蒋晶伟（4月免）

区人大常委会松陵街道工作委员会

主　　任　丁　明（11月任）　曹吉华（11月免）
副 主 任　赵建英（女，兼，11月免）

区政协松陵街道工作委员会

主　　任　钮国民（兼）
副 主 任　徐　华（女，兼，9月任）
赵建英（女，兼，9月免）

苏州市吴江区松陵街道办事处

主　　任　沈跃华
副 主 任　赵粉强　王端公　周冰心（女，4月任）
郑国英（女，4月免）　徐菲菲（女，11月免）

中共苏州市吴江区江陵街道工作委员会

书　　记　余式汪（11月任）　蒋剑虹（11月免）
副 书 记　秦春芳（女，7月任）　沈　彬（女，4月免）
余式汪（2月任，11月免）
委　　员　钟海涛　金　华（4月任）　沈　晓
胡卫娟（女）　吴纪峰　沈　斌（4月免）

区人大常委会江陵街道工作委员会

主　　任　李宁宇（女）

苏州市吴江区江陵街道办事处

主　　任　秦春芳（女，11月任）
余式汪（2月任，11月免）
副 主 任　张凌健　马志平　梅以能
费家萍（女，4月任）　倪红英（女，4月免）

区政协江陵街道工作委员会

主　　任　秦春芳（女，兼，7月任，11月免）
沈　彬（女，兼，4月免）
副 主 任　沈　晓（兼）

中共苏州市吴江区横扇街道工作委员会

书　　记　徐文磊（11月任）　丁　明（11月免）
副 书 记　宋　莲（女）　吴为民（4月任）
周　蕾（女，4月免）
委　　员　黄晓林　江献明　张国英（女，2月任）
商　军（11月任）　黄　波（11月免）

区人大常委会横扇街道工作委员会

主　　任　曹吉华（11月任）　徐利明（女，5月免）
副 主 任　吴为民（兼，5月任）　周　蕾（女，兼，5月免）

苏州市吴江区横扇街道办事处

主　　任　宋　莲（女）
副 主 任　朱林芳　陈剑峰　陈文华（女）
陈静娥（女，4月任）　陈思敏（女，4月免）

区政协横扇街道工作委员会

主　　任　吴为民（兼，8月任）　周　蕾（女，兼，8月免）

副主任　黄　波（兼，11月免）

中共苏州市吴江区八坼街道工作委员会

书　记　李静宇（女，11月任）　夏国强（11月免）

副书记　何　炜（11月任）　凌　强　李静宇（女，11月免）

委　员　田栋卿（4月任）　黄　燕（女，1月任）　沈　娟（女）　李宗国（4月任，11月免）　丁　威（4月任）　唐建林（4月免）　杨伟泉（4月免）

区人大常委会八坼街道工作委员会

主　任　钱　渧（女，5月任）　胡晓耀（女，5月免）

副主任　凌　强（兼）

苏州市吴江区八坼街道办事处

主　任　何　炜（11月任）　李静宇（女，11月免）

副主任　郑益峰　倪建新　顾泉鸣（1月任）　何金皓（女，1月免）　李宗国（4月免）

区政协八坼街道工作委员会

主　任　凌　强（兼）

副主任　沈　娟（女，兼，8月任）　杨伟泉（兼，8月免）

重要文献

勇担新使命　走在最前列　加快建设社会主义现代化强区

——在中国共产党苏州市吴江区第十四届代表大会第二次会议上的报告

区委书记　李　铭

（2021年12月30日）

这次大会的主要任务是：坚持以习近平新时代中国特色社会主义思想为指导，深入贯彻党的十九大和十九届历次全会精神及中央经济工作会议精神，认真贯彻习近平总书记对江苏、对苏州工作和对长三角一体化发展重要讲话指示精神，全面落实省第十四次党代会、市第十三次党代会和市委十三届二次全会暨市委经济工作会议精神，回顾总结2021年工作，研究部署2022年重点任务，动员全区各级党组织、广大党员和干部群众，勇担新使命、走在最前列，为加快建设社会主义现代化强区而不懈奋斗！

下面，我受中共苏州市吴江区第十四届委员会委托，向大会作报告，请予审议。

一、牢记“国之大者”，以过硬发展成果践行“两个维护”

坚持把习近平总书记重要讲话指示精神作为一切工作的遵循和指南，树牢“四个意识”，坚定“四个自信”，坚定捍卫“两个确立”，坚决做到“两个维护”。坚持把吴江发展置于全国、全省、全市发展大局对标定位、审视谋划，创造性抓好中央和省委、市委决策部署的落地落实，经济社会发展交出高质量答卷。预计全年完成地区生产总值2180亿元，同比增长8%；完成一般公共预算收入257.8亿元，增长9%；规上工业总产值4330亿元，增长18%；全社会固定资产投资646亿元，增长10%；社会消费品零售总额721亿元，增长16.9%；外贸进出口总额260亿美元，增长20%；实际使用外资5.97亿美元，增长31%。在2021赛迪“全国百强区”榜单中位列全省第一、全国第十。在2021年中国中小城市高质量发展指数研究成果5张榜单中，均进入全国十强。“放管服”改革等5项工作获省2020年落实重大政策措施成效明显地方激励表彰，为历年最多。

（一）扛起国家战略使命，在先行示范、走在前列上创造新成果。推动长三角一体化发展，是习近平总书记亲自谋划、亲自部署、亲自推动的重大战略。区委始终把示范区建设摆在最中心位置，以项目化推动一体化、以一体化推动高质量，178项示范区建设重点工作、121项对接上海行动落地见效，成功承办示范区理事会第四次全体会议、第二届示范区开发者大会、示范区两周年现场会。恒力长三角国际新材料产业基地、中车智能制造星舰、长三角（盛泽）现代供应链产业园等一批高显示度项目加快建设，环元荡品质提升和太浦河共保联治工程有力推进，生态绿色基底更加厚实，入选示范区制度创新和亮点项目典型案例数继续领跑三地。高铁科创新城形成中期方案，沪苏湖、通苏嘉甬铁路和苏州南站、盛泽站有力推进，吴江正加速迈进“高铁时代”。

（二）厚植民营经济优势，在数字转型、创新驱动上迈出新步伐。数字赋能加快传统产业再造提升，完成智能化改造数字化转型项目超1500个；新增省级示范智能车间10个、累计144个，保持全省第一；工联院江苏分院和华为、海尔、徐工等国家级“双跨”平台落户太湖新城。继“跨界联合河长制”后，“工业生态‘数字管理’赋能经济高质量发展”入选“中国改革2021年度地方全面深化改革典型案例”。科技创新激发新动能，新获评国家科学技术奖2项、省科学技术奖11项，均列全市第一。英诺赛科、微康生物获国家发改委“卡脖子”攻关重大专项支持，迈为股份成为全市唯一入选省双碳重大科技成果转化项目。恒力、盛虹“世界500强”排名攀升至第67位、第311位，亨通、通鼎等4家企业蝉联“中国企业500强”，东方恒信成为全市唯一新入选“中国民企500强”企业。新增上市公司5家，过会2家。电梯产业集群新晋成为国家外贸转型升级基地。丝绸产业成为世界知识产权组织全球第三家版权保护优秀案例示范点。战略性新兴产业加快布局，新材料产业预计全年完成产值780亿元，加速向第四个千亿级产业集群迈进。吴江开发区列全省开发区综合考评第6位。吴江泗阳工业园区创成省级特色园区。

（三）筑牢生态绿色基底，在城乡融合、美丽吴江上呈现新面貌。大力推进生态品质提升，获评国家生态文明建设示范区。与生态环境部、省生态环境厅共建示范区绿色发展国际创新中心，与长江生态环保集团签署战略合作协议，投放首笔长三角绿色生态贷。全力配合做好省生态环境保护督察工作，紧盯源头打好蓝天、碧水、净土保卫战，狠抓“三治”“三优三保”等工作，完成治违拆旧11529亩，有序完成能耗“双控”目标任务。2个集中式饮用水源地水质达标率100%，PM2.5浓度降至27.3微克/立方米，空气优良天数比例提升至83.8%。盛家厍、云梨桥畔等一批城市更新项目启动建设，融创桃源、蓝城曲水善湾、七都开弦弓村等一批乡村振兴项目加快推进，入选首批国家级水产健康养殖和生态养殖示范区，获评全省农村人居环境整治第一等次。

（四）擦亮“乐居吴江”品牌，在共同富裕、美好生活上实现新提升。预计全年城乡居民人均可支配收入达6.5万元，城镇登记失业率保持2%左右低位运行，教育“双减”政策稳步有序落实，社保扩面提质、医保一体化向更高水平迈进。苏州大学未来校区以及与上海世外教育集团、南京师范大学等合作办学项目正式开学，一批上海优质医疗资源落地，京东方医院开诊，苏州湾体育中心、砂之船奥莱开业运营。扎实推动文明典范城市建设，建立完善常态长效管理机制，全力补齐短板弱项。高标准推进大运河文化带建设，“平望·四河汇集”一期建成，万公堤、震泽谢家路等成为网红打卡地。深化全域旅游，推动农文旅融合发展，获评全国休闲农业重点县。

（五）坚持统筹发展和安全，在社会稳定、群众满意上取得新成效。常态化抓好疫情防控，精准应对周边突发疫情，统筹做好流调溯源、核酸检测、排查管控、信息发布等工作，全面提升应急处置能力，高效运转“大数据+网格化+铁脚板”机制，新冠疫苗接种率居全市前列，全年无新增本土确诊病例。深化安全生产专项整治，狠抓各方责任落实，不断提升安全生产治理效能。有效应对“5·14”龙卷风灾害，成功抵御“烟花”超强台风和超历史水位侵袭，大力开展违法建设治理行动，确保人民群众生命财产安全。全面推进区域社会治理现代化，深化综合指挥中心建设等改革试点任务。全力化解政府债务，积极防范化解房地产、金融等领域风险隐患，高质量完成建党百年等重大活动安保维稳政治任务，扫黑除恶斗争常态化进行，食品安全水平稳定向好，群众的获得感幸福感安全感持续提升。

（六）深化全面从严治党，在苦干实干、担当作为上展现新气象。深入学习宣传贯彻习近平总书记“七一”重要讲话精神，举办庆祝建党百年系列活动。扎实开展党史学习教育、“四史”宣传教育，统筹推进“两在两同”建新功行动和“我为群众办实事”实践活动，实施“一线建功”四大计划，662个为民服务项目落地见效，“马上就办、一线去干”成为鲜明导向。深化“融入式党建”创新工程，围绕疫情防控、抗击龙卷风、防汛防涝等成立行动支部300余个，推进“美美薪传”青年企业家挂职培养，率先与青浦启动双向4名科级干部交流使用。圆满完成党委换届工作，区镇人大、政府和区政协换届工作有序推进。全面落实意识形态工作责任制，筑牢意识形态主阵地，营造清朗网络空间。有力开展政法队伍教育整顿。标本兼治加强党风廉政建设，锲而不舍落实中央八项规定精神，严肃查处群众身边的不正之风和腐败问题，维护和巩固风清气正的政治生态。全力支持人大、政府、政协履职尽责，统战、人武、双拥、群团、老干部、关心下一代等工作全面加强，和谐稳定、团结一心、砥砺奋进的发展局面不断巩固。

“十四五”开局之年是非同寻常的一年，成绩来之不易，凝聚着各地各部门各条线党员干部群众的心血与汗水。在此，我代表区委，向全区广大党员干部群众表示最衷心的感谢和最诚挚的敬意！

在肯定成绩的同时，我们也清醒看到，发展中还面临新的困难和挑战，主要体现在：外部环境更趋复杂严峻和不确定，统筹发展和安全方面还存在突出问题，绿色化、集约化、内涵式发展的路径模式还要深化探索，科技创新、产业转型还要激发更强动能，城市精细化管理还有不少差距，干部队伍专业素质和担当作为必须常抓不懈。破解这些痛点难点既关系当下、更涉及长远，必须高度重视、前瞻谋划、务实推进。

二、深入学习贯彻
党的十九届六中全会精神，以史为鉴开创未来

党的十九届六中全会，是在重要历史关头召开的一次具有重大历史意义的会议。要把学习宣传贯彻好全会精神作为当前和今后一个时期的重大政治任务，与正在推进的重点工作贯通起来，抓住吴江最有基础、最具优势、最需突破的方面，精准发力、破局成势，把学习贯彻成果转化为社会主义现代化建设的生动实践。

（一）从党的百年奋斗中感悟前行伟力，创造性落实中央和省委、市委部署要求，扛起使命、奋发有为，推动各项工作沿着总书记指引方向奋勇前行。党的十九届六中全会深刻总结了党的百年奋斗重大成就和历史经验，强调“两个确立”对新时代党和国家事业发展、对推进中华民族伟大复兴历史进程，具有决定性意义。踏上新的赶考之路，要始终把习近平总书记对江苏、对苏州工作和对长三角一体化发展重要讲话指示精神作为行动指南，把省委、市委对吴江工作的期望重托作为奋斗指向。坚决扛起“争当表率、争做示范、走在前列”光荣使命，按照省委“五个始终坚持”总体要求，聚焦市委“五个着力点”，扎扎实实干好自己的工作，知责于心、担责于身、履责于行，在苏州建设展现“强富美高”新图景的社会主义现代化强市中扛起吴江更强担当、作出吴江更大贡献。

（二）从党的百年奋斗中把握时代脉搏，抓住一体化示范区建设重大历史机遇，乘势而上、担当作为，描绘“三年大变样”最美画卷。示范区建设是吴江发展最大的机遇所在、重心所在、未来所在。市委提出要加快融入长三角城市群一体化发展，重点打造长三角生态绿色一体化发展示范区、虹桥国际开放枢纽北向拓展带“一区一带”两大主阵地。要坚定扛起国家战略使命担当，紧扣“一体化”和“高质量”两个关键，聚焦市委“四个一体化”要求，主动服务和支持上海发挥龙头作用，做好“生态”大文章，用最好的生态环境集聚最优的创新资源，围绕世界级湖区建设高水平创新产业基地。坚持“制度创新+项目建设”双轮驱动，在跨行政区域共建共享等方面形成更多

实践案例，高水平推进先行启动区和“一厅三片”等重点区域建设，加快落地一批体现集中度和显示度的重大项目，以更多“走在最前列”的示范成果，充分展现一体化发展的探索性、创新性、引领性。

（三）从党的百年奋斗中汲取奋进力量，把已经取得的成绩作为事业新的起点，继往开来、接续拼搏，推动高质量发展再攀新高。在改革开放的进程中，吴江发展始终走在全国同类区域前列。立足新的时代方位，要深刻认识到高质量发展是体现新发展理念的发展，是“创新成为第一动力、协调成为内生特点、绿色成为普遍形态、开放成为必由之路、共享成为根本目的”的发展。要锚定前行目标，以更大的决心和举措转方式、调结构、促转型，推动发展从追求规模速度向提高质量效益彻底转型。要更高质量融入和推进市域一体化发展，加强与苏州中心城区的融合策应，深化与长三角中心城市的互动合作，加强南北挂钩合作，在优势互补中实现协同发展、合作共赢，全面提升城市综合功能和发展能级，奋力实现新起点上的更大跨越。

三、扎实做好明年各项工作，走在一体化示范区建设最前列

苏州市委全会强调，明年经济工作要稳字当头、稳中求进、全面向好。全区上下要准确把握上级政策取向的出发点和落脚点，准确把握国家战略蕴藏的空间和机遇，准确把握实体经济韧性强的优势和特点，坚持以经济建设为中心，围绕“打造数字经济时代产业的创新集群”这一战略性安排，革新思路理念，创新路径方法，狠抓推进落实，探索更多贯彻新发展理念的实践成果，加快打造创新发展新高地、生态绿色新典范、城乡融合新标杆、江南文化新空间、共同富裕新样板，让社会主义现代化强区展现现实图景。

2022年全区发展的指导思想是：坚持以习近平新时代中国特色社会主义思想为指导，全面落实中央和省委、市委决策部署，坚定扛起“争当表率、争做示范、走在前列”光荣使命，立足新发展阶段，完整准确全面贯彻新发展理念，服务和融入新发展格局，以推动高质量发展为主题，以供给侧结构性改革为主线，坚持稳字当头、稳中求进、全面向好，扎实抓好“六稳”“六保”工作，统筹疫情防控和经济社会发展，统筹发展和安全，坚持生态优先、绿色低碳，走内涵式、集约化发展道路，推动“创新湖区”“乐居之城”不断取得新成果，在长三角生态绿色一体化发展示范区建设中走在最前列，以优异成绩迎接党的二十大胜利召开。

2022年全区发展的主要预期目标是：地区生产总值增长6%左右，一般公共预算收入增长5%以上，全社会固定资产投资增长5%以上，社会消费品零售总额增长5.5%以上，进出口贸易保持稳定，全社会研究与试验发展经费支出占地区生产总值的比重3.62%左右，全员劳动生产率保持增长，工业增加值率高于上年，居民人均可支配收入增幅不低于地区生产总值增幅，城镇登记失业率控制在3%以内，完成上级下达的单位地区生产总值能耗下降目标任务、主要污染物排放削减目标任务。

围绕主要预期目标，做好明年经济工作，国荣同志将进行具体安排部署，这里，我强调几个重点事项。

（一）紧紧抓住国家战略机遇，全力当好示范窗口

全面落实市委关于推进一体化示范区建设的部署要求，积极有为抓好重点任务、重大项目、重大改革推进，全力当好长三角一体化发展的江苏窗口、苏州窗口。一要打造上海创新资源溢出首选地。推进实施新一批率先对接上海重点项目，在产业协同创新、生态联保共治、设施互联互通、民生共建共享等方面形成更多场景案例，把上海的功能优势转化为吴江的发展优势。发挥汾湖先行启动区示范带动作用，推动四大功能区组团式、差异化发展，打造生态优先、绿色发展的一体化样板区。高水平建设“水乡客厅”，合力打造成新发展理念的实践地、高质量发展的引领地、一体化发展的示范区。全面融入虹桥国际开放枢纽，推进沪苏湖、通苏嘉甬铁路和如通苏湖、水乡旅游线城际铁路建设，把苏州南站、盛泽站打造成示范区重要门户，共同建设“轨道上的长三角”。二要加强重大项目布局。紧

町示范区“五大经济”,牢牢抓住项目龙头,聚焦产业契合度、环境友好度、创新浓度、经济密度导向,精准招引一批牵引力强的“硬核”项目。加快推动元荡生态岸线贯通三期、太浦河共保联治工程、中车智能制造星舰、长三角科大亨芯研究院等建设进度,在三周年之际展现吴江最美形象、最高效率。大力发展绿色金融、科技服务等现代服务业,打造新经济集聚高地。三要深化一体化制度创新。大力推进示范区73项制度创新成果的落地落实、复制推广。聚焦城市和产业双优融合更新、资源集约节约利用、绿色低碳等领域,精准谋划一批重点改革举措,形成更多“首创”“首家”“首例”的改革成果。加强与示范区理事会、执委会的对接争取,推动更多国家级、省级改革试点任务落地,积极申报中央预算内资金和专项债,争创长三角示范区知识产权保护中心等高能级平台,更好地把改革红利转化为发展红利。

(二)始终坚持创新核心地位,推动经济高质量发展

围绕产业链部署创新链、优化人才链、打通转化链,从产业集群走向创新集群,从做大产业规模转向做强产业竞争力。一要全力打造产业创新集群。发挥企业创新主体作用,聚焦突破“卡脖子”关键核心技术,深化产学研“创新共同体”建设,让更多原创性科研转化成果贴上“吴江制造”标签。积极融入上海国际科创中心、苏州“一区两中心”建设,深化大院大所合作,高水平建设苏州大学未来校区,推动上海交大长三角研究院、华东师大长三角研究院加快落地,用好国家先进功能纤维创新中心、清华汽研院等平台,集聚各类高端创新要素,促进创新活动协同高效。围绕“55352”工程打造人才创新集聚区,优化示范区人才联合激励计划,建设一批高品质人才公寓、创新社区、人才街区,营造各类人才创新创业创造的最佳生态。二要加快培育壮大新兴动能。牢牢把握数字经济转型升级最大增量的机遇,发挥实体经济雄厚的比较优势,更大力度推进智改数转工作,努力将盛泽打造成传统产业转型升级的示范,将吴江开发区打造成全区创新发展的最强引擎。以“全国第一院”为目标,推进工联院江苏分院建设,推进工业互联网创新工程和“5G+工业互联网”发展,打造国家级长三角工业互联网创新示范基地、工业互联网示范园区,让太湖新城成为数字经济高地。大力培育创新型领军企业,支持引导金融更好服务实体经济,推动专精特新“小巨人”、“独角兽”、“苏州制造”品牌登峰企业等扩容进位。三要形成更加畅通经济循环。统筹稳外资稳外贸和促消费工作,提升高质量利用外资水平,着力提升吴江开发区、汾湖高新区自贸区联动创新区功能量级,打造承接上海对外开放优势的先行区,推动更多跨国公司地区总部和功能型机构落户。注重内需牵引作用,打响“乐购吴江”品牌,打造苏州国际消费中心城市重要目的地。持续深化“最舒心”营商环境建设,激发经济循环动力活力。

(三)大力实施生态优先战略,加快绿色低碳转型

深入贯彻生态文明建设新理念,积极构建生态友好的空间格局、产业结构、生活方式,协同做优长三角生态“绿心”,推动生态优势转化为经济社会发展优势,把“世界级水乡人居文明典范”的美好愿景变成现实图景。一要坚决守护蓝天碧水净土。全力做好中央和省生态环境保护督察迎检及整改工作。持续改善水环境,统筹做好太湖的水安全、水生态、水资源、水文化四篇文章,加强生态河湖治理,推进国省考重点断面水质提升,精心打造东太湖百里风光带。强化生态环境源头治理、综合治理、自然修复,深化“河(湖)长制”“林长制”改革,建好示范区绿色发展国际创新中心,实现PM2.5浓度和空气优良天数比例持续改善。深入开展固土治废行动,不断提升土壤生态环境质量。二要推动生产生活绿色转型。科学做好能耗“双控”工作,严格管控“两高”项目,以降碳为战略方向倒逼产业转型、发展转型,下大力气调轻调优调高产业结构,把“双碳”要求落实到具体的案例和场景中。抓住全国整县(区)屋顶分布式光伏开发试点契机,加快推进生态型、循环型园区建设,大力倡导绿色出行、绿色消费、绿色生活,让勤俭节约、绿色低碳成为社会新风尚。三要全面促进资源集约利用。坚持“亩均、绿色、创新、能耗”论英雄导向,完善资源要

素市场化配置机制，开展低效工业企业整优提升攻坚行动，深化“三优三保”升级版、产业用地更新“双百”行动，健全土地全生命周期管理机制，构建“产业定制地”供应模式。加强闲置厂房、仓储空间、临街商户等存量资源的活化利用，不断提升内涵式、集约化发展水平。

（四）深入推进城乡融合发展，展现江南水乡新模样

大力改善人居环境，在推进乡村振兴、建设美丽江南水乡上带头先行，打造让生活更美好的美丽宜居城市、让城市更向往的美丽田园乡村。一要构建区域空间新格局。坚持长远眼光谋划未来发展，统筹生态、生产、生活三大空间，形成全域功能与风景共融、开发区与古镇交相辉映，田园乡村与现代城镇和谐共生的空间格局。加强综合交通网络建设，加快推进江陵路、605省道快速化改造等重点工程，推动TOD模式的松陵大道综合交通枢纽建成投用，构建更加通达便利的现代交通体系。以世界级湖区定位推进东太湖CBD总部经济区、花港湾等重点区域建设，勾勒苏州湾最美天际线。二要塑造现代城市新形象。高标准推进城市更新，高品质打造盛家库老街、云梨桥畔、云梨路总部经济带，传承历史记忆，完善现代功能，让城市“旧貌换新颜”。加快老旧小区改造、保障性租赁住房建设，统筹地上地下空间开发利用，做好海绵城市、口袋公园建设等工作，打造一批各具特色、舒适便利的城市景观和休闲空间，让城市更有气质、更有情怀、更有温度。三要彰显鱼米之乡新风貌。夯实“三农”工作压舱石，坚决扛稳粮食安全重大政治责任，确保农业稳产增产、农民稳步增收、农村稳定安宁。以“江村”品牌引领乡村振兴，深入推进“魅力大运河”和“美丽湖泊群”特色田园乡村组团建设，大力发展精致农业、都市农业，让更多原住民参与到乡村振兴的具体实践中，打造农业强、农村美、农民富的“新时代鱼米之乡”。协调推进特色小城镇、特色田园乡村和数字乡村建设，大力推进1980年前建的农房改建改善工作，高水平开展“五美三优”等行动，把吴江打造成“新江南、最江南”的地方，充分展现入眼成画、处处是景的水乡特质。

（五）着力抓好文化传承创新，推动江南文化展现时代感

坚持把文化文明摆在重要位置，让文化滋养人心，让文明浸润城市，使江南文化的特质更加凸显、内涵更加厚重。一要坚持以文化人。发挥社会主义核心价值观铸魂育人作用，开展新时代公民道德建设，选树好道德典型。牢牢把握意识形态工作主动权，营造积极向上的网络文化生态，弘扬主旋律、传播正能量。深化媒体融合跨界发展，增强对外叙事能力，让新时代吴江发展故事广为传播。二要坚持以文塑城。传承发展大运河、太湖、古镇等特有文化基因，把大运河文化遗产保护同生态环境保护提升、沿线名城名镇保护修复、文化旅游融合发展、运河航运转型提升统一起来，打造大运河文化带最精彩的一段。常态长效推进文明典范城市建设，让文明成为每一位吴江人的普遍认同和行为自觉。实施文化惠民工程，办好江南丝绸文化旅游节等活动，推出一批沉浸式文化空间，办好群众身边的“文化小事”。三要坚持以文兴业。加快推进文化产业倍增，深挖丝绸文化资源，推动传统纺织向时尚、创意、设计华丽转型，擦亮中国丝绸名镇、盛泽时尚之都品牌，做好传统与现代的精彩“双面绣”。深化文体旅融合，建设运营好苏州湾文化中心、苏州湾体育中心、京东方艺云数字文化产业基地、融创桃源等项目，串珠成链开发一批特色旅游线路，带动旅游文化、体育体验、休闲娱乐等产业蓬勃发展，争创国家文化和旅游产业融合发展示范区、国家全域旅游示范区。

（六）积极创造更高品质生活，探索共同富裕路径

践行以人民为中心的发展思想，把群众没有不满意作为工作标准，全面实施打造共同富裕新样板三年行动计划，把群众对美好生活的向往不断落到实处。一要实现群众生活更加殷实富足。强化就业优先导向，做好高校毕业生等重点群体就业扶持，落实落细稳就业举措，打造就业创业首选城市。持续推动村级集体经济倍增，探索多元化集体资产运营模式，推进村级经济高质量、可持续、跨越式发展。扩大中等收入群体比重，增加低收入群体收入，让老百姓日子一天比一天

过得更好。二要实现社会保障更加健全完善。持续提高城乡居民养老保险待遇标准，深化全民参保扩面提质成果，推进基本医保、大病保险、医疗救助、商业健康保险等制度衔接，减轻群众就医负担，把社保安全网兜得更紧更实。加强基础性、普惠性、兜底性民生建设，推动社会救助、社会福利、优抚安置、慈善事业等一体发展，关注困难群体生活保障，让每个人都生活得更加幸福。三要实现公共服务更加优质普惠。深化老有所养公共服务标准化国家试点工作，全面推进区域性养老服务中心和综合为老服务中心建设，推动普惠性托育机构乡镇全覆盖，用心用情解决好“一老一小”问题。持续引进优质教育资源，加快新建、改扩建学校建设，落实好“双减”政策，优化教育生态，争创省义务教育优质均衡发展县(市、区)。加强与上海医院医联体合作，加快三甲医院创建步伐，提升公共卫生服务水平，让百姓在家门口就能享受优质的公共服务。

(七)持续提升社会治理效能，打造安全韧性城市

强化安全发展理念，在社会治理的法治化、精细化、数字化上下功夫，打造韧性更强、水平更高、群众更满意的平安吴江。一要不断完善风险防控体系。在思想深处根植隐患就是事故的理念，强化“主动拆弹”意识，推动高质量发展与高水平安全良性互动。毫不放松抓好常态化疫情防控，严格落实“四早”要求，坚持人、物、环境同防，时刻做好打赢一场一定规模聚集性疫情的各项准备，切实巩固疫情防控良好态势。高度重视经济安全，着力防范化解金融、房地产领域的风险，牢牢守住不发生系统性风险的底线。强化“还债也是政绩”的意识，把握债务总体规模只降不增的要求，做到实打实还债，实现可持续发展。牢固树立总体国家安全观，坚持法治固根本、稳预期、利长远的基础性地位，做好党的二十大、北京冬奥会等重要节点安保维稳工作，常态化开展扫黑除恶斗争，加强防灾抗灾救灾和应急体系建设，营造安定有序、安居乐业的社会环境。二要坚决筑牢安全生产防线。坚持人民至上、生命至上，高度重视安全生产部分领域还存在的突出问题，深刻反思，举一反三，以极端负责的态度狠抓整改提升，坚决守牢安全发展底线。纵深推进安全生产专项整治“三年大灶”，深入开展大排查大整治，将更多的整改措施固化为行之有效的制度安排和自觉行动，实现安全生产水平本质提升。严格落实安全生产责任制，压实板块属地责任、部门监管责任和企业主体责任，让“安全才是最大效益”成为普遍共识。三要全面提升城市治理水平。坚持以人为本，突出关口前移、重心下移，完善拓展“大数据+网格化+铁脚板”治理机制，做精做细社区、村“微治理”“微服务”，充分发挥矛调中心“大调解”功能，真正让问题发现在一线、解决在一线。增强“一网通办”“一网通用”“一网统管”协同效应，加强互联网、大数据等新技术应用，实现城市治理制度创新、模式创新、手段创新，把高质量发展成果更好转化为群众的切身感受。

四、强化使命担当，汇聚现代化建设强大合力

走好新的赶考之路，实现新的奋斗目标，加强党的建设是根本保证。要坚持把伟大建党精神作为精神之源、作为强大动力，以永远在路上的政治自觉，加强党的全面领导和党的建设，不断增强各级党组织和广大党员干部的创造力、凝聚力、战斗力。

(一)坚持思想引领，始终做到政治坚定。坚持把学习宣传贯彻党的十九届六中全会精神作为当前和今后一段时期的重要政治任务，自觉增强“四个意识”、坚定“四个自信”、做到“两个维护”，真正将“两个确立”的决定性意义和实践要求内化于心、外化于行，确保中央和省委、市委决策部署不折不扣落地生根、开花结果。巩固拓展党史学习教育成果，广泛深入开展“四史”宣传教育和“两在两同”建新功行动，引导广大党员干部更加坚定、更加自觉地践行初心使命，不断提高政治判断力、政治领悟力、政治执行力。

(二)坚持实干锤炼，打造过硬干部队伍。践行新时代好干部标准，大力发扬为民务实、躬身力行的优良作风。各级领导干部要对负责领域相关工作做到了然于胸、知责尽责，各板块主要负责同志要坚持用脚步丈量，跑遍辖区所有的村、社区，切实做到“清、慎、勤”，以新面貌奋进

新征程。要着力打造高素质专业化干部队伍，树立担当作为鲜明导向，让广大党员干部扑下身子在岗位上建功立业、争创一流，让“想干事、能干事、干成事”蔚然成风。完善干部综合考核评价办法，用好用活“三项机制”，释放激励干部担当“1+N”制度效能，关心关爱基层干部，充分调动广大干部的积极性、主动性、创造性。

（三）坚持正风肃纪，营造良好政治生态。把“严”的主基调长期坚持下去，纵深推进党风廉政建设和反腐败工作。围绕省委、市委和区委重要部署以及群众反映强烈的问题严格监督检查，推进政治监督具体化常态化。充分发挥巡察“利剑”作用，扎实开展十四届区委巡察，配合做好巡视巡察上下联动试点工作。完善作风建设长效机制，毫不松懈纠治“四风”特别是形式主义、官僚主义问题，让基层干部轻装上阵抓落实。站在政治高度和人民立场，扎实做好清理规范津贴补贴工作，确保整改到位、规范到位，厉行节约带头过紧日子。坚持以零容忍态度惩治腐败，加强廉洁文化建设，敬畏历史、敬畏文化、敬畏生态，真正让广大党员干部因敬畏而“不敢”、因制度而“不能”、因觉悟而“不想”，做到一心为公、一身正气、一尘不染。

（四）坚持凝心聚力，夯实党的执政之基。充分发挥党总揽全局、协调各方的领导核心作用，压实压紧党委（党组）抓党建工作责任，加强换届后领导班子建设，认真贯彻民主集中制，严格执行党委内部议事规则和决策程序，始终做到科学决策、慎重决策。开展基层党建“五聚焦五落实”深化提升行动，推动基层党组织全面进步、全面过硬。深化“融入式党建”创新工程，推进基层党建与乡村振兴、基层治理等深度融合，实施“根系工程”，提升书记项目、结对共建、“美美薪传”等工作实效。坚持和发展全过程人民民主，支持和保证人大、政府、政协依法履职、开展工作，做强工青妇等群团组织桥梁纽带功能，巩固壮大爱国统一战线，抓好党管武装各项工作，最广泛地凝聚起社会主义现代化建设的强大合力。

同志们，事业要用奋斗来成就，历史总是在实干中书写。让我们更加紧密地团结在以习近平同志为核心的党中央周围，把初心写在行动上，把使命落到岗位上，乘势而上、砥砺奋进，全力推动吴江高质量发展迈上新台阶，共同谱写社会主义现代化强区建设新篇章。

政府工作报告

——2022年1月7日在苏州市吴江区第十七届人民代表大会第一次会议上

区长　王国荣

各位代表：

现在，我代表吴江区人民政府向大会作政府工作报告，请予审议，并请区政协委员和其他列席人员提出意见。

一、过去五年的工作

过去的五年，是吴江发展进程中极不平凡的五年。五年来，我们在中央、省、市和区委的坚强领导下，坚持以习近平新时代中国特色社会主义思想为指导，全面贯彻党的十九大和十九届历次全会精神，认真落实习近平总书记对江苏、对苏州工作以及对长三角一体化发展系列重要讲话指示精神，自觉践行新发展理念，沉着应对百年变局和世纪疫情，高质量推进示范区建设，高水平全面建成小康社会，圆满完成“十三五”规划各项目标任务，顺利实现本届政府工作目标，开启全面建设社会主义现代化强区新征程。

五年来，综合实力明显增强。地区生产总值年均增长5.6%，突破2100亿元。一般公共预算收入年均增长9.32%，超250亿元。规模以上工业总产值年均增长7.27%，超4330亿元。丝绸纺织、电子信息、装备制造实现千亿能级，新材料加速迈向千亿级。恒力、盛虹上榜“世界500强企业”并持续进位，亨通等4家企业上榜“中国500

强”,通鼎等6家企业上榜“中国民企500强”,数量领跑全国县(市、区)。有效高新技术企业由334家提升至1031家。新增上市公司12家,累计达25家。中国工联院江苏分院落户吴江。累计建成10家国家级企业技术中心、144个省级智能车间,数量均居全省县(市、区)首位。国家先进功能纤维创新中心获批全省首家国家级制造业创新中心。被认定为省大众创业万众创新示范基地。在2021赛迪“全国百强区”榜单中位列全省第一、全国第十。

五年来,改革开放不断深化。示范区制度创新成果和项目建设经典案例数连续位居首位。“联合河长制”经验入选《新时代治国理政案例精选2021》并向全球发布。“工业生态‘数字管理’赋能经济高质量发展”入选“中国改革2021年度地方全面深化改革典型案例”。调整完善区镇(街道)行政区划和规划委员会设置,顺利完成政府机构改革任务,盛泽、平望经济发达镇改革试点高质量通过验收。深化区属国资国企改革,整合组建5大国资集团公司。“1+6+N”全域综合行政执法改革获省法治建设创新奖。工业企业资源集约利用系统全国首创并推广。持续优化营商环境,实现“一门式”“一窗式”政务服务,完成“1330”等“放管服”改革任务,在2021赛迪投资竞争力百强区中排名全市第一。建成纺织、通信光电缆、电梯3个国家外贸转型升级基地。吴江开发区、汾湖高新区成为江苏自贸区苏州自贸片区联动创新区。亨通海缆、永鼎孟加拉国家电网等“一带一路”项目建设成果显著。开通中欧班列长三角一体化示范区专列。外贸进出口规模年均增长4.7%,超260亿美元。高质量完成东西部扶贫协作、南北挂钩合作任务,吴江泗阳工业园区位列全省县级共建园区综合考评第一。

五年来,城乡品质大幅提升。沪苏湖、通苏嘉甬铁路等“轨道上的长三角”项目加快推进,苏州地铁4号线顺利通车联通吴江,吴江大道建成通车,全区公路总里程达2374公里。实施“三治”“三优三保”等专项行动,累计治违拆旧4.52万亩、盘活土地超5万亩,获评省国土资源节约集约利用模范县(市、区)。启动总面积超万亩、总投资超千亿的城市有机更新项目,改造提升老旧小区346个。建成中国美丽休闲乡村2个、全国休闲农业与乡村旅游星级示范5家、省级特色田园乡村11个、市级特色康居乡村454个。农村人居环境整治入选全国农村公共服务典型案例。农村河道管护、农田水利管护连续6年获全省考核优秀。集中连片粮田实现高标准农田全覆盖,高标准池塘覆盖率达92%。累计培育农业龙头企业37家、农民专业合作社405家。入选省首批数字乡村试点地区。获评省级全域旅游示范区。文明城市建设水平显著提升。

五年来,生态环境有效改善。全面完成中央、省环保督察及“回头看”和长江经济带审计反馈问题整改。大力开展“263”“三水同治”等专项行动,整治“散乱污”企业(作坊)1.8万家,淘汰低端落后喷水织机9.9万台。实施太浦河“沪湖蓝带”计划、跨界河湖综合治理。全面完成太湖围网拆除和长江流域禁捕退捕任务。新建扩建污水厂5座、提标改造13座,城镇生活污水收集处理量增加60%。生活垃圾实现全量焚烧处置,餐厨(厨余)垃圾处理能力达500吨/日。连续十四年实现太湖“两个确保”。2个集中式饮用水水源地水质达标率保持100%。PM2.5浓度下降37.8%,空气质量优良天数比例提升8.9个百分点。环境执法工作两次获评全国先进。获评国家生态文明建设示范区。

五年来,百姓福祉持续增进。民生支出年均增长超19%,占政府一般公共预算支出比重由74.3%提高至80.5%。城乡居民可支配收入由4.46万元增长至6.5万元,年均增长7.8%。年均新增城镇就业2.2万人。社保体系和待遇水平全面接轨苏州。新建学校39所、改扩建学校34所,新增学位5万个。新增教师3800多人。普通高中招生计划数由46.56%提升至65.66%。苏州大学未来校区正式招生,义务教育学校集团化办学实现全覆盖,获评全国中小学校责任督学挂牌督导创新县(市、区)、省平安校园建设示范县(市、区)。苏州市第九人民医院、吴江区儿童医院投入运营,区中医医院加快异地新建。居民可在示范区及上海市就医免备案直接结算。老有所养基本公共服务标准化列入国家试点项目。居家社区养老日照中心实现村（社区）全覆盖，全部实现社会化运营。全省率先实现所有持证残疾人居民医疗和居民养老保险全覆盖。累计发放困难人群救助金（补贴）5.4亿元。苏州湾文化中心、苏州湾体育中心开业运营。成功创建“中国曲艺之乡”。公共文化体育服务体系、退役军人服务保障体系实现区、镇、村三级全覆盖。区内跨省和毗邻公交线路达15条，实现主要省际道路公交全覆盖。扎实推进市域社会治理现代化试点建设，省级测评群众安全感达99%。实现“省双拥模范城”六连冠。有效应对新冠肺炎疫情，切实筑牢安全生产、防灾减灾等领域安全防线，稳妥有力处置各类突发事件。

在推进经济社会发展的同时，政府自身建设全面加强。认真落实全面从严治党各项要求，捍卫“两个确立”、增强“四个意识”、坚定“四个自信”、做到“两个维护”。扎实开展“两学一做”学习教育、“不忘初心、牢记使命”主题教育、党史学习教育、“两在两同”建新功行动。制度化、常态化学习党的最新理论，以及法律、科技、经济等领域知识。深入推进依法行政，修订政府工作规则，完成行政复议体制改革任务，实现区政府统一行使行政复议职责。严格执行中央八项规定及其实施细则精神，坚决反对“四风”，持续精简会议、文件、督查、考核，“三公”经费年均压减5%左右。按期办复人大代表建议743件、政协提案1077件。受理“12345”热线、区长信箱等平台公众诉求206万余件，办结率99%以上。解决各类信访问题1.29万个。主动公开政府信息15万余条。坚持为民、务实、清廉，努力打造服务政府、法治政府、高效政府、廉洁政府。

各位代表，刚刚过去的2021年，是中国共产党成立100周年，也是“十四五”开局之年。面对复杂的外部形势和严峻的风险挑战，我们坚持以习近平新时代中国特色社会主义思想为指导，保持发展定力，勇担战略使命，认真落实中央、省、市和区委决策部署，统筹疫情防控和经济社会发展，“十四五”发展实现良好开局，各主要经济指标全面超预期。预计完成地区生产总值2180亿元，同比增长8%；一般公共预算收入258.06亿元，增长9.13%；规上工业总产值4330亿元，增长18%；全社会固定资产投资646亿元，增长10%；社会消费品零售总额721亿元，增长16.9%；实现进出口总额260亿美元，增长20%；实际使用外资5.97亿美元，增长31%；新增上市公司5家。

践行国家战略步伐坚定。178项示范区建设重点工作、121项对接上海行动落地见效。成功承办示范区理事会第四次全体会议、第二届示范区开发者大会和示范区两周年现场会。全年签约落户项目124个，总投资超830亿元，其中10亿元以上重大项目19个。恒力、盛虹“世界500强企业”排名攀升至第67位、第311位，东方恒信成为全市唯一新入选“中国民企500强”企业。电梯产业集群新晋成为国家外贸转型升级基地。恒力长三角国际新材料产业基地、长三角（盛泽）现代供应链产业园等一批高显示度项目加快建设。沪苏湖铁路开始桥梁施工，通苏嘉甬铁路、苏州南站、盛泽站等项目有力推进。长三角示范区教师发展学院、示范区知识产权保护服务中心揭牌。示范区政务综窗实现三地民生类事项通办。实现区镇两级政务服务大厅长三角“一网通办”专窗全覆盖。

加快创新转型成效明显。预计全社会研发投入占地区生产总值比重提升至3.58%。新增有效高新技术企业111家。中国工联院江苏分院挂牌运营，徐工汉云等3家国家级“双跨”平台落地。培育本土行业性工业互联网平台10个，服务企业超3000家。新增省示范智能车间10个、省星级“上云”企业440家，完成智改数转项目超1500个。新增3家国家制造业单项冠军、4家国家级服务型制造示范、5家国家专精特新“小巨人”、6家省百强创新型企业。英诺赛科、微康生物获国家重大专项支持，迈为股份成为全市唯一入选省双碳重大科技成果转化项目。新获评国家科学技术奖2项、省科学技术奖11项，获奖数均列苏州大市第一。新增省级以上人才（团队）11个。入选首批省创新型示范县（市、区）建设名单。恒力化纤获评省长质量奖。丝绸产业成为世界知识产权组织全球第三家版权保护优秀案例示范点。吴江丝创园入选工信部纺织服装创意设计示范园区。“放管服”改革等5项工作获省

2020年落实重大政策措施成效明显地方激励表彰，为历年最多。在2021年中国中小城市高质量发展指数研究成果5张榜单中均列全国前十。

统筹城乡发展持续向好。深入开展“三治”“三优三保”等行动，治违拆旧超1万亩，盘活存量土地8417亩，处置批而未供土地6189亩。盛家厍、云梨桥畔等15个城市更新项目加快推进。完成29个老旧小区改造、350座农村公厕建设。完成2个示范片区、16条道路、36个小区、3个综合整治工程架空线整治。实现居民小区、公共机构、行政村生活垃圾分类全覆盖。乡村振兴“江村”品牌持续打响，村均集体可支配收入达817万元、增长超10%，融创桃源、蓝城曲水善湾、七都开弦弓村等一批乡村振兴项目加快推进，“平望·四河汇集”一期完成，震泽齐心村香洞湾获评省级特色田园乡村，环长漾特色田园乡村带风貌初显，入选首批省级文旅产业融合发展示范区建设单位名单。吴江区现代农业产业园获国家级认定公示。获评首批全国休闲农业重点县、首批国家级水产健康养殖和生态养殖示范区、全国县域农业农村信息化发展先进县、首批省级“四好农村路”示范县。

改善生态环境扎实有效。稳步推进碳达峰8大行动31项工作任务。科学推进有序用电，完成减污降碳、能耗削减任务。获批国家整县(市、区)屋顶分布式光伏开发试点，全省率先出台相关补贴政策。与生态环境部、省生态环境厅共建长三角一体化示范区绿色发展国际创新中心。发放全省首笔生态贷，实施全国首单绿色科技创新债权融资计划。全区生活污水厂按照“四统一”要求整合运营。光大焚烧发电扩容项目建成投运，新增一般工业固废处置能力1500吨/日。全力做好省生态环境保护督察迎检和整改工作。PM2.5浓度降至28微克/立方米，空气优良天数比例提升至84%。

推动民生实事办实办好。城乡居民人均可支配收入增幅高于地区生产总值增幅。城镇登记失业率保持2%左右低位运行。有效用工备案数达56.38万人，创历史新高。放宽灵活就业人员参保户籍限制。14个新改扩建学校建成投用，新增学位1.3万个。苏州大学未来校区以及与上海世外教育集团、南京师范大学等合作办学项目正式开学。教育“双减”政策有序落实。区中医医院主体结构封顶，与上海三甲医院建设合作医院2家，京东方医院开诊。实现示范区医保“一码通”直接结算、苏州大市医保“一卡通”实时结算，示范区异地就医免备案范畴从门诊扩展至住院。完成5个农贸市场改造提升，启动11个“口袋公园”建设，新增健身步道26.4公里。全市唯一入选省城乡公交一体化建设首批试点县(市、区)。

应对风险挑战稳妥有序。坚持疫情防控“平战结合”，精准应对周边地区突发疫情，全面提升疫情应急处置能力，储备31个隔离点共3100个房间，核酸检测能力达10.6万管/日，建成5个方舱接种点，疫苗接种能力超4万剂/日，新冠疫苗接种率居全市前列，全年无新增本土病例。有效应对“5·14”龙卷风灾害，稳妥处置“7·12”房屋坍塌事故，深化既有建筑等15个重点领域整治，全面排查既有建筑22万余幢，形成既有建筑全生命周期管理基础数据。挂牌督办安全生产重大事故隐患项目82个。成功抵御“烟花”超强台风和超历史水位侵袭，防汛抗洪工作获省委省政府表彰。全力维护金融秩序，不良贷款率下降至0.66%。常态化开展扫黑除恶斗争，电信网络诈骗警情数同比下降20.4%。加强国防动员和后备力量建设。圆满完成建党百年、进博会等重大活动安保维稳任务。

回顾五年发展历程，成绩来之不易，经验弥足珍贵。我们深刻体会到：必须坚持党的领导，坚定不移沿着习近平总书记指引的方向前行，不折不扣落实好党中央决策部署。必须坚持以人民为中心的发展思想，始终把人民对美好生活的向往作为我们的奋斗目标，在发展中更好地保障和改善民生。必须坚持向改革创新要动力，牢牢把握示范区建设最大机遇，立足制造业这一根本，深入实施创新驱动战略，坚定不移深化改革、扩大开放。必须坚持依法行政，严格依法履职，不断提高运用法治思维和法治方式推动工作、解决问题的水平。

各位代表，过去五年，我们应对挑战取得了厚实成果，这是习近平总书记领航掌舵、党中央高瞻远瞩、上级党委政府和区委坚强领导的结果，是全区上下精诚团结、砥砺奋进、辛勤耕耘的结果。在此，我代表吴江区人民政府向全区人民，向各位人大代表、政协委员，向各民主党派、各人民团体和各界人士，向离退休老同志，向驻吴解放军、武警官兵，向参与、支持和关心吴江经济社会发展的海内外朋友，特别是始终与我们想在一起、干在一起，风雨同舟、同甘共苦的广大群众和所有企业家朋友，致以崇高的敬意和衷心的感谢！

在总结成绩的同时，我们也清醒地认识到，全区经济社会发展和政府工作还存在一些困难和问题。主要是：外部形势复杂多变，发展的不确定性因素仍然较多；创新资源集聚效应还不明显；绿色低碳、集约高效发展的路径模式还要深化探索，产业发展的整体质效还不高；安全生产、社会治理还存在薄弱环节；各级干部推动高质量发展的专业化水平亟需加快提升；等等。对于这些问题，必须采取切实有效的措施，努力加快解决。

二、未来五年总体思路和重点任务

根据党中央决策部署和省、市、区党代会精神，今后五年政府工作的指导思想是：坚持以习近平新时代中国特色社会主义思想为指导，全面贯彻党的十九大和十九届历次全会精神，认真落实习近平总书记对江苏、对苏州工作以及对长三角一体化发展系列重要讲话指示精神，坚持稳中求进工作总基调，统筹推进“五位一体”总体布局，协调推进“四个全面”战略布局，坚定扛起“争当表率、争做示范、走在前列”光荣使命，完整准确全面贯彻新发展理念，坚持以深化供给侧结构性改革为主线，以生态优先、绿色发展为导向，以改革创新为根本动力，聚焦高质量发展、高品质生活、高水平治理，用好示范区建设国家战略平台，厚植民营经济优势，更好地统筹发展和安全，努力满足人民日益增长的美好生活需要，加快建设展现“强富美高”新图景的社会主义现代化强区。

建议新一届政府重点把握好以下五个方面：一要坚持完整准确全面贯彻新发展理念，坚定不移推动高质量发展。促进创新成为第一动力、协调成为内生特点、绿色成为普遍形态、开放成为必由之路、共享成为根本目的、安全成为基本前提，全面提升发展质效，高水平推进示范区建设。二要坚持以人民为中心的发展思想，着力推动共同富裕。千方百计拓宽富民增收渠道，以高质量发展保障和改善民生，促进公共服务优质均衡供给，更好实现幼有善育、学有优教、劳有厚得、病有良医、老有颐养、住有宜居、弱有众扶。三要坚持走生态优先绿色低碳发展之路，大力推进美丽吴江建设。持续擦亮吴江的生态基底，加快形成人与自然和谐共生的现代化建设新局面，率先探索将生态优势转化为经济社会高质量发展优势。四要坚持改革开放不动摇，全面增强创新发展活力。发挥改革的突破和先导作用，勇当科技和产业创新的开路先锋，厚植民营经济优势，把底板固得更牢、长板拉得更长、强项变得更强，形成更多示范模式、领先优势，持续增强地区核心竞争力。五要坚持统筹发展和安全，牢牢守住安全发展底线。强化“主动拆弹”意识，着力防范化解各类风险，全面夯实安全发展基础，加快推进韧性城市建设，全力保障群众生命财产安全。

建议新一届政府重点抓好以下任务：

一是围绕打造创新发展新高地，推动高质量发展取得更多成果。地区生产总值年均增速5.6%以上，一般公共预算收入年均增速5.5%以上。持续擦亮“民营经济看吴江”品牌，培育形成千亿级新材料产业，新增1家“世界500强企业”，累计拥有上市公司超45家。推动吴江开发区打造成全区创新发展的最强引擎。推动汾湖高新区争创国家高新区，成为苏州对接上海的“桥头堡”。推动吴江高新区打造成传统产业转型升级的示范。持续打响“工业互联网看吴江”品牌，打造长三角工业互联网创新示范基地，推动太湖新城建设成为长三角数字经济高地。实现全区规上工业企业智能化改造和数字化转型全覆盖，形成以制造业单项冠军、专精特新“小巨人”为支撑的不少于100家的企业梯队，力争新增“灯塔工厂”1家。全社会研发投入占地区生产总值比重4%以上，高新技术企业数达1800家，高新技术产业产值占规上工业总产值比重达55%。全区人才总量突破40万人，高层次人才总量达4万人。每万人高价值专利拥有量达23件。

*二是围绕打造生态绿色新典范，推动世界级湖区彰显独特魅力。*围绕碳达峰碳中和目标，积极构建清洁能源体系、绿色制造体系、低碳生活体系，加快国家整县（市、区）屋顶分布式光伏开发试点建设，单位地区生产总值用水、能耗、二氧化碳排放量持续下降。实施防洪保安综合整治工程，打造生态美丽河湖470个，整体提升东太湖百里风光带、环元荡美丽湖泊群、沪湖蓝带、大运河生态廊道等重点片区生态品质，率先建成美丽中国建设先行区和示范区。深入打好污染防治攻坚战，城乡建成区基本实现污水处理提质增效达标区全覆盖，垃圾分类集中处理率达99%以上，完成上级下达主要污染物排放总量削减任务，全区空气质量优良天数比例、PM2.5浓度、地表水国省考断面水质优Ⅲ比例达到上级考核目标。

*三是围绕打造城乡融合新标杆，推动现代化风貌焕发靓丽颜值。*推动东太湖度假区争创国家级旅游度假区，强化东太湖CBD等核心区域现代化、国际化功能的商旅服务配套、生活消费中心建设，推进地下空间开发利用，成为苏州城市建设的最大亮点。加快苏州南站、盛泽站建设，建成沪苏湖铁路，开工建设通苏嘉甬铁路、如通苏湖城际铁路，率先建成“轨道上的示范区”。推动苏州湾隧道、东环南延、江陵路等重大交通工程建设，“入苏融沪接浙”路网更加快捷。推进城乡和产业融合更新，治违拆旧不少于5万亩、盘活存量土地不少于4万亩，完成67个城镇老旧小区改造。全面推进乡村振兴，推动城乡资源双向流动，村均集体可支配收入超1400万元，常住人口城镇化率超75%。

*四是围绕打造江南文化新空间，推动发展软实力实现大幅提升。*高标准建设文化地标，共建江南水乡古镇生态文化旅游圈，打造8条以上旅游精品线路，创建国家全域旅游示范区、国家文化和旅游产业融合发展示范区。擦亮“江村”乡村振兴品牌，以建设长漾国际乡村文旅融合发展区为引领，统筹推进“魅力大运河”“美丽湖泊群”两大特色田园乡村组团8个片区建设，建成特色精品乡村20个以上、特色康居乡村300个以上，基本实现特色宜居乡村全覆盖。打响“江南文化”品牌，探索“制造+文化”路径，实现规模以上文化企业超120家，文化产业增加值占地区生产总值比重超10%。实施公共文化、体育惠民工程，高水平运营苏州湾文化中心、苏州湾体育中心，引进和办好国内外重大文体活动。加强“江南小剧场”建设，推出更多叫好叫座的原创文化精品。

*五是围绕打造共同富裕新样板，推动高品质生活带来幸福感受。*城乡居民人均可支配收入增幅不低于地区生产总值增幅。强化就业保障，优化就业结构，城镇登记失业率控制在3%以内。促进公共服务更加优质均衡，加快打造现代化教育名区，全面推进健康吴江建设，创成2家三甲医院。积极构建医养、康养相结合的养老服务体系，人均预期寿命超84岁，全体居民多层次多样化需求得到更好满足。成功创建国家级数字档案馆，实现建制镇年鉴全覆盖。安全生产基础更加牢固，城市防灾抗灾救灾能力明显提升。扎实推进“八五”普法，社会治理体系和治理能力现代化水平走在全国同类区域前列。社会文明程度显著提升。

三、2022年主要工作

2022年是党的二十大召开之年，也是吴江撤市设区十周年。新一届政府既肩负着谱写新篇章的开局使命，也承载着阶段性答题交卷的期盼重托，要坚持以习近平新时代中国特色社会主义思想为指导，深入贯彻党的十九大和十九届历次全会精神以及中央经济工作会议精神，坚决落实中央、省、市和区委决策部署，坚持“稳字当头、稳中求进、全面向好”工作定位，扎实做好“六稳”“六保”工作，统筹疫情防控和经济社会发展，更好统筹发展和安全，坚持生态优先、绿色低碳，走内涵式、集约式发展道路，加快打造创新集群，推动“创新湖区”“乐居之城”不断取得新成果，在长三角生态绿色一体化发展示范区建设中走在最前列，以优异成绩迎接党的二十大胜利召开。

2022年全区经济社会发展的主要预期目标是：地区生产总值增长6%左右，一般公共预算收入增长5%以上，全社会固定资产投资增长5%以上，社会消费品零售总额增长5.5%以上，进出口贸易保持稳定，全社会研发投入占地区生产总值比重3.62%以上，城乡居民人均可支配收入增幅不低于地区生产总值增幅，城镇登记失业率控制在3%以内，全员劳动生产率保持增长，工业增加值率高于上年，完成上级下达的单位地区生产总值能耗下降、主要污染物排放削减目标任务。

围绕上述总体要求和主要目标，重点做好六方面工作：

（一）勇担国家战略使命，坚定走在示范区建设最前列

牢牢把握示范区建设重大历史机遇，主动融入和服务新发展格局，以更多的三周年成果全力当好示范窗口。

打造更多标杆性项目。加强重大项目招引，引进100亿元以上项目1个、50亿元—100亿元项目2个、10亿元—50亿元项目20个。全力推进恒力新材料、长三角工业互联网创新示范基地等重大项目建设，全年完成投资620亿元。抓住国家加快专项债发行机遇，全力争取用好中央、省预算内投资资金和专项债超50亿元。全面融入虹桥国际开放枢纽，推进沪苏湖、通苏嘉甬铁路和如通苏湖、水乡旅游线城际铁路建设，打造苏州南站、盛泽站示范区重要门户。

取得更多探索性成果。积极探索跨省域一区多园国家高新区创建新模式。完成国企改革三年行动任务，进一步优化国资布局，探索国资跨区域、跨领域合作。加大绿色金融、同城化金融服务、跨区域联合授信机制等方面创新力度，设立200亿元规模的长三角生态绿色一体化基金，争创国内首家跨区域绿色金融改革创新试验区。推动制定联合河（湖）长规范化标准。探索建立元荡湖口断面共考和联合断面长制。

办成更多合作性事项。协同推进示范区“一厅三片”建设。推动国家教育行政学院合作项目落地揭牌。加快跨区域医联体、异地就医直接结算、示范区养老服务标准互认互通等项目建设。实现示范区新生儿“出生一件事”等集成服务事项跨省通办。加快推进浦港路东延接青浦、南延接嘉善等跨省通道项目建设，扩大跨省公交服务覆盖范围。更高质量融入和推进市域一体化发展，积极支持配合打通市域内断头路。努力承接好上海溢出效应，集聚更多优质创新资源。联动办好各类促消费活动。打造跨区域政法协同2.0版。

（二）打造产业创新集群，全力做优做强实体经济

坚持创新核心地位，以智能化、数字化引领制造业转型升级，出台数字经济时代产业创新集群发展三年行动计划，促进产业集群向更高能级创新集群演变，全面提升实体经济发展质效。

汇聚整合创新资源。大力实施科技创新跨越发展行动，深化高新技术企业培育“小升高”行动，有效高新技术企业数量超1100家，新增市独角兽培育企业10家、瞪羚企业30家。高水平推进苏州大学未来校区建设，加快上海交大长三角研究院、华师大长三角研究院引进落地。做大做强国家先进功能纤维创新中心等国家级平台，高水平建设运营长三角示范区知识产权保护服务中心，扩大科技创新券使用范围。引进、建设独立研发机构8家，完成产学研合作项目180个。新增省级制造业创新中心1家、产业链“卡脖子”关键核心技术攻关项目2个。实施新一轮人才创新创业“55352”工程，新增市级以上创新创业领军人才项目50个。分层分类建设人才公寓7000套，建成示范公寓项目5个。

强化数字全面赋能。大力推进工业互联网示范园区建设，高水平打造工业互联网创新示范基地。加快建设印染、织造、铸造、电梯等细分领域行业性工业互联网平台，争创工信部工业互联网试点示范项目1项，新增省级工业互联网平台1家。培育智能化改造和数字化转型标杆企业和服务商5家，完成智改数转项目1200个，新增省、市级示范智能车间和工厂30个，省星级“上云”企业150家。新建5G基站1000个以上。推动亨通、盛虹标识解析二级节点市场化运作，力争服务企业超2500家。数字经济核心产业增加值增长超16%。

推动产业转型升级。围绕产业链部署完善创新链，围绕创新链布局赋能产业链，深入实施产业链“攀高、补短、育新”三大工程，加快打造以高性能纤维、先进功能材料等为核心的千亿级新

材料产业。鼓励支持中小企业走专精特新发展道路，新增国家制造业单项冠军和专精特新“小巨人”企业5家、省专精特新“小巨人”企业20家、“苏州制造”品牌登峰企业2家。新增上市公司4家。推动东方丝绸市场向未来时尚城转型。加快自贸区联动创新区、外贸转型升级基地、综合保税区建设，实际使用外资5.8亿美元。科学做好能耗“双控”工作，坚决遏制“两高”项目盲目发展，确保单位地区生产总值能耗下降3%。大力推进国家整县（市、区）屋顶分布式光伏开发试点，完成屋顶光伏建设150兆瓦。

（三）推进城乡融合发展，更美呈现江南水乡风貌

聚焦“世界级水乡人居文明典范”，加快打造富有江南韵、小镇味、现代风的城乡融合新标杆，全面展现“新鱼米之乡”“新江南空间”的现代风貌。

优化空间布局。推进乡镇国土空间规划和村庄规划编制，实施全域土地综合整治暨“一减双升三优”行动，彻底解决耕地碎片化、土地利用低效化问题。出台并实施低效工业企业整优提升攻坚行动计划，全面淘汰亩均税收3万元以下工业企业，推动工业企业亩均税收提升至15万元以上，不断提高工业用地节约集约利用水平和产出效益。深化“三治”“三优三保”等工作，完成治违拆旧超1万亩，盘活存量建设用地8000亩。推进水系结构优化调整，大力开展生态美丽河湖建设，打造湖区经济新亮点。

提升城市品质。加快城市更新、产业新兴，高水平推进盛家厍、云梨路总部经济带、盛泽现代供应链产业园、国赵路片区等更新项目。高标准建设东太湖CBD总部经济区、花港湾等重点区域，开工建设太湖新城滨水核心区地下空间，争取苏州湾隧道尽快启动，新增苏州湾滨水慢行步道9.5公里。改造提升老旧小区34个，完成架空线整治36公里。完成太湖新城北片区4.54公里综合管廊建设，启动南片区6.31公里综合管廊建设。加快城市绿化工作，启动外苏州河、环长漾御水长堤景观绿化工程，实施吴江大道、太湖新城环湖路、开发区运东大道等道路绿化工程。新建“口袋公园”35个，试点建设公共空间休憩座椅，把建成区打造成开放的“客厅”、休闲的“后院”、共享的“花园”。持续推进生活垃圾分类。完成8座农贸市场改造提升。推进东环南延、江陵路、苏同黎等城市路网快速化改造，凯旋生活广场全面竣工。新增停车泊位1万个。推动“地铁+公交”无缝对接。用“绣花功夫”和数字化技术推进城市精细化管理。全力争创省双拥模范城。

推进乡村振兴。深入实施村级集体经济倍增计划，新增农民专业合作社40家，实现村级集体经济增长超12%，村均集体可支配收入达900万元。加强农业产业园建设，园区建成面积占比达75%，入园企业超120家。开展生产、供销、信用“三位一体”综合合作试点，完成农产品电商销售超10亿元，星级数字乡村占比超50%。推动“三高一美”提档升级，稳住“米袋子”“菜篮子”，确保粮食产量稳定在3.1亿斤以上。推进环长漾特色田园乡村带、元荡美丽乡村群特色精品示范区建设，实施环长漾道路贯通工程，建成特色康居乡村85个、特色精品乡村3个、特色宜居乡村160个，创建省级特色田园乡村3个。以“五美三优”为抓手扎实推进农村人居环境整治。按照建设年代分类推进农房改建改善，对有安全隐患的优先及时改造。新建219座、改建131座农村公厕。争创“四好农村路”全国示范县。

（四）厚植生态人文优势，持续提升区域竞争实力

高质量做好“生态”文章，高水平重塑“江南文化”，更大力度优化营商环境，以更优综合环境助力发展实力持续攀升。

打造更加优越的自然环境。联合青浦、嘉善探索创建“绿水青山就是金山银山”实践创新基地。深入实施太浦河“沪湖蓝带”计划，深化“河（湖）长制”“林长制”改革，完成河道整治100条，建设10条劣V类河道整治样板、10条生态美丽河湖样板。新增造林100亩、更新造林200亩。高水平运作长三角一体化示范区绿色发展国际创新中心，积极探索生态环保多元投入和补偿机制。加快推进盛泽南部工业区4万吨/日综合污水处理厂、汾湖西部污水处理厂1万吨/日扩建工程建设。新建78个、提升70个自然村农村生活污水治理设施，实现沿太湖5公里村庄污水全收

集。确保地表水国省考断面水质优Ⅲ比例、空气质量优良天数比例、PM2.5浓度等完成上级下达目标任务。全力做好中央和省生态环境保护督察迎检及整改工作。

打造更加优良的人文环境。推动同里、黎里、震泽古镇联合申遗，大力推进“平望·四河汇集”、黎里国际生态文旅示范区、震泽水乡再塑和古镇保护工程、七都开弦弓村综合提升等项目建设，争创国家文化和旅游产业融合发展示范区、国家全域旅游示范区。实施文化产业倍增计划，加快建设京东方艺云产业基地等数字文化载体，市场化运作江南文化产业发展基金，新增营收超亿元文化企业3家以上。提高苏州湾文化中心、苏州湾体育中心运营质效。加强“15分钟品质文化生活圈”“10分钟体育健身圈”建设，实现吴江博物馆新馆布展开放、区级文化活动配送超120场，新建笼式球场类便民设施14片、健身步道20公里。充分用好吴江历史人文资源，发挥文化铸魂育人作用。办好江南丝绸文化旅游节、环意自行车赛等重大文体赛事和品牌活动。扎实推进文明典范城市建设。

打造更加优质的营商环境。按照市场化、法治化、国际化要求，实施营商环境5.0版，深化“放管服”改革，落实“一件事一次办”“一业一证”改革任务。深化“互联网+政务服务”，提高电子证照利用率，推动民生事项集成联办。常态化开展企业走访，推进企业深度参与政策制定和效果评估，实现涉企政策一键直达。实施减免房租、增值税加计抵扣、优惠信贷、稳岗返还、社保降费等支持政策。用好工业企业资源集约利用系统，强化资源要素差别化配置。对上市募投等好项目，优先保障土地等要素资源。提高普惠型金融领域贷款比重，促进中小微企业融资增量、扩面、降价。

（五）增进群众生活福祉，不断丰富乐居吴江体验

坚持以人民为中心的发展思想，紧扣民生大事、关键小事，用心用情办好民生实事，让人民群众的生活更加美好、好上加好。

强化民生基本保障。实施就业惠民工程，发放就业创业补贴约1.28亿元。支持失业人员、退捕渔民等重点群体自主创业超1800人，创业带动就业超5400人。深化省级和谐劳动关系综合试验区建设。落实社保、低保、住房公积金等政策标准调整及待遇发放。开工建设2个区域性养老服务中心、3个综合为老服务中心，实施老年人家庭适老化改造，开展80岁以上老年人居家一键呼叫服务。实现3岁以下婴幼儿普惠性托育机构区镇、街道全覆盖。新开工建设保障性租赁住房1590套，促进房地产市场健康发展。支持企业和社会群体参与公益慈善事业。推进儿童福利机构转型发展。

加大优质服务供给。新改扩建学校12个，新增学位7000个。落实“双减”要求，推进学前教育和义务教育优质普惠发展，争创省义务教育优质均衡发展县（市、区）。提升全区医疗机构综合实力和服务水平，与上海优势专科组建跨区域医联体2个、专科联盟3个，建设2个以上全省前列的医疗专科，推进社区卫生服务中心建设，确保区中医医院异地新建项目建成并投入使用。优化“半小时”公共法律服务圈。实现村（社区）基层社会工作室全覆盖、区镇街道民生档案查询服务全覆盖。

维护社会安全稳定。科学精准做好常态化疫情防控工作，加强疫情防控督查检查和志愿者引导，建设健康驿站，提高疫情应急处置能力，扎实推进疫苗接种工作，全力构筑疫情防控免疫屏障。纵深推进“1+2+10”安全生产专项整治行动，强化既有建筑全生命周期管理，完成剩余55处D级危房解危整治，坚决遏制重特大事故发生，生产安全事故起数和死亡人数“双下降”，降幅大于全市平均水平。扎实推进吴淞江整治工程等防洪除涝基础设施建设。全力防范金融风险，大力化解政府性债务，高度关注房地产、大型民营企业债务等领域风险，及时发现、有效处置苗头性问题。常态化开展扫黑除恶斗争，全面排查化解各类矛盾纠纷，加强网络安全防护，严厉打击电信网络新型违法犯罪。完成好党的二十大、冬奥会等重大安保维稳任务。

（六）加强政府自身建设，全面增强干事创业本领

坚持和加强党对政府工作的全面领导，坚定捍卫“两个确立”，增强“四个意识”、坚定“四

个自信”、做到“两个维护”。扎实推进法治政府建设，建立健全学法用法制度，强化重大决策科学论证、风险评估和合法审查，推进行政复议体制改革，严格规范公正文明执法，主动接受人大法律监督，自觉接受政协民主监督，高度重视司法、审计、社会和舆论监督。以政治建设为统领，加快提升政府系统国际化视野和专业化水平，进一步强化数字化思维，主动学习新知识、新本领，不断提高政治能力、调查研究能力、科学决策能力、改革攻坚能力、应急处突能力、群众工作能力以及抓落实能力。持之以恒推进党风廉政建设，严格执行中央八项规定及其实施细则精神，驰而不息纠治“四风”，大力弘扬“清、慎、勤”作风，严格控制“三公”经费和一般性支出，把更多财政资金用于科技创新、企业帮扶、改善民生，用政府的“紧日子”换取群众的“好日子”。

各位代表，忠诚向未来，实干创未来，担当赢未来。让我们更加紧密地团结在以习近平同志为核心的党中央周围，在上级党委、政府和区委的坚强领导下，紧紧团结和依靠全区人民，真抓实干，埋头苦干，紧张快干，勤奋巧干，加快建设社会主义现代化强区，以优异成绩迎接党的二十大胜利召开！

2021年苏州市吴江区国民经济和社会发展统计公报

苏州市吴江区统计局

2021年，在区委区政府的坚强领导下，全区上下牢牢把握长三角生态绿色一体化发展国家战略机遇，紧紧围绕推动“十四五”开好局、起好步目标任务，坚持稳中求进工作总基调，努力克服疫情、汛情、能源及部分原材料供应偏紧等不利因素，经济运行总体平稳向好，高质量发展稳步推进。

综合经济实力

2021年，全区实现地区生产总值2224.53亿元，按可比价计算，比上年同期（下同）增长8.0%。其中，第一产业实现增加值37.34亿元，增长1.5%；第二产业实现增加值1160.01亿元，增长10.8%，其中工业实现增加值1072.71亿元，增长11.8%；第三产业实现增加值1027.18亿元，增长5.3%。三次产业结构比为1.7∶52.1∶46.2，第二产业占比较去年提升2.2个百分点。

财政收入平稳增长。全年完成一般公共预算收入258.06亿元，增长9.1%，总量和增速分别列苏州大市第四、第五。其中税收收入220.87亿元，增长3.6%，税收收入占一般公共预算收入比重为85.6%。全年完成一般公共预算支出351.12亿元，增长43.7%，其中民生支出282.77亿元，增长47.1%，占一般公共预算支出比重达80.5%，高于去年同期1.9个百分点。

市场主体规模进一步扩大。全年新增市场主体3.43万户，其中私营企业1.28万户，个体工商户2.08万户。期末全区市场主体总数达24.35万户，其中私营企业8.73万户，注册资本5366.29亿元，增长8.5%；个体工商户15.05万户，注册资本146.26亿元，增长15.2%。企业能级持续提升。恒力、盛虹“世界500强”排名攀升至第67位、第311位，亨通、通鼎等4家企业蝉联“中国企业500强”，东方恒信成为苏州大市唯一新入选“中国民企500强”企业。新增上市公司5家，过会2家，累计境内外上市企业达25家。

农林牧渔业

农业生产保持平稳。全年实现农林牧渔业总产值63.42亿元，按可比价计算，同比增长2.4%。全年粮食总产量15.70万吨，增长0.4%，其中夏粮3.14万吨，秋粮12.56万吨。蔬菜总产量32.48万吨，瓜果产量7.20万吨。全年出栏生猪24516头，羊5242只，禽蛋总产量1925吨，渔业总产量5.61万吨。

现代农业加快建设。全年新增高标准农田面

积1.34万亩，新增现代农业园区面积2.00万亩，池塘标准化改造面积2.21万亩。全区现有中国美丽休闲乡村2个、全国休闲农业与乡村旅游星级示范5家、省级特色田园乡村11个、市级特色康居乡村454个，吴江区省级、市级特色田园乡村（特色精品乡村）数量均位列苏州大市第一。农村人居环境整治入选全国农村公共服务典型案例。农村河道管护、农田水利管护连续6年获全省考核优秀。集中连片粮田实现高标准农田全覆盖，高标准池塘覆盖率达92.2%。

工　业

工业经济迈上新台阶。全年全部工业总产值首超5000亿元，其中，完成规模以上工业总产值4390.40亿元，增长19.0%，增速超苏州平均水平1.8个百分点，列苏州大市第五，较去年同期提升4位；全年实现工业开票销售收入6007.95亿元，增长25.3%。完成高新技术产业产值2294.71亿元，同比增长22.6%，高于规上工业产值增速3.6个百分点，占规上工业产值比重为52.3%，较去年同期提升2.4个百分点。工业用电量255.04亿千瓦时，增长10.3%。

产业结构持续优化。全年规上民营企业实现产值2380.26亿元，增长19.6%，占规上工业产值的比重为54.2%；外商及港澳台投资企业实现产值1979.27亿元，增长18.5%。完成规上工业新兴产业产值2247.91亿元，占规上工业产值的比重为51.2%。四大主导产业合计实现产值3421.60亿元，同比增长19.1%，高于规上工业产值增速0.1个百分点，其中，电子资讯业879.52亿元，增长22.9%；光电缆业265.60亿元，增长12.2%；装备制造业1214.37亿元，增长17.2%；丝绸纺织业1062.12亿元，增长20.2%。

企业效益快速回升。全年规上工业实现营业收入4557.67亿元，增长22.2%；实现利润总额240.91亿元，增长24.4%，增速高于规上工业产值增速5.4个百分点。全区规上工业31个大类行业中，23个行业利润总额同比实现正增长，盈利面达74.2%，较去年提升32.3个百分点。

建筑业

建筑业发展良好。全区资质以上建筑业企业172家（指具有资质等级的总承包和专业承包建筑业企业，不含劳务分包企业），全年完成建筑业总产值162.83亿元，增长18.0%。其中，建筑工程产值148.66亿元，增长17.4%，占全区建筑业总产值的91.3%；完成安装工程产值13.33亿元，增长31.2%。建筑业企业房屋施工面积1506.18万平方米，增长73.8%；竣工面积357.46万平方米，增长21.8%。全区总承包和专业承包建筑业企业在省内完成产值147.26亿元，增长19.3%；在省外完成产值15.58亿元，增长6.6%。

固定资产投资和房地产开发

固定资产投资高位运行。全年完成全社会固定资产投资646.07亿元，增长10.1%，总量和增速分别列苏州大市第三、第四，较去年同期分别提升1位、5位。分产业看，完成工业投资220.08亿元，增长2.2%，完成服务业投资425.97亿元，增长14.7%。

民间投资主体地位稳固。全年完成民间投资485.62亿元，增长13.2%，增速高于全社会固定资产投资3.1个百分点，民间投资占固定资产投资比重达75.2%，较去年提高2.1个百分点，占比位列苏州大市第一。

房地产市场保持平稳。全年实现房地产开发投资334.59亿元，增长5.8%。房屋施工面积1685.83万平方米，其中本年新开工面积286.36万平方米；本年竣工面积269.87万平方米。本年商品房销售面积258.20万平方米，下降26.1%，扣除定销房因素，同比增长4.0%。

交通、邮政电信和旅游业

交通服务能力优化提升。年末全区等级公路里程2374.84公里，其中高速公路100.2公里，一级公路254.11公里。全年完成旅客运输量5367万人，货物运输量4010万吨。区内跨省和毗邻公交线路达15条，实现主要省际道路公交全覆盖。年末民用汽车保有量526399辆，本年净增44356辆；年末私人汽车保有量446549辆，本年净增37898辆。

邮电业务健康发展。全年实现邮政业务收入3.75亿元，增长4.5%。实现电信业务收入27.11亿元，增长9.5%。年末全区拥有固定电话用户数20.53万户，移动电话用户数203.43万户，互联网用户118.81万户。

旅游产业稳定恢复。全年实现旅游总收入282.21亿元，增长71.8%，国内旅游接待人数达2402.58万人次，接待入境过夜旅游人数0.67万人次，旅游外汇收入900万美元。确定32个区级年度重点文体旅建设项目，其中“融创桃源国际生态文旅度假区”等5个项目入选省重点文旅产业项目，“京东方艺云数字文化产业基地项目”等6个项目入选2021年苏州市重点文化产业项目。吴江区入选全省首批文化和旅游产业融合发展示范区建设单位。同里古镇入选第二批省级夜间文化和旅游消费集聚区建设单位。

国内贸易

消费市场好于预期。全年实现社会消费品零售总额720.12亿元，增长16.6%，增速列苏州大市第七，较去年提升1位。2021年，全区限上批发业销售额保持高速增长态势，总量迈上5000亿大关，创历年新高，增速自2019年以来稳居苏州大市第一。

升级类消费表现突出。消费类别中，化妆品类、金银珠宝类、可穿戴智能设备、体育娱乐用品类销售额同比分别增长102.7%、77.1%、82.2%、81.6%，均大幅高于限上批发和零售业销售额平均增速。

外资外贸

利用外资保持高水平。全年新设立外商投资企业105家，增长11.7%，合同外资13.11亿美元。新批及净增资3000万美元以上的项目20个，增长53.8%。引进合同外资千万美元以上新设和增资项目32个，其中超亿美元项目4个。实际使用外资5.97亿美元，增长31.0%。

外贸形势逆势上扬。全年实现进出口总额264.80亿美元，增长22.2%，总量和增速均列苏州大市第五，其中出口197.46亿美元，增长23.7%，总量和增速均列苏州大市第四。从出口市场看，全年对日本出口额15.26亿美元，比上年增长20.5%；对东盟出口额26.80亿美元，增长20.6%；对韩国出口额5.63亿美元，增长22.4%；对欧盟出口额42.05亿美元，增长51.3%；对俄罗斯出口额5.41亿美元，增长60.5%；对美国出口额24.18亿美元，下降15.3%。

双向开放深入推进。全年新批境外投资项目数16个，新签境外投资中方协议投资额1.81亿美元，新签对外承包工程合同额0.19亿美元，对外承包工程完成营业额1.38亿美元，服务外包接包合同额1.34亿美元，离岸接包执行额1.04亿美元。

金融业

信贷规模再创新高。年末全区人民币存款余额3745.77亿元，比年初增加352.25亿元，增长10.4%；人民币贷款余额4139.19亿元，比年初增加609.57亿元，增长17.3%。

证券业平稳运行。全区共有证券营业部8家，证券登记开户数130015户，全年共实现证券交易额3221.55亿元，增长14.5%（仅东吴证券提供）。

科技和教育

创新转型成效明显。全年高新技术企业数净增111家，累计1031家。中国工联院江苏分院挂牌运营，徐工汉云等3个国家级“双跨”平台落地。培育本土行业性工业互联网平台10个，服务企业超3000家。新增省示范智能车间10个、省星级“上云”企业440家，完成智改数转项目超1500个。新增3家国家制造业单项冠军、4家国家级服务型制造示范、5家国家专精特新“小巨人”、6家省百强创新型企业。新获评国家科学技术奖2项、省科学技术奖11项，获奖数均列苏州大市第一。

人才引育力度加大。全区人才总量超34万人，其中高层次人才3.03万人；技能人才总量达25.64万人，其中高技能人才10.44万人。获评省“双创”高技能创新类人才2人、姑苏高技能领军人才3人，列苏州大市第一。新增国家级博士后科研工作站（分站）7家，累计拥有省级以上企业博士后科研工作站66家，覆盖吴江重点产业链，在首届全国博士后创新创业大赛摘得2枚银牌，奖牌数列苏州首位。

教育资源供给持续扩充。全年建成重点新建改扩建项目共14个，新增学位1.3万个。水秀实验小学、云龙实验学校、新胜实验学校等一批优质学校正式启用。长三角生态绿色一体化发展示范区教师发展学院正式揭牌，继续推动示范区职教一体化招生，吴江、青浦、嘉善三地互投20个专业255个学位，丝绸中专增挂示范区职业技术学校。南师大、苏州大学、上海世外教育集团等合作办学项目顺利签约揭牌。全年录用新教师879人，其中硕士研究生398人，"双一流建设高校"本科毕业生86人，名校和研究生毕业生比例逐年提高。全年教育重点紧缺人才引进录用28人，其中教授级高级教师2人、省特级教师3人。年末全区拥有各类各级学校241所，全区在校学生数207474人，专任教师数14807人。

文化、卫生和体育

文化建设持续提升。全区现有区级文化馆1个，镇文化站11个，村（社区）文化中心实现全覆盖。全年开展文化"三下乡"活动707场。全区现有电影放映单位20家，影院观众累计224.45万人次，放映农村公益电影2370场。全区现有有线电视用户33.18万户，有线电视入户率100%。建立"青吴嘉三地公共文化服务配送精品资源库"，丰富全区129场文化服务配送清单。盛泽文化中心、过云楼艺术馆入选省"最美公共文化空间"打造对象名单，吴江区戏剧家协会等3家单位入选省优秀群众文化团队培育对象名单。

医疗卫生服务升级。年末全区拥有各类医疗卫生机构489家，较上年增加33家，其中医院、卫生院40家。卫生机构床位数7780张。拥有卫生技术人员9669人，较上年增加773人，其中执业医师、执业助理医师3721人，比上年增加296人。注册护士4243人，其中医院、卫生院3654人，分别较上年增加414人、298人。区镇卫生院21家，社区卫生服务站（村卫生室）209家。全区建成核酸检测实验室8个，应急核酸检测方舱实验室2个，核酸检测基地1个，签约第三方检测机构2家，全区核酸检测储备能力达10.6万管/日，全年新冠疫苗累计完成接种373.70万剂次。

体育事业蓬勃发展。苏州湾体育中心、汾湖文体中心开业运营，长三角"运河名镇"龙舟平望邀请赛等6个项目入选2021年苏州市体育旅游精品项目，苏州湾体育公园、盛泽文体中心入选2021年苏州市体育服务综合体名单。新安装健身路径107套，新建笼式球场11片、健身步道26.41公里。举办科学健身讲座9场，社会指导员培训450余人次。

城乡建设

城市建设扎实推进。沪苏湖铁路开始桥梁施工，通苏嘉甬铁路、苏州南站、盛泽站等项目有力推进。长三角示范区教师发展学院、示范区知识产权保护服务中心揭牌。示范区政务综合服务窗口实现三地民生类事项通办。盛家厍、云梨桥畔等15个城市更新项目加快推进。完成29个老旧小区改造、350座农村公厕建设。完成2个示范片区、16条道路、36个小区、3个综合整治工程架空线整治。实现居民小区、公共机构、行政村生活垃圾分类全覆盖。

乡村建设突出特色精品。全年建成特色精品乡村7个，特色康居乡村88个，特色康居示范区2个。震泽镇齐心村香桐湾通过省级特色田园乡村验收；盛泽镇沈家村等8个村庄通过市级特色精品乡村验收，其中2个被评为"优秀"等次。

人民生活

人口规模平稳增长。年末全区户籍总户数为289897户，总人口为895024人，比上年末增加18353人，增长2.1%。其中男性437606人，女性457418人，男女性别比为95.67∶100。全年出生人口6945人，出生率为7.84‰；死亡人口6712人，死亡率7.58‰；人口自然增长率0.26‰。全区非农业人口725625人。

社会保障水平进一步改善。年末城镇职工基本养老保险参保人数86.64万人，城乡居民基本养老保险参保人数9.9万人，医疗保险参保人数125.80万人。全年新增城镇就业2.32万人，城镇登记失业率保持在1.75%低位运行。兜底保障精准高效,截至年底,社会医疗救助73453人次,救助金额2218.8万元,低收入人员专项救助10人次,救助金额4.96万元;大病补偿174610人次,补偿金额9723.8万元。加快推进养老服务设施建设,新增居民养老服务机构22家,新建养老机构1家(床位499张),完成盛泽镇、七都镇、平望镇、江陵街道4个区镇(街道)综合为老服务中心改建并投入运营。积极推进尊老卡发放,累计办理24万余人次。

居民收入稳步提升。根据住户抽样调查,全区全体居民人均可支配收入65294元,增长8.8%,高于地区生产总值增速0.8个百分点,其中,城镇居民人均可支配收入76781元,增长8.3%,农村居民人均可支配收入41086元,增长10.4%,城乡居民收入比1.869,城乡居民收入差距进一步缩小,在共同富裕上实现新提升。

节能降耗与环境保护

改善生态环境扎实有效。深入开展“三治”“三优三保”等行动,治违拆旧超1万亩。盘活存量土地8417亩,处置批而未供土地6189亩。获批国家整县(市、区)屋顶分布式光伏开发试点,全省率先出台相关补贴政策。PM2.5浓度降至28微克/立方米,空气优良天数比例提升至85.2%。

节能减排促进绿色发展。稳步推进碳达峰8大行动31项工作任务。全区生活污水按照“四统一”要求整合运营。光大焚烧发电扩容项目建成投运,新增一般工业固废处置能力1500吨/日。

“十四五”开局之年是非同寻常的一年,成绩来之不易,在肯定成绩的同时,我们也清醒看到,发展中还面临新的困难和挑战:外部环境更趋复杂严峻和不确定性,统筹发展和安全方面还存在突出问题,绿色化、集约化、内涵式发展的路径模式还要深化探索,城市精细化管理还有不少差距。2022年是党的二十大召开之年,全区上下要坚持以习近平新时代中国特色社会主义思想为指导,全面贯彻落实中央和省委、市委决策部署,坚定扛起“争当表率、争做示范、走在前列”光荣使命,坚持“稳字当头、稳中求进、全面向好”工作定位,扎实抓好“六稳”“六保”工作,统筹疫情防控和经济社会发展,坚持生态优先、绿色低碳,走内涵式、集约化发展道路,奋力在长三角生态绿色一体化发展示范区建设中走在最前列,以优异成绩迎接党的二十大胜利召开。

注:1.本公报数据为2021年度快报数和预计数,定案数以2021年统计年鉴为准。

2.人口数据为户籍人口,来源于公安部门。

2021年吴江区国民经济主要指标

项目	计量单位	2021年	2020年	2021年为2020年%
一、地区生产总值	亿元	2224.53	2002.83	111.1
第一产业	亿元	37.34	37.50	99.6
第二产业	亿元	1160.01	1000.20	116.0
其中:工业	亿元	1072.71	920.96	116.5
第三产业	亿元	1027.18	965.13	106.4
人均生产总值(按常住人口计算)	元	143319	129873	110.4
二、农业				
(一)农业总产值(现行价)	万元	634169	633344	100.1
农业	万元	277100	268705	103.1
林业	万元	20240	22589	89.6
牧业	万元	35528	40360	88.0
渔业	万元	237954	244904	97.2
农林牧渔服务业	万元	63347	56786	111.6

（续 表）

项 目	计量单位	2021年	2020年	2021年为2020年%
（二）主要农副产品产量				
粮食总产量	吨	157002	156344	100.4
油料总产量	吨	288	300	96.0
蚕茧总产量	吨	227	212	107.3
生猪年末存栏数	万头	6.32	1.81	349.2
水产品总产量	吨	56082	55799	100.5
三、工业总产值（现行价）	亿元	5350.00	4350.00	123.0
其中：规模以上工业总产值（现行价）	亿元	4450.51	3728.61	119.4
四、交通运输、邮电				
（一）客运量	万人	5367	4641	115.6
客运周转量	万人公里	150276	143878	104.4
货运量	万吨	4010	2739	146.4
货运周转量	万吨公里	362100	238900	151.6
（二）邮电业务总收入	万元	308967	284055	108.8
五、全社会固定资产投资完成额	亿元	646.07	586.79	110.1
（一）按产业分				
第一产业	亿元	0	0	0.0
第二产业	亿元	220.08	215.30	102.2
其中：工业	亿元	220.08	215.30	102.2
第三产业	亿元	425.97	371.50	114.7
（二）按建筑性质分				
新建	亿元	132.07	85.20	155.0
扩建	亿元	71.06	85.58	83.0
改建	亿元	99.41	84.54	117.6
其他	亿元	8.94	15.17	59.0
房地产开发投资	亿元	334.59	316.30	105.8
（三）按经济性质分				
国有集体经济投资	亿元	76.64	73.10	104.8
外商及港澳台投资	亿元	83.80	84.68	99.0
民资投资	亿元	485.62	429.01	113.2
施工房屋面积	万平方米	1685.83	1794.15	94.0
竣工房屋面积	万平方米	269.87	202.55	133.2
六、贸易、外经				
社会消费品零售总额	亿元	720.12	617.86	116.6
进出口总额	亿美元	264.80	216.68	122.2
其中：出口	亿美元	197.46	159.68	123.7
七、金融、保险				
（一）银行存款余额	亿元	3745.77	3393.52	110.4
银行贷款余额	亿元	4139.19	3529.63	117.3
（二）居民储蓄余额	亿元	1492.95	1308.74	114.1
（三）保险收入	亿元	49.75	50.73	98.1

（续 表）

项 目	计量单位	2021年	2020年	2021年为2020年%
赔款和结付支出	亿元	17.47	14.76	118.4
八、人民生活				
（一）职工收入（城镇非私营单位）				
年末在岗职工（含劳务派遣工）人数	万人	30.9	32.0	96.7
在岗职工（含劳务派遣工）年平均工资	元	104660	93226	112.3
（二）城镇居民人均可支配收入	元	76781	70910	108.3
（三）农村居民人均可支配收入	元	41086	37216	110.4
九、文教、卫生				
普通中学校数	所	49	44	111.4
在校学生人数	人	53284	50819	104.9
职业中学校数	所	2	2	100.0
在校学生人数	人	5409	5459	99.1
小学校数	所	56	56	100.0
在校学生人数	人	107700	105401	102.2
文化馆（站）数	个	12	12	100.0
图书馆数	个	1	1	100.0
影剧院	个	20	20	100.0
卫生机构数	个	488	456	107.0
床位数	张	7780	7496	103.8
专业卫生技术人员数	人	9722	8896	109.3

注：1.地区生产总值、各产业增加值绝对数按现价计算，增长速度按不变价格计算。
2.2010—2020年常住人口数据根据第七次人口普查结果修订。

（区统计局）

优秀企业名单

2021年度吴江区“世界500强企业”名单

恒力集团有限公司
盛虹控股集团有限公司

2021年度吴江区“中国企业500强”名单

恒力集团有限公司
盛虹控股集团有限公司
亨通集团有限公司
通鼎集团有限公司

2021年度吴江区“中国民营企业500强”名单

恒力集团有限公司
盛虹控股集团有限公司
亨通集团有限公司
通鼎集团有限公司
永鼎集团有限公司
东方恒信资本控股集团有限公司

2021年度吴江区百强企业名单

民营工业企业（共50家）

恒力集团有限公司
盛虹控股集团有限公司
亨通集团有限公司
通鼎集团有限公司
康力电梯股份有限公司
江苏凯伦建材股份有限公司
苏州迈为科技股份有限公司
永鼎集团有限公司
博众精工科技股份有限公司
苏州赛伍应用技术股份有限公司
吴江南玻玻璃有限公司
吴江市明港道桥工程有限公司
德尔集团有限公司
佳禾食品工业股份有限公司
苏州华源控股股份有限公司
鹰翔控股集团有限公司
苏州帝奥电梯有限公司
高创（苏州）电子有限公司
苏州巨峰电气绝缘系统股份有限公司
法兰泰克重工股份有限公司
苏州捷力新能源材料有限公司
吴江变压器有限公司
苏州世华新材料科技股份有限公司
江苏达胜热缩防护用品有限公司
苏州欧普照明有限公司
苏州震纶棉纺有限公司
申龙电梯股份有限公司
苏州彤帆智能科技有限公司
苏州翔楼新材料股份有限公司
苏州太湖电工新材料股份有限公司
苏州中成新能源科技股份有限公司
苏州新吴光电股份有限公司
江苏新恒通投资集团有限公司
东南电梯股份有限公司
苏州海顺包装材料有限公司
苏州明志科技股份有限公司
江苏聚力智能机械股份有限公司
通用电梯股份有限公司
固德电材系统（苏州）股份有限公司
富威科技（吴江）有限公司

江苏华电吴江热电有限公司
立新集团有限公司
苏州安特威阀门有限公司
吴江市力良送变电工程有限公司
江苏聚杰微纤科技集团股份有限公司
苏州美山子制衣有限公司
吴江市新申铝业科技发展有限公司
苏州蒙特纳利驱动设备有限公司
苏州江天包装科技股份有限公司
苏州市罗森助剂有限公司

外资企业（共30家）

瑞仪光电（苏州）有限公司
中达电子（江苏）有限公司
吴江华丰电子科技有限公司
英格索兰（中国）工业设备制造有限公司
卡特彼勒（吴江）有限公司
苏州顶津食品有限公司
群光电子（苏州）有限公司
康宁生命科学（吴江）有限公司
顺达电子科技（苏州）有限公司
吴江华衍水务有限公司
亿光电子（中国）有限公司
飞旭电子（苏州）有限公司
精元电脑（江苏）有限公司
福斯润滑油（苏州）有限公司
威特电梯部件（苏州）有限公司
苏州璨鸿光电有限公司
崇德碳技术（苏州）有限公司
吴江港华燃气有限公司
苏州市合兴食品有限公司
万宝至马达（江苏）有限公司
代尔塔（中国）安全防护有限公司
江苏澳盛复合材料科技有限公司
依工聚合工业（吴江）有限公司
苏州欧圣电气股份有限公司
爱思开希高科技材料（苏州）有限公司
立隆电子（苏州）有限公司
北美枫情木家居（江苏）有限公司
索格菲（苏州）汽车部件有限公司
台表科技（苏州）电子有限公司
沪华五金电子（吴江）有限公司

服务业企业（共20家）

苏州中迪汽车销售服务有限公司
吴江嘉誉实业发展有限公司
苏州恒力置业有限公司
苏州绿地风清置业有限公司
苏州太湖雪丝绸股份有限公司
苏州爱慕内衣有限公司
苏州东恒盛投资发展有限公司
宝通易捷智能科技（苏州）有限公司
江苏海晨物流股份有限公司
衍之道（江苏）水务科技有限公司
江苏亿友慧云软件股份有限公司
苏州青颖飞帆软件科技有限公司
江苏苏州农村商业银行股份有限公司
亨通财务有限公司
苏州蜜思肤化妆品股份有限公司
如家酒店连锁（中国）有限公司
苏州近岸蛋白质科技股份有限公司
苏州京东方人力资源开发有限公司
华业检测技术服务有限公司
鸿灌环境技术有限公司

2021年度吴江区十大纳税企业名单

（按纳税总额排名，不含房地产企业）

恒力集团有限公司
盛虹控股集团有限公司
亨通集团有限公司
中达电子（江苏）有限公司
江苏苏州农村商业银行股份有限公司
瑞仪光电（苏州）有限公司
国网江苏省电力有限公司苏州市吴江区供电分公司
康宁生命科学（吴江）有限公司
吴江南玻玻璃有限公司
吴江华丰电子科技有限公司

2021年度吴江区纳税大户名单

（按纳税总额分行业排名，共481家）

工业企业（共245家）

恒力集团有限公司
盛虹控股集团有限公司
亨通集团有限公司
中达电子（江苏）有限公司
瑞仪光电（苏州）有限公司
吴江华丰电子科技有限公司
群光电子（苏州）有限公司
高创（苏州）电子有限公司
国网江苏省电力有限公司苏州市吴江区供电分公司
亿光电子（中国）有限公司
飞旭电子（苏州）有限公司
博众精工科技股份有限公司
亚旭电子科技（江苏）有限公司
康宁生命科学（吴江）有限公司
群光电能科技（苏州）有限公司
吴江南玻玻璃有限公司
威特电梯部件（苏州）有限公司
佳禾食品工业股份有限公司
苏州丰川电子科技有限公司
德尔集团有限公司
康力电梯股份有限公司
苏州捷力新能源材料有限公司
吴江赴东纺织集团有限公司
江苏新恒通投资集团有限公司
苏州市合兴食品有限公司
苏州复盈新材股份有限公司
依工聚合工业（吴江）有限公司
凯伦控股投资有限公司
通鼎集团有限公司
苏州迈为科技股份有限公司
苏州欧圣电气股份有限公司
吴江港华燃气有限公司
苏州欧普照明有限公司
精元电脑（江苏）有限公司
英格索兰（中国）工业设备制造有限公司
苏州顶津食品有限公司
江苏澳盛复合材料科技有限公司
永鼎集团有限公司
苏州嘉财电子有限公司
吴江市东港工业用布线绳有限公司
江苏聚杰微纤科技集团有限公司
利瑞宝运动器材（吴江）有限公司
苏州信越聚合有限公司
苏州塞维拉上吴电梯轨道系统有限公司
鹰翔控股集团有限公司
苏州世华新材料科技股份有限公司
苏州迈为自动化设备有限公司

苏州钧和伺服科技有限公司
吴江市力良送变电工程有限公司
苏州泰硕电子有限公司
吴江变压器有限公司
苏州加联亚工业有限公司
吴江福华织造有限公司
江苏华电吴江热电有限公司
苏州帝奥电梯有限公司
苏州亚德林股份有限公司
卡特彼勒（吴江）有限公司
福斯润滑油（苏州）有限公司
苏州中耀科技有限公司
苏州新吴光电股份有限公司
吴江市涂泰克纺织后整理有限公司
代尔塔（中国）安全防护有限公司
苏州通产丽星包装科技有限公司
崇德碳技术（苏州）有限公司
法兰泰克重工股份有限公司
苏州东吴水泥有限公司
苏州彤帆智能科技有限公司
吴江华衍水务有限公司
捷讯精密橡胶（苏州）有限公司
瀚荃电子科技（苏州）有限公司
北美枫情木家居（江苏）有限公司
苏州赛伍应用技术股份有限公司
大唐苏州热电有限责任公司
斯威克电子（苏州）有限公司
苏州市罗森助剂有限公司
苏州翔楼新材料股份有限公司
吴江南玻华东工程玻璃有限公司
万宝至马达（江苏）有限公司
江苏吴江丝绸集团有限公司
立隆电子（苏州）有限公司
苏州华源控股股份有限公司
敏华实业（吴江）有限公司
苏州海顺包装材料有限公司
苏州华德电子有限公司
布莱凯特设备（苏州）有限公司
艾玛拉皮带（苏州）有限公司
申龙电梯股份有限公司
吴江罗森化工有限公司
科林环保技术有限责任公司
顺达电子科技（苏州）有限公司
碧然德净水设备（江苏）有限公司
苏州巨峰电气绝缘系统股份有限公司
苏州澳克机械有限公司
吴江创源玩具有限公司
苏州美盈森环保科技有限公司
苏州安特威阀门有限公司
吴江京奕特种纤维有限公司
苏州美山子制衣有限公司
爱思开希高科技材料（苏州）有限公司
吴江三联印染有限公司
东南电梯股份有限公司
江苏盛氏国际投资集团有限公司
苏州钧信自动控制有限公司
苏州江天包装科技股份有限公司
苏州天山水泥有限公司
吴江新生针纺织有限责任公司
苏州诚骏科技股份有限公司
米勒工程线绳（苏州）有限公司
苏州波特尼电气系统有限公司
中广核达胜加速器技术有限公司
贝兰特金属制品（苏州）有限公司
沪华五金电子（吴江）有限公司
苏州蒙特纳利驱动设备有限公司
苏州德奥电梯有限公司
亚崴机电（苏州）有限公司
江苏华佳控股集团有限公司
苏州璨曜光电有限公司
苏州明志科技股份有限公司
岱高（苏州）汽车零部件有限公司
苏州太湖电工新材料股份有限公司
苏州嘉诺环境科技股份有限公司
典发食品（苏州）有限公司
江苏天吴投资集团有限公司
富威科技（吴江）有限公司
吴江亚太化纺有限公司
吴江市隆鑫电梯部件有限公司
苏州安晟建筑遮阳科技有限公司
江苏美爱斯化妆品有限公司
吴江市新达印染厂

苏州富士精工电梯有限公司
海天环球旅游用品（苏州）有限公司
冷王集装箱温度控制（苏州）有限公司
苏州布赫液压设备有限公司
苏州海宏水泥制品有限公司
苏州凯富精密模具有限公司
苏州中成新能源科技股份有限公司
苏州太湖雪丝绸股份有限公司
超美斯新材料股份有限公司
友华精密电子（吴江）有限公司
苏州楚星时尚纺织集团股份有限公司
苏州璨鸿光电有限公司
鹏辰新材料科技股份有限公司
索格菲（苏州）汽车部件有限公司
苏州巨联环保有限公司
吴江延承爱龙涂层有限公司
台表科技（苏州）电子有限公司
艾恩司（苏州）机器设备有限公司
苏州吴江光大环保能源有限公司
苏州市江诚人防设备有限公司
博星工业技术（苏州）有限公司
苏州璨宇光电有限公司
苏州天伦燃气管网有限公司
吴江市润建商品混凝土有限公司
苏州顶裕节能设备有限公司
和信精密科技（吴江）有限公司
江苏聚力智能机械股份有限公司
江苏恒宇纺织集团有限公司
苏州一统混凝土有限公司
康哲电脑配件（吴江）有限公司
固德电材系统（苏州）股份有限公司
苏州震纶棉纺有限公司
吴江市瑞德塑料模具有限公司
通用电梯股份有限公司
苏州汾湖中石油昆仑燃气有限公司
苏州华音制衣有限公司
苏州华锦针织制衣有限公司
苏州大朋电子有限公司
上海红双喜体育用品苏州有限公司
吴江市盛泽水处理发展有限公司
明阳科技（苏州）股份有限公司
吴赣药业（苏州）有限公司
苏州科伦特电源科技有限公司
阿姆斯壮建筑制品（苏州）有限公司
苏州恒美电子科技股份有限公司
吴江梅塞尔工业气体有限公司
苏州南华纺织整理科技有限公司
吴江南联电子有限公司
吴江佰陆染织有限公司
苏州嘉盛万城建筑工业有限公司
苏州普路通纺织科技有限公司
吴江市福琪纺织有限公司
吴江市曙光化工有限公司
苏州隆登电子科技有限公司
大峡谷照明系统（苏州）股份有限公司
吴江永盛混凝土有限公司
吴江一炼康鑫印染有限责任公司
吴江冰川织物有限公司
苏州上建混凝土有限公司
苏州康斯坦普工程塑料有限公司
江苏鸿展新材料科技有限公司
苏州新盛超净化系统有限公司
恩斯特精密金属（吴江）有限公司
吴江佳力高纤有限公司
吴江特嘉纺织整理有限公司
苏州美达王钢铁制品有限公司
吴江华联丝绸喷织厂
吴江德伊时装面料有限公司
吴江市永前纺织印染有限公司
吴江林善精密机械制造有限公司
江苏姑苏净化科技有限公司
康普（苏州）食品有限公司
吴江景鸿织造有限公司
国产实业（吴江）混凝土有限公司
江苏孚杰高端装备制造（集团）股份有限公司
苏州恒悦新材料有限公司
苏州金瑞环保资源综合利用有限公司
吴江市双盈化纺实业有限公司
吴江市宇源织造印染有限公司
吴江市远通混凝土制品有限公司
吴江市新申铝业科技发展有限公司
巨孚仪器（苏州）有限公司

程泰机械（吴江）有限公司
苏州金刚防火钢型材系统有限公司
江苏米莫金属股份有限公司
苏州安信伟光木材有限公司
苏州震纶生物质纤维有限公司
梅塞尔特种气体（苏州）有限公司
阿姆斯壮地面材料（中国）有限公司
苏州欧福蛋业股份有限公司
泓晟塑胶科技（苏州）有限公司
瑞纳智绝缘材料（苏州）有限公司
吴江市开源商品混凝土有限公司
吴江飞乐天和电子材料有限公司
吴江精美峰实业有限公司
江苏海岸药业有限公司
开德阜工程塑料（苏州）有限公司
吴江联华染整有限公司
泰东汽车部件（苏州）有限公司
爱帝思（中国）展示系统有限公司
吴江市东吴机械有限责任公司
吴江嘉嘉福喷气织品有限公司
联昌喷雾泵（苏州）有限公司
博洛尼家居用品（苏州）有限公司
吴江市天缘纺织有限公司
苏州凯贸铸造工业有限公司
吴江市桃源海润印染有限公司
苏州东昱精机有限公司
吴江市七都镇家得利地板厂
江苏创源电子有限公司
江苏诺贝尔塑业有限公司
苏州三新供电服务有限公司吴江分公司
苏州盛达药业有限公司
吴江市鑫风织造有限公司
克莱斯电梯（中国）有限公司
吴江云圣染织有限公司

房产建筑业（共103家）

苏州苏源房地产开发有限公司
苏州朗坤置业有限公司
苏州市吴江东太湖综合开发（集团）有限公司
苏州绿地太湖置业有限公司
绿地集团（吴江）置业有限公司
苏州吴江金晟置业有限公司
苏州兴创复置业有限公司
江苏明港建设集团有限公司
苏州绿游置业有限公司
苏州圣美置业有限公司
吴江恒力地产有限公司
苏州绿地风清置业有限公司
苏州嘉众房地产开发有限公司
苏州兆悦房地产开发有限公司
苏州星盛房地产开发有限公司
苏州绿杰置业有限公司
苏州绿立置业有限公司
苏州融政置业有限公司
中交华创地产（苏州）有限公司
华润置地（苏州）地产置业有限公司
苏州兆骏房地产开发有限公司
吴江神鹰房地产开发有限公司
苏州伟业集团有限公司
苏州中交雅郡地产有限公司
江苏立新置业有限公司
苏州绿沄置业有限公司
苏州绿瀚置业有限公司
苏州恒万置地有限公司
苏州建馨置业有限公司
苏州梁悦房地产开发有限公司
苏州市天隆房地产开发有限公司
苏州吴江秋枫置业有限公司
苏州绿港置业有限公司
苏州颐泽置业有限公司
苏州市吴江区威地东润房地产开发有限责任公司
苏州绿地泊玺湾置业有限公司
苏州正誉房地产开发有限公司
苏州俊昌置业有限公司
苏州绿森不动产开发有限公司
苏州东展房地产开发有限公司
苏州碧桂园置业有限公司
苏州正瑞置业发展有限公司
苏州吴江泰海置业有限公司
吴江市梅堰建筑工程有限公司

苏州新太阳置业有限公司
苏州万奥置业有限公司
苏州吴江锐泽置业有限公司
新汇天地房地产（苏州）有限公司
苏州德信置业有限公司
苏州绿泓置业有限公司
苏州市八都建筑有限公司
吴江华衍建筑工程安装有限公司
苏州绿地江城置业有限公司
苏州丰实房地产开发有限公司
苏州桃源建筑有限公司
苏州坤信房地产开发有限公司
江苏广吴建设园林有限公司
吴江东运房产投资有限公司
苏州港中旅城市建设有限公司
苏州市吴江交通投资集团有限公司
苏州市龙光骏誉房地产有限公司
华润置地（苏州）建设有限公司
苏州市绿森不动产开发有限公司
苏州铭基置业有限公司
江苏四通路桥工程有限公司
敏华家具总部（吴江）有限公司
天健置业（苏州吴江）有限公司
吴江青商投资有限公司
苏州梁信房地产开发有限公司
苏州华鼎置业发展有限公司
苏州市润安置业有限公司
苏州市庙港建筑有限公司
苏州金瑞天义置业有限公司
吴江森华房地产开发有限公司
苏州高铭房产发展有限公司
苏州市凯竣房地产开发有限公司
苏州锦官置业有限公司
苏州市鲈乡电力工程有限公司
苏州祥盛建设工程有限公司
苏州东茂房地产开发有限公司
苏州瑞景房地产开发有限公司
苏州华东国际商业城投资发展有限公司
苏州高新地产集团有限公司吴江分公司
吴江市双龙市政建设有限公司
苏州腾宇房地产开发有限公司
苏州金阊商业房地产开发有限公司吴江分公司
苏州亿崧伟圣房地产开发有限公司
苏州红星美凯龙房地产开发有限公司
苏州普瑞地产有限公司
吴江市金晓空调净化有限公司
苏州平望产业有机更新有限公司
苏州富大世纪建设工程有限公司
吴江市舜新建筑工程有限公司
江苏金坤置业有限公司
吴江市中泰建筑工程有限公司
苏州立雅置业有限公司
苏州正创置业发展有限公司
苏州市腾龙建筑有限公司
吴江市水利建筑工程有限公司
苏州吴江融鸿文旅产业发展有限公司
苏州隆盛吾悦商业经营管理有限公司
苏州骏源房地产开发有限公司
苏州市宏骏房地产开发有限公司

服务业（共133家）

江苏苏州农村商业银行股份有限公司
江苏盛泽投资有限公司
吴江东运创业投资有限公司
中国农业银行股份有限公司苏州长三角一体化示范区分行
中国银行股份有限公司苏州长三角一体化示范区分行
中国工商银行股份有限公司苏州长三角一体化示范区分行
中国建设银行股份有限公司苏州长三角一体化示范区分行
苏州朴睿电子商务有限公司
苏州市烟草公司吴江分公司
宝通易捷智能科技（苏州）有限公司
苏州近岸蛋白质科技股份有限公司
中国人民财产保险股份有限公司江苏省分公司
苏州汾湖投资集团有限公司
苏州市吴江东方国有资本投资经营有限公司

中国太平洋财产保险股份有限公司江苏分公司
苏州市吴江城市投资发展集团有限公司
吴江东方国发创业投资有限公司
中国平安财产保险股份有限公司江苏分公司
中信银行股份有限公司吴江支行
江苏沪苏浙高速公路有限公司
中国建设银行股份有限公司吴江盛泽支行
中国移动通信集团江苏有限公司苏州长三角云计算分公司
江苏银行股份有限公司吴江支行
苏州京东方人力资源开发有限公司
苏州市吴江经济技术开发区发展集团有限公司
吴江新民化纤有限公司
招商银行股份有限公司吴江支行
苏州熔拓景盛投资合伙企业（有限合伙）
吴江之星汽车销售服务有限公司
吴江市立信煤炭物资有限公司
苏州春盛环保纤维有限公司
苏州金茂新兴产业创业投资企业（有限合伙）
中国邮政储蓄银行股份有限公司苏州市吴江区支行
兴业银行股份有限公司苏州吴江支行
交通银行股份有限公司苏州长三角一体化示范区分行
吴江庆丰雷克萨斯汽车销售服务有限公司
江苏步步高电子有限公司
苏州市吴江创业投资有限公司
吴江宝致汽车销售服务有限公司
苏州永鼎医疗管理服务有限公司
中国人民财产保险股份有限公司吴江中心支公司
上海浦东发展银行股份有限公司吴江支行
江苏悦阳电子有限公司
中国民生银行股份有限公司吴江支行
苏州吴江太湖新城新东方培训中心有限公司
吴江艾威马达制造有限公司
苏州永鼎医院有限公司
中国光大银行股份有限公司吴江支行
苏州中迪汽车销售服务有限公司
江苏海晨物流股份有限公司
苏州蜜思肤化妆品股份有限公司
苏州市吴江创迅创业投资有限公司
华夏银行股份有限公司吴江支行
如薇化妆品有限公司
中国石化销售股份有限公司江苏苏州吴江石油分公司
苏州桃源新型城镇化投资发展有限公司
苏州市吴江创联股权投资管理有限公司
中国太平洋财产保险股份有限公司吴江中心支公司
上海银行股份有限公司苏州吴江支行
冠捷信息技术（苏州）有限公司
宁波银行股份有限公司吴江高新技术产业园区支行
南极电商股份有限公司
苏州银行股份有限公司吴江支行
如家酒店连锁（中国）有限公司
苏州巨禾石油科技有限公司
宁波银行股份有限公司吴江支行
盖璞（上海）商业有限公司苏州汾湖分公司
中城捷运控股集团有限公司
江苏长华商业管理有限公司
嘉合（苏州）仓储有限公司
吴江经济技术开发区投资建设有限公司
中国农业发展银行苏州市吴江区支行
中国人寿财产保险股份有限公司江苏省分公司
苏州华业汽车科技发展有限公司
衍之道（江苏）水务科技有限公司
苏州丹宇美纤维科技有限公司
中国平安财产保险股份有限公司吴江支公司
苏州冠纶电子科技有限公司
美宜佳（江苏）便利店有限公司
江苏传虹面料有限公司
吴江华金实业有限公司
苏州市吴江文化旅游发展集团有限公司
鸿灌环境技术有限公司
广发银行股份有限公司苏州吴江支行
江苏亿友慧云软件股份有限公司
吴江连诚汽车销售服务有限公司
浙商银行股份有限公司苏州吴江支行
苏州大平特种纺织科技有限公司
中国移动通信集团江苏有限公司吴江分公司
苏州平望投资管理有限公司

吴江出口加工区投资有限公司
苏州莱德臣赛诺沃食品有限公司
江苏工享创联网络科技有限公司
苏州中园丰田汽车销售服务有限公司
中旺精密机械（吴江）有限公司
苏州鼎酷通讯电子有限公司
苏州盛新现代供应链有限公司
上海宝尊电子商务有限公司吴江分公司
苏州御之梦商贸有限公司
吴江新民实业投资有限公司
江苏宇太网智科技有限公司
吴江润江商业有限公司
吴江市汾湖镇集体资产经营公司
江苏盛泽东方农发商业保理有限公司
苏州中捷汽车销售服务有限公司
信华电子科技（吴江）有限公司
苏州市元湖投资发展有限公司
德杰（苏州）油品科技有限公司
苏州市吴江新创汽车贸易有限公司
吴江佰陆进出口有限公司
吴江市润泰商业有限公司
苏州和记纺织科技有限公司
苏州市吴江区同里农村投资建设有限公司
苏州卓美信息咨询有限公司
吴江润良商业有限公司
太平财产保险有限公司江苏分公司
苏州市博锋致成管理咨询有限公司
吴江市深记设备搬运安装有限公司
苏州青颖飞帆软件科技有限公司
南京医药苏州恒昇有限公司
苏州天空之城文化产业发展有限公司
苏州金宏气体股份有限公司吴江分公司
苏州兰生沃德威企业管理有限公司
江苏钜源工程项目管理有限公司
吴江市邦达物流有限公司
竞贤供应链（苏州）有限公司
苏州市震新石化天然气有限公司
江苏南方供应链服务有限公司
江苏建能建设科技有限公司
中国人寿保险股份有限公司吴江支公司
苏州江澜生态农业科技发展有限公司
苏州市锦岚园林绿化有限公司
苏州同亨投资管理有限公司

2021年度吴江区企业税收规模和进步奖名单

净入库税收超5亿元企业

恒力集团有限公司
盛虹控股集团有限公司
亨通集团有限公司

净入库税收首超2亿元企业

康宁生命科学（吴江）有限公司
吴江南玻玻璃有限公司

净入库税收首超1亿元企业

苏州捷力新能源材料有限公司
江苏新恒通投资集团有限公司
江苏明港建设集团有限公司

2021年度吴江区工业企业亩均税收十强企业名单

康宁生命科学（吴江）有限公司
苏州世华新材料科技股份有限公司
依工聚合工业（吴江）有限公司
吴江市力良送变电工程有限公司
江苏亨通电力电缆有限公司
苏州彤帆智能科技有限公司
江苏凯伦建材股份有限公司
苏州江天包装科技股份有限公司
苏州迈为科技股份有限公司
威特电梯部件（苏州）有限公司

2021年度吴江区“智改数转”先进单位名单

苏州湾科技城
中国工业互联网研究院江苏分院
高创（苏州）电子有限公司
江苏亨通光导新材料有限公司
苏州绿控传动科技股份有限公司
衍之道（江苏）水务科技有限公司
苏州巨联环保有限公司
江苏亨通光电股份有限公司
苏州明志科技股份有限公司

2021年度吴江区关键核心技术攻关优秀企业名单

法兰泰克重工股份有限公司
吴江变压器有限公司
苏州捷力新能源材料有限公司
江苏新视界先进功能纤维创新中心有限公司
江苏亨通光纤科技有限公司
亨通洛克利科技有限公司
江苏凯伦建材股份有限公司
中广核达胜加速器技术有限公司
江苏亨通问天量子信息研究院有限公司

2021年度吴江区进出口十强企业名单

吴江海晨仓储有限公司
中达电子（江苏）有限公司
峻凌电子（苏州）有限公司
苏州璨宇光电有限公司
高创（苏州）电子有限公司
亚旭电子科技（江苏）有限公司
卡特彼勒（吴江）有限公司
群光电子（苏州）有限公司
亿光电子（苏州）有限公司
吴江华丰电子科技有限公司

2021年度吴江区商贸消费引领企业名单

吴江嘉誉实业发展有限公司
恒力华东石化销售有限公司
苏州中迪汽车销售服务有限公司
吴江之星汽车销售服务有限公司
发网（苏州）供应链管理有限公司
吴江宝致汽车销售服务有限公司
苏州江澜生态农业科技发展有限公司
吴江润良商业有限公司
江苏中厚餐饮服务有限公司
苏州宏泰酒店投资管理有限责任公司

2021年度吴江区数字商务示范企业名单

江苏五一互联电子商务有限公司
江苏亨通电力电缆有限公司
巨之泰信息科技（苏州）有限公司
苏州太湖雪丝绸股份有限公司
苏州宜布网电子商务有限公司
发网（苏州）供应链管理有限公司
江苏华佳丝绸股份有限公司
苏州乐庭家居用品有限公司
行家商贸（苏州）有限公司
苏州同里红电子商务有限公司

2021年度吴江区A股上市企业和再融资企业名单

A股上市企业

通用电梯股份有限公司（深交所创业板）
佳禾食品工业股份有限公司（上交所主板）
苏州明志科技股份有限公司（上交所科创板）
博众精工科技股份有限公司（上交所科创板）
同享（苏州）电子材料科技股份有限公司（北交所）

再融资企业

江苏东方盛虹股份有限公司
苏州迈为科技股份有限公司
江苏凯伦建材股份有限公司
苏州赛伍应用技术股份有限公司

《吴江年鉴(2022)》部分缩略语、专业词语注释

人才创新创业“55352”工程:指吴江区在“十四五”期间,通过实施5大人才计划,引进5个具有国际视野和战略眼光、在科技创新前瞻领域取得关键核心技术攻关突破的重大创新创业团队,新增30个高水平、高显示度,具有较强承载力和竞争力的重大科创载体平台,500位能够引领和支撑重点产业和新兴产业的领军人才,培育20家领军人才企业上市挂牌,集聚一批重点产业紧缺以及民生社会事业领域的高层次人才。

“五美三优”行动:指吴江区围绕把农村打造成城市里的公园这一目标,开展“美丽庭院”“美丽菜园”“美丽村景”“美丽村道”“美丽田园”建设,着力实现优化提升生活品位、优化提档生产品质、优化提塑生态品牌的专项行动。

“三优三保”:指通过优化农用地结构布局保护资源、通过优化建设用地空间布局保障发展、通过优化镇村居住用地布局保护权益。

公务员“5+X”能力培训:指江苏省用5年的时间,在全省县处级以下公务员中,开展5门必修课和X门选修课的学习培训。“5+X”中的“5”是指公共服务、公共政策、公共经济、依法行政、创新能力知识这5门必修课;“X”是指公务员可根据自己的实际需要,在其他若干门课中自选的选修课。

“四新”讲座:“四新”是指新思想、新理论、新知识、新技术,吴江区每月举办1期,主要通过邀请省内外专家学者授课的形式,帮助领导干部不断开阔视野、拓宽思路、增长见识、提升本领。

“四种形态”:指经常开展批评和自我批评、约谈函询,让“红红脸、出出汗”成为常态;党纪轻处分、组织调整成为违纪处理的大多数;党纪重处分、重大职务调整的成为少数;严重违纪涉嫌违法立案审查的成为极少数。

“第一议题”:将专题学习习近平新时代中国特色社会主义思想、党的十九大精神和习近平总书记重要讲话精神作为党组织的各类各级会议的第一议题,推动学习常态化制度化。

“五盯五促”:指“盯”政治态度,“促”制度规矩严;“盯”政治担当,“促”贯彻落实好;“盯”政治纪律,“促”纪法约束硬;“盯”政治能力,“促”业绩评价准;“盯”政治生态,“促”群众监督实。

“5+2”课后服务:指各学校依据实际情况,按照“一校一策”“一生一策”原则制定实施方案,为孩子们提供每周5天、每天至少2小时的课后服务,课后服务结束时间原则上不早于当地下班时间。

“两在两同”建新功行动:指中共江苏省委启动实施的在全省党员干部中开展“同人民想在一起、干在一起,风雨同舟、同甘共苦,在现代化新征程上建新功”的专项行动。

331专项行动:指苏州市委、市政府于2018年5月5日部署启动的一项行动,主要任务是聚力整治“三合一”场所、出租房(群租房)、电动自行车、“九小场所”和小微企业等领域突出火灾隐患,推动全市消防安全形势持续平稳向好。

吴江区部分机构全称—简称对照表

全 称	简 称	全 称	简 称
中国共产党苏州市吴江区委员会	区委	江苏有线网络发展有限责任公司吴江分公司	江苏有线吴江分公司
苏州市吴江区人民代表大会常务委员会	区人大	苏州市吴江区地方金融监督管理局	区金融监管局
苏州市吴江区人民政府	区政府	中国银行保险业监督管理委员会苏州监管分局吴江监管组	苏州银保监分局吴江监管组
中国人民政治协商会议江苏省苏州市吴江区委员会	区政协	苏州市吴江区人民检察院	区检察院
中国共产党苏州市吴江区纪律检查委员会苏州市吴江区监察委员会	区纪委监委	苏州市吴江区住房和城乡建设局	区住建局
苏州市吴江区发展和改革委员会	区发改委	苏州市吴江区城市管理局	区城管局
苏州市吴江区“治违、治污、治隐患”工作领导小组办公室	区“三治”办	苏州市吴江城市投资发展集团有限公司	城投集团
苏州市吴江区人民政府外事办公室	区外事办	苏州市吴江水务集团有限公司	水务集团
苏州市高级人才太湖培训中心	太培中心	长三角投资发展（江苏）有限公司	长三角公司
苏州市吴江区社会治理现代化综合指挥中心	区综合指挥中心	苏州市吴江区科学技术局	区科技局
中国共产党苏州市吴江区委员会组织部	区委组织部	苏州市吴江区科学技术协会	区科协
中国共产党苏州市吴江区委员会老干部局	区委老干部局	中国共产党苏州市吴江区委员会党史工作办公室	区委党史工办
中国共产党苏州市吴江区委员会机构编制委员会办公室	区委编办	苏州市吴江区卫生健康委员会	区卫健委
中国共产党苏州市吴江区委员会宣传部	区委宣传部	苏州市吴江区人力资源和社会保障局	区人社局
中国共产党苏州市吴江区委员会统一战线工作部	区委统战部	国网江苏省电力有限公司苏州市吴江区供电分公司	区供电公司
中国共产党苏州市吴江区委员会党校	区委党校	苏州市住房公积金管理中心吴江分中心	吴江公积金中心
苏州市吴江区关心下一代工作委员会	区关工委	中国石化销售股份有限公司江苏苏州吴江石油分公司	中国石化吴江石油分公司
中国共产主义青年团苏州市吴江区委员会	团区委	苏州市吴江盐业有限公司	吴江盐业公司
苏州市吴江区妇女联合会	区妇联	苏州市吴江区烟草专卖局（苏州市烟草公司吴江分公司）	区烟草专卖局
苏州市吴江区工商业联合会	区工商联	苏州市吴江区文体广电和旅游局	区文体旅局
苏州市吴江区归国华侨侨眷联合会	区侨联	苏州市吴江文化旅游发展集团有限公司	文旅集团
苏州市吴江区文学艺术界联合会	区文联	中国邮政集团有限公司苏州市吴江区分公司	吴江区邮政公司
苏州市吴江区残疾人联合会	区残联	中国电信股份有限公司吴江分公司	中国电信吴江分公司
中国共产党苏州市吴江区委员会政法委员会	区委政法委	中国移动通信集团江苏有限公司吴江分公司	吴江移动公司
中国人民解放军江苏省苏州市吴江区人民武装部	区人武部	中国联合网络通信有限公司吴江分公司	吴江联通公司
苏州市吴江区人民检察院	区检察院	吴江经济技术开发区	吴江开发区
苏州市吴江区人民法院	区法院	江苏省汾湖高新技术产业开发区	汾湖高新区
苏州市吴江东方国有资本投资经营有限公司	东方国资	苏州市吴江区人民政府松陵街道办事处	松陵街道
苏州市吴江区市场监督管理局	区市场监管局	苏州市吴江区人民政府江陵街道办事处	江陵街道
国家税务总局苏州市吴江区税务局	区税务局	苏州市吴江区人民政府横扇街道办事处	横扇街道
苏州市吴江区工业和信息化局	区工信局	苏州市吴江区人民政府八坼街道办事处	八坼街道
苏州信息职业技术学院	苏信学院		

（本栏编辑 潘 莉）

索引

说明

（1）本索引采用主题分析索引方法，按主题词汉字拼音字母顺序排列，同音字按声调排列，音调相同按下一字的音序排列。

（2）索引主题后的阿拉伯数字是主题内容所在的页码。

（3）重复出现的主题，索引中只排列一次，页码中间以"，"分隔，按顺序排列。

（4）年鉴重要的一级栏目、二级栏目分别以红色加粗字、红色字为索引款目。

D

E

F

T

X